中国古文书学研究初编

黄正建 主编

上海古籍出版社

图书在版编目(CIP)数据

中国古文书学研究初编/黄正建主编. —上海：
上海古籍出版社，2019.5
 ISBN 978-7-5325-9146-6

Ⅰ.①中…　Ⅱ.①黄…　Ⅲ.①古书契—中国—文集
Ⅳ.①K877-53

中国版本图书馆CIP数据核字(2019)第045002号

中国古文书学研究初编
黄正建　主编
上海古籍出版社出版发行
(上海瑞金二路272号　邮政编码200020)
(1) 网址：www.guji.com.cn
(2) E-mail：guji1@guji.com.cn
(3) 易文网网址：www.ewen.co
浙江临安曙光印务有限公司印刷
开本787×1092　1/16　印张28　插页4　字数498,000
2019年5月第1版　2019年5月第1次印刷
ISBN 978-7-5325-9146-6
K·2614　定价：118.00元
如有质量问题，请与承印公司联系

《中国古文书学研究初编》编委会

主编 黄正建

委员 徐义华　邬文玲　陈丽萍
　　　　张国旺　阿　风

本书为国家社科基金重大项目"中国古文书学研究"（14ZDB024）阶段性成果

序　言

中国古文书学是由中国社会科学院历史研究所学者提倡,于2012年建立的新学科。这一学科倡导将中国古代自先秦至明清出土或传世的古文书(不含典籍)作为研究对象,主要包括历代公文书如诏敕牒状以及私文书如券契帐簿乃至书信等。这一学科主张按照"古文书"的定义("由甲方将自己的意愿传达给乙方")界定古文书,重视文书的形态特别是书式(格式),由书式出发研究古文书的运行、功能及作用,从而更深刻更全面地理解文书包含的内容。这一学科的宗旨是重视具有不同格式的原始文书,将其作为研究历史的第一手资料予以利用。它既是历史研究的重要辅助工具,也是处理史料的一种新的视角。

中国古文书学是实践性很强的学科,只有在不断实践中才能逐步完善并解决有关研究对象、研究范围,以及定义、方法、特色诸问题。中国古文书学成立以来,已经过去了七个年头。在这七年中,我们采取发表文章、举行讲座、举办夏令营等方式宣传这一学科,先后发表了《"中国古文书学":超越断代文书研究》[1]、《"中国古文书学"的创立——中国社会科学院历史研究所学者笔谈》[2]、《中国古文书学的历史与现状》[3]、《从古文书学视角看经济文书研究》[4]、《文书与史料系统》[5]、《关于"古文书学"的若干思考》[6]等文章,同时坚持每年举办一次"古文书学研讨会",至今已举办了六届。经过这些举措,"中国古文书学"的理念得到一定程度普及,建立"中国古文书学"的意义和作用在实践中得到不断增强。

2017年8月,我们利用中国社会科学院的"中国社会科学论坛(史学)"平台,在北京召开了"第六届中国古文书学国际研讨会"。会议代表除中国大陆和台湾学者外,还有来自日本、韩国的古文书学研究者。会议收到论文近40篇。这些论文构成了本书的

---

[1] 黄正建:《"中国古文书学":超越断代文书研究》,《中国社会科学报》2012年7月25日A-05版。
[2] 徐义华、黄正建、陈丽萍、张国旺、阿风:《"中国古文书学"的创立——中国社会科学院历史研究所学者笔谈》,《文汇报》2012年10月29日C版(11版)。
[3] 黄正建:《中国古文书学的历史与现状》,《史学理论研究》2015年第3期。
[4] 黄正建:《从古文书学视角看经济文书研究》,《中国社会科学报》2017年3月6日第4版(历史学)。
[5] 阿风:《文书与史料系统》,《中国史研究动态》2017年第5期。
[6] 黄正建:《关于"古文书学"的若干思考》,《中国史研究动态》2018年第2期。

主要部分。

本书所收论文大致可以分为两种类型。

第一种类型的论文比较偏重研究古文书的形态、性质、书式,通过文书行政、文书运行来研究古文书。例如考辨东汉简牍中的"劾"与"鞫状";讨论简牍符号的统一;探讨秦简中"志"的文书性质;从简牍资料看汉代上书的写作、传送、装帧、回应;对吴简中的出米簿进行集成与编联复原;研究契约文书的署名画指画押;汇录国图藏敦煌契约文书;辨析日本和唐朝处理文书的异同;从古文书学视角比较唐代告身与日本位记;探究元代公文书中"案呈"的功能;提倡以"换行缩格法"标点元代公文书;通过黑水城汉文文书探讨元代公文书的事务处理程序;解析明代公文装叙结构并复原政务运行;分析纸背明代武官考语文书的结构;梳理明清契约书写与契约形式的演变;重视文书在史料系统中的重要地位;比较韩国古文书和文集"简札"的异同;分析朝鲜时代古文书特别是《分财记》的规式等。

第二种类型的论文在关心文书形式的同时更加注重对文书内容的研究。例如通过里耶秦简漫谈秦朝迁陵县的社会状况;考辨东汉简牍中"山徒"的含义;利用走马楼吴简中有关"私学"的簿籍探讨对私学的调查和地域管理;比较高丽与元明户口文书在登载事项方面的异同;依据黑水城出土的呈状探讨元代河渠司以及亦集乃路的农业生产;利用国子监文书研究明代监生省祭的程序;从契约文书看中国文化的统一性与多样性;利用清水江文书探讨清代黔东南苗族妇女婚姻的缔结与变动;通过古文书看朝鲜女性的社会经济地位;依据《量案》研究大韩帝国时期"量田"的具体过程;在调查农村文书的基础上探讨日本近世农村自发组织与农村行政的关系等。

当然,以上两种类型的分法只是大致而言,其实大部分论文都既有关于文书形态与性质的研究,也有关于内容的探讨,实际上这两方面的研究确实也是不可能截然分开的。

从本书收入的这些论文我们可以清楚看到,许多学者都是自觉从"古文书学"的视角、利用"古文书学"的方法来处理文书,探讨文书形态和性质,进而研究文书行政以及文书中包含的内容。这说明"中国古文书学"提倡的视角和方法已经得到很多学者的赞同和支持,并运用到自己的研究中去;说明建立"中国古文书学"不仅有必要,而且确实能在历史研究中发挥独特作用。这一点让我们感到十分欣慰。

本书的编辑工作主要由阿风完成,国家社会科学基金重大项目"中国古文书学研究"课题组(批准号:14ZDB024)其他成员徐义华、邬文玲、陈丽萍、张国旺也协助做了许多工作。此外,陈捷、朱玫、张舰戈、田卫卫、陈睿垚承担了日文、韩文论文的翻译工作。中国社会科学院历史研究所博士后靳腾飞、张舰戈,中国社会科学院研究生院历史系博士研究生李翼恒参与了文稿的最后编辑工作,他们都付出了辛勤劳动。我们希望本书能为"中国古文书学"的进一步发展,以及由此推动中国古代史研究的进一步发展贡献一份力量,希望在不久的将来能有与"中国古文书学研究"相关的新的著作问世。

若有不足与错误之处,欢迎来自各方面的批评与建议。

黄正建

2018 年 6 月 12 日

目 录

序言 …………………………………………………………………… 黄正建（1）

长沙五一广场东汉简牍"劾"与"鞫"状考 …………………………… 李均明（1）
出土文书整理与研究再发力——以居延汉简整理为例 ……………… 张俊民（8）
秦朝迁陵县社会状况漫谈——《里耶秦简（贰）》选读 ……………… 张春龙（22）
里耶秦简《迁陵吏志》考释——以"吏志"、"吏员"与"员"外群体为中心
　　……………………………………………………………………… 孙闻博（27）
从简牍资料看汉代的上书 ……………………………………………… 鹰取祐司（45）
长沙五一广场东汉简牍中所见的"山徒"小议 ………………………… 广濑薫雄（62）
走马楼吴简中"私学"相关簿籍与文书的地域考察 …………………… 苏俊林（69）
《长沙走马楼三国吴简·竹简（捌）》所见州中仓出米簿的集成与复原
　　尝试 ………………………………………………………………… 邬文玲（88）

敦煌吐鲁番契据文书中的署名、画指与画押——从古文书学的视角 …… 黄正建（109）
中国国家图书馆藏敦煌契约文书汇录 ………………………………… 陈丽萍（125）
日唐古文书学比较研究的一个视角——以文书处理为中心 ………… 大津透（160）
唐代之告身与日本之位记——古文书学视角的比较研究 …………… 丸山裕美子（175）
日本的古文书与书状：从古代到中世 …………………………………… 佐藤雄基（196）

《元典章》点校随想 ……………………………………………………… 洪金富（202）
黑水城出土《至顺元年亦集乃路总管府辰字贰号文卷为蚕麦秋田收成事》
　　释补 ………………………………………………………………… 张国旺（218）
黑水城汉文文书所见的元代公文书的事务处理程序 ………………… 赤木崇敏（230）

· 1 ·

13—14世纪中韩户口文书登载事项的对比研究——以高丽与元明的
　　户口文书为中心 ······ 朱　玫（249）

上图藏《毅庵奏议》纸背明代武官考语文书试探 ······ 杜立晖（263）
明代国子监生省祭程序探究——以《刑台法律》所收国子监文书为例
　　······ 张舰戈（274）
万历七年省级赋役书册纂修之行政流程——根据公文装叙结构复原政务
　　运行之一例 ······ 申　斌（287）
契约文书对中国历史研究的重要意义——从契约文书看中国文化的
　　统一性与多样性 ······ 仲伟民　王正华（312）
清代黔东南苗族妇女婚姻的缔结与变动——以清水江文书为中心 ······ 吴才茂（334）
山林经济变动与信贷契约书写的演变——清代歙县璜尖村的个案研究
　　······ 黄忠鑫（363）
歙县田面权买卖契约形式的演变（1650—1949） ······ 赵思渊（382）
文书与史料系统 ······ 阿　风（396）

16至19世纪韩国古文书和文集之"简札"——关于存在形态与内容的
　　比较探讨 ······ 郑震英（402）
通过古文书看朝鲜女性的社会经济地位——以海州郑氏家分财记为中心
　　······ 权五贞（406）
朝鲜时代古文书规式研究——以18世纪分财规式集为中心 ······ 安承俊（412）
大韩帝国时期量案研究 ······ 金建泰（417）
日本近世社会的史料特征与联合调查——以大阪府和泉市为例 ······ 塚田孝（422）

长沙五一广场东汉简牍"劾"与"鞫"状考

李均明

长沙五一广场东汉简牍有一案件之记载,包含从举劾到审讯调查乃至论决的全过程,其中"劾"与"鞫"的描述尤为详尽,为我们深入研究东汉诉讼的文书形式及制度提供了不可多得的珍贵史料,试析如下。

(一)案:都乡利里大男张雄、南乡匠里舒俊、逢门里朱循、东门里乐竟、中乡泉阳里熊赵皆坐。雄,贼曹掾;俊,循吏;竟,骖驾;赵,驿曹史。驿卒李崇当为屈甫证。二年十二月廿一日,被府都部书逐召崇,不得。雄、俊、循、赵、竟典主者掾史,知崇当为甫要证,被书召崇,皆不以征逮为意,不承用诏书。

发觉得。

永初三年正月壬辰朔十二日壬寅,直符户曹史盛劾,敢言之。谨移狱,谒以律令从事,敢言之。   J1③:281—5A[1]

此件为举劾报告。简文"直符户曹史盛劾"表明举报人是正在值班的户曹史名盛者。直符史,值班佐史,《汉书·王尊传》:"直符史诣阁下从太守受其事。"师古注:"直符史,若今当值佐史也。"[2]文中"案……发觉得"是举劾被告的基本事实,通常称为"劾状"。"永初三年……敢言之"为呈文。收件方为临湘狱。

"劾状"部分"案……俊,循吏",是对被告身份的认定。案,核查。《后汉书·钟离意传》:"府下记案考之。"李贤注:"案,察之也。"[3]简文中凡署"案"者,其后所述皆为经过核查之事实。《五一选释》48:"案文书……"[4]《居延新简》EPT52·83:"谨推辟,案过书刺……"[5]《居延新简》EPT51·189:"河平元年八月戊子,居延都尉谊、丞直谓

---
[1] 长沙市文物考古研究所:《湖南长沙五一广场东汉简牍发掘简报》,《文物》2013年第6期,第21页,图一五。
[2] 《汉书》卷七六《王尊传》,北京,中华书局,1962年,第3228页。
[3] 《后汉书》卷四一《钟离意传》,北京,中华书局,1965年,第1406页。
[4] 长沙市文物考古研究所、清华大学出土文献研究与保护中心、中国文化遗产研究院、湖南大学岳麓书院等编:《长沙五一广场东汉简牍选释》,上海,中西书局,2015年。本文简称《五一选释》。
[5] 甘肃省文物考古研究所、甘肃省博物馆、文化部古文献研究室、中国社会科学院历史研究所:《居延新简》,北京,文物出版社,1990年。

居延甲渠鄣候。箕山隧长冯利不在署、第十一隧卒高青不候。移书验问,案致言,会月十八日。书以月十九日食坐到。案甲渠候。"知核查通过查阅有关档案及客观所见实现。例(一)所见当亦然。上述被告身分的认定包括居住地、性别、姓名、职务。认定的结果如下:

  都乡利里大男张雄,贼曹掾。
  南乡匠里舒俊,小吏。
  南乡逢门里朱循,小吏。
  南乡东门里乐竟,骖驾。
  中乡泉阳里熊赵,驿曹史。

上述都乡、南乡、中乡皆为临湘县属乡,见下文坐罪名单。骖驾,主车驾,或史籍所谓参乘或司御,前者如《史记·项羽本纪》:"沛公之参乘樊哙者也。"[1] 后者如《汉书·夏侯婴传》:夏侯婴,"为沛厩司御"[2]。

屈甫,姓名,被通报的重要犯人。而驿卒李崇是与此案相关的重要证人。据文末所见"永初三年"语,则简文"二年"当指"永初二年",时当公元108年。被,受。诸郡分部督察属县,"被府都部书"指收到长沙郡都部相关机构(或督邮)的指令文书。指令的内容为"逐召崇",施行结果为"不得",故构成"知崇当为甫要证,被书召崇,皆不以征逮为意,不承用诏书"的犯罪事实。征逮,征召逮捕,《合校》157.13,185.11:"律曰:赎以下,可檄,檄,勿征逮。"[3]《居延新简》EPS4T2.101:"移人在所县道官,县道官狱讯以报之,勿征逮,征逮者以擅移狱论。""不以征逮为意"指忽视征召追逮的任务,故不作为。"不承用诏书"指不执行诏书的命令,汉代罪名之一,《晋书·刑法志》:"及旧典有奉诏不敬,不承用诏书,汉氏施行有小愆之反不如令,辄劾以不承用诏书,又减以丁酉诏书。"[4]

"发觉得"指被告人的罪行被发现。

与上述"劾状"同时出土的还有一份拘捕犯罪人员的名单:

(二)临湘耐罪大男都乡利里张雄,年卅岁。
  临湘耐罪大男南乡匠里舒俊,年卅岁。

---

[1] 《史记》卷七《项羽本纪》,北京,中华书局,1959年,第313页。
[2] 《汉书》卷四一《夏侯婴传》,第2076页。
[3] 谢桂华、李均明、朱国炤:《居延汉简释文合校》,北京,文物出版社,1987年。本文简称《合校》。
[4] 《晋书》卷三〇《刑法志》,北京,中华书局,1974年,第924页。

临湘耐罪大男南乡逢门里朱循,年卅岁。
　　临湘耐罪大男南乡东门里乐竟,年卅岁。
　　临湘耐罪大男中乡泉阳里熊赵,年廿六岁。
　　皆坐吏不以征逮为意,不承用诏书。
　　发觉得。
　　永初三年正月十二日系。　　　　　　　　　　　　J1③：201-30[1]

此名单形成日期为"永初三年正月十二日",与例(一)"劾状"发文日期同,当为其附件,亦表明当时举劾与拘捕同步进行。五一简中尚见形式与例(一)相同的文例,录入以便比较。

　　(三) ●案:都乡潊阳里大男马胡、南乡不处里区冯皆坐。冯,生不占书。胡西市亭长今年六月……胡、冯及汎所从□□
　　汝曹护我。胡、冯、亥、建,可即俱之老舍门。汎令亥、建、冯入老舍,得一男子,将出。胡、亥以将老出门。汎以所……建以所持矛刺老背,亥以□
　　建辜二旬内其时立物故。汎、胡、建、冯、亥谋共贼杀人,已杀。汎本造计谋,皆行,胡……名数……冯□建格,物故。亥、建(?)及汎等别劾。
　　永元十六年七月戊午朔十九日丙子,曲平亭长昭劾,敢言之临湘狱以律令从事,敢言之。　　　　　　　　　　　　　　　　《五一选释》1

此例所见内容虽与例(一)无关,但形式全同。"●案"以下至"别劾"为"劾状"本文,"永元十六年……"为呈文。"劾状"本文大致亦包括被告身份认定、犯罪事实及处理意见三个方面。这种类同当非偶然,如果不是当局对这种文书有格式的规定,也是长期约定俗成的结果。将它与其他简牍所见西汉至东汉初年的"劾状"相比较,亦可看出其一脉相承的渊源关系。

　　(四) 建武五年五月乙亥朔丁丑,主官令史谭敢言之。
　　谨移劾状一编,敢言之。
　　甲渠塞百石士吏居延安国里公乘冯匡,年卅二岁,始建国天凤上戊六年三月己亥除署第四部,病咳短气,主亭隧七所斥呼,七月□□除署第四部士吏。[案]:匡软弱不任吏职,以令斥免。
　　·状辞:公乘居延鞮汗里,年卅九岁,姓夏侯氏,为甲渠候官斗食令史,

---

[1] 长沙市文物考古研究所:《湖南长沙五一广场东汉简牍发掘简报》,《文物》2013年第6期,第21—22页,图一六。

署主官,以主领吏备盗贼为职。士吏冯匡始建国天凤上戊六年七月壬辰除
署第十部士吏。案:匡软弱不任吏职,以令斥免。
五月丁丑,甲渠守候博移居延。/掾谭
建武五年五月乙亥朔丁丑,主官令史谭劾移居延狱以律令从事。

《居延新简》EPT68.1－12、30

今例(一)所见形式,与此例"·状辞……主官令史谭劾移居延狱以律令从事"部分相类。《居延新简》EPT56·118:"●右劾及状"。这部分即属于"状",即"劾状"的部分。不同的是身份认定的内容中,此例不仅有被告人的身份认定,亦署原告的身份,即"公乘居延鞮汗里,年卌九岁,姓夏侯氏,为甲渠候官斗食令史,署主官,以主领吏备盗贼为职"。因为例(一)呈文中已明署原告身份为"直符户曹史盛",所以对原告的身份没有再做专门的陈述是可以理解的。据此我们将例(一)、(三)所见亦称之为"劾状"当不失本意。

举劾不法通常是在职官吏的职责,例(一)举劾人是户曹史,例(三)为亭长。五一简屡见举劾调查之执行报告,如:

(五) 解止男子朱曾舍。乐即诣歆告,考问,辞具服,合验,即歆乐证。案:秩无故
入人庐舍,盗牛一头,凡臧七千二百。秩盗臧五百以上,数罪,发觉得。均谨
已劾,尽力实核,辞有增。 《五一选释》502

(六) 矛。例亭长宋皋捕得,推求捽矛不得,为不知何人所盗。捽刃贼杀之,捕得何
人盗臧到百,亡。元已劾,逐捕有书。书到,趣推起逐捕何人,必发主名,捕
得,处言。冯、苍、元叩头死罪死罪。 《五一》【二】520[1]

(七) 宝谨已劾。尽力广设方略,阴微求捕嵩,必得为故。推辟何、充、仓等,还实
核,辞有增异,正处复言。奉、配、宝惶恐叩头死罪死罪敢言之。

《五一》【二】528

(八) ☐郁以盗赋受所监,臧皆二百
☐数罪。亭长朱种谨已劾。脩 《五一》【二】544

以上为执法报告,涉举劾,但非"劾状"本文。举劾人或皆为官吏。

就司法管辖权而言,例(一)所见显然属于职务管辖的范围,而例(三)所见则属于地域管辖。被告对象既有官吏,也有百姓。

---

[1] 长沙市文物考古研究所、清华大学出土文献研究与保护中心、中国文化遗产研究院、湖南大学岳麓书院:《长沙五一广场东汉简牍》(二),上海,中西书局,2018年。本文简称《五一》(二)。

五一简尚见"鞫状"的说法,如:

(九) 书考问朗、平、备等,辤皆曰:正月十五日文罪定,朗、纯具鞫状。署、逢未论决。文其日暮再鼓后,都亭部男子庆枇斗伤张湘。鼓鸣,逢出追。朗、纯以为文已署 《五一》【二】470

此例涉刑事案件。"具鞫状"指有完备的治狱断狱报告。"鞫状"一词乃出土简牍首见。鞫,《书·吕刑》:"狱成而孚,输而孚。"孔安国传:"谓上其鞫劾文辞。"孔颖达疏:"汉世问罪谓之鞫。"[1]以下简文则全面展现"鞫"之内涵。

(一〇) A面:

鞫:雄、俊、循、竟、赵大男,皆坐。雄,贼曹掾。俊、循,史。竟,骖驾。赵,驿曹史。驿卒李崇当为屈甫证。二年十二月廿一日,被府都部书:逐召崇不

得。雄、俊、循、竟、赵典主者掾史,知崇当为甫要证,被书召崇,皆不以征逯为意,不承用诏书。发觉得。直符户曹史盛劾,辤

如劾。案:辟都、南、中乡,未言。雄、俊、循、竟、赵辤:皆有名数,爵公士以上,癸酉赦令后以来无他犯,坐耐罪以上,不当请。

永初三年正月十四日乙巳,临湘令丹、守丞皓、掾商、狱助史护以劾律爵咸论雄、俊、循、竟、赵,耐为司寇,衣服如法,司空作,计其年。

B面:

得平 《五一选释》144

"鞫"字以下是"鞫状"的全部内容,包括:一、确定直符户曹史盛所提交"劾状"的真实性;二、做进一步的核实调查;三、提出量刑意见及理由;四、做出判决。

"雄、俊、循、竟、赵大男……发觉得"完全与劾状同,是对劾状的肯定。"直符户曹史盛劾,辤如劾"明确举劾责任人是户曹史盛,又表明审讯人赞同劾状列举的被告犯罪事实。

"辟都、南、中乡"指向都乡、南县、中乡做调查。辟,或称"推辟",调查。《居延新简》EPF22·135:"谨推辟验问。"《左传》文公六年:"辟刑狱。"杜注:"辟,犹理也。"孔颖达疏:"辟狱者有事在官未断者,令于今理治之也。"[2]都乡、南乡、中乡分别为被告居住地所在乡,亦是户籍档案等的存放处,故前往核实,证实被告身份籍贯无误。

癸酉赦令或指东汉安帝永初元年颁布的大赦令。《后汉书·安帝纪》:"永初元

---

[1]《尚书正义》卷一九《吕刑》,《十三经注疏》,北京,中华书局影印本,1980年,第250—251页。
[2]《春秋左传正义》卷一九上,《十三经注疏》,第1843页。

春正月癸酉朔大赦天下。"[1]

东汉时期之"耐罪"指二岁徒刑,《后汉书·光武帝纪》:"耐罪亡命。"李贤注:"耐,轻刑之名。《前书音义》曰:'一岁刑为罚作,二岁刑已上为耐。'"[2]

一些人在司法程序上有特殊待遇,有罪必须"先请",即向上级请示处理。《汉书·宣帝纪》:"吏六百石,位大夫,有罪先请。"[3]《汉书·平帝纪》:"公列侯嗣子有罪耐以上先请。"[4]《后汉书·光武帝纪》:"庚辰诏曰:吏不满六百石下至墨绶长相有罪先请。"[5]由于上述被告都不符合"先请"的条件,故云"不当请"。

"永初三年",时当公元109年。"爵咸"读"爵减",指因爵位而减刑。《汉书·薛宣传》:"况与谋者皆爵减完为城旦。"师古注:"以其身有爵级,故得减罪而为完也。况身及同谋皆从此科。"[6]《汉书·惠帝纪》:"上造以上及内外公孙、耳孙有罪当刑及当为城旦舂者,皆耐为鬼薪、白粲。"师古曰:"上造,第二爵名也。"[7]安帝时当亦执行类似的举措,故雄、俊、循、竟、赵等人得以减刑。

"衣服如法"当指按法律规定提供衣着服装,如《张家山汉简·金布律》:"诸内作县官及徒隶,大男,冬禀布袍表里七丈、络絮四斤,绔二丈、絮二斤……"[8]之类,当然供给标准不一定相同。

"司空作"指在司空处劳作服刑。由司空管理刑徒的做法屡见于史籍,《汉书·百官表》"都司空。"如淳注:"(律,)司空主水及罪人。"[9]《新书·阶级》:"若夫束缚之,系绁之,输之司空,编之徒官。"[10]《论衡·辨祟》:"犹系罪司空作徒。"[11]里耶秦简所见,诸县亦设有司空机构,管理徭役、刑徒等事务。此例所谓"司空"亦当指县司空。

牍背见"得平"二字,乃后书批语,以草体写就。平,公平适中。故"得平"是对案件处理结果的高度评价,但未知何人批示。治狱不公平亦构成犯罪,《张家山汉简·具

---

[1]《后汉书》卷五《安帝纪》,第206页。
[2]《后汉书》卷一下《光武帝纪下》,第51页。
[3]《汉书》卷八《宣帝纪》,第274页。
[4]《汉书》卷一二《平帝纪》,第349页。
[5]《后汉书》卷一上《光武帝纪上》,第35页。
[6]《汉书》卷八三《薛宣传》,第3396页。
[7]《汉书》卷二《惠帝纪》,第85页。
[8] 张家山二四七号汉墓竹简整理小组:《张家山汉墓竹简[二四七号墓]》(释文修订版),北京,文物出版社,2006年,第65页。
[9]《汉书》卷一九上《百官公卿表》,第730页。
[10](汉)贾谊撰,阎振益、钟夏校注:《新书校注》卷二《阶级》,北京,中华书局,2000年,第80页。
[11] 黄晖:《论衡校释》卷二四《辨祟》,北京,中华书局,1990年,第1012页。

律》:"鞫狱故纵、不直,及诊、报、辟故弗穷审者,死罪,斩左趾为城旦,它各以其罪论之。"又"告,告之不审,鞫之不直,故纵弗刑,若论而失之,及守将奴婢而亡之,篡遂纵之,及诸律令中曰同法、同罪,其所与同当刑复城旦舂,及曰黥之,若鬼薪白粲当刑为城旦舂,及刑畀主之罪也,皆如耐罪然"[1]。东汉时当亦然。

(一一) A面:

永初三年正月壬辰朔　　日,临湘令丹、守丞皓敢言之。谨移耐罪
大男张雄、舒俊、朱循、乐竟、熊赵辤状一编,敢言之。

B面:

掾祝商、狱助史黄护　　　　　　　　　　　　《五一》【二】437

从此例所见发文时间(皆为永初三年正月)及涉及的人物(皆见雄、俊、循、竟、赵)考察,它与例(一)、(二)、(一○)直接相关,皆围绕同一案件陈述,而且是最后形成的报给长沙郡的上行文。由于文中未署具体的发文日期(仅见月份,未知何日发文),当为草稿。辤,司法用语。辤,"辞"之异体。狱讼应答之语皆称"辞",《汉书·周勃传》:"勃恐,不知置辞。"师古注:"辞,对狱之辞。"[2]"辤状"即有关诉讼的报告。它有两种可能:一是对张雄等坐罪案情况的重新归纳;二指例(一○)所见"鞫状",即将之作为附件上报。

综上,例(一)、(二)、(一○)、(一一)反映了张雄、舒俊等五人诉讼案的完整过程:张雄等人玩忽职守的行为被发现后,由所在机构的值班官员进行举劾(类今公诉),核查其犯罪事实,确定罪行后加以拘捕,随之移交临湘狱处理。临湘县再次确认举劾报告所列被告犯罪事实后,先到被告原居乡核实身份等,再进一步审讯,而后依据有关律令条款及政策由县令、丞、有关掾史共同做出判决。判决后须上报郡太守府。更可贵的是此案给我们展示了东汉"劾状"及"鞫状"的标本,为我们进一步研究"状"类文书提供了新的线索。

本文为国家社科基金重大项目"五一广场东汉简牍的整理与研究"(15ZDB035)、清华大学自主科研项目"东汉简牍的综合研究"(2015THZWYX03)阶段成果。

[作者李均明,研究员,清华大学出土文献研究与保护中心]

---

[1] 张家山二四七号汉墓竹简整理小组:《张家山汉墓竹简[二四七号墓]》(释文修订版),第22页。
[2] 《汉书》卷四○《周勃传》,第2056页。

出土文书整理与研究再发力
——以居延汉简整理为例

张俊民

居延汉简的发现距今八十多年了,其整理与研究也在技术手段的影响与带动下逐步提高与发展。以邢义田先生为首的史语所简牍整理小组出版的《居延汉简》[1],无疑是利用当下最先进技术与手段重新整理旧有资料的成果与展现。也为即将过时、有点冷落的居延汉简整理与研究提供了新视角,可以说是居延汉简整理的再发力。如果将这一方法扩展至其他早年的出土文献整理应该也是适用的。

现仅以居延汉简为例,就其中体现出来的文书整理的两个方面略加阐述。

一、简牍符号的使用问题

(一) 简牍编号问题

简牍编号相当于简牍的身份证号码。但既往对简牍编号的使用存在着比较随意的问题,居延汉简的例子可以说明这一点。

当1930年4月26日,贝格曼的钢笔砸在一枚钱币上时,他不会想到之后竟然会有这么多的麻烦要发生。由之引起发现的居延汉简,因为自身保存状况的原因,八十五年之后,人们就连简牍上的文字还没能全部释读。不仅如此,由于载体技术的演进,仅仅就简牍本身身份号码的书写方式也没有统一。此一情况的原委是这样子的:

从《居》所附的高清图版来看,最早的简牍编号有两类:一类是用黑色书写的"字母H+数字"简号,类似H00789;另一类是用红色书写的,前后阿拉伯数字中间加"之"字,类似者如"134之12"。从图版来看,前一类虽有连续,但是不是全部都有如此编号尚不得而知,而后一类则是具体的编号。因为我们可以看到"H00799"、"30之1"与

---

[1] 简牍整理小组编:《居延汉简(壹)》,台北,中研院史语所,2014年。简牍整理小组编:《居延汉简(贰)》,台北,中研院史语所,2015年。简牍整理小组编:《居延汉简(叁)》,台北,中研院史语所,2016年。文中旧简未加注释者均来源于此,行文简称《居》。

"H00800"、"30之2",揣测前者的可能性是存在的[1]。

到简牍释读文字的使用和考释阶段,脱离了简牍本身的编号则因为汉字以及竖排版式的原因变成了如"一三四·一二"。此类简号在早期的居延汉简书籍中都是如此。如劳榦《居延汉简考释·释文之部》、《居延汉简考释·考证之部》和陈直《居延汉简研究》等[2]。

而简号由汉字变成阿拉伯数字应该是始于中国科学院考古研究所《居延汉简甲编》[3],本书撇开了原来的简牍编号,而使用了简牍的流水号,类似"245"。

后来中国社会科学院考古研究所《居延汉简甲乙编》[4]的简号采用汉字,具体状况类似石印本等。

大约是到了谢桂华、李均明、朱国炤《居延汉简释文合校》[5],因为简体横排的原因,释文后面的简号使用了中间圆点的方式,如"134·12"。也许是因为受其影响较深的原因,笔者一直使用,同时也建议部分年轻人使用。而对书后的附表并没有给予足够重视,结果是两种简号并用,正文用"134·12",附表用"134.12"。

2001年出版的《中国简牍集成》[6]因为是竖排版式,使用的简号遵循了《甲乙编》的方式。

中研院史语所简牍整理小组编辑的《居延汉简补编》[7],《居延汉简》(壹)、(贰)、(叁)虽然使用的都是竖排版式,但其简号却类似"134.12"。

以上是以释文为主要构成的图书状况。而各类研究书刊简号的使用,由于多数属于横排的书刊,时间也相对比较晚,居延汉简的编号多数是使用阿拉伯数字,归纳起来不外乎两类:非归类"134·12",即归类"134.12"(个别用134:12)。不知道是因为学者的原因,还是书刊编辑的原因,同一学者的简号使用在不同的著作中也会出现差异。这里选几位先生的大作,权作例举,还期先生见谅!

李均明是《合校》一书的主要成员之一,在其出版的《古代简牍》、《简牍文书学》、

---

[1] 本文原为2017年8月"中国古文书学研讨会"所作,会后,据史语所刘欣宁告知,"字母H+数字"式之"H00789",此类编号不是居延汉简当时的编号,而是史语所库房管理需要添加的编号;原简上有个别贝格曼编号,但很少见。

[2] 前二本1943、1944年在四川南溪石印出版,简称"石印本";后一本见天津古籍出版社,1986年。

[3] 北京,科学出版社,1959年。

[4] 北京,中华书局,1980年。行文简称《甲乙编》。

[5] 北京,文物出版社,1987年。行文简称《合校》。

[6] 《中国简牍集成》,兰州,敦煌文艺出版社,2005年。

[7] 简牍整理小组编:《居延汉简补编》,台北,中研院史语所,1998年。

《简牍法制论稿》和《秦汉简牍文书分类辑解》中均是使用居中的原点[1]。如类似的简号"134·12"在《新莽简辑证》中用如"134.12"[2]。陈梦家《汉简缀述》，用居中圆点[3]；大庭脩《汉简研究》，用居中圆点[4]；《木简字典》收录的居延旧简使用居中圆点，居延新简类似"EPF22·40"[5]；《简帛研究（2008）》，圆点与小数点并存，即类似"134·12"与"134.12"的简号一书并存[6]；《简帛》第13辑，旧简用小数点，但是悬泉汉简则用罗马数字"ii"替代了原来的罗马数字"Ⅱ"，[3]替代了原来表示层位的③[7]；《出土文献研究》第15辑，《合校》简号类似"134：12"，还有EPT51—193、居延汉简8—6等[8]。中研院金石简帛数据库（http：//saturn.ihp.sinica.edu.tw）旧简是小数点"134.12"，新简是"E.P.F22：40"。

围绕居延汉简所用的简号，主要是代表捆包号的前面数字与后面捆包内简牍数字之间的符号。鲁惟一在《汉代行政记录》一书中对上述所言符号是这样表述的："即一个冒号，小数点或句点，或用'之'。"[9]

简号的使用乱象可以说是确实存在的，造成的原因可能也是比较复杂的。为此，感觉类似居延旧简、居延新简简号使用的统一问题在其他简牍中也会出现，所以使用规范的简号应该是古文书学、同时也是简帛学的呼声。

居延旧简，笔者主张使用类似石印本居中的原点，如"134·12"；居延新简则使用如EPF22：40。按照考古学出土文物的编号原则比较好理解，EP即额济纳旗+破城子，代表出土地点的汉语拼音首个字母，两者之间一般不使用标点，F是出土单位，其后的出土单位编号和简牍编号之间一般用冒号"："隔开。

类似悬泉汉简完整的编号是Ⅱ90DXT0315②：12，所以第二分区的符号是"Ⅱ"不作"ii"，层位符号是②而不是[2]，T是探方号不应该省略。当然因为简号太长，一般省

---

[1] 李均明：《古代简牍》，北京，文物出版社，2003年；《简牍文书学》，南宁，广西教育出版社，1999年；《简牍法制论稿》，桂林，广西师范大出版社，2011年；《秦汉简牍文书分类辑解》，北京，文物出版社，2009年。

[2] 饶宗颐、李均明编：《新莽简辑证》，台北，新文丰出版公司，1995年。

[3] 陈梦家：《汉简缀述》，北京，中华书局，1980年。

[4]〔日〕大庭脩著，徐世虹译：《汉简研究》，桂林，广西师范大学出版社，2001年。

[5] 佐野光一编：《木简字典》，东京，雄山阁出版株式会社，1985年。

[6] 中国社会科学院简帛研究中心编：《简帛研究（2008）》，桂林，广西师范大学出版社，2010年。

[7] 武汉大学简帛研究中心主编：《简帛》第13辑，上海，上海古籍出版社，2016年，第150、192、216页。

[8] 肖从礼：《居延新简所见"反笱"略考》，中国文化遗产研究院编：《出土文献研究》第15辑，上海，中西书局，2016年，第370页；荒金治：《西汉时期与"前"字同步变化的几个字》，《出土文献研究》第15辑，第397页。

[9]〔英〕迈克尔·鲁惟一著，于振波、车今花译：《汉代行政记录》，桂林，广西师范大学出版社，2005年，第18页。

略出土时间的年度数字与代表敦煌悬泉置的"90DX",即作"ⅡT0315②：12"。

(二) 简牍符号问题

简牍文书中符号的应用除了简牍本身原有的符号外,还有一种是整理者为了表示简牍本身的完残状况与特征使用的一种符号。这种符号目前基本上还算统一,但是个别符号仍存异议。

符号的产生大概源于将简牍上的文字转移成现有文本形式的需要,即如何才能比较规范地体现原有简牍的形状、完残状况。符号的使用也许是因为关注的原因,窃以为《居延新简》简装本更为合理[1],除了一般使用的残断符号外,它还有一种表示简牍左右残损的符号,左残用"]"、右残用"["、左右残用"]["。遗憾的是此类符号没有被很好地传承下来。为什么呢? 其中最重要的原因可能是技术手段的处理问题。

谈到简牍符号,在 20 世纪 80、90 年代,简牍符号是比较另类的,一般出版物在排版时对简牍符号都比较难以处理,所以当时发表文章,校对时符号出现问题的情况是比较严重的。

现有的几种符号：

《合校》凡例记：

　　□ 未能释定的文字,一字一"□"。一字有一半未释出者,亦以半个"□"标出。☒ 上下有缺失的字而不能定其字数者。▨ 简端有花纹。■ 简端涂黑。 ▣ 有封泥空橐。

《居延汉简(壹)》的凡例作：

　　□ 未能释定之字,一□表示一字。□ 仅能释出部分偏旁之字,则以所释出偏旁加上□来表示。☒未能释定且字数无法确定,及中间破损字数无法确定。[ ]释文未能十分确定。字 原简缺失但可由文例推知之字。▣ 封检凹槽。

《居延新简》凡例作：

　　□原简字迹模糊未能释定者,每字一"□"。……字迹模糊,字数亦未能确定。☒原简断折之处。▣封泥印匣槽。[原简右残。]原简左残。][原简左右均残。= 释文将原简一行文字分作两行时,上行末加此号,表示与下行连接。

还有很多简牍释文出版物,这里仅列举三者作为代表。比较三者,可见"□"、"▣"基本上是统一的,有分歧的是符号"☒",这个符号存在两个含义：一个是最早出现的含

---

[1] 甘肃省文物考古研究所等编,北京,文物出版社,1990 年。

义,表示字数不可确定且不可释读;另一个是出现比较晚的,表示简牍残断的断简符号。而较之二者在单纯的释文本用"☐"表示残断比较合理,而用其表示释文字数不能确定的意思,则不如使用"……"。断简符号用于敦煌文书也是可以的[1]。

此外,因为《居》仅仅是单册成书的,在释文前后没有使用表示简牍残断的符号,对一些使用者来说如果没有注意简牍是否残断可能会造成不必要的误会。

二、简牍文书的释读问题

技术手段进步对简牍整理的冲击,也可以说是技术手段的进步对重新整理旧有简牍资料提出的要求与提供的可能。当然还有资料的丰富也是一个方面,可以进行类比佐证的资料出现了[2]。《居》一书的释读确实在很多地方超越了前人。这一点,大家有目共睹,无需我们着重去举例说明。但也有几处释读存在问题,虽然看似小问题,但会因为文字的改释使人们有可能重新认识汉代的管理制度。

简 1. 与彭☐[谨]案

　　律令敢言之　　　　　　　　　　　　212·56(图版简1)

此简的释文在《合校》作:

　　☐与彭尉☐客

　　☐律令敢言之

因为《居》图版比较清晰,释文"谨案"可以成立。至于存疑的"☐"字,《合校》作"尉"不妥,《居》未从。以现有图版残存字迹看可释作"俱"字,"与彭俱,谨案"或"与某俱"属于汉代传文书用语。类似的文书如:

(1)　☐三年八月戊午朔丙戌☐

　　　☐☐戎俱谨案长☐　　　　　　　　　　73EJT23:432

(2)　河平五年二月戊寅西乡啬夫贺敢☐

　　　俱谨案户籍晏爵上造年☐☐

　　　二月己丑居延令博移过所☐　　　　　　　73EJT26:92

(3)　建平二年十一月甲申己酉守令史长敢言之自言平明里男子孙仁自言弟放为都
　　　尉守属繇之

---

[1] 早年发现敦煌卷子中,表示残损的符号"＿＿＿＿＿＿＿＿",线条很长。借用简牍之断简符号未尝不可。
[2] 如笔者在《新、旧居延汉简校读二例》提到的对读事例,还有居延汉简227·5中"匊"字,借助悬泉汉简ⅠT0116②:54可知应作"气"。参见张俊民:《新、旧居延汉简校读二例》,《考古与文物》2009年第2期。

　　　　□□□□愿以令取传与□俱谨案臧官者仁爵大夫年廿五无关狱征事当

　　　　　　　　　　　　　　　　　　　　　　　　　73EJT160A+642

此处的"俱"或作"偕",二字意思相同。如:

(4) 本始二年七月庚子朔丁酉库啬夫毋患行尉事☑
　　 偕谨案奉宗憙毋官狱征事当为传谒移过所　　☑
　　 七月丁酉梁守丞左尉世移过所如律令　　　　☑　　　73EJT21:64

(5) 永光二年五月辛卯朔己未都乡啬夫禹敢言之始乐里女子惠青辟自言为家私使之居延与
　　 小奴同葆同县里公乘徐毋方偕谨案青辟毋方更赋给毋官狱事当得取传敢言之
　　 五月己未删丹长贺守丞禁移过所写移毋苛留止如律令／兼掾嘉令史广汉
　　　　　　　　　　　　　　　　　　　　　　　　　73EJT33:40A

简2. ■右第十三[卒]十人　　　　　　　　　213·25(图版简2)

本简下残,《合校》作"□□十三率十人"。比较二者释文,可见《居》在借助新技术手段之后取得的进步成就。但是因为简牍文字残泐,释文中的"卒"、"率"之字释读均不正确,应该释作"车"。类似的简文例如:

(1) 右第一车十人　　　　　　　　　　　　　　　　　29·9
(2) 弓馆陶第一车十人　　　　　　　　　　　　　　　81·1
(3) ☑四车十人　　　　　　　　　　　　　　　　　　221·5
(4) ·右第三车十人　　　　　　　　　　　　　　　　EPT53:43
(5) ■右第十一车十人　　方伏地△右尉居延伏　　　　EPT53:45

出现类似上述的"十人一车"或"一车十人",可能与当时的兵制或管理有关。青海上孙家寨汉简有"卒各十人一车,车幡□弩□□"[1]。有了这样可以成立的文书例,我们也可以反过来印证或验证释文的正确与否。如:

(6) 右第八车十　　　　　　　　　　　　　　　　　　238·13

《居》作上述释读,显然不如《合校》、《甲乙编》准确。《合校》作:

　　　☑右第八车十□☑

如果再大一些胆子,我们可以将"十"字后的"□"释作"人"。为什么说需要胆子大

---

[1] 李均明、何双全编:《散见简牍合辑》,北京,文物出版社,1990年,简418。

一些呢？因为当时也确实存在一些特例，除非将它看作是误书，因为简牍上清清楚楚是"廿"而不是"十"。即：

（7）·右第六车卒廿人　　　　　　　　　　　　　　　　　　230·10

此外，作为文书例，下简的"二"字也就值得怀疑了。即：

（8）■右新阳符一车十二　　　　　　　　　　　　　　　　　515·16

上述释文是依据史语所简帛金石数据库检索得到的，而在《合校》中已经将这一问题作了更正，径作"右新阳第一车十人"，并加注称"'第'乙、K作'□'。'人'乙、K作'二'"。《甲乙编》所附图版虽有些模糊，但有可比照的文例再看图版作"十"是不会有问题的。

考虑到居延汉简中"新阳"仅此一例，而"新野"作为南阳郡属县之一，居延汉简中出现的情况比较多，释作"新野"也许更为恰当些。这一点值得简牍整理小组注意。"新野"又见居延汉简72·42、145·4、157·20和447·5AB等。当然，如果将金关汉简、悬泉汉简纳入参考范围，"新阳"改释为"新野"应该是成立的。

简3. 各遣都吏督赋课蓄积少不☐
　　　七月丙申张掖肩水司马章以 私 ☐　　　　　213·43（图版简3）

上述释文出自《合校》，其中的"赋"字《居》作"諏"。二者孰是？从文意与图版来看，两字均有问题，应作"趣"字。

居延汉简中的"赋"多以算赋、赋钱之意出现，此处出现的"赋"字与前面的"督"和后面的"课蓄积"在文义上是不合的。从简文来看，应该是上级的发文，要求下属相关机构派人员"都吏"督办某事，检查"蓄积"多少，所以改释"赋"为"趣"，作"督趣"更合理。且悬泉汉简中文例亦可佐证。如：

（1）十月己卯敦煌大守快丞汉德敢告部都尉卒人谓县督盗贼史吉光刑世写移
　　　今☐☐☐☐☐
　　　部督趣书到各益部吏遮泄来捕部界中明白大编书乡亭市里显见令吏民尽知
　　　☐☐☐☐☐　　　　　　　　　　　　　　　　　　ⅠT0309③:222

（2）籍须督趣毋忽如律令☐　　　　　　　　　　　　　　ⅡT0314③:23

既然"督趣"可以组成一个词，在简牍文书中有别于"督邮"、"督盗贼"，那么是不是在简牍文书中还有"督趣"一词存在呢？除了上述几例外，"督趣"一词并不多见。但是，在检索的过程中，我们还发现确实仍有一条简文，因为"趣"的写法有点怪而不被重视。这条简存在于金关汉简的"甘露二年御史律令"册中。谈起"甘露二年御史律令"

册,很多学者都不会陌生,但是"督趣"一词也仅仅是昙花一现[1]。这条简文即73EJT1：2,原文比较长,大家又比较熟悉,仅列举相关文字而已。

（3）……务得请实发生从迹毋督聚烦扰民……

上面的"督聚"一词,是在以"督"字为检索对象时从金关汉简中发现的。得助于杨媚《〈甘露二年丞相御史律令〉册释文校释》一文,笔者省却很多时间。关于"督"字的释读有点争议[2],而对于"聚"字则很少有人怀疑过[3]。而正是这个"聚"字应该是"趣"字的左右结构书写为上下结构被人误释所致,相较于"督聚","督趣"更为恰当,亦更为符合文义。

简4. ……谨叩头叩头欲自往迫薪候长不得职至□辨□承忧死罪

214·16A（图版简4）

本简为私人书信,左侧残,致使部分字体残存右半。上面引录的是《合校》释文,《居》虽比《合校》有所进步,但《合校》原来释读正确的字却改错了。《居》作：

……护叩头叩头欲自往追薪候长不得臧至□□□幸宽死罪

由之可见《居》"护"、"幸宽"可从,而其中的"追"、"臧"倒不如《合校》,作"迫"、"职"更合理。作为私人书信,"臧"字出现不太合理,而其书写字体类似"职"也是可以的。"薪"义即"新"。大意是"护"想亲自去办理某事,但是因为新任候长尚未到职,"护"有些不方便出行,请收信人宽恕。

简5. 守大司农光禄大夫臣调昧死言守受簿丞庆前以请诏使护军屯食守部丞武□

以东至西河郡十一农都尉官二调物钱谷漕转为民困乏愿调有余给不□

214·33A（图版简5）

上面的释文出自《合校》,《居》的释文与之的差异不大。《居》作：

---

[1] 伍德煦：《居延出土〈甘露二年丞相御史律令〉简牍考释》,《西北师大学报》1979年第4期;初仕宾：《居延简册〈甘露二年丞相御史律令〉考述》,《考古》1980年第2期;朱绍侯：《对〈居延简册"甘露二年丞相御史律令"考述〉的商榷》,《河南师大学报》1982年第4期;林剑鸣：《秦汉时代的丞相和御史——居延汉简解读笔记》,《兰州大学学报》1983年第3期;初师宾、伍德煦：《居延甘露二年御史书册考述补》,《考古与文物》1984年第4期;许青松：《"甘露二年逐验外人简"考释中的一些问题》,《中国历史博物馆馆刊》1986年第8期;裘锡圭：《再谈甘露二年御史书》,《考古与文物》1987年第1期;张小锋：《甘露二年丞相御史书探微》,《首都师范大学学报》2000年第5期;邬文玲：《〈甘露二年御史书〉校读》,《中国古代法律文献研究》第5辑,北京,社会科学文献出版社,2012年;孙树山：《〈甘露二年丞相御史书〉再商榷》,《文教资料》2015年第34期。写本条时查询已有出版物,发现邬文玲《校读》支持并采用许青松文"聚"作"趣"的观点。

[2] 杨媚：《〈甘露二年丞相御史律令〉册释文校释》,《简牍学研究》第4辑,兰州,甘肃人民出版社,2004年,第249页。

[3] "聚"作"趣"前文已言许青松观点发表在1986年,主要依据来自《汉书·成帝纪》中的"督趣逐捕"一词。2004年杨媚《校释》漏记,2011年中西书局最新版《肩水金关汉简（壹）》释文仍作"聚"。

守大司农光禄大夫臣调昧死言守受簿丞庆前以请诏使护军屯食守部丞武☐

以东至西河郡十一农都尉官二调物钱谷漕转☐民困乏储调有余给☐

比较二者释文，参考《居》图版，释文差异的三字"为"、"储"与"不"可从。这里之所以例举本简，是因为其中的一个关键字，与汉代的"均输平准"有关，虽然因为其中的"农都尉"、"调"等字眼很多人曾关注这条简文[1]，但是其中的"物"字均没有提出异议。细审《居》图版"物"当作"均"，两字的差异主要在左下部分。也许正是因为此字的左下不是十分清楚，日本学者的《木簡字典》"均"与"物"都没有收录此字[2]。调有余、给不足是当时"均输平准"的主旨[3]。"调均钱谷"简文悬泉汉简亦见。即：

十一月丁巳中郎安意使领护敦煌酒泉张掖武威金城郡农田官常平籴调均钱谷以大司农丞印封下敦煌

酒泉张掖武威金城郡大守承书从事下当用者破羌将军军吏士毕已过具移所给吏士赐诸装实☐☐☑

ⅡT0114②：293

本简中出现的破羌将军辛武贤在汉简中曾出现两次，一次是神爵元年与赵充国平定羌乱，一个是甘露年间伐乌孙。因为讨羌之役比较早，在敦煌汉简中早有出现，本简的时间又不明显，所以在《敦煌悬泉汉简释粹》中作者将之归为神爵元年[4]。而这条简更重要的是它能说明破羌将军伐乌孙的最早时间，因此之故，有的学者在检讨乌孙战役的时间问题中没有引用此条简文，而更多地注意到了甘露二年[5]。初世宾先生在《悬泉汉简拾遗（三）》中指出了这一错误，认为"《释粹》因其云'破羌将军'，系于宣帝神爵元年。误，当系于甘露元年"[6]。笔者翻检破羌将军穿漕渠的资料，发现本简正好可以说明伐乌孙之事首起之年是甘露元年，本年十一月中郎安意领护河西四郡、金城郡为破羌将军筹备军需物资。

简6. 第廿四隧长淳于福　转櫩毋柅　蓬一不任事　卒十一人茭

　　☐矢☐不坚　小积薪二便顷

---

[1] 陈邦怀：《居延汉简偶谈》，《考古》1963年第10期；陈直：《居延汉简研究》，天津，天津古籍出版社，1986年，第239页。后者且因释读原因直接断句为"官调物，钱谷漕转为民困乏"。

[2] 〔日〕佐野光一编：《木簡字典》，第170、483页。

[3] 王子今：《西汉均输制度新议》，《首都师范大学学报》1994年第2期；刘邯生：《略论桑弘羊均输平准之法》，《长春工程学院学报》2001年第3期。尤其是比较注重简牍资料使用的王子今先生，没有注意到这一条汉简资料，恐与原来的释文中没有出现"均"字有关。"调均钱谷、漕转"不是正好与汉代的"均输"有关吗？

[4] 胡平生、张德芳编：《敦煌悬泉汉简释粹》，上海古籍出版社，2001年，第52页。

[5] 袁延胜：《悬泉汉简所见汉代乌孙的几个年代问题》，《西域研究》2005年第4期。

[6] 初昉、世宾：《悬泉汉简拾遗（三）》，《出土文献研究》第10辑，北京，中华书局，2011年，第228页。

```
                    杆辟一斤呼
                    钩一不事用                    214·49(图版简6)
第廿四隧长淳于福    转檽毋椴      □□不任事    卒一人茭
                    □□不坚      小积薪二僵顷
                    □□[一]斤呼
                    汋一不事用
```

再次将《合校》、《居》二者的释文一并列出,前面的是《合校》释文,我们再检讨释文的问题。较之二者可见,《居》比较稳妥,对不太清楚的文字采取了不释读的方式,之外又改"梸"为"椴"、"十一"为"一"、"便"为"僵"、"钩"为"汋"。

改"十一"为"一"是正确的。因为本简是隧长守御器"不中程"的记录[1],一个隧不可能有十一个人,且又类似"省卒"干的不是隧卒日常工作的"伐茭"活。

"便"、"僵"差异不大,难以取舍,不论。

"梸"为"椴",这个字也不十分精准,但是按照类似的简牍文书,这个字有可能是"梸"而不是"椴"。《居》也认为本简与简214·47有关,而实际上与二简有关系的简牍还有,即127·22与285·18。而在285·18《居》是将这一字释作"梸"。查《合校》附表,127、214与285均出土于破城子,四简的书写风格一致,可以看作是同一册书的散简。

除了二者释文差异之外,本文主要检讨二者都忽略的一个字,即"任"字。这个字还算比较清楚,左侧不是单人部,右侧也不是"壬",应该是"壮",即"不壮事"。同样,这一字在127·22、132·34与285·18也应释作"壮"而不是"任"。将"任"字改释为"壮"之后,再在汉简文书中检索"任事"或"不任事",除这几简外是不存在的。

从"不壮事"出现的位置来看,属于守御器的检查记录,与"不壮事"表述比较接近的还有一个词,即"不事用"。两者相校,"不壮事"应该比"不事用"好一个等差,"不事用"可以理解为不能使用,"不壮事"则在一定的程度上还可以使用,只是略有不稳定、不结实、不坚固的成分。如果将"不壮事"用于"枔柱",可能与"枔柱不坚"意思上有点接近,即检查时有枔柱吗?有,只是不结实、不牢固而已。

"壮事"一词悬泉汉简又见,如:

---

[1] 借用邮书传递,实际上是没有达到管理要求或标准事项的记录。

　　　　内中壮毋裾单平席皆敝
　　　　恩泽诏书靡灭
　　　　清踞不壮事垣足埤垷不治☐
　　　　右三传　　毋强五☐☐☐　☑　　　　　　　ⅠT0111②：112
　　建始二年二月乙未朔癸丑督邮史光告效谷往者厩器物不齐或少相媵甚不可亭
坞剿多谷不任用
　　　今移式书到亟作治务令钉坚壮事齐壹毋出三月十日毕成以书言光循行课毋状
这必亲　　　　　　　　　　　　　　　　　　　　　ⅠT0110①：91

前简是检查传舍状况的记录,第三传舍的内部设施哪些不达标,类似隧长守御器簿。后简为官文书,督邮史光发文要求驿站改变整治官舍面貌,务必达到"钉坚、壮事、齐壹"。

简7.　☑单衣一领自取　布巾一两☐☐　布袜一两阳取　　☐一索☐☐
　　　☑单绔一两自取　☐☐自取　　　枲袜一两阳取
　　　☑☐阳取　　　　　　　　　　　练纬绅五尺
　　　☑☐二☐自取　　　　　　　　　·右十一物阁官　214·93(图版简7)

上面是《合校》释文,《居》作：

　　　单衣一领自取一布巾一☐☐☐　　布袜一两伤取　　沩一虞意自取
　　　单绔一两自取☐☐☐自取　　　　枲袜一两伤取
　　　☐伤取　　　　　　　　　　　　练纬绅五尺
　　　☐二纸自取　　　　　　　·右十一物阁官　　　　214·93

本简上残,引录释文时我们省略了原来表示画押的符号,从图版原来的字迹来看,书写时间明显有先后的差异,《合校》的第二栏均是后书。整体而言,《居》释文比较合理。但是仍有两处显得不妥。即"一"后面的三个☐参考下面的释文可作"虞意取",而后面的"虞意自取"的"自"并不存在。"阁官"之物被三个人领取,领取时分别采用三种不同的签名形式。一是伤取,一是自取,一是虞意取。

简8.　☑☐☐间未☐元不得见☐☐☑
　　　☑足力者☐☐☐意出入律小人☑　　　　214·133(图版简8)

本简释文《居》作：

　　　☐之有反问未闲元不得见未闲☐
　　　☐怒力谨之强饭自爱出入辟火当

从二者的释文来看,原简属于私人书信。《居》以"'辟火'文例见 59.36",将《合校》释读的"小人"更作"火",不妥。"辟火"李均明有解说[1],用在书信中当作"辟小人"。类似的私人书信又见:

(1) 长倩足下善毋恙甚苦事寒时寿伏愿长倩节衣强幸酒食慎出入辟小人察

　　所临毋行决决寿幸甚因道……　　　　　　　　　　　　73EJH2∶47A

(2) ☐毋毋善先日去时仓卒不一√二叩头叩头前日自闭谢今县因留

　　☐侯视致且厚自爱远辟小人非者详之叩头叩头有来者赐命

　　☐☐阁下　　　　　　　　　　　　　　　　　　ⅡT0216③∶134A

而细审图版,就会发现"火"字实际上是由上下两部分组成的,应该是两个字。

地不爱宝,简牍层出不穷,旧有资料虽可以焕发新生,但总有点过时落伍的感觉,这些资料被越来越多的人所冷落。在时下以成果数字论英雄的时代,能以数年之功,重新整理与释读看似落伍的资料给后人一个交代,《居》这一工作本身就是对文书资料的一大贡献。同时,也是技术手段进步之后,对出土文书整理者提出的要求。

在当今技术手段之下,这一方法,不仅可以运用到居延汉简的整理与研究中,当然也可以用于其他简牍的重新整理与研究。比较而言,张家山汉简《二年律令》在这一点上做得好、快、新。当然,也是因为更多的专家、学者关注了它,使其有人力、财力和时间保障得以付诸实施。

[作者张俊民,研究员,甘肃省文物考古研究所]

---

[1] 李均明:《汉简"辟火"解》,《文史》第 20 辑。

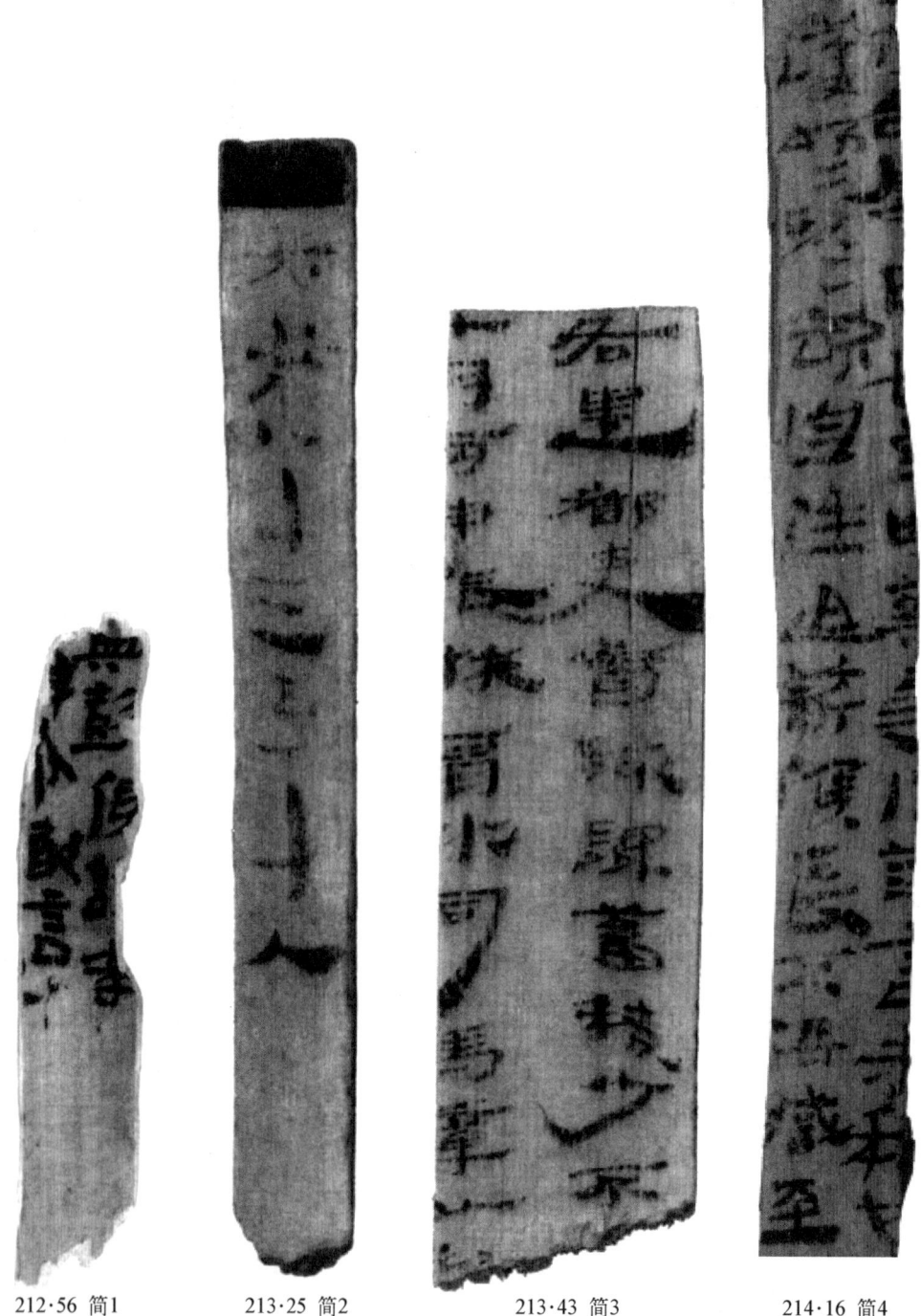

212·56 简1　　213·25 简2　　213·43 简3　　214·16 简4

214·33 简5　　214·49 简6 　　214·93 简7　　214·133 简8

秦朝迁陵县社会状况漫谈
——《里耶秦简(贰)》选读

张春龙

《里耶秦简(贰)》[1]收录里耶遗址一号井第九层全部简牍3414枚。简文极其具体,巨细靡遗地记录了迁陵县官吏、民众的工作生活事务。

9-1至9-12出土时摞在一起,是三例成组出现的简牍中最具规模的一组,是井下最令人激动的发现。简文内容是阳陵县追讨十二位在洞庭郡戍守的阳陵籍戍卒的赀债钱。简洁的文字和完整的公文格式记录了秦朝郡县机构处理事务的严谨和平民的实际生活情态。

9-2287,一片长23厘米的木牍,记下了一员小吏某年四月、五月两个多月在临沅(今湖南常德)附近的工作中每天到达的地点,或停或留,明明确确,绝无含糊……此木牍在急急忙忙之中又经仔细多次清洗后,请方北松先生脱色处理,于2002年7月底里耶古城遗址发掘收获论证会期间供人观摩。彼时蒸馏水中的简牍,木色如新,墨痕浓艳,璀然璨然,为喧嚣暑热的长沙城带来些许古远的安静清凉。

简牍中形制最特殊者是9-19、9-20和9-485三枚,分别长45.9、46.5、28.7厘米,末端两侧切有两个小契口方便系绳悬挂,内容以月为单位,正面分栏记录丞主和疾已(含家人)的粮米和酱的用量,背面以刀锥等锐器划出表格,记录当月每天丞主、疾已具体的就餐次数。这种形制的简仅见于第九层。

人口、地域、性别的管理非常具体,迁陵居民由多个地域之人构成,楚人自然比例不小,秦人新到,比楚人更早的居住者有濮、臾、杨等,"濮人、臾,补须濮人、臾人"(9-1147)可证。"都乡黔首毋濮人、杨人、臾人"(9-2307)特意说明都乡无濮、臾、杨人,不知是不是当时政权有意为之的分区域安置居住。

对于寡居的妇女,文件中也予以注明,秦律中有没有相关的优抚律文有待查找。登记户口"东成户人夫:寡晏"(9-566)、记录新开垦土地的"憖"(9-14),强调她们的"寡妇"身份。"寡妇变赀钱……赣监"(9-86)与"元年八月庚午朔戊戌少内壬上阳里

---

[1] 湖南省考古研究所:《里耶秦简(贰)》,北京,文物出版社,2018年。

寡妇变赀钱……令佐赣监"(9-720),左侧刻齿表明赀钱数为"二千六百三十",据睡虎地秦律"有罪以赀赎及有责(债)于公,以其令日问之,其弗能入及赏(偿),以令日居之,日居八钱;公食者,日居六钱"[1],可知这不是一个小数目。9-86和9-720是一组校券的正副本,按理应当由授受两方分别保管,不会保存在同一单位,它们出现在一号井,又出在同一层位,也许是检查核对无异议后折断弃置。"少内沈逆受高里寡妇胸"(9-2015)是"胸"接受钱物的记录。

"十三户,上造寡一户"(9-2341)。十三户中有上造寡妇某一户,"寡"字后漏写名字;也可能是拥有某种爵位者十三户,上造寡妇某一户。

吏员的任命、职事的交接、官民的诚信,是管理者必须详加考虑的事情。

"贰春乡守平敢言之:廷令平代乡兹守贰春乡,今兹下之廷而不尽□告以仓粟米,问之有(又)不告平以其数,节(即)封仓以私印。今兹䌛(徭)使未归,远逃而仓封以私印,所用备盗贼粮尽在仓中,节(即)盗贼发,吏不敢蜀(独)发仓。毋以智粟米备不备。"(9-50)"平"代"兹"为贰春乡守,而兹以私印封存仓储粮食且不告知存粮数量,兹远行服徭役未归,影响防备盗贼、维护治安等工作的开展,表明前后任乡官工作移交的不彻底或者两者间缺乏信任,也可能是前任对继任的故意为难。盗贼未发而预为谋划,指出事情的严重性,新乡官的这道文书写得言简意赅,极是精彩。

"令居赀目取船,弗予,谩曰亡。亡不定言,论及谳问不亡,定谩者訾遗。诣廷,问之船亡,审。"(9-981)船亡与不亡,问题是要反复推敲的,船确实是因涨水漂失,看管船只的人被诬为"谩者",几乎遭受"訾遗"的惩罚。

新拓展之地,局面纷乱紧张,民众认识不会一致,归附有先后,高压之下的降服肯定会有反复。军卒、民力调配,粮饷供应都是大过天的事。

廿六年二月,"唐亭旁有盗可卅人,壮卒少不足以追"(9-1112),唐亭亭长壮的文书中说出了工作压力。"盗"未必是盗,更可能是持械拒绝归顺的原居民。

"迁陵勿禀"(9-452)。迁陵县抗命,不按照公文要求为丹阳郡"奔命"军卒提供粮食,是粮食不够还是另有原因?简文年月残去,但应当是秦军到达迁陵的初期,丹阳郡兵戍守在迁陵也说明当地的情况复杂危急。

"卅六年十一月甲申朔戊子鄢将奔命尉沮敢告贰春乡主……食皆尽……续食"(9-1116)。鄢地的奔命卒卅六年还留在迁陵,说明新武陵地区在王朝末年还未得平

---

[1] 睡虎地秦墓竹简整理小组:《睡虎地秦简竹简》,北京,文物出版社,1990年。

定,不给大秦王朝省心。还有食粮问题,虽然"迁陵地埶(势)美"(9-2094),美则美矣,可地狭民贫,产粮不多,外地辗转输送可能有延宕,粮食紧张的问题始终存在。

军卒是否尽力效命,战而不力,不能卫护官长,是战时常有之事。

"男子它辪曰……士五,居新武陵轵上,往岁八月击反寇迁陵……与反寇战,丞死,它狱迁陵。论耐它为侯,遣它归,复令令史畸追环(还)它,更论它,系狱府,去亡……赦罪云何。"(9-2290)名它的士伍本是新武陵县轵上里平民,长官战死,它未死,不能轻饶,先是耐刑之后遣归,又追还,投入狱中,它却跑了,相关官员查核它有无其他罪错、是否罪有可赦。事情颇多周折,适应的律文、处罚的轻重也可探讨,然而它很有性格,"未系去亡",趁着管制的松懈跑了,又劳官府械送"其前狱"以儆效尤。

"战不死,狱系酉阳。"(9-600)此公系酉阳,它系迁陵,军法森严,是秦军战斗力的保证。

参照"廿六年二月……唐亭旁有盗可卅人"(9-1112),只在二十六年,又是反寇,又是盗,迁陵远未太平。

大一统的事业,兵卒、吏员、物资的调配使用必须服从大一统的终极目的,同时尽可能地爱惜民力,不误农业生产。

"南阳守衍……下南郡守,书到相报,宛、新野、追、比阳、雉、□……邯郸书……南郡守亟下真书洞庭守。"(9-2077)涉及南阳和南阳郡下辖的宛、新野、追、比阳、雉,邯郸郡、南郡和洞庭郡。这是一件转发公文事务的记录,记录具体工作任务的简牍未发现。邯郸距南阳、南郡有些距离,"邯郸书"可能是指由邯郸转发而来的公文。

"令曰:传送委输必先行城旦舂、粲、臣妾、居赀、赎责,急事不可留,乃兴繇(徭)。今洞庭兵输内史及巴、南郡、苍梧……必先悉行乘城卒、粲、臣妾、城旦舂、鬼薪、白粲、居赀、赎责、司寇、隐官、践更县者。田时殹不欲兴黔首。"(9-2283)洞庭郡兵器配送巴郡、南郡、苍梧郡,说明当地具备足够的制造能力或者先有储备,役使人力必须先是乘城卒、刑徒和践更者,"田时殹不欲兴黔首"有照顾生产的初衷,然而"急事不可留乃兴徭"也必须遵照执行,具体如何履行职责完成如此复杂艰难的公务,很是考验官吏的行政能力。

"东晦卒史武助洞庭与守丞勮粟。"(9-479)是传播先进农业生产经验还是交换干部、挂职锻炼?秦时官吏跨区域的协作,跨度可是够大。

"书二封迁陵印其一封安阳、洞庭尉。"(9-2135/2151)有驿道的支持,有17-14等里程书可据以计算工作量和日程,迁陵的文书直送安阳不值得讶异。

吏制的严格和廉政管理,是高效率行政运作的保证。

"御史请书曰：'自今以来为传假马以使，若有吏县中及逆传车马而以载人，避见人，若有所之，自一里上□坐所马车为臧（赃），与盗同法。'"（9-1878）乘坐一里，合今天的四百多米，即"与盗同法"，私用公车或马，后果是灾难性的。

迁陵吏员据秦王朝颁布的律令和其他具体公文行使职权。三十七年始皇南巡曾驾临云梦泽，望祀虞舜于九疑山，可以说到过洞庭郡边境，但对洞庭郡或辖下各县带来的具体影响不得而知。丞相、御史等有没有直接管理过洞庭郡或迁陵县的事务？

第九层简文提到"丞相"的有："守府下请史书曰丞相"（9-303）、"启陵乡守唐敢言之：廷下丞相书"（9-1205）、"贰春乡后敢言之丞相言"（9-1415）、"上丞相"（9-2055），共四例。

提到"御史"的有："下御史书"（9-643）、"田虎敢言之御史书"（9-700/802）、"传御史书"（9-707）、"御史丞臣去"（9-727）、"御史丞去□"（9-1339/1524）、"行书御史一封，临沅丞印，诣迁陵，以邮，急"（9-1450/1723）。

御史直接下达指令给迁陵县，"上丞相"应是直接呈文丞相府，迁陵县是否可以直接上书丞相府？"行书御史一封"，若是临沅送往御史府的书信经过迁陵，则道迂曲而路远，更可能是"行御史书一封，诣迁陵"。两例"御史丞去"、"去"字后或字残或简断，但可知年份为二十九年和三十一年，"去□"当为人名，疑是冯去疾。

物资管理，钱物的使用必须有预算，市场管理是双轨制。事先计算钱、金甲、锦、缦、白布、枲、帷、袍等"度给县用足"或"度给县用不足"（9-1152、9-1405、9-2296等）。

"八月市平贾叔（菽）"（9-1189）。有平价就应当有"市价"，政府采用的是"双轨制"。

"出铜八两为靳负环四"（9-737）。用铜八两制作服马当胸皮带的四个带扣，物资管理之细致也令人慨叹。

橘园橘志、枝枸志、漆园志、畜官志，所有生产活动都须有记录。

"洞庭叚守高谓县丞：干蕅及菅茅善用殹……以书到时令乘城卒及徒隶、居赀、赎责勉多取积之，必各足给县用。"（9-1895）代理郡太守指示各县，采收并囤积芦苇和菅茅，干草和菅茅很重要，"必各足给县用"。高太守"以洞庭发弩印行事"，他代理太守之前的职务可能是洞庭发弩。

有趣的工作可能就是9-31记载的每岁捕捉黄翰、白翰、黑翰、明渠鸟、鹜鸟、猨等以"赋献"了，这些工作是贰春乡等基层机构和民众必须完成的。9-599"迁陵买鸟毛（羽）"。捕捉不能完成"程"，去其他地方买也是一种办法。

生产劳动中刑徒安全管理的踪迹。

9－724"死者二人率之千卌人而死一人"，只是简单的死亡比率的统计还是各种工作中伤亡比率的规定？既然郑重其事地记录于此，即使是将劳动力作为一种资源，也必定多少有惜用民力之意，参见"田时也不欲兴黔首"（9－2283）。

酒可以祭神、可用于奖励劝勉、也可售卖。

"嘉平皆饮臣独不得饮"（9－1082）、"为嘉平酒唯勿"（1419），"嘉平"吏员是可以饮酒的，若不然，合法权益是需要维护的，当事人会上告，会在书信中倾诉，甚至留之久远，让两千二百多年后的人知道。

难以解释的莫过于"献马之月己未之日，尉大夫士尹囗以司马令……负甲"（9－2336），右侧刻齿为"四"，形态是标准的校券，字体是端正的秦隶，记时却是楚国的"献马之月"，职官"尹"也是楚的官称。

物品的具体称谓，邮书经过的地名和详细路线，对今天了解出土文物和田野考古调查多有启示。

"牡瓦"、"牝瓦"（9－674）指的是筒瓦和板瓦。

"临沅下索、门浅、上衍、零阳，各以道次传别书。"（9－712/758）记录文书邮件在今天的常德附近县邑的传递地点，为我们田野工作中讨论未有文字记录而不能确定历史属性的楚汉时期城址提供了线索，大致可以对应常德市小南门遗址、鼎城区索县故城、桃源县青林镇采菱城、慈利零阳镇，唯上衍地点不明确，当在慈利龙潭镇或以西某处。

"平春君假舍人南昌平智大夫"（9－2321），这是"南昌"作为地名最早的出现，也许指向今天的江西南昌，若真如此，刘贺在海昏侯国傍新建"南昌邑"，恐怕不能成立。

秦国何时占领洞庭郡，抵达迁陵？"今迁陵廿五年为县"（8－758）表述明确，是秦王二十五年。具体是哪月？"廿五年二月戊午朔辛未洞庭叚守灶"（7－1）、"廿六年十月以来尽后九月往来书具此中·廿五年二月三月"（9－1127）、"宂佐八岁上造阳陵西就甘驺廿五年二月辛巳初视事上衍"（8－1457）等是时间最早的里耶简牍，二十五年二月应当就是秦国在洞庭郡行政的开始。灶是洞庭郡第一位主政者，阳陵西就里的甘驺是第一批随行的吏员。

静穆的武陵山地，僻远的里耶，秦朝迁陵县吏员制作规范的简牍，字迹工整地记录工作中种种细务，虽是日常，今天看来已是奇迹。

[作者张春龙，研究员，湖南省考古研究所]

里耶秦简《迁陵吏志》考释
——以"吏志"、"吏员"与"员"外群体为中心

孙闻博

一、学术史与缀合相关问题

里耶秦简为秦洞庭郡迁陵县的公文遗存,为认识当时县级组织形态与属吏设置提供了一手资料。部分材料公布时[1],学界已多有探讨[2],《里耶秦简〔壹〕》公布了里耶一号井第五、六层,特别第八层堆积的共2600余枚简牍[3],有助于进一步增进对相关问题的认识[4]。

---

[1] 湖南省文物考古研究所等:《湖南龙山里耶战国—秦代古代一号井发掘简报》,《文物》2003年第1期;湖南省文物考古研究所等:《湘西里耶秦代简牍选释》,《中国历史文物》2003年第1期;湖南省文物考古研究所:《里耶发掘报告》第二章第四节《出土遗物》,长沙,岳麓书社,2007年,第179—217页;张春龙:《里耶秦简所见的户籍和人口管理》,中国社会科学院考古研究所等编:《里耶古城·秦简与秦文化研究——中国里耶古城·秦简与秦文化国际学术研讨会论文集》,北京,科学出版社,2009年,第188—195页。

[2] 黄海烈:《里耶秦简与秦地方官制》,《北方论丛》2005年第6期;卜宪群:《秦汉之际乡里吏员杂考——以里耶秦简为中心的探讨》,《南都学坛》2006年第1期;邹水杰:《简牍所见秦汉县属吏设置及演变》,《中国史研究》2007年第3期;王俊梅:《秦汉郡县属吏研究》,博士学位论文,中国人民大学,2008年,第113—119页;李迎春:《秦汉郡县属吏制度演变考》,博士学位论文,北京师范大学,2009年,第21—30页;〔日〕土口史记著,朱腾译:《战国、秦代的县——以县廷与"官"之关系为中心的考察》,周东平、朱腾主编:《法律史译评》2013年卷,北京,中国政法大学出版社,2014年,第1—27页。

[3] 湖南省文物考古研究所:《里耶秦简(壹)》,北京,文物出版社,2012年;陈伟主编,何有祖等撰著:《里耶秦简牍校释》第1卷,武汉,武汉大学出版社,2012年。

[4] 王彦辉:《〈里耶秦简〉(壹)所见秦代县乡机构设置问题蠡测》,《古代文明》2012年第4期。较早利用里耶秦简博物馆所展出简牍,进行拍照研究的则是叶山,具体参见〔加〕叶山《解读里耶秦简——秦代地方行政制度》,胡川安译,武汉大学简帛研究中心主办:《简帛》第8辑,上海,上海古籍出版社,2013年,第89—137页。郭洪伯借鉴行政学理论对相关问题进行了考述,多有新见。郭洪伯:《稗官与诸曹——秦汉基层机构的部门设置》,卜宪群、杨振红主编:《简帛研究二○一三》,桂林,广西师范大学出版社,2014年,第101—127页。在秦汉地方行政制度研究传统脉络中对相关问题的探讨,参见孙闻博《秦县的列曹与诸官——从〈洪范五行传〉一则佚文说起》,武汉大学简帛研究中心主办:《简帛》第11辑,上海,上海古籍出版社,2015年,第75—87页,增订稿收入里耶秦简博物馆、出土文献与中国古代文明研究协同创新中心中国人民大学中心编著:《里耶秦简博物馆藏秦简》,上海,中西书局,2016年,第240—257页。〔日〕土口史记:《里耶秦简にみる秦代县下の官制构造》,《东洋史研究》73-4,2015年,第1—38页;邹水杰:《简牍所见秦代县廷令史与诸曹关系考》,杨振红、邬文玲主编:《简帛研究二○一六》春夏卷,桂林,广西师范大学出版社,2016年,第132—146页;黎明钊、唐俊峰:《里耶秦简所见秦代县官、曹组织的职能分野与行政互动——以计、课为中心》,武汉大学简帛研究中心主办:《简帛》第13辑,上海,上海古籍出版社,2016年,第131—158页。

《里耶秦简〔壹〕》"前言"之"四、内容概述"谈到秦县职官时,曾提到"据《迁陵吏志》,迁陵有'吏员百三人,令史廿八人'"[1]。所披露的有限信息,已显示相关材料的重要价值。此《迁陵吏志》现藏里耶秦简博物馆,出土登记号为 7 - 67[2]。展出释文为张春龙所作。木牍下部残断,左上部亦残缺。叶山参观里耶博物馆时,注意到此简,并介绍录文。他同时录有"上头已经破损"的另外一枚简牍,即出土登记号 9 - 631 的木牍,归入内容相关一类,未言二者关系[3]。本人于 2015 年参观该馆时,见有两牍原物。陈列分置两处,相距很远,的确未显示二者联系。岳麓书社于 2013 年 6 月、8 月先后出版的两种《湖南出土简牍选编》,正式发表了这两枚木牍的照片与释文[4],但同样排录于两处,未言二者关系。何有祖在对新见里耶秦简进行校释时,认为"二片茬口吻合,可缀合",首次尝试对二者进行缀合,并订正、拟补了若干文字[5]。

　　但也有学者对此持怀疑意见。"两枚简能否直接缀合有待以后考证","'迁陵吏志'可能残断不全,信息或许不太完整",并在录文时仍区别为两枚[6]。的确,欲形成相关判断,尚需做更多工作。今对照图版,两牍断裂部分,初看茬口似不吻合,两简宽度似也存在出入。不过,简 7 - 67 右下端劈裂非完全纵向,而是斜横向断裂,因而造成相关部位材质变薄。简 9 - 631 右上端伸出部分,正好可以与之相接。又,简 7 - 67 长 6.4 厘米,宽 3.2—3.3 厘米;简 9 - 631 长 17.3 厘米,宽 3.2—3.3 厘米。两简发现时存在一定的变形,但宽度实际相近。

　　又由于两简分别出土于里耶一号古井第七层和第九层,相关考古学信息需要考虑。按木简 7 - 67 出土于第七层,《简报》及《报告》描述一号井第七层情形:A 层淤泥板结,有少量竹木屑、陶片、瓦砾和简牍。B 层多竹木屑,伴出简牍。C 层出有瓦砾、陶片[7]。木

---

[1]　湖南省文物考古研究所:《里耶秦简(壹)》,第 5 页。
[2]　目前公布的里耶秦简有两类编号:一类为"出土整理号",如《里耶秦简(壹)》中所使用编号;另一类为"出土登记号",如里耶秦简博物馆藏秦简所标注号。同一简的两种编号一般存在差异。本文所示简号为"简牍整理号",如涉及"简牍出土登记号",均另外说明。
[3]　〔加〕叶山:《解读里耶秦简——秦代地方行政制度》,胡川安译,第 118—119 页。
[4]　郑曙斌、张春龙、宋少华、黄朴华编著:《湖南出土简牍选编》,长沙,岳麓书社,2013 年,第 18、104 页;郑曙斌、张春龙、宋少华、黄朴华编著:《湖南出土简牍选编》,图版第 23、135 页,释文第 174、205 页。
[5]　里耶秦简牍校释小组:《新见里耶秦简牍资料选校一》,何有祖执笔(原刊简帛网,http://www.bsm.org.cn/show_article.php?id=2068[2014-9-1]),收入武汉大学简帛研究中心主办:《简帛》第 10 辑,上海,上海古籍出版社,2015 年,第 178—179 页。
[6]　单印飞:《略论秦代迁陵县吏员设置》,武汉大学简帛研究中心主办:《简帛》第 11 辑,上海,上海古籍出版社,2015 年,第 91、100 页。
[7]　湖南省文物考古研究所编著:《里耶发掘报告》第二章,第 41 页。

简9-631出土于第九层,《简报》及《报告》描述一号井第九层情形：厚0.8米,距井口8.3米。分三小层。A层竹木屑。B层瓦砾夹少量淤泥和竹木屑。C层竹木屑夹较多简牍[1]。刘瑞指出：“在J1中由上而下的3b、4a、5b、6b、7a、8a、8b、8c、9b、10a、10b、10c、11、12、13、14、15、16b、17层共19层堆积为自然淤积沉淀形成的淤泥,大体可称为'自然层',而其他3a、4b、5a、6a、7b、7c、9a、9c、16a、18层共10层堆积则明显是在人为抛弃废弃物于井内形成的堆积,因此并非'自然层'（报告未介绍井内堆积第1、2层的情况,故我们无法确认其是在自然还是人为作用下形成）。”[2]参据考古发掘报告与刘氏所谈到的情况,出于一号古井第七层与第九层简牍属非自然层情况较多,特别是含简数量较多的7b和9c层。故相关缀合,可以尝试。目前不同层位相关简牍成功缀合的例子颇多,兹不赘举。

由上,利用图版、照片等材料及考古发掘有关信息,关注两枚木牍的材质、内容衔接、文字笔迹,特别是结合茬口,相关缀合应可成立[3]。缀合后木牍7-67+9-631,长约22.5厘米,宽3.2厘米。文字分作四栏书写,每栏五行。其中,第二、三栏上端有锐器刻画痕。后者明显;前者存痕较浅,仔细观察,仍可识别。这些当为书写前所作预先处理,以便书写更为规范整齐。这枚重要木牍材料的整理,可对秦县行政组织的研究提供新的帮助。

二、也说《迁陵吏志》的性质

关于《迁陵吏志》的录文及先行研究,主要有里耶秦简博物馆文物陈列、里耶秦简牍校释小组《新见里耶秦简牍资料选校一》（简称《选校（一）》）、《里耶秦简博物馆藏秦简》释文几种及鲁家亮、单印飞、水间大辅、宫宅洁等学者的有关讨论[4]。这里取《选校（一）》所录,兹列于下：

---

[1] 湖南省文物考古研究所编著：《里耶发掘报告》第二章,第41页。
[2] 刘瑞：《里耶古城J1埋藏过程试探》,中国社会科学院考古研究所、中国社会科学院历史研究所、湖南省文物考古研究所编：《里耶古城·秦简与秦文化研究——中国里耶古城·秦简与秦文化国际学术研讨会论文集》,第90页。
[3] 由此,我们在重新整理里耶秦简博物馆藏秦简时,尝试做了新的处理。参见里耶秦简博物馆、出土文献与中国古代文明研究协同创新中心中国人民大学中心编著《里耶秦简博物馆藏秦简》,第3、77页。又,陈侃理、李彦楠在"出土文献与秦汉史研究"工作坊之二（北京大学出土文献研究所主办,2015年11月）,也较早指出此点。
[4] 鲁家亮：《里耶秦简所见秦迁陵县的令史》,"中国简帛学国际论坛2014"会议论文,芝加哥大学,2014年10月24—26日;单印飞：《略论秦代迁陵县吏员设置》;鲁家亮：《秦简牍与区域社会研究——以秦迁陵县（地区）为个案分析》,"出土文献与秦汉史研究"工作坊之二,北京大学出土文献研究所主办,2015年11月;[日]水间大辅：《里耶秦简〈迁陵吏志〉初探——通过与尹湾汉简〈东海郡吏员簿〉的比较》,武汉大学简帛研究中心主办：《简帛》第12辑,上海,上海古籍出版社,2016年,第179—196页;[日]宫宅洁：《秦代遷陵縣志初稿—里耶秦简より見た秦の占領支配と駐屯軍—》,《東洋史研究》75-1,2016年,第1—32页。

迁陵吏志：AⅠ

吏员百三人。AⅡ

令史廿八人，AⅢ

【其十】人繇（徭）使，AⅣ

【今见】十八人。AⅤ

官啬夫十人。BⅠ

其二人缺，BⅡ

三人繇（徭）使，BⅢ

今见五人。BⅣ

校长六人，BⅤ

其四人缺，BⅥ

今见二人。CⅠ

官佐五十三人，CⅡ

其七人缺，CⅢ

廿二人繇（徭）使，CⅣ

今见廿四人。CⅤ

牢监一人。CⅥ

长吏三人。DⅠ

其二人缺，DⅡ

今见一人。DⅢ

凡见吏五十一人。DⅣ（7-67+9-631）[1]

首行首列书"迁陵吏志"，未有墨点等特别标示。这与里耶秦简目前所见其他"志"、"课志"的书写特征相近。里耶秦简所涉迁陵县行政文书，有称"迁陵"，亦有称"廷"者。后者如"廷"、"廷主薄（簿）"、"廷金布"、"廷主计"、"廷主吏"、"廷吏曹"、"廷主户"、"廷户"、"廷户曹"、"廷令曹"、"廷主仓"、"廷仓曹"、"廷狱东"等。"秦简以'廷'（县廷）来指称以县令、丞、令史为中心的县行政中枢"[2]。使用"迁陵"抑或"廷"

---

[1]《里耶秦简博物馆藏秦简》所做校记，基本遵从《选校（一）》相关意见。唯（官佐）廿二人繇（徭）使，校记作：之"五"字，《选编①》、《选编②》释为"二"，《选校（一）》改释为"五"，从。改释作"廿五人繇（徭）使"，或可调整。

[2]〔日〕土口史记著，朱腾译：《战国、秦代的县——以县廷与"官"之关系为中心的考察》，第11页。

的差异,显然主要在于文书运行层级不同,从而形成的文书性质有别。县内下级机构的上行文书,多称"廷",县与县平行文书或郡县间的上下行文书多用"迁陵"。考虑到这里的"见吏"统计,不仅排除吏缺,而且外出"繇(徭)使"不在署者,亦不计算在内。此应为县根据郡相关要求,在某一时间节点统计制作出来的上呈记录。"吏志"对官吏记录的重心并非"在职",而是"在署",显示地方郡府及国家对相关时段可供征调的县内官吏情况的关切。"吏志"制作用途亦当与此有关。

在界定、把握"吏志"之"吏"前,我们对"吏志"之"志"的文书名称使用,尚须有所辨析。里耶秦简"☒☒四时志会☒☒"(8-24),《校释》云:"志,记录。里耶秦简有各种志,如事志(8-42)、群志(8-94)、田课志(8-383)、田官课志(8-479)、尉课志(8-482)、司空课志(8-486)、乡课志(8-483)、畜官课志(8-490+8-501)、仓课志(8-495)、人庸作志(8-949)。"[1]李均明指出,目前所见的里耶秦简中与"志"相关的记录主要有两类:一是"课志"类,如"田课志"(简8-383+8-484)、"【尉】课志"(简8-482)、"仓课志"(简8-495)、"司空课志"(简8-486)、"田官课志"(简8-479)、"畜官课志"(简8-490+8-501)"乡课志"(简8-483)、"都乡畜志"(简8-2491)等;二是按物质属性或事类划分者,如"四时志"(简8-24)、"当出户赋者志"(简8-518)、"禾稼租志"(简8-1246)、"貳春乡枝(枳)枸志"(简8-455)等。汉简中如同"账簿"、"簿录"的"从器志"、"田器志"也属于第二类,第二类志是否与考核有关,须根据具体情况而定,其中有些可能是"课志"的简称[2]。李先生还指出:"'录'与'志'虽然都有记录的意思,而里耶秦简所见'录'皆与'计'搭配,'志'皆与'课'搭配,绝非偶然,当与'计'之针对客观事实,而'录'之意义包含对客观事实的调查;'课'侧重主观认识,而'志'包含主观判断的字义相关,两相对应,颇显和谐。"[3]沈刚也注意到上述问题:"这种文书称为志,汉简中还有'从器志''田器志'等名目,李均明先生认为这些'志'是账簿、簿录的意思。因此,上述秦简中的某课志就是某类课的簿录,和'某计录'相似,但为何要用两个不同的字,尚不清楚。"[4]

---

[1] 陈伟主编,何有祖、鲁家亮、凡国栋撰著:《里耶秦简牍校释》第1卷,武汉,武汉大学出版社,2012年,第34页。
[2] 李均明:《里耶秦简"计录"与"课志"解》,武汉大学简帛研究中心主办:《简帛》第8辑,上海,上海古籍出版社,2013年,第156—157页。
[3] 李均明:《里耶秦简"计录"与"课志"解》,第157页。
[4] 沈刚:《〈里耶秦简〉【壹】中的"课"与"计"——兼谈战国秦汉时期考绩制度的流变》,《鲁东大学学报》(哲学社会科学版)2013年第1期,第66页。

就前人所论,这里有几点略作辨析。倘依"'课志'类"与"按物质属性或事类划分者"的二分处理,"都乡畜志"(简8-2491)与诸"课志"无论名称抑或记录内容均存差异,似应由前类改归入后类。而对"课志"的理解,也值得检讨。以下先试举两例:

田课志。

綮园课。

·凡一课。(8-383+8-484)

【尉】课志:

卒死亡课,

司寇田课,

卒田课。

·凡三课。(8-482)[1]

此为对田官、尉(官)诸课的记录。所谓"田课志"、"【尉】课志",非指"田"之"课志"、"【尉】"之"课志",而是"田课"之"志"、"【尉】课"之"志"的意思。"第二类志是否与考核有关……其中有些可能是'课志'的简称"中,第二类志有些可能与考核相关的意见,值得重视;然不宜由此出发,建立与第一类"课志"的逻辑联系。

《校释》"志,记录"的解释,符合以往简牍文书学研究的一般判断。李均明先生曾将案、录、志、记、刺、课等统称为"案录类"。"志,通志,记也,实录亦称'志'。"[2]又,李零先生对汉代文书分类列有"(I)簿籍类","是登录实物、财务、人名、户口的文书"。具体又分簿、籍两小类。而就前者又曾这样说道:"(1)簿。如今账簿或统计报表。案:当时的物品登记册,有时也叫'录''志''记'。古代书目或称'簿''录''志',是同样的含义。"[3]上引沈刚先生"汉简中还有'从器志''田器志'等名目,李均明先生认为这些'志'是账簿、簿录的意思。因此,上述秦简中的某课志就是某类课的簿录"的引述与论说,与此接近。从广义角度来说,相关认识应没有问题。不过,我们也注意到,无论《简牍文书学》中"案录类"文书,还是之后增订出版的《秦汉简牍文书分类辑解》改称作"录课类"文书,李均明先生均有意将其与"簿籍类"相区别。以后一种著作为例,其中谈道:"秦汉简牍中尚有一些文书既不同于书檄,与簿籍亦有区别,自称为录、刺、案、课

---

[1] 陈伟主编,何有祖、鲁家亮、凡国栋撰著:《里耶秦简牍校释》第1卷,第141、165页。

[2] 李均明、刘军:《简牍文书学》第十二章,南宁,广西教育出版社,1999年,第403页。按:原文如是,后一"志"或当为它字。

[3] 李零:《简帛古书与学术源流》第二讲"附录一",北京,生活·读书·新知三联书店,2004年,第70页。

等,其主要功能是对客观现象的实录,包括事物自身及相关数据,而课还包括考核的内容,是日后考核备查的书证。"[1] 以往"志"类文书发现较少,以致李先生在后种著作"录课类"下,较前著省略了"志",而不再交代。里耶秦简较为难得的是,各种"志"为名目的材料出现不少。这些"志"不仅与各种"簿"书并存,而且仔细对照,格式也有自身特征: 1. 文书记录者信息,很少出现。2. 文书制作日期信息,也很少出现。由此,狭义上看,"簿"、"志"不宜完全混同。那么,"志"与"录"的关系,又当如何把握呢? 里耶秦简中的总结文书,列曹称"计录",诸官则有"课志"[2]。王伟通过对里耶简"付计"文书的分析,还进一步指出"○曹计录,就是某曹令史对与本曹对应的某'官'之计的核查('录')成果"[3]。对照"课志"、"计录",两者在格式与登录性质上的确颇为近似。不过,里耶简"司空曹计录"(8-480)、"仓曹计录"(8-481),末尾会出现"史尚主"的记录。而"课志"及"志"类文书尚未见到,亦即文书记录信息出现更少。一般认为,行政文书的分类及名称具有行政法律效力,不可随意混同。而新公布的岳麓秦令,出现下列内容:

　　……上计寂(最)、志、郡〈群〉课、徒隶员簿,会十月望。同期,一县用吏十人,小官一人,凡用令史三百八人,用吏三百五十七人,上计寂(最)者,被兼上志,群课、徒隶员簿。●议:独令令史上计寂(最)、志、群课╸徒隶员簿,用令史四百八十五人,而尽岁官吏╸上攻者。(2148、0813、0805)[4]

其中,"志"在令文中凡出现三次。据"上计寂(最)者被兼上志群课徒隶员簿","上计寂(最)、志、郡〈群〉课、徒隶员簿"的句读,可从。这里,"志"与"上计寂(最)"、"群课"、"徒隶员簿"并举。关于"寂(最)",胡平生先生此前对里耶秦简"作徒簿及最"有所辨正,"'最'就是总汇、总计","8-815'作徒簿及最卅一',就应当是三十块日作徒簿牒加上一块'最'合计该月作徒总人数、各自的作务分工、疾病、逃亡、死去情形的牒"[5]。推想作为文书类别,"志"与"课"、"簿",也是有所不同的,并非相混无别。

---

[1] 李均明:《秦汉简牍文书分类辑解》"录课类",北京,文物出版社,2009年,第415页。
[2] [加]叶山著,胡川安译:《解读里耶秦简——秦代地方行政制度》;李均明:《里耶秦简"计录"与"课志"解》;徐世虹:《秦"课"刍议》,武汉大学简帛研究中心主办:《简帛》第8辑,上海,上海古籍出版社,2013年,第93、157、258页;沈刚:《〈里耶秦简〉【壹】中的"课"与"计"——兼谈战国秦汉时期考绩制度的流变》,第64—69页;孙闻博:《秦县的列曹与诸官(增订稿)》。
[3] 王伟:《里耶秦简"付计"文书义解》,《鲁东大学学报》(哲学社会科学版)2015年第5期,第60页。
[4] 陈松长主编:《岳麓书院藏秦简(肆)》,上海,上海辞书出版社,2015年,第211页。
[5] 胡平生:《也说"作徒簿及最"》,简帛网 http://www.bsm.org.cn/show_article.php?id=2026[2014-5-31]。

· 33 ·

就上述讨论而言,里耶简所见一些其他材料也应略作解释。里耶秦简第八层中出现有:

　　都乡畜志☒AⅠ

　　牡彘一。☒AⅡ

　　牡犬四。☒AⅢ

　　□☒BⅠ

　　□☒BⅡ(8-2491)〔1〕

新近公布第十层简牍中,则有:

　　贰春乡畜员:AⅠ

　　牝彘一。AⅡ

　　豶一。AⅢ

　　豭一。AⅣ

　　牝犬一。BⅠ

　　牡犬一。BⅡ

　　雌鸡五。BⅢ

　　雄鸡一。BⅣ(10-4)〔2〕

前者涉及迁陵县都乡对猪、犬的饲养记录,书写先猪后犬。后者保存更为完整,是迁陵县贰春乡相关饲养记录。"豶"为去势的公猪,"豭"指公猪。故此处书写均为先雌后雄,依次记录了猪、犬、鸡的饲养数量。秦代地方机构对"六畜"的管理有所区分。里耶简显示,畜官主要负责马、牛、羊的饲养,而仓负责畜养、管理的则是彘、鸡、狗、雁等〔3〕。此与睡虎地秦简《秦律杂抄·仓》"畜鸡离仓。用犬者,畜犬期足。猪、鸡之息子不用者,买(卖)之,别计其钱"(六三)〔4〕,可以对照。因此,这里有关诸乡的"畜"的统计主要对应仓官而非畜官,且所记种类等信息已较完整。"都乡畜志"与"贰春乡畜员"书写格式基本一致。二者又均首行首列题写标题,具体内容书写又均为"名称+数量"的简要形式。故"志"与"员"是否可以建立对应,也是需要回应的。相关内容也关系我们对《迁陵吏志》的综合把握。尹湾汉简有一种文书,学者定名为《东汉郡吏员簿》。今以东海郡首县海西为例:

---

〔1〕　陈伟主编,何有祖、鲁家亮、凡国栋撰著:《里耶秦简牍校释》第1卷,第474页。
〔2〕　里耶秦简牍校释小组:《新见里耶秦简牍资料选校(一)》,第180页。
〔3〕　鲁家亮已指出此点。鲁家亮:《秦简牍与区域社会研究——以秦迁陵县(地区)为个案分析》。
〔4〕　睡虎地秦墓竹简整理小组:《睡虎地秦墓竹简》,北京,文物出版社,1990年,释文注释第35页。有意见认为"离仓,恐即'离邑仓'","二字疑属下读,'畜鸡'。离仓用犬者,畜犬期足"。陈伟主编,彭浩、刘乐贤等撰著:《秦简牍合集(壹)》(释文注释修订本),武汉,武汉大学出版社,2016年,第83页。

> 海西吏员百七人。令一人,秩千石;丞一人,秩四百石;尉二人,秩四百石。官有秩一人,乡有秩四人。令史四人,狱史三人。官啬夫三人,乡啬夫十人。游徼四人。牢监一人,尉史三人。官佐七人,乡佐九人。亭长五十四人。凡百七人。[1]

"吏员"的用语与《迁陵吏志》完全一致。"员",参考尹湾汉简所谓《东海郡属吏设置簿》"•今掾史见九十三人。其廿五人员,十五?人君卿门下,十三人以故事置,廿九人请治所置,吏赢员廿一人"(五反)[2],应为在编正式之意。而所记内容重点,则与《迁陵吏志》不同。前者侧重一县内所有在编吏的相关情况。据此,"贰春乡畜员"或是贰春乡规定饲养的猪、犬、鸡的数额统计,"都乡畜志"或是在某一时间节点所饲养相关畜禽的记录[3]。目前,"员"、"志"文书亦不宜简单归入一类。

由上言之,《迁陵吏志》应为县根据郡相关要求,在某一时间节点统计制作出来的上呈记录。目前发现的此份"吏志",对官吏记录的重心并非"员吏",而是"见吏",即非"在职"官吏,而是"在署"官吏。这显示地方郡府及国家对相关时段可供征调的县内官吏情况的关切。作为"文书"类型,秦代"志"与"簿"、"录"、"员"等,不宜简单等同。作为文书类型的"志"多首行书写标题;一般不使用圆点、墨块等提示、强调符号;多不出现文书记录者与文书制作日期等信息。

三、《迁陵吏志》所见"吏员"与"员"外群体

关于《吏志》所记"员"吏的具体名目,叶山先生结合迁陵人口规模,做了初步分析[4]。此后,单印飞、鲁家亮、水间大辅、宫宅洁等学者又做了进一步探讨与归纳。令、丞、尉三名"长吏"之前的诸吏,大体对应汉代所习称之"少吏"。这里具体包括了令史、官啬夫、校长[5]、官佐与牢监[6]。与尹湾汉简所见西汉后期东海郡县吏构成相

---

[1] 连云港市博物馆、东海县博物馆、中国社会科学院简帛研究中心、中国文物研究所编:《尹湾汉墓简牍》,北京,中华书局,1997年,第79页。

[2] 连云港市博物馆、东海县博物馆、中国社会科学院简帛研究中心、中国文物研究所编:《尹湾汉墓简牍》,第100页。

[3] 鲁家亮认为,8-2491的"畜志"未必十分可靠,图版显示在"畜"与"志"存在一字空白,"志"或许属第二栏。鲁家亮:《秦简牍与区域社会研究——以秦迁陵县(地区)为个案分析》。

[4] [加]叶山著,胡川安译:《解读里耶秦简——秦代地方行政制度》,第118—127页。

[5] [日]水间大辅:《秦·汉の亭吏及び他官との关系》,《中国出土资料研究》第13號,2009年,中译本《秦汉时期的亭吏及其与他官的关系》,周东平、朱腾编:《法律史译评》,北京,北京大学出版社,2013年,第28—46页。

[6] [日]水间大辅:《里耶秦简所见的"牢监"与"牢人"》,王沛主编:《出土文献与法律史研究》第2辑,上海,上海人民出版社,2013年,第25—34页。

较,相关情况可作如下示意:

《迁陵吏志》(人数)	《东海郡吏员簿》(县;侯国人数)
令史(28)	令史(6-3;4-1);狱史(5-1;2-0)
官啬夫(10,缺2)	官有秩(5-2)、官啬夫(2-1); 乡有秩(4-0)、乡啬夫(13-0)(县合14-1,侯国合4-1)
校长(6,缺4)	亭长(54-4;19-2)
官佐(53,缺7)	官佐(9-4;7-3); 乡佐(9-0;3-0)
牢监(1)	牢监(1-0)
	游徼(6-1)
	尉史(4-1)
	邮佐(2-0)

首先,"我们仍不宜忽视(秦代)史类吏员、特别令史数量较多,且十分活跃的事实"[1]。令史且较它吏没有出现缺员,相对数量就更显可观了。里耶秦简有"狱史",应为令史充任,可归入"令史"下。其次,这里提到的"官啬夫",是以往被关注的一个热点。单印飞认为除其中一个较难确定,其他九个官啬夫为田啬夫、司空啬夫、库啬夫、仓啬夫、厩啬夫、发弩啬夫、少内啬夫、田官啬夫、畜官啬夫[2]。鲁家亮则认为是田、田官、尉、乡、司空、畜官、仓、少内、库、发弩[3]。水间大辅指出"迁陵县中至少设有田啬夫、司空啬夫、仓啬夫、厩啬夫、少内啬夫、发弩啬夫、船啬夫、畜啬夫、库啬夫等九人",并可能包含乡啬夫。不过他同时又怀疑"乡啬夫不入于县吏之列"[4]。在里耶简资料未完全公布,《吏志》制作时间亦不明晓情况下,似不必过于执着十个啬夫究竟所指为何。不过,这里仍可对官啬夫是否包括乡啬夫,以及乡啬夫是否"不入于县吏之列",略作提示。一般意义上,乡啬夫与县诸官啬夫是有所区分的。不过,乡机构可称乡官,亦属广义诸官范畴。里耶秦简提到王援为吏的阀阅信息:

　　冗佐上造临汉都里曰援。

---

[1] 孙闻博:《秦县的列曹与诸官(增订稿)》,《里耶秦简博物馆藏秦简》,第254页。
[2] 单印飞:《略论秦代迁陵县吏员设置》,第98、100页。
[3] 鲁家亮:《秦简牍与区域社会研究——以秦迁陵县(地区)为个案分析》。
[4] 〔日〕水间大辅:《里耶秦简〈迁陵吏志〉初探——通过与尹湾汉简〈东海郡吏员簿〉的比较》,第186—188页。

为无阳众阳乡佐三月十二日,

凡为官佐三月十二日。(第一栏)

库佐宂佐。(第二栏)

年卅七岁。

族王氏。(第三栏)

为县买工用,端月行。(第四栏)

库六人(背)(8-1555)(出土登记号8-1563)[1]

"凡为官佐"应指"为无阳众阳乡佐"事。"乡佐"属于"官佐",说明早期乡部同样被视作诸官[2]。参考《吏志》对其他县吏记录简略的特征,乡啬夫、乡佐应可分别归入"官啬夫"、"官佐"下。"官啬夫"未如尹湾汉简,作有秩(啬夫)、(斗食)啬夫一类更具体交代。当时诸官啬夫、乡啬夫,多是有秩啬夫耳。而乡吏既是县分部之吏,又是诸官之吏,显然属县吏范畴,不当另外统计。这里的官啬夫,应纳入三乡啬夫而适当排除尉、船、厩。而目前将田、田官进行区分[3],最有力的证据是8-149+4-489。简文中既出现"田官佐贺二甲",又在间隔若干县吏后出现了"田佐□一甲"。不过,张家山汉简《二年律令·秩律》多"田、乡部"并举。即便简四一七较为详细列举仓、库、少内、校长、髳长、发弩等县下诸官吏时[4],亦未将相对重要的田、田官并举列出。田、田部是否属于两官,还需做进一步工作。

《吏志》记校长员6人,缺员达4人之多。尹湾汉简《东海郡吏员簿》所记辖县亭长4至54人不等,每个侯国有亭长2至19人不等。其中,与迁陵辖3乡较为接近的,是利成、缯均辖4乡。后两县亭长分别为32、23人。亭修筑于交通干道沿线,最初由军事系统发展而来。迁陵所在虽较为偏僻,但在秦帝国建立初叶,设亭数量反较西汉后期的东南之县明显偏少,仍值得注意。此或与当时在地方多驻有军队,而军队系统承担一些相关治安等职事有关。同时,这里也要指出,秦校长地位较后世为高,秩级在一百二十石

---

[1] 里耶秦简博物馆、出土文献与中国古代文明研究协同创新中心中国人民大学中心编著:《里耶秦简博物馆藏秦简》,第175页。

[2] 孙闻博:《秦县的列曹与诸官(增订稿)》,《里耶秦简博物馆藏秦简》,第253页。

[3] 王彦辉:《〈里耶秦简〉(壹)所见秦代县乡机构设置问题蠡测》;陈伟:《里耶秦简所见的"田"与"田官"》,《中国典籍与文化》2013年第4期。

[4] "县道司马、候、厩有乘车者,秩各百六十石;毋乘车者,及仓、库、少内、校长、髳长、发弩、衞〈卫〉将军、衞〈卫〉尉士吏,都市、亭、厨有秩级毋乘车之乡部,秩各百廿石。"(四七一、四七二)彭浩、陈伟、[日]工藤元男编:《二年律令与奏谳书——张家山二四七号汉墓出土法律文献释读》,上海,上海古籍出版社,2007年,第293页。

以上,属有秩一级。尹湾汉简《集簿》"……有秩卅人斗食五百一人佐使亭长千一百八十二人"(一正)显示[1],亭长数量虽多,但秩级较低,不仅已非有秩,连斗食也不及了,乃为佐史一级。此外,秦代似尚未出现汉代的游徼。里耶秦简有"邮人",而未见尹湾简记录的"邮佐"。"邮人",不受领俸禄,具有平民从事的职役性质。

更值得注意的问题是:里耶秦简所见一些地方官吏,并未出现于《吏志》之中。这主要包括(1)令佐、狱佐,(2)尉史、诸官史、乡史、史,(3)士吏。由于他们不在"吏员"范围内,我们这里称作"'员'外群体"。尹湾汉简有称"员"外吏为"赢员"[2],然尚难言两种概念可以完全等同。

狱佐,有意见认为"似是狱史之佐"[3],还可讨论。水间大辅推测:"跟令史和狱史之间的关系一样,令佐是第一种等级,狱佐是第二种等级,狱佐是保持着令佐的职位而就任的。"[4]大体可从。狱佐可放在令佐下,一并讨论。那么,县吏之中的"令佐"又应如何把握呢?

就工作内容而言,令佐与令史似无实质区别。不过,相较县下诸官,官佐较官史地位较高;县廷之中,令佐地位却并不较令史为高[5]。二者又有不同。张家山汉简《二年律令·史律》云:

> 试史学童以十五篇,能风(讽)书五千字以上,乃得为史。有(又)以八膻(体)试之,郡移其八膻(体)课大(太)史,大(太)史诵课,取寡(最)一人以为其县令史,殿者勿以为史。(四七五、四七六)

> □□,大(太)史官之;郡,郡守官之。卜,大(太)卜官之。史、人〈卜〉不足,乃除佐。(四八一)[6]

前则对太史考察选拔史担任县令史的制度有所交代。后则谈到中央、郡任用史、卜,相关人数不足时,才任用佐。这些内容提示我们,相对于多有世袭畴官性质的史,佐或许

---

[1] 连云港市博物馆、东海县博物馆、中国社会科学院简帛研究中心、中国文物研究所编:《尹湾汉墓简牍》,第77页。
[2] 连云港市博物馆、东海县博物馆、中国社会科学院简帛研究中心、中国文物研究所编:《尹湾汉墓简牍》,第100页。
[3] 陈伟主编,何有祖、鲁家亮、凡国栋撰著:《里耶秦简牍校释》第1卷,第1页。
[4] 〔日〕水间大辅:《里耶秦简〈迁陵吏志〉初探——通过与尹湾汉简〈东海郡吏员簿〉的比较》,第191页。
[5] 有意见认为二者地位基本相当。赵岩:《秦令佐考》,《鲁东大学学报》(哲学社会科学版)2014年第1期。
[6] 彭浩、陈伟、〔日〕工藤元男主编:《二年律令与奏谳书——张家山二四七号汉墓出土法律文献释读》,第301—302页。

没有出身限制。令佐出身很可能亦与令史有别,可供选取的人群范围应当更广[1]。与之同时,令佐重要性较令史略低。令史大体在斗食,而令佐应在斗食下,为佐史一级。

令佐不属"吏员"范畴,须与秦低级小吏存在"冗"、"更"的供役方式相联系。杨振红先生指出:"'冗''更'是一组相对用语,但是在更大的范畴内,它们又是作为'员'即国家正式任命的职事官、吏的对立面而存在的,适用的群体主要包括勋官、武散官、四品以下文散官、流外番官、卫士、在官府供役的丁、夫(如邮人、唐代的干力、白直、仗身、庶仆、亲事、帐内、执衣、防合、邑士、士力、门夫等)、杂色人(如工、乐、医等)、徒隶(如隐官、隶臣妾、唐代的番户、杂户)等。……一部分不称'员吏'……既然与'员吏'对举,则应属番吏、卫士、杂役等","'冗''更'即适用相对于'吏员'的广义的'冗'的群体,其中也包括各种散官、散吏。"[2] 阎步克先生提道:"在秦简之中,可以看到佐、史、卜、史、司御、寺、府一类官府职役承担者,他们大抵没有爵位,由官府按月提供廪食,是为'月食'。这种月食是与禄秩两存并用的。"[3] 宫宅洁先生进一步指出,"一部分'佐''史'一级的官吏也是轮流服务的","就报酬方法而言,佐、史近于服徭役的一般民众,本质上的界限倒在于有秩与斗食之间,斗食以下的官吏位于属吏与卒、官与民之间"[4]。此外,宫宅氏留意《续汉书·百官志五》刘昭注补引《汉书音义》"斗食禄,日以斗为计"及《汉书》卷一九上《百官公卿表上》颜注"一说,斗食者,岁奉不满百石,计日而食一斗二升,故云斗食也",并辅以《墨子·杂守》"斗食食五升……日再食"相参证,指出"秦代的'斗食',是源于一天的支给量并以天数为基准支付口粮的一个区分,在命名原理与支付规则上与表示年禄额的'百石'等称谓全然不同"[5]。相较学界以往所归纳的发展线索,这是个重要的提示。倘若进一步推而言之,早期"斗食"实以日给的另一面,恐

---

[1] 唐俊峰2017年8月9日提示:秦至汉初律令有"尉佐",如《岳麓肆》▌内史郡二千石官共令 第丁333/0351"·狱史、令史、有秩吏及属、尉佐以上",可见尉佐和"属"性质、地位相近。尉佐、令佐似和尉史、令史平行,颇疑令佐、尉佐之类本质都是因应"史"不足递进的"佐",模仿原有"史"的科段而成。

[2] 杨振红:《秦汉简中的"冗"、"更"与供役方式》(原刊卜宪群、杨振红主编:《简帛研究二〇〇六》,桂林,广西师范大学出版社,2008年),修订稿收入所著《出土文献与秦汉社会(续编)》第九章,桂林,广西师范大学出版社,2015年,第221、222页。

[3] 阎步克:《从稍食到月俸——战国秦汉禄秩等级制新探》(原刊《学术界》2000年第2期),收入所著《乐师与史官:传统政治文化与政治制度论集》,北京,生活·读书·新知三联书店,2001年;修订稿又收入所著《品位与职位:秦汉魏晋南北朝官阶制度研究》第三章,北京,中华书局,2002年,第136页。

[4] 〔日〕宫宅洁:《汉代官僚组织的最下层——"官"与"民"之间》(原刊《东方学报》87,2012年),顾其莎译,中国政法大学法律古籍整理研究所编:《中国古代法律文献研究》第7辑,北京,社会科学文献出版社,2013年,第127页。

[5] 〔日〕宫宅洁:《汉代官僚组织的最下层——"官"与"民"之间》,第156页。

怕正是低于斗食的佐史群体尚不能稳定而常规地获取日给。

就秦"佐"群体而言,都官系统的官佐有"冗"、"更"供役状况,如睡虎地秦简《秦律十八种·金布律》"都官有秩吏及离官啬夫,养各一人,其佐、史与共养;十人,车牛一两(辆),见牛者一人。都官之佐、史冗者,十人、养一人"(七二),"'佐、史冗者'较之仅记载为'佐、史'的场合,所获得的待遇更低,他们是'佐、史'中更下位且被分为'冗''更'就役的人"[1]。县下辖诸官亦有之,如《秦律十八种·效》"令官啬夫、冗吏共赏(偿)败禾粟"(一六五)[2],《效律》"官啬夫、冗吏皆共赏(偿)不备置货而入赢"(二)。前引里耶秦简简 8-1555"库佐冗佐"王援及简 8-1306、8-1450、8-2106 所言"冗佐",亦可参考[3]。至于令佐,前人探讨不多,应当也存在类似情形。里耶简又见有:

　　守丞枯五十五日｜

　　守丞平五十七日｜

　　守丞固二百卌二日｜

　　令佐懁卌四日｜

　　令佐贺一百卅日｜

　　令佐章百八十日｜(第一栏)

　　守加卅四日｜

　　守顾三百一十日｜

　　佐集卌四日｜

　　佐苏三百一十日｜(第二栏)(9-728)[4]

此为官员"视事"记录,可分作四组,分别涉及三名守丞、三名令佐、两名守、两名佐。每组集计均为 354 天。杨智宇进一步指出,"固"担任守丞在秦二世元年,此年无闰月,十二月相加恰好 354 天,"简 9-728 是秦二世元年迁陵县守丞、令佐、守、佐的视事记录"[5]。守丞问题,以往多有讨论。此材料再次证明守丞"权且代行县丞职事"的特

---

[1] [日]宫宅洁:《汉代官僚组织的最下层——"官"与"民"之间》,第 148 页。
[2] 此亦见于睡虎地秦简《效律》简二四。
[3] 相关又可参看王笑《秦汉简牍中的"冗"和"冗募"》,王沛主编:《出土文献与法律史研究》第 3 辑,上海,上海人民出版社,2014 年,第 117—128 页。
[4] 里耶秦简博物馆、出土文献与中国古代文明研究协同创新中心中国人民大学中心编著:《里耶秦简博物馆藏秦简》,第 183 页。
[5] 杨智宇:《里耶秦简所见"迁陵县丞"补正》,武汉大学简帛研究中心主办:《简帛》第 13 辑,上海,上海古籍出版社,2016 年,第 126 页。

征,"不具有后来发展形成的试守性质及试用期限",相关"人事安排也并非杂乱无章。其在一段时间内,往往固定为某一人"。换言之,诸吏在轮换代理县丞过程中,于某一具体时间内,只有一名守丞有权署理文书,亦即在同一时间内,并不存在多个守丞[1]。而令佐等与守丞并列,且本年内分别由懁、贺、章分别充任。此或提示我们:令佐同样存在"冗"、"更"供役方式,不属员吏在编名目,且秦二世元年迁陵县或仅设一名令佐。

此外,秦地方行政、法律文书在记录一般民众时,多交代爵里,作:里+爵+人名;记录地方官吏时,多在职名后记姓名而不会提及居里、爵位,作:官职+人名。然而,相关文书有时记某些职名时,会特别提到里名或爵位。如睡虎地秦简《封诊式·盗马》、《群盗》出现:

> 爰书:市南街亭求盗才(在)某里曰甲缚诣男子丙……(二一)
> 爰书:某亭校长甲、求盗才(在)某里曰乙、丙缚诣男子丁……(二五)[2]

相较一亭之校长仅书名字,亭内求盗则特有"才(在)某里"的交代。整理小组注:"……下《迁子》条'士伍咸阳在某里曰丙',即咸阳某里人名丙,可参看。"[3]虽然基层文书中,这样的书写并非严格遵循,但仍然可以提供启示。校长是编内官吏,在"吏员"之内。而求盗即亭卒,作为校长佐助,显然不在"吏员"之内,故常在职名外,复说明里名所在。岳麓秦简《癸琐相移谋构案》则作:

> 廿五年六月丙辰朔癸未,州陵守绾、丞越敢谳(谳)之:乃四月辛酉,校长癸、求盗上造柳、士五(伍)轿、沃诣男子治等八人,女子二人,告群盗盗杀人。(残227/1347)[4]

"校长癸"后,求盗柳、轿、沃交代爵位分别为上造、士五(伍)[5]。而此案下文又记:

> 州陵守绾令癸与令佐士五(伍)行将柳等追。(0061/039)[6]

令佐行同求盗一样出现了爵位信息"士五(伍)"。这对于我们讨论令佐的县吏特征,同样可以提供参考。

---

[1] 参见孙闻博《里耶秦简"守"、"守丞"新考——兼谈秦汉的守官制度》,卜宪群、杨振红主编:《简帛研究二〇一〇》,桂林,广西师范大学出版社,第66—75页。
[2] 睡虎地秦墓竹简整理小组:《睡虎地秦墓竹简》,释文注释第151—152页。
[3] 睡虎地秦墓竹简整理小组:《睡虎地秦墓竹简》,释文注释第151页。按"士伍",原文本作"士五(伍)"。
[4] 朱汉民、陈松长主编:《岳麓书院藏秦简(叁)》,上海,上海辞书出版社,2013年,第95页。
[5] 水间大辅认为每亭有亭卒4人左右,又可被分为"亭父"与"求盗"两种。[日]水间大辅:《秦·漢の亭卒について》,[日]工藤元男、李成市编:《東アジア古代出土文字資料の研究》,雄山阁,2009年。
[6] 朱汉民、陈松长主编:《岳麓书院藏秦简(叁)》,第96页。

下面说尉史、诸官史、乡史、史。前论宫宅洁"一部分'佐''史'一级的官吏也是轮流服务的","就报酬方法而言,佐、史近于服徭役的一般民众……斗食以下的官吏位于属吏与卒、官与民之间"的意见,对理解县下诸官史、乡史、小史未计入"吏员",同样适宜。无论睡虎地秦简《编年记》载录墓主人宦历,还是里耶简记录某小吏的功劳阀阅,都会涉及为"史"的信息。前者早期经历为:史→安陆乡史[1]→安陆令史→鄢令史。史、乡史可称"吏",但不在"吏员"之内,是编外之吏。里耶简有记:

资中令史阳里钔伐阅:

十一年九月隃为史。

为乡史九岁一日。

为田部史四岁三月十一日

为令史二月(第一栏)

钱计　户计

年卅六(第二栏)

可直司空曹(第三栏)(8-269)(出土登记号8-266)[2]

钔先后做过:史→乡史→田部史→令史。这里记录的史、乡史、田部史同样不属县"员"吏集计对象。

秦及西汉早期的尉史,是县尉之史。按"与郡分郡守、郡尉及郡监诸府,郡尉与郡守平级不同,县令之下往往设丞、尉二长吏,且县尉秩级明显较县令为低。《二年律令·秩律》叙诸县后,往往言'有丞、尉者半之'","郡、县组织的构成形态,特别是长吏设置,在历史早期即有较大差别"[3]。而县廷之外的尉、尉史所组机构又

---

[1] 此改释从陈侃理意见。陈侃理:《睡虎地秦简〈编年记〉中喜的宦历》,《国学学刊》2015年第4期,第47—48页。

[2] 里耶秦简博物馆、出土文献与中国古代文明研究协同创新中心中国人民大学中心编著:《里耶秦简博物馆藏秦简》,第167页。按"钱"字释读,参见戴卫红:《伐阅之源流与演变:以出土资料为中心》,北京大学中国古代史研究中心编:《田余庆先生九十华诞颂寿论文集》,北京,中华书局,2014年,第231—241页;戴卫红:《湖南里耶秦简所见"伐阅"文书》,卜宪群、杨振红主编:《简帛研究二○一三》,桂林,广西师范大学出版社,2014年,第82—92页;二文增订稿仍题《伐阅之源流与演变:以出土资料为中心》,载《中国学报》(韩)第70辑,2014年,第257—280页。何有祖新释做"为"。何有祖:《〈里耶秦简(壹)〉校读札记(三则)》,上海,中西书局,2015年,第111—112页。现暂取前种意见。"户计"在"钱计"之下书写,《里耶秦简牍校释》(第125—126页)、《里耶秦简博物馆藏秦简》(第167页)将其改排作第三栏。对照图版,此牍分栏在每栏上端表面使用刻划线,如第二栏上端。而"户计"上端无此处理。第一、二栏间距较大,而"钱计"、"户计"间距较小,且内容相关。故这里重作调整,录作一栏。

[3] 孙闻博:《秦汉"内史—诸郡"武官演变考——以军国体制向日常行政体制的转变为背景》(原刊《文史》2016年第1辑),修订稿收入《秦汉军制演变史稿》第一章第四节,北京,中国社会科学出版社,2016年,第103页。

可称"尉官"[1]。尉史地位明显较令史为低,与县下诸官史接近,秩级为佐史,故在"吏员"之外。至于前面列举尹湾汉简"尉史(4-1)",时代已属西汉后期。此阶段,尉史已是县令之史了[2]。

最后说一下士吏。水间大辅近年对秦及汉初县的士吏、髳长有所探讨。他认为这一时期的士吏不是官职名称,而是一种属吏的总称。他们在尉的指挥下,以军事、维持治安活动为职责。髳长则属武吏,职责是对士兵施以矛的训练,或率领持矛兵卒[3]。按睡虎地秦简《秦律杂抄》、岳麓秦简律令简、张家山汉简《二年律令》中"士吏"常见,多在尉、尉史下顺次交代。岳麓秦简《为吏治官及黔首》且出现"〔士〕吏捕盗"(1563)[4]语。又,《二年律令·秩律》有卫将军士吏、卫尉士吏,均秩百廿石,分属卫将军系统与卫尉系统。前者大体为卫将军(及卫将军长史)—卫将军候—卫将军士吏;后者则为卫尉(及丞)—卫尉司马—卫尉候—卫尉五百将—卫尉士吏[5]。由此,县下士吏仍应理解为官职名称,并非仅是属吏总称。而参照卫将军、卫尉相关系统,县下士吏虽参与征发戍卒、维持治安,但本身应偏重军事系统而兼及行政,故不属县"吏员"范畴。阎步克先生指出西汉初军职的等级管理有两块。一块是"宦皇帝者"系统的郎将,还有一块在《秩律》中有秩级记录。后来情况变化,两块合一,均改使用"比秩"。而"把军吏置于'比秩'的目的,在于显示军队组织与行政组织各成系统"[6]。相关论述亦可为我们思考秦代县下士吏,提供启示[7]。

[作者孙闻博,副教授,中国人民大学国学院、
出土文献与中国古代文明研究协同创新中心]

---

[1] 里耶秦简博物馆、出土文献与中国古代文明研究协同创新中心中国人民大学中心编著:《里耶秦简博物馆藏秦简》,第246页。
[2] 西北汉简所见例证甚多,不赘举。相关亦可参看李迎春:《汉代的尉史》,武汉大学简帛研究中心主办:《简帛》第5辑,上海,上海古籍出版社,2010年,第467—480页。
[3] 〔日〕水间大辅:《秦·漢初における県の「士吏」》,《史學雜誌》120-2,2011年,第34—56页。
[4] 朱汉民、陈松长主编:《岳麓书院藏秦简(壹)》,上海,上海辞书出版社,2010年,第28页。
[5] 李昭毅:《试释〈二年律令·秩律〉所见卫五百将、卫尉士吏和卫校官》,《早期中国史研究》第3卷第2期,2011年,第36—45页;孙闻博:《秦汉中央宿卫武官演变考论——以宿卫体系确立与中郎将、校尉的发展为中心》(原刊《国学学刊》2015年第4期),修订稿收入《秦汉军制演变史稿》第一章第三节,第79—80页。
[6] 阎步克:《从爵本位到官本位:秦汉官僚品位结构研究》下编第六章,北京,生活·读书·新知三联书店,2009年,第458—459页。
[7] 这里附带提及髳长。此职情况初步推想,当与士吏类似。然《二年律令·秩律》中特有载录,为秩百廿石。髳长或属"吏员",而暂归入校长一组。

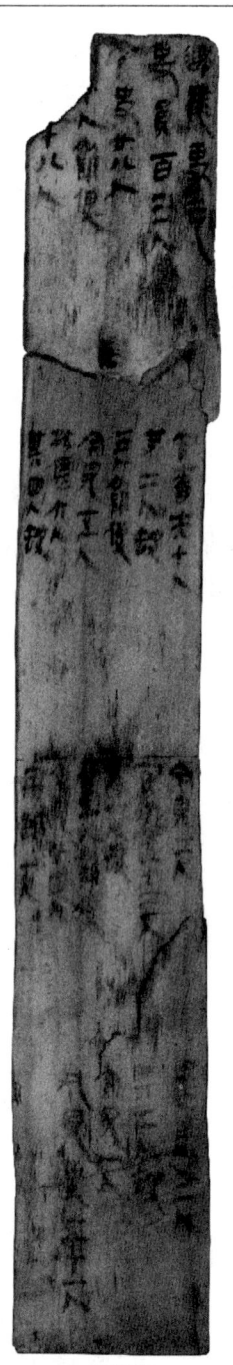

彩色版　　　　　　红外线版
(图版来源：里耶秦简博物馆、出土文献与中国古代文明研究协同创新中心中国人民大学中心编著：《里耶秦简博物馆藏秦简》，上海，中西书局，2016年)

从简牍资料看汉代的上书

鹰取祐司

前　　言

正如《颜氏家训·省事篇》所说的"上书陈事,起自战国,逮于两汉,风流弥广",汉代盛行吏民的上书。关于汉代的上书,袁礼华已作了综合的整理[1]。袁礼华的见解大体上是妥当的,它们立足于典籍史料的记载。居延、敦煌出土的汉简也包括了有关实际上书的简牍,可以补充袁礼华的观点。而关于作为特殊上书的"变事书",居延敦煌汉简及张家山汉简中也有相关的记载,因此对于这个问题可以作进一步的检讨。

本报告利用简牍资料,考察汉代的上书制度以及"变事书"。

一、上书者与上书发文者

正如《汉书》卷三十《艺文志》所说的"汉兴,萧何草律,亦著其法曰'……吏民上书,字或不正,辄举劾'",汉代无论吏还是民都可以上书。民上书的实例散见于《史记》、《汉书》,简牍中也可见到这种例子。

简1　　□[延]平明里大女子妾上书一封,居延丞印,上公车司马　　（第一段）
　　　　建平五年二月辛未夜漏上水十刻,起居延延,亭长昌行直亭　　（第二段）
　　　　二月甲戌夜食时,驿马卒良受沙头卒同,夜过半时,良付介亭卒丰
　　　　　　　　　　　　　　　　　　　　　　（第三段）　506·5（A35）

简1的"平明里大女子妾上书一封"从"居延丞印"的记载来看,可知是以居延丞之印密封的。因此可以设想平民的上书是由县丞等长吏听取以后写成文书,以长吏印密封后发送的。以下拟将通过上书方式向皇帝表达某种诉求的人称为"上书者",将听取上书者的上书内容写成文书密封之后发送的人称为"上书发文者"。在简1的例子中,大女

---

[1]　袁礼华:《汉代吏民上书制度述论》,《求索》2006年第10期。以下提到的袁礼华氏的学说均据此篇论文。

子妄是上书者，居延丞是上书发文者。

上书者如果是长吏的话，又是怎么样的呢？

简2　贱子倡□伏地再拜多问
　　　大君□足下善毋恙□□□事秋时不和愿近衣进酒食
　　　□事幸甚……　　　　　　　　　　（正）
　　　居延都尉粪土臣武上书……
　　　□□□□诣行在所公车司马……
　　　元凤二年□月辛酉……　　　　　　（背）　　73EJT26：17AB

简3　敦煌大守臣众上书一封　初元五年七月乙亥……
　　　　　　　　　　　　　　　　　　　　V92DXT1311③：87[1]

简2的居延都尉是上书者，而作为文书传送记录的简3写有"敦煌大守臣聚上书一封"，因此可以设想居延都尉、敦煌太守是上书者，又是上书发文者。就是说都尉、太守是自己写上书的文书而且自己发文。那么，上书者如果是属吏的话，又是怎么样的呢？

简4　张掖肩水广地候宾□□长昌昧死再拜□□
　　　骑置驰行上
　　　行在所公车司马以闻
　　　□□五年四月戊申日餔时受□□□　　　　　　（第一段）
　　　本始元年四月己酉日蚤食时
　　　入□□□长寿燧□□□燧长妻报报子□□□□（第二段）　73EJT24：244

根据"上行在所公车司马，以闻"，可知该简是上书的文书传送记录。第一行是发文者，似由广地鄣候宾与某长昌联名。但是就普通的文书而言，可以向自己的上级单位以外的单位发文的只有长吏[2]，作为上书的文书传送记录的简6-13、简18、19、简21-24、简26都是以长吏名义的上书，而且上文的简1中可见的平民上书是由县丞发文的，由

---

[1]　张俊民：《敦煌悬泉出土汉简所见人名综述（三）——以敦煌郡太守人名为中心的考察》，卜宪群、杨振红主编：《简帛研究二〇〇五》，桂林，广西师范大学出版社，2008年。
[2]　下举的两简均为肩水候官的候长长生发给昭武狱的文书，相对于10·11是在致候官的上行文书中请求转发给昭武狱，而长生"行候事"的20·11则是直接发文给昭武狱的。由此可知属吏无法直接将文书发给所属候官管辖之外的官衙。不过，举劾文书作为例外是可以发送的。
　　元康二年九月丁酉朔庚申，肩水候长长生敢言之。谨写移。
　　　唯官移昭武狱。敢言之。　　　　　　　　　　10·11（A33）
　　元康二年六月戊戌朔戊戌，肩水候长长生以私印
　　　行候事，写移昭武狱。如律令。　　　　　　　20·11（A33）

此可见这两个人并非都是上书者,而是某长昌的上书以广地鄣候的名义发文,这样考虑应是妥当的。

下面的简是附于由鄣候与塞尉发文的上书副本上的楬,鉴于如简4那样有属吏作为上书者的实例,"候尉上书"并非全是以鄣候或塞尉本身为上书者的上书,而应考虑其中也包括了以属吏为上书者而由鄣候、塞尉发文的情形。

简5　▨候尉上书
　　　▨副　　　　　　　　　　　　　　　　　　E.P.T59:578

二、上书的装帧

据《汉书·丙吉传》的记载[1],边郡发送的奔命书是装在赤白色的袋子中的。想必上书也与此相似,具有不同于普通文书的特殊装帧。

简6　出东绿纬书一封,敦煌行都尉事司马臣曾上书,诣行在所。元始五年七月癸
　　　巳日蚕食时,县泉狗奴付鱼离置佐齐获(A)
　　　七月癸巳日蚕食时　(右齿半字)(B)　　　II90DXT0113①:6AB[2]

从"上书,诣行在所"来看,简6无疑就是上书。而简6提到了"绿纬书"。下举简7、8也有"绿纬书",是可以窥见绿纬的具体情形的例子。

简7　入西绿纬书一封,敦煌阳关都尉臣宝上。绿纬绽蒲署皆完,纬两端各长二
　　　尺。元始二年三月庚辰,县泉啬夫长受遮要御牛枣　(右侧有一刻齿)
　　　　　　　　　　　　　　　　　　　　　　　　　I90DXT0112②:79[3]

简8　出绿纬书一封,西域都护上诣行在所公车司马以闻。绿纬孤与缊检皆完,
　　　纬长丈一尺。元始五年三月丁卯日入时,遮要马医王竟·奴铁柱付
　　　悬泉佐马赏。　　　　　　　　　　　　　　II90DXT0114②:206[4]

根据简7的"纬两端各长二尺"、简8的"纬长丈一尺"的记载,绿纬可推测为绿色的长绳[5]。

---

[1] "此驭吏边郡人,习知边塞发奔命警备事,尝出,适见驿骑持赤白囊,边郡发奔命书驰来至。驭吏因随驿骑至公车刺取,知房在云中、代郡,遽归府见吉白状,因曰:'恐房所入边郡,二千石长吏有老病不任兵马者,宜可豫视。'"《汉书》卷七十四《丙吉传》,北京,中华书局,1964年,第3146页。
[2] 张俊民:《敦煌悬泉置出土文书研究》,兰州,甘肃教育出版社,2015年,第402页。
[3] 张俊民:《敦煌悬泉置出土文书研究》,第49页。
[4] 胡平生、张德芳:《敦煌悬泉汉简释粹》,上海,上海古籍出版社,2001年,146简。
[5] 马怡认为"纬"通意为"囊"的"帏"。马怡:《皂囊与汉简所见皂纬书》,《文史》第14辑,2004年。此外,胡平生、张德芳前揭《敦煌悬泉汉简释粹》107简注释1亦认为"纬"是装文书的囊。

· 47 ·

而且简8可见"缊检",《敦煌悬泉汉简释粹》解释为赤黄色的封检(带封泥匣的收件人名简)[1]。综合这些因素,将文书木简与带封泥匣的收件人名简——"缊检"一起用绿色的绳子捆住加以密封的应该就是"绿纬书"。

在上举的例子之外,还可见到下文所举的"绿纬书"之例,但都毫无例外是发给公车司马、行在所的。这些简中也有未明确记载"上书"者,但写有"上诣公车"、"上诣行在所",因此无疑均是上书。

简9 入东绿纬书一封,敦煌长上,诣公车。元始五年二月甲子旦平旦,受遮要奴铁柱,即时使御羌行　　　　　　　　　　　　II90DXT0114②:165[2]

简10 入东军书一封,敦煌中部都尉臣鄚上,诣行在所。绿纬完。居摄二年十月癸亥夕时,县泉邮人歆受平望邮人,即时遣张歆行
　　　　　　　　　　　　　　　　　　　　　　　　II90DXT0114③:7[3]

简11 入东绿纬书二封,西域都护上公车司马。元始五年四月乙巳日中,县泉啬夫凤受遮要御牛康,实时遣望行　　II90DXT0114③:401[4]

简12 出东绿纬书二封,皆完。其一封,西域都护上,诣王路四门。上书二封,□□上诣王路四门。始建国元年十二月己亥日蚤食时,遮要卒桥音付县泉佐杨博　　　　　　　　　　　　II90DXT0115①:63[5]

简13 入东绿纬书一封,敦煌库令上,诣公车。元始四年七月乙未日桑榆时,县泉佐宪受遮要奴来臣　　　　　　　II90DXT0214:194A[6]

据此可以设想"绿纬书"是上书所用的特殊装帧。下举的简则记载到长安、觻得去买"上书具"。

简14 ☒[7]　元康三年十一月中为官市上书具长安　　　　　　456·2

简15 居延尉史梁襃　阳朔元年九月己巳,居延令博为传　十二月丁☒
　　　　市上书具长安　　　　　　　　　　　　　　　　　☒(正)
　　居延……　阳朔□□九月……　　　　　　　　　　　☒

---

[1] 胡平生、张德芳:《敦煌悬泉汉简释粹》,146简注释3。
[2] 胡平生、张德芳:《敦煌悬泉汉简释粹》,245简。
[3] 郝树声、张德芳:《悬泉汉简研究》,兰州,甘肃人民出版社,2008年,第81页。
[4] 张俊民:《敦煌悬泉置出土文书研究》,第215页。
[5] 何双全:《简牍》,兰州,敦煌文艺出版社,2004年,第241页。
[6] 郝树声、张德芳:《悬泉汉简研究》,第84页。
[7] "☒"表示原简断折之处。

.... ☐（背） 73EJT6：27AB

简16　元延二年三月壬戌朔丁丑,居延卅井候谭移过县道河津☐
　　　市上书具觻得。当舍传舍从者。如律令。　　　　　尉史忠☐
　　　　　　　　　　　　　　　　　　　　　　　　　73EJT37：1450

这种"上书具"是"绿纬书"的装帧用品,属于特殊物品,因此应该无法在居延烽燧买到,需要到长安、觻得去买。

简8的"缊检"是指带封泥匣的收件人名简,下面的简则写有"粪土臣临眛死再拜上书",有可能是附于上书的带封泥匣的收件人名简。

简17　守粪土☐
　　　臣临眛☐
　　　死再拜☐
　　　上书吏☐　　　　　　　　　　　　　　　　　　　　73EJT4：48

这是大型封泥匣简在封泥匣上端折断后的上端部分的形状,因此上书简牍应是附上简17那样的大型封泥匣简以绿绳捆住后密封的。

三、上书的传送

袁礼华举出四种上书方法：(1) 公车上书的方式；(2) 遮行上书；(3) 因嬖人奏之；(4) "因邮"或"因县道"转奏,即上书者不亲至京城而委托传送公文的使者上奏。袁礼华似乎是以公车上书为基本的上书方法,而在汉简中可以确认如上举简6-13那样属于(4)的实例。

简18　阳关都尉明上书一封。甘露元年十一月丁酉日中时,县泉译骑德受平望译
　　　骑☐☐。日中时付遮要译骑。　　　　　　　　　I90DXT0114③：5[1]

简19　县泉译小史敦煌乐世里☐长生行大守上书一封,到万年译瓌足頼
　　　　　　　　　　　　　　　　　　　　　　　　　I90DXT0114③：51[2]

简20　上书二封。其一封长罗侯,一乌孙公主。甘露二年二月辛未日夕时,受平
　　　望译骑当富,县泉译骑朱定付万年译骑。　　　II90DXT0113③：65[3]

简21　敦煌大守上书一封

---

[1] 郝树声、张德芳：《悬泉汉简研究》,第76页。
[2] 张经久、张俊民：《敦煌汉代悬泉置遗址出土的"骑置"简》,《敦煌学辑刊》2008年第2期。
[3] 胡平生、张德芳：《敦煌悬泉汉简释粹》,193简。

　　　　　甘露元年七月丙辰……时
　　　　　时付广至万年译骑　　　　　　　　　　　　Ⅱ90DXT0114③：199[1]

简 22　玉门都尉上书一封。五凤二年十二月己巳蚤食时，县泉佐□□田圣驿骑逢
　　　　　　　　　　　　　　　　　　　　　　　　Ⅱ90DXT0212s：33[2]

简 23　敦煌玉门都尉千秋上书一封。初元五年二月辛亥日下铺时，县泉译小史毋
　　　　知受平译小史憙。到日莫铺时，付广至万年译小史。
　　　　　　　　　　　　　　　　　　　　　　　　V92DXT1311③：272[3]

简 24　西域骑都尉上书一封。四月丁亥蚤食时，县泉驿骑□付鱼离驿骑□☑
　　　　　　　　　　　　　　　　　　　　　　　　V92DXT1311④：47[4]

简 25　入上书一封，车师已校伊循田臣强。九月辛亥日下铺时，临泉译汉受平望
　　　　马益　　　　　　　　　　　　　　　　　　V92DXT1310③：67A[5]

简 26　敦煌长史臣奉憙行大守事上书一封，正月甲辰日食时，县泉御王□受遮要
　　　　御奴主　　　　　　　　　　　　　　　　　Ⅱ90DXT0216③：112[6]

这些是太守、都尉等的上书，因此应可设想太守、都尉级别的长吏的上书是以文书传送的。

　　袁礼华对于(4)根据《汉书·梅福传》及《京房传》的记载[7]，指出是因邮或县道传送的。上举的简6-13及简18-28均为悬泉置出土的简，而悬泉置周围有通过置的文书传送(县次方式)、通过邮的文书传送(邮行方式)、通过亭的文书传送(亭行方式)等三个系统的文书传送途径[8]。以"驿"、"驿骑"传送的简10及简18-25是通过邮的文书传送，以"县泉"、"遮要"、"鱼离"之吏等传送的简6-9、简11-13、简26相当于通过置的文书传送(县次方式)，袁礼华所论在简牍资料中也可以确认。此外，上举

---

[1] 张经久、张俊民：《敦煌汉代悬泉置遗址出土的"骑置"简》。
[2] 郝树声、张德芳：《悬泉汉简研究》，第27页。
[3] 郝树声、张德芳：《悬泉汉简研究》，第79页。
[4] 郝树声、张德芳：《悬泉汉简研究》，第27页。
[5] 胡平生、张德芳：《敦煌悬泉汉简释粹》，161简。
[6] 张俊民：《敦煌悬泉置出土文书研究》，第446页。
[7] "梅福字子真，九江寿春人也。少学长安，明《尚书》、《穀梁春秋》，为郡文学，补南昌尉。后去官归寿春，数因县道上言变事(师古曰："附县道之使而封奏也。变谓非常之事。")，求假轺传，诣行在所条对急政，辄报罢。"《汉书》卷六十七《梅福传》，第2917页。"房未发，上令阳平侯凤承制诏房，止无乘传奏事。房意愈恐，去至新丰，因邮上封事(师古曰："邮，行书者也。若今传送文书矣。邮音尤。")曰……"《汉书》卷七十五《京房传》，第3164页。
[8] 拙著《秦漢官文書の基礎的研究》，汲古書院，2015年，第317页。

上书的例子均仅有一封文书的传送。相较于通常文书是几种文书一并传送,上书则是文书一经写成就发文传送,具有迅速的传送机制。

此外,袁礼华关于(4)指出"汉代只有现任和离职官吏的上书才可委托传送公文的使者转奏,布衣平民上书则不能享有这种便利",但作为平民上书的简1也是通过文书传送而送达的,因此平民上书应该也如简1那样由县长吏听取时是通过文书传送而送达的。

袁礼华关于(1)还指出"上书的官吏如属告发重大的谋反叛逆活动,则可乘用汉王朝设于地方传舍机构的驿马,以便快捷迅速地将紧急机密信息传递到中央",这种实例在汉简中亦可得到确认。

简27　使乌孙长罗侯惠遣斤候恭上书,诣行在所。以令为驾一乘传。甘露二年二月甲戌,敦煌骑司马充行大守事,库令贺兼行丞事,谓敦煌。以次为,当舍传舍。如律令。　　　　　　　　　　　　V92DXT1311:315[1]

简28　五凤元年十二月乙酉朔戊寅,敦煌大守千秋、长史奉憙、库丞捐之兼行丞事,谓过所河津。遣□史诣道上书。乘用马一匹。当舍传舍。如律令。

　　　正月甲寅过西　　　　　　　　　V92DXT1312③:38[2]

简29　□长　酒泉玉门都尉护众候畸兼行丞事
　　　□　谓天□,以次为驾。当舍传舍。诣行在所。
　　　□　夜以传行从事。如律令。　　　T.XIV.N.3/D2438[3]

这是袁礼华所说的"告发重大的谋反叛逆活动",就是被认为变事的上言,下文将再次提到。

四、对上书的回应

正如本文开头所举《汉书·艺文志》的记载,送呈皇帝的上书内容受到检查,文字有误的话会受到处罚。处罚对象不仅是文字的错误,如果内容涉及欺瞒将被处以完城旦舂[4]。

---

[1] 胡平生、张德芳:《敦煌悬泉汉简释粹》,201简。
[2] 张俊民:《敦煌悬泉出土汉简所见人名综述(三)——以敦煌郡太守人名为中心的考察》。
[3] "D"表示甘肃省文物考古研究所编《敦煌汉简》(北京,中华书局,1991年)的整理编号。
[4] "诸上书及有言也而谩,完为城旦舂。其误不审,罚金四两。"《张家山汉简·二年律令12·贼律》。

相反地,如果上书内容有可取之处,上书者有时也会被任命为官[1]。下面的简有"当除者",汉简中的"除"多用于任命官吏时,这可能与上书者的任官有关。

简 30 　☒使者凉州刺史案上书当除者☒　　　　　（正）

　　　　　☒宜民里上造召成,年卅五,长七尺二寸黑色　（背）　73EJT6∶135

不仅如此,对上书的回复似乎也被发送。下面的简中有"待报"。

简 31 　☒年十二月己亥上书待报　　　　　　　　　73EJT25∶69

此外还有下达对上书内容的回应的情形。

简 32 　御史中丞臣强、守侍御史少史臣忠昧死言。尚书奉御史大夫吉奉丞相相上
酒泉大守武贤,敦煌大守快书言二事。其一事武贤前书,穬麦皮芒厚,以廪
当食者小石三石少不足。丞相请郡当食廪穬麦者石加……☒

I91DXT0309③∶221[2]

简 32 应是针对酒泉大守武贤关于穬麦的皮、芒厚导致规定的粮食发放量未能足够的上书,丞相要求郡增加发放量。

对于上书的内容,有时会派丞相、御史大夫的属官进行调查。

简 33 　丞相守少史护之,征和元年八月辛巳,假一封传信,案上书事。盗传失亡。
　　　　　外七十五　　　　　　　　　　　　　　I90DXT0112④∶2[3]

简 34 　御史☐☐常张平☐☐并,大始五年五月甲寅,假一封传信,案上书事,☐亡
传信。　外三百五十五　　　　　　　　　　　I90DXT0114③∶50[4]

这些都是遗失了传的通知,根据"案上书事"可知为了调查上书内容而派遣了吏。不过关于此处的"上书事"具体来说是什么内容没有详细记载,无法明确指出,或许是下文提到的变事书的内容。

五、变事书

上书中有被称为"变事书"者。对此,李均明、刘军的说明是"变事书,直书朝廷的

---

[1] 袁礼华:《汉代吏民上书制度述论》,第 205 页;赵光怀:《论汉代民间的上书风气》,《临沂师范学院学报》2004 年第 1 期,第 109 页。

[2] 胡平生、张德芳:《敦煌悬泉汉简释粹》,52 简。

[3] 胡平生、张德芳:《敦煌悬泉汉简释粹》,28 简。

[4] 郝树声、张德芳:《悬泉汉简研究》,第 160 页。

紧急状况报告"[1],谢桂华的说明是"上言变事……即臣民向皇帝揭发检举和报告谋反叛乱等非常事件"[2]。关于变事书,大庭脩并指出上言变事书是紧急状态的报告,据《魏新律序略》"上言变事"在厩律中,上言变事之书到达时要击鼓通知此事,上言变事者被允许使用传车等[3]。

变事书是有这些不同于其他上书的特殊的处理方式的。

(一) 变事书的写作

如上所述,关于上书,上书者如系长吏则该长吏就是上书发文者。与此相对,上书者是属吏或平民时,长吏听取其内容写成上书,长吏并作为上书发文者发送该文书。关于变事书,有学者指出也有一度由县的长吏阅览或委托县的吏请他们写的情形[4]。然而从下面的简 35 可以推测不同于这种说明的制作程序。

简35　粪土臣德昧死再拜上言变事书,印曰臣德。其丁丑合蒲蓝□☒ (正)

　　　　　　　　　　　　　五百卅　　(背)　　　　E.P.T52:46

简 35 上端空一个字,与简 35 属于同一批的简牍[5]中的"皇帝陛下"是抬头书写的[6]。简 35 本身写着"上言变事书",而且需头并用严谨的字体书写,因此简 35 可以设想是"德"上书的变事书送呈皇帝接受裁决之类以后再次下达的[7]。这里引人注目的是"印曰臣德"的语句,同样的记载亦见于下面这支简。

简36　元康四年六月丁巳朔庚申左前候长禹敢言之。谨移戍卒贳卖衣财
　　　　物爱书名籍一编。敢言之。　　　　　　　(正)

　　　印曰蔺禹

　　　六月壬戌,金关卒延寿以来。　　候史充国　　(背)　　10·34(A33)

"印曰蔺禹"是密封这一文书的印文的记录,因此可以设想简 35 的"印曰臣德"也是密

---

[1] 李均明、刘军:《简牍文书学》,南宁,广西教育出版社,1999 年,第 244 页。
[2] 谢桂华:《新旧居延汉简册书复原举隅》,1993 年首次发表,收入谢桂华:《汉晋简牍论丛》,桂林,广西师范大学出版社,2014 年,第 65 页。
[3] 大庭脩:《〈上言變事書〉册書の復原》,大庭脩:《秦漢法制史の研究》,东京,创文社,1982 年,第 309 页。
[4] 大庭脩:《武威旱灘坡出土の王杖簡》,《史泉》82,1995 年,第 10 页。
[5] 皇帝陛下车骑将军下诏书曰乌孙小昆弥乌　　　　　　　　　387·19+562·27(A33)
[6] 大庭脩:《〈上言變事書〉册書の復原》,大庭脩:《秦漢法制史の研究》,第 309 页。
[7] 在大庭脩复原的元康五年诏书册中,御史大夫的上奏部分需头。大庭脩:《居延出土の詔書册》,1961 年首次发表,收入氏著《秦漢法制史の研究》,东京,创文社,1982 年。

封该变事书的印文[1],结果就是简 35 应是变事的上书者——德自己密封了该变事书。下面的简可为这一点提供旁证。

简 37　☒□日昌言变事自书所言一卷,已覆而休,言未满半日。　E.P.T52:47

简 37 言变事的昌自己将需要上言的变事的内容写成文书。从这些例子可以设想变事书是变事的上言者本人将需要上言的变事的内容写成文书后密封的。简 35 的变事书的正文中明确记载封印的印文,也应是通过在只有启封才能进行确认的正文中明确记载封印的印文,防止上言者以外的人启封变事书阅读内容以后又以其他印来密封。封印不是官印而是"臣德"这种私印,也应是为了预防别人启封及再次密封。从这些现象可以设想,为了确保需要上言的变事内容不致泄露,变事书是得到彻底保密的。

在下面的简中,令史是变事的上言者。

简 38　肩水候官令史觻得敬老里公乘粪土臣憙昧死再拜上言变事书

387·12+562·17(A33)

在变事书以外的上书中,上书者是平民或属吏时长吏就是发文者,但如上所述,考虑到变事书得到彻底保密,可以设想令史作为上言者的简 38 也与简 35 一样,上言者亲自写成变事书又以自己的印密封。

不过,下面的简记载了"令相长丞尉听变事"。

简 39　●令相长丞尉听受言变事者毋☒　　　　E.P.T52:48

开头有"●",因此可以认为这是有关听取变事的规定[2]。作为听取者的"令相长丞尉"是县令、列侯相、县长、县丞、县尉[3],所以可以设想简 39 是以县或侯国为对象的规定。因此记载令相长丞尉听取变事的简 39 的规定,应属于上言者为平民时的规定。

(二)变事书的传送

在二年律令中可见县道官言边疆的紧急变事时可用驾传、县道有尤急言变事时可为之提供传食的规定。

简 40　郡守二千石官、县道官言边变事急者,及吏迁徙、新为官、属尉、佐以上毋乘
　　　　马者,皆得为驾传……　　张家山汉简·二年律令213-215(置吏律)

简 41　丞相、御史及诸二千石官使人,若遣吏、新为官及属尉、佐以上征若迁徙者,

---

[1] 大庭脩认为这是启封上言书书写内容时记录的印文。大庭脩:《武威旱滩坡出土の王杖简》,《史泉》82,1995 年,第 10 页。

[2] 作为烽火规定的塞上烽火品约(E.P.F16:1-16)也以"●"开头。

[3] 大庭脩:《武威旱滩坡出土の王杖简》,《史泉》82,1995 年,第 10 页。

及军吏、县道有尤急言变事,皆得为传食……

张家山汉简·二年律令 232-237(传食律)

根据这些规定,也可以设想在"三、上书的传送"部分所举的例子中,允许使用驾传的简 27-29 属于变事书的类型。见于下面的简 42 的"上书"也是让"守卒史葛恽"带去,因此或许是变事书。

简 42　☐朔戊申,敦煌长尚以近次行长史事、行大守事仓长殷兼行丞事谓过所。遣守卒史葛恽,上书

　　　　☐☐从者如律令　　七月乙丑过东　/掾钦卒史隆书佐脩

II90DXT0115③:208[1]

不过,正如简 27-29 所显示的,由于包括准许使用驾传在内的通行证是由太守发出的,因此可以设想变事上言者有时也会出于下文所述的原因特意回避这种申请,而通过文书传送直接送呈皇帝。

(三) 对变事上言的妨碍

上举的简 37 中,在显示昌把要上言的变事内容亲自写成文书的"昌言变事自书所言一卷"之后,有"已覆而休,言未满半日"的记载。此处所见的"休"在敦煌、居延汉简中用于① 休息、休假中、不当班,② 美好、出色之义[2],而从语境来看并非②的含义,因而此处应是①的含义,就是说可以设想将变事写成文书的昌此后停职了。其前提是"已覆","覆"有① 打破,② 询问、审讯,③ 答覆,④ 覆盖等含义[3],无法判断此处究竟是哪一种意思。其线索则在以下的简中。

简 43　☐☐☐☐☐复使根、强来曰:"欲言变事,候故使我来召,奈何不往?"敞复曰:"病未欲言。"根、强去。　　　　　　　　　　　　　E.P.T51:2

简 44　根前所白候爰书言:"敞后不欲言。"今乃言:"候击敞数十下,胁恶☐"

E.P.T52:178

简 45　听受若。又顷根、强还言:"敞言:'胁恶不耐言变事。'"　E.P.T51:7

简 46　敞辞曰:"初欲言,候击敞数十下,胁痛不耐言。"　123·58(A8)

这些简是谢桂华定名为"甲渠鄣候谊不留难变事爰书残册"汇集而成的简册的一部

---

[1] 张俊民:《悬泉汉简新见的两例汉代职官制度》,《敦煌研究》2015 年第 6 期。
[2] 京都大学人文科学研究所简牍研究班编:《漢簡語彙　中国古代木简辞典》,东京,岩波书店,2015 年,第 87 页,"休"条。
[3] 京都大学人文科学研究所简牍研究班编:《漢簡語彙　中国古代木简辞典》,第 493 页,"覆"条。

分[1]，可以从这些简推测以下的情形。敞将要上言变事，但后来因病不再想上言（简43）。然而这病实际上是被知晓敞将要上言变事的郭候殴打所致的（简44—46）[2]。从简46可以推测知晓敞将要上言变事的郭候叫敞来对其殴打使之不能上言，而且从简44可以推测郭候为了不让公开宣称受到殴打之事而向敞施加了压力。从这些简可知属吏要上言变事时，郭候有时会对此进行妨碍。下面的简47记载了通过殴打使人无法上言变事属于大逆不道的规定，可以推测通过暴力妨碍上言变事的行为并不少见[3]。

简47　变事，吏上，殴击之，召，爰书变事，痛所殴以不能言变事，皆大逆不道□☑

武威旱滩坡2[4]

根据简43—46可以设想简37的"覆"的意思是上举的②，"已覆"意为受到郭候的审问。如果稍微发挥一下想象力，也许可以说同简43—46的敞一样，由于要上言变事，昌受到郭候等人的审问，又因受到拷问所以被迫停职。

为什么会有郭候妨碍部下的属吏上言变事的这种情形呢？如上所述，变事被解释为紧急状况或谋反叛乱等非常事件，具体地说，从典籍史料的实例中可以了解上言者所知的自己身边的谋反计划等。关于公车上书方式，作为告发重大的谋反活动时使用传舍的根据，袁礼华所举的《史记·黥布传》的贲赫所上言的变事是"布谋反有端"[5]，而汉初的赵相贯高的怨家所上言的变事也是贯高等人暗杀高祖的计划[6]。此外，被楚王韩信处罚的舍人之弟所上言的变事也是"楚王信谋反"[7]，而周亚夫之子被自己所雇的庸"上变告"时，周亚夫也受到"君侯欲反邪"的审问[8]。而且息不穷等人告发东平王云等人的变事也是"东平王云以故与其后日夜祠祭祝诅上，欲求非望"[9]。上言的变事都是在上言者的身边策划的这些谋反等事。因此，候官所属的属吏所上言的变

---

[1] 谢桂华：《新旧居延汉简册书复原举隅》。谢桂华根据简册的记载推定其经过如下：① 候长王敞将要对甲渠郭候谊上言变事；② 谊在此前让守塞尉万"留受"；③ 其后又召唤令史根、尉史强进行听取；④ 经过几次互动；⑤ 敞不再想言变事；⑥ 敞的说法是这是因为敞被谊鞭打，两胁疼痛无法言变事；⑦ 另一方面，爰书则记载敞最初想言变事，其后不欲言，而现在又欲言。简册是甲渠候官为了向都尉府报告这件事而写成的，简册年代的上限是元帝永光五年(前39)正月，下限是成帝阳朔三年(前22)九月。
[2] 谢桂华：《新旧居延汉简册书复原举隅》。
[3] 大庭脩也指出从简47容易想像发生了吏拒绝听取变事不让上书的纠纷。大庭脩：《武威旱滩坡出土の王杖简》，《史泉》82，1995年，第10页。
[4] 武威地区博物馆：《甘肃武威旱滩坡东汉墓》，《文物》1993年第10期。
[5] 其事见《史记》卷九十一《黥布列传》，北京，中华书局，1959年，第2603—2604页。
[6] 其事见《史记》卷八十九《张耳陈余列传》，第2583—2584页。
[7] 见《史记》卷八《高祖本纪》，第382页。
[8] 其事见《史记》卷五十七《绛侯周勃世家》，第2079页。
[9] 其事见《汉书》卷四十五《息夫躬传》，第2179—2180页。

事应该也是在其属吏身边策划的类似谋反的行为,亦即其属吏所在的候官中的违法行为。变事的上言如是在候官中的违法行为,鄣候妨碍属吏的变事上言也应不是不可思议的情形。

上文指出为了使上言内容不致泄露而产生了对变事书的强烈的保密意识,基于变事的内容是在上言者的身边进行的违法行为,而鄣候也有妨碍变事上言的情形,上言前采取保证其内容不致泄露的措施应是理所当然的。

(四)长沙尚德街东汉简牍的变事书的有关规定

2011年,湖南省长沙市尚德街的长沙国际金融中心古井群遗址出土了东汉灵帝时代的简牍(长沙尚德街东汉简牍)[1]。其中存在集中记载了有关变事的简,列举如下。

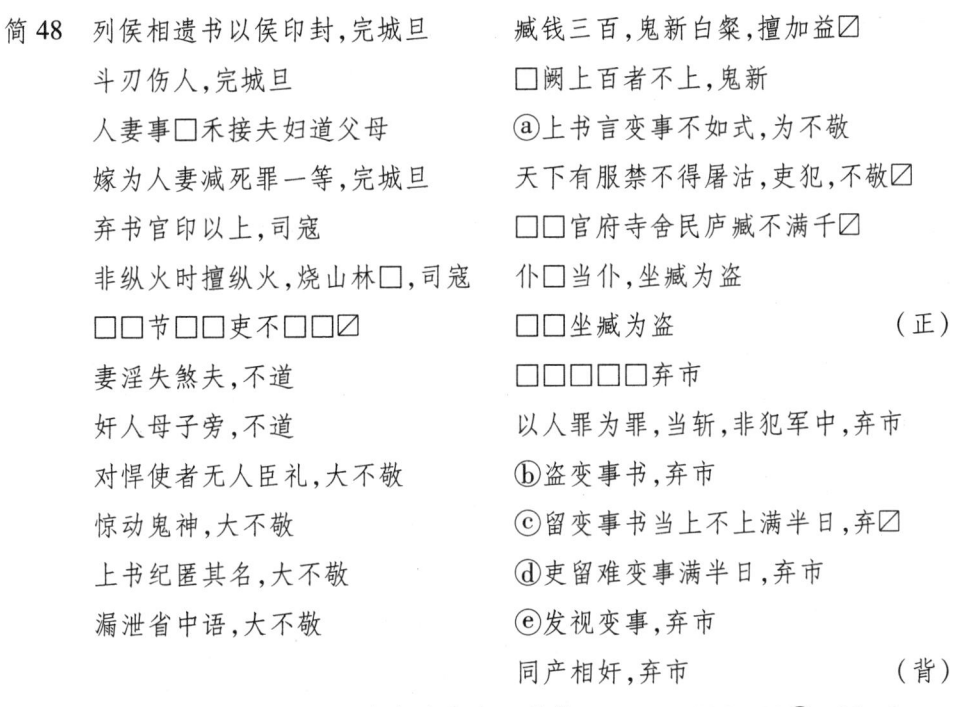

简48　列侯相遗书以侯印封,完城旦　　　臧钱三百,鬼新白粲,擅加益□
　　　斗刃伤人,完城旦　　　　　　　　□阙上百者不上,鬼新
　　　人妻事□禾接夫妇道父母　　　　　ⓐ上书言变事不如式,为不敬
　　　嫁为人妻减死罪一等,完城旦　　　天下有服禁不得屠沽,吏犯,不敬□
　　　弃书官印以上,司寇　　　　　　　□□官府寺舍民庐臧不满千□
　　　非纵火时擅纵火,烧山林□,司寇　　仆□当仆,坐臧为盗
　　　□□节□□吏不□□□　　　　　　□□坐臧为盗　　　　　　　(正)
　　　妻淫失煞夫,不道　　　　　　　　□□□□□弃市
　　　奸人母子旁,不道　　　　　　　　以人罪为罪,当斩,非犯军中,弃市
　　　对悍使者无人臣礼,大不敬　　　　ⓑ盗变事书,弃市
　　　惊动鬼神,大不敬　　　　　　　　ⓒ留变事书当上不上满半日,弃□
　　　上书纪匿其名,大不敬　　　　　　ⓓ吏留难变事满半日,弃市
　　　漏泄省中语,大不敬　　　　　　　ⓔ发视变事,弃市
　　　　　　　　　　　　　　　　　　　同产相奸,弃市　　　　　　(背)

长沙尚德街东汉简牍212/2011CSCJ482②:25-2

以上内容是在长10.5厘米、宽2.6厘米的下端残断的简的两面分两段逐条书写的。整理者认为该简是诏书,但正如整理者本身所指出的,简48正面上段第二行的"斗刃伤

---

[1] 长沙市文物考古研究所编:《长沙尚德街东汉简牍》,长沙,岳麓书社,2016年。下文所举的简48(该书的整理号码为212简)出土的J482并出土了有熹平二年(灵帝年号,173年)与光和四年(同上,181年)纪年的简(该书第80页)。

57

人,完城旦"当是《汉书·薛宣传》所引的律文"律曰:斗以刃伤人,完城旦,其贼加罪一等,与谋者同罪"的节录,第五行"弃书官印以上,司寇"又应是张家山汉简·二年律令53"盗书、弃书官印以上,耐"的节录[1],因此应可认为简48并非对诏书的记载,而是对律文的摘录。

划线的ⓐ—ⓔ是有关变事的内容。ⓐ是上书言变事时如果不合规定的格式[2],则属于不敬的规定[3],应是与本文开头引用的《汉书·艺文志》的"吏民上书,字或不正,辄举劾"有联系的。ⓑ是对于盗窃变事书的规定,ⓔ是对于拆开变事书偷看记载内容的规定,均处以弃市的重刑。从文书这一点来看变事书也是文书,而据简48正面第五行"弃书官印以上,司寇"与张家山汉简·二年律令53"盗书,弃书官印以上,耐"的记载,丢弃、盗窃盖有官印的文书者处以耐司寇之刑[4],可知涉及变事书的情形时刑罚特别重。如上所述,应是因为通过变事书上言的变事是在上言者身边策划的谋反等,所以为确保送出的变事书能够抵达朝廷,就对盗窃、拆开变事书的行为处以严刑。

ⓑⓔ的规定也以民众为对象,但ⓒⓓ的对象仅限于吏。ⓓ是借故阻留变事书半日以上则处以弃市之刑的规定[5],上文介绍的"甲渠鄣候谊不留难变事爰书残册"正是包括了这种事例。

---

[1] 长沙市文物考古研究所编:《长沙尚德街东汉简牍》,第82—83页。
[2] "式"是标准、指南的意思(京都大學人文科學研究所簡牘研究班編:《漢簡語彙 中國古代木簡辭典》,第221页,"式"条),如下面所举的简那样就文书而言具体来说应是指格式。言变事的上书也是一种文书,因此这种情况下的"不如式"解释为"如果不合格式"。
　　●右爰书式　　　　　　　　　Ⅰ91DXT0309③:79
　　●右书言鞬所式　它放　　　　Ⅰ91DXT0309③:141
又,上举两简均据张俊民《敦煌县泉置探方T0309出土简牍概述》,长沙市文物考古研究所编:《长沙三国吴简暨百年来简帛发现与研究国际学术研讨会论文集》,北京,中华书局,2005年。
[3] 东汉时期,对不敬处以鬼薪之刑。如《后汉书·杨伦传》"尚书奏伦探知密事,激以求直。坐不敬,结鬼薪(李贤注:结,正其罪也)";《续汉书·律历志中》"太尉耽、司徒隗、司空训以邕议劾光、晁不敬,正鬼薪法"。《后汉书》传六十九上《杨伦传》,北京,中华书局,1965年,第2564—2565页;志二《律历志中》,第3040页。
[4] 从图版上未能确定其为"耐"字,故原书释文作"耐(?)",但二年律令53与简48正面第五行记载了同一规定是无疑的,因此"弃书官印以上"是被处以司寇之刑;而关于这种司寇,二年律令90—92有"有罪当耐、其法不名耐者,庶人以上耐为司寇",故犯人如系庶人以上则处以耐罪,因而二年律令53的该字应可理解为"耐"。此外,关于二年律令53,张家山二四七号汉墓竹简整理小组《张家山汉墓竹简[二四七号墓]》(北京,文物出版社,2001年)解释为"疑指弃去文书上的封泥,然后呈上",但二年律令53在"弃书官印以上"之前写有"盗书",因此整理小组的理解有些不合理。据睡虎地秦简·法律答问138的"告盗书丞印以亡","书官印以上"可解释文为"用官印以上密封的文书"。因此,二年律令53的"盗书弃书官印以上"是并举了"盗"与"弃"了"书官印以上"两种情况的规定,应解释为"盗窃、丢弃用官印以上密封的文书的情况"。
[5] 长沙市文物考古研究所编《长沙尚德街东汉简牍》(第223页)将"留难"解释为"无端阻留"。

简49　谊不留难敞变事满半日。时令史根、尉史强、守塞尉万候长吕宪、王充、徐弘、候史成遂　　　　　　　　　　　　　　E.P.T51：18

简49的开头有"谊并非对敞所欲上书的变事借故阻留半日以上"，简49记载了谊的行为不属于ⓓ所规定的情形。上文谈到可以推测知悉敞的变事上言的鄣候叫敞来加以殴打使其不能上言，这个鄣候就是简49的谊[1]，谊的这种行为是否属于ⓓ的"留难"呢？在汇集而成的其他简中，谊以爰书作了证言[2]，因此简49应是谊对"留难"敞的变事上言的嫌疑所作的辩解。在这种情况下，可以审讯作为鄣候的谊只有统管候官的都尉府。也就是说，应该是谊的"留难"为统管候官的都尉府所知晓，因而就此案件对有关人员进行了审讯。从这个事例可知，为使变事书能够毫无延迟地送达自己手中，王朝不仅制定了ⓓ那样防止"留难"的规定，而且在发现"留难"的嫌疑后还审讯有关人员以便确认事实。

ⓒ是对未呈送必须呈送的变事书达半日以上者处以弃市之刑的规定。这也可能是对延迟传送变事书的规定[3]，但正如简7—13所显示的，"上"是指发送上书的文书，因此ⓒ的"当上"也应解释为变事书的发送。那么，ⓒ中因延迟发送而成为处罚对象的发文者是谁呢？上文已经谈到，根据简39可以设想当上言者系民众时是由县长吏听取变事的，而关于一般的上书，如上所述，民众、属吏上书时长吏是发文者，因此可以考虑有关变事的情形也是由听取民众所说变事的县长吏将其内容记载于变事书并发送出去的。根据这种程序，可以认为ⓒ是防止从民众听取了变事的县长吏将其搁置的规定。

简48所见的有关变事书的规定中，可以认为ⓐ的要求按格式书写以外的规定主要是以吏为对象的。ⓑ变事书的盗窃与ⓔ变事书的拆封当然也有民众所为的可能性，但根据"甲渠鄣候谊不留难变事爰书残册"，想必吏所为的可能性更大。剩下的ⓒⓓ都可以认为是延迟呈送变事书的行为，对象是吏，特别是以作为发文者的长吏为对象的禁止规定。以吏为对象的禁止规定的存在，换句话说，正说明了上文所述的妨碍行为是经常发生的。从这些规定也应可以看出，作为防止当地的吏的违法行为的对策，上言变事书的有效使用是极受王朝重视的。

---

[1]　谢桂华：《新旧居延汉简册书复原举隅》，第61页。
[2]　☐敞后不欲言变事。爰书，谊数召，根不肯见谊。根且言☐。见46·23（A8）
[3]　二年律令可见关于文书传送延迟的规定："邮人行书，一日一夜行二百里。行不中程半日，笞五十。过半日至盈一日，笞百。过一日，罚金二两。邮吏居界过书弗过而留之半日以上，罚金一两……"（张家山汉简·二年律令273—275）

结　　语

袁礼华就吏民上书的功能,举出了(1)汉王朝收集社会信息的重要渠道,(2)中下级官吏和布衣平民参政议政的重要方式,(3)常规选官方式之外网罗人才的重要措施,(4)封建君主强化监察的重要手段,(5)司法救济的重要途径等五项。而据本报告的考察结果,关于(4)特别准备了"变事书",可以窥知王朝尤其重视对叛乱与违法行为的监察。

然而一反王朝的这种意图,在行政现场却有抑制使用"变事书"的动向。

简 50　●甲渠言部吏毋上
　　　　书言变事者　　　　　　　　　　　　　　E.P.F22：695

简 50 是附于甲渠候官对都尉府调查命令的报告文书的签牌。从 A8 的 F22 出土了与简 50 同为附于对都尉府调查命令的报告的几支签牌。

简 51　●甲渠言部吏毋铸作钱冢
　　　　贩卖衣物于都市者　　　　　　　　　　　E.P.F22：37

简 52　●甲渠言部吏毋
　　　　铸作钱者　　　　　　　　　　　　　　　E.P.F22：40

简 53　●甲渠言部吏毋
　　　　嫁娶过令者　　　　　　　　　　　　　　E.P.F22：44

简 54　●甲渠言部吏毋
　　　　犯四时禁者　　　　　　　　　　　　　　E.P.F22：46

简 55　●甲渠言部吏毋犯
　　　　四时禁者　　　　　　　　　　　　　　　E.P.F22：49

简 56　●甲渠言府下赦令
　　　　诏书●谨案毋应书　　　　　　　　　　　E.P.F22：162

简 57　●甲渠言部吏毋作使属国
　　　　秦胡卢水士民者　　　　　　　　　　　　E.P.F22：696

除了简 56,其他均为附于是否有人实施禁止行为、违法行为的报告者。有无"上言变事者"的调查报告的简 50 被置于其中,应该意味着"上书言变事"也被视为与其他禁止行为、违法行为属于同类。通过对有无"上书言变事者"的调查,属吏上言变事的意图因此萎缩,其结果应是王朝的监察功能未能充分发挥。"候粟君所责寇恩事"简册(E.P.F22：1—36)所见的不像候官的长官应有的举动,应该也是这种监察功能未能发挥作用的情形所导致的。

将有关行政的各种制度与手续理解为王朝与现场行政负责人的争执的视角,对明确制度与手续的实际形态来说应是必要的。

附记:本文撰写时采纳了担任本文评论人的石洋氏的意见,谨向惠赐宝贵意见的石洋氏表示谢意。

[作者鹰取祐司,教授,立命馆大学文学部;陈捷译]

长沙五一广场东汉简牍中所见的"山徒"小议

广濑薰雄

一

"山徒"一词见于长沙五一广场东汉简牍 CWJ1③：195(《长沙五一广场东汉简牍选释》一四二)[1]，这枚简的释文如下(释文中个别断句根据笔者的理解略有改动)：

> 脩、种、国等相赋捡(敛)，沽酒；受赇请，相与群饮；食山徒，取其钱；令丸、达私市肉、胃(第一行)、盐、豉，皆不雇直；知若无任徒，宽缓，令为养；私使炊让(酿)便处徒，所不当得为。宏，宫吏(第二行)

这里列举了脩、种、国等人的种种罪行。按照我们的理解，在此列举的罪行有六项：第一，"相赋敛"(互相拿出财物)[2]，"沽酒"(卖酒)[3]。第二，"受赇请"(接受贿赂)[4]，"相与群饮"(一起喝酒)[5]。第三，"食山徒，取其钱"。第四，"令丸、达私市肉、胃、盐、豉，皆不雇直"。也就是说，他们为自己让丸、达二人去买肉、胃、盐、豉等食品，但都没有付报酬[6]。第五，"知若无任徒，宽缓，令为养"。这句话的意思是，他们知道若这个人是"无任徒"(无人担保之刑徒)[7]，竟然免除了他的刑役，让他做"养"

---

[1] 长沙市文物考古研究所等：《长沙五一广场东汉简牍选释》，上海，中西书局，2015年。以下简称为《选释》。

[2] 关于"相赋敛"的意思，参看李兰芳：《〈长沙五一广场东汉简牍选释〉札记数则》，简帛网 http://www.bsm.org.cn/show_article.php?id=2797[2017-5-2]。本文所引李兰芳先生的意见都出自该文。

[3] "相赋敛，沽酒"构成一个罪行，承蒙庄小霞先生指教。李力先生也告知笔者，汉代对酒实行专卖。自从武帝天汉三年"初榷酒酤"以来，汉代屡屡禁止私人卖酒。详细情况参看沈家本：《酒禁考》，收入沈家本撰，邓经元、骈宇骞点校：《历代刑法考》，北京，中华书局，1985年。

[4] 可能有不少人认为"受赇请"构成一个罪。但富谷先生指出，汉代"受赇"本身不是罪，"受赇枉法"才能构成罪。参看《儀禮と犯罪のはざま——賄賂罪をめぐって(仪礼与犯罪的间隙——围绕贿赂罪)》，收入富谷至：《漢唐法制史研究》，东京，创文社，2016年。

[5] 汉代无故聚众喝酒是被禁止的。《汉书·文帝纪》："朕初即位，其赦天下，赐民爵一级，女子百户牛酒，酺五日。"颜师古注引文颖云："汉律：三人以上无故群饮酒，罚金四两。"

[6] "雇直"是付钱的意思。《后汉书·孝桓帝纪》永寿元年二月条云："其百姓吏民者，以见钱雇直。"李贤注云："雇，犹酬也。"

[7] 关于"无任徒"的意思，参看《选释》第219页的注释和李兰芳文。

(做饭的人)[1]。第六,"私使炊酿便处徒"。也就是说,他们私自让炊在方便的地方酿酒[2]。这些行为都是"所不当得为"的[3]。

这枚简原是册书的一部分,此外还有三枚简与这枚简相关:CWJ1②:125、CWJ1③:137、CWJ1③:198-3,这些简似乎都是同一份册书的一部分。在此简单地看一下:

(1) CWJ1②:125(《选释》二〇)

☐☐寺舍。其月不处日,脩与种、勤、牧、真传种(第一行)

☐市牛肉廿斤,象(豸)肉十斤,鲊五斤,复从石沽(第二行)

(2) CWJ1③:198-3(《选释》一四三)

等[4],宏念可让(酿)为酒,遣丸于市,市米一斛,令若、炊为让(酿)酒。酒孰(熟),胡客从宏沽酒一杆,直(第一行)卅。歆复沽一杆,直卅。后不处日,闰复沽二器,直钱二百。脩复沽一器,直钱百。建沽一(第二行)

(3) CWJ1③:137(《选释》一三二)

沽四器,直钱四百,俱持诣宏。宏曰:"谁持夹者?"脩、种、真等曰:"持少礼贺新妇入寺舍(第一行)也。"宏曰:"可。"即呼勤、牧、种、真、纤、国、脩从作所归曹中,置肉案上,顷(倾)资写(泻)酒置杆中[5],以(第二行)

(1) 由于残缺了一半,无法准确理解文义,所讲的内容似是为"相与群饮"作准备的情形。(2) 首先讲述宏让丸去买东西,这是"令丸、达私市肉、胃、盐、豉"的情形;其

---

[1] 睡虎地秦简《秦律十八种·金布律》(72号简)云:"都官有秩吏及离官啬夫,养各一人。"整理者注云:"养,做饭的人,《公羊传》宣公十二年注:'炊烹者曰养。'"睡虎地秦墓竹简整理小组:《睡虎地秦墓竹简》,北京,文物出版社,1990年,第38页。

[2] 笔者同意《选释》的意见,认为"炊"是人名。庄小霞先生在研讨会上跟笔者说她怀疑"炊"是动词。但下引CWJ1③:198-3云"令若炊为酿酒",此"炊为酿酒"之"炊"恐怕不能理解为动词。如果"炊"和"酿"同样是动词,应该写作"炊酿为酒"。因此笔者仍然认为"私使炊酿便处徒"是"私使炊【为】酿便处徒"(私自让炊成为在方便处酿酒的人)的意思。可能是因为上一句是"令(若)为养",此句省略了"为"字。

[3] 《选释》在"所"下加逗号,把"不当得为"看作一句。我们怀疑此"所"属下读。《选释》引用的《汉书》"不当得为"的例子其实都是"所不当得为"的例子:

① 昌邑哀王歌舞者张修等十人……太傅豹等擅留,以为哀王园中人,<u>所不当得为</u>,请罢归。(《汉书·昌邑王传》)

② 首匿、见知纵,<u>所不当得为</u>之属,议者或颇言其法可蠲除。(《汉书·萧望之传》)

第二例中,"所不当得为"和"首匿"、"见知纵"并列。可见"所不当得为"是汉代的一种罪名。

[4] 此"等",原释文缺释。

[5] "倾资"之"资"和"杆"同样是盛酒器。例如马王堆汉墓一号墓遣策中有108号简"白酒二资"、109号简"温(酝)酒二资"、110号简"助(醁)酒二资"、111号简"米酒二资"等例子,可以参考。参看湖南省博物馆、复旦大学出土文献与古文字研究中心编纂,裘锡圭主编《长沙马王堆汉墓简帛集成》,北京,中华书局,2014年,图版见于第贰册第230—231页,释文注释见于第陆册第189—190页。

次说"令若、炊为酿酒",这一句与"令(若)为养;私使炊酿便处徒"相当;最后详细讲述"沽酒"的情形。(3)当位于(2)后,两者虽然不能连读,但文义连贯。也就是说,胡客、歆、闰、脩、建……等人卖了宏让人酿好了的酒,拿着这些钱一起去宏那儿,把钱给宏,说这是"新妇入寺舍"的贺礼。宏接受了这个贺礼,然后把大家叫过来一起大吃大喝。这显然是他们"相赋敛,沽酒,受赇请,相与群饮"的情形。

综上所述,CWJ1③:195列举了脩、种、国等人的六项罪行。其他三枚简中可以看到"相赋敛,沽酒"、"受赇请,相与群饮"、"令丸、达私市肉、胃、盐、豉,皆不雇直"、"令(若)为养"、"私使炊酿便处徒"五项的具体情形。唯独"食山徒,取其钱"这一项,在目前能看到的简牍中完全没有讲到。

似乎至今还没有人解释清楚"食山徒,取其钱"的意思。例如《选释》对"食山徒"三字加注云:"食,读为'饲'。山徒,疑指在山中劳作之徒。"[1]《选释》说"疑指",说明他们只不过按照字面意思作解释而已,其他没有任何根据。李兰芳先生透露了京师出土文献研读班的讨论,说庄小霞先生认为此处句读应当改为"相与群饮食,山徒取其钱",但同时还说"'山徒取其钱'意仍不明确"。

我们认为此"山徒"是"顾山"之徒的意思。下面详细作解释。

二

"顾山"是西汉平帝元始元年(1)实施的制度。《汉书·平帝纪》元始元年六月条云:"天下女徒已论,归家,顾山钱月三百。"颜师古注云:

> 如淳曰:"已论者,罪已定也。令甲:'女子犯罪,作如徒六月,顾山遣归。'说以为当于山伐木,听使入钱顾功直,故谓之顾山。"应劭曰:"旧刑鬼薪,取薪于山以给宗庙,今使女徒出钱顾薪,故曰顾山也。"师古曰:"如说近之。谓女徒论罪已定,并放归家,不亲役之,但令一月出钱三百,以顾人也。为此恩者,所以行太皇太后之德,施惠政于妇人。"

颜师古在此引用如淳和应劭的解释,并基本同意如淳的意见,说女性犯了罪不用亲自服役,只要每月交三百钱,找人代替服役即可。颜师古还说这个制度是为了"行太皇太后之德",这个信息是如淳、应劭都没有提到的,值得注意。

出土文献中有与"顾山"有关的记载,那是江苏仪征胥浦101号汉墓出土的所谓

---

[1] 长沙市文物考古研究所等:《长沙五一广场东汉简牍选释》,第219页。

"何贺山钱竹简"(M101：83,图一)[1]。可惜的是发掘报告所载照片很不清晰,简上的字无法释读。根据摹本和发掘报告的释文,简文如下：

> 【女】徒何贺山钱三千六百。　　元始五年十月□日,何敬君、何苍菖书存□[2]君明□[3]。

对我们的讨论而言,最重要的是"【女】徒何贺山钱三千六百"一句。发掘报告把简头的残字释为"女",很有可能是对的。"何贺"是女徒的人名,"山钱"是"女徒何贺"要交的钱。3600钱相当于一年的山钱(300×12＝3600)。从这个记载看,女刑徒在十月缴纳一年的山钱。这枚简是元始五年的记录,在顾山制度实施仅四年后。总言之,这枚简的记载和《平帝纪》及颜师古注的记载完全相符。

值得注意的是"山钱"这个名称。也就是说,女刑徒为"顾山"付的钱叫"山钱"。其实《平帝纪》"顾山钱月三百"的"山钱"也是这个意思。"顾"读为"雇",是"雇直"之"雇","山钱"是其宾语。"顾山钱月三百"可以翻译为"每月付三百钱的山钱"。

知道了"山钱"的意思,"山徒"也就好理解了。"山徒"之"山"与"山钱"之"山"用法相同,是"顾山"之"山"。也就是说,"山徒"指的是女刑徒出钱雇佣的、替她服役的人。五一广场简说"食山徒,取其钱",在此所谓"其钱"应该是"山钱"。

根据以上的讨论,解释"食山徒,取其钱"一句。"食",当如整理者所说,读为"饲"。也就是说,脩、种、国等人给山徒提供食物。"取其钱"的意思是拿了山徒的山钱。"食山徒,取其钱"的意思是：脩、种、国等人只给山徒提供食物,而扣了山徒应该可以拿的山钱。

按理推测,山徒的粮食费应该是从女刑徒缴纳的山钱中出的,剩下的钱给山徒。脩、种、国等人可能负责安排山徒的一些事物,他们利用这个职权饱私囊。我们通过这枚简可以了解汉代贪官的一个小伎俩,可以说是一件饶有趣味的事。

摹本　照片

图一

---

[1] 扬州博物馆：《江苏仪征胥浦101号西汉墓》,《文物》1987年第1期。
[2] 此字,整理者释作"【文】"。根据摹本,字形与"文"不符。
[3] 此字,整理者释作"【白】"。根据摹本,字形与"白"不符。

三

"山徒"亦见于敦煌悬泉汉简,这个例子对我们的讨论极为重要[1]。张俊民先生曾经介绍过"山徒"出现的敦煌悬泉汉简[2],释文如下:

神爵四年三月山徒名籍(158)

鬼新卫明　故效谷步广里　　徒子赣来编书绳十丈(164)

鬼新龙通　故济南郡菅平国　徒子赣藉厉石(192)

这三枚简本是一份名为"山徒名籍"的簿籍的一部分,第一枚简是标题简,第二枚、第三枚是正文简。正文的两枚简都以鬼薪刑的刑徒名开始,其次交代这个刑徒的籍贯,最后讲述"徒子赣"的行为。既然称为"徒",这里的"山徒"应该是这位子赣。这位子赣似乎代替鬼新卫明和龙通两个人服役。

如果此"山徒"果真是顾山之徒的意思,这个例子与《汉书·平帝纪》颜师古注的说法有两个重要的不同点:第一,这份山徒名籍有宣帝神爵四年(前58)的纪年。这说明顾山制度不是平帝元始元年首创的制度。第二,鬼薪是男犯服的刑罚。也就是说,顾山制度不是专对女性的恩典。

或许我们应该重新重视颜师古注所引应劭的说法:

应劭曰:"旧刑鬼薪,取薪于山以给宗庙,今使女徒出钱顾薪,故曰顾山也。"

鬼薪是男犯服的刑罚,顾山是对女性的恩典,按理说两者是扯不上关系的。过去我们无法理解应劭为何提出这种显然不对的解释。但现在发现的山徒名籍,内容正是鬼薪的山徒的名籍,似乎与应劭所说相符。

我们知道,在文帝改制前,鬼薪白粲刑是只适用于特权阶层的特殊的劳役刑。宫宅洁先生说:"鬼薪白粲刑在劳役刑体系中具有独特地位,和'城旦舂—隶臣妾—司寇'分属不同的系统,是适用于犯了应判处城旦舂刑的特权阶层(上造以上有爵者、葆子、皇族)的刑罚,处在依存于城旦舂刑的地位。"[3]从鬼薪刑的这种特殊性推测,顾山制度或许本来是为了鬼薪白粲刑的刑徒制定的,后来王莽把这个制度改为对所有女刑徒的

---

[1] 此事承蒙张俊民先生指教。
[2] 以上简文见于张俊民:《敦煌悬泉置探方T0309出土简牍概述》,长沙市文物考古研究所编:《长沙三国吴简暨百年来简帛发现与研究国际学术研讨会论文集》,北京,中华书局,2005年;后收入张俊民:《简牍学论稿——聚沙篇》,兰州,甘肃教育出版社,2014年,第180页。
[3] 宫宅洁:《劳役刑体系の构造と变迁》,《中国古代刑制史の研究》,京都,京都大学学术出版会,2011年,第102页;杨振红等译:《中国古代刑制史研究》,桂林,广西师范大学出版社,2016年,第87—88页。

恩典。这是应劭注"旧刑鬼薪……今使女徒……"的意思。

但敦煌悬泉汉简的山徒名籍是宣帝时即文帝改制后的文书,当时鬼薪白粲刑应该没有如上所说的特殊性。而且现在能看到的山徒名籍正文只有两枚,现在只有鬼薪的名籍也有可能是偶然,或许原来的山徒名籍中也有鬼薪以外的刑徒。事实究竟如何,目前无法确知。

此外需要指出的是,元始元年的女徒顾山不是后来一直持续的制度。《后汉书·光武帝纪上》建武三年秋七月条有如下记载[1]:

> 庚辰,诏曰:"吏不满六百石,下至墨绶长、相,有罪先请。男子八十以上、十岁以下,及妇人从坐者,自非不道、诏所名捕,皆不得系。当验问者即就验。<u>女徒雇山归家。</u>"

从这个诏书可知,光武帝在即位后恢复了女徒顾山制度。反过来说,女徒顾山制度在平帝后的某个时候失去了实效性。

桓谭在给光武帝的奏章中也提到顾山制度。《后汉书·桓谭列传》云:

> 今人相杀伤,虽已伏法,而私结怨雠,子孙相报,后忿深前,至于灭户殄业,而俗称豪健,故虽有怯弱,犹勉而行之,此为听人自理而无复法禁者也。<u>今宜申明旧令,若已伏官诛而私相伤杀者,虽一身逃亡,皆徙家属于边;其相伤者,加常二等,不得雇山赎罪。</u>如此,则仇怨自解,盗贼息矣。

从这个记载看,"其相伤者……不得雇山赎罪"也是桓谭主张申明的"旧令"之一。但桓谭的这一句也有可能是以建武三年七月的诏书为前提才说的。

总之,结合以上资料,或许我们可以提出这种假说:顾山制度在平帝元始元年之前存在,本来是鬼薪刑的刑徒能够享受的特殊制度。元始元年的女徒顾山的性质类似于皇帝即位时的特赦。《平帝纪》说,平帝即位时"帝年九岁,太皇太后临朝,大司马莽秉政,百官总己以听于莽"。当时太皇太后的地位之高可想而知,因此才有了女徒顾山这个恩典。但后来光武帝也采用了这个制度,于是女徒顾山在东汉时期成为固定的制度。

我们现在知道的相关资料实在太少,以上所说最多只能算是一个假说。而且我们得承认,这个假说与传世文献所见的顾山制度有很大的距离,也有一些不好解释的问题。问题的关键是"山徒"。因为我们认为"山徒"是顾山之徒,才得出了这种假说。我

---

[1] 这个例子的存在承蒙庄小霞先生提醒。

们的解释是否正确？期待今后新资料的出现彻底解决这个问题。

附记：本文是在 2017 年 8 月 10 日"2017 年中国社会科学论坛（史学）：第六届中国古文书学国际研讨会"上所作报告的基础上修改而成的。会上庄小霞先生为笔者的报告作评论，提出了不少中肯的意见。讨论时张俊民先生提醒笔者说敦煌悬泉汉简中也有"山徒"的例子。会后还承蒙不少学者指教。笔者参考他们的意见，对本文进行了较大的修改。在此一并致谢。

[作者广濑薰雄，副研究员，复旦大学出土文献与古文字研究中心、
　　　　出土文献与中国古代文明研究协同创新中心]

走马楼吴简中"私学"相关簿籍与文书的地域考察

苏俊林

关于走马楼吴简中的"私学",学者已进行过多方面的研究,取得了不少富有启发性的成果[1]。据相关简文可知,吴简中有多种关于私学的簿籍和文书[2]。这些簿籍和文书中,大多有私学的籍贯(户籍所在地)、居所等地域性记录。目前的研究成果中,于振波先生对私学的籍贯进行过简略统计[3],尚未见到专门对私学进行地域分

---

[1] 相关研究成果主要有,胡平生:《长沙走马楼三国孙吴简牍三文书考证》,《文物》1999年第5期;王素:《长沙走马楼三国孙吴简牍三文书新探》,《文物》1999年第9期;王素、宋少华:《长沙走马楼三国吴简的新材料与旧问题——以邸阁、许迪案、私学身份为中心》,《中华文史论丛》2009年第1期;胡平生:《读长沙走马楼简牍札记(二)》,《光明日报》2000年4月7日,第3版;王素:《"私学"及"私学弟子"均由逃亡户口产生——长沙走马楼简牍研究辨误(二)》,《光明日报》2000年7月21日,第3版;侯旭东:《长沙三国吴简所见"私学"考——兼论孙吴的占募与领客制》,李学勤、谢桂华主编:《简帛研究2001》,桂林,广西师范大学出版社,2001年,第514—522页;于振波:《汉晋私学考述》,《走马楼吴简初探》,台北,文津出版社,2004年,第175—224页;王子今、张荣强:《走马楼简牍"私学"考议》,长沙简牍博物馆、北京吴简研讨班编:《吴简研究》第2辑,武汉,崇文书局,2006年,第67—82页;李均明、宋少华:《〈长沙走马楼三国吴简〉竹简[四]内容解析八则》,中国文物研究所编:《出土文献研究》第8辑,上海古籍出版社,2007年,第182—195页;邓玮光:《走马楼吴简所见"私学"考》,《东南文化》2010年第3期;李迎春:《走马楼简牍所见"私学"身份探析》,《考古与文物》2010年第4期;李恒全:《走马楼三国孙吴简牍"私学"考论》,《南京师大学报》(社会科学版)2012年第4期;凌文超:《走马楼吴简私学簿整理与研究——兼论孙吴的占募》,《文史》2014年第2辑;王素:《长沙走马楼三国吴简时代特征新论》,《文物》2015年第12期;凌文超:《新见吴简私学木牍文书考释》,西北师范大学历史文化学院、甘肃简牍博物馆等编:《简牍学研究》第6辑,兰州,甘肃人民出版社,2016年,第45—59页。另有代冰华:《吴简与孙吴私学研究》,硕士学位论文,郑州,郑州大学,2011年。

[2] 本文所引吴简出自以下资料:长沙市文物考古研究所、中国文物研究所、北京大学历史学系走马楼简牍整理组编:《长沙走马楼三国吴简 嘉禾吏民田家莂》,北京,文物出版社,1999年;长沙市文物考古研究所、中国文物研究所、北京大学历史学系走马楼简牍整理组编:《长沙走马楼三国吴简 竹简》[壹],北京,文物出版社,2003年;长沙简牍博物馆、中国文物研究所、北京大学历史学系走马楼简牍整理组编:《长沙走马楼三国吴简 竹简》[贰],北京,文物出版社,2007年;长沙简牍博物馆、中国文物研究所、北京大学历史学系走马楼简牍整理组编:《长沙走马楼三国吴简 竹简》[叁],北京,文物出版社,2008年;长沙简牍博物馆、中国文化遗产研究院、北京大学历史学系走马楼简牍整理组编:《长沙走马楼三国吴简 竹简》[肆],北京,文物出版社,2011年;长沙简牍博物馆、中国文物遗产研究院、北京大学历史学系、故宫研究院古文献研究所走马楼简牍整理组编:《长沙走马楼三国吴简 竹简》[柒],北京,文物出版社,2013年;长沙简牍博物馆、中国文物遗产研究院、北京大学历史学系、故宫研究院古文献研究所走马楼简牍整理组编:《长沙走马楼三国吴简 竹简》[捌],北京,文物出版社,2015年。本文中注明卷号和简号,不一一出注页码。

[3] 于振波:《走马楼吴简所见临湘县流动人口》,杨振红、邬文玲主编:《简帛研究2015》秋冬卷,桂林,广西师范大学出版社,2015年,第172页。

析的文章。有鉴于此,本文试图从地域角度,对与私学相关的簿籍与文书进行专门考察。

一、私学名籍中的籍贯

吴简中有多种关于私学的簿籍,其中一些名籍记载了私学的籍贯,如下:

1. ……黄 客[1] 年卅八　　　状:客,白衣,居临湘都乡□□丘[2],
 ……石年廿九　　　　　　　　　　　　　　　　　　　　　　　肆·3949

2. □学[3]长沙烝阳年卅　　状:阳,白衣,居临湘小武陵乡墇埣丘
 　　　　　　　　　　　　　　　　　　　　　　　　　　　　　　肆·3956

3. □长沙黄星[4]年廿六　　状:星,白衣,居临湘都乡吴溏丘,帅龚传
 无有户[5]　　　　　　　　　　　　　　　　　　　　　　　　　肆·3979

4. 私学汝南陈苗年廿　　　状:苗,白衣,居长沙临湘[6]□　　　肆·3982

5. 私学南阳□□[7]年十七　状:□,白衣,居临湘□　　　　　　肆·3986

6. □□长沙李俗年廿　　　状:俗,白衣,居临湘东乡茗上丘,帅郑各主
 　　　　　　　　　　　　　　　　　　　　　　　　　　　　　　肆·3991

7. □武陵梁□年十八　　　状:□,白衣,居临湘……　　　　　肆·3992

8. ……年□二　　　　　　状:□,白衣,居临湘邑下……□　　肆·4007

9. 私学长沙刘广年卅七　　状:广,白衣,居临湘桑乡□□　　　肆·4009

10. 私学长沙烝枭年卅　　　状:枭,白衣,居临湘东乡□丘,帅烝□主

---

[1] 原释文阙,凌文超先生据图版补为"客"。参见氏著:《走马楼吴简举私学簿整理与研究——兼论孙吴的占募》。

[2] "□□丘"为凌文超先生据图版补。参见氏著:《走马楼吴简举私学簿整理与研究——兼论孙吴的占募》。

[3] 原释文阙,凌文超先生据图版残笔和格式补为"学"。参见氏著:《走马楼吴简举私学簿整理与研究——兼论孙吴的占募》。

[4] 原释文阙,凌文超先生据图版补为"星"。参见氏著:《走马楼吴简举私学簿整理与研究——兼论孙吴的占募》。

[5] 原释文阙,凌文超先生据图版补为"户"。参见氏著:《走马楼吴简举私学簿整理与研究——兼论孙吴的占募》。

[6] 原释文为"县□",凌文超先生据图版改为"临湘"。参见氏著:《走马楼吴简举私学簿整理与研究——兼论孙吴的占募》。

[7] 原释文为"公",凌文超先生据图版删。参见氏著:《走马楼吴简举私学簿整理与研究——兼论孙吴的占募》。

	☐☐送兵(共)[1]户	肆·4078
11. ☐状：晃，白☐		肆·4091
12. ☐私学长沙文主年十☐	状：主，白衣，居临湘邑下☐	肆·5209
13. 私学长沙卢灶年☐	状：灶，白衣，居临湘桑乡☐☐	肆·5211
14. 私学长沙郑狗年☐	状：狗，白衣，居临湘乐乡☐☐丘，帅黄……	肆·5225
15. 私学长沙陈鼠[2]年卌四	状：鼠，白衣，居临湘模乡利☐丘　有户	肆·5226
16. ☐私学长沙邓……	白衣，居临湘☐乡田☐丘，帅龚[3]☐	肆·5386

　　这些简中不仅记录了私学的籍贯、姓名和年龄，还以"状"[4]的形式记录了其名、白衣、居所甚至主管官吏[5]等信息。因此，此类简在单独时或可称"私学名状"，集合成簿籍时则可称作"私学名状簿"[6]。

　　就"私学名状簿"来看，这些简都出自《竹简》[肆]，记载内容非常独特，且记录格式又如此一致，极有可能是单独编联成册。"私学名状簿"的私学来自多个郡县，居所也

---

[1] 凌文超先生据图版认为疑为"共"，"送"字前疑有两字。参见氏著：《走马楼吴简举私学簿整理与研究——兼论孙吴的占募》。

[2] 原释文为"风"，凌文超先生据图版改为"鼠"。参见氏著：《走马楼吴简举私学簿整理与研究——兼论孙吴的占募》。

[3] 原释文为"邓"，凌文超先生据图版疑为"龚"。参见氏著：《走马楼吴简举私学簿整理与研究——兼论孙吴的占募》。

[4] 李均明、宋少华先生曾将"状"解为"外貌特征"；王素先生认为"状"为"行状"，如同现在的简历；李恒全先生认为"状"即状况、情况。分别参见李均明、宋少华：《〈长沙走马楼三国吴简〉竹简[四]内容解析八则》；王素、宋少华《长沙走马楼三国吴简的新材料与旧问题——以邸阁、许迪案、私学身份为中心》；李恒全：《走马楼三国孙吴简牍"私学"考论》。

[5] 王素、宋少华二位先生将私学名状中的"主"做"本主"解，认为是"原主人"之意。参见氏著：《长沙走马楼三国吴简的新材料与旧问题——以邸阁、许迪案、私学身份为中心》。"私学名状簿"有3处为"帅某主"的格式。若说这3人的原主人身份都是帅，未免显得过于统一。由此怀疑，此处的"主"可能不是"原主人"之意。《玉篇·丶部》："主，典也。"《广韵·麌韵》："主，掌也。"《孟子·万章上》言："使之主事而事治，百姓安之。"《文心雕龙·史传》载："轩辕之世，史有仓颉，主文之职，其来久矣。""主"有"掌管"、"主管"之意。再者，以"帅(官职)+姓名+主"的格式看，将其理解为帅等基层官吏主管(私学)，可能更为合适。这样记录可能有明确管理责任之意。

[6] 凌文超先生《走马楼吴简举私学簿整理与研究——兼论孙吴的占募》一文称其为"私学名籍简II"。实际上，"名状"是汉代以来常见的一种文书。《史记·外戚世家》"行诏门著引籍"条下《正义》注："武帝道上诏令通名状于门使，引入至太后所。"《汉书·金安上传》"当上南大行为太夫人"条下引文颖注曰："南，名也。大行，官名也。当上名状于大行也。"加之这些简中都有"状"字及其内容，故而称单独简为"名状"。

不相同。[1] 我们将其整理如下表(表1)：

表1 "私学名籍簿"所见私学的籍贯与居所

人　名	籍　贯	居　所	其　他	简　号
黄客	缺	临湘都乡□丘		肆·3949
烝阳	长沙	临湘小武陵乡壐崪丘		肆·3956
黄星	长沙	临湘都乡吴溏丘	无有户	肆·3979
陈苗	汝南	长沙临湘□		肆·3982
□□	南阳	临湘□		肆·3986
李俗	长沙	临湘东乡茗上丘		肆·3991
梁□	武陵	临湘……		肆·3992
缺	缺	临湘邑下……		肆·4007
刘广	长沙	临湘桑乡□		肆·4009
烝枭	长沙	临湘东乡□丘	送兵(共)户	肆·4078
□昙	缺	缺		肆·4091
文主	长沙	临湘邑下□		肆·5209
卢灶	长沙	临湘桑乡□□		肆·5211
郑狗	长沙	临湘乐乡□丘		肆·5225
陈凨	长沙	临湘模乡利□丘	有户	肆·5226
邓…	长沙	临湘□乡田□丘		肆·5386

就表1所见，"私学名状簿"中私学多来自长沙(10例)，少数来自长沙之外，汝南、南阳、武陵诸郡各1例。值得注意的是，"私学名状簿"中所载籍贯都是郡名[2]。也就是说，"私学名状簿"可能是分郡别来记录的。

此外，还有一类名籍简也记载了私学籍贯，如：

17. 私学临湘邓青年廿一　　　　　　　　　　　　　　　　　　　叁·8398
18. 私学罗县仪□年廿六　　　　　　　　　　　　　　　　　　　肆·4526

---

[1] 学者已经指出私学籍贯和居所不在一处的情况。分别参见李均明、宋少华：《〈长沙走马楼三国吴简〉竹简[四]内容解析八则》；王素、宋少华：《长沙走马楼三国吴简的新材料与旧问题——以邸阁、许迪案、私学身份为中心》。

[2] 王素、宋少华：《长沙走马楼三国吴简的新材料与旧问题——以邸阁、许迪案、私学身份为中心》。

走马楼吴简中"私学"相关簿籍与文书的地域考察

19. 私学临□□枭年卅〔1〕	肆·4540
20. 私学朱□年□□……☑	肆·4556
21. □学临湘李俗〔2〕年廿	肆·4559
22. 私学临湘□□年廿□	肆·4583
23. 私学南郡刘〔3〕满年□	肆·4630
24. 私学□□□□年□	肆·4635
25. 私学长沙娄盖年□☑	肆·5597
26. 私学长沙□□☑	肆·5608

简17—26大多残缺不全,但以简17等较完整的简来看,这些简所记内容为:私学+籍贯(郡/县)+姓名+年龄。这与"私学名状"前半段("状"字前的内容)相似。借用凌文超先生的命名,暂称之为"私学名籍I"〔4〕。凌氏还指出,他们之间存在人名对应关系〔5〕。简21与简6都是"李俗",简19与简10为"烝枭"。这些私学名籍简中,除简17出自《竹简》[叁]之外,简18—26都出自《竹简》[肆]。它们可能也是编联成册的〔6〕。

---

〔1〕"枭"原释文为"军","卅"原释文为"廿",凌文超先生据图版改释。参见氏著:《走马楼吴简举私学簿整理与研究——兼论孙吴的占募》。

〔2〕原释文阙,凌文超先生据图版补为"李俗"。参见氏著:《走马楼吴简举私学簿整理与研究——兼论孙吴的占募》。

〔3〕原释文为"蔡",凌文超先生据图版疑为"刘"。参见氏著:《走马楼吴简举私学簿整理与研究——兼论孙吴的占募》。

〔4〕凌文超:《走马楼吴简举私学簿整理与研究——兼论孙吴的占募》。

〔5〕凌文超:《走马楼吴简举私学簿整理与研究——兼论孙吴的占募》。另外,凌氏也指出,人名对应的还有以下两简:

私学黄客 状 客本正户民 ☑	肆·3943
私学黄星 星兄黄张□民昷□不上星□	肆·3976

凌氏称为"私学名籍III"。不过,这2枚简较为特殊。肆·3943(人名与简1对应)虽然有"状"且记录了其名"客"字,但其后记录了"正户民"。肆·3976(人名与简3对应)中在私学黄星之后还记录了其兄。此2简记录格式与正文中两种私学名籍都不相同。因为没有记录地域信息,暂不纳入本文讨论。

〔6〕需要说明的是,这类关涉私学的名籍是单独编联还是与其他身份的名籍混合编联,现在还不十分明确。吏民簿中有类似格式的记录,如:

民大女李婢年七十一 ☑	壹·8933
民男子苍殿年□七	壹·8943
待事史南阳隋蔡年□□☑	叁·4965
武陵从橼位宗□年廿	肆·4515
右郎中卢江郑晊年五十 晊叔父䢵年七十二	肆·5223

壹·8933和壹·8943中没有记录籍贯,与正文所列私学名籍不同。因为私学名籍I中有残断,无法确定其是否也有连记简的情况,因此也就无法判断其与连记简肆·5223是否相同。但叁·4965、肆·4515除了身份不(转下页)

关于"私学名籍I"中私学的籍贯,我们将其整理如下表(表2):

表2 "私学名籍I"所见私学籍贯

姓 名	籍 贯	简 号	备 注	姓 名	籍 贯	简 号	备 注
□□	长沙	叁·6506		邓青	临湘	叁·8398	
仪□	罗县	肆·4526		□枭	临[湘][1]	肆·4540	有"私学名状"
朱□	无	肆·4556		李俗	临湘	肆·4559	有"私学名状"
□□	临湘	肆·4583		刘满	南郡	肆·4630	
□□		肆·4635		娄盖	长沙	肆·5597	
□□	长沙	肆·5608					

表2中,私学籍贯有记为"长沙(郡)"(3例)、"南郡"(1例),也有记为"临湘"(4例)、"罗县"(1例)。简17—26虽然也记载了私学的籍贯,但详细到县一级。这不同于"私学名状簿"中籍贯只记到郡一级的记录。两种私学名籍在籍贯记载上的此种差异,说明二者的制作单位和用途可能存在差别。但二者的具体制作单位和用途,尚有待考证。

二、私学限米"入米简"所见私学的地域分布

吴简中与私学限米相关的赋税简很多,"入米简"、"出米简"中都有关于私学的记录。"出米简"中关于私学的记录如下:

27. 出桑乡嘉禾元年私学限米廿斛ⵊⵊⵊ嘉禾元年四月十六日乡吏刘平付露丘男子丞杲守[2]

不过这样的私学"出米简"目前所见不多。在此主要列举私学"入米简",如下:

28. 入平乡嘉禾二年私学限米十七斛三斗胄毕ⵊⵊⵊ嘉禾二年十月十四日上和丘曹思关囗

壹·4564

(接上页)同之外,记录格式与私学名籍I相一致,都是"身份+籍贯+姓名+年龄"。或许私学名籍I与叁·4965、肆·4515等是混合编册的,即将多种"非民"身份的人员混编成册,内部再以身份进行二次区分。不过,吴简中有单独编联成册的"师佐簿"。私学名籍I是否可能如"师佐簿"那样单独编联成册,目前还无法排除这种可能性。无论是混编还是单独编联,私学名籍I应是编联成册,这一点应无疑问。

[1] 简文中"临"字后阙,按照当时地名,所阙之字可补为"湘",与前字合为"临湘"。
[2] 郑曙斌、张春龙、宋少华、黄朴华:《湖南出土简牍选编》,长沙,岳麓书社,2013年,第316页。

29. 入桑乡嘉禾二年私学米十七斛五斗胄毕▒▒ 嘉禾二年十月廿八日区丘大男黄☐
☐（整理者注："米"字前脱"限"字） 壹·4893

30. 入中乡嘉禾元年私学限米三斛八斗毕▒▒ 嘉禾二年正月十二日平阳丘陈广关
堁阁董基付三州仓吏谷汉受 叁·5781

31. 入东乡税米十七斛胄毕▒▒ 嘉禾元年十一月三日东溇丘男子烝学付三州仓
使[1]谷汉受 肆·1045

32. 入乐乡私学米十一斛七斗八升胄毕▒▒ 嘉禾元年十一月十八日丈丘谢勤付三州
仓吏谷汉受 肆·1173

33. 入小武陵乡私学限米二斛胄毕▒▒ 嘉禾元年十一月十二日坪丘男子张先付三州
仓吏谷汉受 肆·1250

34. 入南乡县吏纪☐私学限米六斛☐ 柒·700

35. 入模乡嘉禾二年私学限米三斛四斗毕▒▒ 嘉禾三年十一月十七日☐丘谢☐关堁
阁董基付仓吏郑黑受 柒·1601

36. 入西乡还二年贷食嘉禾元年私学限米十二斛▒▒ 嘉禾二年十月三日亿丘烝纹关
堁阁李嵩付仓吏黄讳潘虑受 柒·4218

37. 入广成乡嘉禾二年私学限米六斛就毕▒▒ 嘉禾三年正月廿二日济丘男子潘鱼关
堁阁董基付仓吏郑黑受 柒·4307

38. 入都乡嘉禾二年私学限米一斛▒▒ 嘉禾二年九月廿七日员东丘龚☐关堁阁李嵩
付仓吏黄讳☐ 捌·3965

此处各乡只列举了 1 枚私学限米的"入米简"。据简 28—38 可知，交纳私学限米的乡有都乡、东乡、西乡、中乡、乐乡、南乡、平乡、桑乡、小武陵乡、模乡、广成乡共 11 乡。关尾史郎先生通过分析赋税纳入简，认为临湘侯国至少有广成乡、平乡、西乡、东乡、都乡、中乡、小武陵乡、桑乡、模乡、乐乡、南乡、北乡以及其他乡等共 17 个乡[2]。杨振红先生考证临湘侯国至少下辖都乡、东乡、西乡、南乡、北乡、中乡、广成乡、乐乡、模乡、平乡、桑乡、小武陵乡 12 个乡，其中北乡尚待进一步证实[3]。就私学限米的交纳情况看，

---

[1] 整理者注：当为"吏"的误写。长沙简牍博物馆、中国文化遗产研究院、北京大学历史学系走马楼简牍整理组编：《长沙走马楼三国吴简 竹简》[肆]，第 644 页。

[2] 关尾史郎：《〈湖南长沙三国吴简〉の赋税纳入木简について》，南北科研·西南班编：《长沙吴简研究报告 2010 年度特刊》，新潟，2011 年，第 66—67 页。

[3] 杨振红：《长沙吴简所见临湘侯国属乡的数量与名称》，卜宪群、杨振红主编：《简帛研究二〇一〇》，桂林，广西师范大学出版社，2012 年，第 139—144 页。

除了北乡尚未见到私学限米的交纳记录外,临湘侯国的其他11个乡都有私学限米的交纳记录[1]。有私学限米的交纳记录,则该乡必有身份为"私学"者。虽然不能说这些私学的户籍都在临湘县(侯国),但这11个乡都住有私学,这可以确定。

"私学名状簿"中也登录了私学的居所。虽然所住丘名大多残缺,但乡名尚算完全。乡名完整的简中,邑下、都乡、东乡、桑乡各2例,乐乡、模乡、小武陵乡各1例。将私学限米"入米简"与"私学名状簿"相比较可知:

(1) 如果居所在临湘的私学都要制作"私学名状",并在名状上登记其居所,则可以推测,至少还有居住在西乡、南乡、中乡、广成乡、平乡这5个乡的私学,在已公布的吴简中未见其"名状"。

(2) 既然私学都要缴纳限米,那么居住在"邑下"的私学也应缴纳限米。但目前尚未见到这样的记录。

虽然个中缘由尚不清楚,但结合二者可以得知,吴简所见私学的居所分布于邑下、都乡、东乡、西乡、中乡、乐乡、南乡、平乡、桑乡、小武陵乡、模乡、广成乡等地。这意味着私学几乎遍布整个临湘县(侯国)。

虽然私学遍布临湘,但目前尚未见到私学田地的确切记录[2]。侯旭东先生指出,

---

[1] 基于吴简中用方位命名"乡"的状况看,"北乡"存在应无疑问。目前未见北乡的私学入米简,或者北乡未住有私学,或者北乡的私学入米简在未公布的简中,或者有其他原因。具体原因,目前不明。

[2] 以下2简似与私学田地有关:
　　　五十亩私学常尽　　　　　　　　　　壹·6290
　　　……私学田巾 限 田　　　　　　　　壹·8947
于振波师《汉晋私学考述》(《走马楼吴简初探》,第215页)一文中指出,壹·8947"限"字漫漶,竹简残缺严重,"限田"二字应存疑。至于壹·6290,于师说其与土地有关但"难知其详"。

2016年12月24—26日在长沙简牍博物馆调查吴简实物时发现,简壹·6290的文字可能有误释。原释为"学"字处,其中部有撇丿、捺乀构成的"入"字,且与吴简中"学"字字形明显不同。其与同卷中"学"字比较如下:

壹·6290(普通相机)	壹·6290(书)	壹·65(书)	壹·838(书)	壹·939(书)	壹·7362(书)

此字可能不是"学"字。如此,则这枚简可能不是关于"私学"的简。另外,"私"字之后似有"入"字,如右图 ，(入)。此简可能不是"私学",而是"私入"。但具体为何事不太清楚。如果这2枚简不是私学田地的记录,则现今公布的吴简中就没有私学田地的记录。

吴简中田家以身份交纳的各种限米、租米、税米等可能都对应着相应类型的田地[1]。我们也曾分析得出耕种者身份决定着田地类型和田租额[2]。既然存在"私学"这一特殊身份，又有"私学限米"的记录，与之相应，也应存在私学田地。然而，还未见到确定为私学田地的记录。走马楼吴简中是否有私学田地的记录，有待吴简完全公布之后再予以确认。

三、私学户籍的地域分析

迄今为止，吴简所见私学户籍无疑都属于临湘，尚未见到他郡他县私学的户籍。与私学相关的户籍有两种记录。一种见于户籍明细简，如：

39. 卬弟……给私学　信妻大女利年卌二　　☑　　　　　　　　　　贰·1972

40. 嘉禾五年绪中里户人公乘黄□年卅六算一给私学　　　　　　　　肆·678

41. 嘉禾四年广成里户人公乘周符年廿二给州私学　☑　　　　　　　肆·2081

42. 阳贵里户人公乘私学□□年卅六算一　　　　　　　　　　　　　柒·1793

43. 吉阳里户人公乘私学□脱年卅二算一聋耳　　　　　　　　　　　柒·1874

44. 东阳里户人公乘私学程溥年卅一腹心病　　　　　　　　　　　　捌·856

45. 吉阳里户人公乘私学区胜年卅六苦风病　　　　　　　　　　　　捌·2506

46. 私学番胆年六十七　妻汝年五十二　子男生年五岁　　　　　　　捌·3643

简39—46都是与私学相关的户籍明细简，涉及"给私学"、"私学"两种身份。目前所见户籍明细简中，与私学相关者不过8人。但是，另一种与私学相关的户籍简——分类合计简显示，私学数量远超过此数。略举几例如下：

47. 其五户私学新吏　　　　　　　　　　　　　　　　　　　　　　肆·528

48. 其三户私学吏子弟限　　　　　　　　　　　　　　　　　　　　肆·701

49. 其一户私学　　　　　　　　　　　　　　　　　　　　　　　　肆·2829

50. 其二户私学帅客　　　　　　　　　　　　　　　　　　　　　　柒·5477

51. 其二户私学　　　　　　　　　　　　　　　　　　　　　　　　柒·5888

52. 其五户私学出限米　　　　　　　　　　　　　　　　　　　　　捌·229

---

[1] 侯旭东：《走马楼竹简的限米与田亩记录——从"田"的类型与纳"米"类型的关系说起》，《吴简研究》第2辑，第157—175页。

[2] 拙文《吴简所见孙吴田租及相关问题》，《中国农史》2015年第1期。

53. 其□户 私 学 出限米   捌·681
54. 其卅户私学　出 限 米   捌·2575
55. ☒　其二户佃帅私学 [限][1] 米   捌·2610

　　简47—55中,有些是私学的合计,有的则是私学与其他身份的合计。虽然与其他身份合计的简中难以确定私学的具体户数,但即便此种情况将私学按最低数量1户计算,简47—55所见私学也达42户之多(尚有简53的户数不明)。这个数量不仅超过户籍明细简所见私学的数量,甚至也超过了"私学名状簿"中私学的数量。就其行政归属看,为数不多的私学户籍简中,简39、46难以确定,其他简则记载明确,分别为吉阳里2例,绪中里、广成里、阳贵里、东阳里各1例。此种程度远低于私学限米"入米简"中私学的地域分布。不论是就户籍简中私学的数量记载来看,还是就地域分布来看,都说明所公布的私学的户籍明细简只是其中的极小部分,在此之外还有相当部分的私学户籍简存在[2]。

　　另外一个问题在于,那些来自外乡的私学是否会在临湘"占上户籍",成为临湘的户籍民?凌文超先生《新见吴简私学木牍文书考释》一文中曾列举了这样一份文书(文书1):

　　　　中乡劝农掾五蕊叩头死罪白:被曹敕,列处男子龙攀是正户五
　　　与不分别言。案文书,攀,本乡民,过年占上户牒,谨列言。蕊诚惶诚恐,叩头
　　死罪死罪

　　　　　　　　　　　　　　诣　功　曹
　　　　十一月廿二日庚戌白[3]（总87725,竹木牍J22－2607(16)?）[4]

　　凌氏认为虽然其未记录"私学",但依据文书格式和内容判定其为私学木牍文书[5]。不过,此文书中明确记载其身份是"男子"而不是"私学"。为谨慎起见,此木牍暂不视作私学文书。如此,这份文书也暂不视作是私学"过年占上户牒"的证据。

---

[1] 黎石生先生指出,依文例"限"前或脱"出"字。参见氏著:《走马楼吴简〈竹简[柒]〉、〈竹简[捌]〉释文、注释补正》,邬文玲主编:《简帛研究二〇一七》(春夏卷),桂林,广西师范大学出版社,2017年,第312页。

[2] 目前有数卷吴简尚未公布,不排除某卷中私学户籍明细简大量出现的可能。待吴简完全公布后确认。

[3] 此木牍的图版和释文首见于熊曲:《长沙走马楼吴简行书探析》,《中国书法》2014年第10期。凌文超《新见吴简私学木牍文书考释》对其有修订,从凌文。

[4] 本文所引竹木牍的编号,参见伊藤敏雄:《長沙呉簡中の木牘集成(2017年1月1日現在)》,《新出簡牘資料による漢魏交替期の地域社会と地方行政システムに関する総合的研究》(課題番号:25244033,研究代表:関尾史郎),平成25年度―平成28年度科学研究費補助金［基盤研究(A)一般］研究成果報告書,新潟,2017年。

[5] 凌文超:《新见吴简私学木牍文书考释》。

不过,凌文超先生提到的另外一种现象值得注意,即曾被举荐的"私学谢达"(据J22—2617,其籍贯为"长沙浏阳"),似乎后来出任了"县吏"[1]。谢达确实出现在《嘉禾吏民田家莂》中,并且在嘉禾四年、五年中都有出现:

56. 伻丘男子谢达,田七町,凡廿二亩,皆二年常限。其十亩旱败不收,布六寸六分。定收十二亩,亩收税米一斛二斗,为米十四斛四斗。亩收布二尺。其米十四斛四斗,四年十一月九日付仓吏李金。凡为布三丈九寸,准入米一斛五斗五升,四年十一月七日付仓吏郑黑。其旱田亩收钱卅七,其熟田亩收钱七十。凡为钱一千二百卅,准入米七斗七升,四年十一月八日付仓吏郑黑。嘉禾五年三月十日,田户经用曹史赵野、张惕、陈通校。 4·265

57. 石下丘县吏谢达,佃田六町,凡十二亩一百卌步,皆二年常限。其四亩二百步旱败不收布。定收八亩一百六十步,为米十斛四斗,亩收布二尺。其米十斛四斗,五年十二月廿日付仓吏张曼、周栋。凡为布一丈七尺,准入米一斛七升,五年十月廿日付仓吏张曼、周栋。其旱田不收钱。熟田亩收钱八十,凡为钱六百九十,五年十一月十四日付库吏潘慎。嘉禾六年二月廿日,田户曹史张惕校。 5·231

此 2 位谢达,前者住在伻丘,后者住在石下丘;前者身份为"男子",后者为"县吏";前为嘉禾四年,后为嘉禾五年。不能排除在嘉禾四年、五年之间其居住地发生迁移,身份发生变化,二者为同一人的可能性[2]。但即便二者为不同的人,他们都应是临湘县下的民户。《嘉禾吏民田家莂》中有4枚标题简,如下:

58. 南乡谨列嘉禾四年吏民田家别顷亩旱熟收米钱布付授吏姓名年月都莂
4·1

59. 环[3]乐二乡谨列嘉禾四年吏民田家别莂如牒 4·2

60. 东乡谨列四年吏民田家别莂 4·3

---

[1] 凌文超:《走马楼吴简举私学簿整理与研究——兼论孙吴的占募》。
[2] 森本淳先生曾对嘉禾吏民田家莂中同名同姓情况进行考察,认为同丘、同身份、同姓同名者为同一人,同丘、同姓同名、不同身份也极可能是同一人。考虑到临湘侯国内两人以上同姓名存在的可能性极低,不同丘但同姓同名的吏也应为同一人。不同身份或者不同丘,是因为身份或居住地发生了变化。参见氏著:《嘉禾吏民田家莂にみえる同姓同名に関する一考察》,长沙吴简研究会编:《嘉禾吏民田家莂研究——長沙吳簡研究報告》第 1 集,东京,2001 年,第 68—79 页;该文后收入同氏:《三国軍制と长沙吳簡》,东京,汲古书院,2012 年。
[3] 此处的"环"字,图版文字已经模糊不清,且据杨振红先生的研究以及我们对私学限米"入米简"的整理,都未见到"环乡"。此处是释读有误还是有其他原因,有待核查原简。

61. □□谨嘉禾吏民田顷亩收钱布莫如牒　　　　　　　　　　　　4·4

据田家莂的标题简可知,谢达应属于南乡、环乡、乐乡、东乡等乡中的某乡。其身份是"男子"或"县吏",却又不注明其籍贯,这可能表示其与其他人一样,都是临湘治下的户籍民[1]。如果其中一人与私学谢达为同一人,则说明来自外郡的私学,在临湘居住一段时间之后,可能会在本地"占上户牒",著地为民,成为本地的户籍民[2]。

四、私学调查文书与私学的地域管理

吴简显示,临湘曾对某些私学进行过调查。以"私学"谢达为例,有这样几份文书:

文书2:私学长沙浏阳谢达年卅一　居临湘
　　　都乡立沂(?)丘
　　　　　　十一月十五日右郎中窦通举　　J22—2617(竹木牍372)

文书3:户曹言□遣私学谢达本正户民不应□遗脱□□事
　　　　　　□月八日领户曹……白　　　　　　　柒·1464

这2份文书是与私学谢达相关的文书。文书2是私学谢达的举荐文书,文书3是调查谢达后的报告文书。那么,如果对私学进行调查,具体由谁来主持进行?

据文书2和文书3可知,私学谢达居住在临湘都乡,其户籍在长沙浏阳县,负责调查的是临湘县的户曹。吴简中还有这样几份私学调查文书,如下:

文书4:
　　小武陵乡劝农掾文腾叩头死罪白: 戌 戌记曰:各以何日被壬寅书,发遣
　　州 所
　　　召 私学烝阳诣廷,并□□ 著 户籍与不,从来积久,素无到者,隐核知有户籍,

---

[1] 吴简中有这样的赋税简,如肆·4036:"其五斗零陵桂阳私学黄龙元年限米。"此简私学来自零陵、桂阳,不属于临湘,则明确记载了其籍贯。由此反推,簿籍中没有记载籍贯的吏民,可能大多是户籍在临湘的。
[2] 据以下吴简记载,孙吴确曾进行过"占上户牒"的活动。记录如下:
　　□□牒列乡界方远聚居民占上户牒成别□　　　　　　　　　　肆·4474
　　都乡劝农掾郭宋叩头死罪白:被曹敕:条列乡界方远□居民,占上户籍,
　　分别言。案文书,辄部岁伍五京陈□、毛常等隐核所部。今京关言:州吏姚达、
　　诚裕、大男赵弌等三户口食十三人□在部界。谨列人名口食年纪别为
　　簿如牒,谨
　　列言。宋诚惶诚恐叩头死罪死罪。
　　　　　　　　　　诣户曹　　　　　　　　　　　　　　　　肆·4523①
私学"占上户牒"的过程,应与此类似。

皆会月十五日言。案文书,辄部岁伍谢跌隐核阳,今跌关言:阳,本乡政户民,单身,与妻汝俱居乡亿、坪丘,素不遗脱,当录阳送诣廷,阳为家私使,度

所负税米诣州中仓输入未还,尽力绞促。跌须阳还送诣廷,复言。腾诚惶诚恐,叩头死罪死罪。

诣功曹

十一月廿八日甲寅白[1]　J22—2616(竹木牍69)

文书5:

南乡劝农掾番琬叩头死罪白:被曹敕,发遣吏陈晶所举私学番倚诣廷言。案文书,倚一名文,文父广奏辞"本乡正户民,不为遗脱",辄操黄薄审实,不应为私学。乞曹列言府。琬诚惶诚恐,叩头死罪死罪。　　　　　诣　功　曹

十二月十五日庚午白　　　　　　J22—2659(竹木牍373)

文书6:

南乡劝农掾番琬叩头死罪白:被曹敕,摄召私学刘银将送诣廷言。案文书,辄部岁伍李孙等录银。孙今关言:"银,本乡正户民,不为放散",愿曹列言府,琬诚惶诚恐,叩头死罪死罪。

诣功曹

十一月廿四日庚戌白[2]

文书7:

广成乡劝农掾黄原叩头死罪白:被曹敕,摄录私学索箽诣廷言。案文书,箽一

名专,与州卒潘止同居共户,本乡领民,不应给私学。愿乞列言。原诚惶诚恐叩头死

罪死罪。　　　　　　　　　柒·总54116[2][3]（竹木牍190)

---

〔1〕此简曾在长沙市博物馆展出,释文最早见于伊藤敏雄《长沙走马楼简牍调查见闻记》(载长沙吴简研究会编《嘉禾吏民田家莂研究——长沙吴简研究报告》第1集)一文,后徐畅先生《走马楼吴简竹木牍的刊布及相关研究述评》(载《魏晋南北朝隋唐史资料》第31辑,上海,上海古籍出版社,2015年)一文据红外线图版对释文进行了修正并标点,凌文超先生《新见吴简私学木牍文书考释》一文也对释文有所校正。本文所录释文从凌氏。

〔2〕此木牍曾在长沙简牍博物馆展出,释文转录自凌文超先生《新见吴简私学木牍文书考释》一文。

〔3〕释文转录自王素、宋少华《长沙走马楼三国吴简的新材料与旧问题——以邸阁、许迪案、私学身份为中心》一文。但《竹简》[柒]未见此木牍。

文书8：

  模乡劝农掾鉏霸叩头死罪白：被辛丑书曰：发遣州所举私学陈凤……凤本乡常领正户民，岁岁随官调役，又不晓书画，愿曹列言府，留凤复民役 牍·223[1]

文书9：

  都市掾潘羍叩头死罪白：被曹敕，推求私学南阳张游发遣诣屯言。案文书，辄推问游外王母大女戴

  取，辞：游昔少小随姑父陈密在武昌，密以（于）黄龙元年被病物故，游转随姊聟州吏李恕，到今年六月三日，游来（？）□

  取家。其月十三日，游随故郭将子男钦□到始安县读书，未还。如取辞。诣曹列言，监南部追还发遣行诣大

  屯。又游无有家属应诏课者，谨列言。羍诚惶诚恐，叩头死罪死罪

      诣 功？ 曹

  十一月十五日辛丑白   肆·4550①（竹木牍168）[2]

这6份文书中，文书4—8是由乡劝农掾报告，调查结果是"本乡正（政）户民"、"本乡领民"、"本乡常领正户民"等。所谓"正户民"，即"编入正籍之民"[3]。"本乡领民"，凌文超先生认为"当即本乡登记在籍之民，亦即编户民"[4]。文书4—8中被调查的私学户籍在"本乡"，都是在该乡劝农掾的主持下进行调查[5]。劝农掾调查的地域范围为"本乡"。虽然私学的日常管理由其主管官吏"帅"——丘帅等负责[6]，但若需

---

  [1] 释文转录自王素《长沙走马楼三国吴简时代特征新论》。值得注意的是，此简与简15中的"陈凨"（按：此"凨"字王素先生释为"风"字）姓名相同，都住在模乡，可能为同一人。

  [2] 伊藤敏雄先生对此木牍的释文有补释和修订，本文暂从。参见氏著：《長沙呉簡中の木牘集成（2017年1月1日現在）》。

  [3] 胡平生：《长沙走马楼三国孙吴简牍三文书考证》。

  [4] 凌文超：《新见吴简私学木牍文书考释》。

  [5] 关于吴简中"乡劝农掾"的职掌，很多学者都曾涉及。研究较早者有高村武幸先生，研究较为成熟者为安部聪一郎先生。分别参见高村武幸：《長沙走馬楼呉簡にみえる郷》，长沙吴简研究会：《長沙呉簡研究報告》第2集，东京，2004年，第24—38页；安部聪一郎：《典田掾・勧農掾の職掌と郷——長沙呉簡中所見"戶品出錢"簡よりみる——》，伊藤敏雄、窪添庆文、关尾史郎：《湖南出土簡牘とその社会》，东京，汲古书院，2015年，第117—141页；中译稿《典田掾、劝农掾的职掌与乡——对长沙吴简中所见"户品出钱"简的分析》（刘峰译），《简帛研究二〇一五》秋冬卷，第238—256页。

  [6] 于振波先生认为"私学名状簿"中的"丘帅"连读，为乡吏的一种。参见氏著《長沙走馬楼呉簡に見える郷の行政》（关尾史郎译），藤田胜久、关尾史郎编：《簡牘が描く中国古代の政治と社会つ》，东京，汲古书院，2017年，第230页；中文稿《长沙马楼吴简所见乡级行政》，长沙简牍博物馆编：《长沙简帛研究国际学术研讨会论文集》，上海，中西书局，2017年，第117页。

要调查私学的某些情况,则由该乡的劝农掾主持进行。丘帅负责私学的日常管理,对私学的调查则由他人负责,这与吴简中由日常管理之外的人进行隐核的制度一致。此种规定应是为了防止徇私舞弊现象的出现。

虽然主持调查的是乡劝农掾,但据文书4、6可知,负责具体调查的可能是岁伍[1]。所谓"岁伍",沈刚先生曾认为其是管理丘中民户的基层小吏[2];其后修正为:里魁负责人口的日常管理,岁伍则在人口核查等特殊情况下行使职能[3]。以核查来理解"岁伍"的职能,符合核查文书中岁伍的记录。据"私学名状簿"可知,不论是来自外郡的私学,还是长沙本郡的私学,都居住在某乡某丘。劝农掾派遣岁伍来调查居住在丘的私学,正是岁伍的职责所在。

居住在临湘某乡某丘但来自外郡的私学,由谁主持调查,这也值得讨论。此时,调查文书9值得特别注意。该文书与其他调查文书不同,被调查者是"私学南阳张游",来自外郡,负责调查的也不再是乡劝农掾,而是都市掾。顾名思义,都市掾是与市场、交易有关而设在都乡的掾。由管理市场的基层官吏都市掾,来主持原本由乡劝农掾主持的对他郡他县私学的调查活动,是否意味着籍贯为外郡的私学不是由乡劝农掾,而是由其他部门的掾来调查,目前还无法断定[4]。但此现象应予以关注。

就地域而言,"私学名状簿"只是记载了籍贯的郡单位,私学名籍Ⅰ中的籍贯虽较为详细但也不过是到县一级。私学虽有户籍为临湘者,但也有不少户籍为他郡他县者。那么,吴简所见的这些身在临湘的私学(含他郡他县的私学),如何确定其籍贯的具体所在,其调查工作依据何种簿籍进行。依据秦汉以来户籍"正本存乡、副本藏县"的制度[5],只要知道私学所属的县,就可以通过核查县的户籍确定其所属乡里,然后派人进行核查。私学虽有单独的簿籍,但其核查行为也要依托已经存在的户籍而进行。

---

[1] 凌文超:《新见吴简私学木牍文书考释》。

[2] 沈刚:《岁伍与月伍》,《长沙走马楼三国竹简研究》,北京,社会科学文献出版社,2013年,第170—177页。

[3] 沈刚:《长沙走马楼隐核州吏、军吏父兄子弟木牍补论》,长沙简牍博物馆编:《长沙简帛研究国际学术研讨会论文集》,第194页。

[4] 阿部幸信先生的研究,潘祎的身份为"吏"、"市吏"、"市掾",兼管过北乡和都乡。参见氏著:《"吏潘祎李珠市布"考》,长沙简牍博物馆编:《长沙简帛研究国际学术研讨会论文集》,第318—322页。似乎不存在"都乡掾"误写为"都市掾"的可能。

[5] 于振波先生认为"孙吴户籍正本存乡、副本藏县的制度是汉制的延续"。参见氏著:《长沙走马楼吴简所见乡级行政》。

五、余　论

　　仅就前面几种关于私学的簿籍格式而言,可以见到孙吴管理的复杂性。这些私学的簿籍格式可简化如下:

　　私学名状:私学+籍贯(郡)+姓名+年龄　状+名+白衣(后略)
　　私学名籍Ⅰ:私学+籍贯(郡/县)+姓名+年龄
　　私学限米"入米简":入+乡名(居所)+年份+私学限米(后略)
　　户籍明细简:(年份+)里名(籍贯)+户人+身份+年龄

　　其中,私学限米"入米简"可归入租税簿籍一类,其他可归为名籍一类。不论是租税簿籍还是名籍,它们所记录的地域信息并不完全相同。有的是籍贯有的是住所;籍贯中有的是郡,有的是县,也有的仅记有里名。其他内容也存在差异。这种差异与簿籍的功能不同有关,但也可以知道当时为了管理而制作了多种簿籍[1]。关尾史郎先生曾对广成乡平乐里进行分析,认为广成乡平乐里存在四种以吏、民为对象的吏民簿,同一年中可能制作了多份吏民簿[2]。应不同需要而制作多份不同的簿籍,可能是孙吴时期的常态做法。

　　就明确记载籍贯的私学资料来看,私学有来自长沙本郡的临湘、罗县,也有来自外郡的南阳、武陵、汝南等郡[3]。不论其是来自本郡还是来自外郡,私学都需要在官府登录居所,制作"名状",并将其汇编成册,形成"私学名状簿"。"私学名状簿"不仅登录私学籍贯,更为重要的是还要详细登记其居所[4],其重要作用之一在于明确管理上的地域权责。

　　就地域视角来看,"私学名状簿"不同于同样登记了籍贯的"私学名籍Ⅰ"和私学户籍。"私学名状簿"所记籍贯都是郡级单位,而"私学名籍Ⅰ"中有具体到郡下的县级单位。二者可能是因不同事由而编制的簿籍。私学户籍则是记载了私学所属行政单位——里,虽然当时能据此确定其所属乡,但并不能据此确定其具体的居所。私学户籍

---

[1] 王素《长沙走马楼三国吴简时代特征新论》一文注释46中说,未公布的《竹简》[伍]中有另一种私学名籍。2017年9月14日赴长沙简牍博物馆调查得知,这类名籍中也记载有地域信息,待公布后再讨论。
[2] 关尾史郎:《簿籍の作成と管理からみた臨湘侯国—名籍を中心として—》,伊藤敏雄、窪添庆文、关尾史郎编:《湖南出土简牍とその社会》,第95—116页。
[3] 木牍J22—2617记载了"私学长沙浏阳谢达",其籍贯未纳入讨论。另外如下简肆·4036:"其五斗零陵桂阳私学黄龙元年限米。"虽然"零陵桂阳私学"也记载了其籍贯,但也未纳入正文讨论。需要注意。
[4] 因为"私学名状簿"中籍贯和居所记录有残缺,籍贯和居所之间是否存在某种规律,目前尚不清楚。

与"私学名状"存在差异。也就是说,当时在户籍之外,为了管理私学这样的特别人员,还另外编制了详细记录其居所的簿籍。之所以如此,是因为"私学名状簿"和户籍的对象和功用不同。前者针对私学,重在明确管理上的地域权责;后者则是针对全体吏民,重在把握临湘治下的户口情况。至于那些来自外地的私学,在临湘居住一段时间之后,可能也会"占上户牒",在临湘著地为民,成为临湘的户籍民。

私学限米的"入米简"中,涉及都乡、东乡、西乡、中乡、乐乡、南乡、平乡、桑乡、小武陵乡、模乡、广成乡11个乡。若再考虑"私学名状簿"中居于"邑下"的私学,则私学几乎遍布整个临湘县(侯国)。不过,虽然尚未对各乡私学限米交纳数量进行统计,但各乡私学限米"入米简"数量不一,这或许暗示着各乡所住私学的数量并不相同。

举荐文书也记载了私学的籍贯和居所,如前引的 J22—2617,以及以下文书(文书10):

> 私学弟子南郡周基,年廿五,字公业,任吏,居
> 在西部新阳县下。
> 嘉禾二年十一月一日监下关清公掾张阊举。[1]
> 　　　　　　　　　　　　　(J22—2618,竹木牍71)

J22—2617 中私学的居所详细记为"临湘都乡立沂(?)丘",其"县乡丘"的居所记载格式与"私学名状"中居所的记载格式一致。但就文书10来看,可能并非所有举荐文书都要求非常详细地记载其居所[2],此处只是记载了居所的大致范围"西部新阳县下"。"私学名状"必须详细地记录私学居所的县乡丘,举荐文书则可以略写其居所的大致范围,二者在地域上的记载差异由此可见一斑。凌文超先生认为私学名籍簿 II(本文称"私学名状簿")可能是根据"举状"(本文称"举荐文书")所书写[3]。但就居所记载的详略程度看,可能并非如此。另外,"私学名状"中还记载了"帅郑各主"(肆·3991)、"帅烝□主(肆·4078)",以及"无有户"(肆·3979)、"□□送兵(共)户"(肆·4078)、"有户"(肆·5226)等,这些信息都是举荐文书所没有的。据此可以大致判断,"私学名状"不是依据举荐文书所制作而成。同样,举荐文书可能也不是依据"私学名状"而书写。文书10中有"字公业,任吏"字样,这样的文字并未出现在目

---

[1] 此处释文据王素《"私学"及"私学弟子"均由逃亡户口产生》一文。
[2] 此举荐文书虽然记载身份为"私学弟子",但可以推测,私学的举荐文书中可能也存在类似情况。
[3] 凌文超:《走马楼吴简举私学簿整理与研究——兼论孙吴的占募》。

前公布的"私学名状"中。或许可以这样推测：举荐文书的书写内容虽然有某些官方要求，但并未进行非常刻板的规定，举荐者可以根据自己掌握的情况，书写被举荐者的信息。举荐者在满足举荐文书基本要求的前提下，尚有自己把握的空间。举荐文书和"私学名状簿"因不同事由而制作，两者之间存在某些联系，但并非彼此的制作依据。

至于私学调查的具体展开，无法依据私学名籍（包括"私学名状簿"与私学名籍I）记载的籍贯来精确定位所有私学的地域出身，也就不能单凭这些名籍展开调查，而是通过私学名籍确定其郡县，然后依托户籍制度确认乡里，最终完成调查。

另外，本文主要对"私学"相关簿籍和文书进行了地域考察，虽偶有使用"私学弟子"的文书，但目前公布的"私学弟子"简牍并不多。《竹简》[叁]中曾有1枚，为叁·6506"私学弟子长沙□□□"，记录格式与"私学名籍I"较为相似。王素先生的《长沙走马楼三国吴简时代特征新论》一文中，曾公布数枚与私学弟子相关的木牍，相关内容如下：

私学弟子南郡周基	牍·17
私学弟子攸县广阳乡区小年廿五，能书画	牍·197
私学弟子吴郡阳羡俞伟	牍·207
私学弟子陈国周叔	牍·331

这数条"私学弟子"的内容摘录自木牍。木牍的完整内容虽未能得知，但就这数条内容而言，其"私学弟子+籍贯（郡/县）+姓名"的记录格式与简叁·6506的记录格式极为相似。这或许说明，私学弟子的相关木牍中，关于私学个人信息的记录可能源自简叁·6506这样的名籍。不过，"私学弟子"的名籍是与"私学"合编于同一簿籍，还是在私学名籍之外单独编联成册，因为目前只见1枚"私学弟子"的名籍简，尚难以判断。这有待新资料的公布。

就走马楼吴简可知，孙吴时期出于不同的事由，制作了多种与私学相关的簿籍和文书。这显示出私学管理的复杂性。不过，私学（甚至私学弟子）的多种簿籍和文书中有一个共同的特征，即记载体现其地域性的信息。或记载其籍贯，或记载其居所。人物的地域性记录特征，不仅见于私学（私学弟子）相关簿籍和文书，更是整个走马楼吴简的重要特征之一。走马楼吴简的簿籍记录，在身份性特征之外，又展现出强烈的地域性特征。关于此方面的课题，留待以后专门研究。

附记：本文受 2013—2016 年度日本学术振兴会科学研究费补助金·基盘研究 A 一般"新出簡牘資料による漢魏交替期の地域社会と地方行政システムに関する総合的研究"（课题番号：25244033　研究代表：关尾史郎）、西南大学 2017 年度中央高校基本科研业务费专项资金创新团队项目"中国传统文化与经济及社会变迁研究（swu1709112）、教育部人文社科研究青年基金项目"走马楼吴简与孙吴基层社会身份秩序研究"（19YJC770036）资助。

本文曾提交"2017 年中国社会科学论坛（史学）：第六届中国古文书学研讨会"（北京：中国社会科学院当代中国研究所，2017 年 8 月 9—11 日），评议人北京师范大学教授张荣强先生提出不少修改意见，本文多有采纳。特此致谢！然文责自负。

[作者苏俊林,讲师,西南大学历史文化学院]

《长沙走马楼三国吴简·竹简(捌)》所见州中仓出米簿的集成与复原尝试

邬文玲

《长沙走马楼三国吴简·竹简(捌)》[1]中有一类出米记录,简文显示仓吏为黄讳、潘虑,邸阁左郎中为郭据,邸阁右郎中为李嵩。根据先前公布的长沙走马楼吴简资料以及相关研究可知,黄讳、潘虑系州中仓的仓吏,郭据、李嵩分别为州中仓的邸阁左、右郎中。因此这类出米记录应是州中仓的出米记录。在整理释读《长沙走马楼三国吴简·竹简(捌)》的过程中,我们已经发现和指出几组可以编联的出米记录简册,但由于时间关系,未及进行全面的梳理和编联。本文拟在原有基础上,从简文内容、书写笔迹、简材形态、编绳痕迹、揭剥图位置等几个方面入手,继续尝试对这些出米记录简进行集成和编联复原。目前共获得十七组完整的出米记录,以及十三组不完整的出米记录,这里先将十七组完整者分述如次。

一

出仓吏黄讳潘虑所领嘉禾元年税吴平斛米卌九斛九斗二升,为禀斛米五十二斛邸 （捌·3050）

阁右郎中李嵩被督军粮都尉嘉禾二年五月十二日辛未书给豫州 （捌·3049）

督军都尉朱节所主吏谢林钟露二人禀起嘉禾二年正月有闰月讫十二 （捌·3048）

月人月二斛其年五月十六日付吏吴杨 （捌·3047）

按:整理者指出这四枚简原为一组,其顺序为3050、3049、3048、3047。从简文来看,四枚简内容衔接,文意连贯:此次出米是向豫州督军都尉朱节属下的谢林、钟露两

---

[1] 长沙简牍博物馆、中国文化遗产研究院、北京大学历史学系、故宫研究院古文献研究所:《长沙走马楼三国吴简·竹简(捌)》,北京,文物出版社,2015年。

位吏士发放嘉禾二年全年的廪食,廪食按月计算,因嘉禾二年有闰月,共计十三个月,每月每人二斛,两人十三个月的廪食为五十二斛,与出米数"禀斛米五十二斛"相合。从书写笔迹来看,四枚简完全相同,系出自一人之手。从简材形态和编绳痕迹来看,四枚简尺寸相当,编绳位置相同。从揭剥图七来看,这四枚简在同一层面,且位置紧密相连,对应的示意图号分别为178、177、176、175。因此,本组四枚简的编联没有问题,其呈现的出米记录格式可以作为编联同类简的依据(见图1)。

不过,个别简文原先释读有误。3047简"五月"之"五",原作"三",今据图版及文意改。从图版来看,"五"字墨迹有些漫漶,但中部尚见有交叉笔画,释作"三"不准确。从文意来看,3049简云邸阁右郎中李嵩所受督军粮都尉之书为"嘉禾二年五月十二日辛未书",说明其作书时间为"五月十二日",那么依书出米的时间只能是在五月十二日之后,不可能早至三月。因此,当释作"五"为是。本组简文可句读如下:

出仓吏黄讳、潘虑所领嘉禾元年税吴平斛米卌九斛九斗二升,为禀斛米五十二斛,邸阁右郎中李嵩被督军粮都尉嘉禾二年五月十二日辛未书,给豫州督军都尉朱节所主吏谢林、钟露二人禀,起嘉禾二年正月有闰月讫十二月,人月二斛,其年五月十六日付吏吴杨。　　　　　　　　　　　　　(捌·3050+3049+3048+3047)

二

出仓吏黄讳潘虑所领嘉禾元年税吴平斛米五斛七斗六升为禀斛米六斛邸阁右
　　　　　　　　　　　　　　　　　　　　　　　　　　　(捌·3016)
郎中李嵩被督军粮都尉嘉禾二年闰月七日丙申书给右选曹尚书郎贵
　　　　　　　　　　　　　　　　　　　　　　　　　　　(捌·3015)
倩嘉禾二年闰月奉其年闰月十日付倩所将佰史何阳周曼　　(捌·2996)

按:整理者指出这三枚简原为一组,其顺序为3016、3015、2996。从简文内容来看,此次出米是向右选曹尚书郎贵倩发放嘉禾二年闰月(五月)的薪俸。从相关资料来看,右选曹尚书郎的月俸为六斛,与出米数"禀斛米六斛"相合。从时间节点来看,邸阁右郎中李嵩所受军粮都尉之书为"嘉禾二年闰月七日丙申书",出米时间为三日之后的闰月十日。从书写笔迹来看,三枚简完全相同,系出自一人之手。从简材形态和编绳痕迹来看,三枚简尺寸相当,编绳位置相同。从揭剥图七来看,这三枚简中3016和3015在同一层面,且位置紧密相连;2996虽然不在同一层面,但位置相近。对应的示意图号分别为 144、143、124。因此，本组三枚简的编联没有问题，其呈现的出米记录格式也可以作为编联同类简的依据(见图2)。本组简文可句读如下：

  出仓吏黄讳、潘虑所领嘉禾元年税吴平斛米五斛七斗六升，为禀斛米六斛，邸阁右郎中李嵩被督军粮都尉嘉禾二年闰月七日丙申书，给右选曹尚书郎贵倩嘉禾二年闰月奉，其年闰月十日付倩所将佰史何阳、周曼。 （捌·3016+3015+2996）

三

【出仓吏黄讳潘虑所领嘉禾元年税】☐吴平斛米三斛八斗四升为禀斛米四斛邸阁
              （捌·3417）

右郎中李嵩被督军粮都尉嘉禾二年闰月七日丙申书给右选曹尚
              （捌·3033）

书郎贵倩所将佰史何阳周曼二人嘉禾二年闰月直人二斛其年
              （捌·3020）

闰月十日付阳曼   （捌·3018）

按：整理者指出简3033和3020原为一组，3033简在前，3020简在后。两枚简内容衔接，文意连贯，笔迹相同，编联没有问题。但参照相关出米简格式和内容，可知其前后尚各缺一简。编号邻近的3018简，在内容和时间节点上均可与3020简衔接，且笔迹相同，亦应为同一组。根据这三枚简的内容可知，此次出米是向右选曹尚书郎贵倩属下的佰史何阳和周曼二人发放嘉禾二年闰月（五月）的工直，工直按月计算，每人每月二斛，二人共计四斛。邸阁右郎中李嵩所受军粮都尉之书为"嘉禾二年闰月七日丙申书"，出米时间为三日之后的闰月十日。据此可知本组所缺首简的内容应为"出仓吏黄讳潘虑所领……为禀斛米四斛邸阁"，3417简的内容与此相合，且笔迹相同，虽然简上端残断，仍可归为同一组（见图3）。本组简文可句读如下：

  【出仓吏黄讳、潘虑所领嘉禾元年税】吴平斛米三斛八斗四升，为禀斛米四斛，邸阁右郎中李嵩被督军粮都尉嘉禾二年闰月七日丙申书，给右选曹尚书郎贵倩所将佰史何阳、周曼二人嘉禾二年闰月直，人二斛，其年闰月十日付阳、曼。

          （捌·3417+3033+3020+3018）

据简文可知，右选曹尚书郎贵倩五月的薪俸和其属下佰史何阳、周曼二人五月的工直同时发放，前者的薪俸由后者代领。

四

　　出仓吏黄讳潘虑所领嘉禾元年税吴平斛米三斛八斗四升为禀斛米四斛邸阁
左郎 　　　　　　　　　　　　　　　　　　　　　　　　　　　（捌·3321）
　　中郭据被督军粮都尉嘉禾二年三月三日癸亥书给壍阁司马魏田所领吏
　　　　　　　　　　　　　　　　　　　　　　　　　　　　　　（捌·3322）
　　周尾直起嘉禾二年二月讫三月月二斛其年三月三日付……
　　　　　　　　　　　　　　　　　　　　　　　　　　　　　　（捌·3323）

按：整理者指出3322简与3321简原为一组，3321简在前，3322简在后。两枚简内容衔接，文意连贯，笔迹相同，编联没有问题。但参照相关出米简格式和内容，可知其后尚缺一简。编号邻近的3323简，在内容、出米数量、时间节点上均可与3322简衔接，且笔迹相同，亦应为同一组，惜墨迹漫漶，有些文字无法识别。其中"嘉禾二年"之"二"原未释，参照受书时间及出米时间，可以推定其为"二"字。根据这三枚简的内容可知，此次出米是向邸阁司马魏田所领吏士周尾发放嘉禾二年二月至三月的工直，每月二斛，两个月共计四斛，与出米数"禀斛米四斛"相合（见图4）。本组简文可句读如下：

　　出仓吏黄讳、潘虑所领嘉禾元年税吴平斛米三斛八斗四升，为禀斛米四斛，邸
　　阁左郎中郭据被督军粮都尉嘉禾二年三月三日癸亥书，给邸阁司马魏田所领吏周
　　尾直，起嘉禾二年二月讫三月，月二斛，其年三月三日付……

　　　　　　　　　　　　　　　　　　　　　　　　　（捌·3321+3322+3323）

五

　　出仓吏黄讳潘虑所领黄龙二年税吴平斛米卅四斛五斗六升为禀斛米卅六斛邸
阁左 　　　　　　　　　　　　　　　　　　　　　　　　　　（捌·3434）
　　郎中郭据被督军粮都尉移右节度府黄龙三年十一月九日乙巳书给大仓
　　　　　　　　　　　　　　　　　　　　　　　　　　　　　（捌·3440）
　　丞五裕一年禀起黄龙二年正月讫十二月月三斛嘉禾二年三月廿日付临湘吏
烝若 　　　　　　　　　　　　　　　　　　　　　　　　　　（捌·3441）

按：整理者指出，3440简与3434简为一组，3434简在前，3440简在后。两枚简内容衔接，文意连贯，笔迹相同，编联没有问题。但参照相关出米简格式和内容，可知其后尚缺一简。编号邻近的3441简，在内容、出米数量、时间节点上均可与3440简衔接，亦

· 91 ·

应为同一组。根据这三枚简的内容可知,此次出米是向太仓丞五裕发放黄龙二年全年的禀食,禀食按月计算,每月三斛,十二个月的禀食共计三十六斛,与出米数"禀斛米卅六斛"相合(见图5)。本组简文可句读如下:

　　出仓吏黄讳、潘虑所领黄龙二年税吴平斛米卅四斛五斗六升,为禀斛米卅六斛,邸阁左郎中郭据被督军粮都尉移右节度府黄龙三年十一月九日乙巳书,给大仓丞五裕一年禀,起黄龙二年正月迄十二月,月三斛,嘉禾二年三月廿日付临湘吏烝若。

（捌·3434+3440+3441）

六

　　出仓吏黄讳潘虑所领嘉禾元年税吴平斛米六斛七斗二升为禀斛米七斛邸阁

（捌·3004）

　　右郎中李嵩承县嘉禾二年闰月四日癸巳书给作柏船匠师朱德郑

（捌·3002）

　　有二人嘉禾二年闰月迄六月直其一人月二斛一人月一斛五斗其年闰月十七日付 徒南

（捌·209）

按:这三枚简内容衔接,文意连贯,笔迹相同,应为同一组。根据其内容可知,此次出米是向作柏船匠师朱德和郑有二人发放嘉禾二年五月至六月两个月的工直,工直按月计算,其中一人每月二斛,另一人每月一斛五斗,共计七斛,与出米数"禀斛米七斛"相合。从时间节点上看,邸阁右郎中李嵩所受县廷的文书为"嘉禾二年闰月四日癸巳书",出米时间为十三日之后的闰月十七日(见图6)。本组简文可句读如下:

　　出仓吏黄讳、潘虑所领嘉禾元年税吴平斛米六斛七斗二升,为禀斛米七斛,邸阁右郎中李嵩承县嘉禾二年闰月四日癸巳书,给作柏船匠师朱德、郑有二人嘉禾二年闰月迄六月直,其一人月二斛,一人月一斛五斗,其年闰月十七日付徒南。

（捌·3004+3002+209）

七

　　出仓吏黄讳番(潘)虑所领嘉禾二年税吴平斛米二斛八斗八升为禀斛米三斛邸阁左郎中郭

（捌·3118）

　　据被督军粮都尉嘉禾 二 年□月十二日乙亥 书给 ……司马王轨嘉禾二年正月直

（捌·3117）

其年三月十五日付书史黄胜　　　　　　　　　　　　　　　　　　（捌·3116）

按：这三枚简内容衔接，文意连贯，笔迹相同，位置邻近，应为同一组。惜3117简墨迹漫漶，有些文字无法识别。其中"据"字整理者原作"㯖"字，应是排印错误；"嘉禾二年"之"二"原未释，今据文意补；"囗月十二日"原未释，今据图版补；"给"原未释，今据文意补。根据其内容可知，此次出米是向某司马王轨发放嘉禾二年正月的工直三斛（见图7）。本组简文可句读如下：

　　出仓吏黄讳、番（潘）虑所领嘉禾二年税吴平斛米二斛八斗八升，为禀斛米三斛，邸阁左郎中郭据被督军粮都尉嘉禾二年囗月十二日乙亥书，给……司马王轨嘉禾二年正月直，其年三月十五日付书史黄胜。　　　　（捌·3118+3117+3116）

八

出仓吏黄讳潘虑所领嘉禾元年税吴平斛米一百卌一斛一斗二升为禀斛米一百卌　　　　　　　　　　　　　　　　　　　　　　　　　　　　　　（捌·3144）
七斛邸阁左郎中郭据被督军粮都尉嘉禾二年二月一日辛卯书给
　　　　　　　　　　　　　　　　　　　　　　　　　　　　　　（捌·3145）
监运掾李练所领士七十三人嘉禾二年三月直其二人人二斛五斗七十一人人二斛　　　　　　　　　　　　　　　　　　　　　　　　　　　　　（捌·3143）
其年二月一日付书史邓橥　　　　　　　　　　　　　　　　　　　（捌·3129）

按：这四枚简内容衔接，文意连贯，笔迹相同，位置邻近，应为同一组。根据其内容可知，此次出米是向监运掾李练所领吏士七十三人发放嘉禾二年三月的工直，其中二人每人二斛五斗，七十一人每人二斛，共计一百四十七斛，与出米数"禀斛米一百卌七斛"相合。邸阁左郎中郭据所受都军粮都尉之书为"嘉禾二年二月一日辛卯书"，出米时间为同一天（见图8）。本组简文可句读如下：

　　出仓吏黄讳、潘虑所领嘉禾元年税吴平斛米一百卌一斛一斗二升，为禀斛米一百卌七斛，邸阁左郎中郭据被督军粮都尉嘉禾二年二月一日辛卯书，给监运掾李练所领士七十三人嘉禾二年三月直，其二人人二斛五斗，七十一人人二斛，其年二月一日付书史邓橥。　　　　　　　　　　（捌·3144+3145+3143+3129）

九

出仓吏黄讳潘虑所领嘉禾元年税吴平斛米一百八十六斛二斗四升为禀斛米一

百九十四斛 （捌·3206）

被督军粮都尉嘉禾二年正月十八日己卯书给监运掾俞朔所领吏士九十六人
（捌·3205）

嘉禾二年正月直其六人人二斛五斗八十八人人二斛二人人一斛五斗其年正月十八日付书 （捌·3204）

史史通 （捌·3157）

按：这四枚简内容衔接，文意连贯，笔迹相同，位置邻近，应为同一组。根据其内容可知，此次出米是向监运掾俞朔所领吏士九十六人发放嘉禾二年正月的工直，其中六人每人二斛五斗，八十八人每人二斛，二人每人一斛五斗，共计一百九十四斛，与出米数"稟斛米一百九十四斛"相合。受书时间与出米时间为同一天。根据同类出米记录简来看，本组简文中省略了邸阁郎中的信息（见图9）。本组简文可句读如下：

出仓吏黄讳、潘虑所领嘉禾元年税吴平斛米一百八十六斛二斗四升，为稟斛米一百九十四斛，被督军粮都尉嘉禾二年正月十八日己卯书，给监运掾俞朔所领吏士九十六人嘉禾二年正月直，其六人人二斛五斗，八十八人人二斛，二人人一斛五斗，其年正月十八日付书史史通。 （捌·3206+3205+3204+3157）

十

出仓吏黄讳潘虑所领嘉禾元年税吴平斛米五斛七斗六升为稟斛米六斛被督军 （捌·3245）

粮都尉嘉禾二年正月十日辛未书给右选曹尚书史贵倩嘉禾二年正
（捌·3240）

月奉其年正月廿日付倩亲人谢頵 （捌·3208）

按：这三枚简内容衔接，文意连贯，笔迹相同，位置邻近，应为同一组。根据其内容可知，此次出米是向右选曹尚书史贵倩发放嘉禾二年正月的薪俸六斛。受书时间为正月十日，出米时间为其后的正月廿日。根据同类出米记录简来看，本组简文中亦省略了邸阁郎中的信息（见图10）。本组简文可句读如下：

出仓吏黄讳、潘虑所领嘉禾元年税吴平斛米五斛七斗六升，为稟斛米六斛，被督军粮都尉嘉禾二年正月十日辛未书，给右选曹尚书史贵倩嘉禾二年正月奉，其年正月廿日付倩亲人谢頵。 （捌·3245+3240+3208）

十一

  出仓吏黄讳潘虑所领税吴平斛米六百六十斛其九十八斛五斗一升黄龙三年叛
士限米二百　　　　　　　　　　　　　　　　　　　　　　　　（捌·3345）
  六十一斛四斗九升嘉禾元年税米三百斛黄龙三年税米邸阁右郎中李嵩被督
军粮　　　　　　　　　　　　　　　　　　　　　　　　　　　（捌·3346）
  都尉嘉禾二年四月囗二囗日壬辰书付监运掾囗杨遗囗运诣集所其年四月廿四日
　　　　　　　　　　　　　　　　　　　　　　　　　　　　　（捌·3683）
  付书史周则枊师□□毕安　　　　　　　　　　　　　　　（捌·3227）

按：这四枚简内容衔接，文意连贯，笔迹相同，应为同一组。3345简"五斗一升"整理者原作"七斗六升"，今据图版改。根据其内容可知，此次出米是将六百六斛米交付监运掾杨遗运送到指定的地方（见图11）。本组简文可句读如下：

  出仓吏黄讳、潘虑所领税吴平斛米六百六十斛，其九十八斛五斗一升黄龙三年叛士限米，二百六十一斛四斗九升嘉禾元年税米，三百斛黄龙三年税米，邸阁右郎中李嵩被督军粮都尉嘉禾二年四月二日壬辰书，付监运掾杨遗运诣集所，其年四月廿四日付书史周则、枊师□□、毕安。　　（捌·3345+3346+3683+3227）

十二

  出仓吏黄讳潘虑所领黄龙三年租吴平斛米廿二斛六斗二升为稟斛米廿三斛五
斗八升邸　　　　　　　　　　　　　　　　　　　　　　　　　（捌·3348）
  阁左郎中郭据被督军粮都尉移右节度府嘉禾元年十二月十三日囗甲囗辰
　　　　　　　　　　　　　　　　　　　　　　　　　　　　　（捌·3337）
  书给典军所主吏缪锥一年奉起嘉禾元年十一月讫嘉禾二年十月月二斛除小月
六日　　　　　　　　　　　　　　　　　　　　　　　　　　　（捌·3285）
  其年二月十二日付典军曹史章松傍人吴衍任奴　　　　　　（捌·3292）

按：这四枚简内容衔接，文意连贯，笔迹相同，似应为同一组。根据其内容可知，典军吏士缪锥的薪俸为每月二斛，全年十二个月，总计应为二十四斛，但要扣除小月六日的薪俸，每月二斛的标准，按三十日计算，平均每日大约七升，六日共计四斗二升，剩余二十三斛五斗八升，与出米数"稟斛米廿三斛五斗八升"相合。但时间节点不相符。受书时间为嘉禾元年十二月十三日，出米时间为其年二月十二日。如果"其年"承前指嘉禾元年的话,则后两简不能与前两简编联。不过下一组出米记录出现了同样的情况,且为同一时间出米,可能是书手按照常规的"其年"格式书写,忽略了受书时间与出米时间之间的年度差异。这里的"其年"实际应为"嘉禾二年"(见图12)。本组简文可句读如下:

  出仓吏黄讳、潘虑所领黄龙三年租吴平斛米廿二斛六斗二升,为稟斛米廿三斛五斗八升,邸阁左郎中郭据被督军粮都尉移右节度府嘉禾元年十二月十三日甲辰书,给典军所(领)主吏缪锥一年奉,起嘉禾元年十一月讫嘉禾二年十月,月二斛,除小月六日,其年二月十二日付典军曹史章松,傍人吴衍、任奴。

                （捌·3348+3337+3285+3292）

十三

  出仓吏黄讳潘虑所领黄龙三年租吴平斛米卅四斛五斗六升为稟斛米卅六斛邸阁左   （捌·3261）
  郎中郭据被督军粮都尉移右节度府嘉禾元年十二月二日癸巳书给典军
              （捌·3413）
  主吏曹史徐檐一年奉起黄龙二年正月讫十二月月三斛其年二月十二日
付典军曹   （捌·3429）
  史章松傍吴衍任奴   （捌·3404）

按：这四枚简内容衔接,文意连贯,笔迹相同,似应为同一组。据相关文例来看,3404简"傍"后脱"人"字。典军曹史徐檐的薪俸为每月三斛,全年十二个月,总计应为三十六斛,与出米数"稟斛米卅六斛"相合。但时间节点不相符。受书时间为嘉禾元年十二月二日,出米时间为其年二月十二日。如果"其年"承前指嘉禾元年的话,则后两简不能与前两简编联。与上一组出米记录情况相同,且为同一时间出米,可能是书手按照常规的"其年"格式书写,忽略了受书时间。这里的"其年"实际应为"嘉禾二年"(见图13)。本组简文可句读如下:

  出仓吏黄讳、潘虑所领黄龙三年租吴平斛米卅四斛五斗六升,为稟斛米卅六斛,邸阁左郎中郭据被督军粮都尉移右节度府嘉禾元年十二月二日癸巳书,给典军主吏曹史徐檐一年奉,起黄龙二年正月讫十二月,月三斛,其年二月十二日付典军曹史章松,傍(人)吴衍、任奴。   （捌·3261+3413+3429+3404）

十四

出仓吏黄讳潘虑所领黄龙三年租吴平斛米五斛七斗六升为稟斛米六斛邸阁右
郎中　　　　　　　　　　　　　　　　　　　　　　　　　　（捌·3443）

李嵩被督军粮都尉嘉禾二年四月七日丁酉书给选曹尚郎贵倩嘉禾二年 四
　　　　　　　　　　　　　　　　　　　　　　　　　　　　　（捌·3452）

月奉其年四月十二日付倩所将佰史何阳周曼　　　　　　　　　（捌·3455）

按：这三枚简内容衔接，文意连贯，笔迹相同，位置邻近，应为同一组。整理者已指出，3452简"选曹"上脱"右"字，"尚郎"间脱"书"字。另，同简"四月"原作"十一月"，今据图版改。此次出米是向右选曹尚书郎贵倩发放嘉禾二年四月的薪俸六斛（见图14）。本组简文可句读如下：

出仓吏黄讳、潘虑所领黄龙三年租吴平斛米五斛七斗六升，为稟斛米六斛，邸阁右
郎中李嵩被督军粮都尉嘉禾二年四月七日丁酉书，给（右）选曹尚（书）郎贵倩嘉禾二年
四月奉，其年四月十二日付倩所将佰史何阳、周曼。　　（捌·3443+3452+3455）

十五

出仓吏黄讳潘虑所领嘉禾元年税吴平斛米三斛八斗四升为稟斛米四斛邸阁右
郎中　　　　　　　　　　　　　　　　　　　　　　　　　　（柒·2065）

李嵩被督军粮都尉嘉禾二年四月七日丁酉书给右选曹尚书郎贵倩所将佰
　　　　　　　　　　　　　　　　　　　　　　　　　　　　（柒·2085）[1]

史何阳周曼二人嘉禾二年四月直人二斛其年四月十二日付阳曼
　　　　　　　　　　　　　　　　　　　　　　　　　　　　（捌·3344）

按：这三枚简内容衔接，文意连贯，笔迹相同，应为同一组，只不过在整理时将其分别归入《竹简（柒）》和《竹简（捌）》了。柒·2085简末的"佰"字整理者原作"诸"，今据图版及文意改。捌·3344简首的"史"字，原作"吏"，应是排印错误，今据图版改。此次出米是向右选曹尚书郎贵倩属下的佰史何阳和周曼二人发放嘉禾二年四月的工直，工直按月计算，每人每月二斛，二人共计四斛（简图15）。本组简文可句读如下：

---

[1] 长沙简牍博物馆、中国文物遗产研究院、北京大学历史学系、故宫研究院古文献研究所走马楼简牍整理组编：《长沙走马楼三国吴简·竹简（柒）》，文物出版社，2014年。

出仓吏黄讳、潘虑所领嘉禾元年税吴平斛米三斛八斗四升,为稟斛米四斛,邸阁右郎中李嵩被督军粮都尉嘉禾二年四月七日丁酉书,给右选曹尚书郎贵倩所将佰史何阳、周曼二人嘉禾二年四月直,人二斛,其年四月十二日付阳、曼。

（柒·2065+柒·2085+捌·3344）

十六

　　出仓吏黄讳潘虑所领嘉禾元年税吴平斛米卅三斛九斗八升为稟斛米卅五斛四斗邸阁右
（捌·3036）

　　郎中李嵩被督军粮都尉移右节度府嘉禾二年三月廿九日庚寅书给监
（捌·3012）

　　匠司马周图一年奉起嘉禾二年五月有闰月讫闰三年三月卅日月三斛除小月
（捌·3043）

　　五月十三日付书史吴齐
（捌·3041）

　　按：这四枚简内容衔接,文意连贯,笔迹相同,位置邻近,应为同一组。简 3043"闰三年"之"闰",整理者已指出其为衍字。此次出米是向监匠司马周图发放一年的薪俸,每月三斛,共计三十六斛,扣除小月天数,实际发放三十五斛四斗（见图16）。本组简文可句读如下：

　　出仓吏黄讳、潘虑所领嘉禾元年税吴平斛米卅三斛九斗八升,为稟斛米卅五斛四斗,邸阁右郎中李嵩被督军粮都尉移右节度府嘉禾二年三月廿九日庚寅书,给监匠司马周图一年奉,起嘉禾二年五月有闰月讫〈闰〉三年三月卅日,月三斛,除小月,五月十三日付书史吴齐。（捌·3036+3012+3043+3041）

十七

　　【出仓吏黄讳】☐潘虑所领嘉禾二年税吴平斛米廿二斛六斗四升为稟斛米廿三斛☐【五斗八升】
（捌·5632）

　　邸阁右郎中李嵩被督军粮都尉移右节度府嘉禾二年三
（捌·3052）

　　月十二日壬申书给彭纯史陈桑一年钱米稟起黄龙三年十二月讫
（捌·3075）

　　嘉禾元年十一月除小月嘉禾二年四月廿一日付陈桑傍人朱德
（捌·3088）

按：这四枚简内容衔接，文意连贯，笔迹相同，应为同一组。5632简首略有残缺，据相关文例可补为"出仓吏黄讳"；该简简末亦有残断，根据吴平斛米和禀斛米的比率，可以推知缺失的内容大体为"五斗八升"。3088简未言及每月的禀食数和除小月的天数，不过参照相应的标准，可知其每月的禀食亦当为二斛；根据其起讫时间可知除小月的天数应为六天，按照平均每天大约七升计算，应扣除四斗二升，与出米数"禀斛米廿三斛【五斗八升】"相合（见图17）。本组简文可句读如下：

【出仓吏黄讳、】潘虑所领嘉禾二年税吴平斛米廿二斛六斗四升，为禀斛米廿三斛【五斗八升】，邸阁右郎中李嵩被督军粮都尉移右节度府嘉禾二年三月十二日壬申书，给彭纯史陈桑一年钱米禀，起黄龙三年十二月讫嘉禾元年十一月，除小月，嘉禾二年四月廿一日付陈桑，傍人朱德。　　　　（捌·5632+3052+3075+3088）

小　结

根据简文内容来看，除了可完全编联的十七组和局部编联的十三组之外，《长沙走马楼三国吴简·竹简（捌）》中还有大约四十枚简包括残简可以确认同属州中仓出米记录，但仅据该卷的资料无法进行编联。不过根据以往的相关研究[1]和初步查阅，已公布的其他几卷中也散见若干同类的出米记录，其中有一部分可以进行跨卷编联，比如本文第十五组即是其例。相信随着后续资料的公布，将会获得更多能够完全编联的成果。根据这些编联复原的出米记录，可以对相关社会历史问题展开进一步的研究。拟另文再论。本文仅是对州中仓单次出米记录简进行编联复原的初步尝试，离实现某个时段州中仓出米记录簿的完整编联复原，还有很远的距离，更不用说全部出米簿的编联复原了。

本文系国家社科基金重大项目"中国古文书学研究"（项目批准号14ZDB024）阶段性成果。

[作者邬文玲，研究员，中国社会科学院历史研究所、
出土文献与中国古代文明研究协同创新中心]

---

[1]　比如罗新：《吴简中的"督军粮都尉"简》，《历史研究》2001年第4期；戴卫红：《长沙走马楼吴简中军粮调配问题初探》，《简帛研究二〇〇七》，广西师范大学出版社，2010年。

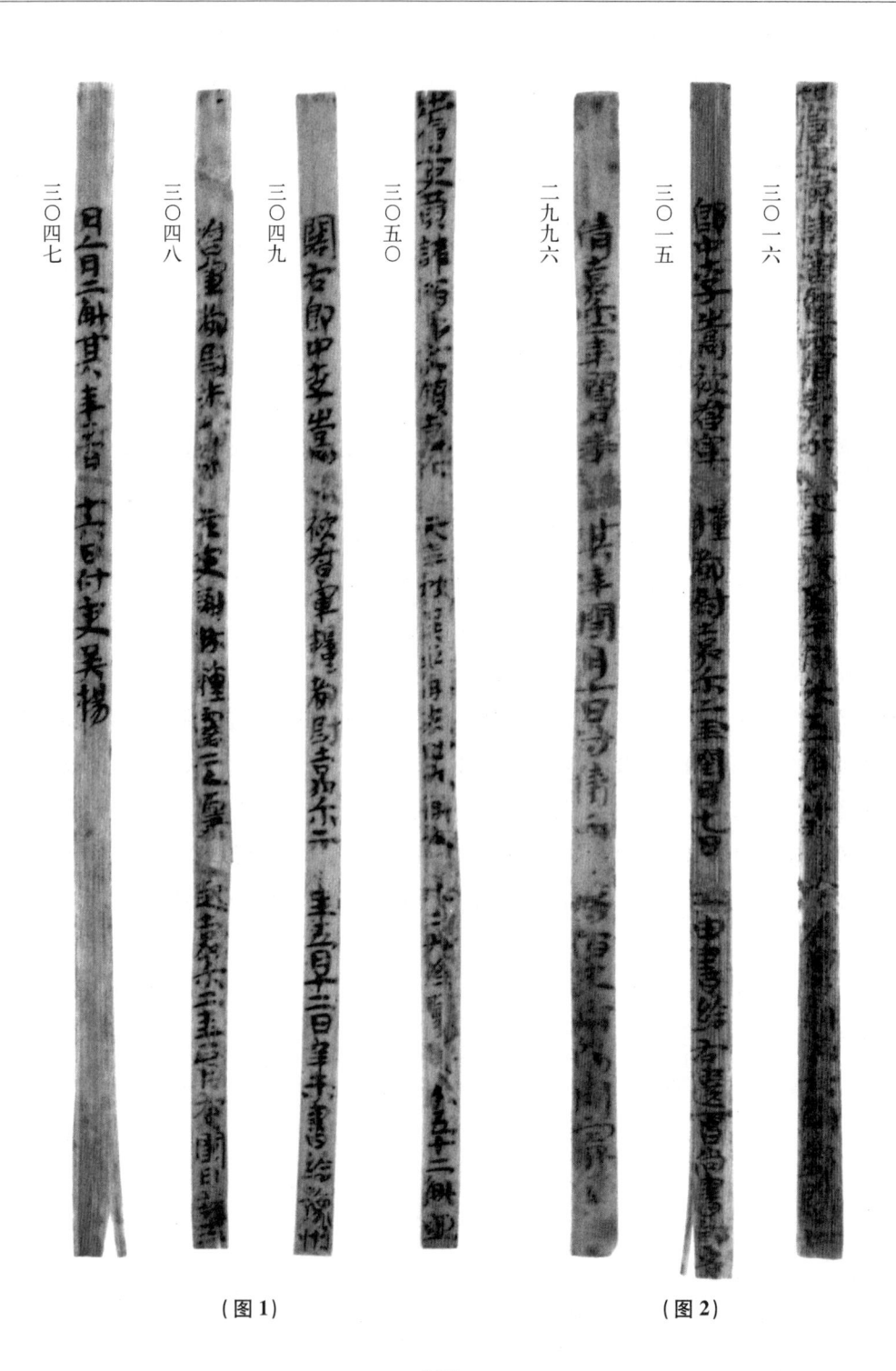

中国古文书学研究初编

（图1）　　　　　　　　　　（图2）

《长沙走马楼三国吴简·竹简(捌)》所见州中仓出米簿的集成与复原尝试

(图3)   (图4)

· 101 ·

中国古文书学研究初编

（图5）　　　　　　（图6）

《长沙走马楼三国吴简·竹简(捌)》所见州中仓出米簿的集成与复原尝试

（图7）　　　　　　　　　　（图8）

(图9) (图10)

《长沙走马楼三国吴简·竹简(捌)》所见州中仓出米簿的集成与复原尝试

三三三七
三六八三
三三四六
三三四五
三三九二
三三八五
三三三七
三三四八

(图11)　　　　　　　　　　(图12)

· 105 ·

(图13)　　　　　　　(图14)

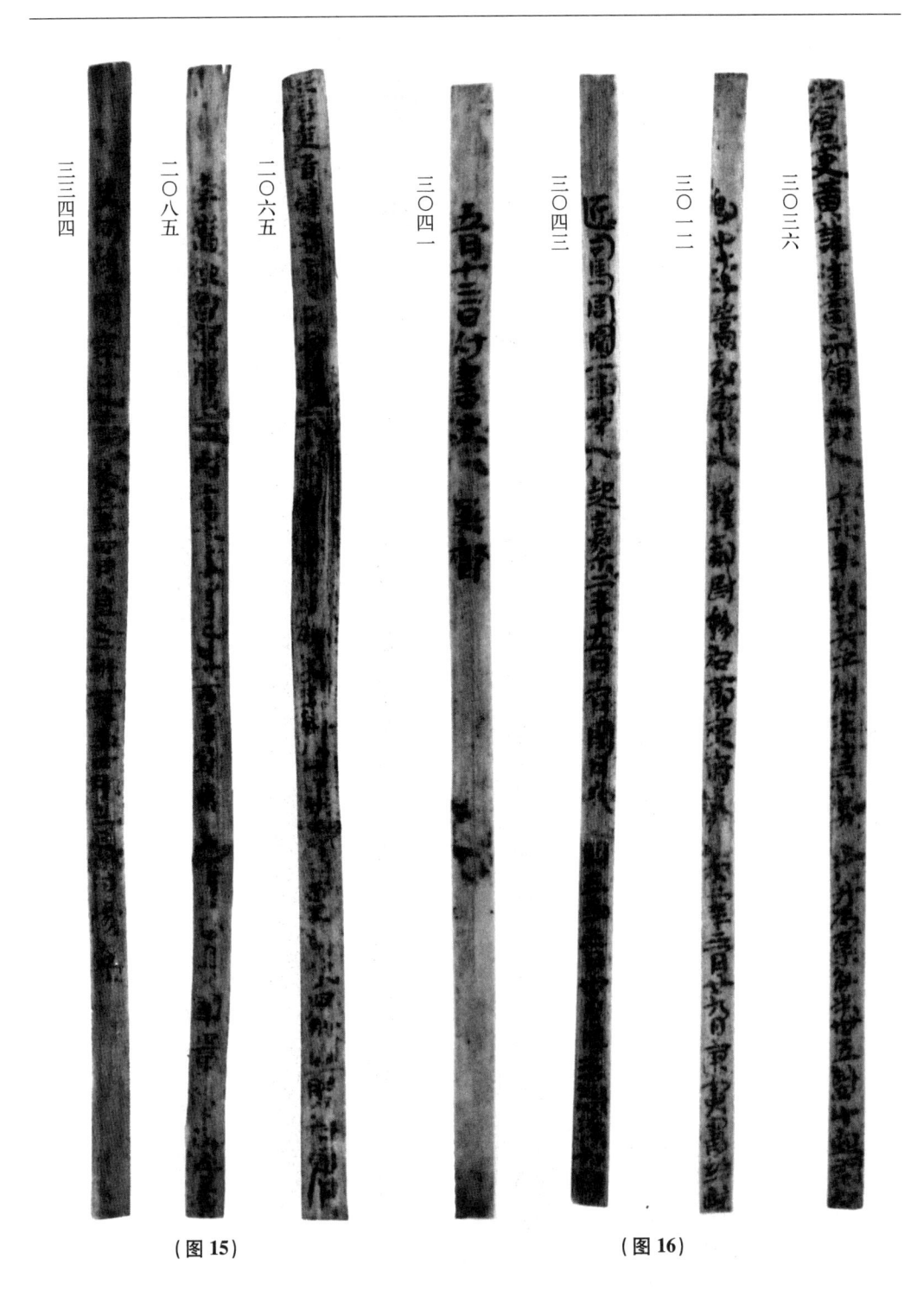

《长沙走马楼三国吴简·竹简(捌)》所见州中仓出米簿的集成与复原尝试

三三四四　二〇八五　二〇六五　三〇四一　三〇四三　三〇一二　三〇三六

(图 15)　　　　　　　(图 16)

(图17)

敦煌吐鲁番契据文书中的署名、画指与画押
——从古文书学的视角

黄正建

古文书学是以古文书为研究对象的学问,它与写本文献学等古文献学的重要区别,一是不研究古本典籍,二是重视文书的物质形态以及书式,包括纸张、字体、署名、印章、画押、格式等,而后一点尤其是古文书学区别于其他相似学科的重要特征。

以敦煌吐鲁番文书为例。以往研究纸张、字体、格式的论著很多,但专门研究署名、画指、画押的文章则比较少,而这些署名、画指、画押,是文书的重要组成部分,值得我们专门进行研究,以丰富古文书学的研究实践。

涉及敦煌吐鲁番文书画指、押字研究的主要成果,是日本学者仁井田陞大作《唐宋法律文書の研究》中的第一编第三章《花押及び略花押》和第四章《畫指・指模(指印)及び手模(掌印)》[1]。在第三章中作者指出:唐初尚无花押,只有如韦陟署名若"五朵云"似的花书;到晚唐如日本所藏的圆珍过所中,才有类似花押的出现,但此时花押与草书体署名不易区分;到五代乃至宋代,花押就比较普遍了。作者还指出:中国从古代开始就往往让代笔人替自己署名,然后自己在那个署名下画个如"十"、"七"、"力"、"巾"、"○"之类的记号。这些记号日本的古文书学者称之为"略花押"[2]。这种"略花押"在五代时期的敦煌文书中可见。作者还论述了略花押在明清时候的使用。

在第四章中作者指出画指与指印不同,是画出指的形状或其一部分。画指在汉代可能就有,北魏时出现有"画指"砖[3];唐高宗永徽年间(650—655)已经实行,在中村不折藏咸亨二年(671)的吐鲁番出土文书中可以看到画指,此后在吐鲁番、和田、敦煌出土文书中都能看到[4]。作者指出画指有两种类型:一是只画三点,多用食指,可称

---

[1] 仁井田陞:《唐宋法律文書の研究》,东京,东京大学出版会,1937年初版,本文所用为1983年复刻版,第24—78页。关于仁井田陞相关研究的信息,受教于大津透先生,特此致谢。
[2] 仁井田陞上述书,第32—33页。
[3] 此为孤证,能否落实,可能还要进一步研究。
[4] 书中列有"画指"文书17件的表格(第43—44页),其中只有两件敦煌文书。

为"点式画指";二是画出指头长度,多用中指,可称为"指形式画指"。而且一般而言是男左女右。作者随后论述了画指在元明时的实行,以及在日本、朝鲜、越南的实行。作者指出,画指是无笔者代替署名而实行的署名法,因此只要是需要署名的各种文书,就都应该能看到[1]。

仁井田陞的文章研究了画指与花押的主要方面,但受限于资料,所论还是有进一步探讨的空间。这主要表现在:一、画指与花押的关系如何,是否有先后之分?二、在画指之前,是否有一个署名的阶段?由于我们现在能看到的画指和押字的实物(文书)远多于仁井田陞写作时的20世纪30年代,因此我们可以对此进行更系统的梳理和更细致的分析。

此外吴震曾写过《吐鲁番出土券契文书的表层考察》(以下简称为《吴文》),将吐鲁番出土券契分为晋到十六国、高昌国、唐代三个时期,并梳理了三个时期券契格式的变化,其中涉及署名与画指[2]。《吴文》没有涉及敦煌文书,也就没有谈到画指以后的变化,为我们留下了研究空间。

本文将在搜辑敦煌吐鲁番出土大量文书的基础上,试图梳理出一个从署名到画指再到押字的发展过程,并归纳与这一发展相适应的格式用语的变化过程[3]。

翻检敦煌吐鲁番文书,这些署名、画指、画押主要出现在各种契据(含遗书、分书、放妻书、放良书等)中,此外还包括部分上报事务的"牒"、申辩供述的"辩"、领受物品的"抄"、部分收支"历"等,总之出现在所有需要证明当事人真实可信的场合。

为简明起见,也为了能粗略梳理出一条演变轨迹,本文将问题集中在各种契约中,而舍弃了牒、辩、历、抄等,留待将来再做更详细的整理研究。

同样是为了查找、核对方便,我将所用文书的资料局限在这样两种书中,即《吐鲁番出土文书》(图版本)一至四册[4]与《敦煌社会经济文献真迹释录》第二辑[5]中的"契据"部分。这两种书的好处都是图版与录文俱在,若录文有疑问,可查图版。在此

---

[1] 仁井田陞上述书,第58页。这其中的"无笔者"含义不明,推测是指不会写字的人。又,第四章后段研究了指印,举伯希和一件土地交换文书,认为其中"张月光"代替自署捺了指印(第60—61页)。由于关于指印本文暂不涉及,因此就不介绍了。

[2] 原载《敦煌吐鲁番研究》第一卷,北京,北京大学出版社,1996年,后收入《吴震敦煌吐鲁番文书研究论集》,上海,上海古籍出版社,2009年。以下引文均出自《论集》。

[3] 格式用语的变化,仁井田陞文章很少涉及。此外凡仁井田陞已经讨论过的问题,本文将不再涉及。

[4] 唐长孺主编:《吐鲁番出土文书》壹至肆册,北京,文物出版社,1992—1996年。

[5] 唐耕耦、陆宏基编:《敦煌社会经济文献真迹释录》第二辑,北京,全国图书馆文献缩微复制中心,1990年。

基础上,我搜集了相关资料。搜集的原则是:只搜集写有署名、画指、画押字样,或留有署名、画指、画押痕迹的契约,凡没有这些字样或痕迹的残文书不在搜集范围内。

搜集的结果,吐鲁番文书中共得 156 件,敦煌文书共得 102 件。两类文书从时代来看正好前后相接。从内容来看主要是契约:吐鲁番文书不包括牒、辩、抄;敦煌文书不包括牒、抄、历,也不包括遗书、分书、放良书、放妻书等[1]。原因是这些不包括的部分,其署名、画指、画押的用语与契约用语不同,样本也少,不足以看出变化。此外要说明的是,所有契约文书只要有相关字样,就在搜集和研究范围内,不再区分原件、抄件和稿件。以下研究就建立在这 258 件契约资料的基础上。

一、署　名

敦煌吐鲁番契约类文书中,最早的证明真实性的方式是"署名"。在 156 件吐鲁番契约文书中,高昌国时期的文书大约有 57 件。其套语基本是:"民有私要,要行二主,各自署名为信。"后面有"倩书"人、"时见"人、"临坐"人的署名("临坐"不必然有),几乎没有例外。例如:

高昌延寿四年(627)赵明儿买作人券[60TAM338:14/2(a)][2]:

6……民有私要,要[3]行二主,各自署 名为信 。

7　　　　倩书赵愿伯

8　　　　时见刘尸祂

9　　　　临坐范养祐

高昌延寿九年(632)范阿僚举钱作酱券(69TAM140:18/2)[4]:

6……民有私要,要行贰主,各自署名为□。

7　　　　倩书赵善得

8　　　　时见张善祐

9　　　　临坐康冬冬[5]

由于吐鲁番出土的高昌国时期的契约文书[6]多数有残缺,以上两件就是结尾部分

---

[1] 如果加上这些,则吐鲁番文书有 168 件,敦煌文书限定在"契据"类是 123 件。
[2] 《吐鲁番出土文书》贰,第 241 页。
[3] "要",原为同文符号,现录为文字。下件同。
[4] 《吐鲁番出土文书》贰,第 197 页。
[5] "冬",原为同文符号,现改录为文字。
[6] 整理者将高昌国时期的契约文书均定名为"券",而将唐以后的契约文书均定名为"契"。

比较完整的文书了。从这两个例子可以看到高昌国时期契约文书证明真实性的方式主要是"署名"。有了这一认识,我们来看看《吐鲁番出土文书》中几件契约文书的年代。

《吐鲁番出土文书》所收最早的一件有结尾的契约文书是"北凉承平五年(447)道人法安弟阿奴举锦券"[75TKM88：1(b)][1]。整理者有注释说:"承平是北凉沮渠无讳、沮渠安周的年号。据长历,承平五年(公元447年)应是丁亥,本件作丙戌,干支不符。……据推测……本件的丙戌应为公元506年,而这个承平年号也就是高昌王麹嘉的年号。因无确证,现仍将本件列在北凉时期。"

我以为整理者的意见是对的。这件文书应该是高昌国时期的文书。除了整理者给出的理由外,我们从文书格式也能证明。我们知道,一个朝代有一个朝代的文书格式(同一朝代因年代不同也有变化),此件契约文书的格式与高昌国时代的契约格式完全相同,这或者也是其属于高昌国时期文书的一个旁证。我们看这件文书的结尾是:

5……民有私

6 要,要行二主,各自署名为信。……

7……倩书道人知骏

8 时见　道[人]智惠　　永安

具备上文所说高昌契约文书结尾的全部因素,即"民有私要,要行二主,各自署名为信"。后面有"倩书"人、"时见"人的署名。

同样的文书还有"北凉承平八年(450)翟绍远买婢券"[75TKM99：6(a)][2]。整理者注释说:"本件出自墓道中,似系由外扰入,故与该墓室中所出文书年代无关。本件纪年为'承平八年岁次己丑',据长历,北凉承平八年(公元450年)应为庚寅,本件干支不符,误差一年,与哈拉和卓八八号墓所出《北凉承平五年道人法安弟阿奴举锦券》相同。因此,本件的'承平'也有可能不是北凉年号而是高昌王麹嘉的年号,而己丑应为公元509年。因无确证,现仍列在北凉时期。"

这件文书的结尾部分也符合高昌国时期的契约格式,作:

6……民有私要,要行二主,各自署名为信。

7……　　　　倩书道护

还有一件"义熙五年道人弘度举锦券"[75TKM99：6(b)][3]。整理者注释说:"据

---

[1]《吐鲁番出土文书》壹,第88—89页。
[2]《吐鲁番出土文书》壹,第92—93页。
[3]《吐鲁番出土文书》壹,第94—95页。

文献记载,仅东晋有义熙年号,其义熙五年干支应为己酉,与本件不合……本件另面为《北凉承平八年翟绍远买婢券》,买婢人与本件锦主同为翟绍远,倩书也同为道护,两件时代应相距不远。……本件义熙年号亦应属高昌麴嘉时期,而义熙五年当为公元514年。总之,本件的年代可以肯定不是东晋义熙五年,但如列为高昌魏氏王朝时期亦无确证,今仍据上件例,暂属北凉时期。"

我们看此件文书的结尾格式为:

5……民有私要,要行二主

6 各自署名为信。…… 倩书道护

8 时见

即具备了上文所说高昌国时期契约文书结尾的主要因素,因此它应该属于高昌国时期的契约文书。

有了以上关于高昌国时期契约文书结尾部分格式的认识,可以为我们确定文书时代提供一些帮助。例如《吐鲁番出土文书》(录文本)第五册收有一件"唐贞观十八年(644)张阿赵买舍契"(60TAM338:14/5)[1]。整理者说:"本件纪年残缺,但有干支'甲辰岁'。同墓所出有纪年文书,最早为麴氏高昌延寿二年(公元625年),最晚为唐龙朔四年即麟德元年(公元664年)。查麴氏高昌之延昌二十三年(公元584年)和唐贞观十八年(公元644年)都是甲辰。延昌二十三年下距唐龙朔四年凡八十年,时距过长,且同出高昌文书均为延寿年间,别无此前纪年,故此'甲辰岁'应是唐贞观十八年。"我们看本件文书结尾的最后几行:

6……民有私

7□□行二主,各自 署 名为信。

8　　　　　倩书　道人法贤

9　　时见　　□众养

显然是高昌时期契约文书的写法,因此此件文书应该不是唐贞观十八年的契约文书。《吐鲁番出土文书》的编者后来意识到了这一点,于是在图版本中做了修正。图版本第贰册收有这件文书,编者在题解中写道:"本件纪年残缺,据所书干支岁次及署名程式,为麴氏高昌时期文书。麴氏高昌最末一个'甲辰岁'为延昌二十三年(公元

---

[1] 国家文物局古文献研究室、新疆维吾尔自治区博物馆、武汉大学历史系编:《吐鲁番出土文书》第五册,北京,文物出版社,1983年,第138页。

584年),本件或成于是年。"[1]"干支岁次"是原来就清楚的,因此改正的真正原因实际是考虑到了"署名程式"即契约结尾的套语。这一改正无疑是正确的[2]。其实在吐鲁番出土契约文书中,只要有"各自署名为信"以及"倩书"、"时见"等,基本就可以判定为高昌国时期的文书[3]。

例如"唐西州高昌县范阿伯买舍契"[60TAM337:11/4(a),11/3(a)][4]。据题解:"此墓盗扰严重……出唐显庆二年(公元657年)范阿伯墓志一方。所出文书兼有麴氏高昌及唐代。其有纪年者,最早为高昌延昌八年(公元568年),最晚为出于墓道填土中之唐龙朔三年(公元663年)夏田契。"我们看此件契约的结尾几行:

12 □署名为信。　　时□□□□
13　　　　　　　临□□□□

这里有"署名为信",有"时见"、"临坐",应该是麴氏高昌时期的契约文书[5]。

总之,高昌国时期契约文书写有"署名为信"、"倩书"、"时见"以及"临坐",是其最显著的特征。

二、画　　指

吐鲁番所出唐代契约文书,证明真实性的方式由"署名为信"变成了"画指为信"。标准的写法是"两和立契,画(获)指为信(验)"。这一过程是如何形成的?目前我们没有确切资料,但从贞观十四年唐灭高昌设立西州后不久,这一变化就出现了。速度这么快,我们考虑,一定是将内地实行的契约模式(范式)带到西州,加以推行的结果。

不过也要考虑高昌时期末期,契约用语虽然没有变化,但已经开始用画指代替署名了。最早的例子见于"高昌延寿九年(632)曹质汉、海富合夏麦田券"(69TAM117:57/3)[6]。其结尾几行为:

7……□□□□□□]名为信。
8　　□□□□□□]│指│节│为│明│

---

[1]《吐鲁番出土文书》贰,第239页。
[2]《吴文》已由署名形式指出此件文书当是延昌廿四年(584)券契,第419页。
[3] 个别与唐西州早期文书有交叉,但这需要具体文书具体分析。
[4]《吐鲁番出土文书》贰,第228页。
[5] 至于文书中提到"(范)阿伯"也好理解。范死于显庆二年(657),上距麴氏高昌灭亡不过十几年,因此此契约立于高昌时期是完全可能的。
[6]《吐鲁番出土文书》贰,第289页。

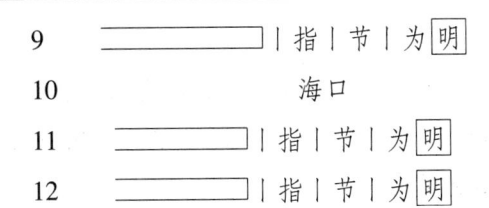

```
9    ▭▭▭▭ | 指 | 节 | 为 明
10              海 口
11   ▭▭▭▭ | 指 | 节 | 为 明
12   ▭▭▭▭ | 指 | 节 | 为 明
```

此件文书本无纪年,只有"壬辰岁",整理者推论为延寿九年。这个推论是有道理的。我们看文书中有"[署]名为信"就可知它属于高昌时期文书的可能性比较大。但后面又出现了画指,说明在契约本文写"署名"的前提下,有"画指"的变通。并且特意说明这是以"指节为明(名)",即以指节代替署名。这个变化的起因当是由于一些契约的当事人不识字,不能书写自己的名字[1]。

说得更清楚的是"唐西州高昌县赵怀愿买舍券"(59TAM301:15/4－3)[2]。文书结尾几行是:

```
7……民有私要,要 行 [    ]署名为信。| 以息阿丰 | 手不解 | 书,以至(指)节为
     明[3]
8              倩书   张       武           □
9              时见   刘       德           □
10             临坐   □    (下残)
```

据题解,本文书所出自的 301 号墓,"所出文书兼有麴氏高昌及唐代,其有纪年者为唐贞观十七年"。"本件文书纪年已缺,属麴氏高昌或属唐代,不明,今姑置于唐代"。其实从"署名为信",以及"倩书"、"时见"、"临坐"看,很可能属于高昌国时期文书。不过与典型的高昌时期契约文书不同的是:虽然文中写到要"署名",但实际出现了画指,并说明这是由于"不解书"的缘故,所以要"以至(指)节为明(名)"。

这种在契约本文中写"署名为信",实际又有画指的文书,只出现在高昌时期末和唐西州时期早期。我们可称其为契约用语的过渡时期。很快,契约本文中就改写为"画指为信","倩书"、"时见"、"临坐"也都变成"某主"、"知见人(或见人)"、"保人"

---

[1] 本文在会议上宣读的一个月后,在另一会议上看到裴成国提交的论文《唐西州契约的基础研究》(载《敦煌吐鲁番法制文献与唐代律令秩序学术研讨会论文集》,中国政法大学,2017 年 9 月,以下简称为《裴文》),文章认为画指代替署名的原因一是高昌国时期的契约因当事人识文断字率低,往往需要请人代笔,二是因为画指比署名简便易行(第 126、128 页),但是为何识字率低的时期反而要"署名为信",这一格式与请人代书是什么关系,似乎未能讲清楚。

[2] 《吐鲁番出土文书》贰,第 84 页。

[3] "以息阿丰手不解书,以至(指)节为明"原为双行小字,写在三道指节印之间。

等了[1]。

我们在吐鲁番文书中所能见到的最早在契约本文中写有"画指为信"的大概是贞观二十二年(贞观十四年八月唐灭高昌设西州)。"唐贞观二十二年(648)洛州河南县桓德琮典舍契"(72TAM204：18)[2]，其中的相关文字为：

1 贞观廿二年八月十六日,河南县张□□

8……两共和可,画指为验[3]。

9　　　负钱人　　桓德｜琮｜琮｜

10　　　男大义　　　　｜义｜

11　　　同坊人　　成敬嗣

12　　　　　　　　｜　｜嗣｜

13　　　坊正李　差　经

这里在契约本文中明确写有"两共和可,画指为验",后面署名中有画指,与高昌时期的契约格式明显不同。要注意的是：这是一件来自内地河南县的契约,可知这种来自内地的契约格式影响了西州契约从"署名为信"向"画指为信"的转变。换言之,高昌末期内部出现"以指为名"的变化,与来自唐朝中原地区契约格式的影响,促成了"画指为信"用语的出现[4]。于是,几乎同时,我们看到了西州当地的契约格式变化：

"唐贞观二十二年(648)索善奴佃田契"(64TAM24：26)[5]：

10 贞观廿二年十月卅日,索善奴[

11 □指为信。

12　　　田主赵

13　　　佃田人索善奴｜　｜　｜

14　　　知见人冯怀勖｜勖｜　｜

15　　　知见人刘海愿｜　｜　｜

---

[1] 这一点,《吴文》业已指出,第420页。
[2] 《吐鲁番出土文书》贰,第152页。
[3] "验"后有三竖道。
[4] 对于高昌国末期为何会出现因不解书而"以指为名"的现象,文章宣读后与会学者有过讨论。一种解释是：或许高昌国时期的前期,契约文书的使用主要在上层阶层,后来契约的使用下移并普遍化,造成下层民众使用时无法署名的情况出现(赵晶先生有此看法)。另种意见认为：画指取代署名,是由于署名的可靠性不如画指,从署名到画指,体现的是契约法律效力不断增强的过程(王素先生有此看法),但上引文书中明确说是由于"不解书"才"以指为名",并非为增加可靠性才"以指为名",因此关于从署名为信到画指为信变化的原因,还需进一步研究。
[5] 《吐鲁番出土文书》贰,第177页。

本件文书不仅正文写了"□(画)指为信"而且后面确有画指,并改"倩书"、"时见"、"临坐"为"田主"、"佃田人"、"知见人",说明契约格式已经改变,与内地一致了。

更完整的契约见于"贞观二十三年(649)傅阿欢夏田契"(64TAM10：34)[1],最后几行为：

6 ……两和立卷(券),画指为信。
7 　　田主　范酉隆｜　｜　｜
8 　　夏田□傅阿欢
9 　　知见□□□恩｜　｜　｜
10 　　知见□

自此以后,"两和立契,画指为信(或为验、为记)"就成为唐代契约上的套语。"画指"彻底代替了"署名"[2]。我们举一个完整的例子。

唐显庆五年(660)张利富举钱契(64TAM4：38)[3]：

1 显庆五年三月十八日,天山县南平
2 乡人张利富于高昌县崇化
3 乡人左憧憙边举取银钱拾文,
4 月别生利钱壹文。到左还须
5 钱之日,张即须子本具还。若身
6 东西不在,一仰妻儿及保人等
7 代；若延引不还,听掣家资
8 杂物平为钱直。两和立契,
9 画指为信。
10 　　钱主
11 　　举钱人张｜利｜富｜
12 　　保人康｜善｜获｜
13 　　知见人

这种"两和立契,画指为信"在吐鲁番出土的契约中一直延续下去。到开元以后,

---

[1]《吐鲁番出土文书》贰,第207页。
[2]《吴文》已经指出：吐鲁番券契文书第三期与第二期的区别之一即"由于画指节习俗逐渐流行,券末之'各自署名为信',改为'获(画)指为信(记)'",第420页。
[3]《吐鲁番出土文书》叁,第209页。

虽然"画指为信(为验、为记)"不变,但前面的词语出现了微小变化。

"唐开元二十一年(733)石染典买马契"(73TAM509:8/10)[1]结尾写作"恐人无信,故立私契。两共和可,画指为记"。后面有练主、马主、保人三人,除练主外,其他人的姓名下多了年龄。"唐乾元二年(759)或上元二年(761)曹忠敏租田契"(64TAM37:21)[2]结尾写"两共平章,获指为记"。后面田主、保人亦均有姓名和年龄。"唐大历三年(768)僧法英佃菜园契"(73TAM506:04/1)[3]结尾写"两家平和,画指为记"。后面地主也有姓名、年龄。要注意的是,虽然都是"画指为记",但前面的词语增加了"两共平章",即双方共同商量的意思。这与"两和立契"是稍有不同的。

"画指为信(为验、为记)"一直延续到唐后期,在敦煌契约文书中也能见到,最早的大约是"唐天宝十三载(754)道士杨神岳便粟契"(伯4053号)[4],结尾写"恐人无信,故立私契,两共平章,画指为记"。强调了"两共平章"。再如"大历十七年(782)霍昕悦便粟契"(斯5871号)[5]结尾为"恐人无信,故立私契,两共对面平章,画指为记";"唐建中三年(782)马令痣举钱契"(斯5867号)[6]结尾"恐人无囗(信),故立私契。两共平章,画指为记"。都强调了"两共平章"。吐蕃占领时期依然如此。如"未年(827)安环清卖地契"(斯1475号V5)[7],结尾写作:"官有政法,人从私契。两共平章,书(画?)指为记。"我们见到"画指"最晚的有纪年的文书是大中年间的,即"大中十二年(858)孟憨奴便麦契稿"(伯3192号背)[8],其结尾写作"恐人无信,故立私契,用为后验,画至(指)为记"。

如下节所要说到的,"用为后验"基本是取代"画指为记"的说法。因此大中十二年的这件文书是个例外(没有写"两共平章"之类也可证明)。除了这件之外,总体来看,"画指为信(为验、为记)"一直延续到吐蕃占领末期。这之后就变为另一种格式。当然这个变化也不是一下就形成,而是逐渐发展,最后定型的。换言之,敦煌契约文书中,凡有"两共平章,画指(往往又写作书指或书纸)为记(为验)"的,大致可以肯定是吐蕃占

---

[1]《吐鲁番出土文书》肆,第279页。
[2]《吐鲁番出土文书》肆,第345页。
[3]《吐鲁番出土文书》肆,第576页。
[4]《敦煌社会经济文献真迹释录》第二辑,第76页。
[5]《敦煌社会经济文献真迹释录》第二辑,第138页。
[6]《敦煌社会经济文献真迹释录》第二辑,第140页。
[7]《敦煌社会经济文献真迹释录》第二辑,第1页。
[8]《敦煌社会经济文献真迹释录》第二辑,第108页。

领时期或之前的文书。

三、"用为后凭"与"押字"

在"画指为信(为验、为记)"成为程式的过程中,出现了另一种简单的契约用语,即虽然仍用指节印表示契约的真实可靠,但在契约本文中并不写明,只注明立契本身就具有了证明真实性的功能。最早一例可见"唐总章三年(670)左憧憙夏菜园契"(64TAM4:33)[1],结尾处写"为人无信,故立私契为验",没有写"画指",但后面的"园主"、"知见人"姓名下都有指节印。再如"唐至德二载(757)杨堰租田契"(73TAM506:04/9)[2]结尾也写作"恐人无信,故立此契为□"。

这样的例子不多,总共也就四五件,但它表明一种只以"立契"本身来证明事物真实性的格式用语已经出现。随着"画指为记"的逐渐淡出,这种只用"立契"作为验证的套语形成了。其典型的说法是"恐人无信,故立私契,用为后凭(或后验)"。

这种套话比较早的例子见敦煌文书中的"唐大中六年(852)僧张月光、吕智通易地契"(伯3394号)[3],其结尾写"恐人无信,故立此契,用作后凭"。后面没有画指,但据录文,在地主、保人二人后面按有手印,在另一保人后面有"押"。说明这种在正文中不写"署名"或"画指",只写立契"用为后凭"的,在物主、保人、知见人后面既可画指,也可按手印,还可以画押,总之不拘一格。同样的例子还见于"唐天复九年(909)安力子卖地契"(斯3877号V4)[4],其结尾的用语也是"恐人无信,故立私契,用为后验"。

这种以"用为后凭(后验)"为特色的契约用语,从吐蕃占领时期结束后一直沿用至唐末五代宋初。我们随便举几个例子。

"甲午年(874或934)邓善子贷生绢契"(伯3124号)[5]:

6 恐人无信,故立此契,用为后凭。

7　　　贷绢人邓善子(押)

8　　　见人押衙张宗进

9　　　见人上座宗福

---

[1]《吐鲁番出土文书》叁,第222页。
[2]《吐鲁番出土文书》肆,第573页。
[3]《敦煌社会经济文献真迹释录》第二辑,第2页。
[4]《敦煌社会经济文献真迹释录》第二辑,第8页。
[5]《敦煌社会经济文献真迹释录》第二辑,第109页。

"丙午年(886)翟信子欠麦粟契"(伯3860号)[1]：

5……恐人无信,

6 故立此契,用留后验。

7　　　　欠物人男定君(押)

8　　　　欠物人父翟信子(押)

　　　　（后缺）

"甲申年(924或984)五月二十二日曹延延贷绢契"(斯766号背)[2]：

7 恐人无信,故立此契,用为后凭。

8　　　　贷绢人延延(押)

9　　　　口承兄曹延昌(押)

10　　　　知见人阿阿父奴(押)

"后唐清泰三年(936)杨忽律哺卖宅舍地基契"(斯1285号)[3]：

11……恐人无信,立此文书,用为后凭。

12 舍主兼字

13　　　　出卖舍主杨忽律哺｜左｜头｜指

14　　　　出卖舍主母阿张　｜右｜中｜指

15　　　　同院人邓坡山(押)

16　　　　同院人薛安升(押)

17　　　　见人薛安胜(押)

18　　　　见人薛安住(押)

　　　　（后略）

"北宋开宝八年(975)三月一日郑丑挞出卖宅舍地基与沈都和契(抄)"(北图生字25号;即:309:8347号背面)[4]：

14……恐人无信,故立私契,用为后凭。

15 丙子年三月一日立契,僧知近自手题之耳记也(签字)

由上可知,以"用为后凭"为标志的契约用语代替了"署名为信"、"画指为记",成为

---

[1]《敦煌社会经济文献真迹释录》第二辑,第111页。
[2]《敦煌社会经济文献真迹释录》第二辑,第117页。
[3]《敦煌社会经济文献真迹释录》第二辑,第9页。
[4]《敦煌社会经济文献真迹释录》第二辑,第12页。此件文书现在的编号是BD03925背11。

唐末五代宋初的主要用语。此用语没有限定是署名、画指还是画押,因此三种情况都存在,但总体而言,署名和画指的都极少,大量的是画押,于是在这一过程中,出现了"押字为凭(定)"的说法。这种说法都出现在五代,大概有六七件的样子。例如:

"癸卯年(943)吴庆顺典身契"(伯3150号)[1]结尾为:

10 恐人无信,故立此契,用为后凭。

11……恐人无信,　　只(质)典兄吴庆顺(押)

12 押字为凭。　　叔吴佛婢(押)　同取物口承弟吴万升(押)

　　　　　(后略)

"乙卯年(939?)安定昌雇工契"(伯2877号背)[2]:

9……恐人无信,故勒私契,用

10 为凭,押字为验

11　　　　见人富郎(押)

12　　　　入作弟盈德(押)

"乙巳年(945)徐富通欠绢契"(伯3004号)[3]:

6……恐后无凭,故立此契,押字

7 为定。

8　　　　还绢人兵马使徐富通　知

9　　　　还人徐富庆　同知

10　　　　还绢人弟徐盈达　知

11　　　　见人索流住　十

这些写明"押字为验(为凭、为定)"者,后面的相关人员都确实画了押。这样,虽然写明"押字为验"的契约不多,但却是一种新的表示方式。它与"用为后凭"相配套,标志着契约文书中表示真实性的手段,彻底进入了"画押"的时代。

结　语

通过以上的排比分析,我们可以知道在敦煌吐鲁番契约文书中,表示契约真实可靠的方式主要有三种。这三种方式随时代不同而不同,并表现为不同的程式性语言:

---

[1]《敦煌社会经济文献真迹释录》第二辑,第51页。
[2]《敦煌社会经济文献真迹释录》第二辑,第67页。
[3]《敦煌社会经济文献真迹释录》第二辑,第122页。

第一阶段的用语特色是"各自署名为信",主要行用于高昌国时期。契约当事人主要采用署名方式。到高昌国末期,在仍然使用"署名为信"的同时,当事人也有采用"画指"方式的。这一过渡性作法延续到唐贞观二十年前后(亦即只存在了6—8年)。

第二阶段的用语特色是"两和立契,画指为信"。这种套话可能来自内地,与吐鲁番地区出现的变化相结合,从唐贞观二十年前后开始出现,一直沿用到吐鲁番文书晚期的唐代宗大历年间,以及敦煌文书中的吐蕃占领时期(9世纪中叶)。这期间的相关用语中,从唐开元时又增加了"两共平章(或'两共对面平章')"类说法,但"画指为信(为验、为记)"则保持不变。但是是否真有"画指",则随着时代变化而有不同,大致到吐蕃占领时期,虽然写了"画指为信(为验、为记)",但真正画指的并不多,取而代之的往往是画押。

说"画指为信"的套话来自内地,还有个旁证,即此语可能已经编入令文,然后随着令文的颁布天下,影响到了吐鲁番(西州)地区,即当地必须依令实行。按日本《养老令》的《户令》"七出条"云:"凡弃妻……皆夫手书弃之,与尊属近亲同署。若不解书,画指为记。"《令集解》引《古记》解释说:"谓夫不解写书,赁他人合(或作令)作牒(牒后或有状字)。年月日下,夫姓名注付,食指点署。"[1]《唐令拾遗》据此复原为唐《户令》三十五条[2]。虽然令文讲的是"弃妻牒状"的书写,与我们所引的契约不尽相同,但均属需要证明真实性的文件,因此"弃妻牒状"使用"画指为记"入令,似乎可以旁证"画指为记"一类词语及其方式已经随令文的颁布全国而影响到了吐鲁番地区。我们要注意的是,据《古记》解释,之所以可以"画指为记",是因为立契约的人"不解书",这与我们看到的吐鲁番地区出现"画指"时的解释或说明[参见前引《唐西州高昌县赵怀愿买舍券》中所说"以息阿丰手不解书,以至(指)节为明(名)"]是完全一致的。

第三阶段的用语特色是"恐人无信,故立私契,用为后验"。这种格式淡化了"署名"还是"画指"、"画押",强调了"立契"本身就是以后的凭据。这种用语从唐末五代一直延续到北宋初年,而采用的具体方式则主要是画押。于是在这一阶段中,与主要是画押的方式相适应,从五代开始又出现了"押字为验"的说法。这种说法与"用为后验"的说法相配套,契约表达就大致进入了画押的阶段[3]。

---

[1]《新订增补国史大系 令集解》,东京,吉川弘文馆,1980年,第306页。
[2] 仁井田陞著,栗劲等编译:《唐令拾遗》,长春,长春出版社,1989年,第162—163页。仁井田陞将其复原为开元二十五年令,但因有《古记》解释,故也有永徽令的可能。
[3] 当然,画指依然存在,参见前述仁井田陞文章。

从"署名"到"画指"到"押字",敦煌吐鲁番契约文书为我们展现了近五百年间契约格式的变化。了解了这些变化,不仅可以据此断定契约文书的年代,而且使我们知道了契约文书随时代不同而在格式上有所不同。并且我们还知道了契约与其他官文书一样,虽阶段不同但都存在着统一的格式,施行于内地和边陲。这种格式流行在民间,但一定有官方的推动在其中。契约文书中表示真实可靠性的方式及用语为何会出现这种变化?民众在签订契约时是否依据现成的格式文本?官方是否有所推动或在多大程度上推动契约格式的统一化?这些问题都还值得我们去继续研究。

前面讲过,古文书学重视文书格式,若不具备古文书学知识,就不会从古文书学的角度发现问题、研究问题。以往研究契约文书的部分国内学者,或者从经济的角度,或者从法律的角度,但很少特别关注契约的格式变化,很少能准确表述有关署名、画指、画押的问题。我们举三种著作为例(按时代先后):

《敦煌吐鲁番法制文书研究》第三章《敦煌、吐鲁番契约文书》第二节《敦煌、吐鲁番契约文书中的契约形式》注意到契约的形式问题,指出"契约签署具有多种方式。一种是在契约中写明'各自署名为信',双方在契约中提到自己姓名处亲笔书写,或者在契约后各自署名。这在僧侣等较有文化者之间比较通行。还有一种是在契约末盖上私印,但最为常见的是'画指'……这类契约正文的结尾处一般都写有'画为信''获指为信'"[1]。

由于采用的样本太少,作者在这里完全是凭印象发言。文中不仅没有提到后期常见的画押、押字,而且没有看到从署名到画指再到画押的时代前后变化。因此给出的结论似是而非,既不完整也不准确。

《唐代经济民事法律述论》在《契约制度》一节中说:"唐时有关契约签署方式变化颇多,各不相同。一种是契约中写明'各自署名为信',还有一种是在契约末盖私印,最为常见的(现今发现的契约原件)是'画指'……这类契约正文的结尾处一般都有'画指为信'、'获指为信'的惯语,可见画指是当时最流行的文书签署方式。"[2] 这里可能参考了上本著作,内容不出上本书,问题也如上本书一样。

《唐代民事法律制度论稿》在第十三章《隋唐五代买卖契约及其法律控制》第二节《隋唐五代买卖契约的基本内容》中说契约的第六项内容是"当事人、保人乃至见人的

---

[1] 陈永胜:《敦煌吐鲁番法制文书研究》,兰州,甘肃人民出版社,2000年,第52页。
[2] 张中秋:《唐代经济民事法律述论》,北京,法律出版社,2002年,第154—155页。

签字画押。如上举几份契约文书中,除张义全卖舍契、阿吴卖儿契可能由于是习字帖,习字者随意将当事人、保人或见人的签字画押省略外,其余都有。但应引起注意的是,在签字画押的人员当中,往往并不包括交易的被动方"[1]。

作者在这里主要关心的是签名画押者为谁,以及体现出来的特点,至于到底是署名还是画指、画押,似乎并不关心,因此所用词语"签字画押"就不大符合当时实际情况了。

通过以上三例,可知以往的研究者虽然研究契约制度、契约内容,甚至契约形式,但实际都没有对格式予以充分重视。这样就失去或掩盖了许多历史细节,不利于对契约制度进行更深入的研究。

总之,古文书学十分重视文书格式,认为通过研究格式的异同,可以帮助我们深入了解不同时代所呈现出来的各种政治的、经济的、社会的或文化的具体异同。敦煌吐鲁番契约文书中签署形式的变化就是一个很好的例子。其实本文没有提到或没有展开的问题还有一些,比如仁井田陞曾研究过的手印问题,比如后期出现的"答印为记"问题等。这些问题将留待今后陆续进行仔细研究。

此外,本文主要关心的是文书的格式(程式)或格式语言,至于具体实施情况,即是否真有署名、画指、画押,或当事人在多大程度上执行了这些格式语言[2],也需要今后再作进一步的深入研究。

本文为国家社科基金重大项目"中国古文书学研究"(项目批准号为14ZDB024)的阶段性成果

[作者黄正建,研究员,中国社会科学院历史研究所]

---

[1] 岳纯之:《唐代民事法律制度论稿》,北京,人民出版社,2006年,第253页。
[2] 前引《裴文》就比较详细地讨论了唐西州契约中画指的执行情况,从"谁该画指"、"在文书的哪个位置画指"、"所画指节的精确程度"几方面进行探讨,结论是"画指真正在契约中执行的并不严格"。第128页。

中国国家图书馆藏敦煌契约文书汇录

陈丽萍

中国国家图书馆(下行文多简称"国图")藏敦煌文书的图版本以《国家图书馆藏敦煌遗书》(下行文多简称《国图藏》)为名,由北京图书馆出版社自2005年开始出版[1],皇皇146册,至2012年出版完毕,国图所藏16000多号敦煌文书的全貌终得以展示。

利用《国图藏》新刊图版,笔者粗略统计其中有数十件敦煌契约文书,但除了十多年前《敦煌契约文书辑校》[2](下行文多简称《辑校》)所刊布的8个卷号(即北收43v贴片、北余81v、北生25v、北剑98、北咸59v、北乃76、北周14、北殷41与41v),其他国图藏敦煌契约文书目前尚未有人全面整理公布。即使在《辑校》中,也存在一些文书编号引用有误、定名定性不确等问题,文书的旧编号与《国图藏》新编号的对应也是当前需要关注的重要问题。笔者即以"中国国家图书馆藏敦煌契约文书"为名,首先对已刊契约文书的新旧编号对应及内容等略作刊补,其次将未刊国图藏契约文书(按照新刊图版的统一流水编号)逐一过录,并就相关问题稍作探讨。

《国图藏》以"BD"为首将所藏敦煌文书统一编号刊布,但因国图所藏敦煌文书曾多次编目,且来源成分较为复杂,因此在正式行文前,笔者先利用前辈的成果以及《国家图书馆藏敦煌遗书》与《中国国家图书馆藏敦煌遗书总目》[3],将有关国图藏敦煌文

---

[1] 在此之前,台湾新文丰出版公司利用国图1980年所摄馆藏敦煌文书缩微胶卷,在《敦煌宝藏》第56—111册(1983—1985年)中,陆续刊布了8738号国图藏敦煌文书的图版,该书成为学界很长一段时间内得以借助了解国图藏敦煌文书的工具书。惜新文丰公司的出版事宜并未与国图联系,且所刊图版也仅为国图藏敦煌文书的部分,存在图版错乱等状况。后中国国家图书馆与江苏古籍出版社合作,自1999年始,以《中国国家图书馆藏敦煌遗书》为名刊布国图藏敦煌文书的图版,但至2001年共出版7册后未再继续,所刊图版也仅涉及800余号。

[2] 沙知:《敦煌契约文书辑校》,南京,江苏古籍出版社,1998年。

[3] 本文所述有关国图藏敦煌文书的编目与刊布细节,以及国图藏敦煌文书的概况,参考了方广锠先生数年来的多篇相关大作,具体如《北京图书馆藏敦煌遗书勘查初记》,《敦煌学辑刊》1991年第2期,第1—13页;《〈中国国家图书馆藏敦煌遗书〉前言》,《中国国家图书馆藏敦煌遗书》第一册,南京,江苏古籍出版社,1999年,第1—13页,又载《文献》1999年第4期,第8—24页,收入《国家图书馆藏敦煌遗书》第1册,北京,北京图书馆出版社,2005年,第1—5页,收入《方广锠敦煌遗书散论》,上海,上海古籍出版社,2010年,第138—153页;《中国国家图书馆藏敦煌遗书总目(新旧编号对照卷)·序言》,北京,中国人民大学出版社,2013年,第1—17页;《〈中(转下页)

书的来源、历次编目与新旧编号的对照情况稍作梳理,以便正文论述。

1910年,清朝学部将敦煌文书解运北京后即入藏京师图书馆,图书馆从中挑选了一批较为完整的文书,按千字文顺序(每字下系100号)从"地"至"位"(编至79号)87字("天"、"玄"、"火"三字缺)编得8679号,题名《敦煌石室经卷总目》。1931年,陈垣利用前人数据及原千字文编号而编成《敦煌劫余录》,著录扩充至8743号(20世纪50年代国图拍摄文书缩微胶卷即依托这一编号)。1935年,图书馆又编成更为完善的分类目录《敦煌石室写经详目》,编号仍为8679号,此次编号为后人沿用,在《国图藏》中对应的新编号为BD00001—BD08679号,这批文书的图版位于本套书的第1至103册。

1927年,图书馆在上次编目所余的残卷中又挑出相对完整的一批文书,衔接上千字文编号排序,从"让"至"朝"(编至92号)12字("吊"、"民"、"伐"、"罪"四字缺)编得1192号,按《敦煌石室写经详目》体例,至1935年编成《敦煌石室写经详目续编》。这次编号在《国图藏》中对应的新编号为BD08680—BD09871号,这批文书的图版依次位于本套书的第104至106册。

此次编目所余的两箱敦煌文书存放在国图善本书库,后渐被遗忘,直至1990年才被"重新发现"。图书馆遂组织专人对这批残卷进行了清点,后统一编至"临"(简作"L")3879号。这次编号在《国图藏》中对应的新编号为BD09872—BD13750号,这批文书的图版依次位于本套书的第107至112册。此外,这6册书中还收有50件其他编号的敦煌文书图版,如旧编为"简"、"登"、"善"字号的8件文书,一些残绢、残麻布、唐卡等残片,以及14个空号,这批文书或残件对应的新编号延续为BD13751—BD13800号。

新中国成立后,通过文化部调拨、求购、个人捐赠等多种途径,国图又征集了1000多件敦煌文书入馆。1980年,图书馆从中挑选了1560件文书拍摄缩微胶卷,并统一编为"新"号。1981年,以这批文书为主编成《敦煌劫余录续编》,其中著录了1065号。1986年起,又有一些文书陆续进入"新"号序列,最终编得"新"1600号。这次编号在《国图藏》中对应的新编号为BD13801—BD15400号,这批文书的图版依次位于

(接上页)国国家图书馆藏敦煌遗书总目录〉的编纂》,《敦煌研究》2013年第3期,第133—143页;《中国国家图书馆藏敦煌遗书六种目录述略》,《上海师范大学学报》2013年第4期,第35—46页;《中国国家图书馆藏敦煌遗书》,《敦煌研究》2014年第3期,第123—131页。以上成果,本文行文中若无特别说明,皆不再一一出注。

本套书的第113至143册(部分)。

国图历年来修复敦煌文书时从背面剥离下来的残片也编为"临"号,即L4001—L4507号,这批编号在《国图藏》中对应的新编号为BD15996—BD16445号,这批文书的图版依次位于本套书的第145至146册。此外,第143—146册中还穿插收入了旧编为"简"、"善"字号的数百件敦煌文书,以及若干空号,故国图藏敦煌文书的最终编号为BD16579号。

一、《敦煌契约文书辑校》所收国图藏敦煌契约文书

《敦煌契约文书辑校》将所收契约文书按买卖、便贷、雇佣、租佃质典、凭约、分书放书遗书、性质不明等分为七类,这样虽便于研究者按类索求,但也无形中割裂了每件文书的原貌,故本文将《辑校》所收国图藏契约文书按其旧(千字文)编号及所对应的新"BD"编号次序刊补,以求最大限度地体现每件文书的原貌。

(一)北收43v贴片

北收43v贴片,存3行,抄于原卷背面,《辑校》定名《天复九年(909)杜通信便粟麦契(习字)》(便贷类)[1]。

据《国图藏》,该文书正面抄《妙法莲华经卷三》,对应新编号为BD01943;文书背面的裱糊纸上即抄该契约,对应新编号为BD01943v,定名《天复九年杜通信便麦粟历》[2]。

该契约《辑校》与《国图藏》皆有相关录文参考,但略有不同,且定名中有"契"、"历"之别。

BD01943v号是裁剪而成的裱糊纸,因此很难判断原卷内容的完整性,以及是否为实用契约或仅为文稿抄件,故《辑校》定名中的"习字"似显多余。而参照其他相近时期便贷类契约的格式及用语,如S.5811《乙丑年(905?)索猪苟贷麦契》、北殷41v《癸未年(923?)平康乡百姓彭顺子便麦粟契(稿)》[3],BD01943v号当为"契"而非"历",又鉴于文书第1行即有确切年月日"天复九年岁次己巳十二月二日",故应定名《天复九年十二月二日杜通信便粟麦契》。

又,《辑校》在该契约(旧千字文)编号后注以"贴片",似是提示其本为裱糊纸的形

---

[1]《敦煌契约文书辑校》,第162—163页。
[2]《国家图书馆藏敦煌遗书》第27册,2006年,图版第76—82页;条记目录第5页。
[3]《敦煌契约文书辑校》,第161、164页。

态特征,但敦煌契约文书多有存在于裱糊纸上者(详下文),编目或定名者一般不会将这一特征体现在文书的编号上,这一点值得注意。

有趣的是,还有另一件契约文书与BD01943v号颇有关联。《国图藏》第146册中所收BD16563号,存3行,亦定名《天复九年杜通信便麦粟历》,所抄内容与BD01943v号无二,字迹也很接近[1]。唯一不同处是,BD01943v号第1行首之"天"与末之"家"字、第2行首之"内"字、第3行首之"硕"字皆有残缺,而BD16563号中的这几个字皆完整无缺。据《国图藏》中对BD16563号物质形态的描述,其宽、高分别为7.3、27.3厘米;BD01943v号的物质形态虽无明确记载,但其正面的佛经高24.8厘米,该契约为其背面的裱糊纸,高度当与此相当而不会超过这个数值。同样地,BD16563号也揭自BD01843号背面,该卷正面所抄为《灌顶随愿往生十方净土经》[2]。以上说明,这两件契约或抄自同一底稿,或本为一卷,后被裁成大致相等的裱糊纸修补佛经,唯BD16563号的尺寸稍大,保存的字迹相应更为完整。

至于BD16563号的定名,据上文所述理由,也当为《天复九年十二月二日杜通信便粟麦契》。

(二) 北余81v

北余81v,存3行,抄于原卷背面,《辑校》定名《辛巳年(921?)洪池乡百姓何通子典男契(习字)》(租佃质典类)[3]。

据《北图藏》,该文书正面抄《无量寿宗要经》,对应新编号为BD02381;背面抄写两种内容,前为以"季春犹寒"开头的书仪用语2行,若干留白后再抄写该契约,两项内容对应新编号为BD02381v,定名《辛巳年何通子典儿契稿》[4]。

该契约《辑校》与《国图藏》皆有相关录文参考,但略有不同,定名也有差异。

据《国图藏》敦煌文书新编号标准,若一件文书内抄录多种内容,则编号当应在其所属流水号后再加1、2、3……以示区别。BD02381号背面虽然所抄内容皆残缺不全,但分别为书仪用语与契约两种内容无疑,故该契约编号为BD02381v2似更为精确。

据笔者理解,敦煌文书中可当作"习字"的文书,类似于各种内容不完整的杂写,而

---

[1] 《国家图书馆藏敦煌遗书》第146册,北京,北京图书馆出版社,2012年,图版第243页;条记目录第102页。
[2] 《国家图书馆藏敦煌遗书》第25册,北京,北京图书馆出版社,2006年,图版第245页;条记目录第13页。
[3] 《敦煌契约文书辑校》,第348页。
[4] 《国家图书馆藏敦煌遗书》第33册,北京,北京图书馆出版社,2006年,图版342—344页;条记目录第18—19页。

"稿"则可包括所有未正式成型或实用的文稿抄件。BD02381v号先抄书仪用语2行未完,可确定为杂写或习字,而所抄契约仅有2行半,第3行仅存"宗只典与押牙",后整件文书残缺不全。据文书正面《无量寿宗要经》也未抄完,可知该文书本为残卷,同样无法确定背面契约的完整性。同样,鉴于该契约第1行即有确切的年月日"辛巳年五月八日",故当定名《辛巳年五月八日洪池乡百姓何通子典男契》。

(三) 北生 25v

北生25v,该文书中抄写了5种契约,分别存14、12、1、1、2行,皆抄于原卷背面,《辑校》分别定名《宋开宝九年(976)莫高乡百姓郑丑挞卖宅舍契(习字)》(买卖类)、《甲戌年(974)慈惠乡百姓窦跛蹄雇工契(习字)》(雇契类)、《乙亥年(975)慈惠乡百姓泛幸深契(习字)》(性质不明类)、《乙亥年(975)敦煌乡邓讷儿钵契(习字)》(性质不明类)、《丙子年(976)索残子契(习字)》(性质不明类)[1]。

据《北图藏》,该文书正面抄《降生礼文》、《揭帝礼》、《观音礼文》3种内容,对应新编号分别为BD039251、BD039252、BD039253;背面抄《金光明最胜王经(杂写)卷一》、《观世音经(杂写)》、《劝学诗一首》、《甲戌年慈惠乡百姓窦跛蹄雇工契稿》、《大乘净土赞》、《佛母赞》、《地藏菩萨十宅日》、《云何得长寿偈》、《诸杂字》、《诸杂字》、《丙子年三月一日郑丑挞出卖房舍地基契稿》、《地藏菩萨经》(倒书)12种内容,对应新编号分别为BD03925v1、BD03925v2、BD03925v3、BD03925v4、BD03925v5、BD03925v6、BD03925v7、BD03925v8、BD03925v9、BD03925v10、BD03925v11、BD39250v12[2],其中BD03925v11、BD03925v4号为《辑校》所收,但为窦跛蹄契(BD03925v4)抄写在前而郑丑挞契(BD03925v11)在后。

以上契约《辑校》与《国图藏》皆有相关录文参考,但略有不同,定名也有差异。

BD03925号背面所抄内容杂乱,不仅多有重复或隔断,还有倒书,出现了不少年月或地名、人名的杂写,除了收录两件首尾相对完整的契约稿外,《辑校》还将其中三句杂写过录并归为"性质不明类"契约,但实际情况要更为复杂。

据《国图藏》,BD03925v3拟名《劝学诗一首》,存6行,该号第1行即为"乙亥年二月三日立契。慈惠乡百姓泛幸深状呈"(《辑校》收);第2行为"龙兴寺乙亥年三月五日立契。敦煌乡邓讷儿钵"(《辑校》收);第3行至第4行上部才是"劝学诗"一首;第4行

---

[1]《敦煌契约文书辑校》,第32—34、280—281、548、549、550页。
[2]《国家图书馆藏敦煌遗书》第54册,北京,北京图书馆出版社,2007年,图版第86—101页;条记目录第5—8页。

下部至第 6 行又为其他杂写(第 6 行还出现了"敕归义节度使押牙银青光录(禄)大夫？(检)校书曹元忠"句,说明该文书抄于曹元忠时期[1]或之后,也可资以推算文书中干支纪年对应的大概时期)。因此,BD03925v3 号其实是由诸种杂写综合而成的,而非仅为"劝学诗一首",其定名或当为《契约用语等杂写》更确切。

再看 BD03925 号背面所抄其他内容之间的关联。BD03925v4 号为窦跛蹄契,该契约与 BD03925v5《大乘净土赞》之间也有杂写 1 行,即"奉敕修造,大王在。急急如律令。索残子自手书"。BD03925v5 号尾题又为"知进、索残子自手题记耳,交流长口口"。BD03925v6《佛母赞》尾题为"乙亥正月廿十二日立契。慈惠",与 BD03925v3 号中出现的两句契约用语类似。BD03925v7《地藏菩萨十斋日》尾题"智进书记题"。BD03925v9《诸杂字》末行首题"丙子年二月二十八日,索残子、进"(《辑校》收),后抄杂字若干。BD03925v10 号与 BD03925v11 号中再次出现了僧人知(智)进的抄写题记(详下文)。因此 BD03925 号背面所抄大部分内容皆与索残子或知(智)进相关,只是他们的名字有时似为有正式身份的书手,有时又仅像是随意的杂写。值得注意的是,《辑校》将 BD03925v9 号末的索残子题记与 BD03925v10 号末的智进题记(当为 BD03925v11 号郑丑挞契的开头,详下)误作为同一件契约的内容过录,应予纠正。

关于文书定名中出现的时间与人物。BD03925v4 号为窦跛蹄契,第 1 行"甲戌年正月一日立契"有确切的年月日;第 2 行叙述窦跛蹄雇"龙勒乡邓讷儿钵"男造作,而"邓讷儿钵"的名字又以杂写的形式出现在 BD03925v3 号的第 2 行,这进一步说明 BD03925 号背面两件相对完整的契约稿与其他契约用语杂写之间有密切的关联。具体到 BD03935v4 号的定名,当为《甲戌年正月一日慈惠乡百姓窦跛蹄雇工契稿》。

BD03925v11 号郑丑挞契中则出现了两次纪年,分别是位于第 6 行的"大宋开宝八年岁次丙子三月一日"和第 14 行的"丙子年三月一日",故该契约的定名当以其中出现的确切年号为准。此外,该契约先描述了郑丑挞所在宅舍的位置与院落四至,接着言明因家贫而愿将"口分地舍"出卖,文中并未特意涉及"地基",故定名中无"地基"二字似更妥。综上,BD03925v11 号当定名《宋开宝九年三月一日莫高乡百姓郑丑挞卖宅舍契稿》。此外,据《国图藏》,BD03925v11 号前所抄《诸杂字》即 BD03925v10 号末行有"丙子年二月廿八日立契。僧知进书"句,而 BD03925v11 号末行亦为"僧智进自手题之耳

---

[1] 据荣新江研究,曹元忠于 944(甲辰年)—974(甲戌年)在位,参见荣新江:《归义军史研究——唐宋时代敦煌历史考索》,上海,上海古籍出版社,1996 年,第 113—122 页。

记也"句,可知 BD03925v10 号末行一句应与 BD03925v11 号相关,而与 BD03925v9 号中出现的"丙子年二月二十八日,索残子进"杂写无关。

总之,BD03925 号背面出现的诸多与契约相关的年月、人名,因多穿插于其他内容之间,且多仅有 1 行,故很难被看作一件契约,从定名角度而言,似应更名为"契约用语杂写"。而据《辑校》与《国图藏》的研究,前者虽注意到了其中出现的部分契约用语,但录文仍有不少遗漏;后者虽在条记目录中详细列举说明了这些用语,但未将它们与契约用语挂钩,以及综合分析它们之间的关联和价值。

(四) 北剑 98

北剑 98,存 13 行,《辑校》定名《乙亥年(915?)金银匠翟信子等三人状》(凭约类)[1]。

据《国图藏》,该文书正面抄《妙法莲华经卷二》,对应新编号为 BD04698;背面抄该契约,对应新编号为 BD04698v,定名《翟信子等为矜放旧年宿债状及判词》[2]。

该文书《辑校》与《国图藏》皆有相关录文供参考,但二者略有不同,且关于文书的定名与定性截然不同。

从内容判断,BD04698v 号前 11 行为翟信子三人陈述,因缺少种子而在甲戌年一起向高都头借贷麦三硕,后因重息而于当年、乙亥年、丙子年三年间分批偿还,至"今年"还有两硕未还,适逢阿郎"放其大赦,矜割旧年宿债",于是上状请求"阿郎特赐公凭,裁下处分",即免除所剩债务;第 12—13 行即为阿郎免除翟信子等人债务的判词与签署。故该文书虽与粮食借贷有关,但内容并非契约,而是请求免除债务的上状与判词,《辑校》将其作为"凭约"类契约不妥,其定性与定名当以《国图藏》为准。至于文书所写的具体年份,因借贷关系从甲戌年延续至丙子年,以及出现的"今年",可能所指即丙子年,也可能是其后某年,故一时难以确定。

(五) 北咸 59v

北咸 59v,该文书中抄写了 7 种契约,分别存 14、15、15、12、9、10、11 行,皆抄于文书背面,《辑校》分别定名《辛丑年(821)龙兴寺寺户团头李庭秀等请便麦牒(附处分)》(便贷类)、《丑年(821)开元寺寺户张僧奴等请便麦牒(附处分)》(便贷类)、《丑年(821)安国寺寺户泛奉世等请便麦牒(附处分)》(便贷类)、《丑年(821)灵修寺寺户团

---

[1]《敦煌契约文书辑校》,第 420—421 页。
[2]《国家图书馆藏敦煌遗书》第 63 册,北京,北京图书馆出版社,2007 年,图版第 1—25 页;条记目录第 1 页。

头刘进国等请便麦牒(附处分)》(便贷类)、《丑年(821)金光明寺寺户团头史太平等请便麦牒(附处分)》(便贷类)、《丑年(821)报恩寺人户团头刘沙沙等请便麦牒(附处分)》(便贷类)、《寅年(822)僧慈灯雇博士泛英振造佛堂契》(雇佣类)[1]。

据《国图藏》,该文书正面抄《大乘稻芉经随听疏》,对应新编号为BD06359;背面抄《油面酥入破历》、《吐蕃时期僧司行事名录》、《未年(815)灵树寺慈灯等为节儿节儿娘福田转经录》、《寅年(822)僧慈灯雇博士泛英振造佛堂契》(倒书)、《丑年(821)报恩寺人户团头刘沙沙请便麦牒及处分》、《辛丑年(821)龙兴寺寺户团头李庭秀等请便麦牒及处分》、《丑年(821)开元寺寺户张僧奴等请便麦牒及处分》、《丑年(821)安国寺寺户泛奉世等请便麦牒及处分》、《丑年(821)灵修寺寺户团头刘进国等请便麦牒及处分》、《丑年(821)金光明寺寺户团头史太平等请便麦牒及处分》、《纳酥历》、《本寺所由麦粟历》(倒书)等12种内容,分别对应新编号为BD06359v1、BD06359v2、BD06359v3、BD06359v4、BD06359v5、BD06359v6、BD06359v7、BD06359v8、BD06359v9、BD06359v10、BD06359v11、BD06359v12[2],其中BD06359v4—BD06359v10为《辑校》所收,但据抄写次序,慈灯雇泛博士造佛堂契(BD06359v4)抄于最前,之后依次为刘沙沙等请便麦牒(BD06359v5)、李庭秀等请便麦牒(BD06359v6)、张僧奴等请便麦牒(BD06359v7)、泛奉世等请便麦牒(BD06359v8)、刘进国等请便麦牒(BD06359v9)、史太平等请便麦牒(BD06359v10)。

以上文书《辑校》与《国图藏》皆有相关录文参考,但略有不同,定名也有差异。

据笔者对契约文书性质的理解,以上请便麦牒及处分并非严格意义上的契约[3],故BD06359号背面所抄契约仅有一件,即BD06359v4号。该契约第1行有确切的年月日"寅年八月七日",故当定名《寅年八月七日僧慈灯雇泛英振造佛堂契》。

(六) 北乃76

北乃76,存11行,《辑校》定名《甲辰年(944)洪池乡百姓安员进卖舍契》(买卖类)。沙知先生在说明中提到,该契约是由揭自原卷背面的4块残片缀合而成,将另编

---

[1]《敦煌契约文书辑校》,第86—87、88—89、90—91、92—93、94—95、96、242—243页。
[2]《国家图书馆藏敦煌遗书》第85册,北京,北京图书馆出版社,2008年,图版第186—203页;条记目录第8—11页。
[3] 笔者在拙文《杏雨书屋藏敦煌契约文书汇录》中已提及,《敦煌契约文书辑校》中所收一些公验、凭约、帐历等并非严格意义上的契约文书,对此笔者有专文辨析排除(《隋唐辽宋金元史论丛》,上海,上海古籍出版社,2014年,第171页),本文也暂不过多涉及这些概念的区别。

新号[1]。

据《国图藏》,该文书正面抄《天地八阳神咒经》,对应新编号为 BD08176,背面无内容,但有揭下的裱糊纸 27 块,现编号为 BD16238—BD16246[2]。安员进卖舍契确为其中 4 块裱糊纸缀合而成,原编为 L4113 号,对应新编号为 BD16238 号,定名同《辑校》[3]。

该契约《辑校》与《国图藏》皆有相关录文可参考,但略有不同。

应该注意的是,这批出自 BD08176 号背面的裱糊纸因被重新编号,与原编号已无关系。据 BD16238 号第 2 行有确切的年月日"时甲辰年十一月十二日",该契约当定名《甲辰年十一月十二日洪池乡百姓安员进卖舍契》。

(七) 北周 14

北周 14,该文书中抄写了 4 种契约,分别存 6、10、7、32 行,《辑校》分别定名《丙辰年(956?)神沙乡百姓兵马使泛流□卖铛契》(买卖类)、《辛酉年(901?)团头米平水等领物凭》(凭约类)、《辛酉年(901?)吕某出社凭》(凭约类)、《年代不详令狐留留叔侄共东四妨兄弟分产书》(分书放书遗书类)[4]。

据《国图藏》,泛流□卖铛契与米平水等领物凭为同一编号之下的两件独立文书,对应的新编号分别为 BD09239B、BD09239A 号,分别定名《丙辰年(956 年?)神沙乡泛流口卖铛契》、《辛酉年(901 年?)团头康石柱米平水交付诸物凭》[5]。

至于吕某出社凭,据《辑校》,该文书为揭自北周 14 号背面的残片,将会有新编号。而据《国图藏》,该文书实出自北乃 76 号背面,为其中 27 块裱糊纸之一,原编为 L4113 号,对应新编号为 BD16239 号,定名《辛酉年吕某出社契》[6]。

同样地,令狐留留等分产书,据《辑校》,该文书是 1993 年整理国图藏敦煌文书时新发现的文书之一,此前未见于已发行的缩微胶卷。而据《国图藏》,该文书旧编号实为北周 21 号,对应新编号为 BD09300,定名《令狐留留叔侄等分产书》[7]。

---

[1]《敦煌契约文书辑校》,第 24—25 页。
[2]《国家图书馆藏敦煌遗书》第 101 册,北京,北京图书馆出版社,2008 年,图版第 133—137 页;条记目录第 15 页。
[3]《国家图书馆藏敦煌遗书》第 146 册,图版第 46 页;条记目录第 21 页。
[4]《敦煌契约文书辑校》,第 68—69、384—385、416—417、451—454 页。
[5]《国家图书馆藏敦煌遗书》第 105 册,北京,北京图书馆出版社,2008 年,图版第 227 页;条记目录第 43 页。
[6]《国家图书馆藏敦煌遗书》第 146 册,图版第 47 页;条记目录第 21—22 页。
[7]《国家图书馆藏敦煌遗书》第 105 册,图版第 235—236 页;条记目录第 46—47 页。

以上文书《辑校》与《北图藏》皆有相关录文可参考,但略有不同,定名也有差异。

BD09239B 号泛流口卖镡契,第 1 行首有确切的年月日"丙辰年十二月十八日",故当定名《丙辰年十二月十八日神沙乡百姓泛流口卖镡契》。至于 BD09239A 号,当为第四团头康石柱等十人向第五团头米平水等十人交付(粟、麦、麻、油)诸物的凭约及米平水等人的签署,而非严格意义上的契约,定名也当以《国图藏》为准。

BD16239 号吕某出社文书,据原卷第 1 行首"辛酉年十一月一日立契。吕",第 7 行又有"此契,用为后凭"句,可知该文书为"契"而非"凭",定名当为《辛酉年十一月一日吕某出社契》。

BD09300 号令狐留留叔侄分产书,原卷第 1—2 行有残损,无法得知确切年代。据文书内容,这是以令狐留留、神奴、住住兄弟三人与侄男合子为主的一份析产契约,文书中出现的"四防(房)兄弟"僧惠满、晟子、胜君、文文只是这次析产的见证人,故文书定名当以《国图藏》为准。

总之,《辑校》原归于北周 14 号之下的四件文书性质不一、出处不一,除了 BD09239A 号不算契约外,BD16239 与 BD09300 号的原编号分别为北乃 76 与北周 21 号,囿于无法看到原卷的条件限制,《辑校》将这两件文书误归于北周 14 号之下,随着《国图藏》图版的刊布以及文书新编号的通行,我们在今后利用这两件文书时,应将其新编号订正。

(八) 北殷 41 与 41v

北殷 41,该文书中抄写了 5 种契约,分别存 7、7、8、5、9 行,《辑校》分别定名《癸未年(923?)王𧆞敦贷绢契(稿)》(便贷类)、《癸未年(923?)平康乡百姓沈延庆贷布契(稿)》(便贷类)、《癸未年(923?)龙勒乡□文德雇工契(习字)》(雇契类)、《癸未年(923?)张修造雇驼契(习字)》(雇契类)、《癸未年(923?)张修造雇驼契(习字)》(雇契类)[1];北殷 41v,存 5 行,《辑校》定名《癸未年(923?)平康乡百姓彭顺子便麦粟契(稿)》(便贷类)[2]。

据《国图藏》,该文书正面为《木捺佛像》,对应新编号为 BD09520;背面由三部分组成:第一部分即 BD09520v1,抄有七言诗两首;第二部分为 BD09520v2《癸未年三月王𧆞敦贷生绢契稿》、BD09520v3《癸未年三月龙勒乡□文德雇工契稿》、BD09520v4《癸未

---

[1] 《敦煌契约文书辑校》,第 181—182、183—184、260—261、309、310—311 页。

[2] 《敦煌契约文书辑校》,第 164 页。

年四月平康百姓沈延庆货继契稿》、BD09520v5《癸未年四月张修造于王通通雇驼契稿》、BD09520v6《癸未年四月张修造于价延德雇驼契稿》、BD09520v11《癸未年五月平康乡彭顺子便麦粟契稿》等6件"癸未年"契约稿；第三部分即BD09520v7—10，为各种社司转帖稿[1]。彭顺子便麦粟契虽与其他契约之间相隔了几件社司转贴稿，但同样抄于文书背面，即本件文书中出现的契约皆抄于其背面而非正、背面皆有。

以上契约《辑校》与《北图藏》皆有相关录文可参考，但略有不同，定名也有差异。

BD09520号背面所抄的6件契约文书稿件中皆出现了具体年月日，这些皆应体现在文书的定名中，又比如《国图新》中，BD09520v3号定名中漏"百"字、未补"姓"字；BD09520v4号定名中漏"乡"字、错将"贷"作"货"字等。故以上文书当分别定名为《癸未年三月廿八日王竻敦贷生绢契稿》、《癸未年三月廿八日龙勒乡百[姓]囗文德雇工契稿》、《癸未年四月十五日平康乡百姓沈延庆贷继契稿》、《癸未年四月十五日张修造雇驼契稿》、《癸未年七月十五日张修造雇驼契稿》、《癸未年五月十六日平康乡（百）姓彭顺子便麦粟契稿》。

通过上文的一些简单介绍与补正，通过《国图藏》的图版与条记目录，能够比较清晰地了解到《辑校》所收北图藏敦煌契约文书新旧编号之间的对比与变化，以及作者的一些疏漏或收录范围的变动。现将《辑校》所收国图藏契约文书新旧编号之间的变动列简表如下，以方便学人对照：

北收43v贴片＝BD01943v

北余81v＝BD02381v2

北生25v＝BD03925v3、BD03925v4、BD03925v11等

北剑98＝BD04698v

北咸59v＝BD06359v4

北乃76（＝BD08176）≠BD16238、BD16239

北周14＝BD09293B

北周21＝BD09300

北殷41v＝BD09520v2—BD09520v6、BD09520v11

---

[1]《国家图书馆藏敦煌遗书》第106册，北京，北京图书馆出版社，2008年，图版第38—53页；条记目录第9—11页。

二、《国家图书馆藏敦煌遗书》所收敦煌契约文书

上文主要关注了《辑校》所收敦煌契约文书新旧编号对照、定名与定性的一些问题。《国图藏》第107—146册中还刊布了数十件敦煌契约文书的图版,因目前尚未有人全面整理,笔者依据文书的流水编号,将目力所及的契约文书作一简单汇录。

(一) BD09999

BD09999号,存6行,宽、高分别为10、13厘米,旧编为L0128号,《国图藏》定名《残契》[1]。据图版与条记目录,先将该契约过录如下:

(前残)

1 ────□上面上,买捌岁骒驼

2 ────陆疋,中亭锅鉴,各长

3 ────事。笛重贰拾柒两。

4 ────笛。至壹笛月内填还。

5 ────以生利。若身东西不

6 ────了。甲□

(后残)

据上录文及参考其他牲口买卖文书格式大概可知:某人买得八岁公骆驼一头,驼价为某纺织品"? 陆疋",先以每个重二十七两的锅、鉴充部分驼价,剩余驼价限一个月内付清;若买主未及时付清,会支付若干利息给驼主;若买主出现别的意外而无力支付驼价时,还应有其他办法(不详)保证驼主的利益。该文书虽残存内容不多,也无法判断其为抄件还是实用文书,但据内容可知为一件骆驼买卖的契约无疑,故应定名《甲□年?买骆驼契》。

敦煌契约文书中有关买卖和雇牲口的文书较多,但目前所见的牲畜买卖契约多涉及牛,如有S.5820+S.5826《未年(803)尼明相卖牛契》[2]、S.1475v《寅年(822?)令狐宠宠卖牛契》[3]、S.2710《清泰四年(938)洪闰乡百姓泛富川卖牛契(习字)》[4]、

---

[1]《国家图书馆藏敦煌遗书》第107册,北京,北京图书馆出版社,2009年,图版第69页;条记目录第19页。
[2]《敦煌契约文书辑校》,第55—56页。
[3]《敦煌契约文书辑校》,第59—61页。
[4]《敦煌契约文书辑校》,第66—67页。

P.4083《丁巳年(957?)通颊百姓唐清奴买牛契》[1],以及唯一一件买马契羽27₁《癸未年十一月廿九日百姓史喜酥(苏?)买马契》[2]。而雇牲畜契约中骆驼、牛、驴等皆有涉及,如有P.2825v《唐乾宁三年(896)平康乡百姓冯文达雇驼契》[3]、上图174(6)《丁丑年(917?)赤心乡百姓郭安定雇驴契》[4]、S.6341v《壬辰年(932?)洪池乡百姓雇牛契(习字)》[5]等,不过,在笔者所见的10件雇牲畜契中,雇骆驼契占了6件,可知作为长途脚力工具,骆驼是最佳选择。而BD09999号的特殊性,体现在这是目前所见唯一一件买卖骆驼的敦煌契约文书。

(二) BD11989

BD11989,存2行,宽、高分别为23、27.3厘米,旧编为L2118号,《国图藏》定名《李和子便纸历》[6]。据图版与条记目录,先将该契约过录如下:

1 丑年六月廿一日,李和子便佛纸叁帖,限

2 七月十一日纳足,如违请陪征。李和子宿亦

(未完)

BD11989号所在纸张有23厘米宽,但仅抄写2行内容后留下大片空白,且字迹也极淡而较难辨认,据仅有的内容判断,这件文书定名为"历"与"契"皆可,本文则更倾向于后者,故定名为《丑年六月廿一日李和子便佛纸契稿》。

(三) BD11994

BD11994,存4行,宽、高分别为6.8、17厘米,旧编为L2123号,《国图藏》定名《赎小儿残契》[7]。据图版与条记目录,先将该契约过录如下:

(前残)

1 ▭▭便还债,残▭▭
2 ▭▭贰贯▭▭
3 ▭▭七□七百▭▭

---

[1]《敦煌契约文书辑校》,第70—71页。
[2] 公益财团法人武田科学振兴财团、杏雨书屋、吉川忠夫编:《敦煌秘籍影片册》第1册,大阪,2009年,第200—204页;陈丽萍:《杏雨书屋藏敦煌契约文书汇录》,第173—177页。
[3]《敦煌契约文书辑校》,第303页。
[4]《敦煌契约文书辑校》,第304—306页。
[5]《敦煌契约文书辑校》,第314页。
[6]《国家图书馆藏敦煌遗书》第110册,北京,北京图书馆出版社,2009年,图版第191页;条记目录第55页。
[7]《国家图书馆藏敦煌遗书》第110册,图版第193页;条记目录第56页。

4 ▢▢▢▢▢▢▢口口愿赎小儿壹▢▢

（后残）

BD11994号虽然保存了4行内容，但字迹潦草且前后文字没能衔接，这都影响了对文书内容的理解。不过笔者认同《国图藏》对该件文书的定性与定名，从"还债"、"愿赎小儿"等几个较为清晰的文字判断，这至少是一件涉及人口赎买的文书。

敦煌契约文书中也保存有几件人口买卖文书，如有S.3877v《丙子年（916）赤心乡百姓阿吴卖儿契》[1]、P.3573P1《后梁贞明九年（923）索？留住卖奴仆契》[2]、S.1946《宋淳化二年（991）押衙韩愿定卖妮子契》[3]。如此，也就可能存在因为各种原因出卖儿女的人家，又重新筹资为他们赎身的契约。

（四）BD13148-1

BD13148-1号，存8行，高27.5厘米，旧编L3277号，《国图藏》定名《巳年二月十七日纥骨萨部落百姓李兴晟便黄麻契》[4]。

BD13148号包含了两种内容：前为"便黄麻契"，新编BD13148-1；后为某藏文文书7行，新编BD13148-2。不过，BD13148实由6块残片组成，修整时托裱在一张纸上，但因排列次序有误而难以通读，所抄藏文的内容也没有释读，仅暂拟名为"藏文文书"。

《国图藏》无BD13148-1的相关录文，文书中残存的字迹也极淡，图版非常模糊不清。后由刘波先生相助，将该卷的彩色图版发布至国际敦煌项目IDP网站，但笔者也仅能勉强辨识"巳年二月十七日纥骨萨部落百姓李兴晟令狐"、"便"、"保人"、"见人"、"限至秋八月"、"任掣夺家资什物用充"、"违限不纳其口请口"、"有恩勅不在"、"无信口口口为凭"、"通共便黄麻"、"还清"等文字。虽然残片排列顺序依然有误，但内容大概能组成一件粮食便贷契无疑，只是关键词"黄麻"是否就是这次借贷的主题，还不能完全确定。如果是，BD13148-1将会是一件比较特殊的契约，因为目前所见的敦煌农作物便贷类契约中，多有便贷麦、粟和豆类者，还尚未见到便贷黄麻的。此外，敦煌文书中的"巳年"粮食类便贷契，还有P.2686《巳年（837？）普光寺人户李和和便麦契》、《巳年（837？）僧广惠憧便粟契》、《巳年（837？）纥骨萨部落百姓王清清便麦契》[5]等可资参考。

---

[1]《敦煌契约文书辑校》，第75—76页。
[2]《敦煌契约文书辑校》，第77页。
[3]《敦煌契约文书辑校》，第79—80页。
[4]《国家图书馆藏敦煌遗书》第112册，北京，北京图书馆出版社，2009年，图版第112页；条记目录第31页。
[5]《敦煌契约文书辑校》，第141—145页。

（五）BD13208C

BD13208 号由 7 块残片组成，旧统一编为 L3337 号。其中 C 片存 2 行，高 7.2、宽 3.6 厘米，《国图藏》定名《残片》[1]。据图版与条记目录，先将该文书过录如下：

1 □□更要令六□□
2 □东西不在，一仰□□

BD13208 号其他残片的情况：A、B 片仅残存墨迹，皆定名《残片》；D 片存"摩诃般若第四"，当为经袟；E 片正面抄《天尊说遂愿往生罪福报对次说预修科文妙经》，背面抄《辩中边论颂》卷中；F、G 片为"内容待考"的藏文残片。

BD13208C 应是某契约中立契人保证或承诺之部分，与其近似的用语可见于：P.3394《唐大中六年僧张月光博地契》"如身东西不在，一仰口承人当知"[2]，S.1475v《卯年悉董萨部落百姓翟米老便麦契》"如身东西不在，一仰僧志贞代纳"[3]，P.3444v《寅年上部落百姓赵明明便豆契》"如身有东西不在，一仰保人等代还"[4]，S.1475《年代不详沙州寺户严君便麦契》"如违限不还，其麦请陪，仍任将此契为令六，掣夺家资杂物，用充麦值。如身东西不在，一仰保人等代还"[5]，P.3422v《卯年曷骨萨部落百姓武光儿便麦契》"如违限不纳，其车请不着领六，住寺收将。其麦一斗，倍为二斛。如身东西，一仰保人男五娘等代还"[6]等。

又据沙知先生的校改，"令六"当为"令律"，言应遵守令律之意，故 BD13208C 当重定名《年代不详残契》。《辑校》中专列"性质不明"类，收录了一些契约用语的残片或零星杂写，BD13208C 与本文收录的若干残片，皆应归入此类。

（六）BD15249v2

BD15249v2 号，存 6 行，高 27.5 厘米，旧编新 1449 号，《国图藏》定名《曹清忽贷白生绢契稿》[7]。据图版与条记目录，先将该契约过录如下：

1 丁丑年五月六日立契。洪池乡百姓曹清忽为缘家

---

[1]《国家图书馆藏敦煌遗书》第 112 册，图版第 149—152 页；条记目录第 46—47 页。
[2]《敦煌契约文书辑校》，第 4—5 页。
[3]《敦煌契约文书辑校》，第 109 页。
[4]《敦煌契约文书辑校》，第 133 页。
[5]《敦煌契约文书辑校》，第 126 页。
[6]《敦煌契约文书辑校》，第 139 页。
[7]《国家图书馆藏敦煌遗书》第 141 册，北京，北京图书馆出版社，2012 年，图版第 197 页；条记目录第 9—10 页。

2 中欠少人力,遂于效谷乡百姓张员昌面上贷白生

3 绢壹疋,长叁仗(丈)柒尺五寸、福(幅)阔壹尺九寸。其绢

4 利见还麦粟肆硕,其本绢限至来季填还。若

5 于时限不还者,便看乡元(原)生利。恐后无信,故勒

6 此契,用为后凭。

BD15249 号正面抄《大方便佛报恩经卷七》,背面包含了三种内容:先抄"去时人将文字名目"等 9 行内容,实为阴法律、马法律、陈僧正等僧人借阅佛经、图书之类的记录;几行空白后抄该契约;最后抄"我是入流家男女阿耶娘/疋"杂写 2 行,故"曹清忽契"编为 BD15249v2。

绢是敦煌民间最常见的借贷品,以绢为主的纺织品借贷,一般多以家中欠少布帛或出门远行为由;契文中皆会明确绢的尺幅长短、偿还期限和方式以及逾期不还的惩罚条款;借贷行为最多见于俗人之间。以上皆是敦煌地区所见纺织品借贷契约的明显特征[1]。BD15249v2 的不同处在于,曹清忽贷绢的理由是"家中欠少人力",而这更似是雇佣契中常见的理由。不过,鉴于该卷的稿本性质,借贷理由的偏移或仅是笔误。

敦煌纺织品借贷契中还呈现出了另一种特征,即相对集中在敦煌一地的前提下,借贷活动多在不同乡里的人员之间发生,如 BD15249v2 中是"洪池乡"曹清忽向"效谷乡"张员昌贷绢,P.2633v 中是"慈惠乡"康不子向"莫高乡"索骨子贷绢[2],Дх.1377 中是莫高乡张保全向慈惠乡李阿察贷绢[3],P.4093 中是龙勒乡曹员昌向赤心乡安全子贷绢[4],P.4093 中是敦煌乡郑继温向洪润乡樊钵略贷绢[5],P.3603 中是龙勒乡张定住向莫高乡张定奴贷绢[6],新德里国家博物馆藏敦煌文书中是平康乡索清子向莫高乡袁祐住贷绢[7],S.766v 中是平康乡某甲向赤心乡宋清灰贷绢[8],S.766v 中是平康乡曹延延向龙勒乡张万子贷绢[9],等等。

---

[1] 陈丽萍:《杏雨书屋藏敦煌契约文书汇录》,第 185、195—196 页。
[2] 《敦煌契约文书辑校》,第 179 页。
[3] 《敦煌契约文书辑校》,第 185 页。
[4] 《敦煌契约文书辑校》,第 190 页。
[5] 《敦煌契约文书辑校》,第 192 页。
[6] 《敦煌契约文书辑校》,第 201 页。
[7] 《敦煌契约文书辑校》,第 225 页。
[8] 《敦煌契约文书辑校》,第 233 页。
[9] 《敦煌契约文书辑校》,第 234 页。

此外,敦煌纺织品借贷契中多出现如"若不还者,看乡原生利"、"若于限不还者,便看乡原生利"、"若违时限不还者,看乡元生利"、"若于限不还者,准乡原生利"等语,与BD15249v2 第5行的"于时限不还者,看乡元生利"当为同一语意。之前余欣、陈晓强等先生对"乡原"、"乡元"、"乡原利"、"乡例"等词义皆有解释[1],最近张小艳先生再次指出,以上词义即为"乡土惯例"[2],而"准/看/依乡原生利"即借贷方违时不还,所贷物应按乡土惯例生利之意。鉴于本文所关注的纺织品借贷的跨区域性,契文中的"乡土惯例"或也只是范本的套语,如具体实现起来,应该会有更确切的细则。

BD15249v2 虽是稿本,但第1行中的"丁丑年五月六日"仍应作为定名依据,故应重定名《丁丑年五月六日洪池乡百姓曹清忽贷绢契稿》。敦煌契约中所见的"丁丑年",还有上图174(6)《丁丑年(917?)赤心乡百姓郭安定雇驴契》[3]可资参考。

(七) BD15650

BD15650 号,存4行,高7.2厘米、宽10厘米,《国图藏》定名《色物历》[4]。据图版与条记目录,先将该文书过录如下:

1 ▢▢▢▢其地贾(价),升合不欠还足。朝▢▢▢▢
　　　　　　　　领物▢▢▢▢
　　　　　　　　见人王▢▢▢

2 ▢▢▢▢▢口延朝。舍贾(价)口▢▢▢▢

3 ▢▢▢▢(押)　招康平▢▢▢

4 ▢▢▢▢口硕,又生绢两疋壹▢▢▢

BD15650 号当为一件土地买卖的契约残片。首先,与"其地贾,升合不欠"句近似的用语可见于: P.3331《后周显德三年兵马使张骨子买舍契》"其上件舍价物,立契日并舍两家还讫,并无升合欠少,亦无交加。其舍一买后,任张骨子永世便为主记居住"[5];P.3649v《后周显德四年敦煌乡百姓吴盈顺卖地契》"断作地价每尺两硕,干湿

---

[1] 余欣:《敦煌吐鲁番契约文书词语辑释·套语篇》,《敦煌学》第22辑,1999年,第44页;陈晓强:《敦煌契约文书语言研究》,北京,人民出版社,2012年,第171页。
[2] 张小艳:《敦煌社会经济文献词语论考》,上海,上海人民出版社,2013年,第526—527页。
[3] 《敦煌契约文书辑校》,第304页。
[4] 《国家图书馆藏敦煌遗书》第144册,北京,北京图书馆出版社,2012年,图版第121页;条记目录第33页。
[5] 《敦煌契约文书辑校》,第27页。

中亭。生绢伍疋,麦粟伍拾贰硕。当日交相分付讫,并无升合玄欠"[1];S.5700《卖舍契样文》"其物及舍,当日交相分付,并无玄欠升合"[2]等。

其次,BD15650中既出现了以"硕"计量的粮食,又有生绢若干,与P.3649v中以"生绢伍疋,麦粟伍拾贰硕"为地价折算的方式相类,说明这也是一份用两种实物折算地价的契约。其第3行中还有某人(招康平?)的画押,以及"领物[人]"、"见人"的存在,皆说明这是一件有实际签署的契约。

综上,BD15650当重定名《年代不详卖舍契》。

此外,还有BD15649与BD15650之间或许有所关联。BD15649存5行,高9、宽11.1厘米,《国图藏》定名《癸亥年十月四日色物历》[3]。据图版与条记目录,先将该文书过录如下:

1　乙丑年四月廿八日□
2 癸亥年十月四日□
3 拾硕粟柒硕又□
4 粟肆硕又招绢贰□
5 肆拾壹尺又壹□

BD15649与BD15650的字迹接近,具体如其中的"招"、"绢"、"硕"的字形非常相像。但因内容无法衔接,目前难以判定BD15649中出现的乙丑、癸亥年,以及粮食、绢匹等内容与BD15650间的确切关联,仅将相关录文附此,以供参考。

(八) BD16030

BD16030号,存5行,高22、宽10.3厘米,旧编L4021号,《国图藏》定名《牒状》[4]。据图版与条记目录,先将该文书过录如下:

1　牒件状如前谨牒孙子男□
2 太平兴国九年三月太平兴国九年三□
3 丙戌年正月十三日郭幸者　郭再□
4 甲申年三月廿七日三月廿八日。为缘家中 欠 □
5 六升□

---

[1]《敦煌契约文书辑校》,第30页。
[2]《敦煌契约文书辑校》,第53页。
[3]《国家图书馆藏敦煌遗书》第144册,图版第121页,条记目录第33页。
[4]《国家图书馆藏敦煌遗书》第145册,北京,北京图书馆出版社,2012年,图版第95页;条记目录第27页。

BD16030号是揭自BD06285《佛名经(十六卷本)卷十》背面的古代裱补纸[1]，其背面也有文字4行，《国图藏》拟名《郭幸者等油麻历》：郭幸者油二升、秋麻二十二升。郭□□/三十九升。黄娘贰升、麻贰斗六升□□□/麻一斗三升。胜富油一升、秋麻□□□/麻一十三升□□□。

有意思的是，该文书背面"油麻历"中的"郭幸者"也出现在正面的"杂写"中，说明正反面的内容应抄于同一时期。此外，BD16030中的"太平兴国九年(984)"岁在"甲申"，则与之邻近的"丙戌年"当为宋"雍熙三年(986)"。这就为文书的抄写时间，提供了一个大致的上限。

BD16030第4行"甲申年三月廿七日三月廿八日。为缘家中"句，与很多契约的起首句相类，如P.2249v《壬午年慈惠乡百姓康保住雇工契》"壬午年正月一日立契。慈惠乡百姓康保住为缘家中欠少人力"[2]；新德里国家博物馆藏《丙寅年平康乡百姓索清子贷绢契》"丙寅年三月十一日。平康乡百姓索清子为缘家中欠疋帛"[3]等。可知这是一句契约用语无疑。

《辑校》"性质不明类"中所收如S.1386v《甲辰年慈惠乡百姓张火奴契》"甲辰年十一月十二日，慈惠乡百姓张火奴欠少"[4]；P.4608《宋太平兴国五年赤心乡百姓契(习字)》"维时大宋太平兴国五年/维时大宋太平兴国五年庚辰岁九月五日立契。赤心乡百姓"[5]等句，与BD16030颇类似，故BD16030也应归入此类并重定名《甲申年三月廿八日契(习字)》。

(九) BD16068

BD16068号，存8行，高8.9厘米、长16.7厘米，旧编L4039号，《国图藏》定名《未年十一月文书》[6]。据图版与条记目录，先将该文书过录如下：

1 □□□未年十一月廿九□□□
2 □□□勿地价物数□□□

---

[1]《国家图书馆藏敦煌遗书》第83册，北京，北京图书馆出版社，2008年，图版第312—332页；条记目录第20页。可能是印刷错误，BD06285号条记目录载，其背面揭下来的古代裱补纸编号为BD16038，而查BD16038号相关记载，该号分为A、B两片，是揭自BD02159号背面的某习字残片(《国家图书馆藏敦煌遗书》第145册，图版第101页；条记目录第29页)。

[2]《敦煌契约文书辑校》，第258页。
[3]《敦煌契约文书辑校》，第225页。
[4]《敦煌契约文书辑校》，第543页。
[5]《敦煌契约文书辑校》，第551页。
[6]《国家图书馆藏敦煌遗书》第145册，图版第124页；条记目录第41页。

3 ☐☐☐还得麦壹☐☐☐

4 ☐☐☐口停善德口☐☐☐

5 ☐☐☐口口口口十☐☐☐

6 ☐☐☐紬八尺节口☐☐☐

7 ☐☐☐姊姓二人来云☐☐☐

8 ☐☐☐口口朝弟☐☐☐

BD16068号前后左右皆残，所存当是某文书的中间部分，《国图藏》仅将其笼统定名"未年十一月文书"，没有再细究性质。现从其中所见"地价物数"等字词判断，这可能也是一件有关土地交易的文书残片，其他土地买卖契约如S.3877v《天复九年己巳洪润乡百姓安力子卖地契（习字）》"其地及价，当日交相分付讫"[1]，S.1285《后唐清泰三年百姓杨忽律哺卖舍契》"其舍及物，当日交相分付讫"[2]，P.3331《后周显德三年兵马使张骨子买舍契》"其上件舍价物，立契日并舍两家还讫"[3]等语，皆与之接近。

至于BD16030中出现的"未年"，也可能是"辛未、癸未、乙未、丁未、己未"所残部分，故该文书定名为"未年"未必确切。

（十）BD16111I

BD16111号由编序为A—P的16块残片组成，旧编L4066号。其中I片存2行，高14.1、宽5.3厘米，《国图藏》定名《壬申年正月拾柒日龙勒乡阴建庆便麦历》[4]。据图版与条记目录，先将该文书过录如下：

1 壬申年正月拾柒日。龙勒乡☐☐☐

2 阴建庆面上便麦壹硕，至☐☐☐

BD03749《金刚般若波罗蜜经》背面揭下来的古代裱补纸共计109块，旧统一编为L4066号，修整后分编为BD16111—BD16126等16个卷号[5]，BD16111为其中之一。

BD16111号的内容比较分散。其中A、O、P片为"名录"，B、E、F、K、L、M、N片为性质不明"残片"；H片为《破历》；J片为《肃州相关文书》；C、D、G片为《丁卯年丙寅年文书》。《国图藏》除了注明C、D、G片出自一卷外，对其他残片的出处皆无说明。笔者初

---

[1]《敦煌契约文书辑校》，第18页。
[2]《敦煌契约文书辑校》，第21页。
[3]《敦煌契约文书辑校》，第27页。
[4]《国家图书馆藏敦煌遗书》第145册，图版第155—162页；条记目录第53—55页。
[5]《国家图书馆藏敦煌遗书》第52册，北京，北京图书馆出版社，2007年，图版第154—161页；条记目录第10页。

步判断,除了B、E等无法判断内容的"残片",所余诸片可能也出自一卷,是一份丁卯、丙寅年间招待各色人等耗用食物和刺的"破历"。因与本文主旨无关,具体内容暂不深论。

BD16111I的内容与粮食便贷契的用语很相近,据BD01943v《天复九年十二月二日杜通信便粟麦契》"天复九年岁次己巳十二月二日,杜通信今缘家内缺少年粮,依张安六面上便寄粟两硕"[1];BD09520v11《癸未年五月十六日平康乡百姓彭顺子便麦粟契（稿）》"癸未年五月十六日。平康乡百姓彭顺子乏少粮种,遂于高通子便麦两硕"[2]等,可推知BD16111I为某粮食便贷契的起首部分,而"阴建庆"是麦主而非便贷人,故该卷当重定名《壬申年正月十七日龙勒乡某人便麦契》。

（十一）BD16115J、I?

BD16115号由编序为A—K的11块残片组成,也是揭自BD03749号背面的古代裱补纸,旧编L4066号。其中J片存3行,高6.5、宽11.3厘米,《国图藏》定名《契约》;I片存2行,高5.7、宽5.6厘米,定名《领物历》[3]。据图版与条记目录,先将两片文书依次过录如下:

1 ▢▢▢硕充典北堂壹口▢▢▢
2 ▢▢▢一仰口承人阿耶▢▢▢
3 ▢▢▢阿母王氏更口▢▢▢（J）

1 ▢▢▢不在口口▢▢▢
2 ▢▢▢领物人▢▢▢（I）

BD16115号的内容也比较分散,除J、I片外,其他诸片残存的内容皆无法判断意指,本文也暂不涉及。J片出现了"一仰口承人"句,可推知为某契约的残片。笔者进一步推测,I片或许也能衔接于J片之后,因为"领物人",即领取交易所得物之人也常见于各种凭约之中,如Дx.01383《壬戌年翟法律领物凭》中有"领物人"翟法律的签署[4];S.5504《丙戌年丁亥年付令狐愿德身价麦粟凭》中有"取物人"愿德的签署[5];

---

[1]《敦煌契约文书辑校》,第162页;《中国国家图书馆藏敦煌契约文书汇录（一）》,第85—86页。
[2]《敦煌契约文书辑校》,第164页;《中国国家图书馆藏敦煌契约文书汇录（一）》,第93—94页。
[3]《国家图书馆藏敦煌遗书》第145册,图版第174—176页;条记目录第58—59页。
[4]《敦煌契约文书辑校》,第389页。
[5]《敦煌契约文书辑校》,第406页。

P.3964《乙未年塑匠赵僧子典男契》中有"商量取物人"[1]等。J、I 两片结合在一起,大致可组成一件有关宅舍交易的契约,可重定名为《年代不详典舍契》。

(十二) BD16130

BD16130 号,存10行,高26、宽26.4厘米,旧编 L4067 号,《国图藏》定名《亥年三月十八日杨老老便麦历》[2]。据图版与条记目录,先将该契约过录如下:

1 亥年三月十八日。杨老老阙乏人粮种子,遂于
2 阿育王寺法林边便麦七驮半,其麦
3 限至九月半纳足。如违限不纳,其麦倍。
4 如身东西不在,仰保人孙道悟纳足、共保
5 人王什三纳足,中间所有恩赦,不在此限。恐人
6 无信,故定此契,书纸为记。　　便麦人 杨老老
7　　　　　　见人
8　　　　　　保人孙道悟
9　　　　　　见人
10　　　　　见人

BD04000《金刚般若波罗蜜经》背面揭下来的古代裱补纸共计34块[3],旧统一编为 L4067 号,修整后分编为 BD16127—BD16131 等5个卷号,BD16130 为其中之一。

BD16130 号首尾完整,字迹也较为清晰,其中既有便麦人"杨老老"也有保人"孙道悟"的签署,当为一件实用粮食借贷契,应重定名《亥年三月十八日杨老老便麦契》。地支纪年为吐蕃占领敦煌期间主要的纪年方式,敦煌文书中所见的"亥年"契据有如Дx.06000+06003《戌年至亥年罗光俊户领卖地麦抄》[4]、S.5244《亥年(831?)贷布契(习字)》[5]等,可资参考。

敦煌契约中多有个人向寺院(或僧人)的借贷活动,如 S.1475v 为马其邻从"灵图寺"便麦[6]、P.4686 为孙清从"永寿寺"便粟[7]等,而灵图寺等也众知为古沙州寺院,

---

[1]《敦煌契约文书辑校》,第349—350页。
[2]《国家图书馆藏敦煌遗书》第145册,图版第183;条记目录第64页。
[3]《国家图书馆藏敦煌遗书》第54册,北京,北京图书馆出版社,2007年,图版第451页;条记目录第22—23页。
[4] 乜小红:《俄藏敦煌契约文书研究》,上海,上海古籍出版社,2009年,第110—111页。
[5]《敦煌契约文书辑校》,第174页。
[6]《敦煌契约文书辑校》,第103页。
[7]《敦煌契约文书辑校》,第130页。

至于 BD16130 中的"阿育王寺"却罕见于敦煌文书。据李正宇先生考证,阿育王寺为古"瓜州僧寺。在州城东(今安西东南)。始建莫考。北周建德三年(574),禁断佛道二教,此寺被毁。唐初,犹存东西廊庑及周围墙垣","每道俗宿斋,集会兴福"于此。又由榆林窟第 16 窟外室洞口北壁西夏墨书《阿育王寺释门赐紫僧惠聪俗姓张主持窟记》可知,迟至西夏国庆五年(1074),阿育王寺尚存[1]。因此,BD16130 的价值还在于,这是一件吐蕃时期瓜州寺院僧俗之间借贷的契约,也为阿育王寺在这一时期的发展状况提供了一条新材料。

(十三) BD16134

BD16134 号由编序为 A—G 的 7 块残片组成,旧编 L4070 号,《国图藏》定名《契约》[2]。BD16134 诸片的高、宽依次为:8.2、3、6.4、3.5、8.2、7.1、3.7、4.3、5.6、6.4、6.6、2.3、8.1、3.6 厘米。据图版与条记目录,A、F 片,B、G 片可直接缀接,依诸片编号(以及缀合)次序将该契约过录如下:

1 ☐此☐文书,用为后凭。☐(A+F)

1 ☐麦拾驮,入无悔人。恐人无☐(B+G)

1 ☐日☐(C)

1 ☐四月☐(D)

1 ☐无人居☐(E)

2 ☐人欲口☐

BD01770《金刚般若波罗蜜经》背面揭下来 8 块古代裱补纸,7 块修整后编为 BD16134,1 块为素纸,编为 BD16135[3]。据《国图藏》及上录文,BD16134 的 A—G 片虽出自同一文书,但不能直接缀接。分析各片内容,C、D 片大概是立契时间,E 片大概是叙述前因后果的契文,而 B+G 片是违约处罚,A+F 片则是契文结束语。有以上类似

---

[1] 季羡林主编:《敦煌学大辞典》,上海,上海辞书出版社,1999 年,第 628 页。
[2] 《国家图书馆藏敦煌遗书》第 145 册,图版第 184—186 页;条记目录第 65—66 页。
[3] 《国家图书馆藏敦煌遗书》第 24 册,北京,北京图书馆出版社,2006 年,图版第 254—257 页;条记目录第 15 页。

用语的契约,可参见:S.3877v《唐乾宁四年平康乡百姓张义全卖舍契(习字)》"如有先悔者,罚麦叁拾驮,充入不悔人。恐人无信,两共对面平章,故勒此契,各各亲自押署,用后凭验"[1];S.1285《后唐清泰三年百姓杨忽律哺卖舍契》"如先悔者罚青麦拾伍驮,充入不悔人。恐人无信,立此文书,用为后凭"[2]等。

综上,BD16134很可能是一件有关宅舍买卖的契约,或可定名《年代不详卖舍契》。而诸片的排列次序,大概应是C、D、E片在前,之后为B+G、A+F片。

(十四) BD16162

BD16162号由2块残片组成,旧编L4084号。其中A片存2行,高25.7厘米、宽7.6厘米;B片存1行,高3.3厘米、宽1.8厘米。《国图藏》将该号统一定名为《出卖房舍契》[3]。现据图版与条记目录,将该契约过录如下:

1 ▢▢▢舍口出卖与叔百(伯)兄张神德。安住领得白▢▢▢
2 ▢▢▢罗裙一腰,现在分付▢▢▢

1 ▢▢▢毡一领▢▢▢

BD06927《妙法莲华经卷五》背面揭下的古代裱补纸共计11块,旧统一编为L4084号,修整后分编为BD16161—BD16165等号[4],其中BD16161为《金刚般若波罗蜜经》,BD16162、BD16163是有字迹的残片,BD16165是素纸六块。

BD16162号的A、B两片虽为同卷,但同样不能缀接。分析残存内容,契文中的买主为宅主的"叔百(伯)兄张神德",说明宅主也为张姓;契文中还有"安住领得"句,可知宅主名安住,出卖宅舍后估计所得即为"罗裙"等物品。敦煌宅舍土地等买卖类契约中,支付地价的一般是粮食,其次是绢布,再或者有粮食与绢布综合支付的情况,而未见有以"罗裙"为抵价物的。

综上,BD16162当重定名《年代不详张安住卖舍契》。

(十五) BD16191A

BD16191A号,存8行,高19、宽13.9厘米,旧编L4099号,《国图藏》定名《地契残

---

[1]《敦煌契约文书辑校》,第10—11页。
[2]《敦煌契约文书辑校》,第21—22页。
[3]《国家图书馆藏敦煌遗书》第145册,图版第204页;条记目录第72—73页。
[4]《国家图书馆藏敦煌遗书》第94册,北京,北京图书馆出版社,2008年,图版第226—228页;条记目录第19页。

片》[1]。据图版与条记目录,先将该契约过录如下:

　　1 地主兄氾恢(押)

　　2 见人氾像(押)

　　3 见人氾庆(押)

　　………………………………(纸缝)

　　4 见人叔氾小胡

　　BD02729《梵网经卢舍那佛说菩萨心地戒品第十卷下》背面揭下来的古代裱补纸若干块,旧统一编为 L4099 号,修整后分编 BD16187—BD16200 等号[2]。BD16191A 由 2 块残片组成,因可直接缀合而修整为一片,缀合处在氾庆与氾小胡之间。此外,与 BD16191 同号的 B 片定名《社司转帖》、C 片定名《弟子行范》。

　　BD16191A 号仅存 4 行,虽然由"地主"、"见人"等可以确定为一件与土地交易有关的契约,但到底是土地买卖、租赁还是质典契的签署部分,目前无法确定。

　　不过,BD16191A 也提供了两项重要信息。

　　首先,这份地契的见人皆为氾姓,尤其地主兄、叔也在其列,说明地主也为氾姓无疑。敦煌契约文书的签署部分,除了交易双方的画押,多有家人、邻居、亲属等充当"见人"、"保人"、"口承人"之类,但像 BD16191A 如此,见人与地主皆为同姓者较为罕见。

　　其次,目前所见的敦煌契约文书中,抄本占了绝大多数,实际签署画押的契约并不多,BD16191A 中的氾恢、氾像和氾庆名后皆有画押,说明这也是一件实用契约。

　　综上,BD16191A 当重定名《年代不详氾某买(卖?)地契》。

(十六) BD16195

　　BD16195 号,存 3 行,高 23.5、宽 7.1 厘米,该卷也是揭自 BD02729 号背面的裱补纸,旧编 L4099 号,《国图藏》定名《建隆二年正月洪池乡百姓郝护?卖宅契》[3]。据图版与条记目录,先将该契约过录如下:

　　1 诸政教坊巷东壁上有舍壹院,□东西并基壹仗(丈)□□□□

　　2 并基肆拾捌尺。东至厶传甲,西至自至,南至界,北□□□□

　　3 隆贰年岁次壬戌正月日立契。洪池乡百姓郝护?□□□□

---

[1] 《国家图书馆藏敦煌遗书》第 145 册,图版第 247 页;条记目录第 89 页。
[2] 《国家图书馆藏敦煌遗书》第 37 册,北京,北京图书馆出版社,2006 年,图版第 92—104 页;条记目录第 8—9 页。
[3] 《国家图书馆藏敦煌遗书》第 145 册,图版第 250 页;条记目录第 90 页。

BD16195号应是某宅舍买卖契约的起首部分,不过《国图藏》已指出,建隆二年(961)岁在辛酉,三年才是壬戌年。因没有其他参照,本文暂无法确定此处错在年号还是干支。BD16195的书写格式与目前所见其他同类契约相近,皆是先标明宅舍所在地以及四至,再立契文。

敦煌宅舍买卖契中出现的宅舍所在地[1],除了BD16195中的"政教坊东壁",还有S.3877v《唐乾宁四年平康乡百姓张全义卖舍契(习字)》中的"永宁坊巷东壁"[2],S.1285《后唐清泰三年百姓杨忽律哺卖舍契》中的"修文坊巷西壁"[3],BD16238《甲辰年十一月十二日洪池乡百姓安员进卖舍契》中的"渌水坊北城下"[4],BD03925v11《宋开宝九年三月一日莫高乡百姓郑丑挞卖宅舍契(稿)》中的"定难坊巷东壁"[5],S.1398《宋太平兴国七年赤心乡百姓吕住盈吕阿鸾兄弟卖舍契(习字)》中的"临池坊拴巷子东壁"[6],S.3835v《宋太平兴国九年莫高乡百姓马保定卖舍契(习字)》中的"政教坊巷东壁"[7],S.8691《年代不详卖舍契》中的"政教坊东壁"[8]等,其中"政教坊"的出现频率稍高,或许可以推测这一区域内的房舍交易也比较频繁吧。

(十七) BD16200D、F、G、H、J、N、QH

BD16200号由编序为A—RM的103块残片组成,该卷也是揭自BD02729号背面的古代裱补纸,旧编L4099号。BD16200所含残片甚多,其中D片存4行,高11.2厘米、宽7.4厘米,《国图藏》定名《契约》;J片存2行,高7.9厘米、宽6.8厘米,定名《癸卯年三月契约》;N片存2行,高7厘米、宽5.1厘米,定名《契约》;QH片存4行,高8.8厘米、宽6.9厘米,定名《张万达贷生绢契》。此外,还有F、G、H片原为同卷,分别存2、2、4行,高、宽分别为13.5、5.6、13、5.5、8.2、7.5厘米,皆定名《函状》,其内容与D片等"契约"可能也有关联[9]。据图版与条记目录,先将诸片文书按编号过录如下:

---

[1] 有关敦煌文书中所见城坊信息梳理与研究,最近成果可参见赵贞:《唐宋时期沙州城形制及城坊略论》,《出土文献研究》第9辑,北京,中华书局,2010年,第309—324页。
[2] 《敦煌契约文书辑校》,第8页。
[3] 《敦煌契约文书辑校》,第21页。
[4] 《敦煌契约文书辑校》,第24页;《中国国家图书馆藏敦煌契约文书汇录(一)》,第92页。
[5] 《敦煌契约文书辑校》,第32页;《中国国家图书馆藏敦煌契约文书汇录(一)》,第87—90页。
[6] 《敦煌契约文书辑校》,第37页。
[7] 《敦煌契约文书辑校》,第39页。
[8] 《敦煌契约文书辑校》,第49页。
[9] 《国家图书馆藏敦煌遗书》第146册,北京,北京图书馆出版社,2012年,图版第1—21页;条记目录第3—11页。

1 ▢口承人男保富(押)▢
2 ▢见人弟张端(押)▢
3 ▢口口口口口口▢(D)

1 ▢癸卯年三月▢
2 ▢其绫充还▢(J)

1 ▢口▢
2 ▢本绫▢(N)

1 ▢口生绢贰丈▢
2 ▢口万达身东西▢
3 ▢承人男保富面▢
4 ▢口此书契,用为▢(QH)

1 ▢并平善▢
2 ▢力阙之,不得气力周▢(F)

1 ▢妇及孩儿如得东▢
2 ▢面对一转专人往来▢(G)

1 ▢来日还绫口▢
2 ▢忽若口任▢
3 ▢善者一仰口▢
4 ▢口口口口口▢(H)

BD16200号所属内容纷杂,如A、B号实为62块素纸残片,C、E是《驱傩文》,I是《壬申年便物历》,K是《大乘寺残文书》,QA—QB是《大佛略忏》,QJ是《名录》等,本文不一一列举。此外,虽然《国图藏》注明F、G、H片出自一卷,但从字迹判断,F、G片显然出自同一人手笔,而H片的风格却与J片等契约接近,内容也应是契约用语。如果这三片确实为同卷文书,则为一卷内抄写了两种内容。

具体分析,以上录文中有关契约的诸片,大致可以组成一件有关张万达的贷绫契。内容大概是:"癸卯年三月"的某日,张万达以某事为由向某人贷绫若干,承诺以绢,作为利息,如果有什么意外发生,要仰仗口承人其子富子等亲属承担,最后是富子等人的签署。契约诸片的排列顺利也大概当为 J、H、QH(H 片似能直接衔接在 QH 片前)、N、D,以上诸残片也当统一重定名《癸卯年三月张万达贷绫契》。此外,还有 P.3150《癸卯年慈惠乡百姓吴庆顺典身契》[1]也是"癸卯年",可资参考张万达契的时间。

(十八) BD16238

BD16238 号,存 11 行,高 29.3 厘米、宽 25 厘米,旧编 L4113 号,《国图藏》定名《甲辰年洪池乡百姓安员进卖舍契》[2]。有关该契约的其他描述,可参见本文"北乃 76"条。

(十九) BD16239

BD16239 号,存 7 行,高 17.6 厘米、宽 18.2 厘米,旧编 L4113 号,《国图藏》定名《辛酉年吕某出社契》[3]。有关该契约的其他描述,可参见本文"北周 14"条。

(二十) BD16281G

BD16281 号由编序为 A—L 的 12 块残片组成,旧编 L4123 号。其中 G 片存 3 行,高 21.9 厘米、宽 5.6 厘米,《国图藏》定名《丙辰年契约稿》[4]。据图版与条记目录,先将该契约过录如下:

1 ▭▭▭高乡百姓▭▭▭
2 ▭▭▭八日立契莫▭▭▭
3 ▭▭▭丙辰年二月廿▭▭▭

BD08066《十王经》背面揭下的古代裱补纸共计 12 块,旧统一编为 L4123 号,修整后编为 BD16281 号[5],其中 A—K 片(除 G 片外)正背面皆有文字,正面所抄为某"具注历日",背面为"某寺社司转帖",当出自一卷无疑。其余 2 片中,G 片所抄为契约,背面无内容;L 片则为素纸。

---

[1]《敦煌契约文书辑校》,第 351 页。
[2]《国家图书馆藏敦煌遗书》第 146 册,图版第 46 页;条记目录第 21 页。
[3]《国家图书馆藏敦煌遗书》第 146 册,图版第 47 页;条记目录第 21—22 页。
[4]《国家图书馆藏敦煌遗书》第 146 册,图版第 74—84 页;条记目录第 33—37 页。
[5]《国家图书馆藏敦煌遗书》第 100 册,北京,北京图书馆出版社,2008 年,图版第 215—217 页;条记目录第 24 页。

BD16181G 号应为某契约的起首部分,是某莫高乡百姓于某月八日所立,至于文书中出现的"丙辰年二月廿?"日,可能即立契年份,也可能是追溯相关事件所在的年月,本文暂将其重定名《丙辰年二月廿?日残契》。敦煌契约文书中,还有如 BD09293B《丙辰年十二月十八日神沙乡百姓氾流口卖铛契》[1]、P.3051v《丙辰年三界寺僧法宝贷绢契》[2]等"丙辰年"契可供立契的时间参考。

(二) BD16295A+BD16298

BD16295A 号,存5行,高26.2厘米、宽6.8厘米,旧编 L4132 号,《国图藏》定名《壬申年史留德出换釜子与押衙刘骨骨契》[3]。另有 BD16298 号,存10行,高26.5厘米、宽19.3厘米,旧编 L4133 号,定名同 BD16295A[4]。《国图藏》已注明,这两件文书可以直接缀合。据图版与条记目录,先将该契约过录如下(其中加黑字为两卷缀合处):

1 壬申年十二月玖日。史留德将当家生铁釜子伍斗伍

2 胜(升)出换押衙刘骨骨。见将釜子体肆斗伍胜(升),釜

3 口内贴麦**拾硕**,见前交相讫,一无玄(悬)欠,两共

4 对面**平章**,更不休悔。如若先悔者,付青

5 麦叁**硕**,充入不悔人。恐人无信,故勒凭记,

6 用为真契。

7 釜子主母阿宋(押)

8 男史奴奴(押)

9 男留德

10 口承人阿旧(舅)宋兴奴(押)

11 口承人女夫郭樢桎(押)

12 见人米明明(押)

BD03789《目连救母变文》背面揭下来的古代裱补纸若干,旧编 L4132 号,修整后分编 BD16294—BD16297 等号[5]。其中 BD16295 由两块残片组成,A 片为契约,B 片存2行,为"斯乃气移琁律景绚蹰祥/斯乃气移琁律景"句,是有关风景描写的词句杂写。

---

[1]《敦煌契约文书辑校》,第68页;《中国国家图书馆藏敦煌契约文书汇录(一)》,第92—93页。
[2]《敦煌契约文书辑校》,第217页。
[3]《国家图书馆藏敦煌遗书》第146册,图版第90—91页;条记目录第40—41页。
[4]《国家图书馆藏敦煌遗书》第146册,图版第92—93页;条记目录第41—42页。
[5]《国家图书馆藏敦煌遗书》第52册,图版第385—386页;条记目录第18页。

BD04085《目连救母变文》背面揭下来的古代裱补纸14块,旧编L4133号,修整后分编BD16298—BD16300等号[1]。据前人研究,BD04085与BD03789号可直接缀合[2]。同样有意思的是,其背面的裱补纸也可缀合为"唐律"、"斋文"以及本件契约等若干件文书。具体来看,BD16295A第3—5行下部残损,而BD16298第1—3行上部正好是其所缺部分,两件文书也可直接缀合为一件有签约人和口承人、见人等签署的实用契约。

"釜"是日常炊具,史留德将一口五斗五升的"生铁"釜子出换给了刘押衙,得麦十硕。这一交易为我们提供了铁质炊具在敦煌"壬申年"时的价值参考。此外,还有BD09293B《丙辰年十二月十八日神沙乡百姓氾流□卖铛契》中壹口"□斗五升"的铛价值"麦粟三十硕"[3],也可作为金属炊具的价值参考。敦煌契约文书中还有Дx.01313《壬申年十月黑流住等七人贷褐契》所在也是"壬申年"[4],可与本契约时间互相参考。

综上,BD16295A+BD16298号当重定名《壬申年十二月九日史留德换釜契》。

(二二) BD16355

BD16355号,存4行,高10.5厘米、宽9.5厘米,旧编L4439号,《国图藏》定名《契约》[5]。据图版与条记目录,先将该契约过录如下:

1 □□□□□□
2 □针草家业不付论□
3 □为宣□□
4 □故勒私契□

BD09177《天地八阳神咒经》背面揭下来的古代裱补纸5块,旧编L4439号,修整后分编BD16353—BD16355等号[6],其中BD16353、BD16354为《佛名经(十六卷本)卷三礼忏文钞》。BD16355号虽然存留了4行文字,但字迹极其模糊不清,只有第4行

---

[1] 《国家图书馆藏敦煌遗书》第55册,北京,北京图书馆出版社,2007年,图版第337—340页;条记目录第19—20页。
[2] 冈野诚:《敦煌资料と唐代法典研究——西域発见の唐律・律疏断简の再检讨》,池田温编:《讲座敦煌》5《敦煌汉文文献》,东京,大东出版社,1992年,第507—532页;《论中国国家图书馆所藏唐律残片——和〈目连救母变文〉有关一些问题》,郝春文主编:《敦煌文献论集》,沈阳,辽宁人民出版社,2001年,第102—113页。陈丽萍:《国家图书馆藏四件敦煌变文抄本研读记》,《出土文献研究》第15辑,上海,中西书局,2016年,第450—472页。
[3] 《敦煌契约文书辑校》,第68页;《中国国家图书馆藏敦煌契约文书汇录(一)》,第92—93页。
[4] 《敦煌契约文书辑校》,第634页。
[5] 《国家图书馆藏敦煌遗书》第146册,图版第112页;条记目录第53页。
[6] 《国家图书馆藏敦煌遗书》第105册,北京,北京图书馆出版社,2008年,图版第125—126页;条记目录第21—22页。

之"故勒私契"句,可以证明这是一件契约文书的结尾部分,其他内容暂时无法通读。

综上,BD16355 当重定名《年代不详残契》。

(二三) BD16421

BD16421 号,存 2 行,高 14.1 厘米、宽 5 厘米,旧编 L4487 号,《国图藏》定名《宅基契》[1]。据图版与条记目录,先将该契约过录如下:

1 ▢▢▢东北并基一丈一尺　　　南北并基二丈一尺▢▢▢

又院落

2 ▢▢▢东南并基一丈陆尺　　　东西并基一丈柒尺▢▢▢

BD16421 号是从 BD08529《大佛顶如来密因修证了义诸菩萨万行首楞严经卷一〇》背面揭下的古代裱补纸[2],应是某件宅舍买卖文书的开头部分。如 S.3877v《唐乾宁四年平康乡百姓张义全卖舍契(习字)》[3]、S.1285《后唐清泰三年百姓杨忽律哺卖舍契》[4]、S.4707+S.6067《年代不详卖宅舍契》[5]等敦煌宅舍买卖契约的开头,皆先罗列宅基的大小和四至,接着才会立契确定其价值和交割方式。

综上,BD16421 当重定名《年代不详宅基契》。

(二四) BD16431、BD07291v

BD16431 号,存 1 行,高 6.7、宽 4.3 厘米,旧编 L4497 号,《国图藏》定名《契约》[6]。据图版与条记目录,先将该契约过录如下:

1 ▢▢▢作价直每月▢▢▢

BD16431 号是从 BD07291《七阶佛名经》背面脱落的古代裱补纸。又据《国图藏》,BD07291 号背面还有一张古代裱补纸,存 2 行,现编为 BD07291v 号,定名《大顺元年契约》[7]。据图版与条记目录,先将该契约过录如下:

1 大顺元年岁次[▢▢▢▢]正月十七日百姓

2 李润子阙少▢▢[▢▢▢▢]高乡百姓

---

[1]《国家图书馆藏敦煌遗书》第 146 册,图版第 152 页;条记目录第 68 页。
[2]《国家图书馆藏敦煌遗书》第 103 册,北京,北京图书馆出版社,2008 年,图版第 139—140 页;条记目录第 17 页。
[3]《敦煌契约文书辑校》,第 8 页。
[4]《敦煌契约文书辑校》,第 21 页。
[5]《敦煌契约文书辑校》,第 46 页。
[6]《国家图书馆藏敦煌遗书》第 146 册,图版第 157 页;条记目录第 70 页。
[7]《国家图书馆藏敦煌遗书》第 96 册,北京,北京图书馆出版社,2008 年,图版第 123—125 页;条记目录第 14 页。

值得注意的是，BD07291v 中间部分又被近代裱补纸所遮压，故有一些字迹无法看到。鉴于两件"契约"皆出自 BD07291 背面，本为一卷的可能性较大，故列在一起供参考。

如两件文书确出自一卷，当统一重定名《大顺元年正月十七日百姓李润子契》。

（二五）BD16491

BD16491 号，存 4 行，高 8.7 厘米、宽 8.1 厘米，《国图藏》定名《神沙乡某人契约》[1]。据图版与条记目录，先将该文书过录如下：

1 □□二日神沙乡□□
2 □□□庆宋□□
3 □□苍自院□□
4 □□□□□□故□□

BD16491 号是从 BD00604《维摩诘所说经卷上》背面揭下来的古代裱补纸[2]，但从残存文字中很难断定这是一件契约，或许是因"二日神沙乡"句与其他契约记载时间、地点、人物的起首句相似而被定性为契约。

（二六）BD16498A

BD16198 号由 2 块残片组成，其中 A 片高 9.4 厘米、宽 5.8 厘米；B 片高 1 厘米、宽 7.4 厘米，《国图藏》皆定名《契约》[3]。据图版与条记目录，先将 2 片文书过录如下：

1 □□□种莳若有别□□
2 □□□限任和盈为□□
3 □□□两家先悔如□□

1 □□□泻近□□

BD16498 号是从 BD01692《金刚般若波罗蜜经》背面揭下来的古代裱补纸[4]，A、B

---

[1]《国家图书馆藏敦煌遗书》第 146 册，图版第 196 页；条记目录第 87 页。
[2]《国家图书馆藏敦煌遗书》第 9 册，北京，北京图书馆出版社，2006 年，图版第 17—18 页；条记目录第 3—4 页。可能是印刷错误，BD00604 号条记目录载，其背面揭下来的古代裱补纸上有"二日神沙弼"等 4 行字，现编为 BD16489 号。而查 BD16489 号相关记载，该号是揭自 BD00537 号背面的残片，且仅存 2 行，文字也不同（《国家图书馆藏敦煌遗书》第 146 册，图版第 194 页；条记目录第 87 页）。
[3]《国家图书馆藏敦煌遗书》第 146 册，图版第 198 页；条记目录第 89 页。
[4]《国家图书馆藏敦煌遗书》第 23 册，北京，北京图书馆出版社，2006 年，图版第 337—338 页；条记目录第 19 页。据条记目录，仅载该卷背面有古代裱补，未言及内容和新编号。

片原为一卷,但内容无法衔接,其中词句如"若有别"、"限任"、"先悔"等,皆与一些契约用语接近,或许即将其定名为"契约"的依据。

(二七) BD16509C、Cv

BD16509号由4块残片组成,其中C片存4行,有界栏,高3、宽14.4厘米,《国图藏》定名《契约》;BD16509Cv,存9行,有界栏,《国图藏》定名《残片》[1]。据图版与条记目录,先将两件文书过录如下:

1 □□贤立□□
2 □□秋随地□□
3 □□不许□□
4 □□斯契□□（C）

1 □□什物□□
2 □□在位□□
3 □□亦仰□□
4 □□一看取□□
5 □□勒字□□
6 □□临池坊□□
7 □□尺贰□□
8 □□又基□□
9 □□柒尺□□（Cv）

BD16509号包括了4块残片,其中A片存5行,定名《延晟人名一本》,出现了延晟、曹司徒、慕容县令、陈教练等人名或官职;B片为《天地八阳神咒经》;D片为素纸。只有C片正背面皆有文字,且从内容判断,正反面所抄皆与土地交易有关,具体可能是一件有关敦煌临池坊宅舍的交易契约,故重定名《年代不详临池坊卖宅舍契》。

(二八) BD16563

BD16563号,存3行,高27.3厘米、宽7.3厘米,《国图藏》定名《天复九年杜通信便

---

[1]《国家图书馆藏敦煌遗书》第146册,图版第213—214页;条记目录第93—94页。

麦粟历》[1]。该契约的其他情况，可参见本文"北收 43v"条。

本文将沙知《敦煌契约文书辑校》所收以及未收的国图藏敦煌契约文书做了一个粗略的汇录，所涉 37 个卷号如下：

BD09999：《甲囗年﹖买骆驼契》

BD11989：《丑年六月廿一日李和子便佛纸契（稿）》

BD11994：《赎小儿残契》

BD13148－1：《巳年二月十七日纥骨萨部落百姓李兴晟便黄麻﹖契》

BD13208C：《年代不详残契》

BD15249v2：《丁丑年五月六日洪池乡百姓曹清忽贷绢契（稿）》

BD15650、BD15649﹖：《年代不详卖舍契》

BD16030：《甲申年三月廿八日契（习字）》

BD16068：疑似契约

BD16111I：《壬申年正月十七日龙勒乡某人便麦契》

BD16115J、I﹖：《年代不详典舍契》

BD16130：《亥年三月十八日杨老老便麦契》

BD16134：《年代不详卖舍契》

BD16162：《年代不详张安住卖舍契》

BD16191A：《年代不详汜某买（卖？）地契》

BD16195：《宋建隆二年﹖正月洪池乡百姓郝护﹖卖宅契》

BD16200J、H、QH、N、D：《癸卯年三月张万达贷绫契》

BD16238：《甲辰年十一月十二日洪池乡百姓安员进卖舍契》

BD16239：《辛酉年十一月一日吕某出社契》

BD16281G：《丙辰年二月廿﹖日残契》

BD16295A+BD16298：《壬申年十二月九日史留德换釜契》

BD16355：《年代不详残契》

BD16421：《年代不详宅基契》

BD16431、BD07291v：《大顺元年正月十七日百姓李润子契》

---

[1]《国家图书馆藏敦煌遗书》第 146 册，图版 243 页；条记目录 102 页。

BD16491：《神沙乡某人契约？》

BD16498A：《契约？》

BD16509C、BD16509Cv：《年代不详临池坊卖宅舍契》

BD16563：《天复九年十二月二日杜通信便粟麦契》

在完成了以上契约或疑似文书的初步汇录后，笔者也有几点感受与思考。

第一，这批契约文书多为经卷或其他抄本背面的古代裱补纸，因此内容残缺的碎片居多，内容完整者甚少，其中仅有 BD15294v2、BD16130、BD16238、BD16239、BD16295A+BD16298 比较完整。在古代社会，失效或稿本类的契约都不被人们重视，常被当作修补其他类型文书的材料，尤其是一件长卷背面有好几种契约的残片，可以很好的解释这一现象。

第二，以上所录二十多件契约文书中，除了4件暂时不能确切定性外，其他文书中，有关土地或宅舍交易的所占比例最多。至于为何如此，虽然一时无法找出贴合的理由，但这些零星的田地或宅舍买卖文书相对集中出现，无疑会为今后这类契约文书的研究增添更多有价值的基本素材。

第三，《国图藏》虽为众多缺名或残损的文书定名与定性，但也有一些不准确的问题存在，这一点也值得我们在研读其所刊图版时注意，前人的成果固然是我们研究的基础，但也不能因此过于依赖已有成果，在一些疑似文书的判断上，还是需要我们投入更多的精力去关注和解惑。

第四，笔者近年来有关敦煌契约文书的几篇习作，主要都是对不同藏地文书的粗略搜罗和汇集，相关研究尚未真正开始。在完成了对日本杏雨书屋藏和中国国家图书馆藏敦煌契约文书的初步整理后，还有其他各藏地散见的敦煌契约文书亟待搜集和整理。也只有全面完成原始材料的汇集之后，有关敦煌契约文书以及更深层的问题，才会有继续下去的空间。

本文是2014年度国家社科基金重大项目"中国古文书学研究"子课题"隋唐五代古文书研究"的阶段性成果，项目批准号14ZDB024。

[作者陈丽萍，中国社会科学院历史研究所副研究员]

日唐古文书学比较研究的一个视角
——以文书处理为中心

大津透

前　　言

笔者曾应邀参加 2014 年度的中国古文书学国际研讨会,并以《日本古代文书学研究的进展及课题》为题作了报告(付晨晨译,《中国史研究动态》2016 年第 1 期)。在报告中,笔者对早川庄八的研究做了介绍,并指出"口头传达"这一方式作为日本古代古文书的一个特色所具有的重要意义。并且指出随着正仓院文书及木简研究的进一步发展,对功能论的研究也在不断深入,相对于以往对文书"从发信人到收信人这种单向的意思传达"这一单纯的认识,在报告中更深入探讨了文书在移动过程中的机能发挥、文书所具有的多样化机能以及文书被拼贴起来作为账簿继续发挥机能等文书各种机能的演变。在本次报告中,笔者打算探讨日本古代文书在官署中的具体处理方式,以期呈现日本独特的文书行政特色。在此之前,笔者将对唐代文书处理的方式(三判制)及相关问题进行简要论述。

一、可见于唐代文书中的"日期+署名"

唐代文书的处理和决断要依次经过判官、通判官和长官三个阶段的"判"(裁决),即所谓"三判制"。对此内藤乾吉作了详细的研究。下面我将通过大谷文书二八三六号长安三年(703)敦煌县录事董文彻牒来具体说明文书在县一级官署中的处理方式[1]。

```
7        (上略、文书内容)
8              长安三年三月　日录事董文彻牒
9          「付　司。辩　示
```

---

[1] 内藤乾吉:《西域発見唐代官文書の研究》,《中国法制史考証》,东京,有斐阁,1963 年,初次发表于 1960 年。

10 　　　　　　　　　　一　日」
11 　　　　　　　　三月一日　录事　　　受
12 　　　　　　　　尉摄主簿　　　　付司户
13 　　　　　「检　案。泽　白
14 　　　　　　　　　　一　日」
15 　牒。检案连如前。谨牒。
16 　　　　　　　　三月　日史泛艺　牒
17 　　　　　「准　牒　下　乡、及　榜　示　村
18 　　　　　　坊、使　家　々　知　委。每　季
19 　　　　　　点　检、有　不　如　法　者、随　犯　科
20 　　　　　　决。咨、泽　白。
21 　　　　　　　　　　　　　二　日」
22 　　　　　「依　判　咨。余　意　示。
23 　　　　　　　　　　　　　二　日」
24 　　　　　「依　判。　辩　　示。
25 　　　　　　　　　　　　　二　日」
26 　下十一乡、件状如前。今以状下乡。宜准
27 　状、符到奉行。
28 　　　　长安三年三月二日
（以下省略佐、尉、史等的署名部分）

第8行以上的部分是录事董文彻的牒。收到此牒的长官辩命令"付司"（9—10行），随后勾检官录事于三月一日受理之，后主簿将之交给负责的司户（11—12行）。然后接收到此牒的司户的尉（判官）下令"检案"，即为文书的处理做准备（13—14行）。于是身为史（主典）的氾艺对牒进行了"检案"并贴续纸于其后。然后判官泽（17—21行）、通判官余意（22—23行）、长官辩（24—25行）依次在续纸上写下判语完成裁断。据史料中所记，依照"三判"之意向县下属的十一个乡发送了符，但史料中并未记录符的内容，从第28行开始就是日期和署名了。署名以下的部分（略）记录了录事司在处理文书的过程中未有稽失，文书最末的第35行"牒为录事董彻牒劝课百姓营田判下乡事"，作为案卷的结语，提要了文书的内容。

通过该史料，我们大致了解了唐代文书的受理与处理以及案卷的制作过程，而其中

有一点引起了笔者的注意,即在史料中时有出现的"日期+某"格式的语句,这到底代表什么意思呢?

下面是著名的唐天宝二年(743)交河郡市估案,相当于其开头部分的大谷三一六〇号中记有以下内容:

1　市司　　　　　　　牒上郡仓曹司
2　　　　　　　　　　　　　「十四日　客」
3　　谷麦行

同样,大谷三一五九号文书的开头部分也记有如下内容:

1　市司　　　　　　　牒上郡仓曹司
2　　　　　　　　　　　　　「廿八日　客」

由此可知,由市司发往郡仓曹的文书,其开头会有"某日　客"这样的追记(附图1)。

对该文书进行了复原研究的池田温认为,第2行的日期和"客"字是仓曹的负责人交河郡仓曹参军事某客(姓不详,名囗客)的自署,因此应该是在文书接收处的仓曹司所写下的[1]。李方对西州官员作了具体分析并指出,在被认定为交河郡市估案的一部分的大谷四八九四、一〇一二、一〇一一号(池田先生撰文时尚未被注意到的断片)当中可见"仓曹参军珍"的字句,而"某客"与此处的"珍"显然并非同一人物,因此推测"某客"的身份应该并非仓曹参军事而有可能是市令或者交河郡长官[2]。之所以说他有可能是市令,是因为在此之前的断片中可见"七月十八日受、其月廿一日行判"一句,据此则十四日时该文书应该还在市司待作成,因此便可以推测署下"十四日客"的人物身份有可能是市令。然而令人费解的是,若认为是由文书作成方进行署名的话,那么署名不是应该出现在文书末尾吗?为什么会出现在文书的右端(日本古文书学称为"袖")呢?以下为大谷文书一二五二号开头部分(附图2):

1　　　　　　　　　　囗　囗
2　　　　依　判　监?客　示
3　　　　　　　　　　　七　日

对比图1和图2中的"客"字可知两者系同一人所署。图2中第2行的第三字虽然在此读作了"监",但笔者对此存疑,并认为应该将此字跟它后面的"客"字一起作为两个字

---

[1]　池田温:《中国古代物価の一考察》,《唐史論攷》,东京,汲古书院,2014年,第683页,初次发表于1968年。

[2]　李方:《唐西州官吏编年考证》,北京,中国人民大学出版社,2010年,第103—104页、166—169页。

的名字来解读（李方认为"监"字有可能是"咨"字，但此推测稍显勉强）。由"依判"一语可知上一行应该是记录了判的内容，也就是说判的执笔者应该是长官。也许"□客"便是交河郡的长官。虽然由于是断片而无法确定具体年代，但是如果都看作是开元末到天宝初年间的文书的话，我们就可以推定这几则署名的主人是同一人了。也就是说，七月中旬的市估案被上报给郡以后，长官于十四日作为已受理的确认而署了名。然而这样的话就与"七月十八日受，其月廿一日行判"相矛盾了，因此尚需进一步研究讨论。

另外，李方还提到了其他类似的例子，即阿斯塔纳五〇六号墓出土的题为《交河郡长行坊支贮马料文卷》的较长的大型史料。其中的诸县发往长行坊的文书中也可见与上述相类似格式的语句。例如天宝十四载正月八日柳中县发往郡长行坊的牒第3行"十三日　覃"（《吐鲁番出土文书》十册第76页）、天宝十三载天山县发往郡长行坊的牒第2行"六日　覃"（十册第119页）等。"某日　覃"这一补记在该史料中并不少见。据李方的考证，这些署名的主人应是交河郡长官[1]。据此可推测在文书被州（郡）受理的阶段，由长官签署日期和署名似乎是当时的惯例。这样的"日期+署名"，或许是作为上文中所列举的敦煌县录事董文彻牒的第9—10行"付司"等语句的代替而发挥作用的吧。

循此思考，笔者注意到了另外一份史料：《传教大师入唐牒》。唐贞元二十年（延历二十三年，804）传教大师最澄向明州提出了去往台州天台山巡礼的请求，明州许可了最澄的请求并发了一封牒文给最澄，此即《传教大师入唐牒》（附图3），现存于日本延历寺。

1　明州　　牒　　　　　　　　　　「廿六日　□（淳）」
2　日本国求法僧最澄往天台山巡礼。将金字妙法莲花
3　经等
4　　金字妙法莲华经一部（八卷、外标金字）、无量义经一卷
5　　观普贤经一卷（已上十卷共一函盛、封全。最澄称、是日本国春宫永封、未到不许开拆）
6　　屈十大德疏十卷、本国大德诤论两卷、水精念珠十贯
7　　檀龛水天菩萨一躯（高一尺）

---

[1]　李方：《唐西州官吏编年考证》，第24—25页。

8　　　右、得僧最澄状称、总将往天台山供养。

9　　　供奉僧最澄　沙弥僧义真　从者丹福成

10　　文书钞疏及随身衣物等、总计弎伯余斤。

11 牒。得勾当军将刘承规状称、得日本僧最澄

12 状、欲往天台山巡礼、疾病渐可今月十五日发、谨

13 具如前者。　使君判、付司、给公验并下路次县给舡

14 及担送过者、准　判者。谨牒。

15　　贞元廿年九月十二日　史孙阶牒

16　　　　　司户参军孙「□（万宝力）」

17　　　　　　　　　　　「淳」（缝署）

18 日本国

19　　求法僧最澄（中略、最澄申请公验的牒）

24　　　　　贞元廿一年二月　日　日本国僧最澄牒

25　「任为公验。三月

26　　　一日。台州刺史

27　　　　陆淳」

28　　　　印

关于该文书，砺波护作有详细的注释和照片。开头的追记被读作"廿二日　□"。砺波护认为狭义的公验指的是后半部分的台州公验，而文书前半部分的明州牒起到了"元赤"的作用，对此砺波护并未展开详细论述[1]。

然而，根据近年佐藤ももこ等的研究，刺史为后半部分的牒加书"判"，被认为是公验的简易形态，而前半部分的州牒（行牒、递牒等）才是公验的标准形态[2]。根据石田和荒川的见解，该文书自第13行"使君"以下的部分应译为："因长官（刺史）有判：交予负责官署，发给公验，并令沿途各县支给船只及担夫。故依判行之。"[3] 由此可以推

---

[1] 砺波护：《唐代の過所と公験》，砺波护编：《中国中世の文物》，京都，京都大学人文科学研究所，1993年，第674—677页（后来收入《隋唐仏教文物史論考》，京都，法藏館，2016年，第340—344页）。

[2] 佐藤ももこ：《唐代の通行証に関する一考察》，《史泉》120号，2014年；荒川正晴：《通行証としての公験と牒式文書》；土肥义和、气贺泽保规：《敦煌・吐鲁番文书の世界とその時代》，东京，东洋文库，2017年。

[3] 石田实洋：《〈伝教大師入唐牒〉についての二、三の考察》，《日本歴史》606号，1998年；荒川正晴：《通行証としての公験と牒式文書》。

断,此明州牒本身即作为保证最澄路途畅通的公验而发挥作用。

位于第1行的追记,虽然在《平安遗文》中被读作"二十六日"[1],但是笔者认为如石田实洋所主张的读作"廿六日　淳"较为妥当[2]。该署名与后半部分所见台州刺史陆淳的签名笔迹相同(陆淳后改名陆质,其传在《旧唐书》卷一八九下、《新唐书》卷一六八)。《显戒论缘起》[3]所载《台州相送诗一首》中有"以贞元二十年九月二十六日臻海郡、谒太守陆公"一句,二十六日正是最澄一行人到达台州的日期。因此,该追记应是台州长官收到最澄带来的明州牒后作为确认收讫而署的名。

如此一来,正如石田所述,公验(明州牒)的收信人就变成了目的地所在辖区的官署即台州官署,而并非最初收到牒的最澄。这一推论,从结语为"谨牒"而非"故牒"这一点上也能得到佐证[4]。也就是说,该文书是交予申请者于旅途中随身携带,到达目的地后再提交给目的地官署的,因此收信人被拟为目的地的州。该文书(牒)在此过程中所发挥的其形式本身所具有的机能之外的复合性机能,尤为引人注目。

另,《显戒论缘起》中还载有一封《大唐明州向越府牒一首》,这是最澄自天台山回到明州后,又向明州申请去越州(绍兴)巡礼,明州给予许可并发给最澄的牒。该牒也是作为类似通行证的公验来发挥作用的一例,由于在以往的唐代史研究中未曾被言及,因此在此一提仅供诸位参考(或因流传过程中文字发生些许错误,其中有些词句难以读通)。此牒跟上文所引牒的格式基本相同,是明州发往越州的牒,亦作为公验发挥作用。

明州牒

　　准日本国求法僧最澄状称、今欲巡礼求法越州龙兴寺并法华寺等

　　　求法僧最澄　义真　行者丹福成　经生真立人

牒。得日本国求法僧最澄状称、往台州所求目录之外、所欠一百七十余卷经并疏

---

[1]　竹内理三编:《平安遗文》第1卷19号,东京,东京堂出版,1974年新版。

[2]　石田实洋:《〈伝教大师入唐牒〉についての二、三の考察》。

[3]　《显戒论缘起》,为最澄所撰,是作为其《显戒论》附篇而作的相关文书之集成,收录了自最澄入唐求法至大戒论争期间的相关文书,于弘仁十二年(821)三月被进呈给外记局。其正文与注释,在安藤俊雄、薗田香融《最澄》(日本思想大系4,东京,岩波书店,1974年)一书中均有收录。另外,该书中虽然有收贞元二十年明州牒,但未见后半部分的台州公验。而且也看不到追记的"廿六日　淳"。可见这应是最澄为自己收到的文书所做的副本。由此可证"廿六日　淳"的追记是在到达台州之后才被写下的。

[4]　石田实洋:《〈伝教大师入唐牒〉についての二、三の考察》。但荒川正晴在《唐の通過公証制度と公・私用交通》一文中,认为是"故牒"后来被换写成了"谨牒"(见《ユーラシアの交通・交易と唐帝国》,名古屋,名古屋大学出版会,2010年,第398页)。

等。其本今见具足、在越州龙兴寺并法华寺。最澄等自往诸寺、欲得写取、伏乞公验处分者。使君判、付司、住去牒知、仍具状牒上使者、准判者、谨牒。

贞元二十一年四月六日　　　　　　　　　　史孙阶牒
　　　司户参军孙万宝

　　通过以上论述可知,文书开头的"日期+某"格式的署名是长官为确认文书收讫而签署的。在阿斯塔纳五〇六号墓出土的《交河郡长行坊支贮马料文卷》中,天宝十四载正月八日柳中县发往郡长行坊的牒的文末第38行也写有这样"日期+署名"格式的追记"十四日　覃",且这种追记位于文书末的情况也不在少数,其意义跟上文中的位于文书开头的追记应是相同的。如此一来,在由笔者复原并注释的唐仪凤三年度支奏抄、四年金部旨符中,西州仓曹受理并发牒请求裁决等内容之后的A28行以下(附图4):

A28　　廿七日入？案？
B1　　　　　　　　　二月廿七日录事　　　受
2　　　　　　　　　　录事参军　　　　　（付）[1]

此处是否读作"入案"无法完全确定,笔者之前与池田温先生商榷后暂定读作"入案",然而参考上文中的事例,此处是否也可以考虑成是某人追记的署名呢？虽无法完全确定两字的读法,但认为这是西州长官(都督)的署名者是为一说。另一种观点认为,该署名的下半部分与北馆文书(仪凤二年至三年)中所见"素"之署名相同,而如此一来,该署名就变成了西州录事参军的署名,这一说法尚待考证。

二、古代日本的文书处理与裁决

　　接下来,笔者将参考吉川真司的研究来论述日本古代文书的处理方式[2]。《唐令拾遗》公式令38条依据《唐六典》卷一、《唐律疏议》杂律以及职制律疏等复原如下(注略,根据《唐令拾遗补》订正了错别字):

　　诸内外百司、所受之事、皆印其发日、为之程限、一日受、二日报。其事速及送囚徒、随至即付。小事五日程、中事十日程、大事二十日程、狱案三十日程。其通判及勾、三人已下者、给一日程、四人已上给二日程、中事每经一人给二日、大事各加一日程。内外诸司、咸率此。若有事速、及限内可了者、不在此例。其文书受付日、

---

[1] 拙稿《唐律令国家の予算について》,《日唐律令制の财政构造》,东京,岩波书店,2006年,第47页。
[2] 吉川真司:《奈良时代の宣》,《律令官僚制の研究》,东京,塙书房,1998年,初出1988年。

及讯囚徒、并不在此例。

与此相对应的养老公式令62受事条条文如下：

> 凡受事、一日受、二日付毕。其事速及见送囚、随至即付。少事五日程、中事十日程、大事二十日程、狱案四十日程。其文书受付日、及讯囚徒、并不在此例。若有事速、及限内可了者、不在此例。（后略）

可以看到，养老令的条文删掉了唐令条文开头的"所受之事、皆印其发日、为之程限"等语句，并且省略了自"其通判及勾、三人已下者、给一日程、四人已上给二日程"以下以三判制为前提而对通判官和勾检官所作的规定。这种处理表明日本未实行三判制，而本来日唐的官制系统之间就存在很大差异。

首先，日本未设置唐朝那种独立于官署专门负责检校的勾检官，而勾检事务是由判官和主典来分担的。由此，日本只继承了唐朝的长官（总判某事）、通判官（通判某事）、判官（分判某事）、主典（受事上抄、行署文案）四等官制。官制初设时，未设通判官，只单纯设长官、次官、判官、主典四等官。而次官的职掌规定为"同长官"，是日本四等官制的独特之处。另外主典的职掌规定为"掌、受事上抄、勘署文案、检出稽失、读申公文"（职员令1神祇官条），其中将"读申公文"纳入主典的职掌也是一大特色。

日本未引入三判制（或谓案卷系统），而是采用了由主典口头申读文书来请求裁决的方式。与此相对应，判官以上的官员进行裁决（判）时也采取口头形式，称之为"宣"。主典听取上级官员的"宣"后，将之记录下来作成文书，然后参加了裁决的官员通过在此文书上署名的方式表示同意，因此署名具有重要的意义。山田英雄整理了正仓院文书中的《天平十七年大粮申请文书》，并对其中的署名作了分析。山田发现在官署处理日常事务时，判官和主典共署，或者判官、主典之中任意一人单独署名，这三种情况皆可[1]。

近年来佐藤全敏对正仓院文书中写有"判"的文书进行了研究。根据佐藤的研究，参加了判（裁决）的官员，原则上都必须在答复文书上联署，且原则上判官和主典两人必须署名，如果是非常重要的事项，则必须要有长官、次官和判官三人的署名，以署名来证明是他们做出的裁决[2]。本文后附的史料中分别列举了正仓院文书中的天平神护三年四月奉写御执经所向造东大寺司发出的外借佛典的请求书和造东大寺司的回复文

---

[1] 山田英雄：《天平十七年の文書をめぐって》，《日本古代史攷》，东京，岩波书店，1987年，初出1976年。
[2] 佐藤全敏：《正倉院文書からみた令制官司の四等官制》，《平安時代の天皇と官僚制》，东京，东京大学出版会，2008年。

书(《大日本古文书》五卷第659—661页)。在前者的文书中写有造东大寺司的判官美努连奥麻吕和主典阿刀造与佐弥的"判",造东大寺司收到此文书后所回复的造东大寺司牒中也签有判官和主典的署名(史料中所列文书是造东大寺司所保留的副本存根,因此没有署名)。

关于主典"读申公文",《朝野群载》卷六《外记厅申文》一节中记载了"史"作为太政官主典在进行"外记政"时向公卿请求裁决的事例:

> 宫内省申,药司申乳牛七,此月真草分米豆物,别四坂,依例给申。(文意:宫内省申报"药司申请为七头乳牛配发本月份的草料费——大米和豆子,每头各四坂,依照惯例支给")

如上所记,在进行"外记政"时,官员以独特的读法读出文书的题目(内容提要),请求裁决。这样的行政方式大概是沿袭了奈良时代日本最初导入律令制度时的方式吧。《朝野群载》中还记载了作为"结词"的其他几种文书的特殊读法。

在辩官局内,辩官(太政官的三等官)和史(太政官的四等官)之间进行的对所受理的文书进行整理和检查的工作被称为"结政"。具体来讲,就是由史来确认文书内容并读出,辩听后给出裁决,再由史将裁决记录下来作成"结文"。可以说主典"读申公文"正是日本古代国家文书处理方式的形态。又,平安时代大臣将诸司诸国呈上来的文书向天皇上奏的仪式,被称为"官奏"。根据吉川真司的见解,在"官奏"过程中大臣也是用一套被称为"结申"的独特行为仪式来处理文书并将文书内容逐条读出,来请求天皇的裁决[1]。

那么,裁决又是以怎样的方式进行的呢?根据山田和佐藤的研究,日常事务由一人裁决即可,原则上由主典上报判官,判官来裁决(宣)。然而,由判官以上的多名官员参与裁决时,在场官员们一同听取主典口头读出的文书并给出裁决,这种方式被称为"共知"。官员之间这种非独断而注重意见一致的"共知",可以认为是7世纪推古朝宪法十七条以来一直被遵循的一种原则[2]。与唐朝的"判官—通判官—长官"这种层级分明的权限结构不同,日本的次官和长官的职掌相同,可以说在某种意义上次官和长官拥有对等的权限。关于官署内部具体是如何进行决策,参照佐佐木惠介的研究可知[3],

---

[1] 吉川真司:《申文剌文考》,《律令官僚制の研究》,东京,塙书房,1998年,初出1994年。
[2] 吉川真司:《奈良时代の宣》。
[3] 佐佐木惠介:《〈小右记〉にみる摂関期近卫府の政务运营》,《日本律令制论集》下,东京,吉川弘文馆,1993年。

在10—11世纪的左右近卫府中，首先进行由相当于次官的中将、少将参加的"定"，然后此过程中所作成的"定文"被上呈给相当于长官的大将审阅，如果大将认为没有问题的话便给予批准，而如果发现问题，大将会责成中将、少将重新进行"定"的程序。由以上论述可知，"共知"以及以"共知"精神为基础的合议制始终贯穿于日本文书处理的过程之中。

虽然对于这种"定文"的具体形态我们不得而知，但是由太政官议政官（公卿）参加的"阵定"过程中作成的定文却留有实例记载。所谓"阵定"，是平安时代由大臣、大纳言、中纳言和参议等组成的太政官议政官（公卿）之间开展的最高级别的合议制（相当于一种议政会），负责商讨由天皇御览诸国上呈的申文后提出的疑问等各种议题，并且各人的意见都将被记录下来作成定文上呈天皇。虽然也有大臣或大纳言单独裁决并作成"阵申文"等其他一些处理方式，但是涉及重要议题时还是会通过"阵定"来共同裁决。虽说最终是由天皇或者摄关来拍板定论，然而"阵定"仍可以说是对于诸国所上呈的各种申请等文书的最高级别的裁决方式。

"阵定"是在与皇宫内的紫宸殿东侧相接的一个相当于公卿等候室的轩廊下进行的，而此处被称为"阵坐"，"阵定"即由此得名。在"阵定"过程中公卿们接到天皇下达的议题或递下的（诸国上呈给天皇的）文书，便按惯例从级别最低的官员开始轮流发言。发言的内容由兼任辩官的参议大辩记录并作成定文，上呈天皇[1]。作为当时定文的实例，笔者在后附史料中列出了宽弘二年（1005）四月十四日"阵定"审议诸国所上呈的申请文书时由藤原行成所作的定文。定文中记录下了参加"阵定"的公卿对于大宰府及其他三国的国司提出的共计十二条申请所发表的意见。包括左大臣藤原道长在内的十名公卿对于大多数条项都意见一致，唯有对大宰府提出的第三条，出现了二对八的意见分歧。而定文的独特之处在于，对于意见有分歧的议题，定文不是仅仅记录少数服从多数决定后得出的统一意见，而是把各官员的不同意见与他们的名字相对应地逐条记录下来，这也可以说是日本古代合议制的一大特色。

结　　语

日本古代国家没有引入唐朝的三判制，而是采取了口头行政的方式，因此对文书的

---

[1] 拙稿《摂関期の陣定—基礎的考察》，《山梨大学教育学部研究報告》46号，1996年；拙著《日本の歴史06 道長と宮廷社会》，东京，讲谈社，2001年。

处理也发展出了自己独特的方式。并且,裁决的过程,相较于唐朝官员那种层级分明的责任分担,日本更注重"共知"与"合议"。在本文的最后部分,笔者介绍了成为摄关时期一大特色的"阵定"。在唐朝的政治决策过程中,是否也有类似的这种上层贵族官僚与皇帝之间进行合议的机制存在呢?这值得我们去进一步思考探究。望本文所提供的视角能给中国的古文书学研究带来一些启发。

[作者大津透,教授,日本东京大学文学研究科。安洪赟译,田卫卫校]

附图1 天宝二年交河郡市估案
(《大谷文書集成》贰,图版25)

附图2 大谷文书一二五二

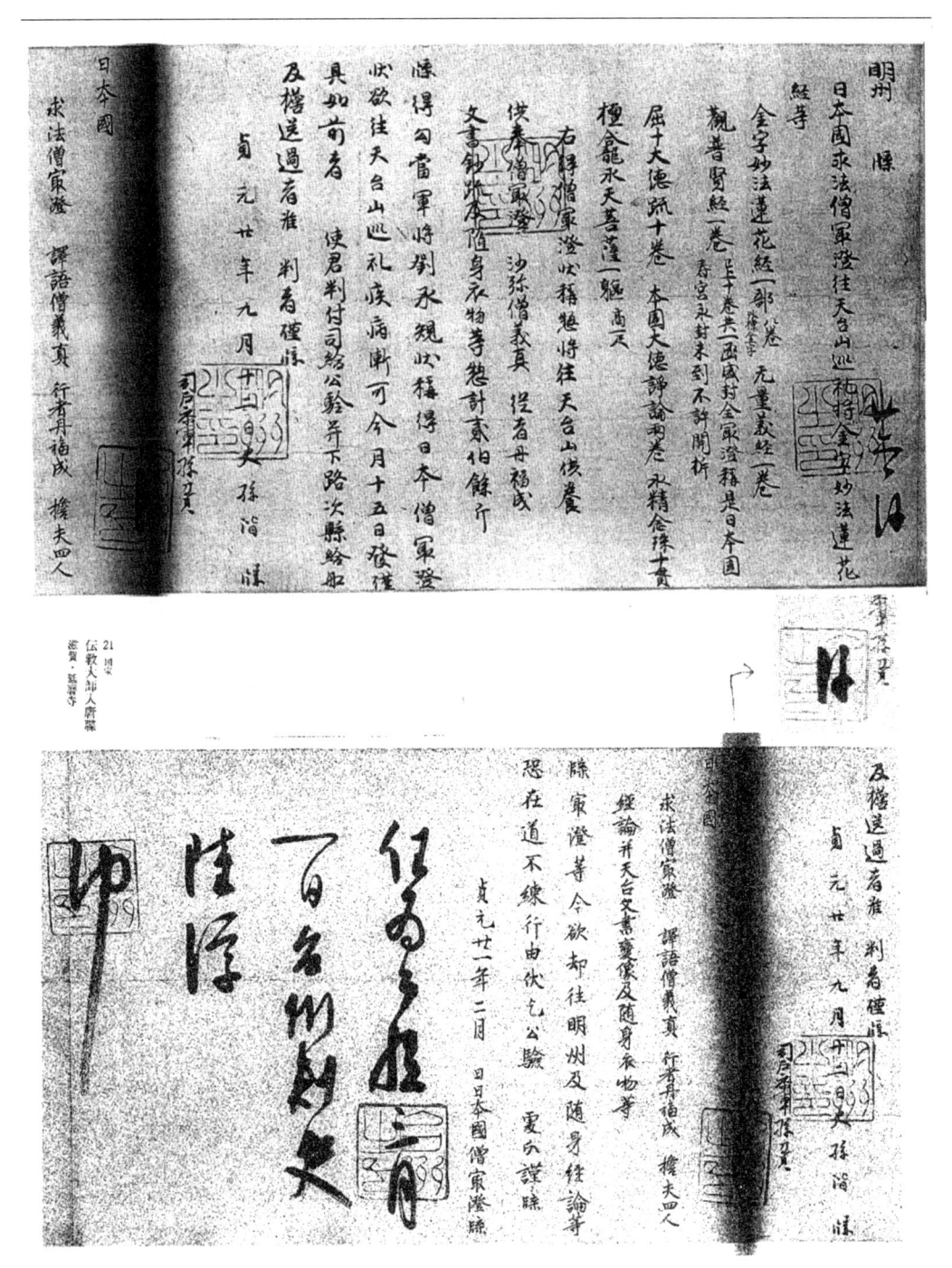

附图3　唐贞元二十年(804)九月十二日明州牒、贞元二十一年(805)三月一日台州公验(最澄牒)(《平安遗文》一九·三二,延历寺文书)

图版：京都国立博物馆、东京国立博物馆编《最澄と天台の国宝》(2005)

```
               B
 4  3  2 ↓29 28 27 26 25 24


                   旨
                   納
                   □
                   ─
                   調
                   、
               擧   錄
               、   □
               □   ─
               □   施
               □   □
               □   □
               ─   。
         廿     譯   謹
         七     □   以
         日  戶  腰   牒
         人  曹  。   舉
         案  判
         ?  會  儀
         ?  曹  鳳
            元  四
      二    懷  年
      月    儉  □
      廿        月
      七        廿
   檢  日        七
   案  錄        日
   儉  事  ─     躬
   白      受
           □─
      廿
      七
      日
```

附图4 仪凤三年度支奏抄金部旨符

史料 1　天平神护三年（767）四月二十四日奉写御执经所移、同造东大寺司牒（案）（《大日本古文書》五卷，第 659—661 頁）

史料 2 寛弘二年四月十四日陳定定文《平安遺文》

唐代之告身与日本之位记
——古文书学视角的比较研究

丸山裕美子

前　　言

日本的古文书研究是以中世（大概 12—16 世纪）的古文书为中心，专门针对其书式、样式的变迁（样式论）和机能（机能论）进行研究讨论[1]。近年来，也以近世（17—19 世纪），近代（19—20 世纪）的文书为研究对象，进行收集和整理，并且明确其传入情况，更深入思考对其修复、保存进行归档[2]。此外，也对记载文书的纸质进行科学性的调查，以深入料纸论、书体和笔迹论等形态论的研究[3]。

本报告将以上述日本古文书研究的现状为基础，对日本古代位记的样式、机能以及变迁等问题与中国的告身进行比较和考察分析。伊藤东涯《制度通》（成书于 1724 年）曾指出过，日本的位记的书式模仿了中国的告身（诰命）[4]。至于 20 世纪前半叶，经由神田喜一郎、内藤乾吉、仁井田陞、泷川政次郎等的论证[5]，由大庭脩加以全面

---

[1]　迄今为止，佐藤进一的《古文書学入門》（东京，法政大学出版局，1971 年，2003 年新版）仍然是日本的古文书研究最具参考性的概论书。近年来，代表性的作品有杉本一樹的《日本古代文書の研究》（东京，吉川弘文馆，2001 年）。中世文书研究代表性作品有富田正弘的《中世公家政治文書論》（东京，吉川弘文馆，2012 年）。其他面向一般民众的著作，包括着眼于古文书机能和形态的小岛道裕的《中世の古文書入門》（东京，河出书房新社，2016 年）和展览会解说书的《こもんじょざんまい》（神奈川県立歴史博物館、2013 年）。

[2]　日本的档案学以两次大地震灾害（1995 年阪神淡路大震灾和 2011 年东日本大震灾）中对受灾文书进行抢救的活动为重要契机，推动了文书的保存、修复工作。2011 年 4 月，"公文书管理法"也开始实施，同时，古文书等的数据化（数据、档案）也有持续的进展。

[3]　古文书形态论的最新成果包括湯山賢一：《古文書の研究——料紙論・筆跡論》（东京，青史出版社，2017 年）与汤山贤一编：《古文書料紙論叢》（东京，勉诚出版社，2017 年）。

[4]　关于伊藤东崖《制度通》一书，2006 年，平凡社东洋文库出版了礪波護、森華校订的《制度通》（1、2）。

[5]　内藤乾吉：《唐の三省》（《中国法制史考证》，有斐阁，1963 年，初版 1930 年），仁井田陞：《唐宋法律文書の研究》（东方文化学院东京研究所，1937 年），同氏著《唐宋告身の現存墨蹟本に就て》（《书苑》2-1，1938 年），泷川政次郎：《敦煌出唐公式令年代考》（《支那法制史研究》，东京，有斐阁，1940 年，初版 1932 年），同氏著：《唐の告身と王朝の位記》（前书《支那法制史研究》，初版 1932 年）。

性、网罗性的考察[1]。此外,中村裕一也基于具体实例,以唐公式令中规定的制授告身、奏授告身为中心的书式进行论述[2]。

中国的告身是授予官爵之际交付的公文书。此公文书既是任命文书,也是身份证明书。告身初现于南北朝时期,历经隋唐,宋代以降也被称作"诰命"。与此相对,日本的位记是在位阶授予时交付的。这是因为,在日本,相比于官职,"位记"还附有证明身分的机能。

不论是告身还是位记,都是关于官僚身份证明的文书。两者在各自的公式令中对于书式都有所规定。这是管窥皇帝权利、君臣关系、官僚制的构造和历史政治背景的合适的史料。此外,唐代告身、日本位记、高丽告身均有残存,最近南宋告身在拍卖会的出现也倍受注目。近年,正如持续对中国古文书学提出见解的小岛宪之所指出的那样[3],告身、位记也是能追寻古文书的国际比较和时代变迁的素材。这也是本报告选取告身位记为题的缘由。

一、唐公式令告身式与日本公式令位记式

敦煌写本的唐公式令残本(P.2819)中,残存了包含移式、关式、牒式、符式的同时,也残留了一部分制授告身式和奏授告身式[4]。仁井田陞《唐令拾遗》中复原的开元七年令制授告身式如下所示[5]。

制授告身式

门下、具官封姓名<small>应不称姓者依别制册书亦准此</small>、德行庸勋云々。

---

[1] 大庭脩:《唐告身の古文书学的研究》(《告身と日本古代の位阶制》,东京,学校法人皇学馆出版部,2002年,初次发表于1960年)。大庭脩:《告身と日本古代の位阶制》中,另外收录了《龙谷大学所藏吐鲁番出土の张怀寂告身について》《建中元年朱巨川奏授告身と唐の考课》《敦煌发见の张君义文书について》《魏晋南北朝告身杂考—木から纸へ》《隋唐の位阶制と日本》、《遣唐使の告身と位记》(《古代中世における日中关系史の研究》,京都,同朋舍出版,1996年,初次发表于1960年)。

[2] 中村裕一:《唐代制敕研究》(东京,汲古书院,1991年),同氏著:《唐代官文书研究》(东京,中文出版社,1991年),同氏著:《唐代公文书研究》(东京,汲古书院,1996年)。

[3] 小岛浩之:《中国古文书学に关する觉书(上)》(《东京大学经济学部资料室年报》2,2012年),同氏著:《唐代公文书体系试论:中国古文书学に关する觉书(下)》(小岛浩之编《东アジア古文书学の构筑—现状と课题》,东京大学经济学部资料室,2018年)。另外在中国,赵晶:《论日本中国古文书学研究之演进——以唐代告身研究为例》(《早期中国史研究》6-1,2014年)对小岛的论文进行介绍的同时,也提出了同样的看法。

[4] P.2819的图版可以在网上确认,链接如下:http://gallica.bnf.fr。背面是王绩文集。

[5] 仁井田陞:《唐令拾遗》,东京,东京大学出版会,1983年,初版1933年。中村裕一《唐代制敕研究》中也刊载了复原案。

可某官。若有勋官封、及别兼带者、云某官及勋官封如故。其非贬责、漏不言勋封者、同衔授法主者施行。若制授人数多者、并于制书之前名历名件授

年月日

　　　　　中书令　具官封臣姓名　　宣
　　　　　　中书侍郎　具官封臣姓名　奉
　　　　　　中书舍人　具官封臣姓名　行

侍中　具官封臣名
黄门侍郎　具官封臣名
给事中　具官封臣名　等言。
制书如右。请奉
制付外施行。谨言。
　　　年　月　日
制可
　　月日　都事姓名受
　　　　　左司郎中、付某司
左丞相　具官封名
右丞相　具官封名
吏部尚书　具官封名
吏部侍郎　具官封名
吏部侍郎　具官封名
左丞　具官封名 其武官、则右丞署。若左右丞内一人无、仍见在者通署
告具官封姓名　奉被
制书如右。符到奉行。
　　　　主事姓名
吏部郎中　具官封名　令史姓名
　　　　书令史姓名
　　　年月日下

右、制授告身式。其余司应授官爵者、准之。

笔者将据此制授告身式来确认其发给手续。首先，接受皇帝意向，由中书省起草制词后，分别由中书令（长官）、中书侍郎（次官）、中书舍人（起草者）署名，记录宣、奉、行

· 177 ·

送付于门下省("门下……主者施行")。门下省(侍中以下)进行审议,有问题则驳回(封驳),没有问题则由侍中(长官)、黄门侍郎(次官,后来是门下侍郎)、给事中(判官)署名,向皇帝覆奏("制书如右,请奉制付外施行。谨言")。收到皇帝的"可"(御画可)之后,将其作为案底留下,制作副本,并将由侍中注云"制可"的制书送付于尚书省。尚书都省的都事受理后(时间),左司郎中(尚书都省)将其交付于责任部门(吏部的司勋司等)。尚书省丞相以下与吏部的官员署名,加上"告某。奉被制书如右。符到奉行"等文句,原本留为案底,副本作为尚书省符(尚书吏部符)发给当事人。

根据《通典》卷一五《选举典·历代制》等史料可以了解到,唐代的官爵除授有册授(诸王、职事正三品以上、文武散官二品以上、都督都护上州刺史在京者),制(诏)授(五品以上),敕授(六品以下守五品以上,视五品以上),奏(旨)授(六品以下流内官),判补(流外官)等五种形式。在公式令中仅仅规定了制授告身式、奏授告身式和判补告身式,册授告身式和敕授告身式并无规定。据此,可以认为制授的规定适用于册授的情形,发日敕的规定适用于敕授的情形[1]。

如后所述,残留下来的唐代告身实例中,有很多敕授告身。开元四年(716)六月十九日敕中记载"六品以下官,令所司补授员外郎,御史,并余供奉,宜进名敕授"(《唐会要》卷七五《选部下》),敕授的对象也扩大到六品以下官员,制授也似乎仅限于特殊官职。

另一方面,与内外五位以上对应的敕授位记式(公式令16条),与六位以下内八位/外七位以上对应的奏授位记式(公式令17条),与外八位/内外初位对应的判授位记式(公式令18条)等,在日本养老公式令中均有所规定[2]。《续日本纪》大宝元年(701)三月甲午条记有"始依新令,改制官名位号……始停赐冠,易以位记",根据"新令"(大宝令),可以认为,这是从冠的赐给到位记授予的变更。不过,《日本书纪》持统三年(689)九月条记有发往筑紫的"位记",持统五年二月条也有"授宫人位记"的记载,所以可以推断,持统三年六月向诸司颁布的飞鸟净御原令中位记就已经被制度化,之后的大宝律令又全面贯彻了这一规定吧。

虽然日本的敕授位记式和唐代的制授告身式,奏授位记式和唐代的奏授告身式,判授位记式和唐代的判授告身式应该是相互对应的,但实际上日本令和唐令各自所规定

---

[1] 参照内藤乾吉:《中国法制史考证》,大庭脩:《唐告身と日本の古代の位阶制》等。
[2] 日本令根据日本思想大系《律令》(东京,岩波书店,1977年)。大庭脩认为,这一从赐冠转变为授予位记的变化,并非单纯贯彻文书主义,而是标志着褪去古代的色彩的象征。

的书式有很大的不同。让我们看下敕授位记式。

  勅授位记式
   中务省
    本位姓名 年若干 今授其位。
   年月日
   中务卿 位姓名
   太政大臣 位姓 大纳言加名
   式部卿 位姓名
  右、敕授五位以上位记式。皆在长官一人署。若长官无、则大纳言及少辅以上、依式署。兵部亦同。以下准之。

  与唐代制授告身式相比，日本敕授位记式极为简略。首先，它没有与制词（敕词）相当的部分，仅有中务省、太政官、式部省（武官的场合为兵部省）长官的署名，而且《令集解》的本条中《古记》（大宝令的注释书）部分所引用的"八十一例"中有"位记署名者，不必自署也"，恐怕从《大宝令》实施开始起，就没有长官署名的必要。以极其事务性的手续由叙位相关的官司发出，从所谓敕授的书式当中并不能确认天皇的意向。当然，位记是中务省的内记接受天皇的意向而作成的（养老职员令3中务省及公式令本条集解《穴记》），五位以上位记钤以内印＝"天皇御玺"（养老公式令40条）。在大宝令中，这一敕授位记式的末尾有"以内印印之"的可能性很高[1]，有后来仪式书中所记载的"位记请印"的仪礼[2]，也成为显示天皇意向的表现。另外，六位以下位记中钤有外印＝"太政官印"（公式令40条）。

  奏授位记式、判授位记式也与被复原的唐代奏授位记式、判补位记式不同，也是简略的书式。这一情况，虽显示出8世纪初律令制成立期的日本位记制度（乃至官僚制）还不够成熟，但在9世纪，位记的书式有着很大变化。关于书式的变化，虽然已经有很多论述，但笔者仍想在下章加以自己的想法进行讨论。届时，将针对与之关联的唐代告身，特别以制授告身和敕授告身为中心，根据实例加以探讨，再基于告身书式的变迁，考察日本的位记，特别是敕授位记的书式及其变化。

---

 [1] 彌永貞三：《大宝令逸文一条》，《史学雑誌》60-7, 1951年。
 [2] 如《西宫记》（神道大系本）恒例一"正月五日叙位儀"、恒例二"四月位記請印事"、"位記召給"、《北山抄》（神道大系本）卷6"位記請印事"等。

二、唐代告身及其变迁

如上所述,关于唐代告身有很多宝贵的研究成果。这里特别参照大庭脩、中村裕一所整理的研究以及对各个告身详细的论述,将针对书式及其变迁进行确认[1]。

在《文苑英华》以及文集中可以见到很多唐代告身的制词(敕词)部分,但包含书式和发放手续的部分并不是很多。以藏有颜真卿真迹著称的日本台东区书道博物馆所藏的建中元年(780)颜真卿敕授告身,和台北"故宫博物院"藏大历三年(768)徐浩亲笔的朱巨川敕授告身等,作为著名书法家的书之模板传世至今。在法帖中,有中村裕一所介绍的《忠义堂帖》中所收的5种颜氏告身,以及临川公主墓出土的2种类似石刻告身的石碑残留下来,但数量较少。在敦煌、吐鲁番文书中,乾封二年(667)氾文开诏授告身(P.3714v),长寿二年(693)张怀寂制授告身(大谷1062+大谷2833),天宝十四年(755)秦元制授告身(S.3392)等,是首尾存有状态较好的实物。如图表所示。这是在大庭脩、中村裕一和徐畅介绍的告身的基础上,增加旅顺博物馆所藏残简为参考整理而成的迄今为止所知的唐告身一览[2]。

唐告身一览

发给年	公历	氏名	官爵	告身	出典
武德四年	621	汪华	越国公	诏授	《北京图书馆拓本》
贞观十五年	641	李孟姜	临川郡公主	诏授	《昭陵碑石》(西安,三秦出版社,1993年)

---

[1] 参照前引内藤乾吉、仁井田陞、泷川政次郎、大庭脩、中村裕一等人的研究成果。其他个别的研究还有:陈祚龙:《敦煌写本〈洪辩·悟真等告身〉校注》(《敦煌资料考屑》上,1979年,初次发表于1962年);朱雷:《跋敦煌所出〈唐景云二年张君义勋告〉——兼论"勋告"制度渊源》(《敦煌吐鲁番文书论丛》,兰州,甘肃人民出版社,2000年、初次发表于1982年);王永兴、李志生:《吐鲁番出土泛德达告身校释》(《敦煌吐鲁番文献研究论集》2,北京,北京大学出版社,1983年);小田义久:《唐代告身の一考察—大谷探検隊将来李慈藝及び張懐寂の告身を中心として—》(《東洋史苑》56,2000年);同氏《德富蘇峰記念館蔵〈李慈藝告身〉の写真について》(《龍谷大学論集》456,2000年);陈国灿:《唐李慈芸告身及其补阙》(《西域研究》2003年第2期)、唐星:《释令狐怀寂告身》(《敦煌吐鲁番研究》第12卷,上海,上海古籍出版社,2011年)等。另外,刘后滨:《唐代告身的抄写与给付——〈天圣令·杂令〉唐13条释读》(《唐研究》14,2008年)与赖亮郡:《唐代特殊官人的告身给付——〈天圣令·杂令〉唐13条再释》(《台师大历史学报》43,2010年)、同氏著:《唐宋告身制度的变迁:开元五年〈告身式〉谈起》(《法制史研究》18,2010年),对于唐宋告身制度有所论述。另外徐畅:《在世唐代告身及其相关研究述略》(《中国史研究动态》2012年第3期)对唐代告身进行汇总。

[2] 旅顺博物馆的文书依据郭富纯、王振芬:《旅顺博物馆藏西域文书研究》(香港,万卷出版公司,2007年)。关于宋代的告身,参照小岛浩之:《南宋告身二種管見―併論:インターネット情報と歴史学研究》(漢字文献情報処理研究会:《論集:中国学と情報化》,东京,好文出版,2016年)。

(续表)

发给年	公历	氏名	官爵	告身	出典
永徽元年	650	李孟姜	临川郡长公主	诏授	《昭陵碑石》
乾封二年	667	郭钿醜	勋官、护军	诏授	《吐鲁番出土文书》六，第504—507页
乾封二年	667	氾文开	勋官、上护军	诏授	法国国家图书馆藏，P.3714v
上元二年	675	和氏	容城县太君	奏授	橘文书
永淳元年	682	氾德达	勋官、飞骑尉	令书	《吐鲁番出土文书》七，第221—223页
	650—690	令狐怀寂	勋官、护军	诏授	吉美亚洲艺术博物馆藏，EO.1208
长寿二年	693	张怀寂	中散大夫行茂州都督府司马	制授	龙谷大学藏，大谷1062+大谷2833
延载元年	694	氾德达	勋官、轻车都尉	制授	《吐鲁番出土文书》七，第224—227页
万岁通天元年	696	某		制授	敦煌石窟
圣历二年	699	氾承俨	昭武校尉行左卫泾州肃清府别将员外置同正员上柱国	制授	法国国家图书馆藏，P.3749v
神龙二年	706	某		制授	《匋斋藏石记》
景龙二年	708	□文楚	陪戎校尉	制授	敦煌石窟
景云二年	711	张君义	勋官、骁骑尉	奏授？	敦煌文物研究所藏，0341
开元二年	714	颜元孙	使持节滁州诸军事滁州刺史	制授	《忠义堂帖》
开元四年	716	李慈艺	勋官、上护军	制授	大谷将来，不明（小田论文图版介绍）
开元二十年	732	李暹	汾州刺史	制授	《秘书录话》卷下
开元二十二年	734	张九龄	银青光禄大夫守中书令	制授	《淳熙秘阁续帖》卷6/《玉堂嘉话》卷一
开元二十三年	735	某	勋官	制授	普林斯顿大学藏
开元二十九年	741	张怀钦	勋官、骑都尉	制授	法国国家图书馆藏

(续表)

发给年	公历	氏 名	官 爵	告身	出 典
天宝十年	751	张无价	游击将军守左武卫同谷郡夏集府折冲都尉员外置同正员上柱国	制授	《吐鲁番出土文书》十，2—5页
天宝十四年	755	秦元	勋官、骑都尉	制授	大英图书馆藏，S.3392
乾元元年	758	颜昭甫	赠华州刺史	制授	《忠义堂帖》
宝应元年	762	颜惟贞	赠秘书少监	制授	《忠义堂帖》
宝应元年	762	颜无南母殷氏	赠兰陵郡太夫人	制授	《忠义堂帖》
永泰元年	765	金刚三藏	赠开府仪同三司，号大弘教三藏	敕授	《不空三藏表制集》卷一
永泰元年	765	不空三藏	特进试鸿胪卿，号大广智不空三藏	敕授	《不空三藏表制集》卷一
大历三年	768	朱巨川	试大理评事兼豪州钟离县令	敕授	台湾故宫博物馆
大历九年	774	不空三藏	开府仪同三司肃国公食邑三千户	敕授	《不空三藏表制集》卷四
大历九年	774	不空三藏	赠司空，谥号大弁正广智不空三藏和上	敕授	《不空三藏表制集》卷四
大历十二年	777	颜真卿	刑部尚书	制授	《忠义堂帖》
大历十四年	779	张令晓	守资州磐石县令	敕授	所在不明，《书道》9-2
建中元年	780	钟绍京	光禄大夫守太子少师充礼仪使	敕授	《江西出土墓志选编》
建中元年	780	颜真卿	光禄大夫守太子少师充礼仪使	敕授	日本台东区书道博物馆藏
建中元年	780	朱巨川	朝议郎行起居舍人试知制诰	奏授	《金石萃编》卷一〇二/《停云馆法帖》
建中三年	782	朱巨川	朝议郎守中书舍人	敕授	《金石萃编》卷一〇二/《停云馆法帖》
元和元年	806	高阶远成	中大夫试太子中允（日本遣唐使判官）	敕授	《朝野群载》卷二〇
会昌二年	842	李绅	守中书侍郎同中书门下平章事	制授	《梅溪居士缩临唐碑》/《玉堂嘉话》卷一
大中五年	851	洪辩	京城内外临坛供养供奉大德	敕授	敦煌石窟163窟外壁

(续表)

发给年	公历	氏 名	官 爵	告身	出 典
咸通二年	861	范隋	勋官、柱国	敕授	《金石萃编》卷一一七/《梅溪居士缩临唐碑》
?	?	某	告身	制授	《旅顺博物馆藏西域文书研究》1480-4-6

参照：中村裕一《唐代制勅研究》《唐代官文書研究》《唐代公文書研究》，小島浩之、徐畅论文

正如前人研究所指出的那样，至 8 世纪中叶的玄宗朝，几乎所有的例子都是制（诏）授告身，但自肃宗朝以降，敕授告身有所增加。这可能是因为前文所见的开元四年(716)敕授范围扩大的影响、制授仅限于特殊官职，或是因为开元二十六年设置翰林学士从而使制、敕起草的机构一分为二等原因[1]。

但不管怎么说，根据这些实例，可以明确制（诏）授告身与公式令制授告身式几乎一致，并且复原出唐公式令中没有规定的敕授告身式的书式。以大庭脩提出过的敕授告身式的书式的复原方案为基础，再根据朱巨川敕授告身以及《不空三藏表制集》卷一所载永泰元年(765)金刚三藏敕授告身等进行复原，如下所示，对大庭脩复原方案进行了部分修正。

敕授告身式
具官封姓名
　右可某官
敕云々、可依前件。
　年　月　日
　　　中书令具官封臣姓名　　宣
　　　中书侍郎具官封臣姓名　奉
　　　中书舍人具官封臣姓名　行
奉
敕如右。牒到奉行。
　年　月　日
　　侍中具官封名
　　　门下侍郎平章事具官封名

---

[1] 内藤乾吉：《中国法制史考証》，大庭脩：《唐告身と日本の古代の位階制》。

给事中具官封名
　　　　　月　日　时　都事姓名
　　　　　　　　　　左司郎中　付吏部
吏部尚书具官封名
吏部侍郎具官封名
吏部侍郎具官封名
尚书左丞具官封名
告具官封姓名　奉
敕如右。符到奉行。
　　　　　　　主事姓名
吏部郎中具官封名　令史姓名
　　　　　　　书令史姓名
　　　年　月　日下

在此将其与日本熊本县立美术馆所藏北宋熙宁二年（1069）司马光敕授告身试作比较[1]。

　　敕……
　　……可特授依前右谏议大夫翰林学士兼侍读学士知制诰充史馆修撰。散官差遣勋封食实封赐如故。
　　　　熙宁二年八月　日
　　　　　　　　　中书令　使
　　　　　　　　　中书侍郎　阙
　　　　　　　　　尚书兵部郎中知制诰臣宋[敏求]　宣奉行
奉
敕如右。牒到奉行。
　　　　熙宁二年八月　日
　　侍中　使
　　门下侍郎　公亮
　　给事中　使

---

[1] 关于熊本县立美术馆所藏司马光敕授告身，详细的电子照片得该馆惠赐。

翰林学士承旨兼端明殿学士翰林侍读学士给事中知制诰充史馆修撰判［珪］
　　　　八月八日未时都事　孙日新
　　　　左司郎中　付吏部
　左仆射　在中书
　右仆射　阙
　吏部尚书　使
　龙图阁直学士起居舍人侍读兼权判　「维」
　尚书户部郎中充集贤殿修撰兼权同判　「鼎臣」
　吏部侍郎　使
　吏部侍郎　阙
　左　　丞　使
　告翰林学士兼侍读学士朝散大夫右谏议大夫知制诰充史馆修撰编修历代君臣
事迹详定封事判尚书都省兼提举万寿观公事兼提举司天监公事同详定转对臣
寮所上封章柱国河内郡开国侯食邑一千三百户食实封贰百户紫金鱼袋司马光
　　奉
　敕如右。符到奉行。
　　　　　　　　　　主事　阙
　殿中丞直史馆判　「轼」　　令史　刘［琰］
　　　　　　　　　　　　　书令史　樊［德宣］
　　熙宁二年八月日下

　　这件北宋司马光敕授告身，署名为"东坡居士"——苏轼，且豪华异常地记于绫上。前近代中国代表性诗人、书法家苏轼是当时殿中丞直史馆判（官诰院判官）。官诰院从属于尚书吏部，苏轼作为吏部官僚而署名。书式与唐代告身相比几乎没有改变。虽然起草者从中书舍人变更为知制诰，并且一人进行"宣、奉、行"，这一点值得注意，但在建中元年（780）颜真卿敕授告身也是有一人进行"宣、奉、行"，而且大历三年（768）朱巨川敕授告身也是由知制诰起草的。

　　考论过南宋告身的清水浩一郎指出，南宋建炎三年（1129）制度改革的结果是，中书门下省与尚书省并立，此制度的变迁反映在了文书样式上[1]。另一方面，小岛浩之

---

[1]　清水浩一郎：《南宋告身の文書形式について》，《历史》109，2007年。

则敦促我们关注制度实际情况与文书样式背离的情况[1]。

小岛氏对近年来中国拍卖会展出的两种南宋告身——乾道二年(1166)司马伋敕授告身和淳熙五年(1178)吕祖谦敕授告身进行了详细的考察。并且,在对三种北宋告身(司马光敕授告身、司马光制授告身、范纯仁制授告身)进行考察的基础上,论述了北宋、元丰官制改革以来,由于中书、门下的合并,中书、门下与尚书的两个阶段中,文书样式发生了变化的情况。虽然在样式上确实有所变化,但是这与三省制度发生的大变化没有关系。另外,在作为实例而残留下来的文书中,应瞩目于根据唐代书式而下赐的告身,所以归纳复原文书的处理过程方面应该慎重。这一意见,在思考日本位记的书式变迁这一问题上,也多有启发。在考虑到这一问题的同时,将针对日本位记的书式,特别是敕授位记及其变迁,进行探讨。

三、日本位记的变迁——以敕授位记为中心

《延喜式》(927年完成,967年施行)内记14 五位以上位记式如下所示[2]:

五位以上位记式

某位姓名

　　右、可某位

中务云々。可依前件。主者施行。

　　　年月甲日

　　　　　　中务卿位臣姓名　宣

　　　　　　中务大辅位臣姓名奉

　　　　　　中务少辅位臣姓名行

大纳言位臣名

大纳言位臣名

中纳言位臣名

中纳言位臣名

中纳言位臣名　等言。

制书如右。请奉

---

[1] 小岛浩之:《南宋告身二種管見一併論:インターネット情報と歴史学研究》。
[2] 《訳注日本史料　延喜式》中,东京,集英社,2007年。

制付外施行。谨言。
　　　　年月乙日
制可　　月丙日辰时　　　大外记姓名
　　　　　　　左中弁名

左大臣位朝臣
右大臣位朝臣
式部卿位名
式部大辅位名
左大弁位名
告某位姓名　奉
制书如右。符到奉行。
　　　　　　大录名
式部少辅位名　　少录名
　　　　　　　少录名
　　年月丁日下
　　　　右、文官位记式如件。命妇位记亦同。但武官位记、以兵部代式部、以右弁代左弁。

这一位记式模仿了唐代告身式是一目了然的。正如前文指出的,作为嵯峨天皇唐风礼仪整备的一环,弘仁九年(818)五位以上位记也就是养老公式令规定的敕授位记式,被更改为"汉样(唐风)"[1]。这一年,改变的不仅有五位及以上的位记,还有天下的仪式、男女衣服、宫殿诸堂、各门门号也都被变更为唐风,这些政策都是根据菅原清公(770—842)的建议而制定的(《续日本后纪》承和九年(842)十月丁酉条,菅原清公薨传)。菅原清公,自幼通经史,二十岁为文章生,延历二十三年(804)为遣唐使入唐,翌年归国。在此次遣唐使的归国报告中有:

……(贞元二十一年=805)二月十日监使高品宋惟澄,领答信物来。兼赐使人告身。

[《日本后纪》延历二十四年(805)六月八日条]

在《朝野群载》卷二十《异国卷》中载有与菅原清公同一时间作为遣唐判官入唐的高阶

---

[1] 瀧川政次郎:《支那法制史研究》。

远成的唐代敕授告身[1]。

  日本国使判官正五品上兼行镇西府大监高阶真人远成
   右可中大夫试太子中允。余如故。
敕、日本国使判官正五品上兼行镇西府大监高阶真人远成等、
  奉其君长之命、趋我会同之礼。越溟波而万里、谦方物于三险。所
  宜褒奖。并锡班荣。可依前件。
   元和元年正月廿八日
     中书令 阙
     中书侍郎平章事臣郑絪 宣
     中书舍人臣卢景亮 奉行
奉 敕如右。牒到奉行。
  元和元年正月 日
检校司空兼侍中 使
门下侍郎平章事 黄裳
给事中 登
    月 日时 都事
      左司郎中
吏部尚书 阙
吏部侍郎 宗儒
吏部侍郎 阙
尚书左丞平章事 在中书
告日本国使判官正五品上兼行镇西府大监高阶真人远成奉
敕如右。符到奉行。
     主事 荣同
员外郎 次元 令史 摠初
     书令史
元和元年正月日下

---

[1]《朝野群载》使用"新订增补国史大系本"。《朝野群载》卷一二内记载有位记的书式,后文提及"敕授位记"之外,也载有神位记书样、僧纲位记书样、僧尼位记书样和位记例状宣旨。

日期为贞元二十一年的翌年,元和元年(806)的正月。高阶成远比大使们晚一年归国,可以认为这是在归国之际被授予的。虽然并非是制授位记而是敕授位记,但考虑到作为判官(三等官)的高阶远成得到了敕授的话,可以推测大使(藤原葛野麻吕)得到的是制授。因此我认为这时大使的制授告身,有着作为弘仁九年五位以上位记式的参考的可能。

《朝野群载》卷一二内记所记载的宽治三年(1089)藤原公实位记,是目前了解位记书式的已知最早的实例,它与《延喜式》五位以上位记式一致。总而言之,虽然模仿了唐代的制授告身式,但在《朝野群载》中却记为"敕授位记"。书式方面的话,可以说唐代制授告身式=日本《延喜式》五位以上位记式=日本敕授位记式(弘仁九年以后)。

从二位藤原公实
　　　　右可正二位
中务、靖恭在位、佥望惟谐。庆赏修钟、仰惟令典。
宜增荣光、以穆朝弁。可依前件。主者施行。
　　　宽治三年正月十一日
　　　　　　　　中务卿　阙
　　　　　　　　中务大辅　阙
　　　　　　　　中务少辅从五位上臣藤原朝臣基赖　宣奉行
正二位行大纳言臣忠家
正二位行大纳言兼陆奥出羽按察使臣实季
正二位行权大纳言兼民部卿皇后宫大夫臣经信
正二位行权大纳言臣师忠
正二位行权大纳言臣雅实
正二位行权中纳言臣基长
……(权中纳言六人略)
制书如右。请奉
制付外施行。谨言。
　　　宽治三年正月十一日
制可
　　月日辰时。正五位下行主殿头兼大外记博士伊与权介中原朝臣师平
　　　　　　　　左中辨季仲

摄政太政大臣从一位朝臣
左大臣正二位朝臣
右大臣正二位兼行右近卫大将朝臣
内大臣正二位兼行左近卫大将朝臣
式部卿　阙
参议正三位行左大辨兼勘解由长官式部大辅匡房
正三位行式部权大辅兼若狭守正家
告正二位藤原朝臣公实　奉
制书如右。符到奉行。
正五位下行式部少辅兼大内记在良
　　　　　少录忠任
　　　　　少录良贞
　　　　　少录义贞
宽治三年正月十一日下

那么，如此成立并发给的位记从表面形式来讲，和唐代的制授告身非常相似。可以看出形态上原原本本地继承了唐代的制度。但是，所有的大纳言、中纳言对位记进行审查并署名这件事情实际上并不可能。说起来日本的大纳言是参考唐代的门下侍中而设立的官职，实际上，虽说大纳言、中纳言都曾经有过门下侍中（门下省的长官）、黄门侍郎（门下省的次官）这一类唐代官职名称，但与唐代门下省对于制敕进行审议、封驳不同，这是一种大臣们一起"参议庶议"的存在。正因如此，大纳言审议后，命令大臣施行这件事从头至尾就不存在。总而言之，这种书式虽在形态上模仿唐代的制度，但在发给手续上并不遵从实态。另外，虽说南宋告身的书式乍一眼与唐代的书式相似，但我认为与制度的实态也有背离的现象。

在这之后的书式也原原本本地继承了这一书式。如今的最古老的位记的实物，《公名公记》（《管见记》）永享二年（1430）正月六日条中可以看到，记主正三位藤原公名被授予从二位位记[1]。正如后面所描述的那样，实际上最古老的位记是9世纪中叶圆珍的位记，但如果作为并非僧人而是官人的位记来说的话，就是15世纪前半藤原公

---

[1]《公名公记》（《管見記》）藏于宫内厅书陵部。F11-1，永享二年正月是卷36，共1卷。照片数据得自于书陵部。

名位记最为古老。

公名位记,在日记正文中有这样的记载:"叙位仪,依昨日主上御衰日延引。今日于摄政直庐被行之。执笔中山宰相中将定亲。直庐之时每度慘议执笔也……后日,自内记局送给位记之间续之。"其背后贴续着位记。因为篇幅的原因,这里不再列出,不过其与宽治三年(1089)藤原公实位记是完全相同的书式。

在15世纪末东坊城和长编纂的《内局柱础抄》中,有关于位记作成的详细记述,被确认为《延喜式》中规定位记的具体制作手续和典故[1]。而且,16世纪、17世纪以降,留下了很多位记案例,全都被指出与《内局柱础抄》一致[2]。9世纪初,变更为唐风的位记书式,被规定于《延喜式》之中,就那样保持着其与实际情况背离的状况,仅仅是忠实地持续再现了那样的书式而已。

四、以圆珍位记为中心

以上,试着概述了中国唐代告身的书式及其变迁、日本位记的书式及其变迁。最后,准备对延历寺僧人圆珍(814—891)的位记再加以讨论。圆珍是日本天台宗寺门派之祖,仁寿三年(853)入唐,先后游学于天台国清寺、越州开元寺、长安青龙寺、长安大兴善寺等地,天安二年(858)归国,携归经典1000卷,死后追谥为智证大师。

圆珍的位记,包括传灯大法师位位记、传灯法师位位记、传灯满位位记、传灯住位位记4通1卷,还包括被称为"中务位记"的绫本传灯大法师位位记,共计5封,同藏于三井寺(圆城寺),另外圆珍被赠法印大和尚之时的位记"圆珍赠法印大和尚并智证大师谥号敕书"(小野道风书)现藏于东京国立博物馆[3]。

迄今为止,有关位记的研究中都提到过这些位记。但作为特殊之物的僧侣位记,并没有进行详细的考察。作为原本,这些位记无疑是很古老的东西,同时也是思考日本位记书式变迁的珍贵史料。

首先是从承和十年(843)传灯住位位记到嘉祥三年(850)传灯大法师位位记,按照

---

[1] 《内局柱础抄》收于《群书类从·公事部》。

[2] 遠藤珠紀:《足守木下家文書に残る三通の位記の再檢討》(《日本歷史》778,2013年),長村祥知:《中世風の位記—〈菊亭家文書〉寛永五年正月藤原宣季叙正二位位記—》(《京都文化博物館研究紀要》25,2013年)等。

[3] 圆珍的位记,在園城寺编:《園城寺文書》1(东京,讲谈社,1998年)中有照片集。另,《国宝三井寺展》图录(东京,每日新聞社等,2008年)中登载了传灯法师位位记、传灯大法师位位记和《中务位记》《圆珍赠法印大和尚位并智证大师谥号敕书》清晰的彩色照片,其解说同时也可作为参考。

年代顺序反向贴续的4通1卷的位记。平安前期的僧位,从下开始按顺序有传灯入位、传灯住位、传灯满位、传灯法师位、传灯大法师位等五个阶段,圆珍的位记,留存了传灯住位以后所有的位记。其中,只有传灯住位位记是钤了"僧纲之印"的僧纲判授,其相当于判授位记。

钤有"天皇御玺"之印的传灯满位、传灯法师位、传灯大法师位,这些都相当于敕授位记。嘉祥三年(850)传灯大法师位位记如下所示:

敕

传灯法师位圆珍^{年卌}_{腊廿}　延历寺

　今授传灯大法师位

嘉祥三年六月十六日

虽说相当于敕授位记,但与仿照唐代制授告身式的日本五位以上位记式=敕授位记式不同,它极为简略。这一书式与《延喜式》内记规定的僧尼位记式完全一致[1]。

敕

某位僧名^{年若干}_{腊若干}　某寺

　今授某位

　　年　月　日

实际上,此类圆珍传灯大法师位位记已经有一件了。它被称作"中务位记",并非写在纸上,而是写在绫上,并钤有"内侍之印"。日期是约一年前的嘉祥二年(849)六月二十二日。

延历寺天台宗传灯法师位圆珍

　　右可传灯大法师位

敕、栖山一纪、涉猎三载……

……可依前件。主者施行。

嘉祥二年六月廿二日

　　中务卿四品兼行常陆国太守臣时康亲王　宣

　　从五位上中务大辅臣并山王　奉

　　从五位下守中务少辅臣橘岑范　　行

---

[1]《延喜式》内记中,除前文所列举的五位以上位记式之外,还载有神位位记式、僧纲位记式、僧尼位记式、延历寺栖山一纪僧位记式。

不是"今授某位"而是作"右可某位",记载有敕词(栖山一纪,涉猎三载……),署有中务省官员的"宣、奉、行"。这一书式,与前文所见唐敕授位记式的、除施行手续部分之外,本身是一致的。也就是说,这是忠实地模仿了唐代的记(敕)书式。

圆珍充内供奉治部省牒(东京国立博物馆藏)中留有圆珍亲笔后记,提及了这一位记[1]。

> 我(国)任十禅师时,只有官省施行符,元来不给牒身之验。仍圆珍入唐之日,奏请蒙给牒,右大臣藤大合下(藤原良房),尽力劳给之。大唐高官无人不爱,皆抄取之。温州刺史、越州副使,并写取此公验及中务位记。览者知元。圆珍记。

根据这一史料来看,圆珍是在嘉祥三年(850)被任命为内供奉侍念禅师,这样的任官情况通常只是行"符",没有作为公验的"牒"。因此,入唐时特别提出申请(右大臣藤原良房也有出力)发放传灯大法师位位记的同时也发放治部省牒(公验)。带着这个入唐时,大唐的高官们大家都很喜欢并进行抄写,温州刺史和越州副使们也抄录了这一公验和位记。

实际上,就任时日本会发给"任符"[2]。这个任符是给就任机关(赴任目的国)及相关诸官司的通告,收藏于相关诸机构,不能作为本人的身份证明[3]。因此圆珍才申请了发给当作自身公验的治部省牒和中国的位记吧。并且还把这一牒和位记在唐代曾被高度评价一事特意以所谓后记记录了下来。

最后,想介绍一下被传为小野道风亲笔的《圆珍赠法印大和尚并智证大师谥号敕书》。

　　天台座主少僧都法眼和尚位圆珍
　　　　右可赠法印大和尚位号智证大师
　　　敕……
　　　　……可依前件。主者施行。
　　　　　　延长五年十二月廿七日

---

[1] 《国宝三井寺展》图录、解说中附有"圆珍添书"照片。

[2] 关于任符,渡辺滋:《任官関係文書に見る当事者主義》(《日本古代文書研究》,东京,思文阁出版,2014年)阐述较为详细。另,日本对于任符的发放,仅限于国司(地方官)。参照西本昌弘:《八、九世紀の内裏任官儀と可任人歴名》,《日本古代儀礼成立史の研究》,塙书房,1997年,初次发表于1995年;佐々木恵介:《古代における任官結果の伝達について》,《日本律令制の展開》,东京,吉川弘文馆,2003年,等等。

[3] 早川庄八:《八世紀の任官関係文書と任官儀について》,《日本古代の文書と典籍》,东京,吉川弘文馆,1997年,初次发表于1981年。

　　　　　　三品行中务卿　敦实　宣
　　　　　　从四位上行中务大辅源朝臣　国渊　奉
　　　　　　从五位下行中务少辅源朝臣　兴平　行
奉
敕如右。牒到奉行。
　　　　延长五年十二月廿七日
参议从四位下守治部卿兼赞岐守　当幹
治部大辅　阙
参议正四位下行左大辨兼赞岐权守　悦
告法印大和尚位智证大师　奉
敕如右。符到奉行。
　　　　　　　　　　大录　阙
治部少辅从五位下公彦　　少录　茂伦
　　　　　　　　　　少录　直干
延长五年十二月廿七日

印有13处"天皇御玺",纸张也至今保留着漂亮的缥色(淡青色)。书式同于《延喜式》内记僧纲位记式,纸张也可见于《延喜式》内记的位记装束条,与僧都以上准三位使用缥纸的记录一致。

值得注意的是,这个圆珎赠位记,类似于唐代的敕授告身。比如,与唐永泰元年(765)金刚三藏敕授告身等(《不空三藏表制集》卷一收录)极其相似。但是,却没有相当于从敕授告身的门下省到尚书省送交、受理的部分。而是从中务省直接送到了治部省,再经治部卿(参议)、治部大辅和左大弁(参议)签名,从而发放符。可以说,这是在使用敕授告身形式的同时,通过根据实际发放手续的书式而做成的。《延喜式》内记的僧纲位记式,在模仿唐敕授告身式的同时,切合实际情况,也规定了一定程度简略化的书式。

结　　语

养老公式令所规定的日本位记,是将唐公式令告身的书式进行简化之后的产物,弘仁九年(818)修订位记为"汉风",接近唐代告身的形式,这在《延喜式》五位以上位记式中被固定下来。

在本文中,日本五位以上位记即敕授位记式并非唐代的敕授告身式,而是继承制授告身式,敦促我们注意《延喜式》所规定的僧纲位记式类于唐代敕授告身式。另外也确认了,从五位以上位记式的书式并不能再现文书发给手续,总的来说,就是形式仿照唐制,但发给手续式依据实际状态。

根据遣唐使所带回唐所赐告身书式的变更,以及圆珍赴唐之际申请、被发给的唐风位记的情况(而且特别记录了其书为唐高官所称赞之事),可以窥见,说到底只是重视唐告身的形式。实际上,根据10世纪中叶的《西宫记》等仪制书,位记是中务省的内记预先制作,上卿将之奏闻天皇,请印(钤"天皇御玺"章)后覆奏,再颁发当事人的文书。

因为书式和发放手续的实态不同,所以不论文书发给系统如何变化,书式也能依照原本发给方式发给。日本中世以降,位记之外,还实行了由简略形式的"口宣案"授予位阶[1],另一方面,正式的位记在中世、近世也持续在发放。因为位记是身份证明最重要的文书,所以9世纪初成立的唐风文书形式被原原本本地保存下来了。

宋代告身,在根据实际情况变更着书式的同时,原原本本继承了唐代告身的形式。据曾考察过高丽告身的矢木毅所言,高丽的告身其书式是模仿唐代告身,制授告身(大官诰)适用于宰相职,敕授告身(小官诰)则适用于文武三品以上,不过告身算比较特殊的例子了。在高丽,一般官僚的任免用"制牒"、"教牒"(模仿唐代的敕牒),作为其简略形式的"批"、"判"而被常态化[2]。唐的告身这一书式,不论其实态,作为东亚的身份证明的文书形式(权威的形式),其机能应该能一直发挥作用吧。

补记:2018年10月16日至12月9日于国立历史民俗博物馆(日本千叶县佐仓市)举办"日本之中世文书——机能与形与国际比较"展。从历史民俗博物馆所藏的数千件古文书当中,甄选出能够窥览日本古代、中世古文书全体像的古文书,并且从"东亚的日本古文书所处位置"这一国际性视角,对古文书进行展示。

[作者丸山裕美子,教授,日本爱知县立大学。陈睿垚译]

---

[1] 关于口宣案,参照富田正弘:《口宣・口宣案の成立と変遷》,《中世公家政治文書論》,东京,吉川弘文馆,2012年,初次发表于1979、1980年。

[2] 矢木毅:《高麗國初の廣評省と内議省》及《高麗時代の銓選と告身》,《高麗官僚制度研究》,京都,京都大学学术出版会,2008年,均初次发表于2000年。关于朝鲜半岛的告身,另有木下禮二:《〈三國遺事〉金傅大王条にみえる〈冊尚父誥〉についての一考察——唐告身との関連性によせて》,《朝鮮学報》93,1979年。

日本的古文书与书状:从古代到中世

佐藤雄基

引 言

本文从两个方面探讨了日本中世时期的书状,一个方面是书状在日本古文书学中的位置,另一方面则是书状的公文书化问题。

日本的古文书学是以欧洲的古文书学为蓝本,并通过对于现存古文书的调查与整理,而形成自己的特色[1]。从存世史料来看,东亚社会中日本的特色正是8世纪以后,随着数量众多的古文书原本(original)的流传而逐渐形成的[2]。

日本历史的时代区分,以8世纪为中心,学习中国的律令制度建立中央集权的国家体制,这一时期被称为"古代";从11—12世纪开始,日本确立以庄园制为基础的国家和社会体制,到16世纪末"近世"国家成立为止,这一时期被称为"中世"。与古代中央集权和官僚制相比,中世被称为"自力救济"的时代,伴随着基于国家机构的社会管理体制的崩溃,形成了以家产制的经营体("家")为基础的社会体制。出于这个原因,人们保留与权利本身相关的公文书,用来主张自己的权利[3]。这些残存的公文书,主要保留在寺院与贵族、武士的"家"中。《平安遗文》收录平安时代(794—1185)的文书达4000通以上。《镰仓遗文》收录镰仓时代(1185—1333)的文书超过了3万通。而未被这些史料集收录的古文书数量也非常庞大。对于这些流传下来的数量庞大的中世古文书进行整理并展开的"史料批判",不断地推进以文书样式的变化为基轴的日本的古文书学的发展[4]。

日本的公文书样式,始于根据律令(公式令)规定而形成的"公式样"文书(以官文书为主)。到了平安时代,形成了"公家样"文书。武士政权(镰仓幕府、室町幕府)时期

---

[1] 佐藤雄基:《日本中世初期の文書と訴訟・序章》,东京,山川出版社,2012年。
[2] 河音能平:《世界史のなかの日本中世文書》,东京,文理阁,1996年。
[3] 村井章介:《中世史料との対話》,东京,吉川弘文館,2014年。
[4] 佐藤雄基:《明治期の史料採訪と古文書学の成立》,松泽裕作编:《近代日本のヒストリオグラフィー》,东京,山川出版社,2015年。

转变为"武家样"文书[1]。单就样式的特征而言,无论是公家样文书,还是武家样文书,自13世纪以后,书状形式的文书("书札样文书")逐渐公文书化,成为样式变化中最大的特点[2]。这里所说的公文书化,是指将裁判的判决、权利的保证与授予的文书发给当事人,而由当事人一方(家)保管而流传下来的文书。书状的公文书化是13世纪以后的现象,对这一现象的原因及起源的研究并不充分。事实上,13世纪以前也存在着书状。书状作为私人之间授受的文书,虽然一直以来都被看成"私文书",但官吏之间相互往来的文书却带有公的特点。以公文书样式为基轴的古文书学研究往往忽略这一点,因此,非常有必要考察日本书状的起源、演变直至其公文书(具有长效性的权利保障、授予的文书)化的过程。

本文将追溯日本古代和中世时期书状的历史,同时探讨公家、武家书状公文书化的具体情况。

一、古代文书和书状

古代的公文书根据律令(公式令)的规定而有固定的样式。一般认为9世纪以后,也就是平安时代产生了公家样文书,它是与公式样文书不同的新式公文书。也就是说,随着律令制的改变,公式样也发生了改变,随后产生了公家样。但是从在奈良正仓院发现的数量庞大的8世纪的"正仓院文书"来看,其中包含很多与公式令规定样式不同的文书。所以,不能以公式令的规律概括所有8世纪的文书。这一时期的文书的样式也是多种多样的。就时代背景而言,在7世纪,通过朝鲜半岛,日本受到唐代以前更古老的文书形态的影响,这种对于文书行政的影响实际上一直残存到奈良时代的末期。到了9、10世纪,进入平安时代以后,文书样式逐渐完善,形成了"公家样文书"。不过,公家样文书并不是公式样文书直接蜕变的结果[3]。

以上是对公文书发展历史的展望,对于书状而言,也同样如此。

8世纪的"正仓院文书",保存下来一些下级役人交流的书状。这些书状很多是模仿书仪的形制,但他们并不关心对方是否遵从作为书仪的"礼"的秩序[4]。中世书状

---

[1] 佐藤進一:《古文書学入門》,东京,法政大学出版局,1971年,2003年。
[2] 上島有:《古文書の様式について》,《史学雑誌》97卷11号,1988年。
[3] 佐藤雄基:《日本中世初期の文書と訴訟》第一章,东京,山川出版社,2012年。
[4] 丸山裕美子:《書儀の受容について—正倉院文書にみる〈書儀の世界〉》,《正倉院文書研究》4号,1996年。

作为私人之间往来的文书,其特征是将寄信人的署名写于日期之下(日下),收信人则写于日期的左侧(奥)。不过,当时既有这种书写方式书写的书状,也有将寄信人和收信人都写于开头的书状。从后世的书札礼的世界来看,这是一种无秩序的状态,只是模仿形制,将其看成具有个人风格的交流工具。

到了9世纪,来自唐代的礼法制度逐渐规范化,唐代之前的旧有要素被逐渐去除。但是,从"正仓院文书"中的古代下级官人的书状来看,已经包含了很多中世书状的要素。例如,战国时代武士的署名,羽柴筑前守秀吉署名为"羽筑"。而从漆纸文书书状的记载来看,有以"竹田继口"为名字的官人署名为"竹继"的情况。

10世纪以后,出现了用日本风格的汉文书写的书状。10世纪,以宫廷为中心的贵族社会中,贵族们通过交换书状进行日常交流。11世纪,贵族社会中出现了仿照书仪(月仪)写成的书简例文集,这类文集以《云州往来》(藤原明衡著)为始,为人们按月提供书状写作的例文。另外,平常使用的书状一般是不会被妥善保存的,加之纸是非常珍贵的,所以将北山抄、延喜式等纸背再次利用而流传下来的典籍纸背文书逐渐增加。

这一时期,与地方行政相关的书状例文集——高山寺本的《古往来》也问世了。由此可知,地方社会也会交换书状。从贵族社会到地方社会,书状文化在10至11世纪出现,并在一定程度上推广开来。这种书状文化,不仅反映出源于中国书仪的书状的"日本化"在不断扩展。在8世纪,日本已经存在着的一个如"正仓院文书"一样的书状的世界。这些书状在实际利用过程中,与象征书仪的书状规范不断结合,诞生了日本的书状文化。

二、中世公家政权书状的发达

关于11世纪形成的日本中世书状的特征,在这里主要列举以下两点:

第一,奉书的发展。

一般具有高贵身份的人并不亲自书写书状,而是由亲信(侧近)来代写,或以亲信的名义来写。这些由亲信按照主人命令而作的书状即为奉书。在古代日本,下属记述上司命令的文书称为"宣旨"。这种宣旨并不是律令规定的公式令文书,但它在7世纪却起到了支撑文书行政的作用[1]。以这种"宣旨"的利用为前提,亲信会将主人的命

---

[1] 早川庄八:《宣旨試論》,东京,岩波书店,1990年。

令传达给第三者,这种样式的书状就成为奉书[1]。

第二,书札礼的臃肿化。

书札礼以中国的书仪为基础,详细规定了书状的写作方法。书札礼根据发出者、接受者之间的身份关系,以及正式与非正式的情况下,对于应该用通常的书状来写,还是用奉书来写有一些规定,对于书状的语言也有细致的规定。书写身份关系的时候,是以个人官位为基准还是以出身血统为基准书写一直存在争议。简而言之,10世纪以后,由于官僚制日益衰微,"家"作为基本单位得以形成,血统、家世被格外重视。不过,以王权为中心的官位秩序仍然受到重视。所以,出现了各种各样的书札礼,同时也引发各种争议。

从11世纪开始,出现了作为权利文书的书状。具有公的功能的书状成为奉书的基本形式。其中之一即为秘书官(藏人)奉天皇旨意而作的"纶旨"。京都的"醍醐寺文书"中就保留了要求醍醐寺高僧成为天皇的护持僧的"纶旨"。到了12世纪(也就是院政时期),也出现了奉退位天皇,也就是上皇(院)旨意的院宣等。

从"院宣"的机能来看,并不是一种直接的公文书。相反,院宣最初是以朝廷作成的公文书为前提,是为了相关人士居中斡旋,而向利害关系者非正式传达的文书。所以院宣并不是自身权利证明的文书,从当事人来说,这是对于"王权(院)为了自身而居中斡旋"的证据的尊重[2]。因为朝廷的公文书都有一套繁杂的收发程序,在实际上很少使用,取而代之的院宣、纶旨,则具备了朝廷公文书的功能。

作为公文书使用的书状(奉书)也具有一定的书写形式,例如用年月日代替月日、使用行书书写等成为表示具有公文书性质的书状的书写形式。

因此,书札礼作为一种规范,不仅限于私人之间,同时也具有公的性质。所以,为了回避由于书札礼而引起的争议,弘安八年(1285),王权制定了"弘安礼节",成为贵族社会书札礼的规范(弘安的书札礼)[3]。以王权为中心的官位序列化,影响到了后世。这种日本的书札礼,围绕着贵族之间的书状交流,在公的领域逐渐发达起来,而在父子兄弟等亲族之间却没有得到发展[4]。造成这种情况的一个原因,就是日本的贵族并

---

[1] 佐藤雄基:《日本中世前期の文書様式とその機能:下文・奉書の成立を中心にして》,《史苑》75卷2号,2015年。

[2] 佐藤雄基:《日本中世初期の文書と訴訟》第二章。

[3] 百瀬今朝雄:《弘安書札礼の研究:中世公家社会における家格の桎梏》,东京,东京大学出版会,2000年。

[4] 弥永贞三:《日本の古文書と書札礼》,《古文書研究》44号,1997年。

没有独立于王权而存在,即使古代国家的官僚制衰微之后,他们作为宫廷贵族仍然从属于王权。

另外,镰仓幕府(武家)是不包含在《弘安书札礼》之中的。最后,本文欲研究武家的书状情况。

三、武家书状——花押直状的发达

12世纪以后,随着武士势力的壮大,建立了被称为"幕府"的武家政权。古代的朝廷(公家政权)与幕府(武家政权)并存,成为12至16世纪,也就是"中世"这一时代的特征。

一般的观点认为,武家文书的样式是模仿朝廷(公家政权)文书的样式。不过,朝廷中公文书是一直是存在的,书状形式的文书代替公文书也被广泛使用。与之不同,武家的书状,特别是带有发出者自己花押(花样化署名)的直状是作为公文书而逐步发展起来。伴有权力者自己花押的直状,与武家时期的主要支配原理——主从关系有着密切的关系。

原则上,书状应该是署名者本人执笔书写。但武家书状的特征是本人只写花押,内容则由"书记"代笔。这一习惯始于镰仓幕府初代将军源赖朝。他不执笔署名,取而代之却非常重视本人的花押[1]。花押象征着主从关系,一个很有名的故事,就是讲武士想要得到写有主君花押的文书(《吾妻镜》建久三年八月五日条)。

关东御教书是镰仓幕府发出的公文书。这些文书在名义上虽是尊奉将军的指示,但实际上是由掌握政治权力的北条氏的执权、连署(副执权)来花押的。因此,御教书就是有执权、连署的花押文书(《沙汰未练书》)。

后来,尊奉将军指示的这种奉书的形式也被取代,出现了当权者径直署押,同时也直接下发的直状这种书状形式的命令文书。14世纪成立的室町幕府则使用了署有将军花押的御判御教书[2]。这一"御判"的形式也影响到守护大名和其他的武士。16世纪战国大名用押有朱印的朱印状代替了署有花押的"判物"。1590年,统一日本的丰臣秀吉在授予大名土地时,发给他们朱印状。朱印押于日期的下面,这个位置本来是署名

---

[1] 相田二郎:《鎌倉時代に於ける武家古文書の筆蹟(上)(下)》,《相田二郎著作集一 日本古文書学の諸問題》,东京,名著出版,1976年。

[2] 佐藤雄基:《文書史からみた鎌倉幕府と北条氏:口入という機能からみた関東御教書と得宗書状》,《日本史研究》667号,2018年。

与花押地方,显示出朱印取代花押的意识[1]。总之,中世的武家文书,书状系统的文书的花押具有自身的独特性。

13世纪以后,日本书状形式的文书虽然还是公文书,但在朝廷(公家政权)和幕府(武家政权)的场合下,却有着极大的不同。

[作者佐藤雄基,日本立教大学准教授。张舰戈译]

---

[1] 荻野三七彦:《印章》,东京,吉川弘文馆,1966年。

《元典章》点校随想

洪金富

《元典章》全名《大元圣政国朝典章》,是七百年前1320年代,佚名者收集元代中期(世祖忽必烈即位以降迄英宗至治二年,1260—1322)官方文书加以编纂,交付书商出版的一部八十万字大书。书前牌记明言所收文书为"圣旨条画及朝廷已行格例",换言之,《元典章》就是一部法令文书汇编。这部文书汇编内容广泛,涉及国家政务的六大部门,以刑部文书八百余件为最多,次户部五百余件,吏部三百余件,兵、礼、工三部文书最少。它是元代官吏办理公事的参考资料、书商谋利的工具、后人研究元代历史的资料宝藏。研究元代语言文字,也有很高价值。书中人物在四千人以上,有贪官污吏、恶劣丈夫、狠心后母、三教九流,不一而足,绝大多数是寻常百姓。书中文字,有传统文言,有当代白话,有蒙文原文的汉文直译(如"各投下多是汉儿契丹女真做蒙古人的名字充达鲁花赤";"达达家偷头口的贼每根底断没九个重的敲了轻的断放有汉儿贼每不那般断有众人商量说者么道圣旨有来")。对元史专业以外的学者而言,直译犹同天书,兼以删节不当,抄刻舛错,本书号称第一难读。半个多世纪前,日本几位著名学者组织《元典章》研究班,定期会读书中文书,开启点校《元典章》的先河。他们集思广益,共同对付《元典章》,成果是1964年和1972年出版《校定本元典章·刑部》两册。此后二三十年间,日本和中国学者陆续出版了《元典章》兵部、礼部、户部、吏部文书的点校。2011年,中国四位史学家(陈高华、张帆、刘晓、党宝海)首先推出全文点校本。本人耗时一十六年的校定本《元典章》也终于在2016年面世,接受检验。

校定本《元典章》出版前两年,即2014年,我已先行发表校定本《元典章·自序》,谈到《元典章》的编纂缘起和过程、内容和价值、语言和文字、编辑上的问题、校勘上的难题、现代中日学者的点校等。本文既不想重复自序的内容,也无法提出具有新义的意见,只能就个人过去点校《元典章》所见所想到的两三个问题,稍加说明,敬请指教。

一、换行缩格与文献标点

古文献可以有不同的分类方式,经、史、子、集四部是就一部文献整体的上下文属性所作的分类；我们也可以把一部文献中各自独立的一篇文章、一则记载，依书写者的身份分为私家文字和官方文书两类。点校私家文字问题不大，适当使用现行的标点符号和依内容分段落并不困难。官方文书可分结构简单的和复杂的两类。所谓简单和复杂，只是笼统的说法，没有一定的分类标准。一件公事由事头到结绝，也许单一机关（衙门）就可以处理完毕，也许须经两三个机关的处理才能够结案。机关处理公事，需要文移往来，文移中通常都会引述或节录相关机关处理本案的意见，形成所谓装叙体的文书。这种文书，假如涉及机关不多，文书结构比较简单，我们施加标点，进行分段，应当不会误把甲机关的意见认作乙机关的意见。与此相对，涉及机关多，各个机关的意见就会层层装叙在文书之内，形成结构复杂的装叙体文书。这种层层相套的文书，现行的单双引号，即使把传统的一二级引号「」和『』，以及新式的一二级引号""和''，同时派上用场，可能仍然不够用。而且，很有可能会出现诸如此类的标点组合：「『……』」：「『……「……」……』」：""'……'"":"……'……'……"。对读者而言，直接的影响显然是负面的——眼花撩乱。

元代文献不乏结构复杂的官方文书。官方文书汇聚而成的《宪台通纪》、《宪台通纪续》、《南台备要》和《元典章》尤其随处可见。十多年前，点校台宪文书时，为了解决引号不足以及一连串引号徒然令人眼花缭乱的负面效应，我尝试使用一种我称之为"换行缩格"的办法来权充引号，进行标点。这个办法同样起到引号的作用，有优点，也有缺点。请以拙编《元代台宪文书汇编·点校说明》所举之例，即《汇编》第三部《南台备要》第71条《建言烧钞》的标点为例说明：

至正十一年六月十七日（1351.7.10），准御史台咨：
　　承奉中书省札付：
　　　　陕西省咨：
　　　　　　奉元路申：
　　　　　　　　西台札付：
　　　　　　　　　　监察御史范勿承直呈：
　　　　　　　　　　　　于至（元）〔正〕九年七月二十七日（1349.8.11），与陕西省温中奉，一同监督奉元路总管冯太中差倩行人将行用库子王谅……

"御史台咨"、"中书省札付"、"陕西省咨"、"奉元路申"、"西台札付"、"监察御史范勿承直呈"等五衙门一官员的文移内容，各依序移到次下一行，并且各依序自左向右递缩一格。这种格式，清楚显示各层引文始于何处，止于何处，一目了然，不会弄错。一件公事的处理流程也清楚地显示出来,同样不会弄错。

我们如果遵照传统办法来标点这份公文,结果不外是这两种:

① 至正十一年六月十七日,准御史台咨:承奉中书省札付:陕西省咨:奉元路申:西台札付:监察御史范勿承直呈:"……"

② 至正十一年六月十七日,准御史台咨,承奉中书省札付,陕西省咨,奉元路申,西台札付,监察御史范勿承直呈:"……"

一路使用冒号或逗号这两种标点方式都无法正确显示各个机关的文移或意见起始于何处,终止于何处,容易让人把甲机关的意见误认作乙机关的意见,背离了研究历史实事求是的基本精神。

换行缩格形式处理的文书有其缺点,最显著的缺点是,部分文字区块会呈现向右下或向左下斜行的模样,甚至于出现锯齿状的行列。美观与实用不可兼得,我舍前取后。

我整理《元典章》,沿用了《台宪文书》试用的"换行缩格"的形式来标点结构复杂的官方文书,目的在于帮助读者正确了解文书的内容和公事的处理过程。我并不考虑读者引用那些文书,照搬"换行缩格"处理过的文书模样可能造成的种种问题(例如版面不协调),因为读者在其大作中全文引用、全盘照搬那种模样的文书,可能性微乎其微。

去年,北京大学博士生申斌发表一文,题曰《明代官文书结构解读与行政流程复原——以〈山东经会录〉的纂修为例》(《安徽师范大学学报》(人文社会科学版)2016年第6期)。文中对于"换行缩格"说明如下:

洪金富首创"换行缩格"法代替引号,不但解决了标点装叙法行文文献时引号不够用的问题,而且有助于读者理解公文层次和承转关系。下面就依此方法标点《山东等处行宣布政使司为开局会计以定一省经制事》。

"换行缩格"的标点方式对于我们正确了解结构复杂的官方文书,帮助甚大。有志整理古书的同好,不妨斟酌。

二、简笔或草书的形似致误字

古书错字屡屡可见,而错字之所以错,或因形似,或因音近,或别有缘故。形似致误方面,笔画数多的字出错的可能性或许稍高,但应当注意,笔画数少的字出错的可能性同样不低。《元典章》中就有"又"、"文"、"交"、"父"、"及"、"反"等笔画简单的形似致误错字。这一方面,这里搁置不谈。我想说的是容易受到忽略的简笔或草书的形似致误字。这里举一"听"字为例说明。

兹先将《元典章》所见相关文字依条序抄录如下,所录文字是没有"听"字的。[1]

【一】《保选宪司书吏》12—16,20b7—20b15(0588):

……今后如遇令史有阙,即便行移按察司,备申宪台所候发补外,用不尽书吏,候考满日申台定夺施行。

【二】《强窃盗贼通例》49-4,3a3—4a18(1991):

……其徒伴有未获,追会有不切而不能完备者,如服审既定,赃验明白,理无可疑,亦所依上归结。

【三】《父首子烧人房舍》50-9,5a9—5b3(2065)

……今被杨青捉拿到官,依旧例,(合理受法旧例)若于法许相容隐者为首及相告言者,各所如罪人身自首法。

【四】《站户消乏转卖亲属》57-8,5a14—5b16(2304)

……钦(承)〔奉〕诏书内一款,节该:"诸处站赤消乏,盖因有司失于拯治之故。仰中书省、通政院即将消乏逃亡人户合并、补会。(官)〔管〕站头目因而典买本管站户亲属,并行完聚,价不追还。"

【五】《林勋盐梅》64-20,课程3a13—3b5(2549)

……其余行盐地面所买有引官盐,有司给凭。若用私盐淹浥,果有私盐榷货明白显迹,准运司元言,同私盐法科断。

前引五段文字内的五个词句:所候发补、亦所依上归结、各所如罪人身自首法、并行完聚、所买有引官盐,从上下文脉络来看,都是文理不通的。假如我们把四个"所"字和一个"行"字(第四条)都改为"听",那么,听候发补、亦听依上归结、各听如罪人身自首法、并听完聚、听买有引官盐云云,不仅可以单独成词成句,而且整段文字也因此而文义通顺,了无滞碍。这就是所谓校书三法中的"理校"。另外二法,亦即"本校"和"他校",当然也可以派上用场,兹不赘述。我想指出的是,误"听"为"所"为"行",不难理解。《元典章》好用减笔字或俗写字,通篇可见。"听"字俗写,或作"听",或作"听"、"听",它们的草书"听",与"所"字"行"字正体及异体,形状近似,稍一不慎,豕亥鱼鲁,不堪卒读,遂不可免。

前揭日人《校定本元典章·刑部》和山西古籍出版社所出祖、李二氏《大元圣政国

---

[1] 下列引文条目后数目字,例如首条12—16,20b7—20b15(0588)云云,表示该条系洪金富校定本《元典章》(中研院史语所2016年出版)第12卷第16条,元刊本《元典章》第20后半叶(b)第7行至同叶第15行,为校定本《元典章》总条数第0588条。

· 205 ·

朝典章·刑部》(2004年出版)对前面第四条引文中"并行完聚"云云,并无校改。

点校古书,遇有"所"字、"行"字而文理不通的,不妨斟酌一下,有无可能是"听"字之误。

《元典章》误"听"为"行"或"所",前面所举五例,造成的结果是前后文义不顺,不能算十分严重,而且点校者大多能够发现错误并给予改正。下面一例,不仅躲过了部分学者的法眼,也对于原本的文义造成了严重的扭曲,甚至可以说是荒诞不经。

该例见卷十七《户口条画》条的《断案主户》项,该项全文如下:

一、断案主户

诸犯刑官员,已经朝廷断没家属并户下驱口,并依已断,发付合属收系。

诸色人等,因为犯事,不问罪名轻重,一例将人口、财产断没,给与事主,或所断官员分讫,中间亦(无)〔有〕所犯情罪,不及断没人口。今拟在前已经钦奉圣旨并诸王令旨,忽都虎官人文字断过者,别无定夺外,其余断事官、府州达鲁花赤官员,擅自断讫之人,除犯重刑者另行定夺外,〔其〕余(者)杂犯人等,改正为民,收系当差。

按《元典章》成书的次年,1323年,元朝政府颁行《大元通制》。《大元通制》全书已佚,今仅存《条格》类若干卷,学者称之曰《通制条格》。前引《元典章》的《户口条画》全文,亦见《通制条格》,个别文字略异,可以互相校勘。前引《断案主户》项下文字,《元典章》"亦无"及"余者",应依文义并据《通制条格》更正为"亦有"及"其余"。至于画有底线的"所断官员"四字,两书无异。

《通制条格》一书先后有黄时鉴和方龄贵两先生的点校本[1]。兹先引方龄贵《通制条格校注》之句读如下:

诸色人等,因为犯事,不问罪名轻重,一例将人口、财产断没,给与事主或所断官员分讫,中间亦有所犯情罪不及断没人口,今拟……[2]

按:"所断官员"四字,字面意义为被断罪的官员,义同本款第一子目所谓被断罪的"犯刑官员"。犯刑官员自身(或者连同他的家口,即家属并驱口)就是被断没(籍没)的

---

[1] 元完颜纳丹等纂集:《大元通制条格》,今存民国十九年(1930)北平图书馆影印明初墨格写本,有台北华文书局1968年影印本。方龄贵校注本:《通制条格校注》,北京,中华书局,2001年。黄时鉴点校本:《通制条格》,杭州,浙江古籍出版社,1986年,收入黄时鉴主编:《元代史料丛刊》。

[2] 黄时鉴点校本《通制条格》与吴志坚《元至元八年户口条画校勘及释例》一文(见《中国史研究》2007年第2期,第107—114页)亦作"所断官员",无校改。

对象,岂能成为被断没人口的"给与"对象,由受刑人一变而为受益者?"给与事主或所断官员分讫"云云,文理不通,显然可知。其次,本款有二子目,分别处理犯刑官员和犯事的诸色人等,一官一民,第二子目应无必要再涉及被断罪的犯刑官员。据此两点,颇疑"所断官员"四字应有讹误。"所断官员"意谓被断罪的官员。官员有被断罪者,亦有断人之罪者。断人之罪的官员,就是听讼断狱的官员,可用"听断官员"四字来表达。若将前述涉疑文字内"所断官员"改为"听断官员",该段文字即可文理通顺,了无滞碍,意谓犯罪人民,无论罪名轻重,其人口、财产,率皆遭到断案官员(即"听断官员")的籍没,或者给与事主(即受害者、当事人),或者就在断案官员之间进行分配,私自占有。元代官豪权贵,争夺人口,相当激烈。种种情况,在在有之。朝廷为控制户籍,增加税收,故有整顿之举,故有至元八年(1271)《户口条画》的颁布。条画内本款文字,即系针对籍没人口即"断案主户"而订,旨在规定,遭到断事官、达鲁花赤"擅自断讫"的"断没人口",应予解放,脱离奴籍,改正为民,承担赋税差役。

我们改"所断"为"听断",除了依据前后文义之外,也考虑到古籍中误"听"为"行"为"所"并不罕见的情况。整理古籍,遇到可疑字句,运用校书三法,纠谬补阙而不可得,不妨考虑可疑字句内关键词的种种字体——繁体、简写、楷书、草书、俗写等——致误的可能性。

三、否定字"不"与"休"的脱衍讹误

本节讨论《元典章》中否定词"不"与"休"的脱衍讹误。所见十七例中,其致误之由难知者十二见,比例高。兹抄录相关文字如下,圆括号"( )"内小字系当删字,方括号内"〔 〕"大字系改正字。每条相关文字下为个人注记。个人不悉致误之由者,在序号1、2、3…之前加星号"﹡",敬请指教。

(一)"不"(凡17例)

【A】脱"不"字(5例)

﹡1《又》8-31,17a8—17a13(0389)

……钦奉圣旨,节该:"军官承袭,虽阵亡了,不得呵,休委付者。虽年老病故,本人了得呵,〔不〕降等(则么),合本等委付。"

注一:本条内容,可参《元史》卷八二《选举志二·铨法上·进用武官》条:至元"二十五年,军官阵亡者,本等承袭。病故者,降二等。虽阵亡,其子弟无能,勿用。虽病故,

其子弟果能,不必降等,于本等用之"。(第 2039 页)《元典章》本条译文"不得"、"了得",犹《元史》"无能"、"能"。"降等则么"云云,应有讹误,今据《元史》改。

*2《军名户头不得为婿》18-37,18a3—18a10(0814)

……外据正军、贴户承继元户军(民)〔名〕户头者,〔不〕得与人家作养老、出舍女婿,仰依上施行。

注一:《通制条格》卷四《户令·嫁娶》条作"不得",是。盖军户男丁出赘,该一军户即少一兵源,故需立法禁止。

*3《种田纳税》24-1,1a7—1a18(1138)

……据〔不〕该纳丁税蒙古、回回、河西、汉儿并人匠,及不以是何投下诸色人等、官豪势要之家,但种田者依上征纳地税……

注一:《通制条格》卷二九《僧道·商税地税》条有"不"字,是。

*4《倒换昏钞体例》20-18,10a7—12a4(0927)

前件议得:字贯虽昏烂,若〔不〕是接补,终是全张。更有边栏花样可以辨认,号为真昏,合许倒换。

注一:《通制条格》卷一四《仓库·倒换昏钞》条有"不"字,是。

*5《拯治盗贼新例》49-9,6a5—6b13(1996)

……〔不〕拣那里去呵,交本管头目每根底,"这些人、这些马去了也"。么道,要脚引文字行者。

注一:"不拣那里",无论何处之意,元代文献常见,必有"不"字。

【B】衍"不"字(1 例)

*6《医户免差发事》32-3,1b13—2a9(1335)

(大)〔太〕医院官人每奏:在先,汉儿田地里有的医人每根底,薛禅皇帝为各路里有差发的上头,与了圣旨有来。不依着圣旨体例里行,(不)交当横枝儿差发有。

注一:横枝儿差发,即所谓诸科名杂泛差役。圣旨已蠲免医户横枝儿差发,则不依圣旨体例行事,意即仍教医户负担横枝儿差发。"不"字衍。

【C】误"不"为他字(2 例:行 1、只 1)

7《户口条画》17-2,1b3—8a15(0753)

据尚书省奏:……所据取勘到合当差发户数,依已降圣旨,再(行)〔不〕添额,并令协济额内当差人户事。

注一:"再行添额",《通制条格》作"再不添额"。吴志坚《元至元八年户口条画校勘及释例》谓"再行"误,"再不"正。今案:误"不"为"行",疑因书写不工,遂被误识作草书"行"字。

8《婚姻断例》18-3,1a14—1b18(0780)

  悔亲别嫁:……后娶者,知情减一等,女归前夫。男家悔者,不坐,(只)〔不〕追聘财。

注一:按:男家悔亲不坐罪,既已受优遇,若复许追回聘财,不啻奖励男家悔亲。"只追聘财"云云,必有讹误。考64-43条《悔亲别嫁》图表、64-44《定婚不许悔亲别嫁》两条具作"只不追聘财",疑"只"字衍。《元史》卷一〇三《刑法志二·户婚》条,作:"男家悔者,不坐,不追聘财。"是。据改。

注二:误"不"为"只",疑因书写不工,遂被误识作"只"。

【D】误他字为"不"(9例:理1、行1、再1、又1、小2、上1、下1、召1)

9《省部赴台刷卷》6-25,14b12—14b18(0344)

  近年以来,立尚书省,丧哥专权恣纵,沮抑台纲,须要监察御史就于省部照刷。今既丧哥奸邪败露,旧行弊政,俱各更新。照刷文卷事理,〔理〕(不)合改正,钦依元奉圣旨条画,立台典故施行。

注一:"改正",谓省部文卷由现行于省部照刷"改正"为于御史台照刷。疑本句原作"照刷文卷事理,理合改正",后一"理"字,用重文号(上下二横或二点相连)表示,由于书写不工整,遂被误识作"不"。

10《父母未葬不分异》64-42,家财1a2—1a8(2571)

  丧葬之礼,除蒙古、色目例从本俗,别无定夺,其余人等,凡居父母之丧,葬事未毕,弟兄不得分财异居。虽已葬讫,服制未终而分异者,并(不)〔行〕禁止。

注一:按:19—29《父母未葬不得分财析居条》作"并行禁止",是。疑"行"字书写不工,因被误识作"不"。

11《紫竹扇杆收买给引》22-77,61a3—61a11(1079)

  今后若是客旅搬到紫竹扇杆,即便赴卫辉路总管府扣算元该工本、脚力、盘缠等钱,官为收买给引,与本处熏(捍)〔杆〕相兼发卖。如有(不)〔再〕行私下贩卖之人,捉拿到官,依私竹例断没外,据辛玉贩竹杆,亦仰依上扣算支价收买施行。

注一："不行私下贩卖之人,捉拿到官,依私竹例断没"云云,文理乖戾,显有讹误。据上下文义,"不行"应为"再行"之误。疑"再"字书写不工,因被误识作"不"。

12《出首取受定例》48-13, 5a10—6a8(1974)

　　一人先首罪,准首原免。不改前过,再行违犯,又赴官陈告,若(不)〔又〕原免,是玩法也。拟合别立条章,以示惩戒。

注一：依文义,当作"若又原免"。疑"又"字书写不工,因被误识作"不"。

13《抑奔竞三》2-97, 19a8—19a11(0132)

　　国家租赋有常,侥幸献地之人,所当惩戒。其刘亦马罕、(不)〔小〕云失不花等冒献河南地土,已令各还元主。

注一："小云失不花",人名。疑"小"字书写不工,因被误识作"不"。

14《轮换公使人》60-12, 3b11—4b1(2464)

　　牛征事牒：……卑职忝居幕佐,职非言责,缘本道管勾承发架阁照磨事务,知斯弊病,不敢缄默。所言虽(不)〔小〕,害事实大。

注一："所言虽小",自谦之词。"小"对应下文"大"。疑"小"字书写不工,因被误识作"不"。

15《分拣军户》34-6, 4a3—4b8(1393)

　　据枢密院奏：汉军(若)〔告〕生受底多有,民户里相争底也有。为在前不曾分拣(不)〔上〕,勾集到管军官、管民官吏一同查照分拣出当得军底,民内争底,与中书省、尚书省一同商量定法例闻奏,乞降圣旨事。

注一："为……不",文不成义,应为条件语"为……上"之误。疑"上"字书写不工,因被误识作"不"。

16《婿死,不回财例》18-48, 21b3—21b7(0825)

　　省部相度,马立男马三定亲,未曾成婚,马三身故,元(不)〔下〕聘财难议回付。仰照验施行。

注一："元不聘财",文不成义。误"下"为"不",疑因书写不工兼二字形似之故。

17《市舶则法二十三条》22-57, 47a11—52b11(1059)

　　所载柴水舡于公凭内备细开写,亦于公验内该写力胜若干,樯高若干,舡面阔若干,舡身长若干,(不)〔召〕到物力户某人委保,及与某人结为一甲,互相作保。

注一："不到",文不成义。《通制条格·关市·市舶》(卷一八,第534—539页)及《至正条格·断例·厩库·市舶》(卷一二,第304—308页)相应文字具作"召到",是。

疑"召"字书写不工,因被误识作"不"。

(二)"休"(凡 10 例)

【A】脱"休"字(4 例)

*1《拯治军官军人条画》34-16,12a2—13a17(1403)

　　今后内外大小一切军务勾当,钦依世祖皇帝定制,诸王、驸马、各衙门官人每、近侍人员,不干碍的,不拣是谁,越蓦着枢密院,他每的勾当其间〔休〕侵入,休去奏者。

注一:圣旨禁不相干人等骚扰军官军人,沮坏军务,故"侵入"前应有"休"字。

*2《军官代替军人》34-50,30b12—31b2(1437)

　　检会得至元二十八年(1291)例:奏奉圣旨:"军官每〔休〕交使军者。"说的上头,俺商量来,在先不曾说的上头,军官每多占使军有来。如今,出征的其间,多不交使:万户根底八个,千户、镇抚四个,百户、弹压每两个使者。

注一:此处所引至元二十八年圣旨,亦见 34—52 条《又》。又,34—53 条《占使军匠罪例》内,"在前,'军官每休交使军者'。么道,多行圣旨来"云云,亦指同一圣旨。两处具作"休交使军"。《通制条格》卷七《军防·私役》条亦引此一圣旨,亦作"休教使军者"。(第 333 页)《元典章》本条无"休"字,与前揭两条及《通制条格》异,且不洽前后文义,显然脱一"休"字。

*3《休拣驢行马例》36-6,4a11—4b4(1489)

　　如今,属站的,站里差使躲避了,城子里官人每根底、各投下里〔隐藏〕有。站家草地每,百姓占了,不曾与来的也有。么道,奏来。如今,站户每,不拣谁,〔休〕交影占者。

注一:《永乐大典》卷一九四一九《站赤四》引《经世大典》亦脱"休"字。

*4《禁扰百姓》38-16,5b7—5b17(1595)

　　先出去山后放鹰的昔宝赤每的马疋,在先这里与四五日的料,负带将出去来。……俺商量来,在先这里与他每草料,负带将去来。如今,休交百姓每处强索要。斟量着宿顿,与十日草料钱。沿路〔休〕教他每〔做〕罪〔过〕者。

注一:"沿路教他每罪者",文不成义。中书省官奏请禁止前往山后放鹰的昔宝赤沿路搔扰百姓,强索草料,故应依元代习见蒙文直译用语补正作"沿路〔休〕教他每〔做〕罪〔过〕者"。"昔宝赤",蒙古语 šiba' uči 的音译,意为鹰人、养鹰人、主鹰隼之事者、鹰房之执役者。参校定本《元典章》附《索引 C　译语索引附释义》"孛兰奚"条。

【B】误"休"字为他字（2 例：体 2）

5《官吏不得擅离职》11－5，2a9—2a18（0521）

　　从今已后，自中书省以下，内外大小诸衙门行底官吏人等，各各委付着底勾当里，用心谨慎行者。不拣甚么勾当，疾忙办集者，（体）〔休〕教迟误者。

　　注一："体教迟误"，文不成义。前云"疾忙办集"，后云"休教迟误"，意在强调。误"休"为"体"，形似之故。

6《又》67－70，赃贿 5b11—9a11（2668）

　　……今后，敕前不曾陈告受理的，交分拣呵，与大勾当好窒碍有。似那般的，合革罢了，（体）〔休〕问。赦后称冤的，有呵，依着在前体例里，交台里告，分拣也者。

　　注一：合革罢、不受理的案件，当然不必审问，即"休问"。"休问"，不必问；"体问"，元徐元瑞《吏学指南》："体问：谓访其端由而问者。"两词词义有别，此处显然需以"休问"为文方成文义。误"休"为"体"，形似之故。

【C】误他字为"休"（4 例：体 2、依 2）

7《又》53－75，29a13—30b2（2223）

　　俺台家，见底眼、听底耳朵委付着有。自中书省为头诸衙门官吏，行得是底、不是底，（休）〔体〕察行有。不拣甚么大勾当、小勾当，便当、不便当底，提奏有。

　　注一："休察"云云，文不成义。"体察"百官善恶、奸邪非违，是监察官员（台家）的职责。"休察"当改作"体察"。

8《赌博钱物》57－49，20b12—21a10（2345）

　　今（休）〔体〕知近年以来，不畏公法之人，指以饮食为名，影射赌博钱物，致使官司不能捉拿。

　　注一："休知近年以来"云云，文不成义。依上下文，当作"体知近年以来"。元徐元瑞《吏学指南》："体问：谓访其端由而问者。"体问而知之，谓之体知。误"体"为"休"，形似之故。

9《盐司人休买要盐引》22－38，37b7—38a13（1040）

　　一件：

　　台官每说一句言语有："盐课勾当里行的官吏人等，做贼说谎呵，到年终问者来。若候年终问呵,影蔽了做贼说谎的。若拿住他每做贼说谎的呵,不候年终便拿着问呵,怎生?"这般说有。

俺回说:"在先,这勾当不是不曾行来。为办大课程其间好生有窒碍的上头,在前官人每多曾递互闻奏,终不曾定体来。如今,(休)〔依〕着您的言语,许您便交拿着问呵,这其间整治军人气力并其余支持用钱处多有,每年收的钱,盐办课着多一半,大课程亏兑了呵,在谁身上有?"这般说呵,台官每不曾回言语来。俺众人商议定,只依着在先圣旨体例行呵,怎生?奏呵,奉圣旨:"那般者。"钦此。

注一:"休着您的言语"云云,文不成义。依上下文,当作"依着您的言语"。误"依"为"休",形似之故。

10《孛兰奚逃躯不得隐藏》56－10,4a18—5a11(2294)

在先,世祖皇帝圣旨里,"隐藏着不兰奚鹰犬的人每,也有罪过者"。么道,遍行了圣旨有来。如今,(休)〔依〕着在先圣旨体例,交行文书着。么道,奏呵,"不拣谁,休隐藏者。隐藏的每,有罪过者。逃走的人,拿住呵,转送与他本主者。"么道,完泽秃皇帝圣旨有呵,外处行了文字,交排门粉壁了来。

注一:"休着在先圣旨体例"云云,文不成义。依上下文,当作"依着在先圣旨体例"。误"依"为"休",形似之故。又,"不兰奚",蒙古语 buralqi-buralki(boralqi-boralki)的音译,意同汉语"阑遗",谓逃走或遗失的人或物。参校定本《元典章》附《索引 C　译语索引附释义》"孛兰奚"条。

三、反义字"有"与"无"的脱衍讹误

《元典章》中反义字"有"与"无"的脱衍讹误十一见,略少于"不"与"休"的十七见。其致误之由难知者八例,可知者三例,如下。

(一)"有"与"无"(凡 11 例)

【A】误"有"为"无"(1 例)

*1《户口条画》17－2,1b3—8a15(0753)

诸色人等,因为犯事,不问罪名轻重,一例将人口、财产断没,给与事主,或(所)〔听〕断官员分讫,中间亦(无)〔有〕所犯情罪,不及断没人口。

注一:谓罪人所犯之罪轻,尚不必籍没罪人的家人和驱口。误"有"为"无",文理不顺。

【B】误"无"为"有"(2例)

*2《军殁妻女嫁例》18-40，18b7—18b13(0817)

　　本省参详，军人正身亡殁，户下弟侄儿男，理合承替军役。所据抛下妻室，若有必合收继者，依例收继；如(有)〔无〕应收之人，拟合照依腹里婚嫁军人妻女，从其所愿相应等事。

注一：《通制条格》卷四《户令·嫁娶》条相应文字作"如无"，是。前文"若有必合收继者"，与此处"如无应收之人"，前后对应，方合文理。易言之，军人的未亡人，若有人可收继，则收继之；若无人可收继，则未亡人可从己愿不醮或再嫁或归宗。

*3《市舶则法二十三条》22-57，47a11—52b11(1059)

　　一、舶商请给公验……公验开具本舡财主某人……每大舡一只，止许带小舡一只，名曰柴水舡，合给公凭。如大小舡所给公验、公凭，各仰在舡随行。如(有)〔无〕公验，或无公凭，即是私贩，许诸人告捕，给赏断罪。

注一：《通制条格》卷一八《市舶》条及《至正条格·断例·厩库·市舶》条亦具误"无"为"有"。按大小舡只各有公验及公凭，二者皆需随行在舡，缺一不可，故作"如无公验，或无公凭"，方为正确。

【C】脱"无"字(3例)

*4《照刷抹子》6-24，14a10—14b11(0343)

　　刷住稽迟，如有前卷，即便牵照，自元发事有〔无〕写立札子。

注一：监察御史或廉访司官照刷(即今检查)衙门文卷(谓曰刷卷)，须检查卷宗上是否附有承办人员所写的札子(即今清单、简目之类)。脱一"无"字，遂将疑问词改变为肯定词。

*5《押运不得梢带私物》36-74，31a10—31b8(1557)

　　据襄阳路申：切见本路经过云南、四川诸部蛮夷官员管押进呈马疋诸物，于内多有得替或因事赴上官员，将带梯己马疋等物，别〔无〕赍把解发明文，俱称进呈为名，擅与前路官司呈状或关牒，(倒)行〔移〕前路，于随处取要人员饮食、马疋草料、抬物牵马人夫，恣意侵凌官司。

注一：襄阳路指控云南、四川官员并无官方发给的押解并进呈马疋的文书(即解发明文)，却以进呈为名，发文给前路官司(谓前方即将路过的路府州县)，替自己的私人随从和马疋等索取饮食草料等。"别赍把解发明文"云云，文不成义；改"别"为"无"，文义可通;但加一字作"别无",语气可与其前"将带"、其后"俱称"等词谐调。

*6《申明盐课条画》22－25,24a18—25b18(1027)

一、淹泡鱼鲞,各有破盐定例,又系商贩之物,不拘行盐地方,许令诸处兴贩投税,货其有〔无〕。因而夹带私盐者,依例科断。

注一:"货其有无",熟语,与前文"兴贩投税"呼应。

【D】衍"无"字(1例)

*7《定拟给没赃例》46－5,2b6—3b6(1905)

官吏及过钱人出首钱物,见行体例,止令合属照勘,若是不曾事发,听拟没官。今若论与钱人本宗事有理、无理,以论给没,必须勾追与钱人等,对问明白,才方议拟,难便结绝。合(无)止依见行体例照勘拟没。

注一:法令条款应无使用疑问词"合无"之理,且依上下文义,此处应作"合"。

【E】误"无"为他字(元1、芜1、抚1)

*8《拯治盗贼新例》49－9,6a5—6b13(1996)

皇帝圣旨:……日月山、熨斗山周围有的晃火摊每……等,哏做贼说谎有。……又,为自意交参行的上头,做贼说谎多了的缘故,是这般有。〔不〕拣那里去呵,交本管头目每根底,"这些人、这些马去了也"。么道,要脚引文字行者。若回来时分,本处头目每根底,(这)索要了人马数目文字回来者。〔这〕般宣谕了呵,(元)〔无〕文字行的人每,拿住呵,要罪过者。拿住的人每根底,钱物、头疋内与赏者。道来。圣旨。猪儿年七月二十五日(1311.8.10)。

注一:据前后文可知,"元"为"无"字之误。误"无"为"元",盖因"无"字异体"旡"与"元"形似之故。圣旨宣谕之后,迤北牧民离开原籍须要持有脚引文字(即所谓路引),否则受罚。

9《盐鱼许令诸处投税货卖》64－21,课程3b6—4a6(2550)

两浙运司申:……山东、两淮(莱芜)〔来无〕引据,卖不秤验,课程不纳,奸弊滋生,委实以小侵大。

注一:据22—45条《越界鱼鲞不拘》改"莱芜"为"来无"。按:沈刻本《元典章》作"山东、两淮、苏芜引据",陈垣《元典章校补释例》卷五"第三十七不谙元代地名而误例·四、所误为元时所有之地名,而未指明隶属,则非用对校法,莫知其误者也"内,有

215

此一例,云"元作莱芜",似以元刻莱芜为无误。设元刻莱芜无误,则"山东、两淮、莱芜引据,卖不秤验"云云,文义晦涩,不好理解。其次,22—45条所录同源文书作"来无",文义通畅无碍。第三,《元史》卷九七《食货志五·盐法》条目十,一为大都之盐,二为河间之盐,次后依序为山东、陕西、两淮、两浙、福建、广东、广海、四川之盐,并无"莱芜"之盐。疑元刻编纂或抄刻者因涉前文地名山东、两淮,遂将"来无"二字误改为"莱芜"。莱芜,中书省泰安州属县之一。

10《征索茶钱有司追理》67-61,诉讼3a2—3a12(2659)

见问吕、陈、孙等告:茶司以欠茶钱为由,索要赏发,不从,将吕通八等打伤身死公事。除另行追勘外,参详管民官例(抚)〔无〕提调,今后似此征索钱物,勾扰百姓,理合经由有司追理。

注一:茶课由茶司提调,非管民官之职责,故言"管民官例无提调"。误"无"为"抚",盖因形似之故。

【F】误他字为"无"(元1)

11《盐法通例》22-26,26a1—31b17(1028)

……照得延祐三年(1316)正月至年终各处解到私盐内,(旡)〔元〕犯人二百余起数内,略举一起:……

注一:误"元"为"旡",盖因形似之故。

四、结　　语

《元典章》中颇多层层相套的装叙体文书。我采用了多年前试用的"换行缩格"权充引号的办法来整理,加标点。这种办法,实用,但不美观。两者不可兼得,我取前舍后。标点古书的这种办法,最近终于有了微弱的回响。我期待更多、更广泛的响应。

"换行缩格"标点古书,是突破传统藩篱的做法。表象上的"离经叛道",可从、可不从。具体内容的正误是非,则是忽略不得。须知古书中简写或草书的形似致误字,如误"听"为"所",可能严重扭曲原本的文义;反义词"有"与"无",否定字"不"与"休",不论是脱漏、误衍、错用,导致的结果可能是以有为无、以是为非、以可为不可之类的谬误,甚至离奇荒诞,毫无道理。可不慎哉!

必须说明,官方文书由起草到发出有一定的程序,层层把关,马虎不得。出现前述

"有"、"无"、"不"、"休"等字脱衍讹误的情况虽然难以完全避免,终究是微乎其微。《元典章》是私家编印的书,书中文书出现严重的脱衍讹误,不是官方的责任。佚名编辑责任最重,抄手和梓人可能也难辞其咎。尽管如此,他们劳心劳力留给后人的是一部流传了七百年的珍贵文献,一座研究元代历史语言的无尽宝藏。缅怀这些无名古人,能不领首!

本文系2017年8月10—11日在北京召开的第六届中国古文书学国际研讨会会议论文。初稿完成于2017年8月6日。9日,携赴北京以备宣读。10日晨,恸闻九七高龄家母往生噩耗,匆匆奔丧返台。五六月来,心绪渐归平复,乃能重拾旧稿,稍加修订,递呈编辑复命。无缘与会宣读,乞教诸君,亦一憾也。2018年2月4日,记于台北旧庄四分溪畔百芬堂。

[作者洪金富,兼任研究员,中研院史语所]

黑水城出土《至顺元年亦集乃路总管府辰字贰号文卷为蚕麦秋田收成事》释补

张国旺

黑水城[1]遗书近年来受到学界的关注,对其中元代黑水城文献的研究也蔚然成风。《俄藏黑水城文献》第四册收录有编号为 TK249 的《至顺元年河渠司官为粟蚕麦收成事呈状》。其对于研究元代河渠司和亦集乃路农业生产状况有着重要的价值。笔者曾对这件文书作了粗略的释录,并粗浅地分析了其价值所在[2]。朱建路《从黑城出土文书看元代亦集乃路河渠司》一文也对该文书进行了考察,并利用该文书探讨了元代亦集乃路河渠司的职能[3]。然仔细阅读这件文书,其研究仍有未尽之处。在此不揣冒昧,略作释补。

一、文书释录

被《俄藏黑水城文献》编者定名为《至顺元年河渠司官为粟蚕麦收成事呈状》的 TK249 号文书共分三纸,为卷轴装。关于该文书的基本状况,孟列夫《黑城出土汉文文书叙录》(以下简称《叙录》)载:

卷幅 150.5×23.5 厘米,3 纸,缺首,各行字数不等。

第 1 纸上的文书,17 行,第 2—4、8、10 行残,行书字体……文书使用了抬头,抬头上端空 2—10.5 厘米。

---

[1] 学界很久以来以黑城称之。就笔者所见,此称呼当始于向达先生。其在《斯坦因黑水获古纪略》指出"黑水,蒙古语作 Karis-khoto,意即黑城"(见白滨主编:《西夏史论文集》,银川,宁夏人民出版社,1984 年,第 706 页)。现今学界多以黑水城称之。

[2] 张国旺:《黑水城出土元代文书整理与研究——以〈俄藏黑水城文献〉为中心》,博士后出站报告,北京,首都师范大学,2008 年,第 69—72 页。2008 年 7 月,笔者以《俄藏 TK249 号〈至顺元年河渠司官为粟蚕麦收成事呈状〉考释》为题参加了在西北师范大学举行的"庆祝蔡美彪先生八十华诞暨元代民族与文化国际学术研讨会"的小组讨论,见《"元代民族与文化"国际学术研讨会会议手册》,第 57—58 页。

[3] 朱建路:《从黑城出土文书看元代亦集乃路河渠司》,《西夏学》第 5 辑,上海,上海古籍出版社,2010 年,第 85—87 页。

第 2—3 纸上的文书,14 行,第 1—3 行残,大字草书。[1]

《俄藏黑水城文献·叙录》(以下简称《俄藏·叙录》)载:

> 卷轴装。未染麻纸。共 3 纸,纸幅 57.7。高 23.3,宽 150.5。共 32 行,行 15 字。前楷书,后行书,浓淡不一。首残。前楷书 16 行,至顺元年(1330,文宗在位)河渠司呈亦集乃路总管府文,提及与上年天历二年(1329)相比,糜粟增收二成事。有司官答乞、帖灭赤等押印多个,后大字加写"初十日"。下行书 9 行,为同年九月宪司照验,又呈廉访司的加批,有吏侯某签押。再接行书 4 行批示,有"提控案牍兼照磨承发"等字。并再次加写大字"初十日",有押印多个。行款、字迹乃至押印与 TK305 呈文相似。[2]

以上《叙录》为孟列夫撰写,《俄藏·叙录》则由孟列夫和中方蒋维崧、白滨共同完成。显然后者较之前者更符合文书整理的规范。笔者在谈及文书的基本情况时多采用后者,并以前者作为参考。由上可知,该文书纸幅 57.7 厘米,其卷幅当为 150.5 厘米×23.3 厘米。从文书的现有形态来看,该文书首缺,包括签押在内残存 36 行,并非上述所称的 31 行或 32 行。其中第 17、19、34、36 行为签押,无字。行 15 字。第 1 纸文书为楷书,其他则为行草书。为研究方便,笔者对照图版,将该文书迻录如下:

[首缺]

1 谨呈:近奉

2 总府指挥为至顺元年□蚕麦□□□□

3 事。承此。除至顺元年夏田分 数 □□□□

4 秋田分数依式开坐前去□□□□

5 亦集乃路总管府。伏乞

6 照验施行。须至呈者:

7 　一,至顺元年

8 　　　糜子柒分　 粟 □□;

9 　一,天历二年收成

10 　　　糜子伍分　粟伍 分 ;

11 　一,比附上年秋田分数糜粟各增贰分。

---

[1] [俄]孟列夫著,王克孝译:《黑城出土汉文遗书叙录》,银川,宁夏人民出版社,1994 年,第 283 页。
[2]《俄藏黑水城文献》第六册《叙录》,上海,上海古籍出版社,2000 年,第 30 页。

12 右谨具

13 呈。

14　　至顺元年　　月

15　　　河渠司官　答　乞［押］

16　　　河渠司官　　帖灭赤［押］

17　　　　　［押］　　　　　［押］

18 初十日　　　　　　［押］

19　　　　　　　　　　　　［押］

20　　□□里，亦集乃路总管府据

21　□□司呈事。得此。照得夏田蚕

22　□分数已行牒呈

23　宪司照验。验满（？）。今据见呈府

24　司合行开坐牒呈，伏请

25　□验施行。

26　　　　　开（？）

27 右牒呈

28 廉访司。

29　　至顺元年九月　　吏侯［押］。

30　　　　提控案牍兼照磨承发架阁李　□□□□

31 蚕麦秋田。

32　　　知　　　事　　　常　其　麟　□□□□

33　　　经　　　历　　　　　　　　□□□□

34　　　　　　　［押］

35 初十日

36　　　　　　　　［押］

《叙录》和《俄藏·叙录》均只对文书内容作了简要描述，并没有详细的录文。朱建路虽将该文书全部释录，但也有一些值得探讨之处。现就其中文字略作说明。

第1纸文书为第1到19行。第3行："夏田分 数 "之"数"残缺，据第4行"秋田分数"补。朱文径补，不妥。

第8行："粟"字残缺，仅存"覀"，且"糜子五分，粟"后空缺。按第11行"比附上年

· 220 ·

秋田分数糜粟各增贰分",第 10 行"粟"为"伍",可知第 8 行"䎱"当为"粟",其后所阙字为"柒分"。

第 10 行:"粟伍分"之"分"字残,据第 11 行"比附上年秋田分数糜粟各增贰分"及相应笔画补。

第 2—3 纸文书为 20—36 行。第 20 行:朱文以"皇帝圣旨里"为元代公文起首语,故认为前缺内容当为"皇帝圣旨里"。按《新编事文类聚翰墨全书》甲集卷五《公牍诸式》所列"平关首末式"、"平牒首末式"、"今故牒首末式"、"牒呈首末式"、"解子首末式"起首语均为"皇帝圣旨里"[1]。此件为牒呈,起首语当为"皇帝圣旨里",从"亦集乃"前字残存笔画可知,该字当为"里"。该行之"据",笔者曾误为"总",2008 年蒙船田善之先生教示,今改正之。朱文亦释录为"据",当是。

第 21 行:据上文,"司呈"前所缺当为"河渠"两字。"司呈"后字与第 32 行"知事"之"事"同,疑当为"事"。与前文连为"据 河渠 司呈事"。"此"前字当与"照得"之"得"同,故当为"得",此处当为"得此"。按"得此"、"照得"均为元公文用语。"得此"多用于公文结束。徐元瑞《吏学指南·诸此》:"得:事由所获也。""照得",同书《发端·照得》:"谓明述元因者。"[2]

第 22 行:朱氏录文录为"麦分数"。按"麦"字缺,可据第 31 行"蚕麦秋田"及第 21 行"蚕"字补。朱文径补,不妥。

第 25 行:"伏请□验施行"所阙字当为"照",按"照验"为固定公文用语。《吏学指南·结句》:"照验:谓证明其事也。"[3]故补。朱文径补,不妥。

第 30 行:"承发架"后面字迹难以辨认。按"承发架阁"是负责档案管理的机构和官职。故前一字当为"阁"。朱氏认为当为"阁李",其依据为《黑城出土文书》F270：W11 号文书中有"提控案牍兼照磨收发架阁李仲义"字样,而该文书为至顺元年文书,知事为常菩麟,与 TK249 号文书所载合[4]。今从。第 32 行,"常"下并非画押,而与"艹"有关。值得说明的是,常知事和李仲义还在 F116：W3 号文书和 F270：W11 号文书中共同出现。《黑城出土文书》编者将 F116：W3 号文书中相关内容释录为"照磨兼

---

[1] 《新编事文类聚翰墨全书》甲集卷五《公牍诸式》,《四库全书存目丛书》子部一六九所收北京图书馆藏明初刻本,济南,齐鲁书社,1995 年,第 53 页。关于元代公文起首语的研究见刘晓:《元代公文起首语初探——兼论〈全元文〉所收顺帝诏书等相关问题》,《文史》2007 年第 3 辑,第 171—182 页。

[2] 徐元瑞:《吏学指南(外三种)》,杭州,浙江古籍出版社,1988 年,第 35、38 页。

[3] 徐元瑞:《吏学指南(外三种)》,第 38 页。

[4] 朱建路:《从黑城出土文书看元代亦集乃路河渠司》,《西夏学》第 5 辑,第 85—87 页。

发架阁李仲义,知事常其麟"[1]。而将 F270:W11 号文书的相关内容释录为"提控案牍兼照磨收发架阁李仲义"和"知事常菩麟"。且 F270:W11 号文书为至顺元年案卷为秋季课程事。故由此推断,TK249 号文书此处当为"菩"或"其"。又 M1·0110[84H·F116:W532/1706]号文书[2]字形较为清晰,故笔者推断 TK249 号文书该处当为"其麟",下缺画押。当时亦集乃路达鲁花赤为中顺大夫亦老温。《至正条格》卷五《断例·泛滥给驿》载:"至顺元年二月,刑部呈:亦集乃路达鲁花赤亦老温不令同僚并首领官知会,辄令站提领石塔合暗行书写别里哥,独员署押,行使路印,擅自于数外增给内史府差来使臣乞旦布等铺马二匹。都省议得亦老温罪犯拟决伍拾七下,解任。"[3]然亦老温似未在至顺元年二月因泛滥给驿而离任。F125:W35 号文书载大中大夫某代替亦老温拟自至顺三年二月为始支取俸禄[4],可见亦老温到至顺三年正月才离任。

二、该文书的性质与定名

关于该文书的性质,《叙录》认为是"写在一个卷子上的两件文书,有关大麻地和谷子地收成的预估情况的检查",第 1 纸上的文书是"关于检查天历二年收成和至顺元年预估收成的纪录",第 2—3 纸上第文书则是"关于预估收成的检查记录"[5]。《俄藏》将其定名为《至顺元年河渠司官为穈粟蚕麦收成呈状》,指出第 1 纸为"至顺元年河渠司呈亦集乃路总管府文,提及与上年天历二年(1329)相比,穈粟增收二成事",而第 2—3 纸为"同年九月宪司照验,又呈廉访司的加批"。朱建路认为"第 1—19 行河渠司呈总管府是一件正式呈文,而 20—36 行总管府呈廉访司文仅是简单叙述呈文内容,不是一件正式公文,而是路总管府向廉访司呈文的一个草稿",并将该文书定名为《至顺元年亦集乃路总管府呈廉访司文稿为蚕麦秋田事》。

我们先来了解该文书的时间。该文书第 14 行为"至顺元年　月",第 29 行为"至顺元年九月吏侯[押]"。故这件文书时间为"至顺元年九月"无疑。第 18 行、35 行均有大字批答为初十日。由此,这件文书的时间当为至顺元年九月初十日。又,该文书在

---

[1] 李逸友:《黑城出土文书(汉文文书卷)》,北京,科学出版社,1991 年,第 102 页。
[2] 杜建录等编:《中国藏黑水城文献》,北京,国家图书馆出版社,2008 年,第 180 页。
[3] 韩国学中央研究院影印元刊本,Humanist,2007 年,第 66 页。
[4] 李逸友:《黑城出土文书(汉文文书卷)》,第 122 页。
[5] 《黑城出土汉文遗书叙录》,第 283 页。

第 33 行左右的背面,分两行大字题有"至顺元年/辰字贰号"[1]字样,背面其他地方未见字迹,故笔者认为此处"至顺元年"当为该文书的时间。

必须注意到,该文书共分 3 纸,正是文章的三部分内容,不能将其理解为该件文书由两部分组成[2]。第 1—19 行可以单独作为一件文书来考察。《新编事文类聚翰墨全书》甲集卷五《公牍诸式》收有《呈子首末式》[3]。如下:

具衔姓名

谨呈

某处某司或某官云云为此合行具

呈付乞

照验施行须至呈者

右谨具

呈

年月日具衔姓某呈

背面书字

第 1 行有"谨呈"字样,第 6 行则有"须至呈者"字样,第 12—13 行为"右谨具/呈"。由此可以看出,该部分为呈子,第 7—11 行为所呈报的内容。该文书首缺,但第 15—16 行署河渠司官"答乞"和"帖灭赤",故可以认为该文书发布的主体为河渠司。又第 4 行河渠司将秋田分数开坐前去的部门为亦集乃路总管府,可以认定,该部分文书为亦集乃路文书。由此可知,该文书是亦集乃路河渠司给总管府的呈子。文书的呈转关系十分明了。显然在此之前,总府,即亦集乃路总管府曾给河渠司发布指挥,要求上报至顺元年的蚕麦收成。河渠司已将夏田收成分数呈报给亦集乃路总管府,这次则将秋田分数依照式例呈报给亦集乃路总管府。第 7—11 行为呈报开列内容,分别列有至顺元年的糜粟收成、天历二年糜粟收成,及比附上年秋田分数增加状况。可以看出,孟列夫《叙录》仅关注了这部分文书的内容,《俄藏·叙录》虽肯定这件文书的性质和内容,但其表述不太精炼。朱建路认为该部分为至顺元年河渠司牒呈亦集乃路总管府照验秋田分数事是错误的。这部分文书可以认为是至顺元年亦集乃路河渠司呈亦集乃路总管府为秋田收成分数事,而并非照验秋田分数事。

---

[1] 《叙录》和《俄藏·叙录》均将文书背的文字释为"至顺元年/张立式呈"。笔者将其释录为"至顺元年/辰字贰号"。其中"顺"字书写在正面第 33 行"经"字后,字迹模糊,因此在此笔者取用两《叙录》所录。

[2] 朱建路:《从黑城出土文书看元代亦集乃路河渠司》,第 87 页。

[3] 《新编事文类聚翰墨全书》甲集卷五《公牍诸式》,第 54 页。

第20—36行为该文书的第二部分。显然该部分文书的行政主体为亦集乃路总管府。《新编事文类聚翰墨全书》甲集卷五收有《牒呈首末式》，如下：

皇帝圣旨里某处同上式云云合
　　　牒呈伏请
　　　　照验施行须至牒呈者
牒具如前事须牒呈上
某处某司或某职某官伏请
照验谨牒
年月日牒呈上
　　某衔姓某押

该文书第20行有"皇帝圣旨里"，第24行"合行开坐牒呈伏请/照验施行"，第29行为该文书的日期及署押，第30、32、33、34、36行为署押。该文书第27、28行书有"右牒呈/廉访司"字样。虽然该部分文书与牒呈的规范形式并不完全一致。但仍可以说明该文书为"牒呈"无疑。虽然没有列"须至牒呈者"的内容，但文书显然将河渠司给亦集乃路总管府的呈文作为回报廉访司的内容，粘连在牒呈文书前，所以尽行省略。

按至元六年颁布"察司体察等例"明确规定"提刑按察司行移与宣抚司往复平牒，各路三品官司今故牒，回报牒呈上"[1]。《元典章》载"至元十七年五月河北河南道按察司准襄阳路牒呈"[2]。"至元三十一年十月　日行御史台准御史台咨该：据山东东西道提刑按察司申：准东昌路牒呈。"[3]显然东昌路回报山东东西道提刑按察司的文书为牒呈。提刑按察司为肃政廉访司前身。至元二十八年提刑按察司改为肃政廉访司后，公文形式依旧没有变化。大德十一年，温州道回报浙东道廉访司的公文即牒呈[4]。皇庆延祐间路总管府给廉访司的公文仍为牒呈[5]。亦集乃路为下路，其品级为从三品。由该文书可见，直至至顺元年，诸路三品官司行移回报肃政廉访司的文书仍为牒呈。此外，第23行"宪司"即廉访司，正如朱建路所指出的那样，为河西陇北道肃

---

[1]《元典章》卷六《台纲二·体察·察司体察等例》，中国广播电视出版社，1998年，第143页。
[2]《元典章》卷一四《吏部八·公规二·案牍·禁治私放文卷》，第567页。
[3]《元典章》卷一四《吏部八·公规二·案牍·文卷已绝编类入架》，第570页。
[4]《元典章》卷一五《户部一·禄廪·俸钱·柱被赇诬停职俸例》，第583页。
[5]《至正条格》卷三三《狱官·囚案明白听决》，条格第148页；卷三四《狱官·台宪审囚》，条格第155页；《元典章》卷九《吏部三·官制三·正录教谕直学》，第315页；卷二二《课程·茶课·告茶钱合从有司追理》，第878页。

政廉访司[1]。第23—24行的"府司"当指亦集乃路总管府。

我们再看该部分文书的内容。亦集乃路应廉访司的要求,需将夏田和秋田收成状况回报给廉访司照验核查。而这些状况则来源于河渠司的报告。夏田蚕麦收成分数已经申报核查完毕,这次只是将秋田收成分数呈报。故可以认为该部分内容为至顺元年九月初十日亦集乃路总管府牒呈廉访司为照验秋田收成分数事。这部分文书并没有所申报的详细内容,只是说明所申报内容的原委。而"今据见呈府司合行开坐牒呈"一语似说明亦集乃路总管府将河渠司给亦集乃路总管府的呈子一同回报给廉访司。

文书第31行书写"蚕麦秋田事",当指TK249号文书的具体内容。《俄藏·叙录》将其定名为《至顺元年河渠司官为糜粟蚕麦收成呈状》,显然似仅注意到文书第一部分的内容,尚不全面。朱建路认为第1—19行公文是一件正式的呈文,而第20—36行总管府牒呈廉访司文仅是简单叙述呈文的内容,不是一件正式公文。他进一步认为第20—36行是路总管府牒呈廉访司的一个草稿,将其定名为《至顺元年亦集乃路总管府呈廉访司文稿为蚕麦秋田事》,并以此解释这件文书缘何出土于亦集乃路总管府[2]。但忽略了该文书背部有"至顺元年/辰字贰号"。笔者认为该文书当为一份档案,以辰字贰号来编号保存。总管府在作出决定拟准行移之时,留存一份作为档案保管,是可以理解的。由此,笔者将其定名为《至顺元年亦集乃路总管府辰字贰号文卷为蚕麦秋田收成事》。

三、该文书所见元代河渠司

该文书交代了亦集乃路河渠司应路总管府的要求呈报至顺元年收成分数事,对于认识有元一代的河渠司有着重要价值。于是有学者利用该文书对元代亦集乃路河渠司的职能进行了研究。杜建录认为"河渠司是元代黑水地区专门的水利机构,在负责水利的兴修和维护的同时,还兼有催纳税粮的职责"[3]。朱建路进而认为"亦集乃路河渠司承担了呈报粮食收成分数、催征税粮和拘收蒙古子女等本应由州县负责的行政事务"[4]。此外,前人对元代河渠司的研究取得了成果。陈高华利用《元典章》中的数据说明见于记载的河渠司有成都、沙州、兴元、永昌西凉府等四处,并以英藏NO.481号文

---

[1] 朱建路:《从黑城出土文书看元代亦集乃路河渠司》,第87页。
[2] 朱建路:《从黑城出土文书看元代亦集乃路河渠司》,第87页。
[3] 杜建录:《夏元时期黑水地区的农牧业》,《黑城人文与环境研究》,北京,中国人民大学出版社,2007年,第464页。
[4] 朱建路:《从黑城出土文书看元代亦集乃路河渠司》,第85页。

书确认亦集乃路河渠司很可能与至元二十三年至二十四年亦集乃路疏浚管内河渠进行屯田有关[1]。王培华则梳理了元代各地河渠司的设置、职掌[2]。

《元史·河渠志一》载："元有天下,内立都水监,外设各处河渠司,以兴举水利、修理河堤为务。"[3]似乎说明三个问题:一是外路河渠司设置的普遍性;一是河渠司和都水监之间存在某种隶属关系;一是河渠司的主要职责是"兴举水利,修理河堤"。实际情况是否如此呢?

关于河渠司的沿革,王培华指出"中统时朝廷设提举诸路河渠官作为都水监的属官,至元时大约在各路均设置提举诸路河渠司","但后来除保留少数如大都路河道提举司外,其他都废"[4]。其实早在窝阔台十二年时,梁泰就被任命为宣差规措三白渠使,郭时中副之,直隶朝廷,置司于云阳县[5]。"宣差"一词显示其为朝廷临时派出机构。中统二年,王允中因为天旱,奉诏开广济渠。渠成后,朝廷设官提调,王允中被任命为怀孟广济渠提举,杨端仁任大使。广济渠的开凿解决了济源、河内、河阳、温、武陟等五县三千余顷农田的灌溉问题[6]。次年,广济河渠司王允中请开邢洺等处漳滏澧河达泉以灌溉民田,从之[7]。中统三年,郭守敬因"面陈水利六事",被委以"提举诸路河渠"的重任,次年则为"副河渠使"。此处"副河渠使"的使职当为都水监的前身。"提举诸路河渠"似说明各地设有"提举河渠"之职,而"提举诸路河渠"当为蒙古政权全面管理各地水利的官职,其与各路提举河渠有着密切的统属关系。值得说明的是,此时蒙元政权并没有占据中国大部,其统辖范围仅局限于包括腹里在内的北部中国。这些地区设有十路宣抚司管辖,并非后来意义上的路级行政区划。王培华以至元七年设立司农司,专掌农桑水利,而"凡河渠之利,委本处正官一员,以时浚治。或民力不足者,提举河渠官相其轻重,官为导之"[8]为依据,试图说明至元时各路均设置路提举河渠官。由此则材料可知提

---

[1] 陈高华:《"亦集乃路河渠司"文书和元代蒙古族的阶级分化》,《文物》1975年第9期,第87—88页;陈高华:《元代水利灌溉事业初探》一文也谈及元代河渠司的设置(原载《香港中文大学中国文化研究所学报》新6期,1997年;后收入氏著:《元朝史事新证》,兰州,兰州大学出版社,2010年,第100页)。

[2] 王培华:《元都水监河渠司的建置沿革及其成就评价》,《古今农业》2001年第2期,第25—33页;《元朝水利机构的建置及其成就评价》,《史学集刊》2001年第1期,第28—33页;《元朝国家在管理分配农业用水中的作用》,《内蒙古社会科学》2001年第3期;后收入氏著:《元明清华北西北水利三论》,北京,商务印书馆,2009年,第16—30页。

[3] 《元史》卷六四《河渠志一》,北京,中华书局点校本,1976年,第1588页。

[4] 王培华:《元都水监河渠司的建置沿革及其成就评价》,《古今农业》2001年第2期,第27页。

[5] 《元史》卷六五《河渠志二》,第1629页。

[6] 《元史》卷六五《河渠志二》,第1268页;卷四《世祖纪一》,第71页。

[7] 《元史》卷五《世祖纪二》,第86页。

[8] 《元史》卷九三《食货志一》,第2355页。

举河渠官具有监察河渠、核定整治顺序的职能,且显然提举河渠官并非隶属于各路总管府。然李好文《长安志图》卷下载至元十一年九月初二日一件文书指出:"自古以来,青冶、浊谷、石川、金定、薄台等水并耀州三原、富平,邠州管下淳化县行流河水,俱系灌溉田禾,于民久利之事,并令河渠司官管属听授节制。"[1]耀州、邠州分别属于陕西行中书省奉元路和邠州。耀州等地正是三白渠所经流域。该处当是以前宣差三白渠使所管理的范围,后改称河渠司,或指后来《元典章》中提到的关中泾渠营田使司。需要指出的是,耀州和邠州并非同路,故元代河渠司的设立似并不根据路来设立,而是根据河渠设立。

《元典章·内外文武职品》从五品"河渠大使、达鲁花赤同"条下列有成都路、沙州路、兴元路和永昌西凉府,还列有安西路河渠营田司达鲁花赤、使,而怀孟路广济河渠大使为从六品,无为河渠司和安西路河渠营田司副使均为正七品,怀孟路广济河渠司副使为从七品[2]。王培华则罗列有关中泾渠河渠营田使司、广济渠提举司、怀孟路河渠司、兴元路河渠提举司和宁夏河渠提举司[3]。由此可见,河渠司的设立并不普遍,且主要集中在长江以北,特别是西北诸如成都、沙州、兴元、永昌西凉府、安西、宁夏府、亦集乃等路。其他地方见于记载的仅有怀孟和无为等路。还需提及的是,《内外文武职品》列河渠官如"外任·诸职",而非"民职",似说明河渠司并不隶属于路总管府。

安西路即奉元路。中统三年,立陕西四川行省,治理京兆,至元十六年,改京兆为安西路总管府,皇庆元年改安西为奉元路[4]。显然《元典章·内外文武职品》所列职品当在至元十六年至皇庆元年之间。蒲道源《与蔡逢原参政第二书》指出:"兴元之为郡,其地之广衍,视他大郡不及什之二三,所恃者惟渠堰而已。渠堰之水,兴元民之命脉也。渠堰在在,有之无虑数十,然皆不及山河堰之大。""旧设河渠司以领之,其秩五品。其任职也专,其受责也重。"然"及朝廷以天下繁冗之官,遣使可减者减之,当时议者曾不究其实,希合取容,例为可罢,使者寔不知其利害,信意从之"。并痛斥兴元路河渠司罢后所产生的种种问题[5]。显然《元典章·内外文武职品》所列职品当在蒲道源《与蔡逢原参政第二书》之前。《元史·尚野传》指出尚野改怀孟河渠副使后,"会遣使问民疾",他建言:"水利有成法,宜隶有司,不宜复置河渠官。"事闻于朝,河渠官遂罢[6]。

---

[1] 宋元方志丛刊本,第8页。
[2] 《元典章》卷七《官制一·职品·内外文武职品》,第194、202、205页。
[3] 河道提举司暂不在本文讨论之列。
[4] 《元史》卷六〇《地理志三》,第1423页。
[5] 蒲道源:《闲居丛稿》卷一七,《文渊阁四库全书》影印本,第8—10页。
[6] 《元史》卷一六四,第3861页。

值得注意的是,尚野担任怀孟河渠副使前,至元二十八年曾迁南阳县尹,而他任职怀孟河渠副使之后,大德六年迁国子助教。他担任怀孟河渠副使就发生在至元二十八年和大德六年之间。显然《元典章·内外文武职品》所载职品当在大德六年之前。由此《元典章·内外文武职品》所载河渠司官职品或在至元十六年至大德六年之间。然而宁夏直到至大元年八月才设立河渠司[1],也可以说明当时河渠司设立并不普遍。

河渠司官员的设置也经历了变化。以怀孟为例,中统二年,怀孟广济渠设有提举和大使,这当与此前的"河渠提举司"有关。至元十九年,"设怀孟路管河渠使副各一员"[2]。此外,宁夏河渠司设立时,"秩五品,官二员,参以二僧为之"[3]。

《元典章·内外文武职品》并没有提及亦集乃路河渠司的设置状况。陈高华先生认为亦集乃路河渠司的设立当与至元二十三年正月"胡都鲁言:'所部屯田新军二百人凿河渠于亦集乃之地,役久功大,乞以傍近民、西僧余户助其力。'并得到恩准"有关[4]。当是。黑水城出土编号为F116:W313的文书中有"□□十一年钱粮计拨至大〔   〕"和"河渠官答合〔   〕"[5]。按文书中有"至大"字样,"至大"为元武宗年号,故该行"十一年"前所缺两字当为"大德"。可以认为大德十一年时亦集乃路已有河渠司。亦集乃路河渠司并没有如兴元、怀孟等路河渠司那样被废弃,但其直接隶属于亦集乃路总管府。黑水城出土编号为Y1:W30的文书显示,顺帝元统二年迎接圣旨开读的亦集乃路总管府司属中就有河渠司在列[6]。

由该文书可以看出,呈报夏秋田的增收减产在其职掌之内。即其职责不仅是管理河渠工程和分俵河水,农桑管理也是其职责之一。

四、该文书所见亦集乃路农业生产

该文书中提及夏田和秋田,其中秋田收获物为糜和粟。李逸友认为亦集乃路地下出土的田赋、钱粮、词讼等文书中,只见大麦、小麦、黄米(黍)、糜子(稷)四种[7]。由该

---

[1]《元史》卷二二《武宗纪一》,第502页。
[2]《元史》卷一二《世祖纪九》,第242页。
[3]《元史》卷二二《武宗纪一》,第502页。
[4] 陈高华:《"亦集乃路河渠司"文书和元代蒙古族的阶级分化》,《文物》1975年第9期,第87—88页。
[5] 李逸友:《黑城出土文书(汉文文书卷)》,第117页。
[6] 李逸友:《黑城出土文书(汉文文书卷)》,第94页。
[7] 李逸友:《黑城出土文书(汉文文书卷)》,第20页。

文书可以看出,亦集乃路有粟的生产[1]。F51：W13号文书、F12：W1号文书、F125：W58号文书、F249：W27号文书、F13：W116号文书、F209：W56号文书、F9：W33号文书、F24：W2号文书、F13：W121号文书、F9：W12号文书等涉及税粮和钱粮支出等文书中均有"黄米"字样。此处"黄米"或为糜子加工后的产物,而非"黍"的加工物。《中国藏黑水城文献》所收编号为M1·0114[83H·F9：W18/0272]的文书中有关"夏田大小二麦青苗"[2]的记载,似可说明亦集乃路夏季农作物收成为二麦,即大麦和小麦。由此,亦集乃路的农作物夏天以大麦、小麦为主,秋天则为糜和粟。

该文书第2行提及"蚕麦",第21—22行有"夏田蚕/麦分数"字样。由此或可认为夏田农业收成为麦和桑蚕。关于亦集乃路是否生产蚕桑,目前学术界还存在争论。李逸友认为亦集乃路并没有桑树种植和蚕。杜建录和徐悦则提出了相反的观点。他们认为夏元时期,黑水城地区曾经推行种桑养蚕的举措。其依据为编号为F116：W115文书和F116：W551文书[3]。值得注意的是,《黑城出土文书(汉文文书卷)》"提调农桑文卷"中编号为F116：W551文书的内容是朝廷针对大都良乡、范阳等县不依法播种农桑等情况,要求各道廉访司监督施行各地提调农桑任务,F116：W115文书的内容是有关栽种桑树的技术指导。但这并不能断定亦集乃路就有桑树种植。然为什么总管府上报廉访司时遣词为"蚕麦"呢? 似与亦集乃路总管府给予河渠司的指挥有关,指挥的内容即为"至顺元年□蚕麦事"。而指挥的内容显然是亦集乃路总管府根据河西陇右肃政廉访的要求拟定下发给河渠司的。河渠司则根据要求每年两次分别将夏田和秋田的收成上报给总管府,再由总管府上报给廉访司进行审核。

[原文载《中国社会科学院敦煌学回顾与前瞻学术研讨会论文集》(上海,上海古籍出版社,2012年,第315—327页)]

[作者张国旺,副研究员,中国社会科学院历史研究所]

---

[1] 徐悦：《元代亦集乃路农作物种类考述》(《西夏学》第四辑,银川,宁夏人民出版社,2009年,第127页)据这件文书提及此事;史金波：《西夏粮食借贷契约研究》认为西夏时此地也有粟生产。参见杜建录、史金波著：《西夏社会文书研究》(上海,上海古籍出版社,2010年),第125页。
[2] 《中国藏黑水城汉文文献①》定名为"夏田大小二麦文书",第183页。
[3] 杜建录：《夏元时期黑水地区的农牧业》,《黑水城人文与环境研究》,北京,中国人民大学出版社,2007年,第466—467页;徐悦：《元代亦集乃路农作物种类考述》,第127页。

黑水城汉文文书所见的元代公文书的事务处理程序

赤木崇敏

前 言

中国的历代王朝为了统治广阔的领土,建立了被称为"文书行政"的信息传达与处理系统。通过公文书,皇帝的旨意被传递、贯彻到帝国全境,各级政府的决定也迅速传达到有关部门。这种文书传递、处理系统就如同人体内的血管和神经组织一样,其重要性是不言而喻的。

以往有关公文书的信息传递研究,比较重视官府之间、官员之间往来公文书中特定的发文者和收文者,以及对文书传递流程的把握。不过,在文书行政过程中,发出文书的文簿以及文书的底稿与副本[1],也就是官府处理内部事务时形成的文书,也作为公文书而保存在官府之中[2]。

在西域出土的唐至元代文书中,保存了很多没有向外发出、留存在官府内部的公文书。通过对这部分文书资料的分析,可以了解文书行政中的具体流程。比如,地方官府收到其他机构发来的文书后,是如何处理、保管这些文书的?回复来文机构的文书又是

---

[1] 不过,这些文书并不是单纯的副本,而是通信文的文案。所谓"通信文"就是这一文案的正式写本。唐代,将符、移、解、牒等官府间的往来文书以及官府内部保管的各种"公案"(在日本古文书学中定义为"正校案文")统称为"官文书"。赤木崇敏:《唐代公文书の体系と展開》,荒川正晴编:《ユーラシア東部地域における公文書の史的展開——胡漢文書の相互関係を視野にいれて——》(同国際ワークショップ予稿集),大阪,大阪大学,2013年,第14页;荒川正晴:《西域長史文書としての"李柏文書"》,白須浄真编:《大谷光瑞とスヴェン・ヘディン——内陸アジア探検と国際政治社会》,东京,勉誠出版,2014年,第230页。

[2] 近年来,有关文书行政的研究中,越来越重视此类文书。秦汉简牍研究者藤田胜久就认为,与官府往来公文,也就是"移动的文书"不同,这些官府中收藏的文书底稿与副本多被保存起来,成为官府劳役和财务营运(信息系统)的数据资料。小林隆道在对宋代统治体系进行解读后指出,实际的"移动文书"也是基于这些"非移动文书"的累积、管理而存在的。特别是通过对于地方政府计账功能的重视,能够为"移动文书"复原"非移动文书"中所包含的信息传递情况。藤田勝久:《中国古代の社会と情報伝達》,藤田勝久、松原弘宣编:《古代東アジアの情報伝達》,东京,汲古書院,2008年,第6—18,23—24页;小林隆道:《宋代中国の統治と文書》,东京,汲古書院,2013年,第40、103、514—516页。

如何做成的？等等。内藤乾吉、卢向前、吉川真司等学者以唐代敦煌吐鲁番案卷文书为中心，对于公文书及文书处理流程进行开拓性的研究，取得很多重要的成果[1]。不过，官府内部收藏保管的文书，往往易被误解为"往来文书的草稿"。而且与唐代相比，存世的宋元时代原文书的数量非常少。因此，对这些文书功能、特点的考察，有很大的难度，尚待深入[2]。正是基于这样的问题意识，笔者曾经对于黑水城遗址发现的宋代公文书进行分析，发现了孙继民、陈瑞青认定为"公文书草稿"的"检"文书群[3]，实际上是鄜延路第七将在收到官文书后，进行事务处理而做成的文卷记录[4]。本文则将以黑水城文书中的元代地方官府公文书为中心，考察文书处理过程中"案呈"类文书。

当然，在研究出土文书时，对原文书的笔迹、纸张、署押等方面的古文书学分析是必不可少的。但笔者撰写此文时，除俄藏文书外，其他文书的原件几乎都没有见过。因此，这里首先要说明的是，本文所引用的很多元代文书，实际上是根据出版的图录来识读其文字、笔迹等信息。

一、元代公文书的体系

元代的公文书，根据其用途以及发出、接收的官府、官员品级的不同而形成了不同的类型。有关"移动的文书"的书式、功能的具体规定，《元典章》、《事林广记》、《新编事文类聚翰墨全书》、《吏学指南》、《吏文辑览》都有相关的记载。对于元代公文书体系的复原工作，田中谦二作出了开拓性研究，他在《元典章文书の研究》一文中，系统地解读《元典章》中收录的公文书，复原了公文书的名称、功能以及与文书发

---

[1] 内藤乾吉：《西域発見唐代官文書の研究》，《西域文化研究第3：敦煌吐鲁番社会经济资料（下）》，京都，法藏馆，1960年，第9—111页，首卷插图2，图片9（又见内藤乾吉：《中国法制史考证》，东京，有斐阁，1963年，第223—345页，图版6）；卢向前：《牒式及其处理程式的探讨——唐公式文研究》，北京大学中国中古史研究中心编：《敦煌吐鲁番研究论文集》3，北京，北京大学出版社，1986年，第335—393页；吉川真司：《奈良时代の宣》，《史林》71-4，1988年，第1—38页（收录于《律令官僚制の研究》，东京，塙书房，1998年，第175—220页）。

[2] 关于宋代出土文书及相关研究情况，参照小林隆道：《宋代中国の統治と文書》，第14—18页。关于元代的研究情况，参照舩田善之：《元代漢語公文書（原文書）の現状と研究文献》，森田宪司编：《13、14世纪东アジア諸言語史料の総合的研究——元朝史料学の構築のために》（科研报告书），2007年，第27—34页。

[3] 孙继民、陈瑞青：《试释几件俄藏黑水城宋鄜延路公文草稿》，《西夏学》第1辑，2006年，第91—98页。又见于孙继民：《俄藏黑水城所出〈宋西北边境军政文书〉整理与研究》，北京，中华书局，2009年，第344—358页。

[4] 赤木崇敏：《宋代〈検文書〉攷——〈宋西北边境军政文书〉の性格》，《大阪大学大学院文学研究科纪要》52，2012年，第33—90页。此外，同一时期发表的刘江：《宋公文的"检"与"书检"》（《北京大学学报（哲学社会科学版）》第49卷第2期，2012年）认为"检"是正式公文的底稿（存本），是公文产生过程中的一种文书形态，在发出的文书与内容确认一致、没有文字差异后，"画日书字"（第130—134页）。

出、接收有关的用语[1]。

	名称（功能）	接受文书的用语	文书末尾的用语
下行文书	圣旨（诏敕，皇帝的命令）	钦奉	钦此
	懿旨（皇后、皇太子的命令） 令旨（皇太子的命令）	敬奉	敬此
	钧旨（宰相等一品官员的指令） 札付（上级官府发给下属的下行文书） 符文（六部与左右三部发给下级的下行文书） 判送（中书省、尚书省等发给下级的下行文书）	承奉 奉	奉此 承此
平行文书	咨（同级官府、官员间的平行文书） 关（同上） 牒·牒呈（外路的三品官府间的平行文书）	准	准此
上行文书	呈（下级官府或官员的上行文书） 申（同上）	据	得此

如表所示，元代公文书中官府、官员之间的行移文书，与王言、下行、平行、上行这样的文书的基本功能相对应，收信人收到文书时的用语和文书末尾的用语都有明确的规定。此外，在下行文书中，与发文者的级别相对应，也有诸如钧旨、札付、符文、判送等各种各样种类的用语，这些都体现出元代公文书的特点。

元代公文书的实物见于新疆维吾尔自治区（若羌县、且末县）、河北省（隆化县）等地区的出土文书。特别是内蒙古自治区阿拉善盟额济纳旗黑水城（黑城）遗址的出土文书，数量丰富，品质好，学术价值高。黑水城位于注入居延海的黑河岸边，西夏时期，通过中转贸易繁荣起来。到了元朝统治时期，至元二十三年（1286）设置了亦集乃路总管府，隶属于甘肃等处行中书省（甘肃行省）。从黑水城发现了元、北元时期的文书，包括蒙古文和汉文等约有4800件，其中大多数应该是亦集乃路受理、处理、保管的公

---

[1] 田中谦二：《元典章文书の構成》，《東洋史研究》23-4，1965年，第452—477页；田中谦二：《元典章文書の研究》，《田中謙二著作集》2，东京，汲古书院，2000年，第275—457页。各种公文书传递路径和文书分析方法相关的研究有植松正《元典章文書分析法》，《13、14世紀東アジア史料通信》2，2004年，第1—11页。关于黑水城文书实物的译注、公文书套语的解析，参照古松崇志《元代カラホト文書解読（1）》，《オアシス地域研究会報》1-1，2001年，第37—47页；古松崇志：《元代カラホト文書解読（2）》，《オアシス地域研究会報》5-1，2005年，第53—97页。

文书[1]。

黑水城文书,是比行中书省地位低的路总管府处理的文书群。在这一文书群中,有一部分文书是来自其他衙门,其中来自掌管行政监察、劝课农桑、官吏任命等事务的肃政廉访司(至元二十八年、1291年,改为提刑按察司)的文书,还有一些是下属机构送到亦集乃路总管府的公文(包括呈、申、札付、牒、牒呈等)。不过,在这一文书群中,亦集乃路总管府内部处理的文件、文簿,也就是并非向外发出,而是在官府内部蓄积、保管的文书,占了大半。下面就以俄罗斯科学院东方文献研究所收藏的《至顺元年河渠司官为糜粟蚕麦收成事呈状》(TK249)为例,探讨元代地方官府在接受其他官府发来的文书之后的事务处理的手续。

二、俄罗斯所藏 TK249《至顺元年河渠司官为糜粟蚕麦收成事呈状》

TK249 亦集乃路治下的河渠司给路总管府的上行文书,同时也包括了亦集乃路总管府的吏员申报处理意见[2]。共用纸三张,依次粘连。内容如下:

1 　河[渠司][3]
2 　谨呈,近奉
3 　总府指挥写至顺元年蚕麦[秋田　　　　]
4 　事,承此。除至顺元年夏田分数[外,据天历二年收成?]
5 　秋田分数依式开坐前去合行[4][具呈]

---

[1] 黑水城文书已经出版的图录包括:《斯坦因第三次中亚考古所获汉文文献(非佛经部分)》全2卷,上海,上海辞书出版社,2005年;《英国国家图书馆藏黑水城文献》全5卷,上海,上海古籍出版社,2005—2010年;《俄罗斯科学院东方文献研究所藏黑水城文献》(现在刊行至25卷),上海,上海古籍出版社,1996年至今;吉田顺一、チメドドルジ编《ハラホト出土モンゴル文書の研究》,东京,雄山阁,2008年;《中国藏黑水城汉文文献》全10卷,北京,国家图书馆出版社,2008年;《中国藏黑水城民族文字文献》,天津,天津古籍出版社,2013年。关于英国大英图书馆收藏的文书,国际敦煌项目网站(http://idp.bl.uk)上可以看到彩色图版。

[2] 《俄罗斯科学院东方文献研究所藏黑水城文献》第4卷,北京,国家图书馆出版社,1997年,第316—318页。关于这件文书的录文,可以参照朱建路:《从黑城出土文书看元代亦集乃路河渠司》,《西夏学》第5辑,2010年,第85—86页;孙继民、宋坤、陈瑞青等:《俄藏黑水城汉文非佛教文献整理与研究》(中、下),北京,北京师范大学出版社,2012年,第493—495、1119—1120页;杜立晖、陈瑞青、朱建路:《黑水城元代汉文军政文书研究》,天津,天津古籍出版社,2015年,第126—128页,等等。本文根据东方文献研究所收藏的原文书进行重新迻录。

[3] 朱建路:《从黑城出土文书看元代亦集乃路河渠司》,第85页;孙继民、宋坤、陈瑞青等:《俄藏黑水城汉文非佛教文献整理与研究》(中、下),第493、1119页;杜立晖、陈瑞青、朱建路:《黑水城元代汉文军政文书研究》,第126页。以上文章未释读这件文书的第一行。

[4] 朱建路:《从黑城出土文书看元代亦集乃路河渠司》,第85页;孙继民、宋坤、陈瑞青等:《俄藏黑水城汉文非佛教文献整理与研究》(中、下),第493、1119页;杜立晖、陈瑞青、朱建路:《黑水城元代汉文军政文书研究》,第126页,以上文章未释读"合行"一词。

6　　亦集乃路总管府。伏乞
7　　照验施行。须至呈者。
8　　　一 至顺元年。
9　　　　　糜子柒分　　粟［柒分］
10　　　一 天历二年收成。
11　　　　　糜子伍分　　粟伍分
12　　　一 比附上年秋田分数,糜粟各增贰分。
13 右,谨具
14 呈。
15　　　　至顺元年　月
16　　　　　河渠司官　答　乞（签押）
17　　　　　河渠司官　帖灭赤（签押）
18　　　　　　（签押）　　　（签押）
19 「初十日」
20　　　　　　　　　　　　（签押）

--（纸缝）

21　［皇帝圣旨］里。亦集乃路总管府据
22　［河渠］司呈云々,得此。照得,夏田蚕
23　［麦］分数,已行牒呈
24　宪司照验,验满。今据见呈,府
25　司合行开坐牒呈。伏请
26　［照］验施行。
27　　　　开
28　　右,牒呈
29　　廉访司。

--（纸缝）

30　　至顺元年九月　　吏侯（签押）
31　　　提控案牍兼照磨承发架阁李
32 蚕麦秋田
33　　　知　　事　　　　常（签押）

234

34　　　　经　　　　　　　　历

35　　　　　　　　　（签押）　　（签押）

36　「初十日」

37　　　　　　　　　　　　　　　（签押）

这件文书的第三张纸的里面大字书写"至顺元年,辰字弐号"。从"辰字弐号"这一序号来看,这件文书应该是放在亦集乃路架阁库保管的文卷。所谓文卷或案卷,就是收到文书后,官府进行相应的处理与批示,并将因此而形成的一系列文书依次粘连在一起,形成一卷文卷。在各级官府中,都有收藏公文书和文卷的架阁库。有关架阁库的功能,《元典章》卷十四《吏部八·公规二·案牍》中有明确的记载:

> 又至元新格
>
> 诸已绝经刷文卷,每季一择,各具事目首尾张数,皆以年月编次注籍。仍须当该检勾人员躬亲照过,别无合行不尽事理,依例送库,立号封题,如法架阁。后遇照用,判付检取,了则随即发还勾销。[1]

从中我们可以看到,事务处理完毕的文卷分类编号,放于架阁库保管。在黑水城文书中,用千字文和汉字大写数字组合编号的文书和文卷随处可见,此处的"辰字弐号"应该也是架阁库保管用的整理编号。

TK249文书大致可分为前半部分(1—20行)和后半部分(21—37行)。前半部分是从河渠司到亦集乃路的呈报书,报告了至顺元年(1330)的夏田和前一年、也就是天历二年(1329)的秋田收成情况,并分条写明上报。前半部分的第8—12行写明了各年的糜子、粟收获量的比例。第16、17行写有两位河渠司官员的名字,他们是文书的作成者。由此可以知道,第1—17行是河渠司发给亦集乃路总管府的文书。按照《元典章》卷二十三《户部九·农桑·立社·劝农立社事理》[2]中规定,府州司县的长官有管理农桑、水利的职责。"若有事故差去,以次官提点"。不过,从这件黑水城文书来看,亦集乃路总管府之下可能专设河渠司官一职,专门负责劝农、水利、征税、治安事务[3]。

这一文书的前半部分,从格式上来看,是被称为呈(呈文)的上行文书。关于其格

---

[1] 陈高华等点校:《元典章》,北京,中华书局;天津,天津古籍出版社,2011年,第1册,第527页。

[2] 陈高华等点校:《元典章》,第2册,第916—921页。

[3] 李逸友编:《黑城出土文书(汉文文书卷)》,北京,科学出版社,1991年,第15页;吴超、霍红霞:《元代亦集乃路基层管理研究——以中国藏黑水城汉文文献为中心》,北京,新华出版社,2013年,第38—39页;王艳梅:《元代亦集乃路地方建制》,杜建录主编:《黑水城文献论集》,北京,学苑出版社,2014年,第507—508页。

式,《新编事文类聚翰墨全书》甲集卷五《诸式门·公牍诸式·行移往复体例》中有《呈子首末式》(不过,在《呈子首末式》中,其开头写作"具衔姓某",不是官府而是个人发出的格式)[1]:

  具衔姓某
  谨呈
  某处某司或某官。云云。为此,合行具
  呈。伏乞
  照验施行。须至呈者。
 右,谨具
 呈。
   年月日具衔姓某呈
    背面书字

TK249前半部分第15行的日期仅有年与月(而且月前是空栏),没有"日"期。在《元典章》卷十三《吏部七·公规一·公事·公事量程了毕》中如下的记载[2]:

  公事量程了毕
  诸官司所受之事,各用日印,于当日付绝。事关急速,随至即付。常事五日程(谓不须检覆者),中事七日程(谓须检覆者),大事十日程(谓须计算簿帐或咨询者),并要限内发遣了毕。违者量事大小,计日远近,随时决罚。其事应速行,当日可了者,即议须行。若必非常限所拘,临时详酌。

官府收到文书后,需盖"日印",并且从收到之日起应该限期处理[3]。TK249文书第19行虽然没有"日印",但大字书写了"初十日"几字,我们可以判断这是收到文书的亦集乃路所写的。这一日期上有亦集乃路的朱色官印,在官印前后有三个花押,应该是亦集乃路官员收到文书的证明。关于公文书上官印,在《元史》卷一百二《刑法志一·职制上》[4]有长官掌印、次官封印的规定。《元典章》卷十三《吏部七·公规一·掌

---

[1]《新编事文类聚翰墨全书》甲集卷五,《四库全书存目丛书》,子部第169册,济南,齐鲁书社,1995年,第54页。
[2] 陈高华等点校:《元典章》,第1册,第509页。
[3] 即使在唐宋时期,在上行文书中一般也只写年月,不标注日期,收到文书的官府,在文书末尾大写收到日期,从此时算起,在规定日期内完成事件的处理。
[4]《元史》卷一百二《刑法志一·职制上》,北京,中华书局,1976年,第2610页。

印·司吏知印信事》[1]中还引用了一条圣旨,做了更详细的说明:

> 随处达鲁花赤,凡行文字及差发、民讼一切大小公事,与管民官一同署押管领。其行用印信,达鲁花赤收管,长官掌判封记。如遇达鲁花赤公出、疾病、假故,牒印与长官,却令次官封记,公同行用,不得委付私己之人。

根据这条规定可以看出,官府发出的公文书,由长官达鲁花赤与管民官一同署押,但官印由达鲁花赤收管。由此可知,第18—20行应该是亦集乃路达鲁花赤、总管、副达鲁花赤的署押。

文书的后半部分是收到河渠司呈文后,亦集乃路吏员侯某作成的文书。因为总管府已经将至顺元年夏田收成情况报送至肃政廉访司,所以这部分内容是侯某向总管府提出的向廉访司报告天历二年秋田收成情况的建议。在亦乃路总管府中,设有吏礼房(负责人事、礼仪)、户房(户籍)、钱粮房(税粮)、刑房(审判)、兵工房(驿传、营造)、司吏房(文书)六房[2]。负责官府文书行政事务的吏员称为司吏,从文书内容来看,侯某大概是钱粮房或司吏房的吏员。

在侯某的署名之后的第31、33、34行,则是提控案牍并照磨承发架阁、知事、经历三人的署名。这三个作为统辖吏员的首领官,同时也承担文书事务。亦集乃路作为下路,设有作为事务长的经历(从七品)一名,作为辅佐的知事(从八品)一名,以及负责文书处理、保管的提控案牍(未入流)一名。另外,如上引文书所示,路府的提控案牍有时会兼任照磨(检查文书)、承发(收发文书)、架阁(保管文书)等职[3],他们要确认文书程序是否符合规定,并作为责任者署名。第32行则是首领官为此文书所写的标题。第36行写有"初十日",与前半部分文书的日期相同,由此可知,首领官在收到河渠司文书的当日,就已经进行处理,并作成了文书后半部分。

关于文书的后半部分,朱建路认为这是亦集乃路总管府牒呈河西陇北道肃政廉访司公文的草稿,正式呈文时,要以此稿为依据[4]。不过,从格式来看,这件文书恐怕并

---

[1] 陈高华等点校:《元典章》,第1册,第506页。
[2] 李逸友编:《黑城出土文书(汉文文书卷)》,第14页;古松崇志:《元代カラホト文書解読(2)》,第57页;王艳梅:《元代亦集乃路地方建制》,第498—504页。
[3] 古松崇志:《元代カラホト文書解読(2)》,第57页。
[4] 朱建路:《从黑城出土文书看元代亦集乃路河渠司》,第87页;孙继民、宋坤、陈瑞青等:《俄藏黑水城汉文非佛教文献整理与研究》(下),第1121页;杜立晖、陈瑞青、朱建路:《黑水城元代汉文军政文书研究》,第129页。朱建路一文中做了如下说明:"第20—36行为至顺元年(1330)九月亦集乃路总管府牒呈廉访司为照验蚕麦秋田事……20—36行的撰拟主体是亦集乃路总管府,呈送对象是河西陇北道肃政廉访司,是总管府给廉访司(转下页)

不是牒呈的草稿。所谓牒，主要是指没有统属关系的外路（中央直辖地以外的区域）官府相互行移的文书，有用于下行的今故牒、指挥，有用于上行的牒上、牒呈（牒呈上），还有同级官府之间往来的平牒等，对于发文者与接受者之间级别差异，都有细致的规定[1]。关于牒呈的书式，《新编事文类聚翰墨全书》甲集卷五《诸式门·公牍诸式·牒呈首末式》[2]中有明确的规定：

> 皇帝圣旨里。某处同上式。云々。合行
> 　　牒呈。伏请
> 　　照验施行。须至牒呈者。
> 牒具如前事。须牒呈上
> 某处某司或某职某官。伏请
> 　　照验。谨牒。
> 　　　年月日谨呈上
> 　　　　某衔姓某押

对比《新编事文类聚翰墨全书》中的牒呈式，以及前面提到官府往来"呈子首末式"的格式，可以明显看出，TK249的后半部分与其完全不同。特别是，第28—29行"右，牒呈廉访司"一句，并不见于"牒呈"或"呈"的格式之中。更重要的是，第24—26行中"今据见呈，府司合行开坐牒呈。伏请照验施行"一句，还有第35—37行中的日期、朱印、签名也与亦集乃路的达鲁花赤们（第18—20行）完全一样。由此可知，此文书的后半部分应该是亦集乃路吏员侯某在查验河渠司呈文后，呈报达给鲁花赤们的上行文书。因此，这件文书不是亦集乃路总管府呈报给肃政廉访司的文书（牒呈或呈）草稿，而是亦集乃路总管府的吏员受理河渠司呈文后，当日向路总管府主管官员提出建议的文书，建议路总管府就此事牒呈肃政廉访司。

三、公文书中"案呈"的功能

在黑水城文书中，亦集乃路向甘肃行省、肃政廉访司等相关部门行移文书之时，当

（接上页）的牒文。……20—36行总管府呈廉访司呈文则仅是简单叙述呈文内容，似不是一件正式公文，而是路总管府向廉访司呈文的一介草稿，正式呈时要以此文为依据形成正式公文。"

〔1〕参照《元典章》卷十四《吏部八·公规二·行移·品从行移等第》（陈高华等点校：《元典章》第1册，第514页）和《新编事文类聚翰墨全书》甲集卷五《诸式门·公牍诸式·行移往复体例》（《四库全书存目丛书》子部第169册，第53页）。

〔2〕《新编事文类聚翰墨全书》甲集卷五，《四库全书存目丛书》子部第169册，第53页（参照同书63页）。

该吏员在呈送给亦集乃路的上行文书的开头,常常可以看到"案呈"的术语,而行移的文书就是根据"案呈"而作成的。下面就是一个例子。

M1·0778（F197：W33）《至元五年(1339)军政文卷》[1]

1　皇帝圣旨里,亦集乃路总管府,案 呈 云 云。
2　　一 申甘肃行省。　　　　府司除已牒呈
3　　　　河西陇北道肃政廉访司照详
4　　　　外,合行具申。伏乞
5　　　　照详施行。
6　　　　　　开
7　　一 牒呈宪司。　　　　府司除已备申
8　　　　甘肃行省照详外,合行牒呈。伏请
9　　　　照详施行。
10　　　　　　开
11　　右,各行。

---（纸缝）

12　　至正五年五月　吏赵彦明（签押）
13　　　堤控案牍兼照磨承勘架阁倪　文通（签押）
14　许顺和等告擅放军役
15　　　知　　事　　　袁　　亦怜只（签押）
16　　　经　　历　　　王　　　　（签押）
17　　　　（签押）（签押）
18　　廿九日　　　　　　（签押）
19　　　　　　　　　　（签押）

这件文书是亦集乃路吏员（赵彦明）呈送给亦集乃路总管府的报告书。第2—10行记录了给甘肃行省及肃政廉访司的申和牒呈。根据文卷第14行"许顺和等告擅放军役"这标注,可以知道文卷内容涉及许顺和等人申请放免军役问题。第4—5行的

---

[1] 李逸友编：《黑城出土文书(汉文文书卷)》第98页；《中国藏黑水城汉文文献》5,第1005—1008页；孙继民等：《中国藏黑水城汉文文献的整理与研究》(中),北京,中国社会科学出版社,2016年,第747—748页。

"合行具申。伏乞照详施行"和第8—9行"合行牒呈。伏请照详施行"这些文字,应该是写在各种申和牒呈末尾的套语。第11行的"右,各行"一句,表明文书要发到两个机构。文书末尾的有负责文书事务的提控案牍兼照磨承勘架阁、知事、经历三人的名字,他们应该是作为发出文书的责任者而署名。

M1·0778(F197：W33)在开头第一行引用"案呈"这一文书,但文书的内容以"云云"二字省略。可以推测,亦集乃路总管府接到案呈后,然后作"申"与"牒呈",分别发给甘肃行省和肃政廉访司。

近年来,根据杜建录对中国藏元代黑水城文书的整理研究,可以发现提到"案呈"的文书共有3件[1]。管见所及,除前面提到的M1·0778(F197：W33)外,中国藏黑水城文书还发现7例,大英图书馆藏文书有1例。无论如何,这些文书是接到案呈后向相关各官府发出文书的记录,它们和M1·0778(F197：W33)一样,文书的开头都有"案呈"字样。

M1·0078 (84H·F116：W94/1266)《河渠司文书》[2]
□□□旨里,亦集乃……案呈云云。

M1·0212 (F116：W554)《至正十一年考校钱粮文卷》[3]
皇帝圣旨里,亦集乃路总管府案呈云云。

M1·0500 (F116：W90)《卜鲁罕妃子分例米面文卷》[4]
皇帝圣旨里,亦集乃路总管府案呈云云。

M1·0650 (F116：W27)《也火汝足立崀地土案卷》[5]
皇帝圣旨里,亦集乃……案呈……

M1·0807 (F13：W104)《宙字壹号半印勘合文书》[6]

---

[1] 杜建录：《中国藏黑水城汉文文献整理研究》,北京,人民出版社,2016年,第699页。
[2] 《中国藏黑水城汉文文献》1,第116页;孙继民等：《中国藏黑水城汉文文献的整理与研究》(上),第70页。
[3] 李逸友编：《黑城出土文书(汉文文书卷)》,第120页;《中国藏黑水城汉文文献》2,第304、304页;孙继民等：《中国藏黑水城汉文文献的整理与研究》(上),第196页。
[4] 李逸友编：《黑城出土文书(汉文文书卷)》,第133页;《中国藏黑水城汉文文献》3,第623页;孙继民等：《中国藏黑水城汉文文献的整理与研究》(上),第450页。
[5] 李逸友编：《黑城出土文书(汉文文书卷)》,第159页;《中国藏黑水城汉文文献》4,第827页;张重艳、杨淑红：《中国藏黑水城初出元代律令与词讼文书整理与研究》,北京,知识产权出版社,2015年,第125页;孙继民等：《中国藏黑水城汉文文献的整理与研究》(上),第606页。
[6] 李逸友编：《黑城出土文书(汉文文书卷)》,第142页(编号：F132：W104);《中国藏黑水城汉文文献》5,第1037页;孙继民等：《中国藏黑水城汉文文献的整理与研究》(中),第767页。

皇帝圣旨里,亦集乃路总管府案呈云云。
M1·0932（F116：W396）《至正二十四年整点站赤文卷》[1]
……（亦集乃）路总管府　案呈　云云。
M1·0933（F116：W558）《至正二十四年整点站赤文卷》[2]
皇帝圣旨里,亦集乃路总管府案呈云云。
Or.8212/733《元代文书残片》[3]
……案呈……

将这些文书与前面提到 TK249 文书一并考虑的话,可以看出官府的事务办理程序：路总管府收到其他官府文书的当日,路的吏员要向路总管府主管官员就行移文书一事提出建议,这个建议就是所谓的"案呈"。TK249 的后半部分应该就是"案呈"部分的内容。路总管府要依据这一案呈作成文书并发出去,M1·0778 这样的文书应该就是作成的文书发出记录。

这种"案呈"的功能在其他史料中也有记载。例如,竺沙雅章介绍的日本静嘉堂文库所藏的朱销文簿中就是"案呈"的内容。以下,用【 】表示朱笔的内容。

卷宗刷尾　一　田明义偷牛事件[4]

1　一宗。田明义偷牛。先已行外,延祐五年正月十二日。案呈。【行下十八都。依元行,勘会田明义所供人口事产,有无[ ]通保结,申州。】

2　　　　二月初二日。准福宁州关请,著落贼属,追征陪牛九个,发来给主。【当日下十八[ ]】。二十日。福宁州关请,追陪牛九个,先科勾贼属一名发来。【八都依上施行。】

3　　　　三月初四日。【依元施行。】

---

[1] 李逸友编：《黑城出土文书(汉文文书卷)》,第 178 页；《中国藏黑水城汉文文献》5,第 1153、1156 页；孙继民等：《中国藏黑水城汉文文献的整理与研究》(中),第 883 页。

[2] 李逸友编：《黑城出土文书(汉文文书卷)》,第 178 页,但录文中没有辨认"案呈云云"；《中国藏黑水城汉文文献》5,第 1158、1159 页；孙继民等：《中国藏黑水城汉文文献的整理与研究》(中),第 885 页。

[3] Maspero, Henri, *Les documents chinois de la troisième expédition de Sir Aurel Stein en Asie central*, London：The Trustees of the British Museum, 1953, No. 480, p.197, pl. XXXVII；孙继民等：《英藏及俄藏黑水城汉文文献整理》(上),天津,天津古籍出版社,2015 年,第 151 页。

[4] 竺沙雅章：《漢籍紙背文書の研究》,《京都大学文学部研究紀要》14,1973 年,第 30—31 页。本文书是静嘉堂文库藏《欧公本末》纸背残本的元代公文书。

4	四月二十七日。【依元施行。】
5	五月二十六日。【依元施行。】
6	六月二十九日。福宁州关,催呼召尸亲领尸。追陪牛九个。并据十八都里正郁景□等,别无田明义户计,亦无吴三十五户计,如虚,里正主首甘罪无词。保结是实。【得此。备关福宁州照验。】

所谓"朱销文簿",就是在处理事件时,每日用朱笔标注发出文书,用墨笔标注收到文书的文簿,这里肃政廉访司照刷文卷(每年春夏两次,检查各官府文书发出处理过程中是否迟滞、有无错误)时重要的证据资料[1]。这件文书是由婺州作成的有关江浙行省福宁州的田明义偷牛事件的朱销文簿,文簿中同时记载了婺州收到文书的日期和事务处理的日期。从这件文簿可以看出文书的处理程序:首先是用墨笔标注婺州收到福宁州及里正的文书的名称和内容,然后用朱笔标注收到文书后婺州的处理程序。这一事件,从延祐五年(1318)正月二十日开始,随后验明田明义的身份,要求田明义向被害者支付九头牛。同年六月二十九日,因为里正提出的证明书没有田明义的户计情况,所以婺州向福宁州发出关文(平行文书的一种),要求福宁州对证明书进行调整,这一文书至此结束。第一行"田明义偷牛。先已行外,延祐五年正月十二日。案呈"一句,我们可以看到与发出文书相关的一连串的事务程序,是从受理案呈开始。

这种案呈,在宋元汉籍中的实例相对不多[2],《元典章》卷末《都省通例·贴书犯赃却充俸吏》中仅有一例[3],仅从这一例来准确推测它的功能是比较困难的。杜建录将案呈与呈、牒呈、状呈、呈乞、呈见、谨呈一同开列,将其同视为出现在诉讼、审判文书中的术语[4]。同时在注释中引用《吏学指南·公式》中的解释:"呈。谓布意达于尊

---

[1] 竺沙雅章:《漢籍紙背文書の研究》,第32—33页。
[2] 宋代,在六部之内,各自按职能划分为"司","司"下划分为"案"。在宋代黑水城文书中,鄜延路第七将有"兵案"、"押教曹案"等。王铭认为,"案呈"起源于宋代,"宋代下发的部文,启首语'某司某案呈',指明承办机构。后代,部下分司,司下不再分案,但呈堂的文稿仍循例称为'某司案呈'。沿用日久,'案'字词义,与'司'字分离,而与'呈'字结合。'案呈'就成为部文装套呈堂稿的领述词"。王铭:《清代公文——〈直隶布政使司为知照修例事宜咨〉研究》,《北京档案史料》,北京,新华出版社,2001年,第282页。
[3] 《元典章》新集《都省通例》,陈高华等点校:《元典章》,第4册,第2263页。
[4] 杜建录:《中国藏黑水城汉文文献整理研究》,第201页。

者,又陈示其状也。"[1]此外,东洋文库前近代中国研究班编写的《中国社会经济史用语解》一书中,将"案呈"解释为:"各衙门请求其长官或同等官员的裁决,以及其文件。"[2]另一方面,关于明清时代文书中的"案呈",刘文杰认为:"案,有档案可查;呈,送上。明清时期的中央各部为处理日常事务,由所属有关司撰拟文件定稿(呈堂稿),交由长官审定,经各部尚书或侍郎审议画行后的呈堂稿,以部的名义向各地方衙门和其他机关发出。历史文书中,各部引叙呈堂稿时,称某某司案呈。"王铭则认为:"案呈为呈堂稿的首称用语。"与此相反,谷井俊仁提出"立案呈堂"的说法,也就是在立案以后提出呈文,与刘文杰的解释相反,案呈不一定发给外部官府[3]。根据这些学者的解释,"案呈"大概就是在官府日常事务中,吏员进行文书处理、立案,向所属官府或长官提出的文件。当然,根据时代的不同,"案呈"的书写格式和功能多少会有些差异。本文研究的也仅是元代亦集乃路的情况,这可能也与中央官府的事务处理手续有一些差异。但至少在元代的地方官府中,所谓"案呈",就是胥吏收到其他官府或官员发来的文书后,经过调查,然后将应该采取的措施及需要文书行移的相关官府、相关人员开列出来,然后送至上司的文书草案。

四、呈 的 功 能

在元代,按照规定,下级官府或官员向上级官府提出的上行文书有呈和申两种。呈与申的功能有哪些不同之处,为何不用申而用呈来称呼"案呈",这是本文最后想要解决的问题。

根据田中谦二的研究,《元典章》中的呈和申在用法上是有区别的,作为上行文书,呈的发信者是二品以上的官员,申的发信者则是三品以下官员。另外,在有统属关系的官府之间,三品以下的官府行移给二品以上的官府,使用呈。在非统属关系的官府间,六品以下的官府和官员行移给三至五品的官府使用申。

但是,得出这样功能性的区分,大概是因为其所利用的《元典章》多收录了中央官府官员以及中央、地方间的行移文书。如果通览黑水城文书,我们可以发现呈的运用不

---

[1] 徐元瑞撰:《吏学指南》,杭州,浙江古籍出版社,1988年,第36页。
[2] 斯波義信编:《中国社会经济史用语解》,东京,东洋文库,2012年,第451页。
[3] 刘文杰:《历史文书用语辞典(明、清、民国部分)》,成都,四川人民出版社,1988年,第140页;谷井俊仁:《〈明南京車駕司職掌〉の研究》,《富山大学人文学部紀要》19,1993年,第33—35页;王铭:《清代公文——〈直隶布政使司为知照修例事宜咨〉研究》,《北京档案史料》,北京,新华出版社,2001年,第282页。

一定遵循上述原则。例如,前面提到的 TK249 的前半部分,是河渠司向亦集乃路总管府发的呈文。直接管辖河渠司的亦集乃路总管府是从三品,如果按照田中的说法(因为发信者是三品以下,且收信者并不是二品以上),这里应该使用申,但河渠司却用了呈。同样,《至治二、三年(1322—1323)元河渠司上亦集乃路总管呈文》(Or. 8212/734)[1]中,河渠司向亦集乃路总管府发出的上行文书也称为呈。这件呈文是亦集乃路总管府接到要求护送身份不明的蒙古子女前往大都圣旨后[2],路总管府命令河渠司调查当地身份不明蒙古子女情况,河渠司经过调查后,发现别无身份不明蒙古子女,于是向路总管府报告的呈文。

关于申文,在《元史》、《元典章》、《事林广记》等史料中都没有明确记载这种文书的格式。只是在《新编事文类聚翰墨全书》甲集卷五《诸式门·公牍诸式·行移往复体例》[3]中有被称为"解子"的格式,可能与之相似。

  解子首末式
 皇帝圣旨里,某处同前式,云云。为此,合
   行申覆。伏乞
   照验施行。须至申者。
 右,具于前。伏乞
 某处司官
 照验,谨具申
 闻。谨录状上。
 牒,件状如前。谨牒。
 年月日申。
   具衔姓某。无印信衙门,背面书字。
 若司县解子月日下即署

---

[1] Maspero, *Les documents chinois de la troisième expédition de Sir Aurel Stein en Asie central*, No. 481(R), pp.198-199, pl. XXXVIII;孙继民等:《英藏及俄藏黑水城汉文文献整理》(上),第 156—157 页。

[2] 蒙古人子女买卖、奴隶从忽必烈时期已经衍变成一种社会问题。元英宗延祐七年(1320)在即位诏书中规定,回回、汉人、南人典买到蒙古子女为驱者,分付所在官司收养。第二年,即至治元年又重申这一命令。至治二年(1322)规定,有隐匿蒙古女者治罪,至治三年(1323)这一规定最终结束。关于这一连申敕书的发布和年代问题,参考高华(陈高华):"亦集乃路河渠司"文书和元代蒙古族的阶级分化》,《文物》1975 年第 9 期,第 87—90 页。

[3] 《新编事文类聚翰墨全书》甲集卷五《诸式门·公牍诸式·行移往复体例》,《四库全书存目丛书》子部第 169 册,第 54 页(参照同书 64 页)。

司吏姓名,典吏姓某申。

我们还可以在《新编事文类聚翰墨全书》甲集卷五《诸式门·公牍诸式·行移往复体例》中见到收录了其他公文书的格式:

> 平关首末式……"合行移关。请照验施行。须至关者"
> 平牒首末式……"合行移牒。请照验施行。须至牒者"
> 今故牒首末式……"合行移牒。可照验施行。须至牒者"
> 牒呈首末式……"合行牒呈。伏请照验施行。须至牒呈者"
> 呈子首末式……"合行具呈。伏乞照验施行。须至呈者"

从中我们可以看出,这些格式的名称一定会在文中出现。因为解子书写格式中有"须至申者"一句,可以推测这里的"解子"应该也是被称为申的文书形式。另外,若追溯到前代的话,在唐代也有被称为解式的上行文书的相关规定,在实际运用中被申的书写格式替代了。这里可能也是"解"和"申"两种名称互用的佐证。

但是,在黑水城文书中,这种申的实例并不多,下面就是另外一例:

M1·0192（F14：W6A）《粮食储运文书》[1]

1　［皇帝］圣旨里,［　　　　］承奉
2　　甘肃行中书省［　　］为
3　［　　］该：准肃州分省咨该：来咨为变［　　　］事,移咨本省,左丞袁殊札付郎中也里帖木,提调［　　　　　　　　　］
4　［　　　　］□放支□□小麦壹伯贰拾石,磨□□□干其子伍拾石去后回。据肃州路申：至正三十年八月［　　　　　　　］
5　［　　　　　　　］今年等处将人民头畜粮食并未刈田禾抢劫残荡在仓,止有仓［　　］肆升［　　　　　　］
6　［　　　　　　　　］此事已经差照磨帖麦。并移咨肃州分省,指办　　［　　］□予备完备差［　　］非轻,咨□［　　　　　］
7　［　　　　　　　　　　　］系□事繁非轻,除已差本省理□□□［　　　］咨前去肃州分省投达鲁花［赤　　　　］
8　［　　　　　　　　　］□交辖□［　　　　］紧急变磨完备特办快

---

[1] 李逸友编:《黑城出土文书(汉文文书卷)》,第112页;《中国藏黑水城汉文文献》2,第271页;孙继民等:《中国藏黑水城汉文文献的整理与研究》(上),第170—171页。

　　　　　便脚力陆续差官与元差去官一同［　　　　　　　　　］

9　　　［　　　　　　　　　　　　　　　　　　　］奉此。府司，合行具

　　　申。伏乞

10　　　照验施行。须至申者。

这件是北元时期至正三十年（1370）的文书。至正二十八年（1368）元顺帝弃走大都，回到蒙古本土，此时甘肃还在北元的统治之下。当时，政局持续混乱，为了维持各地军需，在甘州、肃州、亦集乃设置了行中书省分省，文书中提到的肃州分省就是在肃州设置的甘肃行中书省的分省。这件文书的主体引用了来自甘肃行中书省的文书，还有一部分是引用了肃州分省和肃州路向甘肃行中书省行移的文书。虽然由于文书破损，其中一些重要的细节难以把握，但可以知道这件文书的大致内容是至正三十年，也就是元顺帝驾崩之年，因为肃州的粮草不足，肃州分省请求运送物资，其请求是经过甘肃行中书省传达给亦集乃路。

在文书末尾有"府司，合行具申。伏乞照验施行。须至申者"一句，若与前面引用的"解子首末式"相比较，这件文书应该是申。这里的"府司"是路总管府的简称，发文者应该是亦集乃路总管府。结合本文书是在亦集乃发现的这一情况，收文一方应该不是将甘州作为治所的甘肃行中书省，而应该是同设在亦集乃路的行中书省的分省。

那么，如果按照上述田中的解释，亦集乃路总管府（从三品）发给具有统属关系的上级官府甘肃行中书省（从一品）应该使用呈，但这件文书却是申。这种现象不仅出现在北元时期，M1·0778（F197：W33）《至元五年军政文卷》就是亦集乃路向甘肃行中书省发的申文。

　　一、申甘肃行省。　府司除已牒呈河西陇北道肃政廉访司照详外，合行具申。伏乞照详施行。

类似的具有统属关系的官府间通行的"申"，我们可以从《元典章》卷五《台纲一·行台·行台体察等例》和《元典章》卷六《台纲二·体察·察司体察等例》的条文中得到确认。

　　行台体察等例[1]

　　一、提刑按察司，比至任终以来，行御史台考按，得使一道官政肃清、民无冤滞

---

[1] 陈高华等点校：《元典章》第1册，第152页。

为称职,以苛细生事、暗于大体、官吏贪暴、民多冤抑、所按不实为不称职。皆视其实迹,咨台呈省。

察司体察等例[1]

一、随路州县,若有德行材能可以从政者,保申提刑按察司再行访察得实,申台呈省。

从这些规定可以看出,同一级别的御史台和行御史台之间文书往来用"咨",地方提刑按察司(肃政廉访司)向其直接的上属御史台行文用"申",御史台向无统属关系的中书省行文用"呈"。从上述"呈"和"申"的用法来看,其与发文者和收文者的品阶、统属关系无关,二者的使用方式相似,似乎无法看出二者在功能上的差异。如果就二者的格式来看,我认为两种文书最大的不同在于文书起首是否有"皇帝圣旨里"这句话。在元代公文书中,在文书起首中有确保内容和发出正确性的"皇帝圣旨里"一句,但在呈的实例和"呈子首末式"中却完全没有出现。另外,我们可以参考《吏文辑览》卷二对"呈"的说明[2]。

"呈"与申同,但各衙门无印,首领官及各有职役、官吏、里老、军民人等,则皆行无印呈,俗称无印呈曰白头呈文。

在一般情况下,公文书中会盖有证明官方权力的官印,从这一解释来看,"呈"并非必须押印。类似"皇帝圣旨里"的文字以及官印等并非必要事项的特性,暗示着"呈"作为一种公文书,具有灵活性,不必经过严格的手续就可以迅速发出。虽然关于"呈"更加详细的功能,还有必要收集和分析更多的相关实例,但我们可以初步认为"呈"就是一种简略的上行文书。其与发文者和收文者的地位、统属关系无关。事实上,TK249的后半部分是亦集乃路总管府的吏员收到河渠司呈的当日作成的"案呈",也就是吏员立即接受了经历、知事、提控案牍等上级首领官的裁决后作成的文书。在频繁授受文书的官府内部事务处理中,简易的"呈"被广泛使用。

结　　语

本文通过元代黑水城文书中"案呈"的文书,分析了官府内部事务处理和文书授受

---

[1] 陈高华等点校:《元典章》第1册,第157页。
[2] 《吏文辑览》卷二,末松保和编:《訓読吏文·附吏文輯覧》,东京,国书刊行会所收,1975年,第317页。

的过程。我们在关注出土文书时,往往容易被中央和地方复杂的信息传达,或官府间、官员间的移动的文书所吸引。但是,如同藤田胜久和小林隆道等学者指出的那样,在产生这种移动的文书的背后,存在着大量并非发送到官府外部,而是蓄积于官府内部的文书。通过对于"非移动文书"的研究,必将能够推进"移动文书"的活用研究[1]。有关"非移动文书"相关规定,在汉籍中很难发现确切的记述,所以对原文书的分析就变得尤为重要。竺沙雅章在研究静嘉堂文库所藏元代公文纸背文书时,根据它的形式将元代公文书分为三种类型:元行文书(被发送的文书的本体)、卷宗事目(文书目录)和卷宗刷尾(文书检查簿),弄清官文书的样式与处理程序[2]。当然,由于出土文书长时间被掩埋于地下,多有残损、缺失,有些文书仅能看见其中的只字片语,造成了理解上困难。不过,通过唐代吐鲁番文书和宋元黑水城文书(也包含非汉语部分)等西域出土文书进行研究后,我们可以知道西域出土文书中含有很多"非移动文书"。目前,有关这些文书的功能、形式等内容尚未得到充分的研究。今后,随着这方面的研究推进,有关新的文书生成等官府内部的事务处理过程,以及唐至元代文书行政的结构与变迁等方面的内容,将会变得越来越清晰。

本文得到申斌先生的很多指教,深表谢意。本文涉及的明清时代"案呈"的功能,申斌先生有详细的研究。本文也参考了申斌先生发表的相关论文。本课题得到了JSPS(日本学术振兴会)科研费JP25770256、JP15K02894的资助。

[作者赤木崇敏,准教授,日本东京女子大学。张舰戈译]

---

〔1〕 藤田胜久:《中国古代の社会と情报伝达》,第6—18、23—24页;小林隆道:《宋代中国の统治と文书》,第40、103、514—516页。

〔2〕 参照竺沙雅章:《汉籍纸背文书の研究》。在汉籍中,特别是《元典章》中也保留下来了丰富的与卷宗事目和卷宗刷尾等非移动文书相关的规定。

13—14世纪中韩户口文书登载事项的对比研究
——以高丽与元明的户口文书为中心

朱 玫

一、引 言

韩国作为汉字文化圈的重要国家,在历史上深受中国文明的影响。古代韩国在统治理念上接受了"普天之下,莫非王土;率土之滨,莫非王臣"的王土思想,对其王权所及之处实行"编户齐民"。在统一新罗时期,其户口登记制度深受唐朝的影响,现存的"新罗村落文书"就充分反映了这一点[1]。

高丽(918—1392)于10世纪初统一韩半岛时,唐(618—906)虽已灭亡,但唐的制度和文化成为高丽各种制度典章的重要根基。高丽初期将唐制作为效仿的典范[2]。以往涉及户口文书比较的研究均侧重考察唐宋户籍制度对高丽的影响,将唐及宋初的户口相关文书作为比较对象[3]。但应注意的是,今日遗存可知的高丽户口文书全都集中于高丽后期,也就是13至14世纪,而这一时期的中国,也就是唐朝灭亡四百年后的元朝及随后明朝,无论是高丽还是中国,当时社会经济结构等方面都发生了诸多变化,这在户口文书中表现得尤为明显。

现存的韩国高丽时期户口文书实物总共有24件,作成年代最早的为1237年,最晚的为1391年,全都限于高丽后期。"和宁府户籍"是唯一保存帐籍原来形态的户籍原

---

[1] [韩]尹善泰:《新罗村落文书的计烟和孔烟——以中国·日本户等制、年龄等级制的比较为中心》,《韩国古代史研究》第21辑,2001年;同氏:《"新罗村落文书"的记载样式与用途——以中国·日本籍帐文书的比较检讨为中心》,收录于[韩]卢明镐等编:《韩国古代中世古文书研究》下册(研究图版篇),首尔,首尔大学出版部,2011年,第163—209页。

[2]《高丽史》中多次提到了高丽要效仿唐制。例如,《高丽史》卷七三《志》卷二七《选举一》云:"高丽太祖,首建学校,而科举取士,未遑焉。光宗,用双冀言,以科举选士,自此文风始兴。大抵其法,颇用唐制。"(亚细亚文化社1990年据乙亥字印本影印,中册,第589页)又如《高丽史》卷七八《志》卷三三《食货一》载:"高丽田制,大抵仿唐制。"(中册,第705页)

[3] [韩]金英夏、许兴植:《唐宋户籍制度对韩国中世户籍的影响》,《韩国史研究》第19辑,1978年;[韩]卢明镐:《高丽时期户籍记载样式的成立及其社会意义》,《震檀学报》第79辑,1995年。

本,其余的23件都是单件户口文书,或转载于族谱,或以转写本的形式保存[1]。

为了比较清晰地看到两国户口文书演变趋势的异同,有必要将同时代的户口文书放入比较范畴。近年来黑城文书中元代户籍相关材料的出土[2],以及纸背公文书资料中的元代湖州路户籍册的发现[3],包括明代户帖和黄册等实物的遗存,为比较研究提供了条件。本研究将选取高丽末和宁府户籍原本与元代湖州路户籍册、明初徽州府祁门县汪寄佛户帖作为对象,试比较高丽后期与元代、明初户口文书的演变路径。

二、高丽与同时代元明的户口文书

(一) 高丽后期和宁府户籍

"和宁府户籍"是朝鲜王朝的开国之君李成桂(1335—1408)下令在自己的本乡和宁府(今朝鲜咸镜南道永兴一带)编造的户籍[4]。

"和宁府户籍"共由8幅户籍断片构成,其中第3幅以下是依据事目所编的具体户籍内容[5]。文书共载40户,以户主身份划分,15户属于奴婢户,25户属于良人户。良、贱户分开记载,奴婢户载于第3幅,良人户则载于第4—8幅。以下选取了第3幅之后的不同身份户,探讨高丽后期户籍的格式和记载内容。

宁川郡夫人申氏户奴直金户(第3幅第15户)

户:宁川郡夫人申氏户奴直金,年参拾参;妻,同户婢延德,年参拾柒;并产,元文;同户奴金连,年伍拾肆;妻▢▢▢▢婢召史,年伍拾玖。印[6]

这是一户奴婢户,户主是宁川郡夫人申氏的户奴,名字叫直金,其妻也是同户的奴婢,延德,年龄是37岁。"并产元文"是说他们有儿子元文,同户名下还有奴婢金连,54岁,其妻召史,59岁。最后写有"印"表明这是原户籍册押印之处。

---

[1] 关于高丽时期户口文书的介绍,以及户口文书转载于族谱后的记载样式变化,参见朱玫:《高丽后期户口文书浅议》,《域外汉籍研究集刊》第15辑,北京,中华书局,2017年。

[2] 刘晓:《从黑城文书看元代的户籍制度》,《江西财经大学学报》2000年第6期。

[3] 王晓欣、郑旭东:《元湖州路户籍册初探——宋刊元印本〈增修互注礼部韵略〉第一册纸背公文纸资料整理与研究》,《文史》2015年第1期。

[4] 研究者依据户籍的具体内容,推测该户可能是恭让王三年(1391)以开城府为中心所编成的户籍。〔韩〕许兴植:《从国宝户籍看高丽末的社会构造》,《韩国史研究》第16辑,1977年。

[5] 关于资料的保存经纬、判读、作成年代和各幅的记载内容,许兴植先生在《从国宝户籍看高丽末的社会构造》一文中有详细的说明。

[6] 《高丽末和宁府户籍、断片》,收录于〔韩〕卢明镐等编:《韩国古代中世古文书研究》上册(校勘译注篇),第255—269页。原文户内各事项之间均为连写。为便于辨认世系等,笔者对原文进行了隔写、换行、空格,阙文之处可确认字数处使用▢,不可确认字数处用▭▭▭▭表示。下同。

前左右卫保胜郎将朴彦户(第4幅第2户)

户:前左右卫保胜郎将朴彦,年伍拾柒,本龙津;父,检校郎将朴亮,故;祖,散员同正朴长金,故;曾祖,户长朴奇,故;母,小斤伊,本同村;外祖,户长朴蒙吾金,故;

户妻,栗伊,年伍拾捌,本平江;父,学生蔡连;祖,兵正仇水金;曾祖,都领郎将其仁;母,亏加伊(故),本宁远;外祖□□,金台,故;

并产,壹男,朴兴顺,年参拾;壹女,春月,年贰拾陆;贰女,春屯,年贰拾。印

右员矣前年九月付火次户口作文等乙烧亡口申以施行

这是一良人户,户主是前左右卫、保胜郎将朴彦,57岁。原籍是龙津。其下则为其父、祖、曾祖、母亲、外祖的姓名、身份与年存情况。先写其父系,再写其外系。户妻栗伊,58岁,原籍平江。其下也登记了其父、祖、曾祖、母亲、外祖的情况。亦是先写其父系,再写其外系。这一家庭有一男二女,长为男,30岁。因为原来的户口作文等因前年九月的火灾被烧毁,故该户籍以口头申告的方式成籍。

前左右卫保胜郎将崔得守户(第6幅第1户)

户:前左右卫保胜郎将崔得守,年五十六,本丰山县;父,散员崔冲,故;祖,检校军器监崔辅,故;曾祖,丞仕郎良酝令同正崔守;母,召史,本龙潭县;外祖,令同正廉宥卿。

户妻,召史,年伍拾肆,本龙潭;父,别将同正廉士卿;祖,散员同正廉生;曾祖,别将同正廉重奇;母,召史,本同村;外祖,户长廉吕。

并产,壹男,崔贵,年参拾捌;妻,内隐扬,年参拾陆,本宁仁镇;贰男,崔润,年参拾参;妻,亏斤伊,年参拾贰,本登州;参男,崔永起,年贰拾柒;妻,参珎,年贰拾伍,本龙潭;壹女,召史德氏,年参拾;夫,学生金乙贵,年参拾壹,本金州;贰女,德壮,年贰拾肆;夫,忠勇右卫尉丈李乙奉,本文州;三女,召史崔壮,年贰拾;夫,学生金吕奉,本文州;肆男,崔顺,年拾捌;肆女,召禄伊,年拾陆;伍女,胜伊,年玖;伍男,巴只,年参。印

户祖崔辅矣妻,召史,本□□县;父,散员同正朴洪;祖,伍尉朴能好;曾祖,良酝令同正朴祥仲;母,召史,本同村;外祖,令同正朴□□。

户曾祖,崔守;父,尚乘副内承旨同正崔文;祖,制述业进士崔宥冲;曾祖,备巡卫精勇保胜摄郎将崔炎;母,召史,本同村;外祖,制述业进士崔玉。

户曾祖妻父,户长同正行户长中尹崔琪,本同村;父,郎将行首户长崔得成;祖,户长

中尹崔引才;曾祖,户长同正崔永仁;母,召史,本同村;外祖,户长李公世。
户外祖,廉宥卿;父,令同正廉臣祐;祖,令同正廉得龙;曾祖,礼宾丞同正廉顺;母,召史,本长城郡;外祖,令同正徐永仁。
户外祖妻父,令同正全长佑,本天安部;父,令同正全喜善;祖,令同正龙甫;曾祖,令同正全德元;母,召史,本龙宫;外祖,令同正全有龙。
户妻父,别同正廉士卿,本龙潭;祖,散员同正廉生;曾祖,别将同正廉重器;母,召史,本同村;外祖,散员同正廉元守。
户妻矣外祖,廉□□
户妻矣外祖妻父,散员同正高世,本同村;父,检校别将廉生;祖,别将同正廉松;曾祖,仁惠;母,召史,本同村;外祖,户长□□
户父母同生,长妹,故;夫,池元故,本长平;次妹,故;夫,判事金大器,本宁仁镇;次弟,司酝司正崔得雨;次,司酝司同正崔得之;次,司酝司同正崔得海;次,司酝司同正崔安发;次弟妹,故;夫,前中正书云正徐连,本双阜县。
户父边传来奴金三,年伍拾;所生婢金德,年贰拾参。印
祖边大德十年十一月日丙午年京户口　父母现付宣光八年七月日龙潭县令陈省以准

这也是一个良人的户籍,除户主、户妻、子女外,还包括了媳、女婿、户主的祖、曾祖、外祖等以及所率奴婢等内容。

从以上这三件"和宁府户籍"可以看出当时户籍的格式:每户的记载另起一行,户与户之间不连书。每户以粗体"户"字抬头,表示户主,且"户"字提高一格书写。一户内的内容均连书,不过"户妻"等其他户主亲属成员的"户"字用粗体表示,以作区别。一户的记载内容结束时,常用"印"字作结尾。在书写格式上,良贱户基本相同,只是良人户在户的末尾,通常会附上小注,说明编籍所依据的资料。

奴婢户的构成较为简单,一般由户主夫妇、户内成员两部分构成。户内成员包括所产子女,有时还会有同居的奴婢夫妇。奴婢户的户主夫妇呈对称记载,记载内容依次为现所有主的信息、身份、名字和年龄。若户内成员的所有主与户主相同,使用"同";不同于户主时,则注明所有主的信息。和宁府户籍上所见的奴婢均为私奴婢[1]。这类

--

[1]《高丽史》卷八五《志》卷三九《刑法二》载:"昔,箕子封朝鲜,设禁八条,相盗者,没入为其家奴婢,东国奴婢,盖始于此。士族之家,世传而使者,曰私奴婢;官衙、州郡所使者,曰公奴婢。"亚细亚文化社,1990年据乙亥字印本影印,中册,第876页。

奴婢可以赠与、继承、买卖或赁贷,形同主人财产[1]。对奴婢来讲,明确所属关系也就显得极为重要。

良人户通常由户主夫妇、世系、户内成员三部分构成。(1)户主夫妇。户主和户妻的信息对称记载,记载内容依次为职役、姓名、年龄、本贯、世系。良人作为国家公民,成年后有为国家服役的义务,职役便是其所服身役的类型。良人从属于家族,其出生后便获得父系的"姓"和表示出自地的"本贯"。姓贯体系本身也内含了身份属性[2]。(2)世系。记载在世系上的祖先大多为推寻所至,这些祖先大部分已经死亡,非生存户口。世系上的父系祖先只记载职役和名,母等非父系成员还会记载姓和本贯。户主夫妇世系的推寻范围通常包括四祖(父、祖、曾祖、外祖)及母,这样的世系记载样式一般称为"四祖户口式"。但前左右卫保胜郎将崔得守户则将世系推寻到户主的祖妻、曾祖、曾祖妻父、外祖、外祖妻父,户妻的父、外祖、外祖妻等。这样的世系记载方式接近"八祖户口式"[3]。25个良人户中共有4户的世系记载接近"八祖户口式"。(3)户内成员。户内成员一般包括所产子女、兄弟姐妹、率居奴婢等。户内成员已婚时,其妻或夫的相关信息也有登载。前左右卫保胜郎将崔得守户内,并产子女依次按照已婚未婚、然后再以先男后女和出生顺序排列。率居奴婢前面往往会标记"父边传来"、"母边传来"或"妻边传来"等信息[4]。率居奴婢若有子女,所产子女也会一一记载。

(二) 元代的湖州路户籍册

元代的湖州路就是今天的浙江省湖州市,元代属江浙行省。近年来,一些学者在元刊书籍的纸背上发现了一部分13世纪末湖州路的户籍册,相对较为完整,对于了解元代江南地区的户籍登记情况,弥足珍贵。

以下选取了元代湖州路户籍册册一所载的王万四户和李十四户两个户。与黑城的元代户籍只存残卷相比,元代湖州路户籍册具有一定的规模,且记载格式和内容较为具

---

[1] [韩]丘秉朔:《高丽时代奴婢制度的法理(1)》,《法律行政论集》第14辑,1976年;[韩]洪承基:《高丽时期私奴婢的法制上地位》,《韩国学报》第4辑,1978年;同氏:《高丽时期公奴婢的性质》,《历史学报》第80辑,1978年。

[2] 关于姓贯体系的形成过程及与身份的关系,可参见[韩]李树健:《韩国的姓氏与族谱》,首尔,首尔大学出版社,2003年。

[3] 《朝鲜世宗实录》卷六九:"己巳朔/礼曹启:'谨稽高丽士大夫户口式,只录四祖者,谓之四祖户口,其祖父母、曾祖父母、外祖父母、妻父母之四祖具录者,谓之八祖户口。'"韩国国史编纂委员会影印本,三册,第639页。

[4] 许兴植先生认为这一记载方式与高丽时期奴婢的继承制度有关。妻边传来的财产即使在婚后仍在法制上区别于丈夫的财产。这意味着在夫亡再嫁、夫亡无嗣时该财产归妻或生家所有。甚至到了子女一代,其所有权的效力仍未消失,故有"母边传来"的标记。参见[韩]许兴植:《从国宝户籍看高丽末的社会构造》。

体完整。目前第一册的材料已经整理并公开。据推测，这批元代湖州路户口事产登记很可能是至元二十六年(1289)江南籍户的登记册或登记草册[1]。

元至元二十六年(1289)湖州路王万四户户籍[2]

一户：王万四，元系湖州路安吉县浮玉乡六管施村人氏，亡宋时为漆匠户，至元十二年十二月归附。

计家：亲属陆口

  男子：叁口

    成丁：贰口

      男王万十，年肆拾贰岁。弟王十三，年叁拾伍[岁]。

    不成丁：壹口，本身，年陆拾玖岁。

  妇人：叁口

    妻徐一娘，年柒拾岁。男妇叶三娘，年叁□□□。

    孙女王娜娘，年玖岁。

事产：

  田土：贰拾柒亩玖分伍厘

  水田：贰亩壹分伍厘　　陆地：捌分。

  山：贰拾伍亩。

  房舍：瓦屋贰间。

  孳畜：黄牛壹[头]。

  营生：漆匠。

元至元二十六年(1289)湖州路李十四户户籍[3]

一户：李十四，元系湖州路安吉县移风乡一管人氏，亡宋作瓦匠，至元十二年十二月内归附。

计家：肆口

---

[1] 王晓欣、郑旭东：《元湖州路户籍册初探——宋刊元印本〈增修互注礼部韵略〉第一册纸背公文纸资料整理与研究》。

[2] 《增修互注礼部韵略》册一(上平声第一)纸背录文(叶十一上下)，转引自王晓欣、郑旭东：《元湖州路户籍册初探——宋刊元印本〈增修互注礼部韵略〉第一册纸背公文纸资料整理与研究》。

[3] 《增修互注礼部韵略》册一(上平声第一)纸背录文(叶二十八下、叶二十九上)，转引自王晓欣、郑旭东：《元湖州路户籍册初探——宋刊元印本〈增修互注礼部韵略〉第一册纸背公文纸资料整理与研究》。

亲属：肆口
　　　　男子：叁口
　　　　　　成丁：壹口
　　　　　　　　弟多儿,年肆拾伍岁
　　　　　　不成丁：贰口
　　　　　　　　本身,年陆拾玖岁
　　　　　　　　男归儿,年陆岁
　　　　妇人：壹口
　　　　　　妻王二娘,年伍拾玖岁
　　　　驱口：无
　　　　典雇身人：无
　　事产：
　　　　田土：壹拾亩伍厘
　　　　　　水田：壹亩
　　　　　　陆地：贰亩伍厘
　　　　　　山：柒亩
　　　　房舍：
瓦屋叁间
孳畜：无
营生：
瓦匠为活

元代湖州路的户籍册上各户的记载事项之间均为列书。首行标注户主为第几户、户主的姓名、居住所在地、亡宋时为何种户、归附的时间。

各户的主体部分主要由户口、事产等部分构成。户口部分又称"计家"，包括亲属和非亲属。亲属项又分成男子和妇人，男子分项内再分为成丁和不成丁，妇女不作区分。元代湖州路的户籍册对各户内亲属成员除了记载与户主的关系、姓名、年龄，还登记口数，包括家口、男女口数、成丁和不成丁的口数。年龄的记载只有具体年龄，无等级之分。李十四户的"计家"类项的"亲属"分项之下出现了"驱口"或"典雇身人"分项，标记"有"或"无"字样。事产部分登记于户口部分之后，登载内容详细。事产部分一般分为田土(水田、陆地、山等)和房舍(瓦屋等)，分别记载其种类和规模。如果有孳畜还有记载孳畜的种类和数目。在"计家"、"事产"及"孳畜"部分之后,列有"营生"项,登记各户元代的户计类别[1]。册一中所见的营生主要有民户和匠户两类:民户的营生一般标记为养种,匠户的营生则细分为漆匠、泥水匠、木匠、裁缝匠、纸匠等具体营生的户计十余种。

(三) 明洪武四年徽州府户帖

洪武三年(1370),朱元璋命户部籍天下户口,每户给以户帖。籍藏于部,帖给于民[2]。现存的徽州文书中保留下来洪武四年的户帖,可以反映出明初的户口登记情况[3]。明初户帖存世的实物中,藏于中国社会科学院历史研究所的保存完好,为研究者所广泛引用。

《明洪武四年(1371)徽州府祁门县汪寄佛户帖》[4]

(户部洪武三年十一月二十六日钦奉全文略)

一户汪寄佛,徽州府祈[祁]门县十西都住民,应当民差,计家伍口。

男子叁口:

成丁贰口:

本身,年叁拾陆岁。

兄满,年肆拾岁。

不成丁壹口:

男祖寿,年四岁。

妇女贰口:

妻阿李,年叁拾叁岁。

婭[嫂]阿王,年叁拾叁岁。

事产:

---

[1] 元朝将全国居民按不同的职业(还有按民族和其他标准)划分为各种户,统称为诸色户计。主要有军、站、民、匠、儒、盐、僧、道等。其中民户占大多数。参见陈高华:《元代役法简论》,《元史研究论稿》,北京,中华书局,1991年,第26页。

[2] 《明太祖实录》卷五八,洪武三年十一月"辛亥"条,台北,中研院史语所校注本,1962—1968年版,第1143页。

[3] 洪武十四年的黄册与户帖有一定的承继关系,参见梁方仲:《明代的户贴》,《梁方仲经济史论文集》,北京,中华书局,1989年,第219—228页(原载《人文科学学报》第二卷第1期,1943年);栾成显:《明代黄册研究》(增订本),北京,中国社会科学出版社,1998年,第21—26页。

[4] 王钰欣、周绍泉主编:《徽州千年契约文书》(宋元明编)第1卷,石家庄,花山文艺出版社,1991年,第25页。

　　　　　　　田地：无。

　　　　　　　　房屋：瓦屋三间。孳畜：无。

　　　右户帖付汪寄佛收执。准此。

　　　　洪武四年　　　月　　　日

　　　□字伍伯拾号(半字)　　（押）

　　部　（押）

该户帖具备了十分典型的官文书格式。户帖的首部为户部洪武三年十一月二十六日钦奉圣旨的全文，左上部有墨迹书写的半印勘合字号。户帖末尾有户帖的收执者，户帖颁布时间等，左下角有官吏的花押印文。

明初户帖上的户内记载事项之间也为列书。户帖的首行标注户主为第几户，户主的姓名，居住所在地，应当何差[1]，计家口数。

户帖的主体部分同样由户口、事产构成。户口事产部分的内容与元代湖州路的户籍册几乎一致。户口分为男子和妇人，男子分项内再分为成丁和不成丁，分别登记与户主的关系、姓名、年龄，还登记口数，并统计各项的口数。事产部分登记于户口部分之后，分为田地、房屋、孳畜等，登记其种类和规模。

三、高丽与元明户口文书登记事项的差异及其原因

从以上的介绍可以看出，高丽与同一时期中国江南地区的元代与明初的户口文书的主要差异体现在"事产"与"身份"的记载事项上，高丽户口统计时更关注人丁与身份，不仅父系与母系亲属均记录，而且也详细登载奴婢的家庭情况，体现出一种纯粹的"户口册"。而中国元明的户口文书除了登记人丁变化外，同时也有事产项，体现出一种"赋役册"的性质。

高丽户口文书与元明中国户口文书都源于唐代户口文书，然后各自历经四百年的发展后，户口文书已经有了很大不同，特别是登录事项的差异，体现了唐代以后中韩两国户口文书发展阶段与脉络的不同。

（一）关于"事产"登记的差异及背景

高丽后期的户口文书上只登载户口，没有土地等事产的记录，属于单纯的户口籍。

---

[1] 明朝各色人丁必须立户收籍(军、民、匠、灶等)。什么籍的人户当什么差叫作"户役"。户役是每一类人户为朝廷承担的差役。参见王毓铨：《纳粮也是当差》，《史学史研究》1989年第1期。

与此相比,元、明户口文书却呈现出另一番面貌,元、明户口文书是典型的户口事产登记。事产的登记内容主要为土地,也包括房舍、孳畜、车船等其他内容。

中国户口事产的登载与户口、土地在赋役征收中的地位变化有紧密联系。根据梁方仲先生对中国历代户籍、地籍的关系及演变总体趋势的梳理,宋以前户籍是基本册籍,土地的情况只是作为附带项目登记于户籍册中,当时的户籍具有地籍和税册的作用。但自唐代中叶以后均田制渐趋废止,尤其是宋以后私有土地的日益发达与土地分配日益不均,土地对于编排户等高下的作用愈显重要。地籍进而从户籍中独立出来,并逐渐取得了和户籍平行的地位。砧基簿、鱼鳞图等各种单行的地籍相继设立;原有户籍多半失实,户帖、丁口簿、鼠尾册等新型的户籍纷纷增设[1]。本文所选取的元代户籍册与明初的户帖可以说是因应这一演变趋势出现的新型户籍。这一时期赋役征收的原则正处于以人丁为本转向以资产尤其是土地为本的过渡阶段。元代在至元元年(1264)始行户等制,按照事产多寡划分户等[2]。明初则根据人丁多少和事产厚薄定户等,据户等以编役[3]。

高丽以前,土地等事产的情况也是作为附带项目登记于户籍上的。统一新罗时期作成的"新罗村落文书"上同时登载了人丁和马牛、畓田、麻田、桑栢木等事产记录[4]。到了高丽后期,户籍以纯户口籍的样式出现。由于高丽前期户籍和地籍实物的缺乏和相史料记载的不足,目前尚没有研究对此作过系统的梳理。但我们仍可以找到一些线索,推论如下:

第一,若比较新罗村落文书与高丽后期户口文书上对年龄的记载,我们发现新罗村落文书上对所有男女村民以年龄分成若干等级,以丁、丁女为中心,向上有"老—"、"除—",向下则有"助—"、"追—"、"小—"等。而到了高丽后期的户口文书上,年龄等级制的记载已经消失,只记具体年龄。高丽时期国役的担当主体为丁(男丁),男丁以外的人口已不再是国家征发劳动力的对象。从这一变化看,高丽后期国家赋役直接依赖劳动力的程度与前代相比有所减少。

第二,高丽前期实施以田柴科为代表的土地分给制。在这一体制下,从王族到文武

---

[1] 梁方仲:《中国历代户口、田地、田赋统计》总序,北京,中华书局,2008年,第11—24页。
[2] 陈高华:《元代户等制略论》,《元史研究论稿》,北京,中华书局,1991年,第113—126页。
[3] 王毓铨:《明朝徭役审编与土地》,《历史研究》1988年第1期。
[4] 《新罗村落文书·断片》,收录于〔韩〕卢明镐等编:《韩国古代中世古文书研究》上册(校勘译注篇),第315—319页。

两班、军人、乡吏,所有支配层以及从王室到中央各司、地方机构等所有统治机构均分给一定的收租地。国家以土地为媒介,将统治层和统治机构编入职役体系。这一体制完成于10世纪,但12世纪初开始有了动摇的迹象,进入武臣执政期间,趋于崩溃[1]。受田制的日趋崩溃有可能成为地籍、户籍分离的契机[2]。

第三,高丽时期虽然没有完好的量案(地籍)实物存世,但有转载于寺刹文书的量案残片。据金容燮先生考证,高丽时期已经出现关于量田和量案(量田帐簿、量田都帐、田籍、导行帐)作成的相关规定[3]。这意味着这一时期地籍已从户籍中独立出来。从以上几条线索看,统一新罗到高丽后期的整体趋势与宋以后的演变趋势是趋于一致的。

在地籍与户籍逐渐分离的趋势下,高丽后期并没有出现"户口事产"的记载样式。这一差异可能是农业发展水平、国家统治构造等诸多原因综合产生的结果。就农业发展水平而言,高丽后期与统一新罗时期相比,土地生产力固然有所提高,但与同时代的中国江南地区相比,高丽后期的土地生产力尚处于较低的水平[4]。纯户口籍的记载样式没有体现身役、户役与土地多寡之间的直接联系。也就是说,国家对人口、土地采用了各自独立的登记体系,这一登记体系为朝鲜王朝所沿用。

(二) 关于"先祖"与"母系"

高丽后期户口文书各户的登记内容中,与事产记录的缺失形成鲜明对比的一大特征是户口部分记载详尽,尤其是世系的记载占据了户口部分的大量篇幅。世系的推寻范围一般至四祖,两班等上层则往往推寻至八祖。由此,高丽后期的户口文书形成了

---

[1] [韩]国史编纂委员会:《高丽后期的政治与社会》(《(新编)韩国史》第19辑)第二章《经济构造的变化》,首尔,国史编纂委员会,1996年,第225—234页。

[2] 许兴植先生也将受田制崩溃看成是地籍、户籍分离的契机。参见[韩]金英夏、许兴植:《唐宋户籍制度对韩国中世户籍的影响》。

[3] [韩]金容燮:《高丽时期的量田制》,《东方学志》第16辑,1975年。

[4] 宫嶋博史先生在概观东亚小农社会的形成时对中韩农业发展阶段的不同有所言及。伴随着宋代以后农业技术的变革,江南地区经历了山间平地的集约型水田农业、冲积平原地带的开发及冲积平原地带的集约型水田农业的转型,逐渐成为中国农业的中心地带。这一过程自宋代开始,到明前期基本完成。而韩国要在15—16世纪才开始对山间平地和西海岸一带的农地进行大规模的开垦,17世纪左右基本完成向集约型农业的转型;河川下流地区或广阔平原地带向集约型水田农业的转变则要到日治时期的水利组合结成以后才得以实现。参见[日]宫嶋博史:《东亚小农社会的形成》,《人文科学研究》第5辑,1999年。另外从朝鲜时期赋役体制的总体趋势,也可以推测出高丽后期户口和土地在赋役征收中的地位。16世纪以前,国家赋役收入的三大来源中,田税的比重反而小,军役和贡纳等负担相比更重。随着农业生产力的安定化,17、18世纪实施大同法和均役法,贡纳和部分军役逐渐实现地税化。参见[日]岸本美绪、宫嶋博史著,金炫荣、文纯实译:《朝鲜和中国近世五百年》,首尔,历史批评社,2003年,第244—247页。

"四祖户口"或"八祖户口"的特定样式[1]。而同一时期中国的户口文书则只记父系,而且只有"承故父某某",并不推寻祖上。这种情况的产生主要与高丽社会中父系与母系并重的双侧亲属构造有关。

高丽王朝虽然在光宗九年(958)就导入了科举制度[2],但荫叙制一直与之并存,是产生官吏的重要途径[3]。高丽社会兼有贵族社会和官僚社会的双重特性,身份地位的流动仍存在强烈的承袭特征,而户口文书上的世系记载是证明承袭权的重要凭证。与此相比,宋以后科举逐渐成为产生官吏的主要途径,其实质是要削弱政治社会地位的承袭层面。以上所举的元、明户口文书均不见世系有关的记载。

值得注意的是,高丽后期户口文书上的户主夫妇呈对称记载,两者的世系均有推寻。因此,世系上不仅有父边的祖先,还包含了母边、妻边的祖先。高丽后期户口文书上父系、母系亲族并重的世系记载特征源于高丽社会双侧的亲属构造特征[4]。反映在身份流动上,不仅父系祖先具有决定性的影响,母族及妻族的祖先也有一定的影响力。这在科举[5]、入仕[6]、限职[7]、荫叙[8]等选举、任官制度上表现得尤为明显。

---

[1] 卢明镐先生认为国家规定的样式是四祖户口式,八祖户口式的成立时间晚,且只限于官人层的一部分。李钟书也认为四祖户口式才是应国家行政需要形成的户口文书样式,而八祖户口式为民间自发形成的户口文书样式。参见〔韩〕卢明镐:《高丽时期户籍记载样式的成立及其社会意义》;〔韩〕李钟书:《高丽八祖户口式的成立时期和成立原因》,《韩国中世史研究》第25辑,2008年。

[2] 《高丽史》卷七三《志》卷二七《选举一》载:"光宗九年(958)五月,双冀献议,始设科举。试以诗、赋、颂及时务策,取进士,兼取明经、医、卜等业。"中册,第589页。

[3] 〔韩〕金龙善:《高丽社会的基本性质》,《韩国史市民讲座》40,首尔,一潮阁,2007年,第92—108页;同氏:《科举和荫叙——高丽贵族社会的两种登用之路》,《韩国史市民讲座》46,首尔,一潮阁,2010年,第40—56页。

[4] 〔韩〕卢明镐:《高丽社会的两侧亲属组织研究》,博士学位论文,国立首尔大学,1988年。

[5] 如,科举应试者需在卷首写姓名、本贯和四祖。《高丽史》卷七四《志》卷二八《选举二》载:"元宗十四年(1273)十月,参加政事金丘知贡举。旧制,二府知贡举,卿监同知贡举。其赴试诸生,卷首写姓名、本贯及四祖,糊封,试前数日,呈试院。"中册,第613页。

[6] 如,大小功亲之间所产者,禁止入仕。《高丽史》卷七五《志》卷二九《选举三》载:"十二年(1134)十二月判,'嫁大小功亲所产,曾服七品,今后,仕路一禁。'"中册,第642页。又,八祖中若有涉及奴婢等贱类血统,禁止入仕。《高丽史》卷八五《志》卷三九《刑法二》载:"二十六年(1300)十月,阔里吉思欲革本国奴婢之法,王上表,略曰,'昔我始祖,垂诫于后嗣子孙云:"凡此贱类,其种有别,慎勿使斯类从良。若许从良,后必通仕,渐求要职,谋乱国家,若违此诫,社稷危矣。"由是,小邦之法,于其八世户籍,不干贱类,然后,乃得筮仕。'"中册,第878页。

[7] 如,杂类仕路人子孙的仕路限职依据四祖范围。《高丽史》卷七五《志》卷二九《选举三》载:"十年(1056)十二月判,'杂路人子孙,从父祖曾祖出身仕路,外孙许属南班。若祖母之父杂路者,许叙东班。'"中册,第641页。

[8] 荫叙基本在八祖范围内施行,大部分受荫自父、祖、曾祖、外祖,也有受自外高祖、外高祖父、五代祖等,参见〔韩〕白承钟:《高丽后期的"八祖户口"》,《震檀学报》第34辑,1984年。

(三) 关于良人的职役

高丽时期实施兵农合一的职役制度。"国制,民年十六为丁,始服国役,六十为老,而免役。州郡,每岁计口籍民,贡于户部,凡征兵调役,以户籍抄定。"[1] 高丽时期的良人成年男子具有承担国役的义务,户籍承担着征兵调役的重要功能。高丽后期的户口文书上良人成年男子名字前记载了各种不同的职役名,国家所需公共服务的不同种类是通过户籍上的职役体系进行征调的。成年男子名字前所记载的军役、官职、乡役等具体职役名,就是其承担的国役类别。职役中最具代表性的是军役,而广义上乡役、官职、学生等也属于职役的范畴。军役由庶民的主体丁农承担,丁农是可以随时被征兵的。学生在非常时期也可以被征发为军士。只有进士以科举及第为前提,具有免役特权。可见,高丽时期兵农合一,大部分的庶民与军役是有直接关系的。

与高丽不同,元代湖州路的户籍册通过"营生"项,明初的户帖通过"应当何差"项将各色人丁划分为军、民、匠等各种户计或户役,每一类人户承担相应的差役。元、明均实行军户制,军役(军差)由军户承当。军户作为户计或户役中的一类,是指被专门指定出军的人户。民户、匠户等非军户的人丁与军役无关[2]。

(四) 关于贱民身份

高丽后期"和宁府户籍"的户口文书上作为贱民层主体的奴婢也被编入了户籍,奴婢不仅作为户内成员登载在主人的户下,还可以作为户主夫妇单独立户。其"和宁府户籍"所载的40户中,15户是奴婢户,比重是非常高的。良贱身份的记载格式严格区分。良人成年男子的名字前记载职役名;奴婢名字前则标记所有主人信息和"奴"或"婢"的身份。奴婢的身份承袭实行"一贱则贱",即父母中有一方为贱民,子女也为贱民[3]。父母的身份也是判断奴婢身份的主要依据。因此,奴婢所产子女也一一记载。高丽后期压良为贱、以贱从良、奴婢所有关系不明成为当时争讼的焦点之一,户籍是判明身份的依据[4]。

---

[1] 《高丽史》卷七九《志》卷三三《食货二》,中册,第732页。
[2] 陈高华:《论元代的军户》,《元史研究论稿》,北京,中华书局,1991年,第127—155页;王毓铨:《明代的军户——明代配户当差之一例》,《莱芜集》,北京,中华书局,1983年,第342—261页。
[3] 《高丽史》卷八五《志》卷三九《刑法二》载:"二十六年(1300)十月,阔里吉思欲革本国奴婢之法,王上表,略曰'……凡为贱类,若父若母,一贱则贱,纵其本主,放许为良,于其所生子孙,却还为贱。又其本主,绝其继嗣,亦属同宗,所以然者,不欲使终良也……'"中册,第878页。
[4] 《高丽史》卷七九《志》卷三三《食货二》载:"恭让王二年(1390)七月都堂启:'旧制,两班户口,必于三年一成籍,一件纳于官,一件藏于家。各于户籍内,户主世系,及同居子息、兄弟、侄婿之族派,至于奴婢,所传宗派,所生名岁,奴妻婢夫之良贱,一皆备录,易以考阅。近年以来,户籍法废,不唯两班世系之难寻,或压良为贱,(转下页)

与之相比,元代湖州路户籍册中虽然有个别"驱口"的记载,但元、明的户口文书上基本不存在良贱的区分。在元代湖州路的户籍册中,个别财力之家的"亲属"分项之下出现了"驱口"分项,但这是极个别的现象(册一户序数的 46、75、76、88、89、92、129)。驱口在元代湖州路的户籍册上主要作为户内成员存在,不像高丽后期的户口文书上作为户主出现,记载信息也十分简略,只标记"有"或"无"。元代湖州路户籍册上册一的驱口后面均标记了"无",这一记载样式很可能是受元朝北方户籍登记样式的影响[1]。

四、结　　语

高丽后期户口文书与同时代江南地区的户口文书呈现出不同的记载样式。随着宋代以后土地在赋税征收中的重要性日渐凸显,元代湖州路的户籍册和明初徽州地区的户帖上均呈现出户口事产并录的记载方式。与之形成对比的是,高丽后期的户口文书呈现出纯户口籍的形态。通过对户籍、地籍的关系及演变过程的梳理,笔者认为两个社会的总体演变趋势还是一致的。但两国的户口文书上为何出现户口事产登记方式的差异,这背后的原因较为复杂,土地生产力、国家统治构造等方面的差异都有可能是重要的背景。

与元、明户口文书相比,高丽户口统计时更关注人丁与身份,不仅父系与母系亲属均记录,而且也详细登载奴婢的家庭情况。这些登载事项上的差异也同时反映了官编户籍在功能上的不同。高丽后期的户籍除了一般性的赋役征收以外,还具有维持身份秩序的重要功能。

中国古代对王权所及之处进行"编户齐民"的统治理念影响到了周边国家。通过对高丽后期户口文书的考察,可以知道高丽后期已经初步确立了以户为单位,将不同身份的人编入户籍的统治方法。但在户口文书的具体登载样式上,高丽并没有直接照搬中国的户口文书形态,而采用了符合自身社会现实的户口登记样式。

[作者朱玫,副教授,中山大学历史学系]

(接上页)或以贱从良,遂致讼狱盈庭,案牍纷纭。愿自今仿旧制施行,其无户籍者,不许出告身立朝,且户籍不付奴婢,一皆属公。'王纳之,然竟未能行。"中册,第 733 页。

〔1〕 王晓欣、郑旭东:《元湖州路户籍册初探——宋刊元印本〈增修互注礼部韵略〉第一册纸背公文纸资料整理与研究》。

上图藏《毅庵奏议》纸背明代武官考语文书试探

杜立晖

明代的武官考核制度,作为"制度上的创举"[1],学界对其已有所关注,如范中义等先生的《明代军事史》[2]、彭勇先生的《明代班军制度研究——以京操班军为中心》[3]以及常越男先生的《清代武官军政制度初探》一文等,均有所涉,并有简要之介绍,而张祥明先生的《明代镇戍武官军政考选初探》一文,则是近年来有关明代镇戍武官军政考选制度研究的专论力作[4]。通过以上研究,学界对明代武官考核制度,尤其是武官的"军政考选"制度,已有了较为深刻的认识,但对于该制度仍有可探之处,尤其是作为不为世人所知的明代武官考核一手资料——上海图书馆藏公文纸本《毅庵奏议》纸背文献的发现,使对该制度的继续深入研究成为可能。为此,笔者拟在前人研究基础上,对《毅庵奏议》纸背文献所见的明代武官考语文书以及其所反映的相关问题进行探讨,以就教于大方之家。

一、《毅庵奏议》纸背明代武官考语文书的性质确认

《毅庵奏议》为上海图书馆所藏明代公文纸本文献之一种,对于其纸背文献的基本情况,笔者曾在《从〈毅庵奏议〉纸背文献看明代官吏考核制度》一文中指出,该批纸背文献共60叶,其中划有黄色丝栏者,共21叶,因此类文献所涉人员均为文官,故称其为"文官文献"[5]。除以上外,《毅庵奏议》纸背文献中,数量相对较多,且格式相同、内容相关者,则是涉及有关武官的文献,这批文献共13叶,分别为第18叶背、第19叶背、第20叶背、第21叶背、第28叶背、第37叶背、第40叶背、第41叶背、第46叶背、第47叶背、第48叶背、第49叶背和第57叶背。该批文献用淡墨画有丝栏,因此,每纸文书均

---

[1] 常越男:《清代武官军政制度初探》,《明清论丛》第八辑,北京,紫禁城出版社,2008年,第298页。
[2] 范中义等:《中国军事通史·明代军事史》,北京,军事科学出版社,1998年,第136页。
[3] 彭勇:《明代班军制度研究——以京操班军为中心》,北京,中央民族大学出版社,2006年,第378—395页。
[4] 张祥明:《明代镇戍武官军政考选初探》,《史学月刊》2010年第12期。
[5] 《历史档案》待刊。

由多列构成。为方便研究,现将其中的第 21 叶背移录如下:

　　　　　　(前缺)　　　　　(残朱印)

副千户贰员:
赵勖,年肆拾陆岁,顺天府通州人,嘉靖贰拾壹年陆月贰拾壹日到任。
前件,霸占军产,朘削不顾乎茹冤;奸宿军妻,淫纵每贻于怨旷。官常尽扫,黜夺允宜。
滕维翰,年肆拾壹岁,直隶和州人。原任本所实授百户。嘉靖肆拾壹年　　拾贰月初拾日到任。奉例加纳前职。
前件,三捷武科,才堪进取。久管营务,守亦矜持。韬略颇闲,干绩允称。
百户肆员:
吕仲,年叁拾玖岁,直隶淮安府盐城县人。嘉靖肆拾壹年陆月　　初贰日到任。
前件,嗜酒而不顾养亲,贪饕而不畏法网。官长被挟,乡评不与。
吕希望,年贰拾玖岁,山东登州府宁海州人。嘉靖肆拾壹年　　叁月拾肆日到任。
前件,年力方壮,弓马尤闲。管京操而士卒多怀,给军粮而锱铢无染。
张应武,年拾玖岁,直隶凤阳府寿州蒙城县人。万历元年正　　月拾陆日到任。
前件,青年有志,任事颇勤。
高擢,年拾柒岁,直隶淮安府桃源县人。万历叁年陆月拾柒日到任。
前件,青年初袭,事体待练。
王徐寨备御前千户所
正千户贰员:
陈璋,年伍拾陆岁,顺天府通州人。嘉靖叁拾壹年陆月初壹日到任。
前件, 年力将衰 , 根苦不避

　　　　　　　　　　(后缺)

　　此件前后均缺,共存文字 22 行,第 1 行前还钤盖印章半枚,此应为骑缝印。因画有丝栏,故文书呈现表格状。由第 1 行所载的"副千户贰员"、第 7 行所载的"百户肆员"以及第 20 行所载的"正千户贰员"等可知,此件登载的相关人员当系"副千户"、"百户"、"千户"等武官。其他 12 叶文书所涉及的人员与之大略相似,除载有"千户"、"百户"外,第20叶背还载有"镇抚贰员",第46叶背又载有"指挥使壹员",第57叶背载有"指挥佥事拾壹员"等。因该批文献为明代的公文纸本文献,故以上人员当属于明代的武官系统无疑。因此,该批文献似可称之为明代"武官文献"。

那么,这批"武官文献"具体是何性质呢?目前来看,明代传世典籍及已知档册中,均未发现与之登记格式、内容等完全一致者,但有与之相似者,如《明代辽东档案汇编》中载有一组编号、拟题为一〇一《辽东都司各州卫官员考核评语名册》的文书,共8件。为方便研究,现将第1件前几行移录如下:

1 ……违错未便,抄案依准呈来。蒙此,拟合呈报。为此,今将前项……
2 ……十八员
3 ……参将刘印:直实之心,□畏□□。
4 　　……页……
5 ……卫指挥安鳌:体貌丰伟,年……
6 广宁左卫武举指挥刘允恭:年方少壮,心亦矜……
7 ……卫掌印指挥郭济川:青妙之年,向上之……
8 广宁右卫掌印指挥陈一谔:年力正壮,弓马亦优。
　　(中略)
13 以上九员,每员花段、羊、果、酒折银三两。[1]
　　(后略)

之所以该书的编者将此件定名为《辽东都司各州卫官员考核评语名册》,当主要基于其在载明相关武官所属机构、职官、姓名后,又登载了"年力正壮,弓马亦优"等评价语,故称之为"考核评语名册"。当然,关于此件性质的认定,还值得再行探讨,但该书编者关于文中"年力正壮,弓马亦优"等系武官评价语的判断,却大体不误。这反映出,明代武官的评价语,即"考语",或与之相类。本文所探讨的《毅庵奏议》纸背明代武官文献中,在对每一名武官登记时,最后均有数量不等的评价语,因此,从这一角度讲,这些"武官文献"很可能为"考语文书"。

另,《毅庵奏议》纸背文官文献,其登载的内容虽与"武官文献"有一定的差别,但也有些许相似之处,如第1叶背第6至13行载:

---

[1] 辽宁省档案馆、辽宁省社会科学院历史研究所编:《明代辽东档案汇编》,沈阳,辽沈书社,1985年,第330页。

吏目	胡文显	年肆拾贰岁,浙江台州府太平县人,由 ☐ .
		升授前职,本年贰月贰拾日到任。
		知 府 宋 应 昌 考: 初任未放,处事有条 ☐ .
		分 巡 佥 事　戴延容 考: 才干颇可,职任亦 勤 .
		带管分守,右布政使方攸绩考: 新任,年力尚堪。
		按 察 使 龙 光 考: 履任方新,行事近 ☐ .
		左 布 政 使 朱 卿 考: 新任敏健,才力亦 ☐ .
		本 职 考: 履任方新,志向亦 锐 .

此件先登载了吏目"胡文显"的职官、姓名,然后载其年龄、籍贯、到任时间等,最后登载了不同的官员对其"考"后所得的评语,即"考语"。经笔者研究确认,此系一件有关山东布政司官吏的考语文书[1]。由上件"武官文献"可见,其登载内容亦是先载录相关武官的所属机构、职官、姓名,然后登载其年龄、籍贯、任职时间以及相关评价语等。此登载内容与文官考语文书有一定的相似性,故据之推断,"武官文献"亦即武官考语文书。

另,据万历《大明会典》所载,明代有对相关官员"每年开报考语"之规定:"嘉靖十三年奏准:每遇年终,各府州县将佐贰、首领、属官并卫所首领官,守巡道将本道属官,布按二司掌印官将各佐贰、首领、并府堂上官、州县正官,填注贤否考语揭帖,印封送本布政司类齐,严限送部查考。……巡按任满,巡抚年终,将所属大小官填注考语揭帖送部,其考语俱要自行体访,如有雷同含糊、作恶偏私,本部参奏治罪。"[2]据之可知,明代需要每年开报考语的官员,既包括"各府州县"官,即文官,也包括"卫所首领官",即地方卫所的武官在内。

因此,基于以上判断,《毅庵奏议》纸背武官文献,当为明代武官的考语文书,因这些文书在对相关武官考语登记时,呈现出前后相连的物理状态,故此考语文书,当系"考语册"。

二、《毅庵奏议》纸背明代武官考语文书的所属机构与时间

这批《毅庵奏议》纸背武官考语册,属于哪一机构的呢?下面先对其进行分析。

---

[1] 参见拙文《从〈毅庵奏议〉纸背文献看明代官吏考核制度》,《历史档案》待刊。
[2] 万历《大明会典》卷一三,《续修四库全书》本,第789册,上海,上海古籍出版社,2002年,第223页。

前文第 21 叶背第 19 行载有一机构"王徐寨备御前千户所",据《明史》卷九〇《兵志二》"卫所"条载:山东都司下,添设有"王徐寨前千户所"。文书中的"王徐寨备御前千户所"与"王徐寨前千户所"应系同一机构。另,据明人《海运新考》卷中载:"莱州卫王徐寨千户陈镗,承委与黄县闲住兵马胡以堪雇船装载米豆,自黄县开船至天津踏试海道。"据之可知,"王徐寨前千户所"当属"莱州卫"。

另,第 20 叶背第 4 至 7 行载有武官"王惟精"的考语:

王惟精,年肆拾贰岁,山东济南府武定州人。嘉靖叁
拾肆年肆月贰拾柒日到任。
前件,署卫事而才识颇通,部海运而艰难不避。操守
多议,精力可为。

据张萱《西园闻见录》卷三十八载:"近据天津管仓员外郎胡昶揭报:山东抚按差委灵山等卫指挥王惟精等五员,各驾海鹏船一只,每只装米四百石,水手八名,工价一百两,自淮安开船沿海湾泊。"此处提到"灵山等卫指挥王惟精"等驾船海运一事,而文书中所载"王惟精"的考语中又有"部海运而艰难不避"一语。这说明,文书中的"王惟精"是负责海运事宜的,这正与《西园闻见录》所载相合,由之推见,"王惟精"当系"灵山等卫指挥"。

另,第 57 叶背第 4 至 11 行载:

指挥佥事拾壹员:
王绍勋,年三拾陆岁,山东兖州府曹县人,嘉靖叁拾
贰年陆月初捌日到任。
前件体貌魁伟,才略疏庸,视篆少振刷之能,管屯
有诛求之议。
孙学诗,年肆拾伍岁,直隶淮安府宿迁县人,嘉靖叁
拾伍年拾壹月贰拾贰日到任。
前件,性气粗疏,守复恣肆,剥军自肥,敛怨已多。

这里载有"指挥佥事"、"孙学诗"的考语,而《海运新考》卷中载有"青州左卫千户韩礼踏试海道,自胶州海套起至登州止,与指挥孙学诗会集"等语,此处所载"孙学诗"的职官亦为"指挥",故两处所载"孙学诗"应系同一人。而《海运新考》指出,"孙学诗"属于

"青州左卫"。

故由以上可以看出,《毅庵奏议》纸背武官考语册,至少涉及莱州卫、灵山卫、青州卫等多卫,由《明史》卷九〇《兵志二》"卫所"条可知,上述"卫"均属于"山东都司"。因此,可以判定其当属明代山东都司的武官考语册。

那么,这批文书又具体形成于什么时间呢？据《中国古籍善本书目》记载,《毅庵奏议》为明万历公文纸印本[1],可知此武官考语册约形成于万历时期。另,武官考语册中载有相关武官的任职时间,其中最晚者,为前文第21叶背所载百户"高擢"的任职时间,即万历三年(1575)六月十七日,据之判断,此件的形成时间当在万历三年(1575)或之后。

另,《毅庵奏议》纸背武官文献的纸张颜色、文字墨色、笔迹等均与该纸背"文官考语册"相同,据之推断,该批"武官考语册"可能与"文官考语册"属于同一时代的文献,且为同一人所书。

另,在第21叶背等武官考语册的文首或文尾,多钤盖有骑缝印章,而"文官考语册"与之相类,经笔者摹写相关印文后发现,"武官考语册"的骑缝印章与"文官考语册"完全相同,其中凡存右半者,其印文为"巡按山",凡存左半者,其印文为"御史印"[2]。据相关残印来看,该印章的印文应为三列,但目前能够识读者,仅为其左右两列,中间一列无法识读。据笔者研究,文官考语册系有关山东布政司官员的考语文书[3],而此武官考语册又是关于山东都司的文书,故推知,此枚印章"巡按山"之后当为"东"字,而"巡按山东"与"御史"之间,据文意当为"监察"二字,故此印章很可能为"巡按山东监察御史印"。这反映出,《毅庵奏议》纸背文官及武官考语册,均可能为巡按山东监察御史填注的,抑或是交由巡按山东监察御史处理过的文书。又,兼之二者纸张颜色相同,文字墨色、笔迹一致,故可以判定,它们实属于同一时代、同一批次的文书。而文官考语册,根据58叶背第4列最末行所载:某人"□叁拾贰岁,贵州贵阳府贵竹司人。由承差万历肆年贰月除授前职,本年"等推断,该人除授官职的时间在万历四年(1576)二月,其上任也当在本年。而文官考语册中参与考核的相关官员,他们在山东任职的时间,亦

---

[1]《中国古籍善本书目》编辑委员会:《中国古籍善本书目》史部,上海,上海古籍出版社,1993年,第364页。
[2] 笔者摹写印文后,又得到了赵生泉先生的帮助,方识读出相关印文,在此谨向赵先生表示诚挚的谢意。
[3] 参见拙文《从〈毅庵奏议〉纸背文献看明代官吏考核制度》,《历史档案》待刊。

在万历四年左右,故可以确认,文官考语册为万历四年的文书[1]。据之推测,《毅庵奏议》纸背武官考语册的撰拟时间,也很可能是在万历四年。

三、《毅庵奏议》纸背明代武官考语文书的价值和意义

《毅庵奏议》纸背明代武官考语册作为难得一见的武官考核资料,其对于认识明代武官的考核制度等具有重要价值和意义,下面试从几个方面加以探讨。

(一) 为认识明代武官考语文书提供了实物资料

前文提及,《明代辽东档案汇编》中载有一组编号、拟题为一〇一《辽东都司各州卫官员考核评语名册》的文书,共8件。另外,《中国明朝档案总汇》第九〇册还载有《为报武职官员考语事》文书3件[2]。这即是说,在《毅庵奏议》纸背明代武官考语册之外,已知的存世明代武官考语文书就有11件。然,前人对于所谓的"武官考语"文书的性质判定疑有不确。如《辽东都司各州卫官员考核评语名册》,在此件之前,《明代辽东档案汇编》还收录有编号、拟题为一〇〇《辽东都司各州卫应奖应戒官员名册》的文书,此件之格式与内容,实则与《辽东都司各州卫官员考核评语名册》相差无几,如该件载:

3　　应奖官一十一员

4　　自在州知州赵廷伋:志虑老成,才猷练达,持己坚清白之念,明……

5　　辽阳左哨千总高守仁:体既壮健,气亦发扬,管军……

(中略)

10　　……员备提责三十……[3]

(后略)

如此不难发现,《明代辽东档案汇编》中所谓的"官员考核评语名册"文书,实则是一组武官"应奖应戒官员名册"文书,而非武官的考语文书。《中国明朝档案总汇》中的上述文书,实则与《明代辽东档案汇编》"应奖应戒官员名册"性质相同,如其中一件即载有"以上玖员,每员花段、羊、果、酒折银叁两"[4]等语。因此可知,《中国明朝档案

---

[1] 参见拙文《从〈毅庵奏议〉纸背文献看明代官吏考核制度》,《历史档案》待刊。
[2] 中国第一历史档案馆、辽宁省档案馆编:《中国明朝档案总汇》第90册,桂林,广西师范大学出版社,2001年,第185—212页。
[3] 辽宁省档案馆、辽宁省社会科学院历史研究所编:《明代辽东档案汇编》,沈阳,辽沈书社,1985年,第328—329页。
[4] 中国第一历史档案馆、辽宁省档案馆编:《中国明朝档案总汇》第90册,第189页。

总汇》的上述文书,其性质亦非武官的考语文书。

由此可见,《毅庵奏议》纸背武官考语册,实则是目前仅存的明代武官考语文书。它的出现,一方面纠正了前人对于存世档案中所谓"武官考语文书"的性质判断;另一方面,则为认识明代武官考语文书提供了实物资料。如据前文第21叶背可知,明代武官的考语文书,其登记格式,是以"卫所"为单位,在同一所内,又按照职官的大小从高到低依次进行。而对于所有武官考语的登载,又有相对固定的内容,即先登载职官名称,再登载姓名、籍贯、任职时间,最后载录"前件"二字后,登其考语等。通过《毅庵奏议》纸背文献,我们有幸首次认识到了明代武官考语文书的真实面貌。

(二)为了解明代武官考察制度提供了新信息

对于明代武官的考察制度,张祥明先生指出:"明廷对镇戍武官的考察开始于弘治元年(1488)"[1],"弘治年间对镇戍武官的考察是每年一次,由巡抚和巡按御史负责执行","但是,对镇戍武官施行年度考察,容易使武官更易过频,不利于镇戍武官队伍的稳定。正德元年(1506),给事中徐忱便提出了这一问题","为了防止镇戍武官推卸责任,稳定镇戍武官队伍,明武宗接受了徐忱的建议,将都司卫所武官军政考选制度应用于对镇戍武官的考察,这样,镇戍武官的年度考察制度因之结束,五年一次的军政考选制度由此正式确立。"[2]但是否如张先生所言的,由于五年一次的"军政考选制度"的确立,"镇戍武官的年度考察制度因之结束"呢？实际情况,似未尽然。正如曹循先生所说:"通过考察卫所武官以推选军政官的制度,谓之'军政考选'。"[3]所谓的"军政考选制度",是为了推选"军政官"的。由《毅庵奏议》纸背武官考语册可知,该类文献是万历四年(1576)左右的武官考语文书,其并未体现出所谓"推选"的内容。另外,《明史》卷七六《职官志五》载:"卫指挥使司……每岁,抚、按察其贤否,五岁一考选军政,废置之。"这说明,明代是既存在每岁抚按官对"卫指挥使司"的考察,又存在五年一次的军政考选制度的。另,由于《毅庵奏议》纸背武官考语册钤盖了"巡按山东监察御史印",且与相关的文官考语册所钤印章相同,故可以确认,这批文书当属于巡按山东监察御史考察山东都司各卫所武官的文书,亦即是每岁报告的考语文书,而非"军政考选"文书。

因此,据武官考语册可知,明政府在正德元年推出五年一次的军政考选制度之后,

---

[1] 张祥明:《明代镇戍武官军政考选初探》,《史学月刊》2010年第12期。
[2] 张祥明:《明代镇戍武官军政考选初探》,《史学月刊》2010年第12期。
[3] 曹循:《明代卫所军政官述论》,《史学月刊》2012年第12期。

其年度的考察制度并未因之"结束",明代对于武官的考察,实则是存在年度考察与五年军政考选并行的两套体系。

(三) 展现了明代武官与文官考语文书间的区别与联系

对于明代武官与文官考语文书之间的区别与联系,此前因未能得见相关原件,学界尚无从得知,《毅庵奏议》纸背文献的发现为此提供了难得的机遇。首先,由此看来,明代的文、武官考语文书存在一定的内在联系。

其一,文、武官考语文书的完成时间相同。

据前文万历《大明会典》"每年开报考语"条可知,在"年终",各地均需呈报地方政府文官及卫所武官的相关"考语"。这反映出,地方文、武官考语文书的完成时间是相同的。另,由前文对《毅庵奏议》"武官考语册"及"文官考语册"形成时间的探讨可知,这两类考语册,属于同一批次、同一时间的考语文书。这也反映出,明代地方文、武官考语文书完成时间具有相同性。文、武官考语文书能够在同一时间内完成,这表明它们之间必然存在一定的内在联系。

其二,文、武官考语文书的填注机构一致。

按前文《明史》所载,地方卫所武官,每岁由"抚按察其贤否",而《明世宗实录》卷九正德十六年十二月庚子,兵部尚书彭泽亦言:"军职贤否,在外听抚按。"这说明,地方卫所武官考语的填注由各地抚按官完成,系明廷之规定。另,前文"每年开报考语"条指出,"巡抚年终",需"将所属大小官填注考语揭帖送部",此"所属大小官",当不仅仅包括"武官",还应当包含"文官"。而由前文知,《毅庵奏议》中文、武官考语册文字墨色、笔迹相同,且钤盖的骑缝印亦一致,均可能为"巡按山东监察御史印"。这反映出,该批文、武官考语册的填注机构是一致的,即同为"巡按山东监察御史"。以上说明,明代年终呈报的地方文、武官考语,为同一机构完成的注写。此当为二者内在联系之二。

其三,文、武官考语文书的格式相似。

前文已述,《毅庵奏议》中文、武官考语册格式具有一定的相似性,在此不赘。

其次,明代的文、武官考语文书又有些许的区别。

从《毅庵奏议》纸背文献来看,明代的文、武官考语文书又有一些区别,具体如下:

其一,被考人员的构成不同。

由前文第 21 叶背可见,该叶中所有武官,均未标注其离任信息,换言之,此叶武官考语文书中所登载的被考人员,当均为"在任官",而其他相关武官考语文书与之相同。但《毅庵奏议》纸背文官考语册却与之不同,如前文第 1 叶背中,在"吏目"之前还存有一行丝栏,这一丝栏在"武官考语册"中未见,据第29叶背可知,第1叶背"吏目"之前的空行,应为填写相关被考文官的在任情况的,如第29叶背载:

去任官	右参议	沈启原	年肆拾陆岁,浙江嘉兴府秀水县　　　.
			复除前职,本年陆月贰拾陆日到　　　.
			本　职　考：温雅之度,粹美　.

据以上可见,"右参议"、"沈启原"显然应属于"去任官",即不在任官员,经笔者《从〈毅庵奏议〉纸背文献看明代官吏考核制度》一文研究后发现,"在明代地方政府例行年度考察时,被考察对象的范围,应当包括该年度在该地任职的官吏,也包括本年度在该地离任的官吏"。

以上说明,明代文官与武官被考人员的构成情况是有所区别的。

其二,考核人员的组成有别。

由前文第1叶背可知,对于文官吏目胡文显的考核,由知府、分巡佥事、带管分守右布政使、按察使、左布政使等人分别出具了"考语",另外还有一"本职考"。但据第21叶背可见,文中的所有武官均为单一考语,这似乎反映出,参与文官考核的人员较之武官更为复杂。

另,笔者认为,因文官考语册中"本职考"之考语列所有考察者考语之后,似有综合评定之意,故"本职考",很有可能是考察的组织者,即抚按官考的代称[1]。而武官的考语,据《明史》等可知,亦应由抚按官完成。这反映出,文官考语的出示是逐级进行,并由抚按官最终决定,而武官的考语,仅需由抚按官出示即可。以上可能是武官考语册中各被考武官仅有一单一考语的原因。

其三,考核的结果有异。

在《毅庵奏议》纸背文官考语册中,往往于考语最后,还标明被考察者的等次。如第15叶文书第4列第1行"□职考：年壮而行亦修,学勤而教不倦"之后,书有"中等"二字。第9行"□职考：颓驿难支,庸才罔济"后,书有"下等"二字。第9叶文书中在同一位置还载有"上等"二字。显然,这些文字是被考察者的考察等次。然在《毅庵奏议》纸背武官考语册中,我们并未发现与之相似的"等次",这反映出,在明代文官的考核中,存在据相关考语对被考官员进行等次划分的规定,而对于武官的考核却没有此

---

[1] 拙文《从〈毅庵奏议〉纸背文献看明代官吏考核制度》,《历史档案》待刊。

要求。

　　总之,以上反映出,明代文、武官的考语文书之间,既存在一定的内在联系,又有一些明显的区别,由这些区别可以看出,明代武官相较于文官的考语文书,内容相对简单,而参与者相对较少,这似乎又进一步反映出,明代对于武官的考核管理权,较之文官,具有更为集中的特点。

　　[作者杜立晖,副教授,山东师范大学历史与社会发展学院]

明代国子监生省祭程序探究

——以《刑台法律》所收国子监文书为例

张舰戈

国子监是明清时期的最高学府和教育管理机构,又称为国学或太学。先是洪武初年在南京建立国子监,后永乐元年(1403)在北京设立国子监,遂有南、北二监之称,二监在品级、管理体制上基本相同。国子监设祭酒、司业、助教、博士等官员,负责国子监一应事务,严格监督和管理国子监生的学习、作息。国子监生入监后每日的作息、学习、考课均有严格规定,未经许可禁止私自外出、归家。国子监考课严格,放假的时间也非常少,仅每月朔望日给假、每三年可回乡省祭,如遇丁忧、患病等特殊情况,还需上报申请,批准后方可给假。这需要遵守一套严格、明确的制度,且需要经历一个较为繁杂的流程。

有关国子监生省祭的制度,我们在史籍中经常可见对监生省祭给假期限的规定及对监生省祭是否可以算入作堂时间的讨论。如《南雍志》载:

> (洪武三十年)又令监生省亲等事,量道路远近,定其在途往还月日。每日水路一百里,陆路六十里。于是礼科给事中王燧奏,定直隶限四阅月,河南、山东、江西、浙江、湖广限六阅月,北平、两广、福建、四川、山西、陕西限八阅月。其住家月日,省亲三阅月,毕姻两阅月,送幼子还乡一阅月,丁忧照官员例,不计闰俱二十七月。凡过限两月以上者,送问复监。[1]

对监生省祭的时间作了清晰的规定,但对监生省祭从申请到实施的过程却只字未提,也给后人一种错觉:既然监生三年一省祭是规定,而非特殊情况(如丁忧、患病),其申请过程可能并不繁复,仅需监生提出申请即可。事实上,我们从《鼎镌六科奏准御制新颁分类注释刑台法律》所载的有关监生省祭的行移文书来看,这一申请过程可能比我们想象中的要复杂得多。

---

[1] (明)黄佐:《南雍志》卷一《事纪一》,洪武三十年五月壬申。台北,伟文图书出版社有限公司,1976年,第133—134页。

以往对国子监生的研究多以监生依亲回籍及监生历事制度为焦点,对监生请假制度,特别是请假流程的研究较少,本文欲以国子监生省祭给假为例,从明刊本《鼎镌六科奏准御制新颁分类注释刑台法律》所载的有关国子监行移文书中复原国子监生请假制度的基本流程。

一、《刑台法律》所收国子监文书

《鼎镌六科奏准御制新颁分类注释刑台法律》(以下简称《刑台法律》)是明代万历年间刊印的一本律学书籍,存世版本不多。1990年,中国书店将民国年间藏书家朱颐年旧藏本,收入"海王邨古籍丛刊",影印出版。

该书前有巡按福建监察御史徐鉴序文,正文卷一的卷端题有"刑部尚书雷门沈应文校正,刑科都九生萧近高注释、贞予曹于汴参考,谭阳艺林熊氏种德堂绣梓"字样。为此书作序的徐鉴应该是明万历朝官员,他于万历四十六年巡按福建[1]。而萧近高则于万历三十五年"升刑科都给事中"[2]。结合此书序言、内容、受众及卷端所刻"艺林熊氏种德堂绣梓"看,此书应该刊印于万历四十六年以后,是坊刻本[3]。至于本书是否是沈应元、萧近高等校释,不得而知。

该书除了对律例注释外,还附有明代在京、在外衙门文书往来的"行移体式"。共收录了各类公文行移体式118件,是公文行移的书写范本,教官吏如何书写公文及用词注意事项。例如《五军都督府行照会六部立案式》:

某军都督府为科举事。云云。据某卫指挥使司备申前事。据此,拟合通行。为此。

一　立　案

一　照会礼部

一　札付　某卫

某年某月

---

[1]《明神宗实录》卷五百五,万历四十一年(1613)二月丁未,"命广西道御史徐鉴巡按福建"。中研院史语所整理本,第9600页。

[2]《明神宗实录》卷四百三十六,万历三十五年七月庚戌,"升萧近高为刑科都给事中",第8251页。

[3] 日本尊经阁文库也收藏有《刑台法律》,黄彰健认为此书应该刊印于万历四十六年之后。参见黄彰健编著:《明代律例汇编》,中研院史语所,1979年,序第51页。另外,张宜:《明代司法实务手册——〈刑台法律〉》(《法律文化研究》第五辑,2009年,第385—395页)认为《刑台法律》刊印于明成化年间,有误。明代有两位"徐鉴"曾巡按福建,一位是成化年间,一位是万历年间。本书序言的作者"徐鉴"应该是万历四十六年的福建巡按御史。

全印　　掌事某国公某　　左右都督某　　左右佥事某　　俱押

　　　　　　　经历某　知事某　俱押[1]

  虽然《刑台法律》所载的仅是文书行移的体式和范本,我们可以从这些行移文书的样式和书写范本中反过来推测古代官府是如何处理各种行政事务的。书中与国子监相关的文书共有三件,分别是《国子监行关顺天府式》、《国子监呈礼部式》和《刑部札付式(行国子监)》。由于与国子监相关的文书较少,我们可以结合其他史料,以文书行移为视角,探究国子监管理监生请假、探亲、丁忧等行政事务的处理流程。

  《刑台法律》所记的《国子监行关顺天府式》一条,为我们考察与监生省祭相关的事务处理程序提供了一些线索。为方便分析,现将《国子监行关顺天府式》[2]抄录于下:

1　国子监为省祭事。据助教官某等备监生某等呈,具

2　应贡中试,某年月日已是在监三年,例应省祭。备呈

3　惟恐不的,仍于原报脚色簿内查勘相同,备出开呈

4　到监。案照,先奉

5　礼部札付前事,已经备仰该班复勘去后。今呈前因,

6　拟合抄粘,连人移关前去。烦为给引施行,须至关者。

7　　　计粘单一纸

8　　右关顺天府(各行关同)

9　某年为省察事月　　日

10　关押背写某吏承行

  此件文书行移样式亦见于明刊本《新刊招拟假如行移体式》[3]一书中。《新刊招拟假如行移体式》被收录入胡文焕所编的《格致丛书》中,此书分为两部分——行移体式和假如断案,"行移体式"部分列公文书样式多种,"假如"部分则为假设断案,列假设案情,并附断案流程和书写文书时应使用的措辞。该书与《刑台法律》类似,也是一本供官吏在书写公文和断案中使用的参考书。两书中与国子监相关的此件文书的格式、内容完全相同,仅有小部分文字存在差异。我们可以通过对二者的比较研究,改正其中

----

[1]《刑台法律》附卷《在京各卫衙门合用行移体式·五军都督府行照会六部立案式》,北京,中国书店,1990年影印明万历刊本。

[2]《刑台法律》附卷《在京各卫衙门合用行移体式·国子监关顺天府式》。

[3]《新刊招拟假如行移体式》,现藏于中国国家图书馆。点校本见杨一凡主编:《历代珍稀司法文献》(社会科学文献出版社,2012年)第2册,第686—798页。本文在引用时参照了中国国家图书馆藏原本,感谢申斌的帮助。

的错讹之处,最大限度地恢复其"本来面貌"。为方便对比,现将《新刊招拟假如行移体式》中的《国子监关顺天府式》[1]摘抄如下:

1　国子监为省祭事。据助教官某等备监生某等呈,
2　俱应贡中试,某年月日已是在监三年,倒应省祭。备呈
3　惟恐不的,仍于原报脚色簿内查勘相同,备由开呈到
4　监。案照,先
5　礼部札付前事,已经备仰该班复勘去后。今呈前因,拟合
6　抄粘,连人移关前□[去][2],头为给引施行。　计粘单
7　右　关　顺　天　府
8　　年省祭事月　日　关狎[押][3]　立案关后
9　顺天府为省祭事。准国子监关前事备云,准此,除填给文
10　付各生收执,拟合立案。
11　右　立　案
12　年某事月　日判日府尹某押　府丞某押　治中某押
13　　　　　　　　　　　推官俱各佥押

从两本书所写的《国子监(行)关顺天府式》来看,二者第1—8行的内容基本相同,皆为国子监发给顺天府关文,《新刊招拟假如行移体式》的第9—13行则是顺天府在接到关文后的立案式,在此我们仅讨论第1—8行内容相同的部分。从第1—8行内容来看,二者主要有以下五处差异:

(一) 第2行,二者皆为"倒应省祭",其中"倒"应该是"例"的错讹。《刑台法律》第9行"某年为省察事月日"应该是"为省祭事"的错讹。

(二) 第4行,《刑台法律》为"案照,先奉礼部札付前事",《新刊招拟假如行移体式》为"案照,先礼部札付前事",后者缺"奉"字。从其他文书行移的格式及习惯来看,此处有"奉"字应该更加合理、通顺。如两书均刊载的《五军都督府行照会式》[4]中有"案照,先准礼部咨呈前事"。《新刊招拟假如行移体式·布政司呈六部》中有"案照,先

---

[1]《新刊招拟假如行移体式》卷一《国子监关顺天府式》,中国国家图书馆藏。以下按照原书格式(包括字体对比、换行等)抄录,数字表示在原文中的行数。
[2] □处原文缺字,根据《刑台法律》此处应该为"去"字。
[3] 此处"狎"为"押"的讹字。
[4]《新刊招拟假如行移体式》中题名为《在京五军都督府照会六部》。

承准刑部某字勘合前事",等等。"先"字后面的用语应该是表示执行上一处理意见的词语,此处"奉"即表示遵从礼部札付之意。另外,从原文行格部局来看,《新刊招拟假如行移体式》中"案照,先"与"礼部札付前事"分属两行,并换行抬头,也可能是此书在流传过程中,由于保存不慎,致其脱字。

（三）第6行,《刑台法律》为"烦为给引施行",《新刊招拟假如行移体式》为"头为给引施行",此处《新刊招拟假如行移体式》存在明显错误。若按原文,此处无法解释,"头"字必为讹字。点校本《新刊招拟假如行移体式》中,将此处改为"须"字[1]。

从文书行移来看,"烦"字的使用更为普遍,如《南京都察院志》卷三十五《公移·三考给由咨》中"烦为查照施行"[2],《刑台法律》载《礼部咨式》中有"烦为转行巡按都御史复勘",《工部牒大理寺式》有"烦为审录施行"等,不论平级之间还是上级向下级发出的行文,皆用"烦为……"的句式,表示劳烦做某事之意。《刑台法律》行移体式中未出现"须为……"一词的用法。"须"在公文书多用于"须至某（札付、牒呈、关等）者"的句式之中。所以,综合两字的意义和使用习惯来看,"烦"字似乎更符合此处的文书书写习惯。

（四）第2行,《刑台法律》为"监生某等呈,具应贡中试",《新刊招拟假如行移体式》为"监生某等呈,俱应贡中试"。古代汉语中"具"与"俱"都有"皆、都"之意[3],此处应该同为此意,即前述申请省祭的监生若干人皆为应贡中试入国子监学习之人。所以此处不做改动,保留《刑台法律》原貌。

（五）第3行,《刑台法律》为"备出开呈到监",《新刊招拟假如行移体式》为"备由开呈到监"。"备出"和"备由"均为文书行移中的常用词语,二者在用法和意义上有所不同。"备出"一词常与"告示"、"教喻"、"榜文"等连在一起,表示准备、发出通知之意。在公文中,"备出"一词经常出现,例如:

　　臣等领敕前去,亲诣各该地方备出告谕,严加督责……[4]

　　除敬遵外,咨请施行。准此合行,备出榜文,晓谕敬依令旨……[5]

---

[1]《新刊招拟假如行移体式》,杨一凡主编:《历代珍稀司法文献》,北京,社会科学文献出版社,2012年,第3册,第704页。
[2]《南京都察院志》卷三十五《公移·三考给由咨》,《四库全书存目丛书》补编,济南,齐鲁出版社,2001年,第74册,第297页。
[3] "具"、"俱"的相关释义参见《古代汉语词典》,北京,商务印书馆,2003年,第838、839页。
[4]《名臣经济录》卷二十一户部《查处皇庄田疏》,《景印文渊阁四库全书》,台北,台湾商务印书馆,1975年,第443册,第386页。
[5] （明）李默:《孤树裒谈》卷一,《续修四库全书》,上海,上海古籍出版社,2002年,第1170册,第585页。

各府州县官务体此意,虽在催科,恒存抚字。乃备出告示,使各知悉此缴……[1]

"备由"则多是"理合备由"的缩写,表示所拟之事于理相合,缘由备具,请上级批示,多与"某(申、呈等上行文书)乞施行"连用。如《刑台法律》中《国子监呈礼部式》有"理合备由,呈请施行";《顺天府申文式》中"理合备由,申乞施行"。在文书行移实例中,"备由"也有写明缘由、注明经过之意。例如,记载明万历年间徽州歙县"丝绢纷争"的诉讼档案卷汇编《丝绢全书》中,留了大量的官府公文。该书卷一《绩溪县士民具呈申文》中载:"据该县姚文爵等状告乱借召变事,已经细查,备由具申去后。"[2]又卷三《帖五邑查册帖文》载:"今据状告前因,拟合通行,为此帖仰五县官吏,即便备由具申南京户部,会同各县请查前项丝绢。"[3]又如《阙里志》载:"令族长查申贫穷宜救,与不能婚丧宜助者,开行本县,备由开申本府,委官勘实,具申本院。"[4]

这些文书中所用"备由"一词与此处国子监关文中相似,都为写明缘由后向上申报之意,尤其是《阙里志》中"备由开申本府"与此处"备由开呈本监"极为相似。所以第三行中的差异,如果遵循《新刊招拟假如行移体式》中"备由开呈到监"一句,可能更符合文本原貌。另外,"由"、"出"二字,在字形、字画上有一定相似之处,《刑台法律》中的"备出开呈到监"或是因缮写人员、刻工刊刻错误所致,亦有可能。

综合以上分析,国子监为省祭事向顺天府发出关文的格式原貌大致如下:

> 国子监为省祭事。据助教官某等备监生某等呈,具应贡中试,某年月日已是在监三年,例应省祭。备呈惟恐不的,仍于原报脚色簿内查勘相同,备由开呈到监。案照,先奉礼部札付前事,已经备仰该班复勘去后。今呈前因,拟合抄粘,连人移关前去,烦为给引施行,须至关者。
>
> 计粘单一纸
>
> 右关顺天府
>
> 某年为省祭事　月　日

第(一)至(三)点差异、错讹应属刊刻中出现的"鲁鱼亥豕"之误,较易判断。关于

---

[1] (明)王守仁:《阳明先生道学抄》平濠书卷六《批追征钱粮呈》,《续修四库全书》,上海,上海古籍出版社,2002年,第937册,第567页。

[2] (明)程任卿辑:《丝绢全书》金集卷一《绩溪县士民具呈申文》,《北京图书馆古籍珍本丛刊》,北京,书目文献出版社,2000年,第60册,第472页。

[3] (明)程任卿辑:《丝绢全书》丝集卷三《帖五邑查册帖文》,第494页。

[4] (明)陈镐:《阙里志》卷十二奏表《创建三氏义仓文移》,《北京图书馆古籍珍本丛刊》第23册,第751页。

对(四)(五)点差异的分析本文仅提出一种可能性,更待同仁研究、指正。

二、从文书行移复原监生省祭审理程序

《刑台法律》所载的行移体式虽然仅是正式文书的案例和样本,且其中亦有一些错讹之处,但我们可以在结合其他史料的基础上,以此文书格式为线索,大致复原各衙门事务在呈报、审批和处理上需要经历的程序。以下我们将以《国子监行关顺天府式》为例,尽可能地将国子监生省祭的程序梳理清楚。

首先,国子监向顺天府发文为何用"关"文?"关"又称"平关"。在明代,"关"用于在京或在外平级各衙门文书行移[1]。明代国子监为从四品衙门,顺天府为正三品衙门,按照明代公文行移的一般习惯,无统属关系的下级衙门向上级衙门发文应该用"呈"、"牒呈"之类的上行文书。那么,《刑台法律》中是否使用错误了呢?答案是否定的。

出现这种情况的原因,应该与明初提倡尊师崇儒的理念有关。从明初开始,国家在礼制上重视国子监,如洪武十六年规定:"尚书、侍郎、左右都御史、通政使、太常寺卿、应天府尹、国子祭酒、翰林等学士,许张伞盖。本项事例,虽副都御史、大理卿,不与焉。"[2]此谓"国家崇重师儒,自有体统,不视权力为轩轾也"[3]。在行政系统中也有切实反映,在具体文书行移上表现为将国子学、翰林院等地位抬高,明初颁行的《洪武礼制》,就明确规定:"国子学,凡有行移,本学典簿呈六部,平关应天府。"[4]洪武十五年,"改国子学为国子监,其行移六部札付国子监,国子监径呈六部"[5]。到了成化年间,又增加了一些更为细致的规定:

> 成化年间见行,本监呈礼部,礼部札付本监,其余衙门俱系典簿厅具手本于司属往来。如礼部奉有钦依拨送举人、岁贡、官生、援例生员入监,及本监具题查复事理,俱行札付。本监其起送给由官员,与监生关领冬夏衣服,并改监、依亲、丁忧等项,本监俱用呈文,径呈吏、礼二部。凡引奏复职官员,给散官,及依亲、丁忧复班监

---

[1] 朝鲜王朝时期的学者崔世珍(1467—1543)在为当时朝鲜编纂的明代公文教科书《吏文》所作的注释《吏文辑览》中,认为明代的"关"是"三品以下,凡品级相同衙门相通之文"。见前田恭作遗稿、末松保和编:《训读吏文(附)吏文辑览》,东京,国会刊行会1975年影印,第350页。
[2] (明)黄佐:《南雍志》卷十六《储养考·行移》,第1371页。
[3] (明)黄佐:《南雍志》卷十六《储养考·行移》,第1369页。
[4] (明)张卤辑:《皇明制书》卷七《洪武礼制·行移体式·平关式》,《续修四库全书》第789册,第327—328页。
[5] 万历《大明会典》卷七十六《礼部》三十四《行移署押体式·在京》,《续修四库全书》第790册,第383页。

生,解发膳夫、豆麦、银两、祭祀、礼仪等项,俱是各部该司手本径行本监典簿厅呈监。其告就教职,拨正杂历监生,查复加授散官缘由,应该行查依丁起复监生年月,及户刑工等部、都察院等衙门坐派钱粮、查理囚徒、关领纸札、修理衙门一应文移,本监俱案,令典簿厅手本径行各该部院司属往返施行。[1]

从上述几项规定可以看出,国子监品级虽不高,但受崇文观念的影响,其在文书行移中的地位却不低:与正三品的顺天府、应天府行移用"关"文;仅就与官员任用等项有关的文移,国子监须呈吏部和礼部;若与户、工、刑、兵及其他衙门有事务往来,不用札付,不须监呈,而是国子监典簿厅与该部某司用手本行移。后来,虽国子监(尤其是南京国子监)在就吏、户、兵、刑、工五部是否可以直接札付国子监问题上争论不休,在实际运用中也常有变化,但国子监关顺天府和应天府应该是一直没有改变。所以,《刑台法律》所载《国子监行关顺天府式》是完全正确的。

解决了文书行移文体的问题,接下来我们就文书所涉及的监生省祭事的具体内容作简要分析,梳理监生省祭时需要经过几道程序等相关问题。

从关文中我们可以看到监生省祭大致需要经过以下五步:

第一步,由需省祭监生本人呈本堂教官(即助教),助教对照原报脚色簿查勘明白,再由助教呈送祭酒。

国子监分率性、诚心、崇志、修道、正义、广业六堂,监生分班学习,各堂设助教、学正、学录掌教学等事,监规规定:

> 各班生员凡有一应事务,先于本堂教官处禀知,令堂长率领赴堂禀覆,毋得径行烦絮,违者痛决。[2]

> 凡生员遇有事故者,须置文簿,但遇生员请假,须至祭酒处呈禀批限,不许于本堂擅请离堂。[3]

在申请省祭时,必须严格按照这一程序进行,即先向本堂助教禀告,由助教禀知祭酒,再通过国子监呈送礼部,不能越级申请。如若本监不准,又属实情,才可赴礼部陈告[4]。

---

[1] (明) 黄佐:《南雍志》卷十六《储养考·行移》,第 1369—1371 页。
[2] 万历《大明会典》卷二百二十《国子监·监规》,《续修四库全书》第 792 册,第 606 页。
[3] 万历《大明会典》卷二百二十《国子监·监规》,《续修四库全书》第 792 册,第 605 页。
[4] (明) 黄佐:《南雍志》卷九:"生员所有一切事务,合先于本监告知,本监具呈礼部定夺奏闻区处。所告是实,本监不准,方许赴礼部陈告,毋得隔越。"

由此可见关文中首句"据助教官某等备,监生某等呈,具应贡中试,某年月日,已是在监三年,例应省祭",即是按照监规施行的第一步。

第二步,国子监径呈礼部,礼部札付国子监。

祭酒在收到监生、助教的呈文后直接呈送礼部,向礼部申请批准给假。礼部接到国子监呈文后会先查验其是否符合回乡省祭规定,如坐堂时间是否足够等。并非每一申请省祭的监生都会得到礼部的批准,如永乐九年,修书监生袁盛等人已离家三年以上,"乞归省亲祭祖"。但礼部"以其名虽入监,实在内府修书,未尝坐堂肄业,难从其请"。礼部以未曾在国子监坐堂学习为由,未批准其省祭的申请。此事还曾一度惊动当时的皇太子朱高炽,由皇太子出面表示"修书、入监,事体无异,遂许之"[1],才准许这些监生回家省祭。

如果礼部审查认为其符合省祭规定,礼部再将国子监的呈文下发给礼部仪制司,由仪制司根据监生原籍道路远近,拟定省祭往还时间。万历《大明会典》中记载了南监监生省祭的程序:

> 凡南监坐监举人、监生丁忧者,本部(礼部)仪制司凭原籍官司文书;养病者凭本监典簿厅保勘;毕姻及搬取家小、送幼子还乡者,仪制司定与限期,俱送应天府给引回还。[2]

> 令监生省亲等事,量道路远近定其在途往还月日。每日水路一百里,陆路六十里……直隶限四阅月,河南、山东、江西、浙江、湖广限六阅月,北平、两广、福建、四川、山西、陕西、限八阅月,其住家月日,省亲三阅月,毕姻两阅月,送幼子还乡一阅月,丁忧照官员例,不计闰俱二十七月。[3]

《大明会典》和《南雍志》虽仅记南监情况,但北监在仪制和规定上皆与南监无异。

所以,申请省祭的第二步具体流程大致是:国子监将呈文发送礼部,礼部查验是否批准。如若批准,下发仪制司拟定往返时间后,再由礼部直接札付国子监。虽然从现存仅有的关文样式——《国子监行关顺天府式》一文中我们无法看到礼部的札付究竟包含了哪些内容,但从上述分析来看,至少应该包括两方面内容——是否准许省祭、给出拟定时间。除这两点外,在札付中可能还会再次要求国子监相关人员进行勘合、审查,即文书行移中出现的"案照,先奉礼部札付前事,已经备仰该班复勘去后"一句,在省祭

---

[1] (明)黄佐:《南雍志》卷二事纪二,永乐九年冬十月,第199页。
[2] (万历)《大明会典》卷一百十七《礼部》第七十五,《续修四库全书》第791册,第176页。
[3] (明)黄佐:《南雍志》卷一事纪一,洪武三十年春正月条,第133—134页。

事具体操作实例中也可见这一程序：

> 永乐六年春二月,监生坐堂三年者时费等三十八人当省亲,冯克谐等一十二人当祭祖,礼部移文查审,署祭酒事胡濙令六堂官核之。[1]

第三步,国子监收到礼部札付,关顺天府(南监关应天府),请其给相关监生路引。

前两步较为复杂,到礼部批准并札付国子监后,事情就变得比较顺利了。国子监收到礼部札付后,再行勘合相关事宜,此时经过两轮查验一般都会顺利通过。随后国子监向顺天府(南监向应天府)发出关文,请其为监生给出路引,以便还乡省祭,即文书行移中的"连人移关前去,烦为给引施行"一句。

第四步,监生携国子监关文前往顺天府(或应天府),由顺天府(或应天府)直接给付路引,并于府内立案。

《刑台法律》所载关文仅到关式结束,没有涉及后续事项。《新刊招拟假如行移体式》所载《国子监关顺天府式》中,在关文结束后另有顺天府接到关文后的立案式一小节：

（立案关后）

顺天府为省祭事。准国子监关前事备云,准此,除填给文付各生收执,拟合立案。

　右　　立　　案

　　年某事月　日判日府尹某押　府丞某押　治中某押

　　　推官俱各佥押

从此顺天府立案式来看,国子监关文中"连人移关前去"中的"人"应该指监生本人携带关文前去顺天府或应天府,并直接将路引带回。

《刑台法律》或《新刊招拟假如行移体式》中没有给出顺天府给路引的文书样式,在《刑台法律》"县用行移各式"一节中列出了县给路引的格式,摘抄如下：

路引式[2]

某府某县为给引事。伏睹《大明律》内一款："凡军民出百里之外,不给文引者,军以逃军,民以私渡关津论。"钦此钦遵外。今据某都图某状告,欲往某处买卖,缘无文凭,诚恐路阻不便。召到该都图里长某,保识明白,当官查审相同。今结某字某号半印勘合,书填引文,付本告人收照前去。如遇经关隘去处,验实放行。

---

[1] （明）黄佐：《南雍志》卷二事纪二,永乐六年春二月条,第181页。

[2] 《刑台法律》附卷《路引式》,第62—63页。

须至出给文引者。

　　计开

　　男子一名年某岁,身中材,面赤色。

　　妇女一口某氏,年某岁,系某人妻。

　　右给付某人往回执照,准此。

　　某年某月全印　日　司吏某　承

　　路引押　定限某年月某日回销缴

从上文来看,路引式大概包括以下几方面内容:第一,须援引《大明律》的相关内容。第二,写明事由,为何需要路引,若本文讨论的监生省祭事,大概要写监生某告,例应省祭,"缘无文凭,诚恐路阻不便",现国子监已查勘明白。第三,给出路引,即"今结某字某号半印勘合,书填引文,付本告人收照前去。如遇经关隘去处,验实放行。须至出给文引者"一句,应该是路引式的文书套语。第四,写明凭此路引可放行通关人员的姓氏、外貌特点等。最后,需写明此路引的有效期,即"定限某年月某日回销缴",监生须在路引规定的时间内回监,并将路引返还顺天府(或应天府)。与顺天府(或应天府)此前的"立案"相对应,监生交回路引后顺天府(或应天府)就可以销案了,这一事件在顺天府(或应天府)就算结束了。

此路引的功能其一为通关凭证,其二也是作为省祭结束的时间凭证,必须在路引规定带回销缴的时限内回监。

第五步,省祭完毕,回监肄业。

监生省祭完毕,必须在规定时间内回监。据前《路引式》所载,监生回京(北京或南京)后可能需要先将路引带回顺天府(或应天府),再向礼部汇报,由礼部札付国子监,其札付式如下:

　　礼部札付国子监[1]

　　礼部为省祭事。据监生某告系某处府州县人,由岁贡中式送监,某年月日在监三年。具呈转送顺天府给引,照回原籍省祭。依限前来,收管肄业施行。须至札付者。

　　右札付国子监准此

　　年省祭事月　日对同都吏某人

---

[1] 《新刊招拟假如行移体式》卷一《礼部札付国子监(各卫衙门同)》。

札付押　　立案札付后

国子监为省祭事。承奉，礼部札付前事。云云。奉此，拟合就行。为此，合行连仰该班教官即将本生收管肄业施行。

帖下某堂某班助教某人

年　月　日祭酒某　司业某　典簿某

从现存史料和这一札付式来看，我们很难判断监生回京后是直接向礼部汇报，还是通过国子监向礼部呈送。仅从札付式来看，"据监生某告"中用"告"字，而未用"呈"，似乎是监生回京后直接向礼部汇报，由礼部查验其确是"依限前来"后再札付国子监，令国子监"收管肄业"。国子监接到礼部札付，随即帖下监生所在堂、班的国子助教，"即将本生收管肄业"。至此监生省祭事在行政事务处理中才算走完最后一道程序，此事才最终完结。

综上所述，从目前所能看到的文书行移体式中，结合其他史料，我们基本可以复原国子监生在省祭时需要经历的行政处理过程和相关的文书行移：

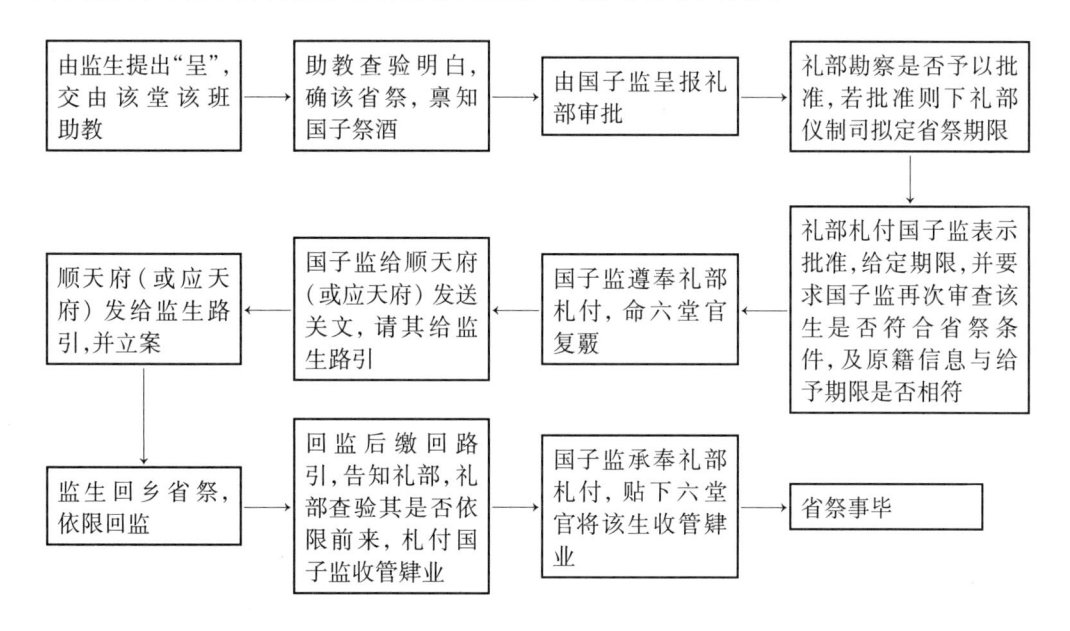

由监生提出"呈"，交由该堂该班助教 → 助教查验明白，确该省祭，禀知国子祭酒 → 由国子监呈报礼部审批 → 礼部勘察是否予以批准，若批准则下礼部仪制司拟定省祭期限 → 礼部札付国子监表示批准，给定期限，并要求国子监再次审查该生是否符合省祭条件，及原籍信息与给予期限是否相符 → 国子监遵奉礼部札付，命六堂官复覈 → 国子监给顺天府（或应天府）发送关文，请其给监生路引 → 顺天府（或应天府）发给监生路引，并立案 → 监生回乡省祭，依限回监 → 回监后缴回路引，告知礼部，礼部查验其是否依限前来，札付国子监收管肄业 → 国子监承奉礼部札付，贴下六堂官将该生收管肄业 → 省祭事毕

由此我们可以看到，监生三年一次的省祭在给假审批程序上是比较繁琐的，需要层层上报、审批，才可获得假期回乡省亲、祭祖。而且有严格的假期时限，监生需在规定的时间内回国子监报到。

前辈学者对国子监的研究已从制度上作了深入、扎实的研究，我们可以尝试换个角度,从文书行移的视角探索国子监的相关制度和事务处理程序,可能对我们进一步深入对国子监教育和管理的研究有一定帮助。

本文是中国博士后基金项目"自我认同与价值实现——17世纪杭州一个小书坊的经营实态"(编号2018M631682)的阶段性成果。

[作者张舰戈,博士后,中国社会科学历史研究所]

万历七年省级赋役书册纂修之行政流程
——根据公文装叙结构复原政务运行之一例

申 斌

一、引 言

对中国古代官文书格式、用语、行移关系的研究,由文书档案学界和史学界分别展开。在文书档案学界,许同莘、徐望之在20世纪40年代对中国公文的体系和发展作出了奠基性研究[1]。共和国成立后,伴随着清朝档案整理的展开,第一历史档案馆、台北"故宫博物院"、中国人民大学档案系、四川大学档案系的单士魁、殷钟麒等一批学者对清代政府档案作了进一步研究并编成教材和工具书[2]。在史学界,则以唐代和元代的积累最为深厚,中村裕一、田中谦二等先学做出了奠基性贡献[3],黄正建等进一步提出要建立中国古文书学[4]。

另一方面,近年来,随着邓小南、平田茂树、曹家齐等的提倡,通过文书往来关系考察政府的信息传递机制与政务运行更成为唐宋政治史研究的重要趋势,刘后滨进一步强调古文书学与政务运行视角结合的意义[5]。

---

[1] 徐望之:《公牍通论》,上海,商务印书馆,1947年;许同莘:《公牍学史》,上海,商务印书馆,1947年。
[2] 殷钟麒:《清代文书工作述要(初稿)》,中央档案馆明清部,1963年油印本,中国人民大学档案系文书学教研室1983年删去文例后重刻油印本;庄吉发:《故宫档案述要》,台北"故宫博物院",1983年;张伟仁:《清代法制研究》,台北,中研院史语所,1983年;张我德、杨若荷:《清代文书》,中国人民大学档案系文书学教研室1983年油印本;四川大学历史系档案学教研室:《清代公文选编》,1984年油印本;单士魁:《清代档案丛谈》,北京,紫禁城出版社,1987年;刘文杰:《历史文书用语辞典(明、清、民国部分)》,成都,四川人民出版社,1988年;雷荣广、姚乐野:《清代文书纲要》,成都,四川大学出版社,1990年;杨若荷:《怎样阅读清代文书》,《北京档案》1995年第2、3、4期;张我德、杨若荷、裴燕生:《清代文书》,北京,中国人民大学出版社,1996年。
[3] 中村裕一:《唐代官文书研究》,京都,中文出版社,1991年;中村裕一:《唐代公文书研究》,东京,汲古书院,1996年;田中谦二:《元典章文书の研究》,《田中谦二著作集》第2卷,东京,汲古书院,2000年。
[4] 黄正建:《中国古文书学的历史与现状》,《史学理论研究》2015年第3期。
[5] 邓小南主编:《政绩、考察与信息渠道:以宋代为重心》,北京,北京大学出版社,2008年;邓小南、曹家齐、平田茂树主编:《文书·政令·信息沟通:以唐宋时期为主》,北京,北京大学出版社,2012年;黄宽重:《从活的制度史迈向新的政治史——综论宋代政治史研究趋向》,《中国史研究》2009年第4期,第75页;刘后滨:《古文书学与唐宋政治史研究》,《历史研究》2014年第6期,第56—59页。

唐宋元时代的官文书研究与政务运行研究充分融合,取得了巨大成绩。在清代,二者虽尚未如此紧密结合,但官文书的古文书学基础研究有较为深厚的积累,对奏折等重要官文书与政治制度、王朝统治的关系也有较深入分析[1]。相对而言,明代的官文书研究成果较少[2],从文书行移角度考察政务运行的研究更少。既有研究多集中于文书制度,特别是题本、奏本、票拟、诏令等围绕皇帝的文书上面。谷井俊仁、樱井俊郎对改票、题奏本的研究是较早的专题研究[3],王剑、万明、李福君对密疏、诏令文书、皇帝文书的研究则是近年我国学者的贡献[4],而王天有则以题、奏为例,制作文书运行图以说明信息沟通[5]。在针对文书用语、格式及承转关系的研究方面,笔者管见所及仅有谷井俊仁以《南京车驾司职掌》为例,对六部内部文书承转、处理流程及相关文种和名词的讨论,对理解文书结构和行移关系很有帮助[6]。而阿风则一方面吸收古文书学问题意识考察不同文书种类和留存形态,另一方面将文书放入诉讼过程加以剖析,推进了对明代基层衙门的诉讼文书与行政流程的认识[7]。

至迟自宋代以降,公文普遍采取层层嵌套引用的"装叙法"行文方式[8]。一个衙门处理公务、撰写公文时,不但通过引述来文衙门文书以说明公务缘由及其处理意见,在给出自己处理意见时也往往引用旧案成例。即便省略引述具体文书内容,也会将文书的行移过程以专门术语加以交代。官文书的这一行文特点,给我们考察政务运行流程提供了新的可能性,即通过结合文书形式构成和专门术语解读,拆解文书装叙结构,重建文书行政流程,并明确在不同环节中不同衙门所起作用和意见。笔者曾以《山东经会录》卷首公文为例,尝试通过辨析装叙体公文的用语,分

---

[1] 庄吉发:《清代奏折制度》,台北"故宫博物院",1979年;廖敏淑:《清代中国的外政秩序:以公文书往来及涉外司法审判为中心》,北京,中国大百科全书出版社,2012年。

[2] 这或许与学界依靠清代文书档案的研究成果和工具书解读明代官文书的情况有关。清代官文书研究成果对解读明代官文书的价值毋庸赘言,但是否可以完全迁移来理解明代官文书的制度、格式、用语含义,恐怕尚可存疑,对明代官文书独立、深入研究实有必要。

[3] 谷井俊仁:《改票考》,《史林》第73卷第5号,1990年;樱井俊郎:《明代题奏本制度の成立とその变容》,《東洋史研究》第51卷第2号,1992年。

[4] 王剑:《明代密疏研究》,北京,中国社会科学出版社,2005年;万明:《明初政治新探:以诏令为中心》,《明史研究论丛》第9辑,北京,紫禁城出版社,2011年;李福君:《明代皇帝文书研究》,天津,南开大学出版社,2015年。

[5] 王天有:《明代政制论纲》,《明清论丛》第5辑,北京,紫禁城出版社,2004年。

[6] 谷井俊仁:《〈明南京车駕司職掌〉の研究》,《富山大学人文学部紀要》第19号,1993年。

[7] 阿风:《明清徽州诉讼文书研究》,上海,上海古籍出版社,2016年。

[8] 许同莘:《公牍学史》,北京,档案出版社,1989年,第99—101、128—129页。

析文书嵌套结构,梳理出文书承转脉络,近似地恢复了山东地方官府编纂《山东经会录》的行政流程[1]。其讨论了地方政府体系内部文书行移,没有涉及地方和中央之间的文书关系,本文将讨论更为一般的行政流程。

明代虽然文书档案原件遗存甚少,但在邸钞、奏疏公牍、别集、条例事例、方志、公文碑中大量抄录保存了装叙公文,数量远超宋人文集、《元典章》等文献中留存的装叙公文。这些文书的转录形态,有的如一部分公文碑,很好地保留了原文书的抬头、字体大小等格式因素,可谓无限接近文书原件;而有的如收入别集的公文,则多在纂入时对非别集作者本人的文字和行移提示语做了删节,已经难以据此恢复文书行移原貌;但绝大多数转录形态介于上述两种情况之间,虽然没有留存格式因素,但对文书原件的文字内容基本全部照录。若对此类公文加以系统分类分析,或许可以推进我们对明代政治制度和政务运行实态的认识。

明万历七年至九年,皇帝根据户科给事中的建议,命令户部负责督促各省清查均徭里甲及各衙门公费公差,并纂修册籍。这与《万历会计录》编纂、清丈土地同为张居正改革时期的重要财政措施,标志着中央政府试图对地方均徭里甲及衙门公费收支加以掌控。关于其在明代财政史上的意义,笔者将另文分析。但关于这一事件,明实录中仅节录了户部的题本[2],无法得知整个政务具体执行情况。作为此政策的结果,仍有一册籍遗存——《四川重刊赋役书册》[3]。其卷首公牍与巡抚陕西都察院右佥都御史李尧德的《灾报频仍民隐可忧疏》[4]、巡抚广西右副都御史郭应聘的《减革均徭里甲兵款驿传四差疏》[5]都是此次公务接近完成时的文书,分别展示了四川、陕西和广西的册籍纂修政务执行情况。下面我们就以揭示文书行移关系最详细的《四川重刊赋役书册》卷首公牍为主,参照另外两份文书,通过前述方法,重建明万历初年省级赋役书册编纂决策和执行的政务运行过程。本文希望通过这一个案分析,增进对晚明省级文书行政的认识,特别是对明中期以后出现的不见于洪武《行移体式》的新型公文类型的了解。

---

[1] 申斌:《明代官文书结构解读与行政流程复原——以〈山东经会录〉的纂修为例》,《安徽师范大学学报》2016年第6期。

[2] 《明神宗实录》,台北,中研院史语所,1962年,第1852—1853页。

[3] 《四川重刊赋役书册》,《北京图书馆古籍珍本丛刊》第60册,北京,北京图书出版社,1988年。

[4] 张卤编:《皇明嘉隆疏钞》卷二十二,明万历刻本。

[5] 郭应聘:《郭襄靖公遗集》卷五,明万历刻本。

二、方 法 说 明

（一）解读文书装叙结构以恢复行移流程

使用装叙体文书复原行政流程的关键在于通过考辨文书中的交代词、引结词等特殊词语来明确文书承转关系。考辨这些专门用语，除了参考同时代的公文指南，如元代《吏学指南》，朝鲜《吏文辑览》，明代《刑台法律》、《新刻问刑行移体式》、《新锲文移选要》以及清初的《福惠全书》外，还需要广泛比对同时代公文用例。

下面就以《四川重刊赋役书册》卷首公牍中"本部题，四川清吏司案呈，奉本部送户科抄出巡抚四川等处地方都察院右副都御史张题"这一句为例，说明如何通过考释文书词语、辨析结构，达到恢复文移过程的效果。

"本部"承上指代户部，"本部题"即户部给皇帝上题本。"四川清吏司案呈"即户部属下四川清吏司给户部堂上官上案呈。户部的"题本"是根据四川清吏司给的案呈作出的。而四川清吏司提交该案呈的原因是它"奉"到了"本部"送来的一份公文，要求其检阅旧档前例、拟定处理意见。本部送来的这份公文是户科抄出来给户部的巡抚四川等处地方都察院右副都御史张士佩题本。而户科之所以会将该题本抄出送部，显然是因为皇帝针对张士佩题本降了类似"户部知道"的圣旨。

按照时间顺序重新梳理，整个文书承转流程应该是：巡抚四川等处地方都察院右副都御史张士佩给皇帝上题本（"巡抚四川等处地方都察院右副都御史张题"）→皇帝降旨（内容类似"户部知道"）→户科将奉旨题本抄录副本交给户部（"户科抄出"）→户部根据事务责任归属，将科抄题本交给下属四川清吏司要求其拟定处理意见（"奉本部送"）→四川清吏司将查到的事情缘由及相关案卷以案呈形式上报户部堂官（"四川清吏司案呈"）→户部根据四川清吏司案呈作成题本，进呈皇帝（"本部题"）。

（二）换行缩格法与图解法

在标点装叙法公文时，由于装叙引用层级过多，常常遇到"引号不够用"的情况，很难使读者一目了然地清楚层次关系。张我德针对民国公文提出了"装叙来文、低格排出"的处理方式以使引用关系清晰化[1]，洪金富针对元代文献提出了类似的换行缩格法来揭示引用层次[2]。而植松正发明的框架图解法蕴含了换行低格的长处，较之张、

---

[1] 张我德：《怎样阅读民国时期的公文（二）》，《北京档案史料》1987年第2期。
[2] 洪金富：《元代台宪文献汇编》，台北，中研院史语所，2003年，19—21页。后来刘铮云主编的《明清档案文书》（台北，政治大学人文中心，2012年）中采用这一办法处理清代档案文书。

洪二位办法更为明晰易懂[1]。本文即以植松正的方法和原则为依据对公文结构进行标识。

需要多加说明的一点是,无论"换行缩格法"还是图解法,在换行标准上,其实存在以"语句的引用关系"为标准,还是以"公文承转关系"为标准的问题。当公文中存在大量以叙述方式而非引述方式体现公文承转关系的情况时,按照引用关系标准,就会发生换行缩格与文书承转层次不对应的问题,直观的表现就是前后起始文字对齐的两段话并非处于同一层次,前后无法衔接。

以《四川重刊赋役书册》卷首公文为例,"奉本部送户科抄出巡抚四川等处地方都察院右副都御史张题"这一句话没有引述关系,按引用关系标准不需要换行,但实际上这句话中包含了四道文书承转手续:巡抚给皇帝上题本、皇帝就题本降旨、户科将奉旨题本抄出发给户部、户部(具体是经历司)将科抄送户部下属四川清吏司。下文"据四川布政使司呈"是巡抚张士佩的题本内的引述内容,按照文句引述关系,应该只缩进一格。但若是考虑到实际文书的承转层次,则应该缩进三格。那么缩进一格会发生什么问题呢?当对巡抚张的题本内文引述结束后,紧接着的是"奉圣旨:户部知道"。这个圣旨是针对巡抚张的题本的,相较于题本内文引述内容应该提前一格。但这样一来,圣旨就变成与"奉本部送户科抄出巡抚四川等处地方都察院右副都御史张题"(即四川清吏司奉到部送科抄)缩进相同格数,给人以二者处于相同层级、前后照应的错觉。这对分析公文结构非常不利。

为了避免造成这种错觉,本文在分析公文结构时,不以文字引述关系作为换行标准,而以文书承转关系作为换行缩格标准,对同一机构发出公文的内文不做换行处理。例如,按引用关系标准应作:

奉本部送户科抄出巡抚四川等处地方都察院右副都御史张题

但按承转关系标准则写作:

奉本部送

 户科抄出

  巡抚四川等处地方都察院右副都御史张题

又如,按引用关系标准应作:

---

[1] 植松正:《元典章文書分析法》,《13、14世紀東アジア史料通信》第2号,2004年。关于日本学界对官书图解法探索的学术史经过,承蒙森正夫先生、植松正先生、伍跃先生的热心帮助和指教,谨致谢忱!

题奉圣旨：
　　是。
　　钦此。
但按承转关系标准作：
　　题奉圣旨：是。
　　钦此。
这样的话，就可以保证同一文书承转、处理手续，其起始文字缩进的格数均相同，前后照应，可以一目了然地观察文书结构层次。

三、《四川重刊赋役书册》卷首公文结构标识

下面依照我修正后的缩格换行法，将《四川重刊赋役书册》卷首公文结构标识如下。原文书中提及官员只有姓氏，此处以注释形式对其全名和任职期间做了说明。

四川等处承宣布政使司为灾报频仍、民隐可忧，乞敕当事臣工备查恤民事宜、酌定经制，以苏困苦、以永治安事。
　万历九年三月初四日奉钦差巡抚四川等处地方都察院右副都御史张[1]案验。
　　准户部咨，该：
　　　本部题。
　　　　四川清吏司案呈。
　　　　　奉本部送
　　　　　　户科抄出
　　　　　　　巡抚四川等处地方都察院右副都御史张题。
　　　　　　　　据四川布政使司呈。
　　　　　　　　　奉前巡抚都御史王[2]并蒙巡按四川监察御史薛[3]案

---

[1] 张士佩，韩城人，进士，万历八年三月到十年十月以右副都御史巡抚四川。吴廷燮：《明督抚年表》，北京，中华书局，1982年，588页。
[2] 王廷瞻，黄冈人，进士，万历五年以右佥都御史巡抚，八年离任。万历《四川总志》卷三《秩官》，《四库全书存目丛书》，济南，齐鲁书社，1997年影印本，史部第199册，第227页。
[3] 薛梦雷，福清人，进士，万历八年任，万历八年离任。万历《四川总志》卷三《秩官》，《四库全书存目丛书》，济南，齐鲁书社，1997年影印本，史部第199册，第228页。

验,俱同前事。

行间,又奉臣[1]纸牌行催,遵依,行。

准守巡道查议各府州县应存应减前项差徭缘由。到司。

该:本司左布政使刘[2]覆查得川省银力二差并民快里甲公费夫马,原编总共银伍拾柒万玖千陆百柒拾伍两伍钱玖分壹厘壹毫壹忽,内甲丁二库麂皮料银京料黄白蜡军需柴薪马夫等项,共银捌万壹千肆百陆拾肆两伍钱柒厘叁毫捌丝壹忽,系岁解岁用额数,例难减免外,其余夫马等项共肆拾玖万捌千贰百壹拾壹两捌分叁厘柒毫贰丝,内裁减夫捌百玖拾陆名,马肆百贰拾玖匹,弓兵壹百玖拾贰名,铺兵壹百壹拾叁名,禁防夫壹百壹拾名,皂隶伍拾肆名,门子叁拾柒名,看司壹十□名,空闲斗级贰百叁名,空闲渡夫贰拾玖名,空闲斋夫贰名,例革民校肆拾贰名半,共该减银贰万壹千陆百陆拾陆两叁钱,又库子禁防等役,或差同而银有多寡,或差轻而银有多编,酌量减银陆千捌百两零贰钱肆分陆厘柒毫,各衙门公费除原编有节者仍旧外,减过续增银玖百贰拾两,以上共减银贰万玖千叁百捌拾陆两伍钱肆分陆厘柒毫,民快通省共贰万玖千零四十名,长宁、高珙等县先因逼近九丝[3],编数过多,都蛮[4]近平,数应从减。各府州县佐贰滥占民快,近经清出,相应一同减革,共减贰千玖百贰拾肆名,该银贰万壹千伍拾贰两捌钱,连前减共银伍万肆百叁拾玖两叁钱肆分陆厘柒毫,止该实编银肆拾肆万柒千柒百柒拾壹两柒钱叁分柒厘贰丝并岁解等银,总共伍拾贰万玖仟贰百叁拾陆两贰钱肆分肆厘肆毫壹忽,揆之民情法体,

---

[1] 巡抚张士佩。
[2] 刘庠,钟祥人,进士,万历五年任四川右布政使,六年转左布政使,九年六月二十七日升任应天府知府。万历《四川总志》卷三《秩官》,《四库全书存目丛书》,济南,齐鲁书社,1997年影印本,史部第199册,第231页;《明神宗实录》卷一一三,台北,中研院史语所,1962年,叶6a。
[3] 九丝夷人。光绪《兴文县志》卷二《边防》载万历元年明军攻九丝山,剿灭僰人。
[4] 平息都蛮部落,事在万历二年正月。谷应泰:《明史纪事本末》,北京,中华书局,1985年,第943页。

所存所减,皆为适中。呈乞题请。

等因。

到臣。

卷查万历七年十月十七日准户部咨前事。该:

户科都给事中郝维乔[1]等题。该:

本部议覆:恭候命下移咨各巡抚都御史,备行司道,将均徭里甲及各衙门公费银两、公差人数,凡一应钱粮,但系小民出办者,通行清查议处某项应减,某项应革,某项仍旧。查照赋役书册旧式,分类开造,呈报抚按衙门,再行酌量会议,财必求省,亟除冒滥之奸,事必求妥,永立画一之法,故不可因循故习,止报虚数虚文,亦不可裁革过多,使之难行难久。四川限明年八月,载入考成,依限具奏。本部覆议上请,行抚按刊布成书,以司冠府,以府冠州县,止用银力各差总数,每州县各另一册备列细数,以后年分,依此征派,永为遵守。

等因。

题奉圣旨:是。

钦此。

备咨前巡抚都御史王。

已经备行查议。

又该臣[2]接管,行催去后。

今据前因,该臣[3]议照四川郡邑,自成都外,余皆多山,田虽号九塉,不苦於维正之供,民多业三农,称疲於杂冗之派。公差日就简矣,夫马犹繁;仓粮已改折矣,斗级未去;官政均也,承役人数或增;差使同也,工食银两或异。关津坦而弓兵多买闲之奸,文移少而铺兵充背包之役。

---

[1] 郝维乔,扶沟人,戊辰进士。万历《开封府志》卷十二《科目》,《四库全书存目丛书补编》,济南,齐鲁书社,2001年,第76册,第600页。
[2] 巡抚张士佩。
[3] 左布政使刘庠。

至於民快之数,多有滥编,其於丁粮之科,俱有重累。计足城守,宜宽闾阎,凡此民瘼,委所当恤。幸蒙皇上纳科臣之奏,允部臣之请,通行清除冒滥。凡我臣民,睹轻徭薄赋之命,举手加额,罔不欣戴。臣[1]幸得承事,遵督司道酌量会议前来,该臣重复查核,存留者俱系实用,通无冒滥,减去者委皆浮蠹,亦无过裁。事可久行,文非虚具,除备细造册咨部外,应合题请,伏望皇上敕下户部,再加查议,如果相应,覆议上请,行臣转行布政司,自万历九年为始,将原编夫马等项银两,减伍万肆百叁拾玖两叁钱肆分陆厘柒毫,通行停派,其实用银伍拾贰万玖千贰百叁拾陆两贰钱肆分肆厘肆毫壹忽,刊成书册,分发所属,照数征派,永为遵守,减定数外,如有擅增私科,听臣等指名参奏治罪,则滥派永杜,疲民永苏矣。

等因。

奉圣旨:户部知道。

钦此。

钦遵。

抄出送部。

送司。

案查先为前事,该:

户科都给事中郝维乔等题。

本部覆。

奉。

钦依通行各省直抚按官查议。

去后。

又查为裁减徭役以苏民困事。

隆庆四年二月内该山东抚按姜[2]等题本,称:本省王府民校,

---

[1] 巡抚张士佩。
[2] 巡抚山东的姜廷熙。

俱从民间佥派,有三十名者,有二十四名者,有二十名者,每名征银十二两,民厨有四名,有二名,每名征银十两,参差不齐,乞要一例编佥,裁省徭役。

该:本部议照前项厨校,俱系民间徭役编佥,近来百姓凋疲,且地方灾伤重大,若复照旧佥派,供应浩繁,不无小民愈加困苦,况宗藩条例,凡宗室禄粮既从改折,则厨校亦宜裁省,合将山东各郡王每位编佥民校二十名,每名征银十两,民厨二名,每名征银八两。以后有司审编,务照议定数目佥派送用,永为遵守。

等因。

覆。

奉穆宗皇帝圣旨:是。

钦此。

钦遵。讫。

今该前因。

案呈到部。

看得今巡抚都御史张题称该省银力二差并民快里甲公费夫马原编共银伍拾柒万玖千陆百柒拾伍两伍钱玖分壹厘壹毫壹忽,今裁减夫马等项银贰万壹千陆百陆拾陆两叁钱,又减库子禁防等役工食银陆千捌百两叁钱肆分陆厘零,又减革通省民快银贰万壹千伍拾贰两捌钱,通共减银伍万肆百叁拾玖两叁钱肆分陆厘,实用银伍拾贰万玖千贰百叁拾陆两贰钱肆分肆厘肆毫壹忽,臣等照册详查,减存俱当,内惟王府民校每名征银拾贰两,查与近题通行事例不同,相应酌议题请,合候命下本部,移咨四川巡抚都御史,及咨都察院,转行巡按御史,查自万历九年为始,即将前项应存银伍拾贰万玖千贰百叁拾陆两贰钱肆分肆厘肆毫壹忽,内王府应编民校捌拾贰名半,照依近题通行事例,每名止编银拾两,该减编银壹百陆拾伍两,通共实编银伍拾贰万玖千柒拾壹两贰钱肆分肆厘肆毫壹忽,照数均派小民,刊成书册,转行所属,永为遵守。其应减银伍万陆百肆两叁钱肆分陆厘柒毫,即行停派,仍严禁官吏书算里甲人等,不许额外擅增,滥充私费,如违,听抚按官严加体访,指名查参,照科敛律例坐赃重处,不得市恩姑息,仍滋奸弊。

伏乞圣裁。

等因。

万历九年正月二十日本部尚书张[1]等具题。

本月二十二日奉圣旨:是。

钦此。

钦遵。拟合就行。

为此,合咨前去,烦照本部题奉钦依内事理,钦遵施行。

准此。合就通行。

为此,案仰该司官吏查照咨案备奉钦依内事理,自万历九年为始,即将前项应存银伍拾贰万玖千贰百叁拾陆两贰钱肆分肆厘肆毫壹忽,内王府应编民校捌拾贰名半,照依近题通行事例,每名止编银拾两,该减编银壹百陆拾伍两,通共实编银伍拾贰万玖千柒拾壹两贰钱肆分肆厘肆毫壹忽,照数均派小民,刊成书册,转行所属,永为遵守,其应减银伍万陆百肆两叁钱肆分陆厘柒毫,即行停派,仍通行守巡兵备各道,严禁官吏书算里甲人等,不许额外擅增,滥充私费,如违,听各严加体访,指名查参,照科敛律例,坐赃重处,不得市恩姑息,仍滋奸弊。通毋违错,未便抄案,依准呈来。

等因。

奉此。

续奉明文裁革冗员,将本司督粮道参政一员、按察司盐茶法叙泸二道佥事二员及所属保宁府管粮通判一员、崇合嘉眉广安等五州管粮判官五员、长寿江津大足铜梁富顺江安六县管粮主簿六员、庆符建始二县捕盗主簿二员,俱行裁革,其督粮、盐茶法叙泸三道门皂工食先已除革外,所有柴马并所属各官柴马门皂银两应合免编,通共减去银壹千捌百伍拾两肆钱,每年实编均徭银力二差并民快及里甲公费夫马等项银共伍拾贰万柒千贰百贰拾两捌钱肆分肆厘肆毫壹忽,拟合就行刊入。

---

[1] 户部尚书张学颜。

为此，合将后开条款，刊布成书，通行所属，永为遵守施行，须至书册者。

四、术语考释与结构分析

上述换行缩格标识实际已经展示了文书结构与行文脉络，但要明确行移关系的细节以及嵌套结构，仍需要对若干词语以及语句间前后呼应关系加以分析。笔者主要根据谷井俊仁的先行研究、1539 年朝鲜崔世珍编《吏文辑览》等进行分析。

（1）"为……事"。"四川等处承宣布政使司为灾报频仍、民隐可忧，乞敕当事臣工备查恤民事宜、酌定经制，以苏困敝、以永治安事。"南北朝以后，"敕"就成为皇帝专用的下行文书。据"乞敕"这一用语推断，该公文应是上行文，内容是请求皇帝命令相关官员"备查恤民事宜、酌定经制"。但是，如后文分析所见，在实际公文流程中，乃是四川布政使司给巡抚上"呈"，请巡抚向皇帝上"题本"请求调整"银力二差并民快里甲公费夫马"，而并非四川布政使司直接给皇帝上奏疏，此为第一处疑问。而从紧接开头这句的"万历九年三月初四日奉钦差巡抚四川等处地方都察院右副都御史张案验"开始，到倒数第二句结尾"拟合就行刊入"为止，都是四川布政使司通过引用相关公文来叙述刊布"赋役书册"的原委。从整个公文最后一句"为此，合将后开条款，刊布成书，通行所属，永为遵守施行，须至书册者"中的"通行所属"可推知，整个公文是四川布政使司发给治下府州县的下行文书，公文起首语与结束语分别用了上行公文和下行公文的专属用语，存在矛盾，此是第二处疑问。这两处疑问，本来需到最后分析完整份公文，并结合相关史事才能做出一个推断性解释。但为使论述集中，此处先行讨论。

该份公文是四川布政使司在完成赋役额度核算调整、编纂册籍的工作后，发给治下府州县的下行文书。而这一工作缘起于户科都给事中郝维乔给皇帝上的一份题本，因此各省完成皇帝通过户部下达的命令之后，在相关文书中都直接引用了郝维乔原题本的语句，以表示此公文乃是针对户部批转来的某份公文之对应处理。比如钦差巡抚陕西地方都察院右佥都御史臣李尧德为此事而写奏疏首句即为"钦差巡抚陕西地方都察院右佥都御史臣李尧德谨奏为灾报频仍、民隐可忧，乞敕当事臣工备查恤民事宜、酌定经制，以苏困敝、以永治安事"[1]。而巡抚广西右副都御史郭应聘为此事而写奏疏首句也是"题为灾报频仍、民隐可忧，乞敕当事臣工备查恤民事宜、酌定经制，以苏困敝、

---

[1] 李尧德：《灾报频仍民隐可忧疏》，张卤《皇明嘉隆疏钞》卷二十二，明万历刻本，叶 14a。

以永治安事",但其别集给此文的标题却是《减革均徭里甲兵款驿传四差疏》[1]。三份公文首句一字不差,可见这三份公文首句用语均源自郝维乔的题本而不是自撰。由此我们或许可以推断,此处是由于直接转引郝维乔的原题本语句,故而保留了"乞敕"这样的上行文书独有词语。

（2）"奉钦差巡抚四川等处地方都察院右副都御史张案验"意思是四川布政使司接到巡抚发来的案验。根据《吏文辑览》的解释,"各部清吏司并给事中等官出外、及御史在外,行移所属府卫州县,又各御史道行五府经历司、及六部该司,又按察司分巡官行府州县之文,皆曰案验"[2]。即六部清吏司、六科给事中出外办事、都察院御史在外时给其所属府卫州县行文,十三道监察御史给五军都督府经历司、六部经历司行文,按察司分巡道给府州县行文,均称为案验,可见案验属于下行文书,这从"奉……案验"的用语也可以看出。张士佩以都察院右副都御史衔巡抚四川等处地方,自然属于"御史在外",但是此处行移对象是布政使司而非"府卫州县",而且右副都御史品级为正三品,布政使司是从二品衙门,此种情况下使用下行文书"案验",说明当时巡抚地位高于布政使司已经是惯例。

（3）"准户部咨"意思是巡抚收到户部发来的"咨"。准是表示收到文书的用语,"凡同品衙门受咨、关者,例称准"[3]。通过分析《洪武礼制》关于"咨"的使用规定可知,"咨"是同级别的二品衙门之间的平行文书。六部尚书与左、右布政使因有正从之别,故彼此不使用"平咨",而使用咨呈和照会[4]。《吏文辑览》进一步明确说咨乃"二品以上官行文同品衙门之文,又上项各衙门各与堂上官行"[5]。关于为何都指挥使司和布政使司虽然也是正、从之别,却仍然彼此使用"平咨",目前尚未查到直接证据[6]。此前笔者参照林金树先生研究,推测或与重文抑武有关,但洪武朝尚未形成此方针,毋宁说是反过来的右武左文政策[7]。所以现在笔者推测这或许与都、布二司间无管理关系有关（六部与布政使司间存在管理关系）。此处户部对巡抚行移用"咨",说明巡抚

---

[1] 郭应聘:《减革均徭里甲兵款驿传四差疏》,《郭襄靖公遗集》卷五,明万历刻本,叶 16a—19a。
[2] 前间恭作、末松保和:《訓讀吏文（附）吏文輯覽》,东京,极东书院,1962 年,325 页。
[3] 《吏文辑览》,第 223 页。
[4] 参见申斌:《明代官文书结构解读与行政流程复原》,《安徽师范大学学报》2016 年第 6 期。
[5] 《吏文辑览》,第 317 页。
[6] 但是万历年间刊刻《刑台法律》的《行移体式》中《都指挥使司行咨式》里有"（某都指挥使司）准某等处承宣布政使司咨呈前事"的语句,显示布政司对都司采取咨呈这一上行文书,是刊刻错误还是另有规定变化。感谢阿风先生惠示此史料。《刑台法律》之附卷《行移体式》,叶 2b,北京,中国书店,1990 年。
[7] 赵现海:《明朝的区域来源、政权性格与"江浙士人"》,《古代文明》2016 年第 1 期。

被视作与户部同品级的衙门,即正二品。这反过来可以解释(2)处所见巡抚对布政使司用下行文书案验的理由,二者间不但有统属关系,而且事实上巡抚在外的右副都御史被视作正二品,较之从二品的布政使为高。

(4)"该"。据《王力古汉语字典》对"该"字的字义解释,"具备、完备"是魏晋以前就普遍使用的意思,而"公文中指上文说过的人或事物"是元明以后才普遍使用的[1]。

元代《吏学指南》在解释"当该"时说"承管曰当,事能详细曰该"[2]。这可以看作对"完备"一意的引申。朝鲜《吏文辑览》(成书于明嘉靖十八年,主要收录明成化以前公文)卷二"节该"条解释说:"凡略载圣旨及公文,必加'节该'二字于首。节,略节也。"方龄贵《通制条格校注》中将"圣旨节该"中的"节该"解释为"略开也"[3],而在解释"该写"时,称"即开写。在文书中犹言'内开'也。亦简作该。亦作该载"[4]。陈高华《〈元典章·户部·禄廪〉校释》将"节该"解释为"节文、大意"。有时作"节文",或简称"该"[5]。综上,我们可以认为在元代及明前期公文中,"该"的意思是"详细开列、开载(转述)"的意思,而节该则是节略开载(转述)的意思。既然如此,那么标点时,应当将"该"字与后面词句点断,可以选择加冒号;而"该"字与前面的公文名称可以连在一起,也可以点断。

如此含义的"该"或"节该"在明代文献中也很常见。比如《问刑条例》中就有多处"节该钦奉某某皇帝圣旨"的用例,《明经世文编》中也有多处"节该钦奉敕谕"的用例,而且也有用于臣工题奏和往来公文的例子,比如胡世宁《乞恩辞免加官以昭公道疏》中就有"接到吏部咨,节该:詹事府詹事兼翰林院学士霍韬奏……"及"同日又准本部咨,节该:兵部左侍郎兼翰林院学士张璁题……"这样的词句[6]。

但是清代公文研究者却有着不同看法。刘文杰《历史文书用语词典(明、清、民国部分)》认为该是指示词,后面接称前文提及的下级、人民或事物。可称呼下级机关、下级官员或个人、所属地区、物品、来文[7]。大臣上奏皇帝的题本文书中自称臣,而用

---

[1] 《王力古汉语字典》,1271页。
[2] 《吏学指南》,第44页。
[3] 方龄贵校注:《通制条格校注》,北京,中华书局,2001年,第34页。
[4] 方龄贵校注:《通制条格校注》,第60页。
[5] 《中国社会科学院历史研究所学刊》第3辑,北京,商务印书馆,2004年。
[6] 胡世宁:《胡端敏奏议》卷七。关于元明时期"该"的含义,感谢张帆先生、刘晓先生、郭润涛先生、党宝海先生的指教。
[7] 刘文杰:《历史文书用语词典(明、清、民国部分)》,成都,四川人民出版社,1988年,第90—91页。

"该臣"、"该臣等"称呼自己的下级,并常与"看得"等连用领起下级官员上报本大臣的意见、判断[1]。这一解释显然承接王力《古汉语字典》中前文提及的事物这一义项而来。这在明代公文中也很常见,如圣旨中常有"该部知道"、"该部议奏"等用法。不过刘文杰将"该"字使用限定为"前文提及的下级",至少在明代似乎并不尽然。比如明崇祯时户部尚书毕自严的《题覆太常寺少卿吕维祺会议疏》中有如下一段:

> 一河工银两。前件该臣等看得河工之银堪摘助饷,复查台臣杨建烈、曹暹亦曾议及。但钱粮职在工部,该部亦在匮乏。合听该部酌议,以充急需。至于河间、保定之间,近在畿内,如果存剩兵饷事故银两且以十数万计,惟此时需之何啻续命膏中流壶也。容臣等速行移文抚按查确,尽数解部充饷。伏候圣裁。[2]

显然其中"该部"指的是工部,而工部与户部平级,并不存在高低统属关系。据此,公文中的"该"仅指上文提到的机构、官员或事物。

综上,我们初步可以认为在明代公文中"该"的语义发生了变化,既有沿袭元代"详细开载"义,也有与清代相同,单纯作为"指上文说过的人或事物"的意思,具体作何解释需要结合上下文语境。本公文中作"开载"解释的有八处。如"准户部咨,该:本部题"意思是"接到户部的咨,咨文开载内容是户部的题本"。"卷查万历七年十月十七日准户部咨前事。该:户科都给事中郝维乔等题"与此相同。"到司。该:本司左布政使刘覆查得"中"该"表示后面开载布政司呈文内容。也有省略的情况。如"户科都给事中郝维乔等题。该:本部议覆"中,实际上省略了本应在"该"后出现的题本内容。再如"该:本部议照前项厨校"省略了本应在"该"前出现的类似"本部题"之类词句。还有时候,"该"仅表示开列,而不属于前述"文种+该+内容"格式。比如在"案查先为前事,该:户科都给事中郝维乔等题。本部覆。奉。"中"该"则提示"前事"所涵盖的三份文书。而"今该前因"即今开前因,"隆庆四年二月内该山东抚按姜等题本"中"该"或只表示"有"的意思。

本公文中"该"字作指代意义的,有三处。如"今据前因,该臣议照四川郡邑"、"该臣重复查核"中的该臣均指前文提到官员左布政使刘,在"为此,案仰该司官吏查照咨案备奉钦依内事理"中则指代前文提到布政使司。

笔者推测,这期间或许有个变化过程。即由于前述省略情况的普遍化以及该作

---

[1] 刘文杰:《历史文书用语词典(明、清、民国部分)》,第91页。
[2] 毕自严:《度支奏议》堂稿卷五,崇祯刻本。

为存在等意义的使用。使用者越来越疏于文书中该的本义，"该"甚至虚化为一个接头词，比如"又该臣接管，行催去后"这句。再如万历时期巡抚广西的郭应聘在题本中也有"（布政司呈文）到臣。该臣会同巡按广西监察御史李东，议照广西地土瘠薄……"[1]的表述，联系前后文可知此处"到臣"与"臣会同"中的臣都是巡抚郭应聘自称，"议照"是题本中的话，此种情况下的"该"绝不可能是前面布政司呈文"开载"的意思，只能将"该臣"作为一个词理解。该实际上就接近一个接头词了。在这种情况下，该与上文关系愈加疏远，而越来越与下文的职官名关系密切，以至到清代，"该臣"、"该部"成为更为自然的点断方式[2]。比如顺治十年《钦差巡抚江西等处地方兼理军务兵部右侍郎兼都察院左副都御史臣蔡士英谨题为编审人丁事》：

> 钦差巡抚江西等处地方兼理军务兵部右侍郎兼都察院左副都御史臣蔡士英谨题为编审人丁事。据江西布政司左布政使卢震阳呈详，内称承准户部照会，江西平定已久，编审可行。为此，备照行司，遵照钦依内事理，转行道府州县，责成印官编审，明白造册，送部施行。等因。到司。奉此。随经移行道府州县编审。去后。叠经催据，各府州县先后申报编审过人丁总册前来。据此，该左布政使卢震阳、右布政使庄应会会看。等因。呈详到臣，据此，该臣看得江省当变乱后，兵寇频戕，灾伤叠见，人民之逃亡灭绝者不忍见闻，业屡疏上陈已蒙圣鉴，不敢复赘。[3]

其中"据此，该左布政使卢震阳、右布政使庄应会会看"的"该"指代前文提到的下级没有问题。但是"呈详到臣，据此，该臣看得江省当变乱后"中，从后文的"严督藩司"可以推断，此处"臣"绝不指巡抚的下级——布政使，而是指巡抚本人，与前文"呈详到臣"呼应。此处的"该"或许可以看作虚化后与臣连用的接头词。

（5）关于"案呈"。唐代敦煌文书中有"检案"、"检案连如前"之语，就是判官指示属下检覆案文的意思[4]，案即案牍。但到宋代，案的意思有了变化。王铭认为案呈为呈堂稿的首称用语，宋代六部下分司，司下分案，部文用"某司某案呈"说明承办机构。后来司下不再分案，但呈堂的文稿仍循例称为"某司案呈"[5]。沿用日久，"案"字词

---

[1] 郭应聘：《减革均徭里甲兵款驿传四差疏》，《郭襄靖公遗集》卷5叶17b，万历刻本。
[2] 一个不精确的证据是，透过中国基本古籍库检索，"该本部"在明代以及清顺治时期公文中大量出现，而"该部"则大量出现于清代中后期公文中，民国公文中仅有"该部"而没有"该本部"的用例。
[3] 蔡士英：《抚江集》卷六，《四库未收书辑刊》第7辑第21册，第308页。
[4] 刘进宝：《敦煌学通论》，兰州，甘肃教育出版社，2002年，第345页。此处感谢黄正建先生的指教。
[5] 这在《庆元条法事类》卷十六《文书门一·文书（敕令式）·文书式》的《都簿》中可以找到例子。《庆元条法事类》，《中国珍稀法律典籍续编》第1册，哈尔滨，黑龙江人民出版社，2002年，第350页。

义,与"司"字分离,而与"呈"字结合。"案呈"就成为部文装套呈堂稿的领述词[1]。及至明清时期,案作为实体衙门的意义彻底消失,作为案卷的意思延续下来,同时相应于衙门内部公文处理手续,案又有了动词"立案"的意思。刘文杰认为案指有档案可查,呈是送上的意思。明清时期六部为处理日常事务,由所属有关清吏司拟出处理意见草稿(呈堂稿),交由堂上官审定,经各部尚书或侍郎审议画行后的呈堂稿,以部的名义向各地方衙门和其他机关发出。各部引叙呈堂稿时,称某某司案呈[2]。谷井俊仁进一步研究指出,"案呈"并非"抄案呈堂"(抄录外部机构来文并且呈给堂上官)而是"立案呈堂"(清吏司抄录来文以立案,并作成呈文报部),进而主张对其他衙门发出文书并非案呈的必要因素[3]。从本公文看,四川清吏司接到户部送来的科抄题本后,检出两份文书,"案查先为前事"是户科都给事中郝维乔题本相关卷宗,"又查为裁减徭役以苏民困事"是围绕隆庆四年二月山东抚按姜等题本的卷宗。显然"案查"之案乃是"档案"之意,而"案呈"之"案"当如谷井先生解释的,是立案之意。不过并非立案之后随即呈堂,立案乃是清吏司接到科钞题本开始处理公务的第一步,此后经过查阅抄录本衙门所藏旧案前例、拟写出处理意见(呈堂稿),才"呈堂",呈堂乃是清吏司对公务处理的最后一步。下面从"据四川布政使司呈"开始,到"等因。奉圣旨:户部知道"之前的内容,全部都是巡抚四川等处地方都察院右副都御史张士佩给皇帝所上题本的内容。

(6)"据四川布政使司呈"说明张士佩给皇帝的题本是根据四川布政使司给巡抚张士佩的"呈"而作成的。呈"与申同,但各衙门无印","申"是"卑职及属司衙门行上司衙门之文"[4]。下面直到"呈乞题请"是以巡抚的口吻转述四川布政使司的"呈"。之所以说是"以巡抚的口吻"是因为其中有"又奉臣纸牌行催"这种表述方式。"臣"在这里指的是巡抚张士佩,显然布政使司呈文中不可能对上级如此用词,而只可能是张士佩在给皇帝题本中在转述下属呈文时改动了用词,以自己相对皇帝的身份而自称"臣"。由此可知,装叙法行文的官文书中的引述会根据当前公文的撰写主体重新调整引叙文书中的称谓,而不仅是节略。也就是说,公文中的转引不是原封不动的直接引用,而更接近今天所说的间接引用,因此在标点时候,也不宜采取引号。之所以说是转

---

[1] 王铭:《清代公文——〈直隶布政使司为知照修例事宜咨〉研究》,北京市档案馆编:《北京档案史料》,北京,新华出版社,2001年,第282页。
[2] 刘文杰:《历史文书用语辞典》,第140页。
[3] 谷井俊仁:《〈明南京車駕司職掌〉の研究》,《富山大学人文学部紀要》19号,1993年,第424—426页。
[4] 《吏文辑览》,第317页。

述,是因为其中保留了"奉……巡抚……案验"这样以布政使司为主语的表述。

(7)布政使司"呈"内的文书承转关系如下:巡抚王廷瞻和巡按薛梦雷给布政使司下发案验,布政使司执行中,新任巡抚张士佩又发下"纸牌"催促。随后,分守道、分巡道调查、商议各府州县应存应减差徭的情况上报到布政使司。左布政使刘庠覆查提出差徭费用增减建议,以"呈"向巡抚汇报,请求巡抚代为给皇帝上"题本"请示,此即"呈乞题请"的意思。其中"俱同前事"应该是指开头"宜酌定经制以苏困苶,以永治安事"。虽然"宜酌定经制以苏困苶,以永治安事"文书时间上晚于布政使司的"呈",但是在现在这篇公文中却先出现,所以后文采取了承前省略原则。巡抚下发的"纸牌"当属与阿风讨论的"信牌"文书中的"宪牌"类似[1]。明万历时期存在由巡抚使用的下行文书纸牌这一情况,提示我们"牌"这类文书开始在高层政务运作中使用应早于清代。

(8)"等因"相当于后引号和句号的作用,一般认为仅用作装叙上级的下行公文或平级机关的平行文书的引结词[2]。就此处公文而言,巡抚与布政司之间行移使用下行文书案验和上行文书呈,具有上下级关系,但是巡抚在装叙布政司呈文结束时也用了"等因",由此看来,等因前面的来文也有可能是下级机关的上行文书。"等因"的"因"是"事因"的意思,指的是事情的原委,根据《汉语大词典》提供的书证,"事因"一词大约出现于宋代。"到臣"的"臣"是张士佩在题本中自称,该句表示布政使司的"呈"送达巡抚。

(9)从"卷查万历七年十月十七日准户部咨前事"开始,到"又该臣接管行催去后"是巡抚检查衙内存档、叙述事情原委的一段话。万历七年十月十七日前任巡抚王廷瞻接到户部的咨,随后转发下属布政使司、守巡道令其"查议"。备是"抄写转发"的意思[3],"备行司道"即巡抚将户部咨文抄写转发布政使司、布政使司依样转发守巡道。后文"备咨前巡抚都御史王"、"已经备行查议"等中的备字均为此意。需要说明的是"又该臣接管行催去后"中的"臣"指谁。若以"该臣"为一个词,划分为"又——该臣接管行催去后",按照刘文杰的解释,则该臣指的就应是巡抚张士佩的下级,即布政使,那么行催的对象也就应是守巡道官员。如此后面接续的应该是守巡道官员对布政使的回复。但是,紧接着的后文"今据前因,该臣议照四川郡邑……"中"前因"显然指的是前

---

[1] 阿风:《明清徽州诉讼文书研究》,上海,上海古籍出版社,2016年,第70—97页。
[2] 《汉语大词典》、《历史文书用语辞典》、《清代文书》均持此观点。
[3] 关于文书中"备"的含义及其机能,参见小林隆道:《宋代中国の支配と文書》,东京,汲古书院,2013年,第57—113页。

述布政使司的呈文,该臣也就是左布政使刘庠。据此反推,此处文意划分应为"又该——臣接管行催去后","臣"是现任巡抚张士佩自称,"该"如前文(4)处解释的属于虚化了的连接词。"接管行催"说的是张士佩接替王廷瞻出任巡抚,给布政使司下发"纸牌"催促一事。

从"户科都给事中郝维乔等题"到"钦此"是户部给王廷瞻巡抚的咨内引述的内容,核心是装叙了户部的针对郝维乔题本内容的"议覆"和皇帝的圣旨,但对相关行移手续多有省略。根据行移制度,可恢复如下:户科都给事中郝维乔给皇帝上题本→皇帝降旨命户部"议覆"→户部上题本"议覆"→皇帝降旨"是"→户部据此给各地巡抚发出"咨"。

(10)从"今据前因"到"等因。奉圣旨:户部知道。钦此"之前的内容,是巡抚张士佩根据布政使呈而拟写的处理意见,也是他给皇帝题本中真正属于他自己的话。其中"纳科臣之奏"指的是郝维乔的题本,"允部臣之请"指的是户部的"议覆"。

(11)皇帝针对巡抚张士佩的题本,降旨让户部处理。"抄出送部"对应于前文"户科抄出",指户科将奉过圣旨的巡抚张士佩题本抄出交付户部。"送司"对应于前文"奉本部送",指户部将收到科抄题本交付四川清吏司命其处理。

(12)从"案查先为前事"到"今该前因",是四川清吏司收到部送科抄后,查阅相关卷宗后给户部堂官的汇报内容,即呈堂稿(案呈)内容。其中共引用了两份文书,一份是户科都给事中郝维乔的题本,另一份是隆庆四年二月巡抚山东的姜廷熙《为裁减徭役以苏民困事》的题本。前一份转述时进行了大量省略,不但没有装叙题本内文,而且户部对该题本的覆议也仅记作"本部覆",皇帝对户部议覆的降旨也仅记作"奉",均只标识流程而未装叙实质内容。之所以如此,是因为前文巡抚"万历七年十月十七日准户部咨前事"中已经详细装叙了户部议覆的内容和皇帝的圣旨,故从略。但是这里也有较前文多出的信息,即户部奉圣旨后的处理——"通行各省直抚按官查议",这解释了为何户部会给巡抚们发"咨"。另一份姜廷熙题本则详细装叙了内文,从"覆"字可已推测该题本也是先被皇帝降旨令户部议覆,只是皇帝圣旨被省略,"覆"是户部议覆的节略。"奉穆宗皇帝圣旨:是。"则是针对户部议覆的圣旨,而非针对姜廷熙题本的圣旨。

(13)"案呈到部"对应于前文"四川清吏司案呈"。从"看得今巡抚都御史张题称"到"伏乞圣裁"是户部尚书张学颜针对张士佩差徭费用存减方案,给皇帝题本中提出的处理意见。

(14)"万历九年正月二十日本部尚书张等具题"对应于前文"该本部题"。张学颜题本奉圣旨后给各地巡抚行"咨"。"为此合咨前去,烦照本部题奉钦依内事理,钦遵施行。"是装叙户部给巡抚"咨"的内文。"准此"则是对应于前文"准户部咨",表示巡抚收到户部"咨"。

（15）从"为此,案仰该司官吏查照咨案备奉钦依内事理"到"依准呈来"是巡抚张士佩给布政使司下发"案验"的内文。案指用案验这一文书形式,仰是命令的意思,该司指布政使司,咨指的是户部给巡抚的咨文,案指的是巡抚下发的案验,备是抄写转发的意思,奉钦依内事理指的是皇帝降旨同意了的户部处理意见。合起来,"案仰该司官吏查照咨案备奉钦依内事理"这一句的意思就是巡抚以案验的文书形式命令布政使司官吏,查阅依照户部咨、巡抚案验中抄写转发的户部奉到的经皇帝许可的处理意见。

（16）"奉此"与前文"奉钦差巡抚四川等处地方都察院右副都御史张案验"对应。

（17）"续奉明文裁革冗员",是说在接到九年三月初四巡抚案验之后,布政使司又接到一份要求"裁革冗员"的命令。查实录载万历八年六月八日皇帝以各地兵备守巡及武职参游等官添设太多,命令各地抚按官会议裁革。各省会议裁革对象包括"四川督粮右参政一员、水利驿传佥事一员、叙泸兵备佥事一员"[1],与此处所述相合,所以此处布政司所奉应该是巡抚转达的皇帝命令。

（18）根据九年三月初四日巡抚案验和此后另一份抚按官的下行公文,布政使司决定刊刻后开条款,将书册通行所属。根据前面巡抚案验中"仍通行守巡兵备各道"的要求,可推知布政司行文的直接对象应为分守、分巡、兵备各道而非府。"为此,合将……"一句对应开头"四川等处承宣布政使司为灾报频仍、民隐可忧,乞敕当事臣工备查恤民事宜、酌定经制,以苏困瘁、以永治安事"。

综上,本公文装叙的文书达八层之多。由外向内主要嵌套引用结构依次是:（1）四川布政使司的下行公文;（2）下行公文嵌套了巡抚张士佩发给布政使司的"案验"和布政使司奉到的另一份"明文";（3）案验中嵌套引述了户部给巡抚张士佩的"咨";（4）"咨"中嵌套了户部给皇帝的"题本";（5）题本中装叙了户部四川清吏司给户部的"案呈";（6）"案呈"中装叙了部送科抄巡抚张士佩给皇帝的题本、隆庆四年巡抚山东的姜廷熙的题本、郝维乔的题本;（7）巡抚张士佩给皇帝的题本中装叙了四川布政使司给巡抚的呈和户部给巡抚的咨;（8）户部给巡抚的咨中装叙了郝维乔的题本。文书结构可以图示如下：

---

[1]《明神宗实录》卷一〇一,万历八年六月丙午条。

万历七年省级赋役书册纂修之行政流程

```
┌─────────────────────────────────────────────────────────────────────────┐
│四川布政使司为灾报频仍、民隐可忧，乞勅当事臣工备查恤民事宜、酌定经制，以苏困苦、以永治安事│
│ ┌─────────────────────────────────────────────────────────────────────┐ │
│ │万历九年三月初四日奉钦差巡抚四川等处地方都察院右副都御使张案验            │ │
│ │ ┌─────────────────────────────────────────────────────────────────┐ │ │
│ │ │准户部咨，该：                                                    │ │ │
│ │ │ ┌─────────────────────────────────────────────────────────────┐ │ │ │
│ │ │ │本部题                                                        │ │ │ │
│ │ │ │ ┌─────────────────────────────────────────────────────────┐ │ │ │ │
│ │ │ │ │四川清吏司案呈                                            │ │ │ │ │
│ │ │ │ │ ┌─────────────────────────────────────────────────────┐ │ │ │ │ │
│ │ │ │ │ │奉本部送                                              │ │ │ │ │ │
│ │ │ │ │ │ ┌─────────────────────────────────────────────────┐ │ │ │ │ │ │
│ │ │ │ │ │ │户科抄出                                          │ │ │ │ │ │ │
│ │ │ │ │ │ │ ┌─────────────────────────────────────────────┐ │ │ │ │ │ │ │
│ │ │ │ │ │ │ │巡抚四川等处地方都察院右副都御使张题           │ │ │ │ │ │ │ │
│ │ │ │ │ │ │ │ ┌─────────────────────────────────────────┐ │ │ │ │ │ │ │ │
│ │ │ │ │ │ │ │ │据四川布政使司呈                          │ │ │ │ │ │ │ │ │
│ │ │ │ │ │ │ │ │ ┌─────────────────────────────────────┐ │ │ │ │ │ │ │ │ │
│ │ │ │ │ │ │ │ │ │奉前巡抚王并蒙巡按薛案验              │ │ │ │ │ │ │ │ │ │
│ │ │ │ │ │ │ │ │ │奉臣纸牌行催                          │ │ │ │ │ │ │ │ │ │
│ │ │ │ │ │ │ │ │ │准守巡道查议差徭缘由                  │ │ │ │ │ │ │ │ │ │
│ │ │ │ │ │ │ │ │ │本司左布政使刘覆查得……呈乞题请       │ │ │ │ │ │ │ │ │ │
│ │ │ │ │ │ │ │ │ └─────────────────────────────────────┘ │ │ │ │ │ │ │ │ │
│ │ │ │ │ │ │ │ │ ┌─────────────────────────────────────┐ │ │ │ │ │ │ │ │ │
│ │ │ │ │ │ │ │ │ │卷查 万历七年十月十七日准户部咨前事   │ │ │ │ │ │ │ │ │ │
│ │ │ │ │ │ │ │ │ │ ┌─────────────────────────────────┐ │ │ │ │ │ │ │ │ │ │
│ │ │ │ │ │ │ │ │ │ │户科都给事中郝维乔等题            │ │ │ │ │ │ │ │ │ │ │
│ │ │ │ │ │ │ │ │ │ │本部议覆                          │ │ │ │ │ │ │ │ │ │ │
│ │ │ │ │ │ │ │ │ │ │题奉圣旨                          │ │ │ │ │ │ │ │ │ │ │
│ │ │ │ │ │ │ │ │ │ └─────────────────────────────────┘ │ │ │ │ │ │ │ │ │ │
│ │ │ │ │ │ │ │ │ │备咨前巡抚都御史王                    │ │ │ │ │ │ │ │ │ │
│ │ │ │ │ │ │ │ │ │已经备行查议                          │ │ │ │ │ │ │ │ │ │
│ │ │ │ │ │ │ │ │ │臣接管行催                            │ │ │ │ │ │ │ │ │ │
│ │ │ │ │ │ │ │ │ └─────────────────────────────────────┘ │ │ │ │ │ │ │ │ │
│ │ │ │ │ │ │ │ │今据前因，该臣议照                        │ │ │ │ │ │ │ │ │
│ │ │ │ │ │ │ │ └─────────────────────────────────────────┘ │ │ │ │ │ │ │ │
│ │ │ │ │ │ │ │奉圣旨：户部知道                              │ │ │ │ │ │ │ │
│ │ │ │ │ │ │ └─────────────────────────────────────────────┘ │ │ │ │ │ │ │
│ │ │ │ │ │ │抄出送部                                          │ │ │ │ │ │ │
│ │ │ │ │ │ └─────────────────────────────────────────────────┘ │ │ │ │ │ │
│ │ │ │ │ │送司                                                  │ │ │ │ │ │
│ │ │ │ │ │案查 ┌─────────────────────────────────────────────┐ │ │ │ │ │ │
│ │ │ │ │ │     │户科都给事中郝维乔等题                        │ │ │ │ │ │ │
│ │ │ │ │ │     │本部覆                                        │ │ │ │ │ │ │
│ │ │ │ │ │     │奉                                            │ │ │ │ │ │ │
│ │ │ │ │ │     │钦依通行各省直抚按官查议                      │ │ │ │ │ │ │
│ │ │ │ │ │     └─────────────────────────────────────────────┘ │ │ │ │ │ │
│ │ │ │ │ │又查 ┌─────────────────────────────────────────────┐ │ │ │ │ │ │
│ │ │ │ │ │     │隆庆四年二月内该山东抚按姜等题本              │ │ │ │ │ │ │
│ │ │ │ │ │     │本部议照                                      │ │ │ │ │ │ │
│ │ │ │ │ │     │奉穆宗皇帝圣旨                                │ │ │ │ │ │ │
│ │ │ │ │ │     └─────────────────────────────────────────────┘ │ │ │ │ │ │
│ │ │ │ │ │今该前因                                              │ │ │ │ │ │
│ │ │ │ │ └─────────────────────────────────────────────────────┘ │ │ │ │ │
│ │ │ │ │案呈到部                                                  │ │ │ │ │
│ │ │ │ │看得……伏乞圣裁                                         │ │ │ │ │
│ │ │ │ └─────────────────────────────────────────────────────────┘ │ │ │ │
│ │ │ │万历九年正月二十日本部尚书张等具题                            │ │ │ │
│ │ │ │本月二十二日奉圣旨                                            │ │ │ │
│ │ │ │为此，合咨前去                                                │ │ │ │
│ │ │ └─────────────────────────────────────────────────────────────┘ │ │ │
│ │ │准此，合就通行                                                    │ │ │
│ │ │为此，案仰该司官吏查照咨案备奉钦依内事理……                     │ │ │
│ │ └─────────────────────────────────────────────────────────────────┘ │ │
│ │奉此                                                                  │ │
│ │续奉明文裁革冗员                                                      │ │
│ └─────────────────────────────────────────────────────────────────────┘ │
│为此合将                                                                  │
└─────────────────────────────────────────────────────────────────────────┘
```

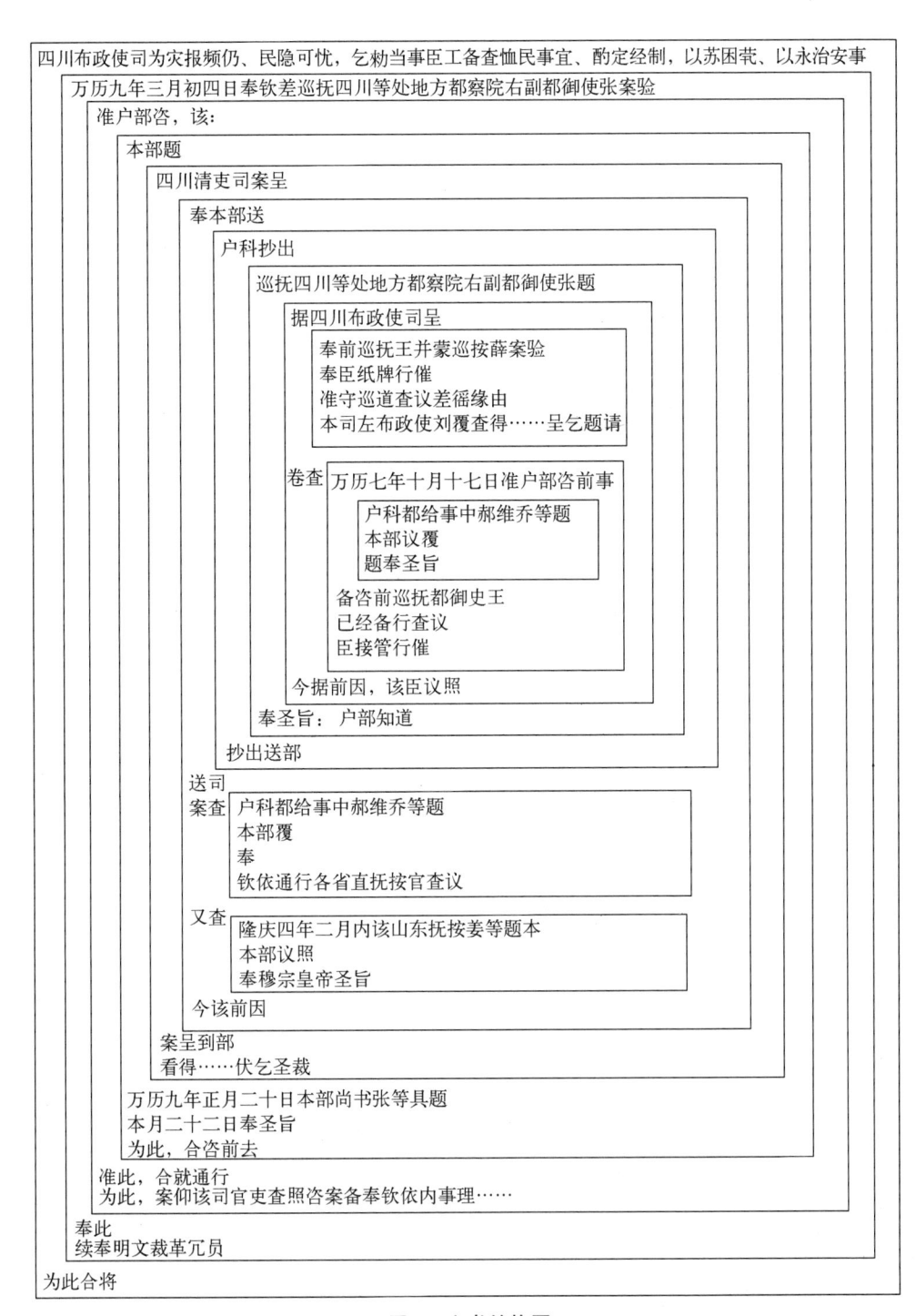

图1 文书结构图

· 307 ·

五、行政流程复原

根据上述文书结构,恢复文书承转手续和行政流程如下。

(1) 户科都给事中郝维乔给皇帝上"题本";

(2)【皇帝就郝维乔题本降圣旨,命令户部"议覆"】;

(3) 万历七年八月八日[1]户部就下发的郝维乔题本给皇帝提交议覆意见,建议通行各省直抚按官查议一应钱粮;

(4) 皇帝就户部的"议覆"降圣旨"是";

(5) 万历七年十月十七日户部给前任巡抚王廷瞻"咨"(限期万历八年八月以前开造书册呈报);

(6)【户部给都察院"咨"】;

(7)【都察院将户部"咨"以"札付"形式转行四川巡按】[2];

(8) 前任巡抚王廷瞻据户部"咨"给布政使司下达"案验",要求查议;

(9) 巡按薛给布政使司下达"案验",要求查议;

(10) 新任巡抚张士佩接管后,给布政使司下达"纸牌"催促查议;

(11)【布政使司给下属分守道、分巡道下达查议公文】[3];

(12) 分守道、分巡道查议各府州县应存应减前项差徭缘由后向布政使司汇报;

(13) 布政使司左布政使刘根据分守道、分巡道查议的结果给巡抚上"呈",请求巡抚给皇帝上"题本"请求允许增减调整;

(14) 巡抚张士佩根据四川布政使司的"呈"给皇帝上"题本";

(15)【巡抚张士佩给户部"咨"并抄送册籍】[4];

(16) 皇帝就巡抚张士佩的题本降圣旨"户部知道";

(17) 户科将奉旨后的巡抚张士佩题本抄出给户部;

(18) 户部将科抄送交户部四川清吏司;

---

[1] 这一时间是根据实录记载补充的。《明神宗实录》,台北,中研院史语所,1962年,第1852—1853页。

[2] (6)(7)两步是根据户部题本中"合候命下本部,移咨四川巡抚都御史,及咨都察院,转行巡按御史"的记载推测的。由于这份公文是围绕巡抚与布政使司间行移文书展开的,所以户部与巡抚间公文承转关系没有体现出来。至于都察院对巡按御史采取札付行移,是根据《刑台法律》中《都察院立案式》、《都察院行一札付式》的记载推知的,其中记载都御史准礼部咨后,札付巡按监察御史。参见《刑台法律》行移附卷叶14b—15a。

[3] 这一步是根据(12)步反推得知。

[4] 这一步是根据巡抚题本中"除备细造册咨部外,应合题请"表述推知的。

(19) 户部四川清吏司检查了两份案卷(郝维乔题本、隆庆四年巡抚山东姜廷熙的题本《为裁减徭役以苏民困事》),给户部堂官上"案呈";

(20) 户部堂官增写"看语",万历九年正月二十日,户部尚书张给皇帝上题本;

(21) 万历九年正月二十二日,皇帝就户部尚书张的题本降圣旨"是";

(22) 户部给巡抚张士佩"咨";

(23) 万历九年三月四日,巡抚张士佩给四川布政使司下达"案验";

(24) 四川布政使司奉到抚按官命令"裁革冗员"的文书;

(25) 四川布政使司发布公文将"后开条款"即《四川重刊赋役书册》,刊布成书,通行所属。

注:"【 】"中的内容为原文中没有记录相应文书行移的文字,但是根据原文上下文或原文中提到的制度可以推断出的文书承转手续。

我们一共恢复了围绕该册籍从编纂缘起到最终刊布成书下发府州县的二十五步行政流程。图示如下:

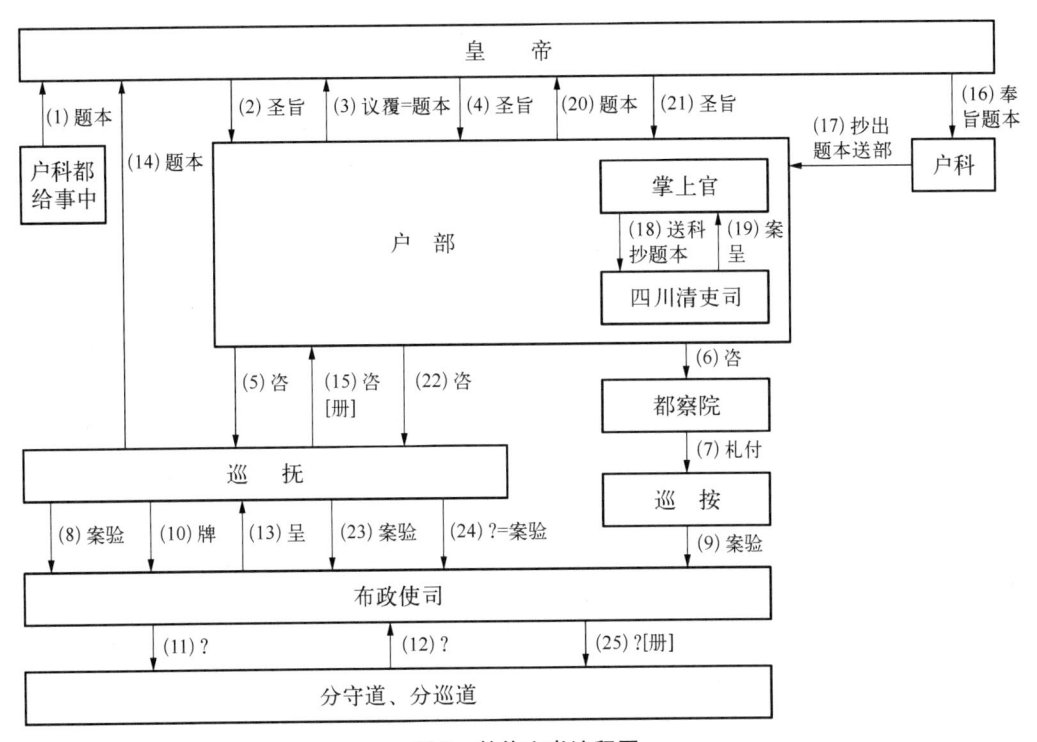

图 2　整体文书流程图

这一次册籍编纂是全国性的,陕西的情况参见李尧德《灾报频仍民隐可忧疏》(张卤编:《皇明嘉隆疏钞》卷二十二,明万历刻本),广西的情况参见郭应聘《减革均徭里甲兵款驿传四差疏》(《郭襄靖公遗集》卷五,明万历刻本)。综上,此次赋役清核、册籍编纂起始于户科都给事中郝维乔给皇帝上的"题本",而具体原则确定于户部对郝维乔题本的议覆。其具体执行过程是:户部移咨各巡抚都御史及都察院,都察院转行各地巡按。巡抚发案验给布政使司,布政使司行文分守道、分巡道查议府州县情况。然后布政使司根据守巡道查议结果给巡抚上呈文,巡抚据此给皇帝上题本的同时给户部"咨"并移送赋役书册,皇帝降旨命户部处理,户部命相关清吏司检查相关案卷,提出对该地移送赋役书册的调整意见并以题本形式上奏皇帝。奉圣旨后户部给巡抚发咨,巡抚再给布政使司下发案验,最后布政使司将册籍刊布,通行所属道府州县。

六、余　　论

就文书行移关系而言,值得特别关注的是六部与巡抚、巡按及布政使司间的文书行移。根据《洪武礼制》六部照会布政使司,布政使司咨呈六部,二者直接行移文书,这是明前期的制度。明中期以后,巡抚、巡按成为事实上的地方最高行政长官,文书行移关系相应发生改变。如本文书所见,六部与巡抚以咨文相互行移,而转由巡抚以案验形式将相关政令下发给布政使司。至于巡按,则如本文书中"命下本部,移咨四川巡抚都御史,及咨都察院,转行巡按御史"记载所示,六部以都察院为中介,将政令转达给巡按。据《刑台法律》记载,六部对都察院行移用咨,而都察院对巡按监察御史行移用札付[1]。巡按对布政司行文也用案验[2],但是具体行文对象机构名义与巡抚不同。此前笔者曾根据《山东经会录》卷首公文指出布政司以布政司名义给巡抚上呈文,而以布政司经历司的名义给巡按上呈文[3]。万历初年巡抚陕西的李尧德的《灾报频仍民隐可忧疏》里装叙的布政司呈文中,有如下表述:"又据经历司呈。蒙巡按陕西监察御史

---

[1]《行移附卷》叶12b、叶14b、叶15a。据叶14b《都察院立案式》礼部对都察院行移用咨呈,而据叶15a《都察院行一札付式》礼部对都察院行移用咨,不知何故。

[2] 本文分析的文书,以前拙文分析的《山东经会录》卷首公文均可说明这一点,此外杨一清的《为预处储蓄以安边固本事》中"蒙巡抚、巡按案验批准"词句,参见《杨一清集》,北京,中华书局,2001年,第307页。

[3] 申斌:《明代官文书结构解读与行政流程复原》,《安徽师范大学学报》2016年第6期。

张宪翔赵楫案验,亦同前事。等因。抄呈到司。"[1]此处经历司指的是布政司经历司,据此可知,巡按给布政司的案验也是下发到布政司经历司,然后再由布政司经历司将此案验抄后以"呈文"形式再向布政司汇报。巡抚、巡按的地位差别,在其与布政司文书行移时具体对象名义上也体现出来。这也透露出布政司衙门内部各职能部门之间文书行移的一点线索[2]。而布政使司则似乎不再拥有直接对天子题奏的权利,需要给巡抚上呈文,请求巡抚将相关意见以题本形式上奏天子。综上,明后期围绕抚按的文书行移关系如图3所示。

图3 明中后期巡抚、巡按与六部布政使司的行移关系

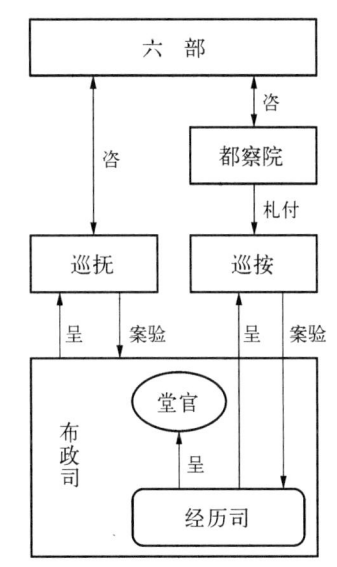

什么时候六部与布政使司直接行移变为以巡抚、巡按为中介行移的,什么时候布政使司对朝廷言事需要通过巡抚"呈乞题请"的? 笔者管见所及,嘉靖时期这一行移关系已经成为惯例,但其起源尚待进一步考察。这一问题若能厘清,当有助于我们更好地理解明中后期官制的变动和国家权力结构演进。

[作者申斌,博士研究生,北京大学历史学系]

---

[1] 张卤:《皇明嘉隆疏钞》卷二二,明万历刻本,《四库全书存目丛书》史部73册,济南,齐鲁书社,1996年,489页。

[2] 目前明代六部内部文书行移已经由谷井俊仁先生解明,但在外衙门譬如布政司内部的文书行移尚待进一步探究。

契约文书对中国历史研究的重要意义

——从契约文书看中国文化的统一性与多样性

仲伟民　王正华

目前中国历史研究的推进,主要得益于新史料的发现整理以及新方法的引入运用。契约文书就是一种非常重要的新史料,此类史料自20世纪初开始被学界重视,当时主要运用于农村经济状况、土地制度、租佃关系等经济史领域的研究。从20世纪80年代开始,学术界对契约文书的研究不断深入,除经济史外,还广泛涉及社会史、法制史、文字学、民俗学、文物学、档案学等诸多领域,不同国度、不同学科的一大批学者利用契约文书作出了诸多优秀的成果。但是,学者们在利用契约文书研究的过程中,对一些问题也存有争议。例如当、抵押、典、活卖、绝卖等交易方式的异同,交易价格的不同,交易当事人及其他参与人的地位与作用的评价等,也包括中国古代是否存在契约秩序、国家法与民间法(或言正式制度与非正式制度之间的关系)等重大的理论问题。目前还有一个学界有待深入讨论的问题,即利用现代私法的权利概念对于中国传统土地多重权利状态进行分析,尽管已有诸多研究,但目前状况不甚清晰。以上种种现状产生的一个重要原因就是历史研究举例法的局限,你举一例证明自己观点,我可另举一例证己观点以反驳之,如此反复,无穷无尽。如此之多的例子何以产生?这就回到中国文化的统一性与多样性这一宏大的命题上来了。时空是历史过程轨迹的支撑,在中国内部,自然地理、风俗习惯、社会经济等诸多条件的差异,造成了各地区域发展道路呈现出多样化的特点。同样重要的是,中国在政治、经济、文化等各个层面的统一又使得各地呈现出相似的面貌。与此相对应,长时段下历史因子惯性的延续以及突变形成的断裂使得中国历史的发展给人一种几乎相同而又有所不同的感觉。简而言之,中国文化呈现出鲜明的统一性与多样性的特点,而这一特点对于当前关于契约文书研究的争论关系巨大。如何更好地把握二者之间的关系?又如何在学术探讨的同时兼顾历史语境的复杂性?如果这一问题不能被清晰地认识和很好地解决,那么势必会影响当前相关学术研究的推进。笔者试图从契约文书所揭示出的务实精神、契约精神、法治精神等多个层面,对中国文化的多样性与统一性这一命题作一侧面的论述。进而由此命题延伸至当前学界关于契约文书的诸多论争,以阐释此命题对于解释当前论争的重要意义。

一、契约文书对研究中国历史意义重大

自20世纪初以来,契约文书的不断发现为研究中国传统社会的制度、经济、文化等提供了珍贵的新材料[1]。从当前相关整理研究工作来看,契约文书呈现出数量多、分布广、价值大等特点。通过对其进行研究,可以对于中国历史的变迁有更深入的把握。我们在一定意义上可以说,契约文书折射了中国历史的变迁。

据杨国桢先生估计,"中外学术机关搜集入藏的明清契约文书的总和,保守的估计,也当在1 000万件以上"[2]。岸本美绪认为,"这个估计可能过大"[3]。就民间文书档案而言,20世纪50年代以来数十万件徽州文书的面世应当是最引人瞩目的[4]。徽州文书内容丰富[5],其中有一大批内容是契约文书。时至今日,伴随着各高校、研究收藏

---

[1] 20世纪初,日本在中国台湾和东北进行大规模的私法调查,形成了《台湾私法》全三卷十三册(临时台湾旧习惯调查会,1909—1911年)、《契约及书简文类集》(东京,汲古书院,再刻版,1916年,1973年改名为《清代契约文书及书简文类集》)、《满洲旧习惯调查报告书》全九卷(再发版,1913—1915年,东京,御茶之水书房,1985年)等调查资料与研究报告,除了系统的介绍两个地区的法律惯例外,还以附录形式收录了大量的清代民间契约文书,这应当算是最早对契约文书的搜集工作。

[2] 参见杨国桢:《明清土地契约文书研究(修订版)》,北京,中国人民大学出版社,2009年,第2—3页。

[3] 〔日〕岸本美绪:《明清契约文书》,载滋贺秀三等著,王亚新等译:《明清时期的民事审判与民间契约》,北京,法律出版社,1998年,第290页。

[4] 徽州文书被视为是20世纪继甲骨文、汉晋简帛、敦煌文书、明清内阁大库档案之后新资料第五大发现。随着徽州文书的搜集、整理和研究,20世纪80年代,徽学作为一门新兴学科蔚然兴起。可参见周绍泉:《徽州文书和徽学》,《历史研究》2000年第1期,第51—60页。另外,徽州文书被发现以来,不断被出版公布。如安徽省博物馆和中国社科院历史所先后编辑了《明清徽州社会经济资料丛编》第一辑(北京,中国社会科学出版社,1988年)和第二辑(北京,中国社会科学出版社,1990年);继之又有《徽州千年契约文书》(40卷,石家庄,花山文艺出版社,1991年)影印出版;周绍泉、赵亚光校注:《〈窦山公家议〉校注》(合肥,黄山书社,1993年);此外,张传玺主编:《中国历代契约汇编考释》(北京,北京大学出版社,1996年);田涛等主编:《田藏契约文书粹编》(北京,中华书局,2001年);陈智超著:《明代徽州方氏亲友手札七百通考释》(合肥,安徽大学出版社,2001年);刘伯山主编:《徽州文书》(第1、2辑)(桂林,广西师范大学出版社,2005年、2006年)等亦先后问世,具体可参见翟屯建:《徽州文书的由来、发现、收藏与整理》,《上海师范大学学报》(哲学社会科学版)2006年第1期,第110—114页;卞利:《徽州文书的由来及其收藏整理情况》,《寻根》2008年第6期,第4—14页等。就研究而言,诸如傅衣凌、杨国桢、叶显恩、章有义等是国内较早重视利用徽州文书进行研究的学者,研究专著主要有叶显恩:《明清徽州农村社会与佃仆制》(合肥,安徽人民出版社,1983年);杨国桢:《明清土地契约文书研究(修订版)》(北京,中国人民大学出版社,2009年);章有义:《明清徽州土地关系研究》(北京,中国社会科学出版社,1984年)和《近代徽州租佃关系案例研究》(北京,中国社会科学出版社,1988年)等,内容主要是集中于土地关系、租佃关系和阶级关系方面。自20世纪90年代以来,利用徽州文书进行研究的领域不断拓宽,研究成果也不胜枚举,具体可见阿风:《徽州文书研究十年回顾》(《中国史研究动态》1998年第2期,第2—10页)、刘道胜:《明清徽州宗族文书研究》(合肥,安徽人民出版社,2008年)关于徽州文书研究状况的回顾,第14—27页等。

[5] 包括交易文契、合同文书、承继文书、私家账簿、官府册籍、政令公文、诉讼文案、会簿会书、乡规民约、信函书札等诸多内容。但是就徽州文书的分类而言,类型很难明确,这主要是由于一种徽州文书往往包含(转下页)

机构以及学者们对于契约文书的日益重视,更多的契约文书不断地被发现整理出版。其中影响力较大的文书群主要是清水江文书、浙江石仓契约、太行山文书、清华馆藏契约文书[1]等。另外福建、广东、贵州、云南、江苏、浙江、山东、四川、江西、湖北、山西、河北、陕西、甘肃、辽宁、内蒙古暨中国香港、澳门和台湾等各地的明清契约文书也有大量发现,大陆的高等院校以及很多研究机构,还有一些学者[2]和收藏家都致力于契约文书的搜集工作。1995年,北京大学历史系张传玺教授主编的《中国历代契约会编考释》(上、下册)[3]出版,收录了各个朝代、各个地区的契约文书总计达1 402件。2014年,北京大学出版社出版了《中国历代契约粹编》(全三册)[4],收录范围更广,增加了原始无字契约、东周、土改等时期的契约1 000多件,涵盖更多历史时期的2 500余件,超越了《中国历代契约会编考释》的收录范围。2001年,著名收藏家田涛先生从其个人收藏的5 000余件契约文书中精选了950件,出版了《田藏契约文书粹编》[5],汇集了明代以来全国各地的契约文书,囊括了大量的经济协议和官方册籍,涉及明清以来广泛的民事活动和法律规范。除此之外,民间也不断有零散的契约文书出现[6]。值得注意的一点是,国外主要是日、美两国也有不少契约文书的收藏[7],与此相关,国外一大批学

(接上页)多方面的内容,因而学者在进行研究的时候往往采取主题式的分类方法,即和自己研究相关的文书都纳入到自己考量的范畴之中。

〔1〕 据笔者所知,目前清华馆藏的契约文书也已经有4万余件,初具规模,时段为明末至民国,空间集中于山西、山东、河南、河北四省。

〔2〕 据笔者所知,河北大学刘秋根教授、复旦大学王振忠教授等学者收藏有大量的民间契约文书。

〔3〕 张传玺主编:《中国历代契约会编考释》,北京,北京大学出版社,1995年。

〔4〕 张传玺主编:《中国历代契约粹编》,北京,北京大学出版社,2014年。

〔5〕 田涛、〔美〕宋格文、郑秦:《田藏契约文书粹编》,北京,中华书局,2001年。此编为法学史、中国近代史、汉语史、宋元以来契约文书的整理和研究提供了非常重要的原始性资料,在法学、史学、农业界产生了重要的影响。但是由于契约本身给整理带来的问题,使得整理过程中难免有些失误。例如李俊:《〈田藏契约文书粹编〉山西契约校读札记》(《长春师范大学学报》2015年第7期,第72—74页)一文对《田藏契约文书粹编》中近代契约的部分文字通过图版与录文的文字比勘,重新进行了校读。

〔6〕 例如储建中从21世纪初开始收藏土地契约文书,目前已逾万件,从年代上讲,自明末天启五年(1625)始,到2006年止,蔚为大观,内容也极其丰富。参见储建中:《明清以来土默特土地契约文书的新发现(一)》,《老年世界》2015年第3期,第50—51页。

〔7〕 日本侵华期间,南满铁道株式会社对华北、江南等地进行了多次规模庞大的惯行调查,形成了《北支土地惯行资料(一)(二)》(满铁产业部编,产业部资料室调查班法制系天海谦三郎调查,1937年)、《河北省顺义县沙井村地券集》(南满洲铁道株式会社北支经济调查所惯行班,满铁现地调查资料第6号,1941年)、《中国农村惯行调查》全六卷(东京,岩波书店,1952—1958年,复刊,1981年)等与契约文书相关的资料集。战后日本东京大学东洋文化研究所的契约文书被先后整理出版,主要有《中国土地契约文书集(金—清)》(东洋文库明代史研究室,东京,东洋文库,1975年)、《东洋文化研究所所藏中国土地文书目录解说(上、下)》(滨下武志等编,东京,东京大学东洋文化研究所附属东洋学文献中心,1983—1986年)、《许舒博士所辑广东宗族契据辑录(上、下)》(科大卫(转下页)

者利用各自的材料作出了许多优秀的成果[1]。就发现、整理数量而言,南方多于北方,北方契约发现相对比较零散,但北方地区现存的契约文书绝对数量并不少;就研究状况而言,也呈现出"南强北弱"的态势,北方地区研究成果总体是分散、零碎的。当然,近年来这种状况逐渐开始发生转变。

最早利用契约文书进行研究的应当是傅衣凌先生[2],他是中国社会经济史研究的重要开拓者之一,其影响波及日本、欧美。目前契约文书的研究涉及多个学科,在历史学领域主要被用于经济史、社会史和法制史的研究。就经济史而言,包括土地制度、土地交易方式、地价、土地经营规模、交易物(土地及其他物品,例如林木、粪厕等)、交易费用等。就社会史研究而言,主要是从契约交易所涉及的人物及其关系出发,结合社会结构,来分析当时的一些社会现象。例如交易双方的身份与地位、第三方参与者的作用(主要是中人问题)以及宗族、社团、保甲等组织对于交易的参与等。法制史的重点研究对象是中国古代牵涉司法审判的契约问题,主要从国家对于契约的法律规定、地方政府对于契约的司法认知以及解决办法、契约在司法裁判中的效力与作用等方面出发进行探讨,另外一个备受争议的话题就是中国古代究竟有没有契约精神,如何更好地理解传统中国赋予契约的身份特征与契约本身表现出来的自主意愿之间的关系。值得注意的是,近年来伴随着"田野与文献"方法在史学领域的兴起,契约文书的研究在历史人类学、区域社会文化史等领域也有一些新的突破。这些新研究将契约文书与其他民

(接上页)等编,东京,东京大学东洋文化研究所附属东洋学文献中心,1987—1988年)等。此外,美国斯坦福大学胡佛研究所搜集到一些广东珠江三角洲地区明清以来的契约文书,哈佛大学燕京学社收藏了苏州的一些契约文书。

[1] 日本学界,较早关注中国民间文书研究的学者有:玉井是博、清水金二郎、天野元之助、戒能通孝、矶田进、林惠海、仁井田陞、天海谦三郎、堀敏一、山本达郎等。1975年,日本东洋文化研究所成立"契约文书研究会",主要对东洋文化研究所所藏契约文书进行整理和研究。最初主持该研究会的为佐伯有一教授,先后从事文书整理研究的学者有池田温、岸本美绪、臼井佐知子、寺田浩明、久保亨、上田信、高见泽磨、林正子等。美国学者的研究可见〔美〕曾小萍、欧中坦、加德拉等著,李超等译:《早期近代中国的契约与产权》,杭州,浙江大学出版社,2011年。书中收录了11篇与契约相关的文章,主要是利用经济学理论结合契约材料、司法档案等对于契约产权在经济事务中的角色进行了探讨。

[2] 傅衣凌先生收集了大量明清契约,写成了众多著作,如《福建佃农经济丛考》(福州,福建协和大学中国文化研究会发行,1944年)、《明清时代商人及商业资本》(北京,人民出版社,2007年。本书由《明清时代商人及商业资本》、《明清江南市民经济试探》两部分组成)、《明清农村社会经济;明清社会经济变迁论》(北京,中华书局,2007年)等,将地权转移与地价、租佃关系、借贷关系等作为中国传统社会经济史的主要命题。之后,杨国桢对契约文书的研究成果颇丰,以《明清土地契约文书研究(修订版)》(北京,中国人民大学出版社,2009年)为代表,深化土地制度研究,对土地契约进行详细分类,就田面权与田底权的分离等重要议题进行了系统论述。龙登高、曹树基等学者的研究是这方面的最新成果,二人均引入经济学和法学的理论,试图对传统中国土地交易形式进行框架式的解读。见龙登高:《地权市场与资源配置》,福州,福建人民出版社,2012年。曹树基、刘诗古:《传统中国地权结构及其演变》(修订版),上海,上海交通大学出版社,2014年。

间文献结合,纳入特定人群、社会和时空当中,考察比较其内容格式、生产流传以及产权观念、文化机制,总结历史实践的结构性逻辑[1]。除了上述内容之外,还有很多问题引起了学界的注意,例如针对契约内容本身的研究,包括契约真伪的辨别、契约的书写方式、契约涵盖的要素等内容。

契约文书是中国历史变迁最生动的载体,它们就像一个个的点,是古人经济交易活动最真实的写照[2],这些点存在于传统中国的时空当中,透过这些一个个的点,我们可以串成很多的线,从而窥视面的问题。尽管各地各时段契约文书呈现出多样化的形态,但我们仍然可以从中总结出传统中国民间社会的务实精神、契约精神和法治精神。关于这些精神的具体内涵学界有着诸多争议,而这些争议背后的主要问题是我们究竟以何种时空语境来对这些精神的内涵进行判断。

二、契约文书揭示了中国历史最真实的样态

1. 务实精神

有学者认为,传统儒家所推崇的理念实质是一种说教,讲的是大家必须所要遵循的

---

[1] 这类研究区域集中于台湾、福建、广东、贵州、江西、四川、云南等地。台湾地区的相关研究主要与台湾在清代的开发拓殖相关,包括陈其南:《台湾的传统中国社会》,台北,允晨文化实业股份有限公司,1987年;陈秋坤:《清代台湾土著地权——官僚、汉佃与岸裡社人的土地变迁1700—1895》,台北,中研院近代史研究所,2009年;柯志明:《番头家:清代台湾族群政治与熟番地权》,台北,中研院社会学研究所,2002年;周翔鹤:《从契约文书看清代台湾竹堑社的土著地权问题》,《台湾研究集刊》2003年第2期,第1—9页;李凌霞:《番地政策与清代台湾熟番地权演变——以新港社群为例》,《农业考古》2015年第3期,第181—187页。张应强著:《木材之流动:清代清水江下游地区的市场、权力与社会》一书中曾利用了贵州文斗寨与山场买卖租佃及杉木种植相关的契约文书,与族谱、碑刻、账簿等材料相结合,来讨论文斗村落社会在清代中后期所发生的某些重要变化,尤其是地权观念的变化。"检阅早期的这批契约合约文本,我们不仅可以看见从文字、内容到样式、种类的一个明显的发展过程,而且可以了解到当地人们逐步接触、认识和接受契约这一社会规范的事实。文斗契约中所表现出来的这种伴随历史的进程,由简而繁、由粗疏而缜密的情形,正好折射出契约关系与地权意识在区域社会中不断渗透和深入的趋势。"(张应强:《木材之流动:清代清水江下游地区的市场、权力与社会》,北京,三联书店,2006年,第209页)曾小萍的《自贡商人:近代早期中国的企业家》(董建中译,南京,江苏人民出版社,2014年)利用《自贡盐业契约档案选辑(1732—1949)》(北京,中国社会科学出版社,1985年)中的契约文书,结合账簿、档案、口述材料等,对于自贡地区19—20世纪的盐业兴衰史做了考察,诚如作者所言,"这是一部商业史的著作,也是一部与外界互不关联的商人圈的社会史"(第1页),其中第四章"清代富荣的组织与企业家"(第104—151页)具体考察了"家族堂"对于盐业企业的重要性。黄忠鑫利用清代福建永泰县的100余份契约文书,具体考察了承佃字、归根字、寄佃字、卖租契等多种表达形式背后所反映的地权关系的变化(黄忠鑫:《清代福建永泰县的田根流转与契约书写》,《暨南学报》2017年第1期,第61—68页)。赵思渊利用徽州枳桥江氏与岑山渡程氏的契约文书,来具体分析社会关系网络在土地市场中的意义(赵思渊:《19世纪徽州乡村的土地市场、信用机制与关系网络》,《近代史研究》2015年第4期,第82—97页)。

[2] 当然也有刻意造假情况,但这种造假也不失为一种"真"。即是一种能够反映民间契约实践逻辑的真,我们可以通过这种"真"来思考如何造假?为什么造假?官府又是如何应对这种造假的?官府与民间对于契约的真假持何种认识和态度?

规则。而这些规则正是通过社会生活中一个个财产所有、婚丧嫁娶、土地买卖、继嗣分家的案例生动体现出来的。但是二者在多大程度上能够达到一致呢？透过契约文书，我们可以看到，民间社会所体现的是一种普遍的务实主义倾向，与士大夫阶层所宣传的很多高大上的理念并不相同，其更符合百姓生活的日常规则、乡俗民例和自己的生活实况。这点在契约的具体内容和形式上表现得很明显，例如交易的相关规定、交易物、画押方式、加批以及契约中经常使用的俗字俚语等。

契约的书写、交易方式、期限规定、实施过程往往受到各种民间生活基本规则的约束，包括乡原体例、宗族规约、行业规则等，有学者将其总结为"习惯法"的力量[1]。这是由于传统社会的个体深深地系于其血缘网络、地缘场景的群体之中。乡原体例是民间社会在长期的生活实践中自生自发总结产生的，中国各地的乡原体例虽然各异，但也有共同的特征，例如针对土地交易契约的规定往往会使之符合农业生产的规律。清末新政之时修订法律馆曾组织民商事习惯调查。1918 年开始，北洋政府也进行了全国范围内的民商事习惯调查。至 1930 年南京国民政府司法行政部进行了整理、修订并付印成《民事习惯调查报告录》，包括了 19 个省和地区的习惯。其中有很多内容涉及契约的民事习惯，相关研究已有很多，兹不赘述。自南宋以后，宗族力量对于地域社会的作用逐渐增强，此点在明中叶之后体现得更为明显。以徽州为例，诸如祭祀、户婚、立嗣、赋役等民事纠纷多经宗族组织根据族规家法等进行公处、族论。除此之外，宗族组织还通过制定祖训族规家法、兴修族谱、开展各种活动等行为，将宗法规范化入族人观念意识之中。其中很多内容会涉及契约，尤其是土地的买卖，我们可以看到很多土地买卖当中往往有族长身份之人的出现。同时，宗族作为一个独立的整体，自身也会参与到各种交易当中去，其行为自然遵循宗族内部的规定。至少自宋以来，大大小小的"社"、"会"组织存在于不同的社会领域和人群当中。在商业领域，团行、会馆、公所、商会等组织的存在，不但有利于商人之间联络感情，更多的是为工商各业制定行业规则。另外在金融、体育和文娱等方面也存在着诸多组织，当这些组织参与到契约交易当中去时，其行为往往要符合行业规则才能被承认。总而言之，契约的诸多内容更多地是为了实际生活的需要，而不是单纯地符合某种理想。

中国的契约体现的是一种重实用的实践逻辑，具有很强的世俗性，涉及民间日常生

---

[1] 刘云生认为："习惯法力量的集中体现是宗族、行会、村落之力量，这三种力量是契约效力的最终裁判者和执行者。"参见刘云生：《中国古代契约思想史》，北京，法律出版社，2012 年，第 140 页。

活的方方面面。交易物品不仅包括土地、房屋等重要的不动产,甚至还有农具、牛马、粪坑、茅厕、树木、水井等内容,这些物品和广大普通老百姓的日常生活是息息相关的。只单土地买卖的交易方式就包括租佃、抵押、典、活卖、绝卖等多种形式,另外还有合伙合同、继嗣文书、涉及婚姻的婚书等。值得一提的是典妻现象,据《清稗类钞》记载:"浙江宁、绍、台各属,常有典妻之风,期以十年五年,满期则纳资取赎。为之妻者,或生育男女于外,几不明其孰为本夫也。"[1]甘肃还曾有租妻的情况,即"雍、乾以前,甘肃有租妻之俗。盖力不能娶而望子者,则僦他人妻,立券,书期限,或二年,或三年,或以得子为限。过期,则原夫促回,不能一日留也。客游其地者,亦僦之以遣岑寂。立券书限,即宿其夫之家,不必赁屋别居也。限内客至,夫辄避去,限外无论。夫不许,即其妻素与客最笃者,亦坚拒不纳。欲续好,则更出僦价乃可"[2]。从契约的实例来看,典妻、租妻现象的存在不是短期性或者某些地区的个案,这种反儒家道德伦理的行为会拥有合理性并保留下来,正有力地证明了契约的实用性,体现出儒家的说教与契约所反映的实态之间的"身高差"。

契约中各种各样的画押形式、加批内容和俗字俚语更体现了说教与实态之间的差异。契约署名之下一般都有画押,由于契约当事人多是目不识丁的普通人,因而他们的画押都很朴素简单,往往只在署名之下画上诸如"十"、"○"[3]等象征性符号,甚至有代为画押者。对于那些稍通文墨的人而言,画押方式则五花八门,也有直接书写自己名字的。伴随着实际情况的变化,交易双方在意见达成一致的情况下往往可以进行"又批"或"再批"。此种自由、灵活的加批形式,作为原契的补充,是交易过程的真实写照。其加批内容主要包括对契约中的加字、添字、衍字进行说明,加批卖主收足契价、上手契之交付等,或者是针对交易后的若干年内的找贴等内容进行记录说明。关于"文字下乡"的内容学界也有诸多讨论,从目前契约的书写来看,代书人多是乡土社会稍通笔墨的书生,其语言表达朴素自然、简单实用,存在大量的俗字、俚语和假借字,虽然有诸多错误,也稍显粗俗,但无疑更能反映实际的社会生活。虽然民间契约文本受到官方主流文化以及典籍书写的影响呈现出一种规范化的趋向,但这种趋向更多地是体现于契约

---

[1] (清)徐珂编撰:《清稗类钞》第五册《风俗类·宁绍典妻》,北京,中华书局,1984年,第2204页。
[2] (清)徐珂编撰:《清稗类钞》第五册《风俗类·甘人租妻》,第2201页。
[3] 在徽州绩溪,"出卖不动产,有妇人辈分居长者,其契则书主盟某氏仝某(子侄之类)字样,其书押则画一○,以别于男子所画之十字"。见前南京国民政府司法行政部编,胡旭晟、夏新华、李交友点校:《民事习惯调查报告录》第三编《债权习惯·绩溪县习惯·妇人立契书押画》,北京,中国政法大学出版社,2005年,第426页。

文本的格式方面。由于其主要目的是为了表达实际信息、保存记录，具有很强的实用性，因此民间知识系统占据了契约文字书写的"主要参考文献"。这些语言文字来源于百姓的朴素认知和长期的经验积累，针对乡土社会小传统内部原生态语言文字现象的研究，对于丰富和发展语言来说大有裨益。

2. 契约精神

契约精神是近代西方现代社会兴起的重要支柱，与此相类比，近年来学界就中国传统社会是否存在契约精神或者契约（法）秩序这一命题展开了讨论。就这一问题，学界目前大致可以分为三种观点：一认为中国古代社会存在契约秩序，传统时代的中国人一直拥有契约精神[1]。一认为中国古代社会并不存在西方意义上的契约精神，这主要是中国语境使然，即表现在哲学、文化与法律等层面，主要体现为契约的身份性特征[2]。另外一点就是皇权或者国家权力对于契约交易的干涉，此种情况的出现虽是个案，但也在另一个侧面说明了契约的不稳定性。一是针对此问题发问，代表人物主要是杨国桢、岸本美绪和俞江。杨国桢先生是直接就不同历史语境来进行理解的，其以为"在西方，从身份到契约意味着劳动者人身的解放。但在中国地主制下，劳动者身份的解放却不能单凭有无契约来衡量，甚至契约有时还意味着劳动者身份性的加强"[3]。岸本美绪曾言："在中国社会里，私法性的关系通过民间个别缔结的大量契约自发地形成和发展，并显示出相当复杂的面貌。但是，如果承认这一点的话，像旧中国这样大规模的复杂社会，究竟是什么样的机制支撑或维系着这种私法秩序并使其在一定程度上

---

[1] 例如霍存福就认为"古代的中国也是一个契约社会，契约本身也是人们的一种生活方式"。参见霍存福：《中国古代契约精神的内涵及其现代价值——敬畏契约、尊重契约与对契约的制度性安排之理解》，《吉林大学社会科学学报》2008年第5期，第57—64页。

[2] 杨解君认为中国缺乏契约理念，"始终处在一种萌发的原始状态，有契约的外形，却无实质的内涵，更无契约之精神"。参见杨解君：《契约文化的变迁及其启示（上）——契约理念在公法中的确立》，《法学评论》2004年第6期，第16—23页。徐忠明认为法律文书的意义在于揭示了"中国乡土社会既是一个人情社会，也是一个契约社会，各种契约文书构成乡土社会日常生活秩序的基础"。参见徐忠明：《讼师的眼睛》，载高鸿钧主编：《清华法治论衡》（第四辑），北京，清华大学出版社，2004年，第472页。学者们认为中国古代不存在契约精神，主要是由于契约体现的身份性特征，包括契约签订的主体、交易方式、交易对象等多层面内容都深深打上了民间基层社会关系网络的烙印。以徽州为例，刘铖认为："纵然明清徽州社会有大量的契约文书，种类繁多、调整对象丰富，但这仅仅是把封建不平等的内容纸面化而已，并不意味着徽州社会就是靠这些契约维持运行。相反，在契约背后，统治徽州社会的还是寡头族长，还是深入人心的礼教，还是深印在徽州人脑中的儒家'意母'。"参见刘铖：《明清徽州社会是契约社会么？——通过〈畏斋日记〉定性明清徽州社会》，《近代法评论》2010年卷总第3卷，第57—72页。

[3] 杨国桢：《明清土地契约文书研究（修订版）》，第10页。

顺利运转的呢？这似乎是一个谜？"[1]她认为旧中国确实不是"研究者心目中理想的'契约社会'",但明清时期的中国能否称之为契约社会,"与其说是因为认识到的事实不一样,还不如说终究反映了研究者们观察历史上存在的社会秩序时所立足的多种角度或立场"[2]。俞江通过对问题本身的思考,认为"在信用和效力这两个基础层面上,中国传统契约与古罗马契约,以致和任何一个民族社会的契约都没有区别",与近代以来西方社会强调意志自由的成熟的契约类型相比,"所不同的是,中国传统契约所遵循的是宽泛的底线伦理,因此可以将大量身份的特别是等级身份方面的内容不加筛选地包容进去。如果以这一差异作为两种契约的典型特征加以区分,或许可以将中国传统契约定义为一种'身份型契约'。而把近代人的观念中的那种契约定义为'自由型契约'"[3]。这样,在中国语境中所经历的应当是"从身份契约到自由契约"的运动。上述学术分歧的产生,表明学者们看待问题的出发点不同,即对于什么是契约精神这一概念性问题没有统一的把握,结论自然各异。称中国传统社会是契约社会,显得过于夸张了;但说中国文化缺乏契约精神,同样也不恰当。从契约材料和历史过程来看,民间社会对契约精神的维护及运行,有一套经历长期实践所形成的机理,在一定程度上保证了中国基层社会的正常运转。

　　前面已经提到,多样化的契约形式和内容对于实际生活具有很强的适应性。除此之外,契约本身由内部要素和外部力量双重因子约束保证其正常运作。其外部力量主要是习惯法、国家法规以及政权认证的作用。习惯法的内容上文已有论述,国家法律以及具体司法审判中对于契约的认证作用在下文专门论述,在此均不详细展开。单就契约基本要素而言,往往包括契约当事人姓名身份、立契时间、缘由、交易物的性质、交易额、交易形式、到期日、可能的情况、权利义务的规定等内容和现代社会契约要素基本一致。另外,契约设计中有两个重要的保证制度以确定契约的效力。一是瑕疵担保[4]。包括物品的瑕疵担保和交易的瑕疵担保。瑕疵担保一般是意思表示方保证交易物品的

---

[1] [日]岸本美绪:《明清契约文书》,载[日]滋贺秀三等著,王亚新等译:《明清时期的民事审判与民间契约》,第307—308页。

[2] [日]岸本美绪:《明清契约文书》,载[日]滋贺秀三等著,王亚新等译:《明清时期的民事审判与民事契约》,第309、313页。

[3] 俞江:《是"身份到契约"还是"身份契约"》,《读书》2002年第5期,第55—63页。

[4] "瑕疵担保"存在于罗马法中,源于古罗马市政当局市场管理的需要,某些规则来自罗马最高官员为建立市场秩序而颁布的禁止商贩坑蒙拐骗的敕令。参见[德]迪特尔·梅迪库斯,杜景林、卢谌译:《德国债法分论》,北京,法律出版社,2007年,第36页。

完整性或对交易物品的残缺情况进行说明,其次是保证此项交易是正规合理的,如果有特殊情况,由意思表示方一力承担,即契约中常见的"若有违碍等情,由卖主一力承担,与买主无涉"等语。一是中人、保人、见人、保甲长、乡约、村长等第三方的参与。由于中国传统契约带有身份性特征,无法保证绝对的自由平等,第三方的参与使得交易双方处于暂时的、局部性的契约平等环境中。一旦契约履行出现问题,第三方无论是在协调过程中还是在司法审判里都起到巨大的作用。总之,在外部力量和内部因子的双重作用下,保证了契约写立、履行和纠纷解决的可操作性和合理性。

3. 法治精神

传统观点认为,中国古代政府派出官吏只到县一级,县以下的广大农村实行自治。马克斯·韦伯说,在古代中国,"皇权的官方行政只施行于都市地区和次都市地区。……出了城墙之外,行政权威的有效性便大大地受到限制。……'城市'就是官员所在的非自治地区;而'村落'则是无官员的自治地区!"[1]这种说法有一定道理,但不是完全准确。撇开目前关于国家力量对于乡村社会控制究竟如何的争论不谈,可以说在中国广大农村地区,有自己独特的运行机制和自治体系。在几千年的时间中,中国如何实现地方自治?宗族、乡绅的作用不容忽视,但民间社会的自治功能同样十分巨大。契约乃地方自治最典型的表现之一。当前,学术界认识中国古代法史问题大多关注诸如《大明律》、《大清律例》等官方版的成文法典。如果从更为广阔的视角来认识古代法秩序,正如寺田浩明所说,明清时期,"一般民众在日常生活中如何大量地写下和交换称为'契'或'约'的书面材料,对于大部分日常生活或日常社会关系是如何依靠这些相互性契约来支撑的,必定都会得到深刻的印象"[2]。

同牵涉人命、叛逆、财政等大的刑事案件比较而言,古代法律对于户婚田土钱债此类事务的规定显得薄弱,但是这些才是和百姓生活息息相关的,也是百姓最为关注的。关于"古代中国有无民法"这一问题学界已有诸多讨论,至今似乎并无定论[3]。但是

---

[1] 〔德〕马克斯·韦伯著,康乐、简惠美译:《中国的宗教:儒教与道教》,桂林,广西师范大学出版社,2010年,第140—141页。

[2] 〔日〕寺田浩明:《明清时期法秩序中"约"的性质》,载〔日〕滋贺秀三等著,王亚新等译:《明清时期的民事审判与民间契约》,第140页。

[3] 例如滋贺秀三认为,"在中国,虽然拥有从古代就相当发达的文明的漫长历史,却始终没有从自己的传统中生长出私法的体系来","私法理念"在古代中国"是一个空白"。见滋贺秀三:《中国法文化的考察——以诉讼的形态为素材》,载滋贺秀三等著,王亚新等译:《明清时期的民事审判与民间契约》,第2页。陈景良则认为,当代的法学家,尤其是民法学者,由于对中国的典籍未加深入研读,便以为中国历史上既然没有民法典,没有所有权、物权、债权的分类,自然不存在私有制及私有财产权利的保护。这是一种误解,因为中国古代土地所有权(转下页)

如果我们跳出国家的正规法典之外,就会发现在长期的历史积淀过程中,广大的农村地区经历了普遍性的、持续的契约实践,利用契约,辅以外部力量,形成了一套朴素完整的习惯法,规范着百姓的日常生活。这一张张契约牵涉实际生活的方方面面,且经过长期的筛选过程,得到社会认同。所谓的"官有政法,民从私契"即是言此。

为了将契约交易纳入政府可控制的范围之内,杜绝私约现象,保证契税收入,从宋代开始政府不断地推行官颁契纸以进行规范,并就契约交易尤其是田宅内容进行法律上的规定。官版契纸的出现使契约这一出现于民间的制度形式有了"准法律"的意义,从其内容上来看,是吸取了民间私约的内容并将其格式化而成,反过来又推进了契约格式的标准化。虽然官方一再申令禁止白契,但效果并不佳,民间为了逃避契税,多立私约。而官府由于能力有限,为了保证地方稳定,对于私约行为也多采取"视而不见"的做法,只有遇到个别的地方官员或皇帝为了增加税收严令要求时,才会检查民间契约是否完税。同样,虽然国家法令规定官契和私约在举证效力上有所差异,但是在实际的审判过程当中,往往并不对二者做具体的区分。另外由于田宅在传统中国国家财政中的重要地位,因此针对田宅的交易行为往往有具体的律令规定,这点学界已有很多研究。

对于契约所涉及的户婚田土钱债内容,政府一般视为"民间细故"不问。只有涉及诉讼、税收等问题时,官方力量才会介入,首选的办法是由民间自行调节,其次是通过黄宗智先生所言"第三领域"的官民协调方法来解决[1],实在不行才会进行判决。而官员在判案过程当中的准则会因人、因案、因时、因地产生差异,其基本原则为"情理法"的结合。但无论怎样,契约作为产权凭证的作用都十分巨大。由于伪契的大量出现,对契约的辨伪便成为包括师爷在内的主审官员及其幕僚的一项重要技能,甚至能够对契

(接上页)及私有财产的界定与保护并非尽由国家制定法——法典进行明确规定,而是通过自己特有的方式反映出来,这在宋代以后的元明清社会尤其突出。参见陈景良:《中国法学知识体系的建构必须重视从中华法制文明中寻求资源》,《法学研究》2011年第6期,第50—52页。张晋藩认为中国古代法典编纂技术上采用"诸法合体,民刑不分"的体例,但中国古代法律体系却是"诸法并存,民刑有分"。即"至于一部法典所采取的体例,或者是混合编纂,即所谓'诸法合体、民刑不分',或者是单独编纂,那是立法技术问题,是特定时代立法者的选择,当然这种选择也受到法律调整的需要和时代的制约。"而"'诸法并存、民刑有分'是从法律所调整的社会关系的特殊性和具体性以及由此而形成的法律体系而言的,至于'诸法'是否都发展成独立的部门法,是需要具体分析的。"二者概念不同,不可混淆。参见张晋藩:《中国法律的传统与近代转型》,北京,法律出版社,2009年,第254页。俞江就学界的争论进行了整理,从问题出发,认为大家讨论所运用的概念和分析方法需要厘正,尤其是对于民法的界定问题。参见俞江:《关于"中国古代有无民法"问题的再思考》,《现代法学》2001年第6期,第35—45页。

[1] 参见〔美〕黄宗智:《清代以来民事法律的表达与实践:历史、理论与现实》卷一《清代的法律、社会与文化:民法的表达与实践》第五章"介于民间调解与官方审判之间:清代纠纷处理中的第三领域",北京,法律出版社,2014年,第91—111页。

约的内容含义进行详细的考证。光绪年间署理浙江省台州府诸暨县知县的倪望重针对当地陈黄氏等与何陈氏相争田亩一案的契约进行了详尽的辨伪,即:

> 兹集庭讯,查阅陈黄氏所呈田契,其弊有四:一则,受者为陈瑞焕等之母陈黄氏,而以陈瑞焕等居中,异矣。一则,何陈氏之夫瑞裕已故,仍以何瑞裕冠之,又异矣。一则何陈氏押画一圈,与其子何金法押画一圈笔迹相合,非不异而异乎?一则,何正美、何正海、何正行名下各押如出一手,非尤不异而异乎?不特此也,契中陈和浩、何正美等何以无一到案?必有不堪自问者。代笔何正镐本无其人,而核对笔迹,此契竟为何金生所书,饬将何金生笞责,始据十四岁之何金法供称关门串写,而何金生亦直认之,诘以得钱几何,则谓得钱四十千文,又得陈瑞焕转交胡遗福等凭票两纸,计钱二十千文,而其钱已经何陈氏归楚。又诘以钱为何陈氏所用否?似欲言何陈氏用之,而又不敢遽言。本县揣其起衅情由,未必非因此已还钱之票,与何正美等之一手画押,而吞噬价钱,以致两造皆有难言之隐也。[1]

由此可见,县官可以利用实际情况对于契约的真实性进行考证,以此作为判案的重要证据。嘉庆年间曾任湖南岳州府知府的张五纬曾就淤积地的处理问题对契约内容进行了考辨,即:

> 本日阅卷核契查讯,据武生傅春魁供称契内有"直大同"字样,就是淤生一并在内之意。大同者,大势卖淤相同之说。随查契内多有载"直大同"三字者,即日后淤生一并在内之八契中,亦有"直大同"字样,即有连"直大同"三字并无者。且查"直大同"三字上下文义,上句横几弓下,文则写四至。各契内凡写"直大同"者上句必写横几弓,并有一契内注明"横直弓口"字样,可见"直大同"系指与横弓口大约相同之意,文理字义均已彰明较著,毫无疑义。查例载"新淤拨补",本指业户有老洲者而言。因其所管之洲地东滩西涨,总不离乎老洲。故定例准报垦拨补⋯⋯况买卖以契载为凭,既有注明,日后淤生一并在内之句,其未注之契,即属未卖确凭。乃惟凭契纸不凭契载,一经指驳,混指"直大同"为全占之据,具见习诈。[2]

虽然最后案子的判决照顾到了人情道德,但张五纬在断案过程当中无疑十分注重对于契约所记"直大同"的含义的考证,并将其作为断案的重要凭证。从上面所引材料

---

[1] (清)倪望重:《诸暨谕民纪要》卷三《陈黄氏等与何陈氏互争田亩由》。杨一凡、徐立志主编,高旭农、俞鹿年、徐立志整理:《历代判例判牍》,北京,中国社会科学出版社,2005年,第10册,第496—497页。
[2] (清)张五纬辑:《风行录续集》卷之一《堂判临湘县民程挺秀案》。见于杨一凡、徐立志主编,齐钧整理:《历代判例判牍》(第八册),第348—350页。

我们可以看出,契约在司法审判过程当中是被当作非常重要的证据对待的,甚至可以左右案情的走向,县官对于如何辨识契约的真伪和在何种程度上承认契约的法律效力有一套自己的专门知识、经验和逻辑。

从上可以看出,国家层面有"国家法",相对于国家法,习惯法乃"民间法",包括宗族法、行会法、契约法等,"在'天高皇帝远'的日常生活世界,它们构成了秩序的基础","说'民间法'生长于民间,只是就其起源而言,并不意味着其发展完全是在国家之外,与国家法毫无干系"[1]。国家法的一部分来源于民间法,而民间法在国家法并未覆盖的领域进行了很好的补充。正是在此点上,契约在官方和民间两个层面得到了整个社会的认可。民间发生纠纷或冲突时,人们最先想到的解决方法不是诉讼、通过官府来解决,首先是想通过非法律手段即民间调解来解决。这一点是了解中国传统社会的一大关键,这种解决纠纷的方式也是传统社会长期孕育发展的结果。通过这种"非诉讼纠纷解决机制——民间调解来维持原本和谐的乡土社会秩序,并在互相礼让中得到和解,这是一个具有很大灵活性的民间纠纷处理系统"[2]。无论是在国家官府看来,还是民间社会的认知,两者都将自愿所立契约作为解决问题的重要凭证。因此,契约是维持中国传统社会稳定的一大利器。

三、从契约文书看中国文化的统一性与多样性

费孝通在谈到中国地域差异性与统一性这个问题的时候说:"在中国这样广大的国家,个别地区的微型研究能否概括中国国情?"因此需要谨慎对待。"将一个农村看作是全国农村的典型,用它来代表所有的中国农村,那是错误的。但是将一个农村看成是一切都与众不同,自成一格的独秀(sui generis),也是不对的……以江村来说,它是一个具有一定条件的中国农村。中国各地的农村在地理和人文各方面的条件是不同的,所以江村不能作为中国农村的典型……但同时应当承认,它是个农村而不是个牧业社区,它是中国农村,而不是别国的农村……如果我们用比较方法将中国农村的各种类型一个一个地描述出来,那么不需要将千千万万个农村一一地加以观察而接近于了解中国所有的农村了"[3]。我们从上可以看出,契约文书的表现形式呈现出多样化的状

---

[1] 梁治平:《清代习惯法:社会与国家》,北京,中国政法大学出版社,2015年,第16页。
[2] 冯学伟:《明清契约的结构、功能及意义》,北京,法律出版社,2015年,第150页。
[3] 费孝通:《人的研究在中国——一个人的经历》,载北京大学社会学人类学研究所编:《东亚社会》,北京,北京大学出版社,1993年,第10—19页。

态,同时基本核心内容又十分相似,其主要原因在于中国历史具有统一性与多样性的特点。研究各地契约文书有利于我们理解和比较中国各地经济文化发展的差异,也有利于我们总结中国文化较为一致的东西。如果我们单纯就契约文书本身的内容进行讨论,而忽视整个中国历史包括历史语境的问题的话,那么就会产生很多学术分歧。下试举几例:

首先是关于典与活卖关系问题的讨论。典与活卖二者都是有条件的回赎,因此很多学者认为活卖与典是一样的[1]。与此相反,一些学者通过对原始契约文本的研究认为典与活卖二者性质不同,其主要区别在于典并不发生产权的转让,而活卖则会发生,其具体表现则是赋税的起推过割[2]。目前我们可以找到国家法中关于典与活卖进行区分的一条材料是清乾隆二十四年(1759)定例:"凡民间活契典当田房,一概免其纳税。其一切卖契,无论是否杜绝,俱令纳税。其有先典后卖者,典契既不纳税,按照卖契银两实数纳税。"[3]在此针对是否需要纳税对典与活卖进行了区分。但是,我们从契约实例中也可以看到活卖契中不提及税赋交割的情况。例如明天启五年,张应鉴"将承祖父土名后塘塆里门前山园地一业","凭中立契出卖与堂侄士万名下为业。三面言议,时值价文银三两六钱整。其银当日收足讫,另不立领。其业随即交与买人管业"。对园地"听从取赎,如不取赎,交割推税无异说"[4]。此活卖契约中明显双方并没有发生赋税推割。同样的,典的契约中也有发生赋税推割的,例如清乾隆三十八年,歙县人许景洛将田地"出典与族名下为业,得受典价纹[银]五百两整。其银当即收足。其田即交管业收租。其税即挂入受典人户内"[5]。许郢筌等将田地出典,同样是"其

---

[1] 持此观点的有李力(李力:《清代民间土地契约对于典的表达及其意义》,《法律文化研究》第2辑,2006年,第111—122页)、薛梅卿、曹树基等学者。薛梅卿《宋刑统研究》曾认为(北京,法律出版社,1997年,第99页)"典,即活卖";曹树基、刘诗古《传统中国地权结构及其演变》(修订版,上海,上海交通大学出版社,2014年)在论述传统中国的地权结构时,没有将典与活卖区分开来。

[2] 持此观点的有龙登高、刘高勇、魏文超等学者。参照龙登高:《清代地权交易形式的多样化发展》,《清史研究》2008年第3期;魏文超:《典卖制度研究》,北京,法律出版社,2015年,第189页。刘高勇在《论清代田宅"活卖"契约的性质——与"典"契约的比较》(《比较法研究》2008年第6期)认为:"典卖与活卖之间确实存在一定的区别。虽然从中唐直到清中期的漫长时期,典交易均要纳税,但清朝乾隆年间关于典卖免税的定例,即例证了典与活卖之间的区别。"

[3] 《清会典事例》第九册卷七五五《刑部·户律田宅·典买田宅》,北京,中华书局影印本,2013年,第331页。

[4] 《天启五年张应鉴卖园赤契》,中国社会科学院历史研究所徽州文契整理组编:《明清徽州社会经济资料丛编》(第二集),北京,中国社会科学出版社,1990年,第396页。

[5] 《歙县许郢筌等典田契》,安徽省博物馆编:《明清徽州社会经济资料丛编》(第一集),北京,中国社会科学出版社,1988年,第406页。

税即挂入受典人户内"[1]。此典契中很明显将赋税过割给了受典人。出现此种情况的原因为何？这终究是由于不同时段、不同地区以及具体情况的多样性造成的。在民间具体的生活当中，并不如我们现在用学术研究分析的视角将典与活卖的概念理论化得那么清晰，其运用往往因时因地因事而定，在一定程度上可以说典与活卖二者在民间认知上是混淆的，同时也是清晰的，因为当事人明白这样说的意思。我们需要根据具体的契约文本来辨析，回到具体的历史语境，而不是简单地承认典与活卖是相同的或者言二者是不同的。此点同样适用于田面田底权利的表达，其称呼各地有很多种，例如田皮田骨、田根田面、小租大租、小买大买、税田苗田等，还有称佃户为"顶首"、"粪质"的情况。针对不同的情况，需要对这些词的含义进行具体的区分，同一个词在不同的情况下意思可能正好是相反的，正如寺田浩明所言："田面田底惯例在各个社会经济的背景及其不同功能的作用下，必然具有地区性、时期性的差异，尤其对惯例的发生时期的划定、地域分布以及盛衰变化的量性测定本身就是很大的研究课题。"[2]

单就典契而言，虽然民间白契大量存在，但在宋以后清乾隆之前，赋税过割、缴纳契税成为典契形成在官方层面必经的一个过程。乾隆时候，由于地价上涨等因素，政府为了应对民间大量出现的找价诉讼纠纷，明令典契不用纳税，但官版典契纸的发行并未取消。地方政府根据实情，来要求典契推割与否。例如《山东乾隆十二年宪规》"典当田房契内注明过割活粮字样"条规定："乾隆十二年……嗣后民间典当田房，如愿过割者，听其呈明过割。如不愿过割者，立契时，务将纳粮户名，都图里甲，及应完钱粮、漕米各数，于契内逐细开载明白，听典主在业户名下自行完纳，执票为凭，不得仍前私交业主，致有额外浮收，侵吞拖欠等弊。其间或有暂当一两季，及熬地活典等产，钱粮仍系业主完纳者，亦于契内注明钱粮业主完纳字样，以杜日后争端。"[3]《乾隆朝山东宪规》中辑有泰安府肥城县乾隆十八年禀送的一则典契契式中提道："活当产业，例不投税，将钱粮漕米，按则核定数目，填写契内，令当主照数自行赴柜，仍用原户名投纳执票为凭，以省推收过割之烦，并免胥役勒索之弊。"[4]但民间"契载混淆，争讼纷繁，皆系历来奉行

---

[1]《歙县许郚荃等典田契》，安徽省博物馆编：《明清徽州社会经济资料丛编》（第一集），第407页。
[2]〔日〕寺田浩明：《田面田底惯例的法律性——以概念性的分析为主》，收录于杨一凡、〔日〕寺田浩明主编《日本学者中国法制史论著选》（明清卷），北京，中华书局，2016年，第286页。
[3] 杨一凡、田涛主编，齐钧点校：《中国珍稀法律典籍续编（第七册）》，《乾隆朝山东宪规》，哈尔滨，黑龙江人民出版社，2002年，第26页。
[4] 杨一凡、田涛主编，齐钧点校：《中国珍稀法律典籍续编（第七册）》，《乾隆朝山东宪规》，第133页。

不力所致",于是将上述内容于乾隆二十九年再次"合亟钞式通饬"[1]。另外,清华馆藏契约中光绪十一年山西介休县东原都的"郭熙德立典地契"[2]中附有同治六年关于土地典当质押的改革内容如下:

> 介休县正堂高为清厘积弊以苏民因事,案查介休粮制以户为经,以田为纬,境内人户分为十二坊里,每坊里分为十甲,唯西北坊则将十甲并为二甲,共作一百一十二甲,每甲以粮二百四十石为率。田地准其易主,粮银不准过甲,而其田地之坐落肥瘠与夫征粮等则概置不问。是又以粮为经,以田为纬也。由是典卖取巧,规避挪移,年深日久,弊窦丛生,遂致奸民种无粮之地,良民纳无地之粮。推穷病源,只粮不随地一语尽之矣。同治六年清查告竣,与绅耆会议,粮地归里。然田有定所,业无定主,买地税契固已过割新名,而典业若不过割新名,诚恐日久弊生,奸民又从中取巧。一则避税契过割之费,则变为典当质押;一则生地多粮少之弊,创为贴粮代完。查空粮之弊,固由于过粮取巧,而现今无粮之地,多在展转贴粮之中。此俗不除,其弊又接踵而生。虽地无移动,尚可踪寻,然与其费事于后,何若使其无弊之为得也。今后无论典当质押,一概令其过割新名。凡有典押之田,俱照买田例到公地领取典契纸,注明围数、段落、粮数、号码,即时更换新名。公地代为批写明白,候因公到城时,割与执照。每一张给里书过割小费钱五十文,公地代收。典契纸系由里书刷印发□,不准索钱。倘有不用典契纸,私相授受并典押贴粮者,查出定依不应重律杖八十拟罪,决不宽贷,各宜凛遵,毋得自贻伊戚,须至执照者。

诉讼与赋税征收是地方官府最为关注的两件事。典契契税的征收、税粮推割与否与地方实情和官府的态度密切相关,而民间社会对于典与活卖的理解自然需要考虑到官府的态度,二者错综复杂的关系使得具体的典与活卖交易呈现出了多样的形态。没有纯粹的典,也没有纯粹的活卖,只有具体时空语境下的典交易与活卖交易。

契约尤其是土地契约作为第一手材料,被大量地发现,具备时空上的连续性和集中性等特点,受到经济史尤其是土地问题研究者的青睐,其被利用来研究当时的地价波动、土地经营规模和土地兼并等诸多问题。且不说契约中出现的大量的苏州码等特殊符号的含义问题,如果不能对契约中普遍存在的度量衡进行很好地把握,其研究成果的说服力会大大减弱。就时段而言,度量衡的演变过程是极其复杂的,单就明清货币演变

---

[1] 杨一凡、田涛主编,齐钧点校:《中国珍稀法律典籍续编(第七册)》,《乾隆朝山东宪规》,第131页。
[2] 清华馆藏契约文书《光绪十一年腊月二十日山西介休县东原都郭熙德立典地契》,编号为T3725。

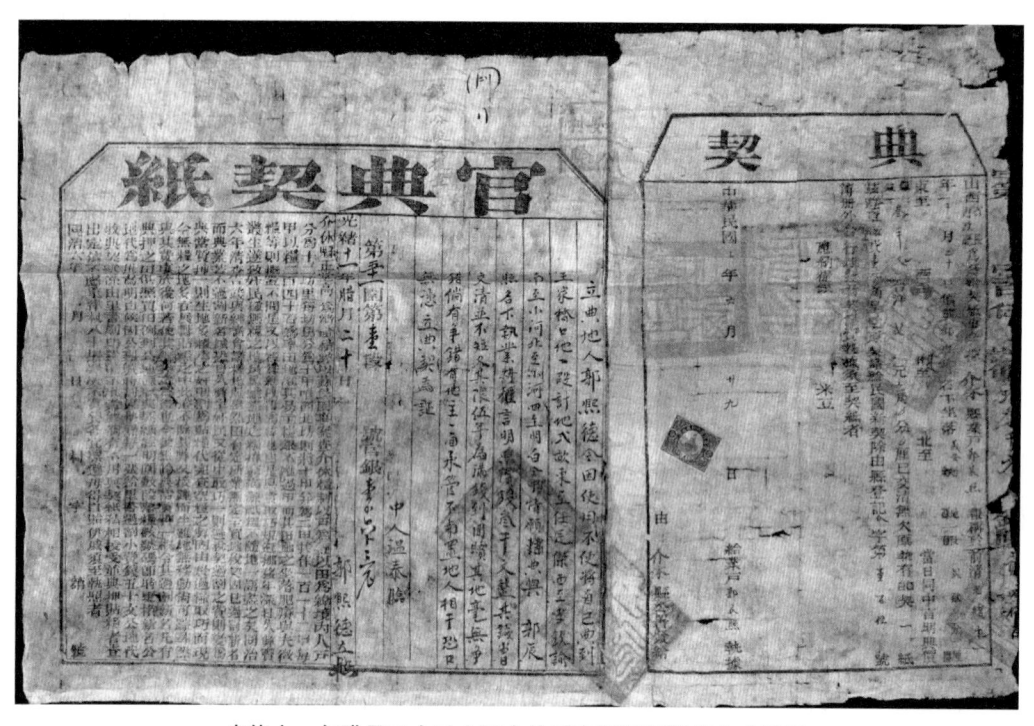

光绪十一年腊月二十日山西介休县东原都郭熙德立典地契

来说，明代前期发行纸币大明宝钞，同时使用铜币洪武通宝等，明中期至于清代以银为主，晚清开始，"鹰洋"（又称"英洋"）流入，民间交易中偶有见到，且铜币使用开始增加。而且民间使用的银钱并不一定是国家规定下的标准银钱，土地买卖的价格也主要是"时值"、"时价"，其实这些词汇是一个非常模糊的概念。田土类的不动产具有极强的个别差异性，即便地理位置相同，仍有因田底肥瘠、水利交通、阴阳向背所带来的上、中、下等的区别，因此几乎没有办法将一块田土与其他田土进行准确的比照，从而确定交易的时价。另外我们还需要首先对具体的银钱单位进行换算统一，然后需要考虑到当时的物价水平和通货膨胀率等因素，用银钱的实际购买力来进行地价的比较。另外，虽然王朝定制之初，往往会对度量衡进行统一化、标准化，但实际情况往往差强人意。以土地的亩数而言，"即一省之内或一县之内，亩之大小亦不尽同"[1]。契约书写过程中大多写"亩"，这里的"亩"究竟是何含义值得仔细考量。更遑论对区域的地价波动问题进行量化分析了。当然，为了符合国家赋役征税的需要，清代土地契约之中也多有标注税

---

[1] 吴承洛：《中国度量衡史》，北京，商务印书馆，1993年，第312页。

亩的。而这里的所谓税亩是真正的交易地亩吗？还是说民间为了应对官府的检查而抄录官方册籍的？另有一点需要注意的是，民间契约中多见"短狭斜长分字号，零星蜗角计厘毫"的畸零之数，这些并不是实际的数字，而只是从官方册籍上抄录而来的，其可信度值得思考。鉴于以上的种种问题，导致目前学界对于地价问题进行系统性的研究出现了很大的困难，有待于进一步的推进。

目前学界争议最大的是关于土地权利分层的讨论。传统中国土地交易经过长期演变衍生出各种各样的形式，例如租佃、永佃、典、押、活卖、绝卖等，学者们对此进行研究时引入多重的权利概念进行诠释。在此方面最为有力的莫过于龙登高先生和曹树基先生[1]。龙氏引入法学中的物权和产权经济学中的产权概念，将土地权利分为所有权（自物权）、他物权（用益物权、担保物权）、使用权（用益物权）、地租等多个层面。曹氏则摒弃了所有权概念，并将其内化为处置权、收益权和使用权。二者的出发点都是原始档案和材料，其目的均是为了构建一个合理的理论框架，力图从根本上对传统中国的土地交易形式进行合理的解释。龙氏本意应当是结合法学、经济学、历史学的多重概念构建自己的一套解释体系，其中引入了大量的法学概念，虽然在研究过程中有交代不必过于纠结概念性的问题，但是正是这些概念本身的冲突导致了解释体系出现了某些漏洞，英美法系和大陆法系本就不同，将二者的概念混同使用，自然会出现让人困扰的地方，例如使用权和用益物权的区别何在？地租能否算作一种权利？同样，曹氏在论证中提到耕作权，其和处置权、收益权区分何在？难道耕作本身不是一种处置和收益？首先我们需要承认二者的理论都具有很大的说服力，而且为我们认识中国传统社会尤其是明清时代的土地交易和状态提供了很好的理论工具，在学界也产生了巨大的影响。但是从上我们也可以看出，使用权使用的不清，应当是曹氏和龙氏二者共同的问题。二人都试图用一个框架来解释传统中国的土地交易，这个框架要么来自西方的法学或经济学理论，要么是将多重理论结合自身理解建构的，却在一定程度上忽视了中国传统社会本身的复杂性和独特性。例如我们在二位学者的理论框架下如何来理解所谓的"耕作权"、"业权"这些学界研究中所出现的贴近交易行为的名词。值得注意的另外一点是，目前我们对于很多交易过程的研究还存在着很多的困惑，比如典与活卖到底存在哪些异同？胎借与抵押的区别在哪里？一系列交易行为在历史中的演化究竟是怎样的？这

---

[1] 其代表作分别为龙登高：《地权市场与资源配置》，曹树基、刘诗古：《传统中国地权结构及其演变》（修订版）。

些问题没有解决,用各种"权"的概念来理解传统中国土地交易行为与权利分层状态便难以达到理想的效果。而且交易始终呈现的是一种动态的历史过程,不是单一的,很多交易过程充斥着各种各样的交易方式,如何理解要依靠当时的实际情况,静态的理论框架往往难以解释各种各样的动态过程。

引入西方私法权利的概念探讨传统中国的土地交易形式,往往会使得研究更为复杂,产生更多的新问题。以典为例,引入西方权利概念之后所谓的"典权"引发了诸多争议,有学者认为其具有用益物权性质,又有学者认为其具有担保物权性质,还有学者认为其具有用益物权和担保物权的二重性,还有认为其属于债权关系的[1]。其实自清末新政以来,北洋政府、南京国民政府都试图引进西方概念,结合中国的民事习惯来重新规范中国的土地交易,但效果都不佳,此点在民法的多次修纂过程当中体现得最为明显。清末新政修《大清民律草案》就将典视为日本不动产质的一种,属于担保物权,造成了对于典的误解。"缘清末有日人冈田朝太郎博士主持京师法律学院,松冈义正博士起草民律,冈田氏言中国典当,大体同于日本不动产质。松冈氏于其所起草之民律草案物权编中,亦仅规定质权而未规定典权。于是典即不动产质属于担保物权之学说,几支配吾国法界人士之思潮,甚至以典质观念混同,见诸法令者……盖直抹杀固有之习惯,迳认典权为不动产质权,于是习惯上所称之典,一时几失其本来面目。"[2]之后经过大理院判例、解释例的实践,在此基础上,民国《民律草案》和《中华民国民法》吸取传统中国本土的法律资源,借鉴国外的法律理论,才逐步完善。这里引入西方私法权利概念的目的,是为了在现实中构建一套完整的法律体系以适应当时的中国社会,迫于现实

---

[1] 梁慧星认为"'典'与'当'的差别在于:'典'属于用益物权,而'当'属于担保物权中的质权"。即典权具有用益物权性质。见中国物权法研究课题组:《中国物权法草案建议稿:条文、说明、理由与参考立法例》,北京,社会科学文献出版社,2000年,第583页。张晋藩认为典权具有担保物权性质,"清朝立法者在明律关于区分典卖二种法律行为的基础上,作出进一步的阐发,使典的物权担保性质更为明确"(张晋藩:《清代民法综论》,北京,中国政法大学出版社,1998年,第119页)。童光政则认为典权具有用益物权和担保物权的二重性。"典权就是典主占有出典人的不动产并使用收益的权利。中国古代,'典'又带有'质'的某些特点,因此典权具有用益物权和担保物权的二重性"。见张晋藩等:《中国法制通史》(第七卷·明),北京,中国政法大学出版社,1999年,第227页。孔庆明则认为"典卖已成为唐代债的关系的普遍形式",在清代表现为活卖,是农户遇有困难但又"舍不得丢弃祖业"而采取的"临时应急措施"。见孔庆明等:《中国民法史》,长春,吉林人民出版社,1996年,第259、639页。日本学者清水和杉之原认为中国的典属于向"作为一种担保制度的近代质权"发展中的一种过渡形态。参照〔日〕岸本美绪:《明清契约文书》(王亚新等译:《明清时期的民事审判与民间契约》,北京,法律出版社,1998年,第296页)。寺田浩明则将典看作是"所有者接受约为卖价之半的金额而允许他人使用自己的土地获得收益,经过预定的期间后他随时可返还最初领取的价额,重新取回土地"的一种权利安排(寺田浩明:《权利与冤抑——清代听讼和民众的民事法秩序》,《明清时期的民事审判与民间契约》,第198页)。

[2] 黄右昌:《民法诠解物权篇》(下),上海,商务印书馆,1945年,第83页。

的无奈之举。对于史学研究而言,大可不必如此,我们需要回到当时的语境中,去看看当时人是如何理解的,不一定非要用理论来囊括本就纷繁复杂的历史现象。针对土地交易的各种形式,我们可以理解为是活生生的人所创造的活的制度安排,对于权利的分层问题,可以因问题而灵活使用,不必局限于某一个框架理论。

上述种种的学术分歧固然各有各的道理,其成果对于推进研究也都大有裨益。可是我们不得不思考,如此多的学术分歧产生的原因究竟何在?是材料、视角、方法哪个环节的问题,还是问题本身蕴含的问题?这些问题说到底出现的根本原因还是要归结于中国历史的独特性上面,即中国历史的多样性,此多样性体现在时间与空间两个维度上面。

另外一个层面是,这些问题之所以产生还是由于契约文书的相似性太强,导致历史学家们试图寻找一个统一的框架来进行解释。王旭将这种趋于统一的趋势和特点分为两个方面:不同地域的契约形制同构化;不同类别的契约形制同构化[1]。至明清时期,各地契约文书在格式、结构上趋于统一,这与民间契约的广泛流传有关,更与明清社会经济的发展、全国市场格局的形成等有密切关系。契约文书的这个特点,充分体现了明清时期中国各地区在政治、经济、文化等方方面面趋于统一的特点。一位19世纪的西方学者写道:"地契虽没有法定的格式,但并未因各地不同的格式发生纠纷,因为,说明契约内容的专用名词到处都是一致的。谁要是熟悉了一个地区的一般格式,他就会易于理解并于必要时遵守其他地区的特殊风俗习惯。"[2]关于此现象产生的原因有三点不可忽视:一是契约类书的传播。日用类书在宋元时期已普遍行用,如今存的《(新编)事文类要启札青钱》[3],即始刊于元代泰定年间(1324—1327),并在明代多次刊行。杨国桢先生在其《明清土地契约文书研究》一书中,提及明代相关类书达20余种[4]。这些类书在全国各地的刊行和传播逐渐使得契约的格式规范化。二是官方层面推行官版契纸对民间契约文书的示范作用。宋以降的历代王朝政府在推行官颁契纸方面都做了很多工作。北宋太宗太平兴国八年(983),国子监丞知开封府司录参军事赵孚等上疏:"庄宅多有争诉,皆由衷私妄写文契,说界至则全无丈尺,昧邻里则不使闻

---

[1] 王旭:《契纸千年:中国传统契约形式与演变》,北京,北京大学出版社,2013年,第172—229页。

[2] 摘自英国皇家亚洲学会:《中国分会会报》卷23,第118—122页,上海,1889年。收入李文治编:《中国近代农业史资料》第一辑(1840—1911),北京,科学出版社,2016年,第50页。

[3] 《四库全书存目丛书·子部》第171册,据本德山毛利氏藏元泰定元年建安刘氏日新书堂重刻本影印,济南,齐鲁社,1995年。杨国桢的《明清土地契约文书研究(修订版)》一书亦有辑录;张传玺的《中国历代契约会编考释》(上)(第589—593页)中有关元代各种契式多辑录此书。

[4] 杨国桢:《明清土地契约文书研究(修订版)》,第12—13页。

知，欺罔肆行，狱讼增益。请下两京及诸道州府商税院，集庄宅行人众定割移典卖文契各一本，立为榜样，违者论如法。"[1]北宋徽宗于崇宁三年(1104)规定："诸县典卖牛畜契书并税租钞旁等印卖田宅契书，并从官司印卖，除纸、笔、墨、工费用外，量收息钱，助赡学用，其收息不得过一倍。"[2]明初朱元璋即规定："凡买卖田宅、头匹，务赴投税。除正课外，每契本一纸，纳工本铜钱四十文，余外不许多取。"[3]清代政府为了加强对土地的管理，保证财政收入，多次大力推行官颁契纸，禁止民间私立草契。这些国家推行的契纸是对于民间私契的总结，增加的内容主要是涉及政府财政收入方面和如何避免漏税的内容，包括使用契尾作为税契的凭证，当然关于官颁契纸的演变和规范方式还有很多内容值得探讨[4]。三是"法语"、"法谚"、契约中的"套语"这些民间习惯表达的力量。以乡土社会田宅交易而言，就有诸如典、卖、顶、退、找、贴、断、赎、田皮、田骨、长租、借耕等法语，"租不拦当，当不拦卖"、"当青则青，当白则白"、"头年房子过年地"、"隔河不找地"、"一典千年活"等法谚，"倘有违碍等情，与买主无干，由卖主一力承担"等套语。这些内容"皆是民间各种交往形式在长期实践中无数次重复的产物，它们在一代又一代无名氏手中逐渐提炼成形，且在或大或小的范围内流行，不但能够模塑乡民的行为，而且规范社会生活"[5]。也正是在多种力量的综合作用下，才使得契约的格式和内容出现了统一化的趋势。

---

〔1〕 （宋）李焘撰：《续资治通鉴长编》卷二十四，太宗太平兴国八年三月乙酉。北京，中华书局，1979年，第3册，第542页。

〔2〕 《宋会要辑稿》食货三十五《钞旁定帖》，上海，上海古籍出版社，2014年，第11册，第6753页。

〔3〕 杨一凡点校：《皇明制书》第一册《大明令·户令·田宅契本》，北京，社会科学文献出版社，2013年，第7页。

〔4〕 例如清代雍正时期，田文镜改革创立契根制度，于雍正六年(1728)，清廷颁布规定："凡绅衿民人置买田房山场产业，概不许用白纸写契，饬令布政司刊刷契纸契根印发各州县，即将契根裁存，契纸发给纸铺，听民间立契过户纳税之时即令买主照契填入契根，各盖用印，契纸发给纳户收执，契根于解税时一并解司核对。倘有不肖州县于契根上少填价值税银，并将司颁契纸藏匿不发或不预申司颁给，仍用白契写契等弊，查出题参，照例议处。倘民间故违，仍用白约写契，将产业价值追出入官，仍照例治罪。如官民通同作弊，将奉旨后所买田产倒坐，奉旨以前年月日期，仍用白纸写契用印者，事发之日官民一体治罪。至活契典业亦照卖业一例俱用契纸等因，行得蒙此拟合刊刻连根契纸给发，为此仰贵吏遵照咨案内事理，即便钦遵施行，倘有前项不法等弊，一经本司访闻，立即揭报题参，官民一体从重治罪，决不宽贷，须至契纸者。"("雍正七年山西布政使司契纸"，张德义、郝毅生：《中国历代土地契证》，石家庄，河北大学出版社，2009年，第49—50页。)雍正帝试图以此办法杜绝官吏贪污税款之弊，但在实施过程中，引发了一系列问题。于是在乾隆十四年(1749)户部颁制了新式的契尾："嗣后布政使司民间契尾格式，编列号数，前半幅业照常细书业户等姓名，买卖田房数目，价银、税银若干。后半幅于空白处豫钤司印，将契价、银银数目，大字填写钤印之处，令业户看明，当面骑字截开，前幅给业户收执，后幅同季册汇送藩司查核。其从前布政使司备查契尾，应行停止。"见《清会典事例》第三册卷二百四十五《户部·杂赋·田房税契》，北京，中华书局影印版，2013年，第897页。自此以后，清代的契尾制度才基本固定下来。

〔5〕 梁治平：《清代习惯法》，桂林，广西师范大学出版社，2015年，第42页。

四、结　　语

从契约文书角度研究我国多民族国家的历史同样很有助益。近年来,不仅华南、华北、华中及中原等广大地区发现大批的契约文书,而且周边少数民族地区同样也发现了很多有价值的契约文书。经过整理和研究,学者发现,周边少数民族地区使用的契约文书同上述地区有着极大的相似性,甚至就是"对汉地契式的一种仿效","在内容上大同小异",就目前学者研究所涉及的周边及少数民族契约文书种类非常之多,如汉晋时期的佉卢文契,北朝至唐的粟特文契和于阗文契,唐代的吐蕃文契,唐至元代的回鹘文契和蒙古文契,西夏至元的西夏文契,明清时期的察合台文契,以及西南地区各个少数民族用汉语书写的各种契约等。周边少数民族文契的共同特点是,"在接受汉地契约格式和精神的同时,又结合本民族的社会制度和风俗习惯,形成一些适合本民族内习惯行用的契约模式"[1]。这些研究成果可以大大弥补传统研究成果的不足,因为此前的研究大多根据一般的文献材料以及考古成果,极少利用契约文书。

总之,契约文书的大量发现和刊布为学术研究的推进提供了丰富的第一手史料,但是同时也引发了学界的诸多争论。面对着历史学的社会科学化,史学研究开始大量借鉴社会科学的理论和方法,解释框架和模式不断被创造。从契约文书出发,我们可以对传统中国尤其是乡土社会的务实精神、契约精神和法治精神等内容有更为深入的理解。但是就契约文书的研究而言,多数忽视中国文化的多样性与统一性这一特点,使得当前关于契约文书研究的争论不断增多。从上述对诸多论证的讨论可以看出,仅仅靠借鉴理论进行创新研究是远远不够的,我们更需要做的是尊重中国历史与文化的多样性与统一性,从具体的时空语境出发,来探讨各个时期、各个区域的历史问题。不仅仅需要从第一手的契约文书出发,更要对各时段、各区域的制度设计背后的逻辑有充分的考察,在多种史料的相互佐证下对于各类交易行为有充分的把握,对于民间的私法秩序有充分的认识,才能从中归纳总结出合适的理论。

[作者仲伟民,教授,清华大学人文学院历史系;
作者王正华,博士研究生,清华大学人文学院历史系]

---

[1] 乜小红:《中国古代契约发展简史》,北京,中华书局,2017年,第341、345页。

清代黔东南苗族妇女婚姻的缔结与变动
——以清水江文书为中心

吴才茂

虽然从碑铭文献中可知,清代清水江地区的婚姻缔结,"庚贴为凭"的婚姻缔结模式被清王朝与地方社会不断强调[1]。但是,何谓"庚贴"？又如何"为凭"？民间究竟是以什么样的形式来操纵婚姻的缔结？"庚贴为凭"这种"礼"入苗疆的意义何在？诸如此类的问题,却未得到具体的研究。究其原因,要言之有二:一是研究者的视野多局限于民族学、人类学领域,对包含婚礼在内的"礼"入苗疆的历史过程,并未有细致的梳理与深度挖掘；二是资料开掘与利用亦存在取舍不对等的弊端,因要强调民族特色,所以,对有利于特色展开的资料搜集甚多,而其余资料发掘力度则不够。

事实上,在遗存的清代档案中,贵州民间婚姻的缔结,多备"婚书"成礼者[2]。地方志在婚礼栏目中均详载了成婚的步骤。例如在黔东南苗疆核心区——古州,光绪年间所修《古州厅志》就详细罗列了婚礼的各项步骤,并列有相应的"书式"[3]。但方志继续写道:至光绪年间"纳采不用书启,只用红纸全拜贴,男女各一封,男书忝眷末某姓名顿首拜。女书忝末某姓氏裣衽拜,女家复书亦如之,并不用全书启式,较为简便"[4]。换言之,人们在这种繁复的书式中,已经开始找到了简化的办法。如果说方志资料还是体现官方意志的话,那么在黔东南各地发现的契约文书中的婚书[5],则是民间社会的具体实践了。

---

[1] 参见李斌、吴才茂:《从转娘头到庚贴为凭:清代清水江流域苗侗民族的婚俗变迁——以碑刻史料为中心》,《贵州民族研究》2013年第6期。

[2] 参见杜家骥主编:《清嘉庆朝刑科题本社会史料辑刊》,天津,天津古籍出版社,2008年,第3册,第1831—1833页。

[3] 光绪《古州厅志》卷六《典礼志下》,收入《中国地方志集成·贵州府县志辑》第19册,成都,巴蜀书社,2006年影印版,第374页上栏。

[4] 光绪《黎平府志》卷四下《嘉礼》,收入《中国地方志集成·贵州府县志辑》第17册,第433页下栏。

[5] 中国古代的婚书有两种含义:一种是占卜婚书,一种是男女婚姻的文字凭证(参见郭松义、定宜庄:《清代民间婚书研究》"前言",北京,人民出版社,2005年,第1页)。

一、八字课单、婚期选定及其运用

通常而言,中国古代的婚姻强调两点:一是门当户对,即所谓"昏者须自揣已之子女可以相配门第";二是年龄相当。满足这两点,"然后可结姻"[1]。但在社会生活实践中,往往会出现很多不同的面貌,其中,婚配需查星命便是重要的一项[2]。这种推演命理的方法,唐代已经出现,主要以吕才《合婚书》所提合婚占法为主,其法"以男女年命,浪立数目,配合相成,名曰合婚。妄立天医、福德为上婚,游魂、归魂为中婚,五鬼、绝命为下婚"[3]。至明代,张楠指出吕才之谬,认为合婚之正理应该是:"看男命带比肩、劫财重者,必择女命带伤官、食神重者配之;若女命带伤官、食神重者,必择男命带比肩、劫财重者配之。"[4]而元代以后,八字婚配法已广为流传[5]。

清代黔东南地区,这种观念开始兴盛,以至光绪年间,地方志编修者只能提倡:"凡嫁女娶媳者,须择男女贤淑,毋过泥于星命。"[6]但人们"择昏必用术,严查星命"已成婚姻的必修课[7]。换言之,男女能否婚配,排演生辰八字成为重要的决定因素,在民众的思维里,如果男女生辰八字不合,则不能婚配,即便结婚,亦多坎坷。于是,"八字课单"成为婚姻中的重要组成部分。图1是清水江文书中一份男女婚配八字单的图版[8],可资参看。

图1这份男、女八字单,字迹潦草,时间未详,亦无批语,乍看之下,不知二者是否合配。但男、女生辰八字的基本信息具备,即乾造(男命)为:辛酉年戊戌月丙午日巳时生人;坤造(女命)为:壬戌年戊寅月乙丑日申时生人。据云其二人之生辰八字符合五行相生相克原理,要之如下:男命天干为辛金,女命天干为壬水,金生水;男命地支丁酉金,女命地支戌土,土生金;男命命元为丙火,女命命元为巳土,火生土[9]。尽管其所蕴

---

[1] 光绪《黎平府志》卷四下《嘉礼》,收入《中国地方志集成·贵州府县志辑》第17册,第432页下栏。
[2] 有关五行八字婚姻观之概述,参见刘道超:《五行八字婚姻观探析》,《社会科学家》1990年第3期。
[3] (明)张楠、郑同点校:《神峰通考命理正宗》,北京,华龄出版社,2010年,第5页。
[4] (明)张楠著、郑同点校:《神峰通考命理正宗》,第6页。
[5] 参见赵小明:《黑水城出土〈属相方术〉考——兼论唐代以来的合婚习俗》,《青海师范大学学报》(哲学社会科学版)2016年第3期。
[6] 光绪《古州厅志》卷六《典礼志下》,《中国地方志集成·贵州府县志辑》第19册第373页上栏。
[7] 光绪《黎平府志》卷四下《嘉礼》,收入《中国地方志集成·贵州府县志辑》第17册,第432页下栏。
[8] 张应强、王宗勋主编:《清水江文书》第1辑第1册,桂林,广西师范大学出版社,2007年,第487页。
[9] 笔者虽然自小就生活在这种社会文化环境里,但并未真正能读懂此类算命单,经请教同事龙泽江副研究员,其言大要如此。然此说大抵只是五行占法,据说唐代用五行来占夫妇的凶吉就已经比较多,甚至可能是当时的一大特点,参见黄正建:《敦煌占卜文书与唐五代占卜研究》,北京,学苑出版社,2001年,第149页。

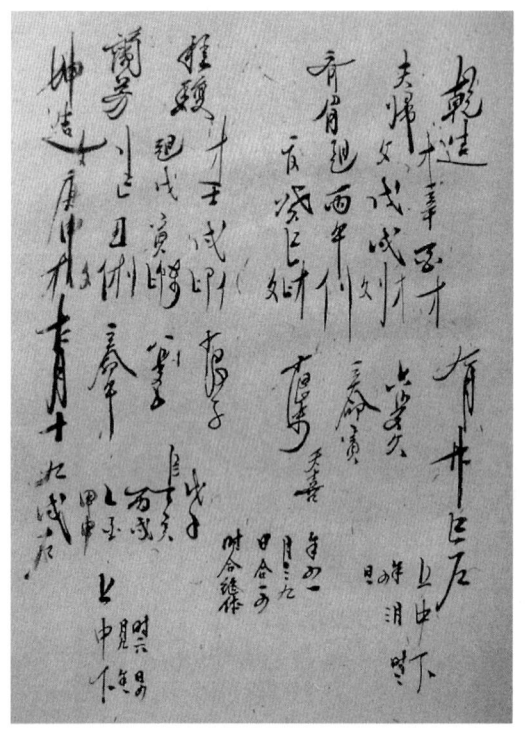

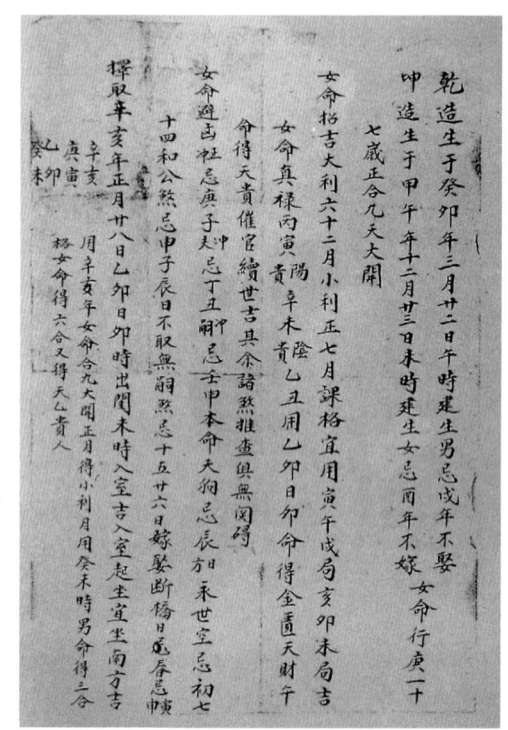

图1　男女婚配八字单　　　　　图2　择吉婚书

含的诸多民俗知识，在此并未能一一道出，而于崇尚科学者而言，此亦属无稽之谈。但不可否认，中国传统社会里，男女之姻缘缔结，"婚前必先具生辰合婚，惟合是从，惟克是禁"的观念极为盛行[1]。因此，这类"八字单"于古人的社会生活意义而言，无疑极为重要，它表达了人们对姻缘的美好期望。

为了更好地使男女婚姻美满，唐代敦煌文书中也已有"推嫁娶忌月法（拟）"、"推择日法"和"数周堂法"等选取婚期的方法[2]，即如何选取避开凶煞的婚期。至明清时期，对婚期的选定更加重视。在清水江文书中，这类择吉婚书就很多，其形制大体有两种，兹举图2择吉婚书和图3婚姻课单[3]，以示说明。

---

[1]　郑传寅、张健主编：《中国民俗辞典》，武汉，湖北辞书出版社，1987年，第395页。
[2]　黄正建：《敦煌占卜文书与唐五代占卜研究》，第147页。
[3]　分别参见张应强、王宗勋主编：《清水江文书》第1辑第3册，第448页；《清水江文书》第2辑（桂林，广西师范大学出版社，2009年）第6册，第81页。

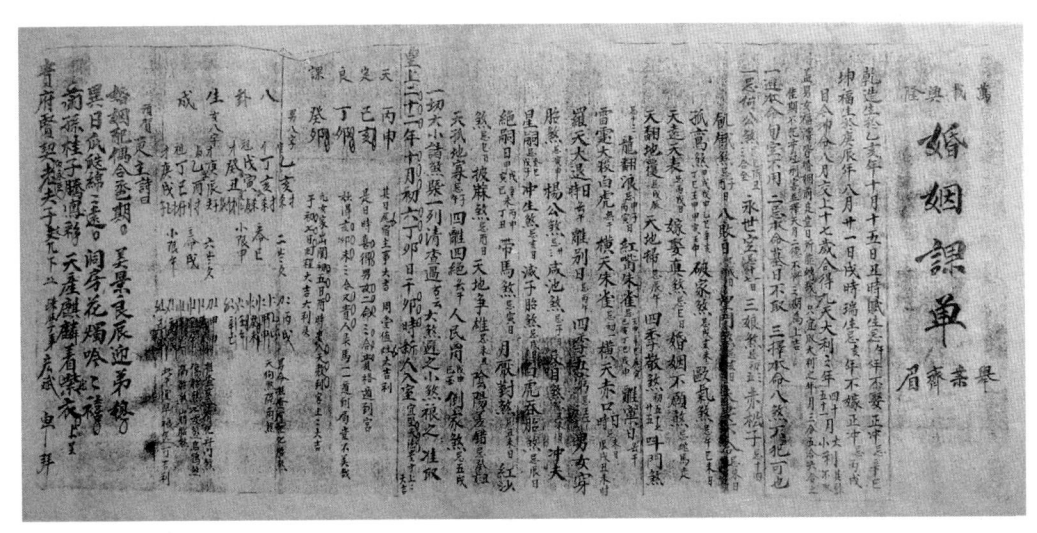

图3 婚姻课单

娘煞(忌初三、初五)、赤松子(忌十四)、饥饿煞(忌子、酉日)、八败日(忌戌日)、望阁煞(忌亥日)、夫妻不合(忌未日)、孤鸾煞(甲戌、戊申、乙巳、辛亥、丁巳、壬申、甲寅、壬午)、破家煞(忌戌、亥、未)、呕气煞(忌午、巳、未日)、天远天表(忌丙戌日)、嫁娶真煞(忌巳日)、婚姻不愿煞(忌蛇马走)、天翻地覆(忌戊辰)、天地扫(忌辰、午)、四季煞(初五、十七、二十五)、吜门煞(忌十三)、龙翻浪(忌甲子、丙寅日)、红嘴朱雀(忌壬申、辛巳、庚寅、乙亥、丁巳、戊申)、离窠日(无干)、雷霆大沙白虎(无干)、横天朱雀(忌初一)、横天赤口(日忌未日,时忌辰、戌、丑、未时)、罗天大退(日、时无干)、离别日(忌丙午)、四季五穷(忌壬午)、男女穿胎煞(忌丙申)、杨公煞(忌二十)、咸池煞(忌子日)、反目煞(忌丑未日)、冲夫星嗣(忌癸巳、戊子)、冲生煞(忌亥日)、灭子胎煞(忌戌日)、白虎吞胎煞(忌辰日)、绝嗣日(甲戌、甲寅、辛未、丁丑)、带马煞(忌寅日)、月厌对煞(忌丑未日)、红沙煞(忌巳日)、披麻煞(忌酉日)、天地争雄(忌未丑)、阴阳差错(忌癸丑)、天孤地寡(忌子午)、四离四绝(无干)、人民离(戊戌、乙酉)、倒家煞(忌戊戌)。

从上述开列的各种煞来看,若要选取一个完全避开任何煞的日子,几乎不可能。于是在开列完各种煞之后的一行,紧接着这样写道:"一切大小诸煞,概一列清查过,书云:大煞避之,小煞很之准取。"换言之,一些不紧要的关煞,是无须理会的,以致民间有"选日子用好紫薇、玉皇、天皇所占日,即可百无禁忌"的说法。

总之,对于男女八字是否适合合婚及婚期日子的推定,是一个极为复杂的过程,若然不顺,极易产生误解,以致退婚。例如:

光绪三十四年十月陆林厚立退婚字约

立两愿心平退婚字约人陆林厚,先年父亲凭媒求本寨刘开堂之女,名唤刘氏多菊,与配为妻室,至今日久。先年娘家先发之女本命与陆姓,请师排查二比本命,本年六月初七日止女出门、进门大利。今我亲夫隐瞒,不通娘家之信。娘家闻近本年二比大利,方可请到原媒刘瑞汇、吴万祥与我亲夫言及。夫言二比六命不合,前缘不修。蒙中与我二比排解,男愿另娶,女愿重婚,任从此女另娶,四〔门〕开亲,不关陆姓之事;亲夫四门另讨,不与刘姓氏将〔相〕干。二比心平意愿,中证并无强压,以后二比并房族人等不得借故翻悔,磋素情事。倘有二比借故生端翻悔情事,俱在陆姓一面理落,不干刘姓之事。日后不得异言,若有异言,任从中等当官照事禀明。恐后无凭,二比两愿心干〔甘〕,退婚字约提实附与刘姓,永远存照为据。

凭中:刘瑞汇、吴万祥

亲笔

光绪三十四年十月十九日立退[1]

这份退婚文书显示,陆林厚的父亲凭媒求到刘开堂之女刘多菊与配为妻室,但很久都未成婚,原因是"先年娘家先发之女本命与陆姓,请师排查二比本命,本年六月初七日止女出门、进门大利",但陆林厚并未把这一讯息及时告诉刘家,而等到刘家听闻"本年二比大利",请原媒刘瑞汇、吴万祥跟陆家说的时候,陆林厚却"言二比六命不合",然后立了这份退婚字约。从这件事情的经过来看,可能是陆家得到刘多菊的生辰八字之后,请算命师排查之时,二者八字并未十分合拍,以致并未把可以"出门、进门"的日期及时告诉刘家,而产生了退婚之念。于是请中和解,二者各自另娶另嫁。

因此,这种关乎婚姻顺利进行与人们对婚后生活美好愿望的婚占星命活动,被人们娴熟地运用在婚姻缔结与婚姻生活中。一旦婚姻过程中出现问题以及婚后不幸福,均会与此联系起来。甚至婚后因其他因素而须离散者,亦找借口是六命不合,这样的例子在婚书中多有体现。例如:

---

[1] 按,贵州省锦屏县平秋镇石引村刘光彬家藏文书之一,该家藏契约文书300余份。由凯里学院人文学院傅安辉教授提供信息,刘光彬及其家属带契约文书至凯里学院图书馆,图书馆馆长陈洪波研究馆员及贵州原生态民族文化研究中心副研究员龙泽江等人接待并扫描,彩色扫描件现已录入凯里学院图书馆"清水江文书数据",感谢该图书馆允予作研究使用,谨致谢枕!下再引该家藏文书者,即不再赘。

立出售嫁婚书字人墩寨潘宇泉,情因[得]取之妻名唤刘来姣,年方无别论。只因六命不合,朝日吵闹,母子无奈,只得请媒出放,无人承讨。今有九南陆德祥凭媒承娶为妻,当日凭媒四面议定礼金洋伍仟四百元整。[1]

这份卖妻文书,原因写得很清楚,"只因六命不合",而导致朝日吵闹,在这种情况下,"母子无奈,只得请媒出放"。这种"六命不合"成为人们常常运用的策略,以此欺负女性,这也是女性在婚姻生活所要面对的具体事项,也可见她们常常处于劣势。

二、初婚婚契与再婚婚契

郭松义与定宜庄对清代民间婚书有精深的研究,他们指出:清代民间的初婚婚书,大部分是以礼仪之书形式出现的,利害关系主要隐含在聘财与嫁妆之内而不显。但是在社会上尤其是民间生活中,毕竟还存在着其他各种婚姻关系,这些婚姻关系主要靠具有契约关系的婚书来维持,这种婚书就是婚契。他们进一步指出:凡民间写立婚契,都无须官府钤印,只要当事双方认可,再有中人作证,就可以发生效用,而一旦某方毁约告到官府,官府承认这种婚约,并以之作为审理的依据[2]。因此,民间在婚姻关系的确立与解除上,婚契得到了大量的运用。

清代的黔东南地区,尽管还被贴着"化外"或者"苗蛮"等标签,但清王朝武力开拓为先、教化随其后的经营策略,把包括婚礼在内的"礼"以碑刻的形式刊立于乡村社会,成为最为重要的统治方法之一。不过值得注意的是,碑刻的刊立,虽然能体现出清王朝和地方社会的共同努力,但对于个人来说,尚未能确切地知道他们是如何在婚姻生活中运用了这种"婚礼",因此更为细致的材料,当然非与个人息息相关的婚契莫属。在清水江文书中,为数不少的婚契,正可补此缺憾。

(一)初婚婚契

通常而言,人们若要走上婚姻的道路,必然会经历初婚,多数人亦仅初婚,即完成了其一生的婚姻历程,再婚毕竟是少数,因此初婚婚书也理当是最多的。"作为文字凭证的初婚婚书,只要书写男女双方年庚、主婚、媒妁等内容,就具有法律效应"[3]。但这

---

[1] 高聪、谭洪沛主编:《贵州清水江流域明清土司契约文书·九南篇》,北京,民族出版社,2013年,第448页。按,类似的卖妻文书,参见张新民主编:《天柱文书》第1辑第3册,南京,江苏人民出版社,2014年,第205页。

[2] 郭松义、定宜庄:《清代民间婚书研究》,北京,人民出版社,2005年,第103页。

[3] 郭松义、定宜庄:《清代民间婚书研究》,第104页。

种婚书,尚不能称之为"契"。所谓"契"是须有双方约定行为的,这种带有约定行为的初婚婚契,清水江文书与全国各地一样,并不多见[1]。仅见三张,兹分述如下:

光绪九年九月江运良立婚书字

　　立婚书字人湖南沅州府人茶冲寨人氏江运良,情因胞弟江运文,本年六月去世,遗下弟媳女儿三口。长女名唤江氏清花,年一十岁,癸酉年十二月二十二酉时生,弟媳自愿凭媒出嫁攸洞寨刘显东娶以为室。不幸弟媳于九月初十日,亦以已去世,思难以抚养,即请东来商量,□一十三千六百文整,即凭媒迎接过门。愿彼斯男,则百□田种玉。恐口无凭,立有婚书是实。

　　凭媒人:伍荣厚、唐老仕

　　请笔:杨朝东

光绪九年九月二十八日立[2]

这份文书是湖南沅州府茶冲寨江运良通过媒证,将侄女嫁给贵州省天柱县攸洞寨刘显东为妻的事例。当时湖南人至贵州讨生活的现象较为常见[3],这种远距离的婚姻开始出现。这份婚书基本包含了婚书所规定的书写内容:是否有凭媒聘定、聘财数目以及男女双方的情况(籍贯、三代姓名、年庚、行次),仅男方的年庚等信息不全,算是比较标准的婚书。但也可以看到,江清花才十岁(注:其生年癸酉年系同治十二年,立契时间为光绪九年),就父母双亡,其伯父"思难以抚养,即请东来商量"。虽然文书有辨认不清的地方,但其急迫的心情,还是能从"即请"、"即凭"等词中判断出来,并且十岁即被迎娶过门,实有卖侄女心切之嫌,因而此婚书又兼具卖契的性质。

婚书写成兼具卖契的形式,多是女方有求于男方。下面这份文书能进一步体现:

光绪十六年十二月王彦成立、刘芝金立请状字

　　立请状字人黄冈寨王彦成、石引寨刘芝金所有外甥女王氏昭灵。为因命途舛,自提孩五岁父亲亡故,慈母下堂,无人抱养,难获成人。其有亲房人等,无人承忍[认],以及无奈,跟随姑母,得蒙姑父抱,栽培二十余岁,无人来求。所有平秋寨刘朵金,与吾外甥女二比为一,是男而无女为室,是女而无男为家。以今出一事,经几

---

[1] 按,郭松义与定宜庄在研究清代民间婚书时,初婚婚契仅见四例,可见其稀少之程度。参见郭松义、定宜庄:《清代民间婚书研究》,第104—111页。

[2] 张新民主编:《天柱文书》第1辑第12册,第290页。

[3] 按,清水江文书中,常见湖南人到天柱、锦屏一带佃山栽杉,讨取生活的事例。参见张应强、王宗勋主编:《清水江文书》第1辑,第4册第63页、第12册第33页,等等。

地方乡团等,刘开贤、刘发伦、陆林益、陆显忠、刘瑞登等排解,劝与刘朵金为妻,主〔断〕财理〔礼〕文〔纹〕银二十四两,二比自愿了息。其交足以后,舅公有言异论,不关中人、朵金之事。恐后无凭,立有请状字为据。

请笔:刘石元

光绪十六年十二月十九日立请[1]

这是一份由王昭灵舅舅家立的请状字,前部分叙述了她五岁丧父,母亲另嫁,房族中无人抚养,在没有办法的情况下,姑母姑父把她养到了二十余岁。后半部分讲述了她长大之后,没有人来求取婚聘,恰好有平秋寨男子刘朵金,与她合配,于是,请几地方乡团等,刘开贤、刘发伦、陆林益、陆显忠、刘瑞登等排解,劝与刘朵金为妻,财礼钱二十四两。从这些叙述可知,虽然姑父姑母把王昭灵抚养长大,但主持他出嫁的却是她的舅舅,整个行文中,仅提及了房族在其小时候无助之时,没有尽到抚养义务。因此,也无权作任何干涉,以致在后文的担忧中,仅列了"舅公有言异论,不关中人、朵金之事"。这种表达方式,其实正是黔东南苗族地区舅家拥有优先娶外甥女权利的体现,换言之,只要舅家答应,即可无虞。

另外值得注意的是"经几地方乡团等,刘开贤、刘发伦、陆林益、陆显忠、刘瑞登等排解,劝与刘朵金为妻"一句。这句话显示,王昭灵是被这些地方乡团劝与刘朵金为妻的,即这些乡团充当了媒人的角色,并且阵容很大,应该包括了黄冈和平秋的乡团。何谓乡团?其实就是晚清地方政府在乡村任命的准军事组织,他们的职责重点在钱粮与社会治安上[2]。虽然婚姻不直接属于社会治安管理范围,但若因此而发生纠纷,则属于社会治安所辖范围。因此,晚清越来越多的基层社会管理人员,参与到了婚姻的缔结中来。尤其在这种隐含潜在风险的婚姻缔结中,他们起到了重要的作证作用。以下民国这份保长参与的婚契,亦属于此类:

民国三十四年二月立王有环立愿书

立愿书人王有环,系锦屏县九寨乡王冈居住,情有一女,名唤翠桃,因母亲早逝,无人抚育,而又家境乏困,生活维艰。今该小女跟父谋生至天柱县高酿乡攸洞,复因为生计窘迫,难以养育延生。乃凭证人等,甘愿嫁与攸洞村伍绍全,抚养长成,许伊长子名宏魁为妻。可是目前该夫妇双方当事人虽未成年,经得双方家长主事

---

[1] 贵州省锦屏县平秋镇石引村刘光彬家藏文书之一。
[2] 参见吴才茂、李斌:《清代黔东南地区的乡村社会控制——以新见官文书为中心》,《中国社会经济史研究》2017年第1期。

人同意,依法已正式成立婚姻事实。同时聘金亦凭证人等依俗纳清,自愿出嫁已往,双方家长不得反覆情事,及双方男女长成,只得相助家道,不得悔婚行为。当有翻悔及意外发生,愿受法律上之严重处分。特立愿书一纸,付交男方执照,此据。

  立愿书人:王有环(押,左拇指)

  请笔:龙连登(押,左拇指)

  媒证:龙连陞(签章)

  证人:胡启文(签章)

  保长:伍绍谟(签章)

中华民国三十四年二月二十六日立[1]

  这份婚书,虽系民国年间所立,但与清代相距不远,而且清水江文书中,清代中晚期到民间年间的契约签署,格式基本一致[2]。而乡村社会生活亦未因改朝换代而发生根本性改变,因而放在此处一并讨论。

  王有环立此愿书,是因为家里太穷、生活维艰,难以养育延生,才把未成年的女儿嫁与伍绍全的长子伍宏魁为妻。值得注意的是"抚养长成"一句,类似于童养媳,但又与童养媳不同。因为"该夫妇双方当事人虽未成年,经得双方家长主事人同意,依法已正式成立婚姻事实,同时聘金亦凭证人等依俗纳清"。换言之,不管是从法律上来说,还是从民间习俗来说,他们已经是完整意义上的夫妻。这一点,在"中见人"一栏中,也可以看到,既有"媒证",又有"证人",更有地方行政管理上的"保长",他们的签章画押,不仅起到公正的作用,还能证明此项婚事的合法性。但相对于正式的婚书来说,男女双方的年庚一类的信息俱无,从文书格式上来看,类似于卖女契约。

  初婚婚书,一般而言,不会写成契约,但最终形成契约形式,其原因除了"异地婚聘的最大问题是双方对另一方的情况都了解不够,所以特别注重凭媒订约"[3]外,风险较大和婚配当事人如果幼小,都有可能把婚书写成契约。上述婚书,第一件为异地婚姻,又兼具女子幼小。第二件婚书系舅父主持外甥女的婚事,并且不是男方主动请媒妁上门求婚,隐含的风险相对而言较高。第三件当事人双方虽然是邻近县份,但已相距甚远,更为重要的还是因为结婚男女年纪尚小,需要在这种契约式的婚书下才能使这种婚

---

[1] 张新民主编:《天柱文书》第1辑第12册,第46页。

[2] 参见吴才茂:《明代以来清水江文书书写格式的变化与民众习惯的变迁》,《西南大学学报》(社会科学版)2016年第4期。

[3] 郭松义、定宜庄:《清代民间婚书研究》,第104页。

姻关系的确立更具效力。因此,这三份初婚婚书,虽然具备了婚书的某些格式,但最终却写成了契约形式的婚契。

(二) 再婚婚契

明清时期,提倡贞节。如万历《明会典》规定:"凡民间寡妇,三十以前夫亡守制,五十以后不改节者,旌表门闾,除免本家差役。"[1]大清律法继续鼓励:"凡妇人夫亡之后,愿守节者,听。"[2]并且,清代法律规定旌表节烈的范围和方法与前朝相比都更为细化,旌表范围有节妇、烈妇、烈女和贞女之分,旌表也按照等级差别逐一规定[3]。旌表妇女成为一种风潮,其结果则是守寡现象的增加[4]。据统计,有清一代,受到旌表的贞洁烈妇有 100 万人之巨[5]。但是,更多的妇女尤其是下层穷苦百姓,夫死之后,守寡与否,主要取决于实际生活需求,即有无生存的能力和财力,成为其衡量是否再婚的重要标准。只是由于清代官方文献记载较少,再嫁未有守贞那么引人瞩目而已。而大量再婚婚契的存在,为这一问题提供了最原始的第一手资料。

清代黔东南地区苗族女子再嫁行为,所涉面极广,尤其是与原有家庭的关系,错综复杂,极易产生纠纷。一般的婚书或礼书,已远远不能满足再嫁所需,尤其与原来家庭脱离关系一节,非以契约形式的婚契不足以权责明晰。因此,在与黔东南邻近的黔南平坝县,就有相关记载:"娶再醮妇或招赘,多不用庚贴,只用主婚人所出之婚书,亦以红纸为之,即愿书也。"[6]所谓"愿书","就是把双方条件和要求事先一一讲明,经寡妇本人同意后,再依约开出的合同或者契约"[7]。清水江文书就常常以"立两愿心平约人"或者"立心甘情愿字人"为开头,如前引用"光绪三十四年十月陆林厚立退婚字约"即是如此。

当然,在数量众多的寡妇再婚婚契中,其复杂程度远不止此,首先所面临的是她们

---

[1] 万历《明会典》卷七九《旌表》,《景印四库全书》第 617 册,台北,台湾商务印书馆,1983 年,第 751—752 页。
[2] 马建石、杨育棠主编:《大清律例通考校注》卷一〇《户律·婚姻》,北京,中国政法大学出版社,1992 年,第 446 页。
[3] 参见刘纪华:《中国贞节观念的历史演变》,收入高洪兴等编:《妇女风俗考》,上海,上海文艺出版社,1991 年版,第 537—538 页。
[4] 定宜庄:《清代妇女与两性关系》,收入杜芳琴、王政主编:《中国历史中的妇女与性别》,天津,天津人民出版社,2004 年,第 226—229 页。
[5] 郭松义:《伦理与生活——清代的婚姻关系》,北京,商务印书馆,2000 年,第 413 页。
[6] 民国《平坝县志》第二册《民生志·婚丧》,收入《中国地方志集成·贵州府县志辑》第 45 辑,成都,巴蜀书社,2006 年影印版,第 103 页下栏。
[7] 郭松义、定宜庄:《清代民间婚书研究》,第 116 页。

的主婚权,即谁能再嫁这些失去了丈夫的寡妇。根据清代的法律:"嫁娶皆由祖父母、父母主婚,祖父母、父母俱无者,从余主婚。其夫亡携女适人者,其女从母主婚。"[1]即直系尊亲属为第一顺序人,其次是期亲尊长,第三是期亲以外的尊亲属[2]。按照已有研究成果的说法:虽然法律的规定是针对初婚而言的,但同样也适用于女子的再嫁。只是女子出嫁之后,身份归属便随之变化,婚姻自主权由父母家转移到了夫家。所以,女子再婚的主婚人,仍由前夫家的直系亲属出面,若无公婆,可以次类推,有大伯、小叔乃至夫家的亲她相近房亲主持[3]。就清水江文书所见,基本与此类似,常以"立领婚字"、"立主婚字"开头。以下两份虽然是民国年间签署,但当事人的生活显然经历了晚清,并且很具代表性,故放在此处讨论。

民国十八年十二月吴氏成秀立婚领字

　　立婚领字人龙门吴氏成秀。情因男荣发身故,遗妻欧杨〔阳〕氏,年青难守,只得将欧杨〔阳〕氏改嫁。请媒说合龙池龙仁茂娶配为婚。当日凭媒,得受礼钱一百六十千文整,其礼钱系龙氏吴成秀亲手领足,不少分文。自领书之后,任龙仁茂择吉迎亲,承偕结老。此系明婚正娶,并无谋夺等情,即龙吴氏族内人等不得异言。恐后无凭,立此付与龙仁茂,执照为据。

　　凭媒:胡老冬
　　代书:龙绍基
　　民国十八年十二月十七日立[4]

民国十九年三月吴氏成秀立清婚字

　　立清婚字人果元龙吴氏成秀。情因男银发身故,遗妻欧阳氏,年青难守,于去年十二月请媒胡老冬,访堂出放与龙泽龙仁茂为妻。当日言定礼钱一百六十千文整,此钱概交胡老冬之手,殊胡老冬只兑礼钱九十九千文与龙吴氏,其余之数被胡

---

[1] 马建石、杨育棠主编:《大清律例通考校注》卷一〇《户律·婚姻》,第443页。
[2] 瞿同祖:《中国法律与中国社会》,北京,中华书局,2003年,第108—109页。按,瞿同祖还区分了他们的权责大小与法律责任,即直系尊亲属即祖父母、父母;期亲尊长为伯叔父母、姑、兄、姊、外祖父母,他们不会强制执行主婚权,多少会征求当事人的同意,所以,法律上的责任较轻;期亲以外的尊亲属关系最疏,所以,只是名义上的主婚人,实际上并没有专断的权力,而须征求本人的同意。
[3] 郭松义、定宜庄:《清代民间婚书研究》,第122页。按,郭先生依据他们所见的材料,在该书中继续写道:只要夫家还有能够出面的人,寡妇的主婚者就是他们,并举出了公翁、公婆、叔伯、堂伯、小叔等五种事例(第122—125页)。
[4] 高聪、谭洪沛主编:《贵州清水江流域明清土司契约文书·亮寨篇》,第319页。

老冬暗吞,而龙吴氏屡向胡老冬取讨,日久未获,只得投局向理。蒙局长传集龙仁茂到局问明情由,乃龙仁茂果系出足,但胡老冬家下贫困,缓出不完,局长只得劝令龙仁茂复出钱五十千与龙吴氏,此钱龙吴氏亲手领足,不少分文。自今以后,龙吴氏不得再生枝节,如有再生事端,龙仁茂执字赴公,自干领罪。立此清白字为据。

请笔:潘玉超

民国十九年三月十六日龙吴氏(画押)立[1]

这两份文书综合起来,讲述了这样的事实:吴成秀的儿子龙荣(银)发亡故,遗妻欧阳氏,于民国十八年十二月,由她主婚,请媒人胡老冬,把儿媳说合与龙仁茂娶配为婚。并于第一份文书中说"得受礼钱一百六十千文整,其礼钱系龙氏吴成秀亲手领足,不少分文"。之所以有第二份文书出现,是因为虽然说吴成秀亲手领足了钱,但在第二份文书却出现了媒人暗吞了六十一千文的事实。因此龙仁茂只得"复出钱五十千与龙吴氏"。由此有两点值得注意:一是再嫁时,媒人可能两头欺蒙;二是也显示了公婆对儿媳再嫁有较强的控制权,即在其拿不到足额钱财时,即便是被媒人暗吞,其仍然要找到儿媳再婚对象。

由夫家叔伯主婚的事例也较为常见。例如:

光绪八年十月毛兴盛立主婚约

立主婚人毛兴盛,先年胞弟求娶石氏之女名唤有姝。至今天立请字与媒征〔证〕,四门开放,杨方泰求娶为妻,凭媒礼金言青过足,分文不少,任从杨姓迎接过门。以后有婚姻不清,具〔俱〕在谋征〔媒证〕主婚人理落,不干求嫁之事。恐后无凭,立有主婚字为据。

谋征〔媒证〕:吴二、吴忠、李大发、黄双贵

请笔:杨志方(画押)

光绪八年十月初二日立[2]

这即是一份由叔伯主婚的婚契,即毛兴盛为其胞弟之妻主婚,嫁与杨方泰为妻。虽然契文中并未明确说其胞弟已亡故,但从整张契约的行文来看,其胞弟似应已亡故,不然毛兴盛不可能有主婚之举。

其余如小叔主婚、丈夫叔伯主婚的事例,亦常见。小叔主婚,例如:"立主婚杜后事

---

[1] 高聪、谭洪沛主编:《贵州清水江流域明清土司契约文书·亮寨篇》,第320页。按,公翁主婚事例,可参见张新民主编:《天柱文书》第1辑第8册,第129页。

[2] 贵州省锦屏县平秋镇石引村刘光彬家藏文书之一。

字人冷水寨龙大椿,情有族兄龙大烈娶得摆洞杨招庆之女名唤连姐为妻,过门数载,毫无别论。龙大烈家门不幸,于乙丑年亡故,遗有妻室杨氏和有一女,家下寒微,无人能管,遗有寡嫂,募值年荒,日食艰维,又无一男事老,未能居孀。今我不忍母女冻饿,开生路一条,另行再醮。今有摆洞龙伯鉴央媒前来求聘杨氏为室。"[1]丈夫叔伯主婚,例如:"立主婚字人龙池龙文银,为因血侄征兵在外□□,音信渺无,目下年迈,生活难度,无法可施,只得将侄媳刘氏来姣改嫁与墩在〔寨〕潘宇泉名下为妻。"[2]

另外,还有众房族共同主婚的事例,例如:

同治十二年十二月吴俊文等立婚书字

  立婚书字人观音湾鸬鹚干□吴俊文、美桢、俊林,经管人吴二隆、开实、毓林等,情因亲房吴长开一支,于先年移居黎属,复移至罗理八卦溪口住坐。□□长开所生一子,名唤新弟,娶妻杨氏老兰。兹因新弟于本年上春往天柱雷寨种田,不幸逝矣,丢下杨氏老兰,无人招管,无食难逃。众族与亲房人等商议,将杨氏老兰出嫁与彭高祥为妻。凭媒议定聘金钱二十一千文整,其钱亲房领回,超度新弟,费用彭姓分文无欠。吴姓合族人等,不得兹事生端。恐有异论,主婚人认承,上前理落,不关彭氏之事。恐后无凭,立此嫁书付与彭姓兰挂腾芳为据。

  凭媒人:黄仕品、〔黄〕仕春、周昌兴

  同治十二年十二月十六日吴俊林亲笔[3]

这份是一份房族一同主婚改嫁吴新弟妻子的婚书,原因是吴新弟去世,其妻子"无人招管,无食难逃"[4]。然后众族与亲房商量,把她改嫁,以获取超度吴新弟的费用。

值得注意的是,丈夫正妻也有主婚权,但具体操作过程中,又受到族亲的限制。例如龙世明在一纸诉状中就这样写道:"缘民家遭不幸,偶折中年,迩来中馈乏人,故不得不续弦再娶……有王家榜吴贤桂,先年亡故,遗妾杨氏春桃,青秀无靠……民故托媒代为说合,所幸该女及其娘家均已允诺……嗣后又得贤桂发妻(杨氏金姣)出而主婚,议定婚礼。"[5]不过,吴氏家族认为龙世明与媒人蒙骗了杨金姣,于是进行干预,还打了

---

[1] 张新民主编:《天柱文书》第1辑第2册,第252页。
[2] 高聪、谭洪沛主编:《贵州清水江流域明清土司契约文书·九南篇》,第447页。
[3] 张应强、王宗勋主编:《清水江文书》第2辑第5册,第176页。
[4] 按,"逃"字,系酸汤话记汉意,这里的"难逃",是"难找,难以生活"之意。
[5] 高聪、谭洪沛主编:《贵州清水江流域明清土司契约文书·亮寨篇》,第322页。

一场官司[1]。诉讼了结之后,龙世明与杨氏春桃最终成婚,并立了一份格式非同一般的婚约:

  主婚人:吴世冲
  凭媒:杨送璞
  凭笔:杨立呈
  主婚:吴杨氏

  立领婚字人王家榜吴性[姓]贤桂之妻为天泽[择],今因放与亮司龙世明为妻名下承当杨氏三十二岁配合为婚,不得翻回[反悔]。如有翻回[反悔]者,今王家榜吴性[姓]先人主婚,今有谋[媒]证,言定婚领沙洋一百元整,吴姓亲手领足,不得异言。如有不清,白[由]吴姓丹成[承担],好比是那常[长]江水,一去不回头,又好一比万丈深译[渊],打一个岩石,你去讷讷[拿拿]。恐无凭,立此婚领字为据。[2]

这份文书因为是在诉讼结案之后所立,一开头就把中见人全部列了出来,然后再写婚书内容。值得注意的是有两个主婚人:一个是吴世冲,为吴贤桂的叔父;另外一个是吴杨氏(即杨金姣,吴贤桂的正妻),是龙世明在状词中所说的主婚人,也是婚书正文中的立约人。这说明,正妻虽然有全部继承亲夫所遗财产及处理物事的权利,甚至嫁卖丈夫妾的权利,但这些权利也受到房族的限制,房亲以其被蒙骗为理由,参与到家庭事务的决策中来。换言之,重大问题的变动,尚须得到房族的同意,才不致产生纠纷。另外值得一提的是,这份文书措辞用字错误较多,体现了苗人文化水平较低的事实,尤其还写入了俗语俚语"好比是那常[长]江水,一去不回头,又好一比万丈深译[渊],打一个岩石,你去讷讷[拿拿]",更可见一斑。

由上述的事例可以看到,寡妇再嫁的主婚权,分别落在不同人群的手里,并且在婚契里,较少见到寡妇自己意愿的表达。那么,寡妇可否自己嫁自己?从清代的法律而言,寡妇嫁与不嫁,须她们本人同意。律法就规定:

  其夫丧服满,(妻妾)果愿守志,而女之祖父母、父母及夫家之祖父母、父母强嫁之者,杖八十;期亲加一等,大功以下又加一等。妇人及娶者俱不坐。未成婚者,

---

[1] 按,双方的诉状词稿,参见高聪、谭洪沛主编:《贵州清水江流域明清土司契约文书·亮寨篇》,第322—223页。

[2] 高聪、谭洪沛主编:《贵州清水江流域明清土司契约文书·亮寨篇》,第324页。

追归前夫之家,听从守志,追还财礼。已成婚者,给与完聚,财礼入官。

孀妇自愿改嫁,翁姑人等主婚受财,而母家统众强抢者,杖八十。其孀妇自愿守志,而母、夫家抢夺强嫁者,各按服制照律加三等治罪。其娶主不知情,不坐。知情同抢,照强娶律加三等。未成婚,妇女听回守志;已成婚而妇女不愿合者,听。[1]

换言之,若孀妇不同意改嫁,从法律上来说,是没有人能强嫁她们的。虽然法律上也规定了在其愿意之下的主婚人选,但从逻辑上来说,也给了她们自主婚嫁的权利。因此,在实际的社会生活中,也就能看到寡妇自主婚契再嫁的事例,并且看到她们为了生存而详述改嫁的缘由。例如:

立自主再醮婚书人龙满妹,于民国二十二年出嫁与清溪金奎,生育女小妹。不幸氏夫于民国三十一年冬月二十日病故,父母早年去世,虽有三兄金树林,亦各分居,丢氏青春,家下寒贫,无人顾持,日食维艰。氏再三思维,惟有改嫁,方可以度生活。又承□□媒人龙吴绍合,只得再醮与吴家发名下为妻。凭媒证、地方议定,请师与氏夫金奎超荐经斋纸四十捆,其〔带〕来女金姓所生小妹已议定吴姓,抚主食十年,期满后通知金姓接回。恐有病炎不测之事,各自安天命。若金姓不能接回,二比商量婚配。此系两相情愿,并无压迫等情。恐口无凭,立有婚自主再醮婚书为据。

凭：镇长：鄢财雨、刘子松

保长：张绍荣、杨胜银

绅耆：姜开文、王摁熙、王植之、赛茂堂

亲友：潘德鑫、吴纯福、吴松相、王佐而。[2]

从这份再醮婚书可知,龙满妹在丈夫亡故之后,"家下寒贫,无人顾持,日食维艰",在这样的情况下,她再三思考,"惟有改嫁,方可以度生活"。换言之,她是为了生计的考虑才改嫁的。已有的研究指出:寡妇自主婚嫁,并非是妇女在婚嫁问题上具有独立性的表现,她们在没有夫家或娘家人出面情况下的婚嫁,男方就无须再出聘财[3]。而从上面这份文书来看,龙满妹交代了他夫家是有三兄金树林的,常理推之,金树林可以是主婚人,并且有干预的权利,但整张文书中,他甚至没有出现在中见人的亲友里,说明

---

[1] 马建石、杨育棠主编:《大清律例通考校注》卷一〇《户律·婚姻》,第446页。

[2] 潘志成、吴大华:《清水江文书研究丛书第一卷:土地关系文书及其他事物文书》,贵阳,贵州民族出版社,2011年,第92页。

[3] 郭松义、定宜庄:《清代民间婚书研究》,第137页。

龙满妹根本无需考虑他的意见,完全具有独立的自主婚嫁权。在财礼上,虽然没有言及钱财,但却需给他前夫"超荐经斋纸四十捆",故而也并非再醮与吴家发之后,就显得更加悲惨。

另外这份再醮婚契的特点是中见人多达12位,包含了镇长、保长这类基层行政人员,也有地方绅士和亲友。如此多人参与,最主要的原因是作为这桩再婚的见证人,他们负有监督的职责,尤其是小孩的抚养与归宿问题,需要有人见证。契文中特别写了三层意思:一是"金姓所生小妹已议定吴姓,抚主食十年,期满后通知金姓接回";二是"恐有病炎不测之事,各自安天命";三是"若金姓不能接回,二比商量婚配"。这些实际问题,是需要有这么多人参与见证的主要原因。由此也可知,寡妇的再嫁,并非那么简单干脆,一走了之,其面临的实际问题非常复杂,子女的抚养与归宿问题便是最重要问题之一。

通常而言,因为丈夫过世,在子女幼小的情况下,寡妇再嫁都会带上子女,新组合的家庭有抚养前夫子女的责任。但又由于前夫所生子女在他们抚养成人之后,除非特别约定外,均须归宗。因此,很多再醮婚契里,都有这方面的约定。例如:"立主婚字人龙池龙文银,为因血侄征兵在外□□,音信渺无,目下年迈,生活难度,无法可施,只得将侄媳刘氏来姣改嫁与墩在〔寨〕潘宇泉名下为妻,并带其子龙吉树八年,期满龙姓接回抚养,此事二比心平意愿。"[1]

总之,黔东南地区苗族寡妇的再婚婚契,与全国其他地区一样,都是建立在利害关系基础之上的契约文书。其主要内容一般包含三个方面:一是再嫁时的"卖身钱"(以聘财的名义)是多少;二是"卖身钱"归谁所有(以主婚人的名义);三是前夫孩子的抚养。从黔东南的具体事例来看,除了极少数的特例之外,寡妇再嫁,最大的受益人是夫家的直系尊亲属,这是"礼"在少数民族地区推行成果显著的具体表现。至于像妇女自主再嫁一类的例子,当然也能为讨论女性在婚姻独立自主方面,提供案例。

三、"嫁卖生妻"婚契

"嫁卖生妻"是指在丈夫尚存、又没有正式履行离异手续的情况下而嫁卖妻子的行为,嫁卖生妻的主体通常是丈夫及夫家人。这种现象据闻在汉代以前就已存在,南北朝

---

[1] 高聪、谭洪沛主编:《贵州清水江流域明清土司契约文书·九南篇》,北京,民族出版社,2013年,第447页。

又出现了典、雇等名目,而国家对这种行为,也一直采取放任态度,虽然元代已在法律上予以禁止[1],但至《大清律例通纂集成》尚有"户婚·典雇妻妾"条文,说明这种现象并未因律法的禁止而消失,反而在明清时期更为突出。例如,岸本美绪通过考察明清时代至民国时期的典妻卖妻习俗后认为,"在台湾,即使妻方面没有任何可以责备的行为,夫仍然任意地典、卖妻妾的情形到处可见",官方"也没有深究之举"[2]。换言之,国家法律放任这种现象的存在,以致这种历史现象,一直持续到民国时期。虽然在岸本美绪和郭松义的研究中,并未见到贵州的事例。但在黔东南少数民族地区,也存在着这种现象。为示说明,先迻录一份售妻文书如下:

> 立售妻人寨廷寨林ムムム,先年娶到黄冈寨王ムムム之女名唤ムムム为妻。奈夫妇六命不合,不能宜室宜家,虽异商忝天不分地不分,夫妇自愿分之。于光绪四年,林ムムム将妻王氏ムムム售卖堂油村龙ムムム之子为妻。凭中人龙ムムム出聘礼礼金钱ムムム千文,其亲夫林ムムム领足,各往别门求亲,其妻放与龙ムムム为室,自愿售之,中等并无押逼等情。怠至光绪六年,心思不甘,仗众毁捣龙ムムム之屋,二比付衙具控,隉〔邓〕主堂讯断妻仍归龙ムムム之子为妻,什物仍缴,只异了息。至今岁悦想悦深,仍复行之,蒙地方乡团头公ムムム从中解息劝罢,龙姓帮补林ムムム钱ムムム以为应用,凭有中人,日后不得籍端翻悔。若有籍端翻悔阴利,祖宗不恪,阳有中人为凭。口说无凭,立有售妇字,虑后为据。
>
> 亲夫ム
>
> 亲族ム
>
> 凭中ム
>
> 笔人ム
>
> 年号[3]

这份文书虽然把名字隐去,但地点、姓氏、年代、当时的黎平知府邓(在镛)[4]等,都在行文之中出现了,是一份典型的卖妻文书,并含有诸多讯息,值得进一步分析。

---

[1] 参见陈高华、张帆等点校:《元典章》卷五七《刑部》卷十九《禁典雇有夫妇人》,天津,天津古籍出版社;北京,中华书局,2011年,第3册,第1889—1890页。

[2] 岸本美绪:《妻可卖否?——明清时代的卖妻、典妻习俗》,收入陈秋坤、洪丽完主编:《契约文书与社会生活(1600—1900)》,台北,中研院台湾史研究所筹备处,2001年,第225页。

[3] 贵州省锦屏县平秋镇石引村刘光彬家藏文书之一。

[4] 按,邓在镛,湖南新宁附生,兼袭云骑尉世职,分别于光绪五年、九年任黎平府知府。参见光绪《黎平府志》卷六上《文职》,收入《中国地方志集成·贵州府县志辑》第17册,第613页下栏、第615页上栏。

首先,从格式上看,具备了卖契的主要要素:(一)以"立售妻人寨廷寨林ムムム"开头,表明卖妻行为,也显示了卖人住地;(二)卖妻原因为"六命不合,不能宜室宜家";(三)买主,"堂油村龙ムムム之子",也有地址;(四)价钱;(五)权利义务;(六)中见人,有亲族、凭中、笔人;(七)时间,光绪四年。[1]

其次,这份文书的珍贵之处在于呈现了卖妻人两次翻悔之后的情形:第一次是在光绪六年,卖妻人"心思不甘,仗众毁捣龙ムムム之屋",于是双方"具控"到黎平府。当时黎平知府邓在镛的判决是:"讯断妻仍归龙ムムム之子为妻",即判给了买方,虽然未能看到卷宗,但官府承认这种卖妻行为是肯定的。从判决来的结果来看,官府也未允许卖妻之后的翻悔之举。第二次是在官府判决一段时间后,卖妻人"至今岁悦想悦深,仍复行之",由"地方乡团头公ムムム从中解息劝罢",并"龙姓帮补林ムムム钱ムムム以为应用"而最终平息。从中可知,卖妻人翻悔也许有真实的一面,但其目的还是在于钱财的获取。

第三,这份文书并不像巴县档案显示的那样[2],嫁卖生妻需要娘家人的同意,从头至尾,虽然有两次翻悔,但未见娘家人的踪影。可以说,是典型的随意卖妻行为,因为其售的理由是"六命不合"。

事实上,所谓"六命不合",虽说是当时人根深蒂固的观念所致,但如果这种"六命不合"所隐含的风险并未显现的话,并不能成为卖妻的理由。夫可嫁卖妻子的理由,岸本美绪曾归纳为四点:一是通奸之妻经官认定而卖者;二是背夫逃亡经官认定而卖者;三是本人情愿出卖为婢者;四是因贫困而不得已者[3]。而郭松义和定宜庄根据102宗刑案资料所归纳的四类原因:家贫无法生活(54宗,占52.94%);丈夫外出未归(20宗,占19.61%);妻子有私通行为(11宗,占10.79%);夫妻不合与婆媳关系不睦(9宗,占8.82%);另外还有其他没有归类的8宗,占7.84%[4]。二者表现出来最重要的特点是生活维艰,这一点亦曾被顾炎武所道及:"夫凶年而卖其妻子者,禹、汤之世

---

[1] 按,除了以"立出售"为开头这种格式外,还有以"领婚字"、"立婚书字"、"立清白字"等为开头者,但形制基本一致,均具备了卖契的格式。

[2] 按,梁勇以巴县为例的研究显示:夫家并不能随意卖妻,其卖妻行为不仅受到妻子娘家的责问、告官,同时也受到地方官的斥责和惩罚,在卖妻这一无奈的行为中,妻子娘家享有知情权和同意权,没有他们的首肯,夫家暗地卖妻,不仅会受到妻子娘家的追问、兴讼,同时也得不到官方的支持,甚至责罚,最后落得人财两空。参见梁勇:《妻可卖否?——以几份卖妻文书为中心的考察》,《寻根》2006年第5期。

[3] 岸本美绪:《妻可卖否?——明清时代的卖妻、典妻习俗》,收入陈秋坤、洪丽完主编:《契约文书与社会生活(1600—1900)》,第226—227页。

[4] 郭松义、定宜庄:《清代民间婚书研究》,第231页。

所不能无。"[1]

但我们看到,在黔东南地区,贫困并不是主要的卖妻原因,"六命不合"才是卖妻的主要理由。下引这份文书,又是一例:

> 立请状字人石引寨刘发现,为逆妻不孝,奈前缘不修,六命不合,夫嫌妻丑,难圆鱼水之欢。予恭迎石引柳志文、黄冈王厚元、王子荣、平秋宏明、刘光明、龙乔开、龙现祥、吴至发等人入舍,凭列台乡团,自愿将妻龙氏月枝,售与更我王全为室。中证并无强压,乡团言定金钱六十八千,其我亲夫领清,另娶一室。其妻交与吴小全为妻,以后不得翻悔,将银退与吴姓,任从中人当面禀明。恐口无凭,立有请状为据。[2]

文书虽以"立请状字"为开头,但文中"售与更我王全为室",确是鲜明的卖契,而所用语气,更为刻薄,例如"逆妻不孝"、"夫嫌妻丑,难圆鱼水之欢",而"六命不合"再次被提及是造成这些问题的主要原因之一。

这种以"六命不合"为借口者,甚至还发生在卖童养媳身上。例如:

> 立断卖童养媳嫁婚字人厶厶处厶姓厶厶,各兹因先年凭媒订到厶厶处厶姓名之女为媳,过门抚养多载,尚未与儿圆婚。欲思异日利期完成,谁料儿、媳二造六命弗合,刑剋有碍,奈因高峰种菜,两下无缘。况吾子夭亡,鸳鸯拆散,万难得已,自云方才出口另嫁,四处开放。只得专人登门访查,问到平略街厶厶厶名下作合,结配为婚。当中凭中媒证,言定聘礼足银若干,其银二比原限,择定于某月吉日良辰,卖主自愿将媳送出沿途,俱立卖婚契约据,可以银人两交,二比不得异言。交婚之后,不许猖狂人等拦阻去路妄为等情。倘后别人内中调唆潘、姜二姓,远近房族、亲友及团甲、地方首士、纷杂人等,前往路途,借此妄为诈搕等情。俱归我卖主向前一面承担,不关潘姓之事。恐有人心不古,今欲有凭,书立卖婚断字一纸,交付杨姓之手,永远荣华为据。惟贺凤结丝箩,佳偶天成,可喜二造,螽斯衍庆,瓜往绵绵,世代桂子兰芝,富贵悠久长庆矣。
>
> 厶厶厶中证媒翁
>
> 或亲笔或请书[3]

---

[1] (清)顾炎武:《亭林文集》卷一《钱粮论上》,收入《顾炎武全集》,上海,上海古籍出版社,2011年,第21册第63—64页。

[2] 贵州省锦屏县平秋镇石引村刘光彬家藏文书之一。

[3] 陈金全、杜万华:《贵州文斗寨苗族契约法律文书汇编——姜元泽家藏契约文书》,北京,人民出版社,2008年,第543页。

这份文书虽然把地名、人名、时间等部分以厶替代,而从"足银若干"中的"足银"一词,其时间应在清代[1]。又从后文潘姓、姜姓、杨姓等内容来看,此应实有其事,而文书本身,或可能是代笔人所拟写的草稿[2]。不管如何,此人嫁卖童养媳,首要原因也是"儿、媳二造六命弗合"。通常而言,既然是"过门抚养多载",又是童养媳,应该早就排了八字,看了礼书。因此,真正的出卖原因,是嫁卖人的儿子夭亡与其能获取嫁卖的钱财。

除了"六命不合"而"嫁卖生妻"之外,亦见因贫穷而卖妻者。这类文书,格式更像婚书,而用词亦缓和了许多。例如:

民国二十七年七月吴连附立婚领字

立婚领字人洞㵲吴连附。情因得娶发妻杨氏,共牢数年,生育一儿。今因家寒难以养活,只得请媒四路访堂出放。今凭媒证说合与龙池龙仁茂名下,娶配为妾,当日收过财礼大洋六十三元,亲手领足应用,不少分厘。但子幼无依,随娘五载,倘遇天灾疾病,寿夭不测,各安天命。期满之日,吴姓领回,并无异议。字书领之后,任凭龙姓择吉亲迎,承偕结老。此系吴连附心甘情愿,龙姓明婚正娶,亦不与族内人等相干。如有翻悔,发生枝节情事,任凭龙姓执字禀官,吴姓甘愿领罪无辞。恐后无凭,立此婚领字,付与龙姓收执为据。

凭媒:龙均远

请笔:龙子近

民国二十七年七月初四日立[3]

吴连附与妻杨氏,结婚一起生活多年,并生有一子,但他嫁卖发妻与人作妾,是因"家寒难以养活",得"大洋六十三元"用度。

除需论卖因外,这份文书还有值得注意的地方。从格式上看,与规范的婚姻文书无异。例如"立婚领字人"、"请媒四路访堂出放"、"凭媒"、"财礼"、"任凭龙姓择吉亲迎,承偕结老"以及"龙姓明婚正娶"等措辞,均是正式婚书的用语。从参与文书签订的人

---

[1] 按,"足银"是"纹银"的别称,又称"足纹"、"吕纹"等,是清代政府法定的标准成色银。据《皇朝文献通考·钱币考》乾隆十年条所载:"凡一切行使,大抵数少则用钱,数多则用银。其用钱之处,官司所发,例以纹银,凡商民行使,自十成至九成、八成、七成不等。遇有交易,皆按照十成足银,递相核算。"因纹银的成色是清政府的法定标准成色,故亦称纹银为"足纹"或"足银"。参见张静、郑先炳:《金融新语·术语·俗语辞典》,北京,中国经济出版社,1993年,第67页。

[2] 潘志成、吴大华编著:《土地关系文书及其他事物文书》(清水江文书研究丛书第一卷),第94页。

[3] 高聪、谭洪沛主编:《贵州清水江流域明清土司契约文书·亮寨篇》,第321页。

员来看,仅有买卖双方、媒人和秉笔人。而作为娘家人,与上述其他嫁卖妻子的文书一样,都未见到身影,说明黔东南地区的"生妻"嫁卖,已不需经过娘家的首肯,亦无须他们的参与,主动权完全在夫家一方了。另外,与改嫁文书一样,这里也出现了"子幼无依,随娘五载"的说法,一般说来,是在丈夫亡故的情形下,子女才随娘到新结合的家庭。然而吴连附在得到"大洋六十三元"的情形下,还让儿子跟随妻子走,只有一个可能,即此子还极为幼小,需要母亲照顾。

通过上引卖契文书的讨论可以看出,黔东南地区"嫁卖生妻"有两个突出特点:一是男方处于绝对的强势地位,娘家在这一过程中,没有实际的参与权(契约文书未显示出来),基本未见到他们的身影,反而是政府在地方社会的代理人,有着极高的参与程度。换言之,婚姻的缔结尤其是变动,已经从亲属监督转换到了由政府地方代理人监管,这无疑是一个重要的转向,即法律逐渐向基层社会延伸,参与到人们的婚姻生活中来。二是"六命不合"成为"嫁卖生妻"最为惯用的措辞和理由,说明八字合婚的观念已深入人心。

四、休妻书与退婚字

夫妻离异,自古以来即有之。现代社会离婚,从法律程序而言,需到民政局办理离婚手续,领一本红色封皮的离婚证,即可结束一桩婚姻。那么,清代的人们又是如何办理离婚手续的呢？他们的离婚证又是怎样的？为示说明,兹先举一份"休书"的图版与录文于下:

光绪十二年八月王金保立休书悔婚字

立休书悔婚字人赤溪坪王金保。先年央媒求到靖州人氏梁姝之女,名唤桂香。可过门数载,屡次皆夫不合,无法可治成家。吾自请算数先生,推查二比夫妇年庚,兹因禄命不合,幸耐无缘,只得不已,二比夫妇离异改嫁,二比喜咲悦服,男另愿讨,女愿四门开放。今有盘落寨杨宗德求合为妻,将纹银二十一两零八分整,其银当中交与亲夫入手领足,其妻当中升出付交杨宗德为妻。我异自愿下脚目手印□□,日后不得籍故翻悔等情,若有翻悔,任从中证禀官究治,不有来历异言。恐口无凭,立有休书悔婚字约为据。

请中证：王玉什、王再文

亲笔

手掌印(笔者注：掌心书"自愿甘心,左")

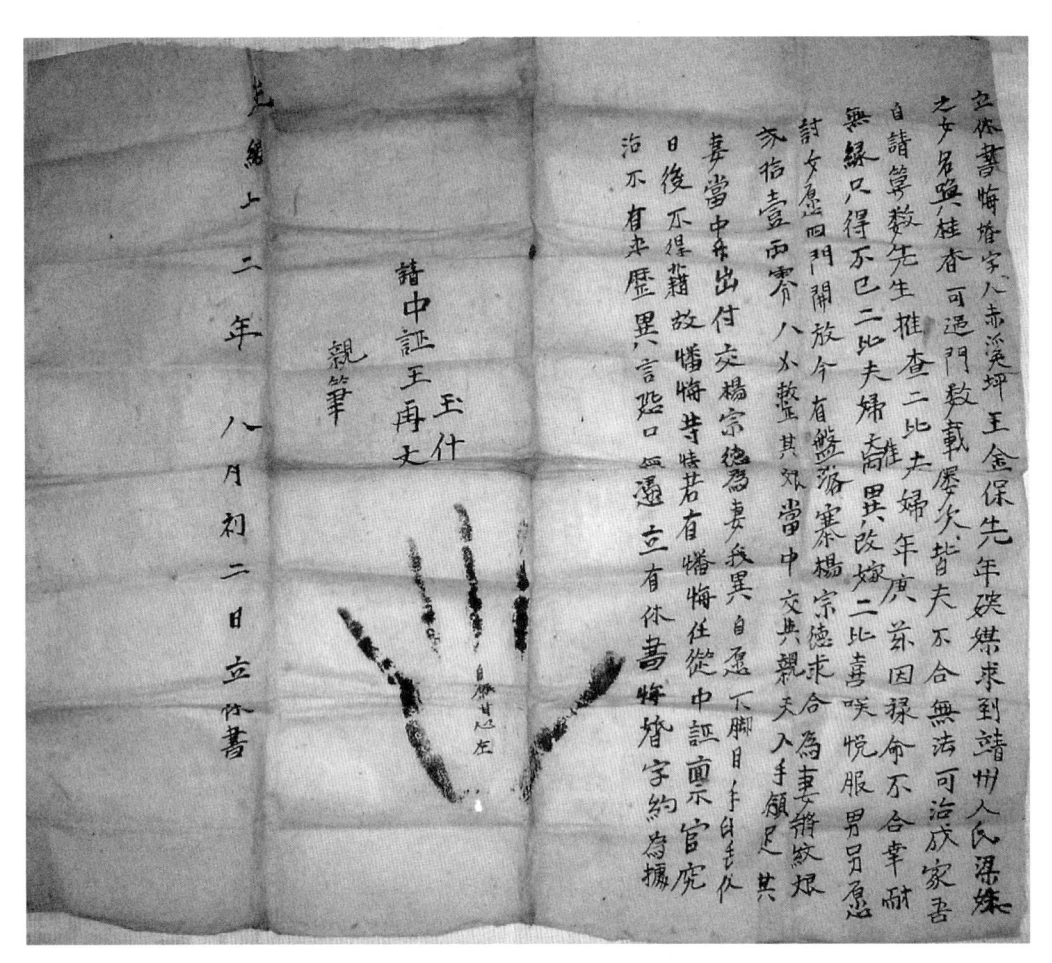

图4 剑河县磻溪乡盘乐村龙运焯家藏休妻书
资料来源：盘乐村龙运焯家藏文书

光绪十二年八月初二日立休书[1]

这是一份比较复杂的休妻文书，说它复杂，是因为它又兼具了"嫁卖"的性质。首先，它以"立休书悔婚"开头，这包含了"休"与"悔"两个层面，即在休的前提下，还提到了悔，而这种悔，来自婚前并未推算二人年庚是否合适。于是，在交代离异原因是"屡次不合，无法可治成家"之后，特别写道："吾自请算数先生，推查二比夫妇年庚，兹因禄命不合，幸耐无缘。"这种"六命不合"的逻辑，在前文已经多次述及，甚至成为黔东南地

---

[1] 贵州省剑河县磻溪乡盘乐村龙运焯家藏文书之一，蒙笔者同事龙泽江副研究员提供，谨致谢忱。类似的手模契约，还可参见张新民主编：《天柱文书》第1辑第17册，第167页。

区"嫁卖生妻"的主要理由。其次,在说明二人心甘情愿离异之后,突然笔锋一转,写道改嫁上来,这又明显地表现出来了"卖妻"行为,因为他从杨宗德处亲手领足了"纹银二十一两零八分整"之后,便把妻子"付交杨宗德为妻"了。由此看来,离婚与"卖妻"之间,并无明显的界限,这即是一份二者兼具的典型文书。第三,值得注意的是画押,这是典型的手模文书,这种手模文书大多见于明清时期卖妻、休妻的契约之中[1]。

除此之外,也有极为纯粹的休书。例如:

光绪三十四年九月张文开休妻书

　　立因故休出张文开,身任斯文,为妻姚氏秀莲,即寿长之胞妹,屡行玷辱夫身,自遭生离。余读诗而痛诵株林,览传而祸叹崔庆,余遇此妻,虑遭谋祸,是以凭团休出。要问我心,天地神明共见,彼自问心无〔愧〕,夫难逃神人共殛,你之根基,城乡咸知。如今休出,永不回程,生非我人,死非我鬼,惟除张姓之外,随其所配,除我张氏之人,任其所欲。至于合配他人,所有财礼,余一厘不要,一毫不欲,方见我廉洁,明我心正。先我休者,买臣正其心,过后身荣名耀,欺我苟合者,此人将遭神殛也。余自当天发誓,因淫休出,以免玷辱。若无故休,必遭天诛,悲哉。我之命运,何太乖哉。倘有一子年幼不离,渐随其后,自休出后,嫁者别人之妻,不嫁者姚氏之鬼,恐有不测,不干张姓之事。恐另配无凭,立此休出字付与地方为据。亲笔。

　　内只涂一你字外,并无添无减

　　凭地方总理老爷:刘开厚、吴长元、吴佑、陆应恩

光绪三十四年九月初七日亲立[2]

从休书的行文来看,这是一乡村读书人写的休妻书,离婚的原因,是他认为妻子淫荡,"屡行玷辱夫身",使得"城乡咸知",因此,他"当天发誓,因淫休出,以免玷辱。若无故休,必造天诛",换言之,他并非无故休妻,而是他妻子出轨所致。在述明了原因之后,他还提出了要求,即"惟除张姓之外,随其所配,除我张氏之人,任其所欲",就是说,除了张姓之人外,他妻子想嫁给谁就是谁。并为了表示他的廉洁,其妻另外

---

〔1〕 按,关于"手模"契约的研究情形与存在于哪些类别文书中的介绍,参见阿风:《明清时代妇女的地位与权利:以明清契约文书、诉讼档案为中心》,北京,社会科学文献出版社,2009年,第111页注释2。另按,清代黔东南地区的手模契约,除了用于离异文书外,还有两种情形用到了手模契约:一种是妇女向丈夫表示后悔的文书中(参见张应强、王宗勋主编:《清水江文书》第3辑第9册,桂林,广西师范大学出版社,2011年,第174页)。另一种是在"清白字"中,亦可见此类文书。例如《道光二十五年六月王承邦立清白字》即是典型的手模契(参见锦屏县地方志编纂委员会编:《锦屏县志:(1991—2009)》,北京,方志出版社,2011年,第1290页)。

〔2〕 贵州省锦屏县平秋镇石引村刘光彬家藏文书之一。

嫁人时的财礼，他也全部不要，活脱脱的书生形象，一览无余。另外需要注意的是，见证人全部是政府在地方社会的代理人，可见他们已全程参与了人们的婚姻缔结、离异的全部过程。

除了这种休书格式外，在黔东南地区遗存的文书里，还有一类比休书更为常见的是"退婚字"，它主要用于订婚后的退婚[1]。为示说明，先誊录一份文书如下：

宣统二年十一月龙洪金立退婚字

立退婚字人约人平秋寨少村富故龙洪金，先年凭媒求到石引寨刘吉海之妹名唤刘氏吉梅与配为妻。至今过门已载，为因六命不合，前缘不修，男不喜妻为室，女不愿夫成家，日即将闹，难以婚配，延宕日久，不得成家。不如我二比商议，经请地方乡团石引寨刘开厚、刘发轮、吴万祥、陆炳德等，与吾二比排解，男愿另取，女愿重婚，以免耽误二比光阴。今蒙团等劝解娘家，当将聘金财理[礼]退与亲夫另娶，团等言定聘金财理[礼]一百八十两整，其银当凭中等附与亲夫，另娶四门。其女退与刘姓，任从四门开亲，二比心平说服意愿，中证并无强压等情。以后吾二比亲族内外之人不得籍故翻悔，磕素情事，倘有籍故生端翻悔，磕素成事，亲夫将银退与刘姓，任从中等当官照实禀明，日后不得异言，若有异言，居[俱]在除妻一面承当，不干刘姓之事。恐后无凭，今我龙姓自愿凭中立有退婚附与娘家，四门另娶另嫁，永远二比发达，提实为据。

凭中（画押）

凭胞兄（画押）

请笔（画押）

代笔

宣统二年十一月六日退[2]

这份文书从格式上而言，更像合同，虽然是男方提出"退婚"，但在措词方面，语气比休书要缓和了许多。而在六命不合的情况下，不仅男方有退婚的意思，女方显然也不愿与男方成婚，即所谓"男不喜妻为室，女不愿夫成家"。在这种情况下，语气也变成了商量，即"不如我二比商议"、"二比心平说服意愿"等。从内容上来说，之所以要退婚，

---

[1] 按，程泽时认为这种"退婚"字约可以用在两种情况下：一是结婚后退婚，二是订婚后退婚，并分别举了一则文书说明。参见程泽时：《清水江文书之法意初探》，北京，中国政法大学出版社，2011年，第299—301页。笔者以为"退婚字"仅用在订婚后的退婚上，详见下文之辨析。

[2] 贵州省锦屏县平秋镇石引村刘光彬家藏文书之一。

是"因六命不合"而导致经常吵闹、难以成家,经过地方乡团等人劝解娘家之后,达成退婚的事实,娘家把聘金财礼一百八十两退给男方,男方则把女方退与娘家。最后约定各自另娶另嫁,各不相干。

值得辨析的是,这份文书初看似结婚之后离婚的文书,而仔细推敲,确是一份订婚之后的退婚文书,内容中虽然有"至今过门已载"的表述,但从"求到"、"难以婚配,延宕日久,不得成家"以及后文退"聘金财礼"等语来看,并未成婚。而文书用词给人已成婚的错觉,是因为在婚俗的"六礼"中,下聘礼才走到第四步,在当时人的观念中,只要走到第三步"纳吉",得首肯后,婚姻就算确定,但这并未代表已成婚。所以,在书写文书的时候,要以"立退婚字"开头,也表明了这只是订婚之后的退婚。更为重要的是,男方在财礼的获取方面:如果是结婚之后的离婚,男方得到经济收益的来源,是休掉妻子,妻子另嫁而到得财礼钱;而退婚则是退回男方给妻子娘家的聘金财礼,换言之,这是男方自己出的钱。因此,只要是文书明确写有娘家退回财礼钱的退婚字,就应视为并未成婚,这是区分订婚后退婚与结婚后离婚的重要标志。

事实上,若是结婚之后的离婚,通常是如前所举事例,用的是休书,即便不是以"立休妻"开头,亦有用其他词汇者。例如:

光绪二十三年四月王彦长立请丈〔状〕字约

立请丈〔状〕字约人平秋寨王彦长,先年凭媒求到罗耀珠之女名唤罗氏广秀为妻。至今过门八载,所生一女,夫妻返将不合,朝时将闹,难过光阴。二比不如今请两寨乡团排解,男愿另至,女愿重分,二比心平易〔意〕愿,中等并无强压。今我亲夫任从罗氏四门另嫁开亲,不关我王姓将奸〔相干〕。二比日后不得籍故翻悔异言,若有翻悔,族内之人不清,居〔俱〕在除妻之人一面承当。恐后无凭,今我亲夫自愿立有请状,提实为据。

凭中(画押)

代笔(画押)

光绪二十三年四月日立请[1]

这是一份以"立请丈〔状〕字"开头而又简单的离婚文书,说的是二者结婚八年,但因为夫妇不合,所以"请两寨乡团排解"、"心平意愿"地离婚。当然,从文书的原件来

---

[1] 贵州省锦屏县平秋镇石引村刘光彬家藏文书之一。

看,书写文书之人的文化水平较低,字写得歪歪斜斜,遣词造句也并不顺畅,以致只能看清楚离婚的事实,至于其他细节,则未能——展现。

另外值得注意的是,为了保证社会与家庭关系的稳定,历代王朝对离婚都有相应的规定和限制,哪种情况可以离婚,哪一种情况又不能离婚。清代主要有儒家礼教中针对妻子的"七出"与针对丈夫的"三不去"原则[1]。另外,郭松义等还从清代法律中归纳了几种须要离婚的情况:(一)凡事涉欺瞒,只要受害一方提出控告,官府便可以依律判定离异;(二)丈夫以获取钱财为目的而"嫁卖生妻"者;(三)若有妻更娶妻者,杖九十,离异;(四)有违伦常纲纪者,如"凡同姓为婚者,各杖六十,离异";(五)为防止利用权力进行婚娶而做的限制条例,如府、州、县官娶部民女为妻妾,妻妾须得离异;(六)有违戒律和混淆等级者,如僧道娶妻、良贱为婚,亦须判离异[2]。另外还有"义绝"者,必须判绝离婚[3]。

清代黔东南地区的离婚与退婚理由,尽管有与上述理由相契合者,例如"光绪三十四年九月张文开休妻书"中,他因为妻子有七出中的"淫佚"而休妻,又如同姓不婚例[4]。但也表现出了一些显著特点,一是"六命不合"成为最为突出的离婚、退婚理由。他们把夫妻家庭生活不幸福,经常争吵等,都会归结到"六命不合"[5]上,甚至本来是男方家嫌弃女方家贫寒,也要把根源往这上面来套。例如:

光绪三十四年六月龙老旺立退婚字约

立自愿心干〔甘〕请中登门退婚字约人,天柱县所属管场少村高江寨龙应田子龙老旺父子,先年凭媒求到石引寨刘秀化之女名唤刘氏孟柳,与配为妻,至今过门已载。为因民父见妻贫寒,返将言及二比六命不合,前缘不修,见母将妻朝打夜莫

---

[1] 按,清代法律中的"七出"依次为:无子、淫佚、不事舅姑、多言、盗窃、恶疾(参见马建石、杨育堂主编:《大清律例通考校注》卷一〇《户律·婚姻》,第453页)。"三不去"为:与更三年丧、前贫贱后富贵、有所娶无所归。郭松义与定宜庄认为这二者有两个特点:一是丈夫为主动方,妻子则完全是被动的,两个规定之间并不是对等的关系,二是丈夫对于休妻与否,其实并无绝对的决定权(参见郭松义、定宜庄:《清代民间婚书研究》,第286页)。

[2] 郭松义、定宜庄:《清代民间婚书研究》,第286—289页。

[3] 按,"义绝"是指夫妻中一人殴打、杀伤对方亲属者,表明恩义已绝,必须判决离婚。参见马建石、杨育堂主编:《大清律例通考校注》卷一〇《户律·婚姻》,北京,中国政法大学出版社,1992年,第453页。

[4] 如一份文书就这样写道:"立承认勒洞龙连楷,情因我姊爱音,先年得配高蔑村龙登然为妻,历来数年不睦,现在立有总祠,同姓不婚,以致去岁十月初六日,凭我龙氏总祠,双方离异,夫妻自愿甘心脱离。"参见张新民主编:《天柱文书》第1辑第12册,第144页。

[5] 按,这种以六命不合为理由的事例,本章所引文书中,已达8例,在已出版的清水江文书中,尚能见到多例,如"宣统三年八月王延光立退婚字":"立退婚字人魁胆寨王延光,先年凭媒娶到本寨王引益之女,名唤贵柳,与配王延光为妻,至今六命不合,前缘不修,日夕将闹,男不喜妻入室,女不愿夫成家,因所以嫌弃……"参见张应强、王宗勋主编:《清水江文书》第2辑第6册,第382页。

〔磨〕,二比难以成家,将妻追除〔出〕在外讨食,亲旧两载,并无一人叹实生死如何。今春亲夫见其不任连代杨,查问此妻讨食,归在娘家。今我亲夫亲自请到黎属太团首事,石引寨陆显福、吴万祥、刘荣焕,平秋寨龙武略、刘连洪、黄冈寨王连森、王应荣等,与娘家排解。民先年过聘金之钱四千与刘姓,要退与亲夫,因伊父分厘难出,又蒙中等劝解亲房人等,帮伊先受聘金财礼〔礼〕,加赔退与龙姓,以后任从我亲夫另娶高门之女。娘家转退聘金,亲夫亲手领足,并无下欠分厘。以后任从刘氏另娶〔嫁〕,四门开亲,二比不得异言。倘有异言,龙姓外来之人籍端磕索,俱在亲夫一面承当,不干刘姓之事。恐后无凭,今亲夫自愿请中,立有退婚字约附〔付〕与刘姓,永远为据。

凭中:石引(画押)

平秋(画押)

黄冈(画押)

请笔

光绪三十四年六月二十七日立退[1]

虽然龙应田、龙老旺父子是凭媒正娶了刘孟柳,但在过门生活一载之后,却要退婚,最主要的原因,龙老旺已经说得很清楚:"因民父见妻贫寒。"却以"二比六命不合"为借口,之后,龙老旺之母朝夕折磨刘孟柳,并把她赶出家门,乞讨过活,生死不管。龙家仗势欺人形象跃然纸上,实属可恶。

第二个特点由第一个特点延伸而来,即离婚、退婚表现出很强的随意性,虽然个中原因可能很复杂,但常以一句"六命不合"即结束一桩姻缘。

第三,地方社会里的官府代理人,尤其是乡团这一群体,逐渐地参与到人们的婚姻生活中来,有些婚姻的变动,甚至仅其充当了排解人和中见人。

五、结　　语

自雍正朝大力开辟苗疆之后,清王朝对黔东南地区实施了全面的开发与经营,推行礼制成为其中重要的一环,而与人们生活息息相关的婚姻生活,成为当中的重中之重,推行婚姻缔结需"庚贴为凭"的婚俗改革直至清末。在这样的大背景之下,生活在黔东南地区的人们尤其是苗族人群,迅速地加入到这一改革运动中来。如果刊刻碑铭的活

---

[1] 贵州省锦屏县平秋镇石引村刘光彬家藏文书之一。

动,还仅是把要求告诉了人们的话。那么,婚书、婚契的运用,则是人们实践王朝的礼制和律法的具体表现了。在此过程中,既有与内地汉族类似的一面,亦有表现出少数民族特色的一面。

首先,在清王朝大力推行礼治的背景下,苗族人们开始以"六礼"的程序来实现婚姻的缔结,表现出来的特点是尤其重视八字合婚与婚期选定。大多数人们会在"六礼"步骤中的第二步——问名而获得女子生辰八字后,便进行八字合婚的推算,以此来判定姻缘能否缔结。得到八字合婚的肯定启示之后,还需要对婚期进行细致的关煞推算与排除,推定吉日,这与苗人崇尚巫鬼的传统相暗合。因此,其在接受"礼"的时候,便尤为注重与之相关的八字合婚与吉日推算。

其次,在初婚与再婚时,苗族人们已经有了需要文字凭据的观念,"庚贴为凭"逐渐被人们接受,一般性的婚书开始流行。但也可以看到,由于女性初婚时年龄幼小和社会人口移动的增加,湖南西部一带的女性开始嫁到黔东南的天柱、锦屏、剑河一带。这种远距离的婚姻缔结,人们认为存在诸多风险,一般的婚书已经不能应对这种风险。于是,须要带有约定性质的婚书来保障婚姻生活的稳固。而苗族女性再婚的主婚人,与内地汉人多有相似之处,举凡公翁、公婆、叔伯、小叔等人都有主婚权,也有众族房亲共同主婚者,这都是在"礼"的范畴下进行的。换言之,这可看作是"礼"在少数民族地区推行成果显著的具体表现,夫家的直系尊亲属成为寡妇再嫁的最大受益人。当然,亦有妇女自主再嫁一类的例子,这虽然在"礼"之外,但却能为女性婚姻自主提供案例。

再次,"嫁卖生妻"与休妻、退婚,需要特别注意的,是有关"六命不合"的表述,它成为"嫁卖生妻"、休妻、退婚的重要理由。由此所呈现出来的,是男方处于绝对的强势地位,娘家在这一过程中,参与权与话语权都被剥夺。此可视为苗人社会利用儒家礼教的"礼"来强化男性在婚姻中占主导地位的具体表现。因为黔东南地区盛行着"转娘头"的姑舅表婚,其所体现出来的尽管是舅家的强势,但又何尝不是男性在婚姻中强势的体现?因此,苗族人接受六礼的过程中,他们最能娴熟运用的,自然是与其社会文化最为密切的八字合婚理念,"六命不合"成为最为常见的理由,亦不足为怪了。

最后,在婚契里,虽然族亲与地方士绅成为重要排解人与中见人,但从晚清开始,有一群人的身影不时闪现,他们就是地方政府在基层社会的代理人——乡团。这是地方政府在乡村社会任命的准军事组织,其职责重点是征收钱粮和维护社会治安。但在多份婚契里,不仅是乡团出面排解,而且中见人亦全部由他们充当,族亲与娘家人全部被排除在外(至少在婚契行文中)。乡团积极地参与人们婚姻的缔结与变动,可视为婚姻的监督与监管权的转移,即从亲属向政府地方代理人转换。这无疑是一个重要的转向,即国家权力通过干预与人们息息相关的婚姻生活而全面进入苗疆基层社会。

[作者吴才茂,教授,凯里学院人文学院]

山林经济变动与信贷契约书写的演变
——清代歙县璜尖村的个案研究

黄忠鑫

一、问题的提出

20世纪以来,各地土地契约文书不断发现并应用于史学研究,成为民间历史文献的重要组成部分。杨国桢指出,契约文书作为记录乡规俗例的法律文书,是"所有权制度历史演进的第一手原始资料",也保留了不同时代、不同地区的各类经济数字资料,对于中国社会经济史研究具有特殊价值[1]。近年来,随着民间历史文献学、古文书学的建立和日益成熟,契约文书被当作民间社会日常生活方式的反映以及私文书系统的一部分,其保存形态、书写样式、形成与流传过程、机能与效力等问题逐渐成为关注焦点[2]。

在土地契约的类型中,卖契和典契的关联和区别一直是讨论的话题。卖契以是否具有回赎权而被区分为绝卖和活卖两种类型;活卖与典由于都是可以回赎的出售而常常被诸多学者视为同一范畴的契约。寺田浩明认为"典"和"卖"共同构成了广义的"卖"的概念,体现了"以土地收益为中心的观念"。"典契和卖契的现实差异归根结底只是有无回赎可能性这一点"[3]。黄宗智亦认为"典"是有回赎权的土地转让,应与绝卖明确区分开来[4]。曹树基通过押金和地租比率的换算,认为活卖和典卖都属于信贷而不是买卖的范畴[5]。梁治平则指出,尽管两者难以区分,但"典与卖有不同的渊源",活卖是卖的变体,尤其是不少地方保留了"推收过户"的特征;典是借债担保的关

---

[1] 杨国桢:《明清土地契约文书研究(修订版)》,北京,中国人民大学出版社,2009年,第1—2页。
[2] 郑振满:《民间历史文献与文化传承研究》,《东南学术》2004年增刊,第293—296页;黄正建:《中国古文书学的历史与现状》,《史学理论研究》2015年第3期。
[3] [日]寺田浩明:《权利与冤抑:寺田浩明中国法史论集》,王亚新等译,北京,清华大学出版社,2012年,第20、76—77页。
[4] 黄宗智:《法典、习俗与司法实践:清代与民国的比较》,上海,上海书店出版社,2003年,第68页。
[5] 曹树基、刘诗古:《传统中国地权结构及其演变》,上海,上海交通大学出版社,2014年,第27页。

系,在特定社会需求下渐变而近于卖[1]。杨国桢主要依据明清日用类书所载的契约格式,认为活卖的产生原因在于土地交易与税粮推收不同步引发了"加找"和"回赎"等行为,使得"实际发生过的买卖行为便蜕变为貌似典当、抵押的关系"。"典当契式从独立运用到普遍与卖(买)田契混用,也是明中叶以后土地契约关系变化的一个侧面,它反映了高利贷资本侵蚀、吞没土地所有权的手段,已经发展到烂熟"[2]。寺田浩明在区别典和卖之后又提出新的思路,"'卖'的含义与其说是区别于典当的买卖,不如称为田主给予对方在该土地上经营的正当性","如果在某个地区没有写明绝卖,就具有活卖的实质内容。从这一点上说,卖一般包含回赎可能"[3]。亦即,卖契中最接近"卖"的本质的是活卖契而不是绝卖契。

显然,上述学者对于活卖和典的区分立足点是不同的。在地权结构方面活卖和典具有一致性的结论,基本达成共识;从契约文书用词和书写样式的选择来看,尽管内容差别较小,但典契形成较晚,活卖与典具有不同的源头。这些观点具有合理性,但更多是基于逻辑判断,而缺乏系统性的契约实物论证。实际上,不同时代和地区流行的有赎回权的土地交易契据不尽相同,或以活卖契居多,或以典契为主,"一般很少发现活卖契与典契并存的现象"[4]。因此,同一性质的土地交易行为之下,何以某一类型契约得以流行,而其他契约却被摒弃,是笔者希图进一步深究的问题。

立足于具体的历史情境和不同的文本传统,是民间历史文献学倡导的解读方法。"在可以清楚地看到风格和用词上有地区性差异的同时,对某一特定环境中契约和文书如何使用则很少有人加以研究"[5]。徽州契约范畴中,讨论活卖与典当差别的并不多,仅见郑力民提出猜测,"找价"一词存在于典契,而"加价"用于活卖契[6]。本文以皖浙交界地区的璜尖、清坑等村落留存的契约文书为研究对象。明清时代,这几个村落隶属于徽州府歙县二十五都,却嵌入休宁县境内,1949年以后划入休宁县,1958年部分村落又划归浙江省,现行政建置为安徽休宁县璜尖乡以及浙江淳安县中洲镇的部分地区。为了便于表达,本文将这一地域统称为"廿五都飞地"。根据2005年璜尖乡政府

---

[1] 梁治平:《清代习惯法》,桂林,广西师范大学出版社,2015年,第100—101页。
[2] 杨国桢:《明清土地契约文书研究(修订版)》,第20、28—29页。
[3] [日]寺田浩明:《权利与冤抑:寺田浩明中国法史论集》,第20页。
[4] [日]寺田浩明:《权利与冤抑:寺田浩明中国法史论集》,第19页。
[5] [美]孔迈隆:《晚清帝国契约的构建之路》,曾小萍等编:《早期近代中国的契约与产权》,李超等译,杭州,浙江大学出版社,2011年,第38页。
[6] 郑力民:《明清徽州土地典当蠡测》,《中国史研究》1991年第3期。

的统计,当地平均海拔超过800米,全乡3个行政村,817户,共有2641人。土地总面积为58770亩,其中耕地面积仅有210亩,茶园面积达到3630亩,毛竹林面积为7500亩,木材蓄积量10万余平方米。面对如此之低的人均耕地占有面积数据,来自江南平原的法律史学者将其称为"并非宜居之地"[1]。但是,这里的自然环境与徽州大部分地区并没有太大差别,仅仅是因为边缘的地理位置而使得整体开发进程晚于徽州腹里地带。笔者自2011年起,陆续在璜尖等村搜集清代、民国契约文书上百件以及族谱等各类民间文献。另外,上海交通大学历史系于2010年购入邻近的清坑村各类文书50余件,亦可作为辅助证据。璜尖契约文书具有一定的时间连续性,也有较强的系统性,形成了乾隆—嘉庆时期的程世烛、嘉庆至咸丰时期的程日愈、光绪至民国时期的程正镗等以个人为中心的文书群,他们出自同一个家庭。以此为切入点,可从较长时段将文书内容与类型的变化过程与山林经济结构变动联系起来展开研究。

二、1780年以前的山林经济结构与契约书写

璜尖村的主要姓氏是程姓。一份康熙三十二年(1693)《承德堂重修厅堂合同》载:"自通公于成化年间由富溪迁衍璜川。"[2]可知程氏宗族源于休宁县的大阜(又称大富盈、富溪),大致在15世纪下半叶迁入定居。当地的山林经营,主要包括了木材、竹笋、茶叶的成片种植以及水稻、蔬菜等零星栽种。现存最早的一份契约是康熙二十三年(1684)程汪喜的卖田契,详文如下(契约的签押部分从略)。

> 立卖契人程汪喜,今因缺少使用,自情愿将承父业糜字七千四百十三号,土名净水田,计田税五分四厘。又将糜字七千七百号,土名金家上湾,计税一亩七分八厘九毛,派到本身勾内八分七厘五毛四系。又将糜字七千六百九十三号,土名社屋□,计税六分四厘四毛。似[此]前三号,共田税二亩一分正,自情愿央中出卖与亲叔程名下为业,三面议定,时直价银七两正,其银当日收足,其田听从买主管业收租耕种完粮无异。倘有内外人言说,尽是本身之当,不涉买主之事。恐口无凭,立此卖契存照。
>
> 卖主日后原价取赎。

从内容上看,这份卖契已经将田地推收过户,听从买主处置和缴纳税粮,具备绝卖的特

---

[1] 田涛等主编:《徽州民间习惯调查》,北京,法律出版社,2014年,第17页。
[2] 本文所引契约文书,凡未注明出处者,均为笔者在璜尖村搜集所得。

征,可是附带条款又赋予了回赎权,而回赎期又不如典契那样确定,仅称"日后原价取赎",更没有规定利息。可见,此契本身应属于卖契,之所以加上回赎的条款,可能交易双方为熟人,基于人情而逐渐形成如此惯习。这类卖田契在乾隆年间还一直存在。乾隆六年(1741)程茂志卖田契亦称:"其税在于本家福远户内。过册之年,听凭受人过割无异。"再批曰:"其田日后原价回取。"乾隆三十五年(1770)程世端卖田契载:

> 立卖契人程世端,今欠少使用,自愿将承祖遗下忘字七千六百四十九号,土名四亩田,计税四分八厘七毛三系,自愿凭中立契出卖与程良梅公祀内,九七色银六两六钱七分。其银当日是身收足,其田议定秋收交谷一百斤,不得欠少。如要欠少,听凭祀内人执契管业耕种无阻。恐口无凭,立此卖契存照。

程良梅公祀是一个程氏宗族支派的祭祀会。该契约是将田产卖给会社组织,从"议定秋收交谷一百斤,不得欠少",否则"听凭祀内人执契管业耕种无阻"的规定来看,同样是不完全产权的分割。卖田人程世端仍持有该田地,只是将田底权出让给祭祀会,而自身转变为会社组织的佃农。另外,这一田地的亩价达到 13.69 两,而前述康熙中叶的亩价只有 3.33 两,与徽州田价上涨的趋势大体一致,但均低于同时期徽州其他地区的平均价格(清初均价为 8 两,乾隆中期达到 20 两以上)[1]。其原因很大程度上在于璜尖不少卖契实质上具有活卖性质,有银两与田租相抵,或以每年交纳定额米谷等方式偿还利息。可见,当时田产卖契不仅存在于个人间,也存在于个人与民间组织之间,后者往往演变为地权分割和租佃关系的确立。

乾隆二十九年(1764)方以运等人同样将田产卖入程良梅名下,其契如下:

> 遂邑十三都之璋川庄立卖契人方以运,今缺使用,自情愿将土名大坪、遐字号,计田税二亩五分,央中立契出卖与歙邑璜川亲人程良梅名下为业。当日面议时值价纹银八两正,其价当即随契收讫,其田听凭受人执契管业。每年议定秋收交封包白谷三百二十觔,不得短少。其税原在本家方美玉户内,即便起推入受人寄庄户内输粮供差无阻,契外不立推单,亦不必面同关会。其田从前并无典卖重复等情。如有此情并内外人言说,尽是出卖人支当,不与寄庄之事。恐口无凭,立此卖契并推单存照。

程良梅的生卒年代不详,但结合前一份契约来看,这里的"亲人程良梅"可能也是祭祀会。较之前述的卖田契,该契约同样是卖田人转变为佃户的记录,"每年议定秋收交封

---

[1] 刘和惠、汪庆元:《徽州土地关系》,合肥,安徽人民出版社,2005 年,第 202 页。

包白谷三百二十觔"。稍有不同的是,订契双方的户籍属于不同省份,反映出璜尖程姓已经在浙江遂安县购置土地。正因为如此,契约增加了田地税粮推入璜尖程姓在遂安县所立寄庄户的内容,但这并未改变出卖田底、保留田面的本质。

关于山场、茶园的经营。茶叶是璜尖普通民众资金的重要来源,不少契约的回赎期或还款期都是在春、夏茶市开启之后。如乾隆二十一年(1756)六月程天存卖茶园契,实质也是一份活卖契约,约定次年茶市之后将抵押给程兆佑的茶园赎回,其契约称:

> 立卖契人程天存,今因缺少,自情愿将于土名培家茶园一片,出卖于房弟程兆佑名下,纹银一两八钱正。约至来年茶市取收,本利凤[奉]还不误。

契约并没有载明利息数额,而乾隆五十六年(1791)六月程日椿亲笔所立的借票也没有显示利息,可能这一时期的借贷行为主要局限在宗族内部,且期限较短,因而利息较低,甚至可以忽略。程日椿便是将借来的钱款,年内归还一半,余下的一半在来年茶市期间还清:

> 立欠会票人程日椿,今□到房叔世焜名下元银三两八钱四分正,约至本年十一月交一半,余欠来年茶市交青[清]不误。

这些契据表明,当地茶叶的产销具有明显的商品经济特征,影响了民众借贷方式和相关契约内容。相形之下,山场的交易主要采用绝买契。程余山在乾隆三十二年(1767)七月和三十四年六月先后订立了两份卖山契,内容如下:

> 休邑二十都八图立卖契人程余山,今因欠少使用,自愿将承祖遗业山,土名白石堀,原额忘字七千二百二十六号,内取山税一分七厘二毛;又将忘七千二百二十七号,土名舍下源,内取山税五分正;又将七千二百三十号,土名抱见山,内取山税三分二厘八毛整,其山三号,共税一亩整,其四至照依鱼鳞京[经]册。今来凭中立契,出卖到歙邑二十五都二图三甲程显文户内名下为业,当日三面议定价九五色银五两整,其银当日收足。其山自今出卖之后,听凭买主收税管业办纳粮差,倘有内外人言及先后重复交易不明等情,尽是卖主承值,不涉受主之事。其税在歙邑二十五都一图程大远户内,即行起推入二十五都二图三甲程显文户内办纳粮差无异。恐后无凭,立卖契永远存照。

> 休邑二十都八图立卖契人程余山,今因欠少事用,自愿将承祖遗业山,土名枫木凹原,原额忘字七千二百廿五号,内取山税三分二厘七毫。又七千二百廿六号,土名白石堀,山税一分四厘,又七千二百廿七号,土名舍下源,山税三分。又七千七

百廿九号,土名黄荆坞,山税一分一厘。四至照依鳞册为定,四共山税八分七厘七毫。今来凭中立契,出卖到歙邑二十五都二图程天助二股,兆仙一股,四十一股,进一股,金榜二股,程　名下为业。当日三面言足价九五银八钱八分整。其银当日收足,其山听凭银(主)管业收税办纳粮差无异。倘有内外人言及先后重复交易不明等情,尽是卖人成值,不涉买人之事。所有税粮本户即行起推入歙邑受人户内。恐口无凭,立此卖契,永远存照。

由于璜尖契约中所载的土地字号皆为"忘"字号,因此,程余山虽为休宁人,但他所持有的这些"承祖遗业"的山场,都位于璜尖境内,而且土地编号基本相连,坐落也应邻近。这些山场的税粮都在歙县二十五都一图程大远户内,该户名可能也是寄庄户。因此,这些产业在此次交易之前的产权形态属于"插花山"[1]。程姓买人的户籍都在二十五都二图,一份契约记载的是税户名"程显文",另外一份则详细列出了五个姓名及各自拥有的股份,从交易和土地坐落的连续性来看,两次交易的受业人应为同一群体。而程余山来自休宁县二十都八图,该图大部分民众居住在大阜[2],亦即璜尖程氏所宣称的迁出地。由此可以判断程余山与璜尖程姓具有亲属关系。据嘉庆年间的《璜川程氏瓜藤谱》载,北宋年间大阜程氏的一位祖先就已埋葬璜尖,早于被璜尖程氏奉为始迁祖的程通。且不论这一记录的时间是否准确,至少表明休宁大阜程氏很早就控制了璜尖一带的土地,在璜尖程氏定居初期,应当还保留不少大阜程氏所有的土地。而康熙、乾隆时期,璜尖程氏宗族组织开始完善,修复祠堂、坟茔并制订了大量规约[3],大阜程氏已经难以掌控这里的土地,这两份卖山契采用绝买的形式,便是在这样的地方历史背景下产生的。

再看价格。第一份山契的亩价是 5 两,而第二份则仅有 1 两。而乾隆六年(1741)程兆耀卖山一亩,值纹银一两五钱,亩价是 1.5 两;乾隆十五年(1750)程茂盛卖山一亩二分,得银 14 两,亩价已经达到 11.67 两。乾隆十一年以后是徽州地价的上涨期,但这两份契约的价格却停留在较低的水平,同样可以说明大阜程氏对于此处产业的放弃。

---

[1] 张佩国、周建军:《"插花山":一种"在地"的林权形态》,《中国农业大学学报》2011 年第 1 期。
[2] 《休宁县都图里役备览》,清代抄本,安徽省图书馆藏,书号:2:30710。
[3] 在璜尖契约文书中,就有《康熙三十二年承德堂重修厅堂合同》、《乾隆二十五年承德堂祀产合同》、《乾隆三十三年承德堂等保护祖坟合同》、《乾隆五十六年完善承德堂合同》等多份合同,以及乾隆年间《程忠壮公祀会簿》等簿册,表明清中叶璜尖程氏宗族活动较为频繁。

综上,在1780年之前,璜尖程氏宗族组织和土地经营已经有所发展,土地的价格波动趋势与徽州大体一致,但整体水平稍低。主要原因是当地盛行保留回赎权,但期限利息规定模糊的活卖田地形式;还有出售田地,但保留耕作权,交纳租谷的交易方式,是宗族组织扩大族产的主要途径。茶叶是当地主要的经济作物,常见于借贷关系之中,产生了个别以茶园作为抵押物的活卖契。山场交易以绝卖居多,租佃和信贷功能不强,主要是璜尖程氏从大阜程氏手中收回当地的山场。

三、从棚民租山到土客矛盾(1781—1815)

棚民是清代东南山区普遍存在的流民或移民群体。如同浙西地区康熙、乾隆年间"暴风骤雨式"的山地垦殖热潮[1],自乾隆朝后期开始,璜尖村出现了几份将当地的山场、茶园租赁给棚民种植的契约文书:

(1)立合同议约人歙邑廿五都二图璜川庄程广侯兄弟等、开邑廿五都一图璖川庄叶耀光等,今将承祖之业璜川庄忘字号青山一段,坐落土名青山埫,东至大弯出口小降直下,南至大坑,西至大尖大降直下,北至横降为介,其四至分明,将山出招与叶耀光等名下永远拨剔作种靛、烟、六熟等项,扦插山苗,蓄养拨剔成林。会同招客出拚之日,两半均分,永远不得异言。其山作种货十两,山主抽一两以作为租。面议其山上年种、二年扦苗,不得抛荒。日后倘若不能扦苗,其种山货听凭山主尽收,不得异言。山有不明,山主一力承当,不涉种山人之事。日后两家毋许悔言,若有此情,公罚银一百。今欲有凭,立此合同二纸,各执一纸,永远存照。

其山祖坟本家留存,不得侵犯,再批(押)

契约(1)立于乾隆辛丑年,即乾隆四十六年(1781),是目前所见当地最早的一份租地给客民的文书。合同议定来自浙江开化的叶耀光等人在山场种植蓝靛、烟草等,并蓄养山林,不得抛荒,具有租种山地和出拚木材两种混合经营方式。木材两半均分,蓝靛等经济作物折合银两后,山主抽取十分之一。若只种植蓝靛等作物而没有种植树苗,则山场所得皆归山主所有。可见璜尖程姓始终将林木视为保持基本生计的方式,对于蓝靛、烟草等的价值并没有太多认识。乾隆五十二年(1787),璜尖程姓与来自安庆潜山县储、黄等姓订立租种玉米、杂粮的契约。

(2)歙邑二十五都二图璜川立拚批人程世焆、程世炱、程世炚、程世烘等,今因

---

[1] 陈桥驿:《历史上浙江省的山地垦殖与山林破坏》,《中国社会科学》1983年第4期。

用度不凑,兄弟谪议,情愿将忘字号内坐落殿基坞,土名入磨下坞生财山场、阴阳合坞山场一所,其界上至金竹坑大岗分水为界,左凭大岗分水为界,右凭大岗分水为界,下至河为界。过河又阳山一片,俱照老界,阳边有兴山为界止,阴边里至浩边山为界,外边忍边山为界,在山茅衣各色树木并棚屋仓屋尽在其内,无得遗留,凭中出拚与安庆潜邑储诙绪、黄资超名下开挖兴种苞芦、杂粮。三面议定山价、工食银、休平银九七色银一百四十两足。其银另不立领,当日亲手随批亲收两迄。自拚之后,听从锄种,毋得异说。其山订兴种二十五年为满,契满还山。倘有山业不清,内外人言,尽是山主承当,不管受人之事。其有门户差肺[费]事用,尽是种山人承当,不管山主之事。

与契约(1)的合同相比,这份拚批(拚契)更多地表达出程姓主动租山之意,对于租客的约束条款也较少。不过,契约(1)中没有限定租期,也没有收取押金,但每年需要收取一定的租金并要求客民种植林木;而程世煜兄弟将山场租与棚民种植25年,一次性获得租金九七色银140两,"其银另不立领",玉米、杂粮、木材等均为租客所有。可见,契约(2)颇具信贷色彩,类似于押租制,是在程氏兄弟"用度不凑",急需资金的情况下订立的。因此,山主对于山内林木并没有保留,棚民拥有了山场的使用权和收益权。这种棚民以货币获取地权的形式,被杨国桢称为有限度的"货币权力的侵蚀作用"[1]。尽管如此,棚民经济对于璜尖社会经济结构的变化具有重要影响。此后出现的几份相关契约皆为租客所书的承批、承约,山主与租客间订立合同的形式似乎不太多见,抑或表明了棚民开始在当地山场租种上逐渐获得一定的主动权。

(3)立承约人王凤廷、王安富,今承到程世焜名下水堆藤茶园山地一块,兴种苞芦,言定每年二七五均分,东得二五,客得七五。到脚比去足钱三千一百八十文,订定采茶四年无租。其山听客兴种,无得异说。彼此情愿,恐口无凭,立此承约存照。

乾隆五十九年十月十六日立承约王凤廷(押)、王安富(押)

凭中人程昆山(押)、程皖一(押)

(4)立承批人杨天祥,今承到程世烛名下金竹坑水竹坞小土名,生熟山场,大小三块,言定每年三七均分,比日言定寄庄钱二千足。其钱五年之外回转,其钱五

---

[1] 杨国桢:《明清土地契约文书研究(修订版)》,第120页。

年之内不得回转。不得异言,立此承批存照。

嘉庆元年十月　日立承批人杨天祥(押)
中书人余志高(押)

(5)立承约。储体贤今承到程世烛名下休邑今竹坑共山三号,在身承种,面议每年山租三七均分,东得三,客得七。秋收□□□称面分,不得私彩,如有私,听东会租会召,不得执流[拗]。再批:外回租每年交三斗回东。恐口不异,立此承约□□存照。

嘉庆五年三月　日立承□□　储体贤(押)
凭中人　王业昌(押)、程樱(押)
代笔　方载吉(押)

(6)立承批人曹玉峰,今承到程世烛名下张家坞生熟山场一片,兴种苞芦,言定各收二八均分,凭东面采,不得私取,恐口无凭,立此承批存照。

嘉庆十年二月　日立承批人曹玉峰(押)
凭中程世烘(押)
代书程日樱(押)

契约(3)中的茶园山场押金为3180文。江浙地区乾隆六十年的银钱比价是1:1450[1],折合仅约为2.2两,租期不明。种植玉米,山主每年分得收获物的25%,租客得75%;种植茶叶,"四年无租",表明押金抵扣了四年的茶租,茶叶均归租客所得,之后则需要缴纳相应的租金。这也进一步证明了契约(2)中的高额租金的确是山主急需钱款所致。

契约(4)、(5)应是两份较为连续的承约,山主皆为程世烛,产业都是金竹坑山场三块。契约(4)中的山场押金称为"寄庄钱",为2000文,折合为1.38两,五年之后才能"回转",即将押金退回,重新确定租种关系。山场所得,三七均分。契约(5)表明同一山场在五年之后更换租客,但没有收取押金,亦无租期,保持了此前的分成租制。同时,增加了一个条款:要求租客每年交出三斗(应为玉米)给山主用于缴纳赋税。契约(6)则是程世烛租出的另外一处山场,用于种植苞芦,产品二八均分,亦无押金和租期

---

[1] 陈昭南:《雍正乾隆年间的银钱比价变动》,台北,中国学术著作奖助委员会,1966年,第17页。

的规定。

　　大体而言,缴纳押金总与租种期限挂钩,而无押金的契约也没有租期的限定。客民租种对象多为玉米、杂粮,其他作物似乎不多。山主也愿意接受玉米的实物分成租,只有蓝靛、烟草等经济作物,才收取钱款。另外,限定山场需要为山主种植林木的规定逐渐消失,常常将山场完全交由棚民管理。如此一来,山林经济的结构也发生了重要变化,最明显的便是璜尖村民也开始种植玉米等杂粮。嘉庆十二年(1807)二月璜尖村程世焜所立租山批,是较早记录当地民众种植玉米的契约:

　　　　立租批人程世焜,今有牛眠石熟山一片,又有汪家山熟山一片,出租与族侄程日酒兴种苞芦,每年冬收苞芦,三七均分,不得短少。其有牛眠石茶园一片,听凭日酒锄摘茶,其茶租当面言定足钱三千整。其有牛眠石茶园地锄芦米,二八均分。倘有苞芦,不得私取。倘有此情,听凭另召。

　　　　再批:茶园锄摘五年。

从契约内容来看,山场种植玉米是三七均分,茶园则是二八均分,是实物分成的形式。相较之下,同一茶园的茶租则是采取货币定额租。在此之前的嘉庆十年,程世魁将山场"出拚与程世烛名下管业,三年为至,凭中补价苞芦四石五斗,其苞芦当日是身一并收讫无异",将玉米作为押金支付。从前述契约可知,由于此前程世烛多次向棚民出租山场收取实物租,因而他将这一做法带入同族内部的交易之中。以玉米实物作为租金或押金,究其原因,恐怕是当地社会对新粮食作物的依赖日益增强。有研究证明,徽州一直是缺粮地区,尽管官府屡有禁令,但玉米经济却不断普及并发展壮大,产生了积极影响[1]。收取玉米可以直接补充口粮;而茶叶是经济作物,与市场联系密切,却不能满足乡村民众的基本口粮需求,亦难以迅速兑换急需的钱款,故而采取货币租金的方式。

　　另外,在物价飞涨的时期,缴纳实物还可以规避风险。民国三十六年(1947)六月,清坑村汪再兴将一处竹园当给汪庆枝,获得法币50万元,"准于戊子岁(即1948)五月夏至日以前交付干苞芦子七百十四斤足,不得欠少",后又补充规定:"当契至民国己丑年(1949)五月夏至日,本利共计苞芦子一千零七十一取赎。如果误期未取,凭中指界交业,不得阻执,日后苞芦此数备齐取赎,不得异言。"[2]可见,用玉米偿还本息在19世纪以后逐渐跨出租佃关系领域,还成为璜尖周围村落借贷契约的内容。

---

〔1〕　梁诸英:《清代徽州玉米经济新探——以文书资料为中心》,《安徽大学学报》2014年第6期。
〔2〕　《民国三十六年汪再兴当山契》,上海交通大学历史系藏。

不过,棚民经营山场并非一帆风顺。赋税问题成为当地民众与客民矛盾激化的导火索。嘉庆十五年(1810)璜尖全村订立合同称:

> 立议合同程、徐、张等,因为本境源头忘字号山业,乾隆年间向遭租召棚民,历来虚赔国课,至今年限已满有余,讵有里程,籍其有分,复召异民租种肥囊,不顾我等课粮虚赔无休。我等不忍坐视,爰是合村相嘀执阻。倘有结讼事情,务要使费,面议公出,毋得推诿。各房扦立头首,閒出交众应用,不可以私费公,必慎于如始,不可半途而废。恐口难凭,立议合同七纸,各执一纸存照。
>
> 嘉庆十五年三月　日立议合同程兆杰(押)、程兆文、程兆纯(押)、程兆信、程世起、程金倖(押)、程世烺(押)、程世炔(押)、程世魁、程世烛(押)、程世矯(押)、程日抖(押)、程士楷(押)、程起瀛(押)、徐可暖(押)、张廷绪(押)
>
> 依书程干周(押)

订约的人名中有程世烛、程世起、程世炔等,皆参与了此前的租赁山场。上一节中的契约(1)(2)皆为土地字号"忘"字号的山场,契约(4)(5)的土名"金竹坑"同样出现在契约(2)中,可见,租给棚民的产业大部分是"忘"字号。一般情况下,土地租出之后,租客拥有使用权和收益权,山主、田主保持处置权,需要承担相应赋税。可是,璜尖村内有程姓借着拥有山场产权("籍其有分"),不顾同村赋税虚赔,出租与棚民经营,中饱私囊。只有契约(2)(5)有较为明确的说明赋税缴纳需由棚民参与负责。尤其是契约(2),让"种山人"完全承担赋税,实际上变相地将山场长期出卖给棚民。但棚民具有流动性,并没有在当地入籍、开立税户,赋税如何缴纳存在很大漏洞。笔者就发现了一张嘉庆七年(1802)棚民订立的议约:

> 立议约中亲刘宏绪、俞永青等,今因曹人原拚程三行全男连生山场一片,曹顶于徐,徐顶与储,因曹人先年有老批一纸,凭中理论,储人收租二股,曹人收租一股。每年秋收之日,公仝面收,不得一人私收。今恐无凭,立此二纸,各收一纸为据。
>
> 老批一纸,卖人收领,又照。
>
> 嘉庆七年十一月初十日立议约刘宏绪(押)俞永青(押)
>
> 遵议储名显(押)、曹玉峰(押)
>
> 凭中人杨盛禄(押)、刘体正(押)、杨有山(押)、石特夫(押)

参与订约的各姓,储姓、杨姓以及曹玉峰分别出现在契约(2)(5)、契约(4)和契约(6)中,皆为棚民姓氏,而刘、俞、石等姓也应是客民。曹玉峰之前与程三行父子订立了拚山契约,随后又将山场经营权顶给徐姓,徐姓又顶给储姓。经过多手转移之后,储名显等人拥有山场的使用权,但由此引发了"一山多主"的矛盾。曹玉峰因手握与山主订立的契约,因而要求收取一部分租金。显然,曹姓成为山场的"二地主"。由此可见,与平原地区"一田多主"导致钱粮逋负现象类似,山场地权也发生了分化,影响了赋税缴纳。更有甚者,还有棚民将山场转租给璜尖村民,如嘉庆九年(1804)储协辅所立的顶茶丛地约:

> 立顶约人储协辅,今收原批程日英太阳坞内茶丛地一块,凭中出顶与程世烛名下兴种管业,三面议定,顶价元银一两整。其银比讫,其地听受顶人管业,其年限照依炭灯坞拚批为据。据此情愿,永永(远)大发存照。
>
> 嘉庆九年十一月吉日立顶储协辅(押)
> 凭中人刘承绪(押)、刘象全(押)

储姓是活跃在皖浙交界地区的棚民姓氏[1],前述契约已出现有多位储姓。储体贤除了契约(5)中承租山场之外,还在嘉庆八年程日樱将张家坞山场出拚给程世烛的契约中作为中人出现,而这处山场第二年就被曹玉峰租去,即契约(6)。就在这一年,程世烛又从储姓手中转租来程日樱(英)的茶丛。因此,璜尖村民与外来棚民之间的交易关系日趋复杂,彼此互为山主和租客的关系。如此一来,璜尖一带较为简单的山场地权关系不断变动,诱发了赋税缴纳的矛盾。对此,璜尖全村订立合同,要求停止租地给棚民,并做好了长期打官司的准备。此后在现存的契约文书中,的确没有出现此类客户租地的文书,说明合同产生了一定的约束效力。同时,当地民众学会玉米等作物的种植方式之后,也对山场经营的重视程度开始提升,山地契约形式和内容的多样化更为显著。同时,当地并没有发现武力驱逐棚民的情形,也没有以水土流失、风水破坏为由进行诉讼的相关记录[2]。可见,清中期当地的土、棚矛盾的聚焦点似乎比较有限,并没有扩大化。更何况,先前订立的契约是得到官府承认的,使得棚民在纠纷中占据有利地位,因而一部分棚民开始在廿五都定居下来。

既然棚民难以杜绝,编立保甲加强控制是较为合理的处置办法。目前见到该飞地最早一份棚民保甲门牌是在嘉庆二十年(1815),距离璜尖全村订立合同仅隔五年。

---

[1] 璜尖乡邻近的源芳乡一带,同时期也出现了不少潜山籍的储姓棚民。涉谷裕子:《清代徽州休宁县における棚民像》,山本英史编:《伝统中国の地域像》,庆应,庆应义塾大学出版会,2000年,第233—241页。

[2] 徽州其他地区有采取针对棚民的驱逐、京控等抵制举措。参见谢宏维:《清代徽州棚民问题及应对机制》,《清史研究》2003年第2期。

门　牌

　　特授江南徽州府歙县正堂加十级记录十次王,为敕奉上谕事。奉各宪礼,钦奉谕旨,颁发保甲事宜各条,转行到县,奉此,合行给牌稽查,为此,仰该牌长知悉,即将后闻客户姓名、年岁、地粮、税亩、作何生理并男妇、大小丁口以及邻佑便照项写明白,如有左道邪教、番贼光棍、私铸私销、窝娼窝赌、逊犯逊远,以及赌具邪书一切有干例禁之事,该牌长邻佑即行呈首,立拿究惩。倘敢纵容不报,一经事犯,定将惩究不贷,须至牌者。

　　计开

二十五都　二图　甲　潜山县棚民杨季年　年五十四

住居 **周家源棚内** 村／巷　　　　　　自置山业

　　地粮　　　　　　　　　　　　　山税

　　祖　　　　　　　　　　　　　　妻王氏

　　祖母　　　　　　　　　　　　　妾

　　父　　　　　　　　　　　　　　子**德州、贵州、小牙、义**

　　母　　　　　　　　　　　　　　媳**王氏、孙氏**

　　伯　　　　　　　　　　　　　　女

　　叔　　　　　　　　　　　　　　孙上元

　　婶　　　　　　　　　　　　　　孙媳

　　兄　　　　　　　　　　　　　　侄女

　　嫂　　　　　　　　　　　　　　侄媳**李氏、郑氏**

　　弟**季成**　　　　　　　　　　　　侄孙

　　弟媳　　　　　　　　　　　　　侄孙女

嘉庆贰拾年**正**月　日给

　　　　　　　　　　　　　　　　　□□□□□用木板张贴

这份保甲门牌载明了一个棚民家庭的人口构成。不过,笔者最感兴趣的是其中产业一项登记为"自置山业",且没有应缴税粮额。据乾隆六年(1741)程兆耀卖山契载:"今因缺少使用,自情愿将承祖遗下有忘字等号,山场内中山里三厘,又周家原山税三厘,共三号,计税一亩整,自愿出卖与族兄名下为业。当日面议价纹银一两伍钱整。其银当日收足,其税当于本家七甲毛见户内纳粮。倘有遇册之年,入收受人户内供差纳粮无异。"由此可见,周家原(源)一带在棚民进入之前已经纳入土地登记,亦为忘字号,而且早就

· 375 ·

成为璜尖程姓的"祖遗"产业。而前述棚民与程姓订立的租约中,就多次出现了杨姓。因此,笔者认为该保甲门牌主要是将长期居住的棚民纳入当地的治安体系,而产业赋税的归属并不是重点,所谓的无纳税记录的"自置山业"或为杨姓承租的山场,在长期经营之后变为己有。尽管如此,随着棚民定居时间的增长,在廿五都飞地周围开始形成新的聚落,如周家源、刘家棚等。在如今璜尖乡的十八个村民小组中,还有中山、乌石、上午等地名,皆为棚民客户定居后所形成的。与璜尖等村占据当地主要河流,控制水源相比,这些聚落都位于更高海拔的山地,水源不足,显然是以玉米等旱地作物为主要经营对象。

四、19 世纪土地交易规模与契约类型的变化

19 世纪以后璜尖不同土地类型交易规模的变化较为明显。尽管在璜尖土地构成上占据很大的比例,但在 18、19 世纪的土地交易方面,田地的交易频率和规模并不亚于山场、茶园。笔者对璜尖契约中的数十份卖契进行统计,如下表所示。

18—19 世纪璜尖土地类型与买卖价格表

土地类型 时　段	山(茶园) 交易量(笔)	交易总价(两)	每笔平均价格	田 交易量(笔)	交易总价(两)	每笔平均价格	房(基地) 交易量(笔)	交易总价(两)	每笔平均价格
1701—1750	2	15.5	7.75	1	2.2	2.2	1	5	5
1751—1800	8	22.78	2.84	6	50.67	8.45	1	0.8	0.8
1801—1850	6	28.45	4.74	6	24.43	4.07	3	60.152	20.05
1851—1900	7	67.84	9.69	1	54	54	0	0	0
总　计	23	134.57	5.85	13	127.3	9.79	5	65.952	13.19

注:(1)银钱比价,18 世纪较为稳定,按照 1∶1000 的标准换算,19 世纪波动较大,但契约中以铜钱作为货币主要出现在嘉庆和道光前期,以 1∶1250 的标准换算。(2)道光以后土地买卖货币主要是"英洋"、"光洋",按照官价 1 元=0.72 两的标准进行换算。

这一统计基于题名为"卖契"的契约。实际上包含了绝卖和活卖两种类型。前述的程天存卖茶园契便属于活卖范畴,题为卖契,实际上是将茶园作为抵押的借贷行为。考虑到活卖源于"卖"的行为,仅仅是"卖"的一种变体,而后文主要讨论土地类型的交易规模,不牵涉地租率等计算,故而上表仍将活卖契归为卖契范畴。

表中的三种土地类型,房地属于生活用地,由于徽州地少人多,适合建造聚落和住

宅的土地稀缺,房屋和基地的价格一直居高不下,因而交易量并不多,但平均价格是各类土地中最高的。作为生产用地的山地和田地,由于部分契约文字简略,未载明税亩数量,上表没有纳入统计。尽管如此,交易价格与徽州一般田价走向大体一致,仍可反映出不同时段、不同土地类型交易规模的变化趋势。

山地和田地的交易主要集中在18世纪中叶至19世纪中叶。契约数量较多,具有一定的统计意义。这一时期徽州田土的亩价大体维持在20—30两,平均为22两[1]。由此反推璜尖土地交易规模,18世纪下半叶,该地区平均每笔山地交易面积为0.13亩,田地则达到0.38亩,约为山地的3倍。到了19世纪上半叶,在交易频次大体相当的情况下,山地平均交易面积是0.22亩,田地为0.19亩,比前一时段减少一半,亦少于同时期的山地。19世纪的后半期,田价基本处于低价位,平均亩价在10两以下,一般为八九两[2]。此时璜尖留存田地交易契约仅有一例,且仅有3分税亩的田地,卖到银洋75元,折合为54两,或属于特例。因而数量较多山地卖契仅能进行纵向比较。以每亩9两作为标准,则此时段山地交易的平均规模继续扩大,达到1亩左右。之所以呈现出如此明显的变化,最有可能的原因是棚民带动的山区垦殖逐渐深入,山地开发面积和交易规模不断扩大,民众资金流向山场。

不仅如此,如果将各类契约类型从时间上进行排列,我们还可以发现,1850年以前几乎看不到以山地为对象的"当契",此后这类契约才逐渐增多;而田地当契则从18世纪中期开始就一直存在。另外,18、19世纪山地的绝卖契、租批、拚契留存较多,而田地的租约几乎没有发现,也形成了鲜明对比。由此可以判断,田地由于数量稀少,一直被当地民众视为与自身日常生活密切相关的自留地,要么出售,要么作为抵押物,但租佃关系与地权分化并不明显。

璜尖当田契之所以出现在19世纪以后,与此时徽州田价开始大幅上涨有关。据统计,雍正年间开始田价涨势加速,乾隆中叶达到徽州田价历史上的最高峰[3]。土地价格高涨而难以承担买断费用时,买主付出价位较低的当价而获得土地部分产权,卖主也可以迅速获得需要的资金,故而订立当田契成为买卖双方的双赢选择。此时若继续沿用卖契格式加上无期限、无利息的回赎批注,已经不符合田地市场发展的需求。乾隆三十五年(1770)程天送所立当菜园契称:

---

[1] 刘和惠、汪庆元:《徽州土地关系》,第202页。
[2] 刘和惠、汪庆元:《徽州土地关系》,第202页。
[3] 刘和惠、汪庆元:《徽州土地关系》,第209页。

　　　　立当契人程天送，今因缺少使用，将菜园地一块，土名门口田，忘字一十三号，
　　　计税二厘正当与　名下。三面议定，当九七纹银一两三钱正。其银照依时例交利，
　　　自当以后，倘得便手，凭身取赎，恐口无凭，立此当契存照。

这块菜园地仅有 0.02 亩，当价却高达 1.3 两，每亩当格是 65 两，卖价应更高。程天送采取当契而不是卖契获得钱款，除了价格上涨的趋势外，还与该菜园土名所显示其位置可能与住宅贴近有关。因此，菜园仍然掌握在程天送手中，交纳利息，回赎期不做限定。倘若采取卖契方式，甚至推收过户，即便加上批注，也容易引发纠纷。

　　山场因种植林木，需要耗费的功力较多。随着 18 世纪后期棚民客户入居开发，除了维持杉木、竹木的出产外，玉米、杂粮得到大规模种植，租赁关系有很大发展。如此一来，山地的经济价值不断提升，尤其是玉米可以充当货币在租佃和信贷领域逐渐得到普及。山场开始作为抵押物进入信贷领域，以获取急缺资金。民众在订约时，也更倾向于采取明确表示信贷功能的当契。

　　以张家坞山场为例。嘉庆八年（1803），程日樱"因欠少事用"，立下拚山契，"自愿将忘字号内土名张家坞生山一片"交由程世烛"开拨兴种，当日面议价元二两五钱正"。这份拚契并没有约定归还时间。两年后，棚民曹玉峰便从程世烛名下承租到这片山场，定立了前文所列的契约(6)，种植玉米，二八均分，同样没有规定租期。此后，这处山场的流转并不清晰，直至光绪三十三年（1907）正月程懋荣兄弟的出抵山批中再次出现，其契文如下：

　　　　立出抵山批人程懋荣同弟等，今因自愿将承父遗下有忘字号，坐落土名张家坞
　　　荒山一片，其山当日指明，四至照依原界，该身分范，一并立批出抵与汪光前名下。
　　　当日三面言定，时值抵价英洋十元整。其洋当即是身收足，其山即交受抵人开劚兴
　　　种。议定一轮限十二年为满。该山开垦之日，替东扦养杉苗，每阔一丈，两头扦植，
　　　倘若缺苗，随时补足。订定山不起租，银不回头，期满之日，三面缴约，山归业主管
　　　回，毋得阻执。
　　　　再批：该山内不许放种桐子，只准坑边栽种。连皮山内茶丛尚未出抵，后再另
　　　担面议，此照。

程氏兄弟自称山场"承父遗下"，由于璜尖所存族谱仅记事至嘉庆朝，因而他们与程日樱、程世烛两个家庭的关系并不清楚，但根据契约内容可以判断此处山场已经从棚民手中收归程姓，并在 20 世纪初又一次出租给汪姓。程氏兄弟作为山主，一次性获得 10 元鹰洋，抵作 12 年一轮的山租。这只是山场的一部分，茶丛等部分另外商议订约。得到

押金之后,山主似乎并不在乎汪姓种植何种作物。在徽州契约文书中,"剿"核心意义是"除"和"绝",即有"全部砍除"或"全部锄除"之意[1],因而种山人有较大的自主权。但他们又需要替山主按照"每阔一丈,两头扦植"的标准种植杉树。这种长期的人力劳动,也成为山主收益的一部分。对于租客而言,山场种植所得皆为己有,亦能得到补偿。因此,这份租山契约中包含了山主和租客间两个层面的合作:钱款与土地的交换、替主种树抵消地租。

按照契约规定,山场应当在12年后,即1919年收归程姓。到了民国十三年(1924),程正镪又将此山当给清坑村的汪姓。

> 立出当山契人程正镪,今因欠少使用,自愿将承祖父遗下该身分范,系有忘字号内坐落土名张家坞荒山一宗,其山内竹木棕榈一并在内,上至大尖降,下至水坑,里至大坞直上,外至徐成海山为界,四至界内当日指明,自愿央中立契出当与清坑汪庆松名下为业。当日凭中三面言定,时值当价大洋六十元正。其洋成契之日是身一并收足。其洋依乡加二生息,无论近远年,本利取赎,不得异说。

19世纪后期出现的当山契皆为此样式。与活卖契一样,都没有限定回赎期限,因而郑力民提出以是否有取赎期限作为判断活卖和典当差别的一个标准,恐怕在具体的地域环境中难以成立[2]。此时民众普遍采用的典契明确规定了20%的利息,则是此前的活卖契所没有的内容。1935年6月,清坑汪国铉出当茶山,获得大洋35元,在当契正文中言明:"准于来春丙子太岁尽,在夏季办齐本利洋四十二元取赎,不得拖延短少,如要迟延不取赎,此契以作卖契为用,毫无找赎,永无取赎。"一年的利息为7元,年利率同样是20%。根据曹树基的研究,浙南石仓"以钱还钱"的当契年利率便是20%,而且与地租率相对应,即土地的典当市场与土地的出租市场是统一的,市场调节机制明显[3]。而璜尖当契已经将"加二生息"作为"乡例"写入多份契约之中,同样说明当地山场典当也是符合市场机制的行为。

与此同时,并非如寺田浩明所言,"一般很少发现活卖契与典契并存的现象",19世纪后期的璜尖仍发现有少量山场活卖契约。以光绪十九年(1893)程正钟卖地基、山林契为例。

---

[1] 储小旵、张丽:《契约文书札记五则》,《中国农史》2012年第4期。
[2] 郑力民:《明清徽州土地典当蠡测》,《中国史研究》1991年第3期。
[3] 曹树基、李霏霁:《清代中后期浙南山区的土地典当——基于松阳县石仓村当田契的研究》,《历史研究》2008年第4期。

立出卖地基人璜尖程正钟,今因急需正用,自愿将承祖遗下该身系有忘字七千五百七十三号,土名住后坑边,计地税二毫整,其税照依鳞册为定。自愿又带忘字号内土名上垳坦茶丛山一片,其竹木一并在内。其山当日指明,四至照依原界,自愿凭中立契出卖与休邑临溪王静山名下为业,当日三面议定时值价洋二员六角整。其洋当日一并收讫,其地税山业听凭受人执契管业,不得阻执。其地税不必推收,原在程世起户内供差办纳,无得异说。

　　再批:此契准于甲午年尽在五月备齐本利取赎,毋得过期。如过日期,永无赎回,听凭受人变脱,此照。(押)

从表面看,此契约仍有活卖色彩,土地税粮没有推收过户,可以回赎。但较之18世纪的活卖契,其"再批"部分的时间限定是十分严格,即必须次年在本利备齐的情况下取赎,否则"永无赎回"的机会,契约转变为绝卖契。清坑契约也有多份卖契将限定回赎期限作为活卖向绝卖转变的依据。光绪十三年(1887)五月汪世香卖竹园、山场两处,得洋八元。其卖契称:"再批:准于光绪戊子年(即1888)五月夏至原价取收。如要不取,不必另起推单,听凭受人面腾上册,无得异说,以作杜契为用。"尽管没有收取利息,但回赎期只有一年。过期不赎,活卖契自动转为绝卖契。可见,随着山地市场的逐渐发展,当地民众即便沿用活卖契进行信贷交易,也自觉将具有典契特征的内容纳入条款。该卖契末尾还加上了找价的内容:"大清光绪戊子年五月日找洋二元。"这表明期限到后,汪世香并没有赎回产业,而是在增加地价的情况下将产业绝卖。因此,"找价"一词存在于典契,而"加价"用于活卖契的推测并不成立[1]。与此前回赎期限规定较为松散的活卖契相比,这些卖契或可视为介于绝卖和活卖之间的中间过渡形态。如果说清代法典以30年期限取代无限期回赎仍有"顽固坚持前商业经济土地永久所有权的理想"之色彩的话,那么,璜尖卖契在19世纪以后严格限定1年左右的回赎期,是完全符合"市场逻辑"的行为[2]。

五、结　　论

　　1780年以后,棚民大量进入璜尖一带山地经营。租赁活动的日渐频繁和山林垦殖的深化,推动了地方土地市场的发展,随之而来的便是契约形式的复杂化和内容的严格

---

[1] 郑力民:《明清徽州土地典当蠡测》,《中国史研究》1991年第3期。
[2] 黄宗智:《法典、习俗与司法实践:清代与民国的比较》,第70页。

化,以及山地交易的信贷色彩不断增强。原先仅存在于田地交易活动的当契引入到山地契约范畴之内;山地活卖契约增加了严格的回赎期限等内容,使得活卖和典当趋于一致。这一历程,不仅有助于我们重新考量棚民经济在不同区域社会环境下所发挥的作用,而且也将活卖和典当的差异凸显出来。在璜尖开发初期,当地盛行的活卖契,是脱胎于卖的行为,仍保留了基本小农生存伦理的原则,利息和回赎期限模糊;当契适应不断商业化的市场逻辑,在山林土地市场不断发育后流行开来,并对活卖契书写细节的变化具有重要影响。

本文的个案研究还在方法论上提醒我们,打破内在联系(地域和人户归属)讨论契约文书的类型、样式固然有可取之处,但集中观察某一地域各类文书内容的变化,以及为何被当地民众所选择或放弃的原因,同样有助于理解不同文书类型的本质,对于深化古文书学和民间历史文献学的相关认识是有所助益的。

[作者黄忠鑫,副教授,暨南大学历史地理研究中心]

歙县田面权买卖契约形式的演变(1650—1949)

赵思渊

一、引言：契约形式与经济秩序

17世纪中叶徽州等地乡村的土地市场中，普遍出现了田面权与田底权分离，与此相应，用于田面权交易的契约形式也出现了。清代徽州的契约中常常见到"退批"、"顶首"等契约形式，民国时期针对歙县的习惯调查中，也注意到了当地流行着这些契约形式：

> 歙邑买卖田地之契约，有大买、小买之区别。大买有管业收租之权利，小买则仅有耕种权，对于大买主，仍应另立租约。大买契内注明立大买契人、今将某号大买田出卖与某收租管业等语，小买契内则书退、顶小买田人、今将受分校买田出退与某过割耕种字样。小买与永佃之性质相近，小买田之移转，大买主不得干涉。[1]

笔者认为这里所说的"永佃"暂可理解为田面权，也就是说，20世纪上半叶歙县最主要的田面权交易形式是"退"与"顶"。这些契约形式出现于何时？它们与田面权分化的历史过程是同步的吗？本文将以新近整理发布的徽州契约为基础，分析17世纪中叶至20世纪中叶歙县的田面权买卖契约形式的演变，并由此考察契约形式、用语所反映的土地市场经济秩序问题。

田面权的分化是明清之际土地市场发展的重要变化。这种分化从明代中后期开始发生，可能与赋役制度的变化有关。黄册制度废弛之后，土地每十年一次登记推收的约束越来越小，同时，条鞭法改革也使得田赋征收以土地为最主要依据。这使得田赋负担可以按照确定的额度在土地经营者之间分配。这种情况下，不承担田赋的田面权与承担田赋的田底权也就有可能发生分离[2]。本来属于租佃关系范畴的佃户，或者开垦

---

[1] 南京国民政府司法行政部编，胡旭晟、夏新华、李交发点校：《民事习惯调查报告录(上册)》，北京，中国政法大学出版社，1998年，第234页。

[2] 赵冈、陈钟毅：《中国土地制度史》，北京，新星出版社，2006年，第260页。

荒地投入工本,或者改良农田,提高土地收益;或者交纳押租钱;或者低价典卖土地而保留耕作权,从而形成分离的田面权[1]。由于这种分化,土地市场变得更为活跃,不承担土地税负的田面权更容易在土地市场中交易。

从市场发育的角度看,新的地权交易形式出现后,自然会出现相应的契约形式。赵冈、杨国桢、刘和惠等都认为"退批"的含义是"退佃还银",事实上也即认为这种契约形式的出现,是田面权从租佃关系中分化而来的自然发展[2]。但本文的研究发现,事实并非如此。"退批"、"顶约"等契约形式的出现,远远晚于田面权交易的出现,它们成为田面权买卖的主要契约形式,也经历了一个漫长的历史过程。

这说明,契约形式演化的过程,仅从市场发展的角度是不足以解释的,还需要考虑"支撑契约关系的秩序"[3]。契约关系能够维持,不仅仅是基于市场的利益原则和法律的威力,就中国社会来说,认可契约关系有效性的社会观念发挥着更积极的作用[4]。也就是说,经济生活中人们利用既有的社会结构来构造一种稳定的,可持续的秩序。

因而可以说,明清以来的乡村经济生活中如此广泛地使用、书写契约,是基于特定的社会观念与经济秩序而实现的。如何分析、描述这种经济秩序,是明清契约文书研究中非常关键但研究十分不足的议题。岸本美绪分析乡村契约关系的经济秩序,是从诉讼案例切入,她分析卖妻契约在诉讼中是否会被认可,认为契约、礼教、生存在诉讼中是地方官将会平衡考虑的三个因素。这种平衡原则亦反映了当时的一般社会观念[5]。

但是,诉讼案件所反映的是经济秩序中的冲突,这尚不足以描述契约关系中存在的对于经济秩序的理解。有关契约关系的一般性的社会观念,更多地会在契约书写中体现出来。因而,研究契约形式是理解"支撑契约关系的秩序"的有效途径。

阿风已经对徽州契约形式的演变作了长时段的梳理[6],并且在批契研究中展示

---

[1] 杨国桢:《明清土地契约文书研究(修订版)》,北京,中国人民大学出版社,2009年,第80页;赵冈:《永佃制研究》,北京,中国农业出版社,2005年,第16页。
[2] 刘和惠、汪庆元:《徽州土地关系》,合肥,安徽人民出版社,2005年,第105页。
[3] 岸本美绪:《明清契约文书》,载滋贺秀三编:《明清时期的民事审判与民间契约》,北京,法律出版社,1998年,第308—313页。
[4] 岸本美绪:《清代中国的物价与经济波动》,北京,社会科学文献出版社,2010年,第61—84页。
[5] 岸本美绪:《礼教・契约・生存:清代中国の売妻・典妻慣行と道徳観念》,《歴史学研究》,2014年第9期。
[6] 阿风:《中国历史上的"契约"》,《安徽史学》2015年第4期。

了契约形式与经济秩序之间的关系[1]。阿风主要以例证的方式分析了批契的意义,本文则着重以数量统计的方式分析契约形式的历时性变化,并且选择田面权买卖这种存在更为广泛,在土地市场中具有重要地位的交易形式。本文所说的田面权买卖,是指将田面权按照一定价格完全转让,契约中不包含有关利息的约定,有时具有回赎约定的交易形式,典当、抵押、租佃则不在本文的考察范围之内。

本文仅选择歙县而没有考察整个徽州的田面权买卖契约。这主要是因为目前能够收集到的资料中,来自歙县的契约数量更大,也更为系统。此外,契约用语的差异有些是由于地域差异,而非历时性因素造成的。将分析对象局限于一个县,更有可能排除地域语汇差异对统计结果的影响。

二、歙县田面权买卖的契约形式

一般认为,徽州的地权分化出现于明代晚期[2],从现有明代遗留下来的契约来看,明确的田面权交易契约最早出现于16世纪末,也即万历初年。如以下契约中,吴元镃将自己佃种的部分土地"转佃"与其侄吴应乔,转佃后,吴应乔仍应当向汪春交租。显然,这里的转佃就是将土地的全部耕种权利与部分收益权转让,符合田面权交易的性质。所以万历时期出现的这种转佃契约,实即田面权交易契约。

十一都吴元镃,原佃到寺口汪春门前佃种十王院田一坵,计田三亩,内取三秤零五斤,计佃价一两二钱伍分与子静,仍存佃租四秤零五斤,计佃价银一两五钱八分整,自情愿凭中转佃与侄吴应乔名下,与汪春取租无词。今恐无凭,立此转佃约为照。

日后有银听自取赎无词。

万历十年正月十五日立转佃约人　吴元镃

中见人　吴元鉴[3]

他们进而认为,徽州所流行的田面权交易形式"退批"起源于"退佃还银"的意思,

---

[1] 阿风:《明清时代妇女的地位与权利——以明清时期契约文书、诉讼档案为中心》,北京,社会科学文献出版社,2006年,第30页。

[2] 刘和惠、汪庆元:《徽州土地关系》,合肥,安徽人民出版社,2005年,第103—117页。

[3] 《歙县吴元镃转佃契约》,《明清徽州社会经济资料丛编(第一辑)》,北京,中国社会科学出版社,1988年,第423页。

即以补偿佃耕者工本的名义支付田面价格[1]。"退批"似乎是伴随着租佃权利转让随即出现的,事实并非如此。本文认为,田面权分化后,乡村社会中形成稳定的契约形式,需要一个历史过程。16世纪末田面权交易出现后,直到18世纪初才形成稳定而独立的田面权交易契约形式,在歙县,其代表是"退批"。一种新的契约形式被广泛使用,也即意味着新的经济秩序被接受了。

整个17世纪,徽州存在"转佃"、"出佃"、"顶首"、"出退"、"交业"多种说法表示田面权交易,或者将田面权价格称为"粪草银"。这些说法可能都来源于赵冈等人所认为的"退佃还银",也即从租佃权利转化为田面权。这其中"出退"、"退批"等说法要到17世纪的最后一年才出现,此时田面权交易已经在徽州出现了至少1个世纪。可见,"退批"这种契约形式也许来自"退佃"这一说法,但是其形成与租佃权利转让、田面权分化并非同步的。18世纪之后,"退批"才成为歙县田面权交易最主要的契约形式。"顶首"、"交业"的说法也仍然存在,但占比较少,且在19世纪之后有逐渐降低的趋势。

徽州乡村的田面交易在清初远比明末活跃,这类交易在早期是以"转佃田皮"的形式出现的,笔者所见最早一件转佃田皮契出现于弘治九年,契约中约定"其兑佃之后,听自永远输纳耕种,未佃之先,即无重复交易,税粮造册之日照数推割无词"[2]。清代之后,这样的转佃田皮契出现更为频繁,《徽州千年契约文书》中收录的最早一份清代转佃田皮契写立于康熙三十三年,其中约定"其田皮自今出佃之后,一听佃人随即耕种无阻,未佃之先,与内外人等并无重复不明交易,如有自理,不干佃人之事"。这里明确使用了"田皮"一词而非弘治九年时较为模糊的"田土"。

清代歙县田面权交易契约中,几乎很少使用"转佃"、"出佃"等说法,继之出现的田面权交易用语是"顶首"、"顶头"。这种说法的本来意思是佃户之间耕种权利的顶让,从而衍生出田面权转让的含义。民国时期的法学家认为"顶首"是押租的意思[3]。但就徽州来看,顶首契中,既不约定回赎或租佃期限,也不写明是否可以按照原价退佃,已经视作一种独立的业权交易。至少到乾隆时期,顶约、顶首在歙县已经比较常见。

    立顶约人胡观迪今因欠少使用,自情愿将小买山壹业,土名平台山上段三号,自愿出顶与本家堂叔名下,前去下东锄种,三面言定顶首九五色银叁两陆钱正,其

---

[1] 赵冈:《永佃制下的田皮价格》,《中国农史》2005年第3期;刘和惠、汪庆元:《徽州土地关系》,第114页。

[2] 《弘治九年祁门吴逸转佃田土赤契》,《徽州千年契约文书(宋元明编)》第1册,第275页。

[3] 郭建编、王志强整理:《中国民事习惯大全》第一类第二编,上海,上海书店出版社,2002年,第27页。

银当即收足,其地随即过割,从前并无重复交易,倘有内外人等异言,系身承当,不干受人之事,恐口无凭,立此顶约存照。

　　乾隆三年三月　　日立顶约人　胡观迪

　　　　中见代笔　胡言玉

　　　　同弟　胡元璧[1]

这份契约的交易对象是小买山,说明交易双方都明确其地权田面权的性质交易价格被称为"顶首九五色银",说明顶约即是顶首权利的交易,这一语境下,顶首与小买具有相同的含义。18世纪歙县所见契约中,"出顶"、"顶约"、"顶头"等用语还与"出退"等连用,这可能是因为这些词语在契约中本就具有相近的含义,也可能在当地的经济生活中,这些用词之间具有关联。

直到19世纪末,这种契约形式仍然存在,契约中所说的"顶约"或"顶首"是指田面权,而非转让田面权。如"立典小顶约人姚观福,今将土名社田小顶麦田壹亩计包程姓大买租谷柒斤,麦分贰大斗,自愿凭中将小顶田并柜子树叁棵,出典与张顺名下为业"[2]。19世纪的这些"顶首"、"顶约"契约中,也已经将交易的对象称为"业",可见田面权是一种独立产权的观念已经相当牢固。

明末歙县契约中出现了"交业"的说法,清代题名为"交业"的契约格式有三种不同类型。第一种表示买卖地权,这种交业契既应用于田面权交易,也应用于田底权及完整地权交易。以"交业"形式进行的田面权交易似乎约定内容更为灵活。如下文所引的这份契约中,交易的标的物是小买田,约定"其田听凭随即过割耕种",说明这是田面权买卖。其交易的价格被称为"交业钱",立契人自称小买交业人,可见"交业"可以作为表示田面权买卖的用语。

　　立小买交业人姚灶顺,今因欠少使用,自愿将承祖分受土名古盈墓口石桥头,田一坵,并田内青苗,尽行交与张名下为业,三面言定,估值价交业钱计七折钱拾壹两正,其钱比日收足,其田听凭随即过割耕种,在先并无重复交易,亦毋(无)威逼等情,倘有内外人等异言,系身承当,不干受人之事,恐口无凭,立此交业存照。

　　再批,其大买　谷租与姚成昭对半均分无异,此照。

　　乾隆五十四年十一月　日立交业　姚灶顺

---

[1] 《乾隆三年胡观迪立顶约》,上海交通大学图书馆藏,01111125010164。
[2] 《光绪三十年姚观福立典小顶约》,上海交通大学图书馆藏,01120526070003。

中见　姚成昭、姚子昌、姚正佳

代书　姚子如[1]

交业在清代徽州契约中表示买卖时,并不仅限于田面权买卖,田底权以及完整的地权买卖,都有使用"交业"的情况。从《中国地方历史文献数据库》中检索所见,完整地权及田底权交易中使用"交业"晚于田面权买卖,最早一份写于嘉庆十八年。契约中标明交易标的是"大小买熟地",说明是完整产权的交易,但是契约中未说明税粮是否过割,似乎又与一般的绝卖契约不同。

> 立交业人吴仲敏同弟吴佐廷,侄吴以道、吴松万等,今将土名官田大小买熟地山壹业,上至江全佩地,下至平凹横路,里至坑直上,外至吴喜贵、江全盛地,四至明白,凭中立据出交与张名下,前去管业作种,并吴玦昭、吴上有二人豆租在内,得受交业价足钱拾壹千文正,其钱当即收足,其熟地豆租随即交与张边管业作种无异,恐口无凭,立此交业为据。(下略)[2]

第二种是"卖契并交业",这种契约书写格式主要见于民国时期。如下引契约中的交易是买卖一份完整地权(大小买),写明交易价格后,说明"其业比即交明经管",这句话的含义和徽州契约中常见的"随即过割管业"的说法的含义应该是一样的。因而这种契约格式就交易性质来说仍是地权买卖。但是书写格式中,将地权的买卖和使用权的转让,分为两个部分,即"卖契"和"交业"。

> 立卖契并交业人汪吉炳,今因正用字,情愿将祖己业听字四仟壹佰八十九号,计地税叁厘贰毫正,土名瓦窑垂,大小买熟地一业,四至照依原形,今身凭中立契出卖与堂侄孙汪明德名下为业,三面言定得受价洋陆元正,其洋当即收足,其业比即交明经管,先前至今并无重复交易,无为(威)副(逼)等情,倘有内外人等亦(异)言,系身承当,不干受业人之事,恐口无凭,立此卖契并交业为用。
>
> 民国十六年十二月日立卖契并交业人汪吉炳
>
> 亲房　汪梅善
>
> 亲笔[3]

第三种是"交业票",用于宗族或家庭内部的财产转让。交业票的特点是契约中并没有交易金额,也就是说立契双方转移地权时不形成价格,这似乎是一种用于亲族内部

---

[1]《乾隆五十四年姚灶顺立小买交业》,上海交通大学图书馆藏,01111125010155。
[2]《嘉庆十八年吴仲敏等立交业》,上海交通大学图书馆藏,01111125010094。
[3]《民国十六年汪吉炳立卖契并交业》,上海交通大学图书馆藏,01101118020025。

的财产转移契约。因而同时有亲房与中见两类中人。

> 立交业票人姜灶德,今将土名竹林坞山地两业,出交与本家堂伯名下为业,三面言定,无得阻执,系事两相情愿,并毋(无)威逼等情,倘有内外人等异说,自身承当,恐口无凭,立此交业票存照。
>
> 乾隆六十年四月日立交业票人姜灶
> 亲房　姜进富、姜进文
> 中见　姜天喜、姜三益、姜灶法
> 代字　姜景华[1]

"出退"、"退批"是田面权交易契约中最流行的一种用语。目前所见最早一份写于康熙三十八年(1699)。

> 立退批人朱寿先,今有分受小买田一坵,土名处岱段,三亩六(分),出退路边一半与项云先名下,前去耕种,三面义[议]定,小买银壹两捌钱正,其银当日收倩,其田言定三年满,听凭早晚取赎原价壹两捌钱,无异说,倘有内外人等言论,俱系退人承当,不涉讨田人之事。□退批存照。
>
> 康熙三十八年十月　日　立退批人　朱寿先(押)
> 　　　　　　　　　　　　　中人　洪顺卿(押)
> 　　　　　　　　　　　　　　　　项君玉(押)[2]

同时还出现了"退业"的说法:

> 立退业人胡积女,今将土名禄豆坞阴阳二培小买热地一业,出退与吴名下,小买价纹银叁两正,其银当即收足,其地听凭讨人管业无异,以前从无重复交易,恐口无凭,立此退业为用。
>
> 康熙四十年十一月　日　立退业人胡积女
> 中见人　方文昭
> 依口代笔　黄[3]

这件契约中,胡积女交易的是一块"小买业"也即田面权,通过"出退",胡积女获得纹银三两,而"讨人"吴氏则获得"管业"的权利。这样的交易,显然可以视作田面权买

---

[1]《乾隆六十年姜灶德立交业票》,上海交通大学图书馆藏,01121218030020。
[2]《康熙三十八年朱寿先立退批》,上海交通大学图书馆藏,01121118010069。
[3]《胡积女将土名禄豆坞热地退与吴名下管业契约》,康熙四十年十一月,黄山市档案馆藏,档号:434300-Q001-001-P11-0035。

卖。并且,"业"在清代的法律术语中有表达完整权利的含义[1],也就是说田面权已经被当作一部分独立的地权被交易,而脱离了租佃权利转让的范畴。

也就是说康熙四十一年的这份退业契中,"退"已经不再表达"退还"的意思,而是表示田面权买卖。但是,18世纪初徽州契约中的"退",并非全部表达田面权转移,表示退还含义的退契仍然存在。

> 立契出卖人江积友今因侄媳方氏身故,其侄世隆求称,在外年多,竟无分文寄回,理论家务事。今身故,缺少衣衾,棺椁无措,自情愿央中将承祖分受到墨字肆千肆百叁拾玖号,土名后山脚,计地税贰厘捌毫叁丝,又将墨字肆千肆百叁拾号,土名塘山坞口,计地税壹分柒厘柒毫,又将悲字壹千柒百柒号,土名小子坑墓湾,计山税捌毫,共计叁号,四至照依鱼鳞清册为规,凭中立契出与本都本图族侄名下为业。三面议定,时值价纹银律两整。其银当成契日一并收足,未卖之先,并无重复交易,倘有内外亲房人等争论,一概俱系卖人承当,不涉买人之事。恐无凭,立此卖契为照。
>
> 其税听凭买人随即过割,并无难异,有墨字四千四百叁拾玖号,厨屋一间,土名后山脚壹屋,上在青天,下在黄土,再批。
>
> 　　顺治九年拾月　日　立卖契人　江积友
> 　　　　　　见人　江积寿、□□□、江天发、郭元道
> 　　　　　　代笔　江瑞金
>
> 立退契人江云举,今因寓居在外,所有前契内山地共三号,只因管业完粮不便,自愿退还原主,管业完粮,并无异说,其契内价银,一并收清,恐后无凭,立此为据。
> 　　康熙四拾七年正月　日立退契人　江云举
> 　　　　　　侄　江尚忠　江云卿、江坚佐
> 　　　　　　代笔中见　江圣余[2]

以上两份契约写于同一张契纸,显然康熙四十七年(1708)的退契是为顺治九年(1652)卖契追加订立的。退契中说明买主江云举因为旅居在外不方便管理产业,因而将土地退还原主。

---

[1] 寺田浩明:《权利与冤抑:寺田浩明中国法史论集》,北京,清华大学出版社,2012年,第72页。
[2]《顺治九年十月江积友立卖契康熙四十七年正月江云举立退契》,上海交通大学图书馆藏,01111206010777。

田面权的买卖不是完整地权的交易,因而徽州的买卖契主要是指完整地权的买卖,但是也存在书写为"卖"或"杜卖"的田面权交易契约格式。以下契约中,小买田卖出后,约定八年取赎,这种契约格式与前述的退批基本相同。说明卖小买的交易内容也是田面权买卖。此外,这件契约中还有第二年的再批,加价之后卖断田面权。

  立卖小买批人汪押吴,男长福,今将土名瑶田,计税贰亩四分,其田出卖与族伯名下为业耕种,三面言定得受小买价银叁两陆钱正,其钱九五足色,其田租谷交纳岩镇程宅叁拾捌斗四升,其田板田,听凭族伯耕种,两无异说,捌年为满,之后卖人取原价不得外人取赎,恐后无凭,立此卖小买批存照。
  再批,酒许银壹钱陆分
  大清雍正六年八月日立卖小买人汪押吴,男长福
  中人 汪文俊
  代笔中人 汪得云
  雍正七年再批,加银壹两贰钱整,其田日后永远不得取赎。[1]

三、契约形式的历时性演变

  17至19世纪,歙县的田面权买卖形成了5种主要的契约用语,即转佃、退、顶、交业、卖小买。那么,这些词语在当地的契约书写中如何应用?具有显著的规律,还是完全散乱的?检验这个问题,将有可能进一步验证:歙县的社会观念与经济秩序中,田面权交易是否经历了被认可,进而独立发展的过程。这也从一个方面反映了当地土地市场中的权利观念与经济秩序。

  本文分析契约书写用语规律的方法是建立数据表,从各种用语历时性的数量变化中观察可能存在的演变规律。徽州文书是迄今发现数量最多的民间文书群,已经公开出版的大型徽州文书资料集也有数种,本文选择《中国地方历史文献数据库》收录的歙县契约作为资料统计的来源。

  《中国地方历史文献数据库》是基于上海交通大学馆藏民间文书制作的数据库[2],之所以选择该数据库作为资料来源,首先因为它提供了足够多的样本来源。迄今公开出版的几种徽州文书资料集中,《明清徽州社会经济资料汇编》将田面权交易契

---

[1]《雍正六年汪长福立卖小买批》,上海交通大学图书馆藏,01090903050030。
[2] 赵思渊:《地方历史文献的数字化、数据化与文本挖掘——以中国地方历史文献数据库为例》,《清史研究》2016年第4期。

约单列为一类收录(卖田皮契),总计68件,相较而言,《数据库》中收录的歙县田面权交易契约即有800余件。《徽州千年契约文书》中则几乎没有收录清代的田面权交易契约。《中国徽州文书》目前仅出版了民国部分,无法用于长时段分析。刘伯山编《徽州文书》虽然包含了大量的田面权交易契约,但因为使用归户编目,并且仅有纸质出版,目前笔者尚无能力将全部契约编制为数据库,并统计其中的田面权交易契约。新近出版的《安徽师范大学藏千年徽州契约文书集萃》也因为同样原因未能进行统计。《中国地方历史文献数据库》则可以通过交叉检索限定文书的时间、地域、类型,从而较快地得到所需统计数据。

其次,《中国地方历史文献数据库》提供了"全样本"资料,使得统计分析可能避免"选精"、"集萃"的陷阱[1]。统计学中,使用统计对象的全部数据通常比随机采样的分析效果要好,这也就是所谓"大数据"的理念[2]。该数据库虽然并未收录全部徽州文书,但是它使用"归户"方式收录、编制资料,也即以家户为单位,收录其全部留存资料。通过这样的编辑方式,数据库中收录的每一个文书群都最大可能代表了一个经济活动单位的全部留存资料。这也就意味着,文书数量分布的历时性规律,更有可能反映了人群经济活动的规律,从而降低人为选择造成的偏差。《中国地方历史文献数据库》中收录了上百组这样的归户文书,最有可能呈现出地权交易的时间、类型分布的原始状态。

《明清徽州社会经济资料汇编》、《千年徽州契约文书》均为馆藏文书的选件,因此其时间、类型分布可能受到编辑者选择的影响,不能反映地权交易的原始状态。例如《徽州千年契约文书·清民国卷》中几乎没有"退批"类契约,这显然是后人编辑选件的结果。刘伯山编《徽州文书》及《安徽师范大学藏千年徽州契约文书集萃》是按照归户编目,同样具有"全样本"的优点,但是如前文所述,笔者目前尚无能力将其全部编目,如果有人能将这两笔资料的全部编目数据库化,将可进一步检验本文的统计结果。

本文使用关键词的全样本分析以检验提出的假设。确定关键词的方法,是在数据库中检索"小买"、"田皮"两个表示田面权交易的用词,从而获得表示田面权交易的动词。从这些动词中排除"典"、"当"、"抵"三类抵押借贷型的交易,这类交易本文暂不讨论。经过检索后得到以下10个关键词:"退批"、"退业"、"退小买"、"杜退"、"退大小买"、"顶首"、"顶头"、"顶约"、"交业"、"卖小买"。我认为这基本涵括了清代歙县的田

---

[1] 李伯重:《"选精"、"集萃"与"宋代江南农业革命"——对传统经济史研究方法的检讨》,《中国社会科学》2000年第1期。
[2] [英]维克托·迈尔·舍恩伯格:《大数据时代》,周涛译,杭州,浙江人民出版社,2012年,第39页。

面权买卖用语。前文述及的"转佃"检索中并未出现,这主要是因为《中国地方历史文献数据库》中收录明代契约较少,但也可由此推断清代歙县的田面权买卖几乎不适用"转佃"的形式。但是,邻近的婺源在清代则主要使用"转佃"作为田面权交易的契约用语,这种地域性差异也值得注意。

分析用词演变,方法是将每个关键词的检索结果都按照时间排序,然后以30年为1个时间单位,统计自1650年至1949年各个时间段的契约数。之所以从1650年开始统计,是因为整个数据库中未见到早于1650年的包含上述关键词的契约,30年为一个时间单位则恰好能将统计的时间范围分为10段。并且,整个数据库中19世纪之前的契约数偏少,如果时间单位分割太细,19世纪之前的时间段很难得到显著的统计结果。

获得检索结果后,还需要合并部分数据。笔者将"退批"、"退业"、"退小买"的检索结果合并称之为"退型契约","顶约"、"顶首"、"顶头"的检索结果合并称之为"顶型契约"。这是因为,以上两组词汇内部虽然有差异,但是所表达的含义基本相同,书写契约的格式也相同,可以视作同类型的契约用语。此外用"退"表达地权交易的还有"杜退"、"退大小买"两个词汇,单独统计。这是因为通常"退"是用于田面权交易,并非转让完整地权,而"杜"在徽州契约书写中通常的含义是断绝、完全转让的意思,因而"杜退"这种说法的出现有必要单独统计。同理,本来表示田面权转让的"退"用于完整地权即"大小买"的交易,也需要单独统计。

如前文所述,清代徽州题名为"交业"的契约实际有3中不同类型,我仅统计其中的第一种类型。还有一些徽州契约书写中同时使用"顶首"、"退批"、"交业"等说法,如有的契约中立契人称为"立交业退小买青苗顶头人"[1],《中国地方历史文献数据库》中也收录了不少这样的契约,统计中我对它们重复计数,这样统计强调的是不同观念的变化趋势。

表1 1650—1949歙县田面权买卖契约用语时间分布

	退型契约	杜退	退大小买	顶型契约	交业契约	卖小买	合计	占比(%)
1650—1679	1	0	0	0	0	0	1	0.12
1680—1709	1	0	0	0	0	0	1	0.12

---

[1]《歙县程阿鲍退小买田批(清乾隆四十六年)》,《明清徽州社会经济资料丛编(第一辑)》,第193页。

续 表

	退型契约	杜退	退大小买	顶型契约	交业契约	卖小买	合计	占比（%）
1710—1739	0	0	0	1	1	2	4	0.50
1740—1769	8	1	0	4	0	2	15	1.86
1770—1799	19	0	0	19	4	1	43	5.34
1800—1829	42	2	0	37	3	6	90	11.18
1830—1859	115	10	1	59	20	13	218	27.08
1860—1889	71	10	5	32	18	18	154	19.13
1890—1919	88	8	12	26	18	24	176	21.86
1920—1949	47	2	5	16	11	22	103	12.80
合 计	392	33	23	194	75	88	805	100.00

表1是按照以上检索方法得到的统计结果。从数据库中可以检索到符合条件的田面权买卖契约805件,数据库中收录歙县契约7280件,也就是说田面权买卖契约占到11%。契约的总体时间段分布是,越早的时期保留下来的契约越少,这符合古文书留存的一般规律。1830年之后保留下来的契约占比80.87%,这是由于文书保留情况造成的,还是说明19世纪上半叶是土地市场的一个转折期? 这需要下文进一步验证。

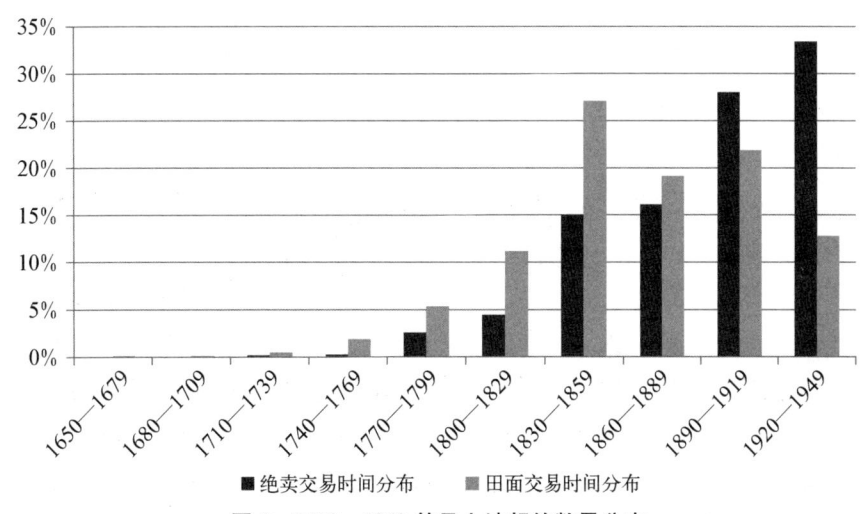

图1　1650—1949歙县土地契约数量分布

另外值得注意的是,虽然契约留存数量随着时间上溯而递减,但并未随时段下移而递增,1830至1859年期间保留下来的契约最多。这种现象似乎并不能用文书保留情况解释。笔者统计《中国地方历史文献数据库》中歙县的土地绝卖契约后发现,绝卖契约的分布是随时间递增的。也就是说,田面买卖契约的分布特征不是文书保留情况造成的,而是由土地市场的某些因素造成的。目前的研究还不能解释究竟什么原因造成了这样的情况,笔者的猜测是道光萧条迫使人们为了生计出让地权。但这仍然是一个有待进一步探讨的话题。

为了进一步分析不同契约格式在当地的演变,我进而统计每种契约格式在该时段所占比例,从比例的升降中,可以观察到契约格式的演变。从图2可见,退型契约在各个时段中的比例都比较稳定,大致在50%上下,无疑证明退型契约是歙县田面权买卖最主要的形式。1739年之前,退型契约的占比波动很大,从表1可知,这是因为1739年之前的留存契约太少,不能说明契约格式演变的规律。

图2还可以证明,"杜退"、"退大小买"等契约形式晚于其他退型契约出现,而且总体占比很低。整个统计时段内,杜退契约占比4.10%,退大小买契约占比2.86%,也就是说这在歙县并不是常见的做法。进而可以推论,"退"在契约中代表田面权交易,这种观念在歙县的乡村社会中始终是比较强大的。但1860年之后,"杜退"、"退大小买"契约占比有逐渐增加的趋势,这似乎意味着将田面权视作完整产权的观点在当地也得到一定认可。

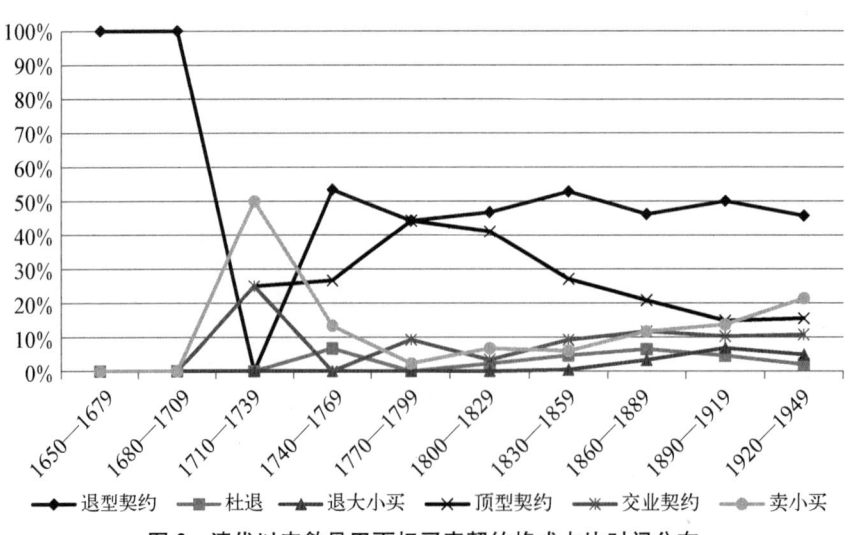

图2 清代以来歙县田面权买卖契约格式占比时间分布

1739年至1829年间,退型契约之外,占比最大的是顶型契约,尤其在1770至1799年间占比44.19%,1800年至1829年间占比41.11%。此后则逐渐下降,到20世纪上半叶已经降至15%左右。"顶首"本来的意思是佃户之间的顶替,这种说法包含着田面权交易来源于租佃关系的意味。与此形成对比的是,卖小买契约在1860年之前占比大致维持在10%以下,此后则有逐渐增加的趋势,到1920年至1949年期间,已经提高至21.36%。目前并无直接证据说明以上两种相反的趋势是否具有内在关系,或者与某种制度或社会结构变化有关,但这种现象本身已反映出乡村社会应用不同的契约形式具有可依循的趋势。

此外,交业契约在各个时段的占比波动较小,始终维持在10%左右。如前文所述,交业在清代歙县契约中有3种含义,这一特点使其在约定契约内容时似乎更为灵活,但也相应更缺乏契约观念的稳定性,因而使用频率更低。

四、结　　论

契约形式的演变是土地市场发展的结果,但也具有其内在的变化规律。本文重点考察了歙县田面权买卖的契约用语之演变,从中可见,一种新的地权交易形式出现之后,随之形成特定的、稳定的契约形式,需要一个比较长的过程。歙县的田面权分化出现于17世纪初,从17世纪初至18世纪中叶,转佃、顶首、粪土、退批、交业等用语都曾经在契约中用以表示田面权买卖。就现有证据来看,至迟在18世纪中叶,也即雍正、乾隆之际,歙县契约中表示田面权买卖的用语趋于稳定与统一,退批成为当地最重要的田面权买卖契约形式。这意味着田面权交易契约形式在当地经历了100年左右的过渡期。19世纪中叶之后,退型契约应用于完整地权交易的情况逐渐增多,显示出这种契约的使用范围有扩大的趋势。赵冈与杨国桢虽然都曾指出,新的地权交易形式必然形成新的契约用语,但他们都未注意到契约形式的演化过程虽然受制于地权分化过程,但也具有一定的独立发展逻辑。契约形式反映了乡村土地市场中的权利观念,这种权利观念是基于一定的经济秩序与伦理形成的,这是迄今乡村地权结构研究中尚未充分予以重视的问题。

[作者赵思渊,副教授,上海交通大学历史系]

文书与史料系统

阿 风

近代历史学发展的一个重要特点,就是对于文书这种原始资料的重视。1681年,被誉为"历史考证学之父"的法国学者马比荣(Jean Mabillon)撰写了《古文书学》(*De re diplomatica*)[1],提出系统考订古代文书的一系列方法与原则,推动了古文书学的建立,为近代实证主义史学的发展奠定了基础。

近代以来中国古代史研究的创新也与文书史料的发现有着密切的关系。包括甲骨文、简牍、敦煌文书、明清档案,每一次重大的发现,都曾极大地推动了相关断代史研究的进步。而这些出土或传世资料之所以有如此重要的作用,其中很重要的一个原因就是我们能够从这些资料中发现大量的公私文书。这些公私文书一方面充实并修正了正史的记载,另一方面也为认识正史之外的古代社会提供了大量的第一手资料。

一、文书与正史

中国的历史编纂,一向重"正史"。早期的正史"多由史家有志乎作",具有明显的"家学"倾向。唐以后,则多"敕撰之史","杂众手而成之"[2]。编纂正史是中国最具代表性的史学传统,正史是其他多数历史文本的基础。可以说,中国人的历史观念在很大程度上来源于正史。

然而,"正史"毕竟也是编纂的史籍(compilation)。正史的史料来源,主要是文书(documents)、实录、国史、典章等。其中最原始的文本则是"文书",包括了各种诏令、奏疏与官府往来文书。而实录、国史与典章,在很大程度上也是依据这些"文书"编纂而成的。因此,文书是正史的重要史料来源之一。

关于文书、实录与正史的关系,可以从有关明代"户帖"的记载略见一斑。

"户帖"是明朝洪武三年实行的户籍登记制度,清朝官修的《明史》记载非常简略:

---

[1] 有的学者译作"古文献学",如米辰峰:《马比荣与西方古文献学的发展》,《历史研究》2004年第5期。
[2] [日]内藤湖南著、马彪译:《中国史学史》,上海,上海古籍出版社,2008年,第115—118页;孟森:《明清史讲义》,北京,中华书局,1981年,第1页。

辛亥,诏户部置户籍、户帖,岁计登耗以闻,著为令。[1]

太祖籍天下户口,置户帖、户籍,具书名、岁、居地。籍上户部,帖给之民。有司岁计其登耗以闻。[2]

《太祖本纪》只是记载了颁行户帖、户籍诏令的时间。《食货志》则记载了户帖、户籍的登记项目包括姓名、年龄及居住地等内容。同时指出了户籍由户部掌管,户帖则给民为凭。然而,这些信息对于现代研究者而言,实在是过于简略,有关"户帖"的细节性问题,均不得而知。不过,非常幸运的是,《明太祖实录》保留了有关"户籍、户帖"的详细记载:

（辛亥）核民数,给以户帖。先是,上谕中书省臣曰:民,国之本。古者司民,岁终献民数于王,王拜受而藏诸天府。是民数,有国之重事也。今天下已定,而民数未核实。其命户部籍天下户口,每户给以户帖。于是,户部制户籍、户帖,各书其户之乡贯、丁口、名岁,合籍与帖,以字号编为勘合,识以部印。籍藏于部,帖给之民。仍令有司岁计其户口之登耗,类为籍册以进。著为令。[3]

对比"正史"与"实录"的记载,可以看出《明史》关于"户帖"的两条记载不过是摘取《明太祖实录》的几句话概括而成。《实录》不仅记录了"户帖"颁行为令的整个过程,而且对于户帖的内容、格式、功能等均有详细的记载。通过"实录",我们基本上可以了解"户帖"的面貌了。

不过,"实录"中所引的诏令,也不一定是原始的文本,现存徽州文书中保留下来洪武四年的"户帖"原件,其中刊印了洪武三年朱元璋颁行"户帖"诏令的最初文本:

户部,洪武三年十一月二十六日钦奉圣旨:说与户部官知道,如今天下太平了也,止是户口不明白俚,教中书省置天下户口的勘合文簿、户帖。你每户部家出榜,去教那有司官,将他所管的应有百姓,都教入官附名字,写着他家人口多少。写的真着,与那百姓一个帖子,上用半印勘合,都取勘来了。我这大军如今不出征了,都教去各州县里下着绕地里去点户比勘合,比着的便是好百姓,比不着的便拿来做军。比到其间有官吏隐瞒了的,将那有司官吏处斩。百姓每自躲避了的,依律要了罪过,拿来做军。钦此。除钦遵外,今给半印勘合户帖,付本户收执者。[4]

---

[1]《明史》卷二《太祖本纪》,北京,中华书局,1974年,第25页。
[2]《明史》卷七七《食货一·户口》,第1878页。
[3]《明太祖实录》卷五八,洪武三年十一月辛亥。中研院史语所整理本,第1143页。
[4]《洪武四年汪寄佛户帖》,《徽州千年契约文书·宋元明编》卷一,石家庄,花山文艺出版社,1991年,第25页。

中国古文书学研究初编

在明代,"凡王言,例先具稿进呈,谓之视草"。不过,明初洪武、永乐时期,颁行诏令,"词臣录圣语,不敢增损",所以明初出现了很多白话诏令,应该都是皇帝"面授"的诏令。不过,这些诏令"他日编入实录,却用文"[1]。对比上面"文书"与"实录"中的诏令,不仅存在着白话与文言的差异,而且文书中所引的白话诏令包含了更多的信息。例如,白话诏令中提到了当时是派出军人去核实户帖,如果点户不实,百姓"便拿来做军",隐瞒的官吏也要处斩。由此可以看出,原始文书在编入"实录"的过程中,不仅语言表达会有改变,而且内容也会有所取舍。

由此可见,"正史"、"实录"、"文书(原件)"事实上处于不同的层次,形成了一个金字塔形的史料系统。对于现代研究者而言,文书不仅是正史的重要史料来源,而且也是历史研究的基础史料。从史源学的角度来看,文书的史料价值最为重要。

中国古代的史学家,很早就已经认识到文书的作用。唐人刘知幾就认为:"古者言(即"文书")为《尚书》,事为《春秋》,左右二史,分尸其职。"但从《左传》开始,"言之与事,同在传中",而"言无独录"。因此,他认为,"凡为史者,宜于表志之外,更立一书。若人主之制册、诰令,群臣之章、表、移、檄,收之纪传,悉入书部,题为'制册''章表书',以类区别"[2]。在刘知幾看来,史家应该将作为史料的公文书汇编成册,从而与史书相对照,实现"言事有别"的目的。当然,刘知幾的这种想法过于繁杂而难以通行,并未受到后世的广泛推崇[3]。

在中国古代,虽然"正史"编纂的传统一直延续下来,但由于诸多原因,作为正史的原始资料——文书,却被有意或无意地销毁或修改[4]。时到今日,作为历史研究的基础史料,也只有清代文书还有规模化的遗存。至于实录,也只有明清两代系统地保存下来。其他前代各朝的文书与实录等,大多湮没不闻。如果没有这些出土与传世文书的话,现代研究者对于中国古代史的理解,也就很难超越正史了。

二、契约与明清社会史研究

编纂正史的"文书"主要是指公文书。事实上,欧洲、日本古文书学的主要研究对

---

[1] (明)黄佐:《翰林记》卷十一《视草》,《文渊阁四库全书》(台北,台湾商务印书馆)第596册,第974页。
[2] (唐)刘知幾撰、(清)浦起龙释:《史通》卷三《载言》,上海,上海古籍出版社,1978年,第33—35页。
[3] 内藤湖南:《中国史学史》,第128页。
[4] 侯旭东:《喜撰史书与弃置档案——我国史学传统中历史意识的偏好》,《中国社会科学院院报》2007年5月10日第3版。

象也是公文书。在古文书学发达的日本,将古文书分为公式样文书(律令时代)、公家样文书、武家样文书、上申文书、证文类[1],其中前四类都是公文书,而只有"证文类"包括了土地买卖契约、借贷文书、家产让渡文书等私文书。

然而,与欧洲、日本有所不同的是,至少战国秦汉以来,中国就已经实现了土地等财产的商品化,而"使财产关系、身份关系变得井然有序的多数契约类型,在中国古代就得到长足发展。国家所设立的法庭也受理并裁决大量与契约有关的诉讼"[2]。因此,中国很早就形成了以契约为核心的发达的私文书系统[3]。从现存的简牍、敦煌吐鲁番文书、黑水城文书以及明清徽州文书、清水江文书中保存下来的数量庞大的契约就可以看出,在中国古代,包括土地买卖、家产分析、婚姻存续、身份确立以及纠纷解决、赋役分担、地方防卫、结社集会等,都依靠着各种契约(包括合同)等私文书来维系,契约深入到中国人日常生活的方方面面。理解传统中国社会的秩序,契约具有非常重要的意义。

在研究中国传统社会,特别是明清区域社会中,地方志、族谱及契约都受到广泛重视。不过,这些史料各有其局限性。地方志虽然是地方政府主持编写的公籍,但与正史"兼书善恶"不同,志书"专记善、不录恶"[4],事关地方的很多争议性问题,志书采取回避的态度。民间编修的族谱作为一种宗族编写的私籍,更是奉行"书美不书恶"的准则,而且很多记载"掇拾讹传、不知考究",又多有删改、伪造的内容。因此,明末清初的学者黄宗羲就认为方志与族谱是"天下之书最不可信者"[5]。这固然有偏颇之处,但也说明使用方志与族谱时,必须考虑其可信度。而契约虽然文字相对单一,缺乏背景性描述,但作为当时各种社会经济行为、法律行为的原始文件,其可信度相对较高,可以在很大程度上弥补地方志、族谱等史料的不足。而且在契约数量足够多的情况下,还可以拓展研究的深度与广度。例如,已故的中国社会科学院徽学研究中心主任周绍泉研究员,曾经通过对徽州文书中一户胡姓农民家族从成化二十三年(1487)到崇祯十年(1637)共150年间的36张契约文书的分析,论述了该农民家族的世系、沦为佃仆的过程以及家族的经济状况,从而为我们勾画出一个普通农民家族在平常情况下的生活状

---

[1] 佐藤进一:《新版古文書学入門》,东京,法政大学出版局,1997年。
[2] 寺田浩明:《中国契约史与西方契约史——契约概念比较史的再探讨》,王亚新等译:《权利与冤抑:寺田浩明中国法史论集》,北京,清华大学出版社,2012年。
[3] 阿风:《中国历史上的"契约"》,《安徽史学》2015年第4期。
[4] 康熙《徽州府志》"赵吉士序"。
[5] 黄宗羲:《淮安戴氏家谱序》,《黄宗羲全集》第10册,杭州,浙江古籍出版社,2012年,第71页。

况。该文为了弄清胡氏家族各房的关系,还第一次尝试利用契约文书的有限内容编列了胡姓家族的族谱和世系递嬗表[1]。

事实上,今天明清区域社会研究取得丰硕成果的地区,无不与契约的大量发现有着密切的关系。比如中国台湾地区的区域社会史研究就与19世纪末、20世纪初日本在台湾进行的旧惯调查所搜集到契约有着密切的关系,而福建区域社会研究则始于20世纪30年代傅衣凌先生发现的闽北文书,徽州区域社会研究则与20世纪50年代徽州文书的发现有着的密切的关系。近年来,随着清水江文书、石仓契约等大量的发现,无不推动了当地的区域社会研究。

三、推动建立"古文书学"学科

在中国现有学科分类中,与古文书有关的学科包括"历史文献学"、"档案学"等。历史文献学的研究对象主要是书籍,近年来也开始关注到文书,但主要还是从传统的文献学角度出发,依据文书的时代与存在形态进行分类,将简牍、敦煌吐鲁番文书看成是"出土文献",将明清文书看成是"档案文献"[2]。"档案学"则是与"文书学"最容易相混淆的一门学科。"档案"一词出现于清初,是满语"档子"(dangse)[3]与汉语"案卷"之"案"的结合,其本义是"存贮年久者"的(公)文书[4],档案与文书实际上是一种时间性的转化关系。由于档案脱胎于公文书,决定了档案学的研究对象是以诏令文书、奏疏、官府往来文书等公文书为主[5]。近年来,档案学虽然开始将契约作为研究对象,但却将契约与执照、度牒等合并称为"凭证文书",强调这些凭证是管理国家事务、公共事务的重要工具[6]。契约的私文书的性质并不是档案学关注的重点。

20世纪80年代,伴随着徽州文书等明清契约的整理与研究的深入,厦门大学杨国桢教授等学者提出"契约"是"私文书制度的一个独立的系统",因此有必要建立起跨断代的"中国契约学"[7],这实际上就是将契约这种私文书从历史文献学、档案学中分离

---

[1] 周绍泉:《明后期祁门胡姓农民家族生活状况剖析》,《東方学報》(京都)第67册,1995年。

[2] 黄爱平主编:《中国历史文献学》,北京,中国人民大学出版社,2010年。

[3] 中嶋幹起编:《清代中国語满洲語辞典》111页,東京,不二出版,1999年。

[4] (清)杨宾:《柳边纪略》卷三《满州旧无文字》,柯愈春主编:《杨宾集》,杭州,浙江古籍出版社,2012年,第231页。

[5] 雷荣广、姚乐野著:《清代文书纲要》,成都,四川大学出版社,1990年。

[6] 裴燕生主编:《历史文书》第二版,北京,中国人民大学出版社,2009年,第315页。

[7] 杨国桢:《明清土地契约文书研究·绪言》,北京,人民出版社,1988年。

出来的一个尝试。

事实上,无论是公文书,还是私文书;无论是出土文书,还是传世文书;无论是简牍文书,还是纸质文书,它们都是当时治理国家与调整私人关系的原始文件,它们的"文书"性质决定了其与一般编纂的史料处于不同的层面。因此,只有将公文书与私文书从历史文献学与档案学中分离出来,建立起独立的"古文书学",才能够充分体现出"文书"作为第一手资料的价值[1]。

本文系国家社会科学基金重大项目"中国古文书学研究"(批准号:14ZDB024)的阶段性成果。

[作者阿风,研究员,中国社会科学院历史研究所,
中国社会科学院徽学研究中心]

---

[1] 黄正建等:《"中国古文书学"的创立——中国社会科学院历史研究所学者笔谈》,《文汇报》2012年1月29日C版。

16至19世纪韩国古文书和文集之"简札"
——关于存在形态与内容的比较探讨

郑震英

一、引 言

朝鲜时期的两班十分崇尚作为学者和官僚的生活。两班又称선비(士)、士大夫。两班作为士、官僚,生产和流通了许多记录物。这些因当时生活中的各种需要而产生、流通的文书叫作古文书。也就是说古文书是当时就已存在的资料,而不是由后世编辑或出版的。这样的古文书在韩国、中国、日本等国都有大量存在。

韩国古文书中有相当规模是称为"简札"的资料[1]。简札包含了具体的日常生活(婚丧、疾病、穷困等)或者社交、请托等非常隐私或隐秘的内容,具有很高的资料价值[2]。虽然简札的数量庞大且具有较高的资料价值,但简札作为研究资料在过去并没有得到积极地运用。

简札既作为古文书形态保存下来,也以"书"的形式收录在文集中得以保存。这里有必要厘清简札和书的概念。"简札"是书写后,以古文书的形态保存下来的资料形态;"书"是指将这些古文书形态的简札收录到文集后的资料形态。所有的书都以简札原本为参照,但不是所有的简札都收录到文集中。

如果能以这样的方式理解简札和文集"书"的相互关系,那么简札的数量也就大大增加了,其数量难以估算。不过,与庞大的数量相比,简札作为资料的利用仍具有局限性。

简札资料本身固然有待究明。本文将从理解简札的存在形态和文集"书"的关系入手,旨在重新发掘简札资料的价值。对简札和书,如果仅从存在形态的差异,即古文

---

[1] 比方说,李滉:《陶山全书》所收录的文章中,书在册数(72/45)和张数(4248/2641)上均占据了62%。从篇数上看,书共有3120篇,和诗2312篇,其他散文280篇的总数量相当,但书的总篇幅超过了2/3。

[2] 郑震英:《朝鲜时期乡村两班的经济生活——通过简札和日记的一般性考察》,《古文书研究》第51辑,2017年。

书和文集的收录进行理解,两者并没有什么不同。但是,简札资料所含内容的多样性和具体性,在文集中却无法看到。为何会产生这种看似矛盾的现象呢?简札资料并不是原封不动地收录到文集中的,我们需从这一点出发展开讨论。

二、作为古文书的简札——家书和别纸/小纸/胎纸

众所周知,简札主要被称为书简、书信、书札、简牍等。简札本来的形态由记录内容的部分(本纸)和外面的封皮(皮封)构成。当然也存在没有封皮的情况。

简札资料价值的成立,需要有以下几个条件:第一,能够确认发信人和受信人,但是很多情况下这一确认工作并非易事。这是因为简札上通常没有记载收信人或发信人,或使用父、兄、从、查弟(在简札中,亲家之间自称的自谦语——译者)、戚等一般性的关系名、官衔名,或只记录姓或名中的一部分,甚至记载"欠名/欠"的情况也不少。第二,能够确认资料的作成时间。很多情况下,因为使用干支标记,或只出现部分的月日,或使用"即日"等,难以确定具体的年代。也就是说,对简札的作成时间和受信、发信人的确认,在很多情况下是有难度的。这是制约简札资料价值的一大因素。

下面再看写有具体内容的部分。目前保存下来的简札大部分为单张的形态,其实大部分简札原先是由本纸和别纸构成的。由本纸和别纸构成的简札,本纸上通常记载问候和一般性的内容,这和今天的书信没有区别。单张形态存在的简札就相当于本纸。

别纸又称胎纸(台纸)、孕纸、小纸、夹纸等。因夹在本纸中保存下来而得名。别纸大部分是在很小的纸上,记录在本纸上难以开口的请托或作为礼物寄来的物品清单。别纸上往往不记载收信、发信人及日期。大多数情况,别纸和封皮、本纸是分离的,或佚失,或在内容确认后就被烧毁。

现存本纸的字体大部分以草书书写。这也是今天简札为何常常不为研究者所重视的原因。

朝鲜时期的简札是日常交流最重要也是最普通的手段。简札的往来,既存在于个人与个人之间,也存在于个人与集团、组织之间或者集团、组织相互之间。简札不只局限于他人,也可在家门内部,即父子、祖孙或者兄弟叔侄之间往来。这类简札通常称作"家书"。

总之,今天有大量的简札以古文书的形态保存下来。但需要引起注意的事实是也有更多的简札并未保存下来。

三、简札和文集"书"的内容比较——文集的几个事例

一部分简札资料被收录到文集中保存至今。当然,这只占到当时写成的简札中极小一部分。即使是一部分,其数量也是很庞大的。下面我将就古文书形态的简札和收录于文集"书"存在何种关系进行探讨。

文集的刊行通常是为了缅怀特定人物的学问或政治社会功绩。因此,文集在此目的下对资料进行取舍选择。简札亦是取舍选择的对象。

以下以一事例为中心,对文集收录的书与原来形态古文书的简札在内容上进行比较考察。事例中,以原文书为对照,其中下划线的文字为文集中删去的部分。

事例1

子(允伟)寄复[邮斋]//除夕,凭邮吏得尔平书,极用慰浣。但审尔随别星之行,远滞南陲云,未前,父固已虑之矣。官无大小,其为制绊则一也。惟冀勿以为苦,十分慎敬,千万幸幸。父大概无恙,勿虑。送来生鲭参拾揭焉,及此守藏之时,为惠。又别致于尔季穷家,父心之慰喜,曷量曷量?(金谷)正朝省扫时,(时亨)得(可)来参祭,幸甚幸甚。且中别封书,已于腊时封之,而适会顺付无人,今始送去。监司了书,尔好开出专人,好传于监司前,受答送来,切幸切幸,盖以婚时所切之请也。必须及时通情,方可致用,以是为切。月日虽差,传示不妨,故不改书□□□,尔季书□□矣。只此不一。甲辰元朝翌日,父。[手决]//今此监司所封药材三种,并书亦来,一一领受。书则为医书之答,故今不为答送耶。余▨。

事例2

书来极慰。但审尔驱驰官道,未有暇日,何以堪居(住)父固已虑之矣。只须勿烦思虑,方便善处。若勉强忍耐,则亦不(能)迟久矣,千万慎重。幸监司肯诺,使之来觐,可喜可喜。(平海)答书,则奴(莫同)回来有日,数日前,因便风,俱由裁书以送。岂尔出外,尚未得见耶!(黄)书,以家故欲退行于三月初旬间,而此处以三月初六日当答,而(平海)来探之人尚未见来,时方苦待,来则以右日答送为料。示全事,果当。但见(郑)及他卜者,推之皆佳吉,别无他咎云。大抵处事之宜,唯在大段处之耳。意外之事,岂敢一一豫料耶?大概已许,今不可更改。但三月内两子皆成礼,则一家之幸,孰甚焉?(弼伊)之行已久,尚未见耶?可怪可怪。牛只粗有出处,可勿并虑。送来三种,依领,极幸极幸。余具已送前后书,今只此不一//仲春旬

一,父。[手决]//依汝言,左兵使及(盈德)太守了两处裁送。汝见后胶封,专人送传,使之受答。

以上"事例"对收录于《药圃集》(郑琢,1526—1605)卷三的《答子允伟》和古文书形态简札作了对照,当然这里只展示了一部分。文集所录的《答子允伟》(1篇),是对7篇简札进行编辑、收录的结果。显然,这篇"书"并没有原封不动地收录简札原件的内容,是在删除下划线部分的内容后编辑而成的。删去的篇幅占到60%左右。也就是说,简札原件的内容当中,只有40%收录到文集中。不过这一比例并不是适用于所有文集的"书"。

文集中被删除的部分,主要有家中的日常琐事,即夫人的健康、抱怨、请婚、择日、婚需等与婚礼相关之事,田地的买卖,礼物的往来清单,请托等。文集不仅删除了这类内容,许多简札资料完全将其排除在收录对象之外。因此,韩国文集"书"的内容大部分由安否问候、一般性的消息问答所构成。

四、结　　论

本文通过重新挖掘古文书中数量最多的简札之资料价值,旨在期待简札作为研究资料的广泛利用。古文书的简札不仅数量丰富,其内容也具有多样性和具体性,因此具有很高的资料价值。但是,由于简札以古文书的形态被保存下来,尚未进行系统的整理;简札大部分以难以解读的草书写成,这限制了研究者对简札的利用。因此,有必要对简札展开系统的整理工作。

古文书形态的简札部分被收录于文集当中。其数量大约在50万件左右。简札的数量极其丰富,但目前作为研究资料的利用率却很低。其主要原因在于经过了取舍选择、内容删除这一编辑过程,简札中所包含的多样而具体的内容被排除在外。可见,简札的资料价值应当从古文书中去找寻,而不是文集。

[作者郑震英,教授,韩国国立安东大学史学系。朱玫译]

通过古文书看朝鲜女性的社会经济地位
——以海州郑氏家分财记为中心

权五贞

一、序　　言

　　和高丽王朝不同,朝鲜王朝是以朱子学为理念基础而创建的。为了强化新王朝创立的正当性,前朝盛行的佛教和其他弊端一道受到了激烈的批判,易姓革命也被赋予正当化。随着朝鲜前期的国家统治理念朱子学在全体知识分子社会的内面化,朝鲜社会经历了巨大的变化。家族和亲族秩序是这些变化中尤为显著的部分。

　　高丽朝佛教性的家族仪礼向朱子学转移,即父系、母系的双系家族秩序逐渐转向父系中心、嫡长子中心转变。朝鲜前期男女均分的财产继承惯行出现了向男女差别、并向嫡长子中心的差别继承惯行的逆变现象。一般认为大约在17世纪上述变化出现了转折[1]。

　　本文试图对尚未受到上述变化强烈渗透的朝鲜前期的女性继承事例展开探究。随着亲族秩序和财产继承惯行向嫡长子中心的转变,朝鲜后期女性在家族内部的财产继承权、亲族内的地位也逐渐弱化。这过去就是朝鲜社会记忆的"传统"。相反,在均等的财产权基础上参与家产经营的朝鲜前期的女性形象鲜为人知。由于16世纪末、17世纪前期爆发的对外战争,朝鲜前期的记录鲜有保存,女性的记录或者说关于女性的记录十分稀少。本文以最近发掘的古文书资料为中心,试图再现朝鲜前期女性的具体经济活动,并把握其意义。海州郑氏大宗家的家传资料中,保存了朝鲜前期的大量古文书。这些资料大部分属于财产继承文书,即"分财记类"文书。作为功臣势力并与王

---

[1] 金一美:《朝鲜前期的男女均分制》,《梨大史苑》第8辑,1969年;同氏:《朝鲜后期的财产相续惯习:以日帝时旧惯习调查报告书为中心》,《梨大史苑》第11辑,1969年;崔在锡:《朝鲜时代的相续制研究——根据分财记的分析》,《历史学报》第53、54合辑,1972年;李容晚:《朝鲜时代均分相续制的一研究——以变化要因的历史性质为中心》,《大丘史学》第23辑,1983年;〔韩〕李树健:《朝鲜前期的社会变动和相续制度》,《历史学报》第129辑,1991年;文淑子:《朝鲜时代财产相续与家族》,首尔,景仁文化社,2004年;同氏:《朝鲜时代财产相续文书的研究现况和课题——为促进家族史研究发展的提案》,《岭南学》第10号,2006年。

室结下婚姻关系的勋戚家门,本文试图通过这一家门的财产继承文书考察朝鲜前期女性的继承权和财产权,以及这一时期女性的社会经济地位。

二、海州郑氏家

海州郑氏可以追溯到高丽末和朝鲜第三代王太宗(1367—1422,1400—1418年在位)同榜及第的郑易(？—1425)。根据《海州郑氏族谱》(1694年刊),从郑易的祖父郑瑨一代开始,相关记录才逐渐清晰。郑瑨和其子郑允珪两代通过与亲元势力之家的联姻,为海州郑氏在中央政界的立身打下了基础[1]。在此基础上,郑易与太宗的同榜成为海州郑氏一跃而为朝鲜初期代表性勋戚家门的重要契机。

太宗即位以后,身为高官的郑易于太宗七年(1407)将自己的女儿许配给太宗的次子孝宁大君,1411年被册录为原从功臣。海州郑氏与王室的婚姻在下一代也得以延续,郑易的长子郑忠敬之女在世宗三十一年(1449)成了永膺大君的夫人。翌年,郑忠敬的独子郑悰成了第五代王文宗(1414—1452,1450—1452年在位)的驸马。但病弱的文宗在禅位于不过12岁的独子端宗(1441—1457,1452—1455年在位)后不久就驾崩,这给海州郑氏也带来了危机。文宗之弟首阳大君(即世祖:1417—1468,1455—1468年在位)在继承王位的权力斗争中获胜,端宗、端宗姐姐敬惠公主之夫郑悰相继被赐死。作为对王室成员的怜悯,只留给文宗唯一的外孙,即敬惠公主的独子郑眉寿再次崛起的机会。郑眉寿通过参与中宗反正,再次作为勋戚势力登上历史舞台。

三、海州郑氏家的古文书

得益于对王室成员,即敬惠公主及其独子的照顾,海州郑氏再次积累了巨额财富。郑眉寿的养子和养孙一代虽然没有取得高官,但通过和权势家门的婚姻,维持了家势。仁祖反正(1623)后,五个儿子全部文科及第并成为高官,在世宗朝迎来了第二个全盛期[2]。但随着党争的激化,该家门在朝鲜后期再次失势,随着18世纪移居到首尔近畿杨州,作为首尔两班家的名声已经大为褪色。不过,从朝鲜前期到后期家传下来的诸多古文献,为我们生动地展现了海州郑氏的历史。

---

[1] 金鹤洙:《蕊城府夫人小考》,清权祠,2005年。
[2] 李迎春:《17世纪政局变动与郑孝俊—郑重徽3代的政治活动》,《通过海州郑氏看朝鲜时代士大夫家的存在样相》,韩国学中央研究院2012年藏书阁学术大会资料集,城南,2012年。

海州郑氏现存(至2006年)的古文书约有1461件,典籍类656件[1]。本文集中考察的分财记总共有58件。其中,约20件的分财记与相关文书是本文的重点考察对象。首先,分析父母、子女间的一般性财产继承事例,考察敬惠公主与子郑眉寿、妻李氏、媳权氏如何处理和继承家产。其次,分析离婚女性将财产传给娘家侄子的事例,即永膺大君弃别夫人郑氏的分财记,对其意义展开叙述。最后,本文将考察十分特殊的事例,端宗之妃定顺王后,即当时的鲁山君夫人宋氏将财产传给丈夫唯一的族孙——侄子与侄媳的分财记。

四、朝鲜前期女性的财产继承个案:
敬惠公主与子郑眉寿、妻李氏、媳权氏

1473年,即将去世的敬惠公主(1435—1473)急于将家产传给其子郑眉寿(1455—1522)。因弟弟端宗和丈夫的死,敬惠公主身心疲惫,39岁就过世了。当时年仅19岁的儿子尚未结婚,敬惠公主在惊慌之中没来得及一一记录奴婢,只"许给"了首尔贞善坊的受赐家舍和通津的田地,并勉强留下了立家庙奉祀的嘱咐。

以下是1509年和1510年郑眉寿给继子郑承休(1488—1534)的"许与"文书。隐退后的郑眉寿将姑母,即永膺大君弃别夫人郑氏遗留给自己的财产许与继子,命其如同为亲生父母一样,尽心尽力为姑母郑氏办理丧葬诸事和墓祭等。相关的指示内容十分具体,包括命其将郑氏埋葬在自己选定的位于振威的葬地,在三间家庙的基础上再建造一间,三年丧结束后按照礼法"附庙奉祀"。两件文书之间的差异在于奴婢数从65口增加到了105口。这与此期间姑母郑氏追加了传给侄子郑眉寿的财产有关。关于这一原委文书中有附加说明,并在后面附录了奴婢目录。与奴婢记载相比,两件文书对于田地的记载都十分简略。

可见,郑眉寿将从姑母那里继承到的、多少带有特殊性的田、奴传给了继子。但是全部家产的处分则是由郑眉寿之妻李氏进行的。1512年,58岁的丈夫去世,长寿的李氏在丈夫死后主导了家产经营。加上继子郑承休也早逝(1534年,47岁),李氏主导权的发挥变得更加容易。

李氏留下的财产继承文书大部分是养子郑承休死亡以后,直接将财产传给养孙郑元禧(1527—1568)的文书。1541年至1548年,一共有6次大规模的财产继承,财产分

---

[1] 宋日基、禹贞训:《海州郑氏宗宅家藏古文献研究》,《书志学研究》第41辑,2006年。

割事由包括奉祀条继承、觐亲供奉之功的别给、婚姻时的祖业继承、与其他孙子女间的继承财产协调、出仕祝贺等。将近90岁高龄的李氏仍然掌握着家产处分的主导权,没有将主导权让渡于孙子或儿媳,可谓是一大特征。

儿媳权氏不亚于婆婆李氏,不但长寿,还积极参与到家门经营当中。只不过,婆婆李氏因为权氏之夫郑承休早卒,直接将财产传给了郑承休之子郑元禧,因此权氏只留下了2件财产继承文书。1548年的文书展现了在婆婆李氏管理家产的时期,权氏也曾独立展开家产经营的事实,不过这只限于从父家那里继承的财产而言。1569年的文书是其子郑元禧死后,为了准备孙女的婚姻,事先赐予其10口奴婢的内容。当时70余岁高龄的权氏仍然经营和随意处分自己的财产。

权氏积极参与家产经营的形象除了以上两件分财记,在权氏主导的开垦文书中也有很好的体现。1564年权氏指示自己的户奴三孙向杨州牧呈交"所志"(译注:民对官府呈交的诉状、请愿书、陈情书等)。内容是杨州牧管辖的南面卢原里有一块登载于"量案"(译注:朝鲜时期的土地台帐)的田(约65负)因为久无主人,处于抛荒状态,现要开垦耕作,希望能颁发"立案",证明其对该地的所有权。虽然权氏之子郑元禧仍然在世,但该所志是以权氏的名字呈交的,可见开垦的主体是权氏。这也体现了权氏想要开垦抛荒之地、进行耕种的经营家产之进取心。

五、离婚女性的财产继承个案:
永膺大君弃别夫人郑氏

永膺大君弃别夫人郑氏作为郑忠敬的第三个女儿,于世宗三十一年(1449)作为后妻许配给世宗第八子永膺大君。永膺大君于4年前即世宗二十七年(1445)已与宋氏结下婚姻,但宋氏因病被逐,因此重新挑选了郑氏,并奉爵其为春城府夫人。母亲闵氏于两年后的文宗元年(1451),又许给郑氏除了新奴婢外的共57口奴婢。为支援其王室生活,在与其他子女分割财产前,事先赐给其家翁郑忠敬所有的10口奴婢和自己所有的47口奴婢。

郑氏虽然得到了母亲的支援,但其婚姻生活并不平坦。永膺大君无法忘记前妻宋氏,弃别郑氏,再次与宋氏结合。这发生在端宗元年(1453),也就是婚后不到4年。尚无子嗣的郑氏,此后又目睹了媤叔(丈夫的弟弟——译者)首阳大君驱逐其侄端宗登上王位后,依次将端宗和自己的弟弟宁阳尉郑悰赐死的过程,其生活也越发不平坦。在此过程中,因养父被认定为安平大君(译注:首阳大君之弟)的党族惨遭赐死,郑氏在吉礼时从养父那里获得的21口奴婢也随之被没收。郑氏通过积极地辩护,获得了时任领议政的世祖的允许,被没收的奴婢才得以归还。但是成宗元年(1470),又一次因为诬告(利用世祖的亲近势力成氏判书)险些被剥夺了奴婢的所有权,胜诉后重新找回了奴婢。

如此积极守卫自己财产的郑氏,因为没有子嗣,成宗二十五年(1494)和中宗四年(1509)将自己的财产给了同姓侄郑眉寿,并拜托其照料自己死后的丧葬墓祭,并请求以旁亲身份入附祠堂。郑氏遭到永膺大君弃别后,政治上也遭遇了艰辛,即便如此,她仍然努力守护自己的财产。她将自己死后的诸事拜托给侄子的同时,传继给他相当规模的财产。同时,她还十分细致地准备自己的后事,亲自挑选了在祭祀时当助手的奴婢。并且,在经济上报答了照顾自己的乳母婢和侄子,当侄子在守护自己死后诸事上表现出诚意时,她立即积极回礼致谢,指示侄子对其财产进行运营。

六、鲁山君夫人宋氏的个案

鲁山君夫人宋氏(1440—1521)是端宗之妃。端宗元年(1453)被选定后,于翌年册封为王妃。但在端宗禅位于首阳大君、1455年世祖即位的政治斗争过程中,目睹了父亲和丈夫端宗之死。以后,宋氏与俗世断绝,皈依佛教,度过了余生。

与宋氏有关最早的分财记是成宗二十年(1489)前净业院住持尹氏将东部仁昌坊所在的家舍和菜田及从各地购买的田地传给师弟慧阃的文书。慧阃是鲁山君夫人宋氏的僧名。师兄尹氏将师室丘氏的门中财产传给师弟宋氏的同时,师室丘氏的忌日和名日的祭祀奉行职责也一道得以传继[1]。

此后又过了20年,即中宗四年(1509),鲁山君夫人宋氏将仁昌坊家舍附属的代田、菜田传继给郑眉寿。2年后(1511)宋氏以净业院住持的身份,又将仁昌坊所在家舍的一部分许与郑眉寿。但是,7年后(1518)作成的分财记其性质发生了很大的变化。这期间,在中宗十一年(1516)曾有过对鲁山君的赐祭。宋氏在仁昌坊家舍内新造了祠堂,为鲁山君设奠。为了在自己死后也能继续守护和奉行祠堂祭祀,他试图将财产传给文宗唯一的外孙,同时又是鲁山君亲族的郑眉寿。但这时郑眉寿已经去世。因此,宋氏将祠堂祭祀和自己的墓所守护托付于郑眉寿之妻李氏,并许其祠堂与墓直奴婢(译者:

---

[1] 卓孝庭:《朝鲜前期净业院的性质和历代住持——朝鲜时代净业院的运营实态(1)》,《女性和历史》第22辑,2015年;同氏:《15~16世纪净业院的运营实态》,《朝鲜时代史学报》第82辑,2017年。

守护墓所的奴婢)。这一行为引起了朝廷的关注,朝中围绕鲁山君的祭祀议论纷纷。大臣们认为,鲁山君夫人将郑眉寿作为侍养子,但郑眉寿已经去世,且无后嗣,倘若郑眉寿之妻去世,鲁山君的祭祀将面临中断,因此向中宗建议对鲁山君后嗣一事展开议论。但中宗认为鲁山君夫人已经指定了郑眉寿之妻,应听从其安排,议论由此中断。

鲁山君夫人将祠堂祭祀和墓所守护托付于郑眉寿之妻李氏,即将身后的诸事拜托于门中唯一的外孙之妻,而没有选择从儒教义理出发立后嗣。端宗禅位以后,鲁山君夫人经历了残酷的政治斗争。在此过程中,端宗的姐姐敬惠公主夫妇与她一起经历了这一切,因此她认为敬惠公主之独子郑眉寿可以说是端宗祭祀的最合适人选。但是郑眉寿去世后,这一切就不得不依赖其妻李氏。这可以理解为人性上对李氏笃厚的信赖。她提到夫妇两人从不对自己违心,时常照顾自己,道出了生活在政敌监视下鲁山君夫人的内心世界。因此宋氏上言,积极贯彻自己的意志。1521年鲁山君夫人去世后,其坟墓造在郑眉寿墓所旁,直到1698年追复位号前,被郑眉寿和李氏的后辈作为祖先坟山一起守护。

七、结 论

作为首尔阀族且拥有大量财产的郑氏家门,父母死后兄弟姐妹通过和议对家产进行分割和继承的文书连续五代被保存下来。表面实行的是彻底的均分,但实际上出现了优待嫡长子的样态。17世纪的这一变化和朝鲜前期的财产继承文书形成了对照。朝鲜前期郑家的寡母为了实现丈夫的遗志,通过财产继承的方式积极参与家产的实际运营。女性的积极参与不仅源于朝鲜前期和后期的习惯差异,也与该家门女性的贵族身份有关。考虑到朝鲜后期男女差别继承习惯的深化,郑氏家门的个案为揭示史料较少保存的朝鲜前期的女性生活和社会经济地位提供了重要的端绪。

永膺大君弃别夫人郑氏的财产继承文书是反映离婚女性生活和死后财产经营的罕见事例。这与朝鲜前期无嗣亡妻的财产归还娘家的习惯是一致的,从中可窥见离婚或被离弃女性财产继承的具体样态。鲁山君夫人宋氏的事例是关于佛教师徒关系下尼姑财产继承的具体事例。宋氏最后将死后诸事拜托给夫侄,这与当时的习惯有所不同,但却体现了王室对经历患难的王室女性的照顾和默许。

[作者权五贞,韩国学中央研究院研究员。朱玫译]

朝鲜时代古文书规式研究

——以18世纪分财规式集为中心

安承俊

一、朝鲜时代古文书和分财记

韩国古文书可以分成公文书和私文书两大类。韩国的公文书体制可以追溯到高丽前期。高丽前期接受了唐宋制度,高丽后期接受了元代制度。朝鲜开国以后,受到明洪武礼制的影响,朝鲜以明制为基础,确立了公文书体制[1]。现在韩国传存的古文书约80%以上是私文书。私文书主要由高丽的贵族、朝鲜时代的精英集团两班士大夫家门所保存。朝鲜时代的古文书按照内容可以作以下分类。

表：朝鲜时代古文书的内容分类

序号	古文书内容	主要古文书
1	教令	告身,有旨,教书,谕书,禄牌
2	科举	红牌、白牌、试券
3	人口(户籍)	户口单子,准户口,户籍台帐,户籍中草
4	经济(置簿)	① 日用记,田畓案,奴婢案,赌租案,秋收记,衿记,打租记；② 婚丧祭礼相关的扶助记,看时记,时到记；③ 日记类
5	民愿·请愿	所志类(等状、白活、议送),上书,上疏
6	去来(明文)	奴婢、土地、家舍、马、渔场、贡人权买卖明文
7	财产相续	遗书(遗言),别给文记,许与文记,分衿文记,和会文记
8	意思疏通	书简类,通文类,墨牌
9	村落	洞契案,完议,书目
10	校院(乡校、书院、祠宇)	青衿案,校任案,先生案,完文入院录,院生录,传掌记,儒林案

---

[1] 朴竣镐：《〈经国大典〉体系的文书行政研究》，《古文书研究》第28辑，首尔，韩国古文书学会，2006年；沈永焕：《朝鲜初期官文书的〈洪武礼制〉呈状式受容事例》，《藏书阁》第21辑，首尔，韩国学中央研究院，2009年。

· 412 ·

(续表)

序号	古 文 书 内 容	主 要 古 文 书
11	门中(宗中)组织、运营	大宗契案,小宗契案
12	官府(准官府)	① 官府:关,牒呈,帖,解由文书,照讫帖,书目,手本,甘结,誊录,日记,日录;② 宫房:导掌文记;③ 乡厅:传令
13	外交	国书等事大交邻(对中国、对日本)文书类
14	寺刹	重修记,奴婢案,田畓案 完文

私文书当中,保存率最高的要属关于财产继承的证明资料"分财记"。本文将对朝鲜时期分财记样式和性质进行考察。为了使财产继承原则和内容成为社会惯行或获得法律效力,以特定样式记录下来的就是"分财记"[1]。

关于分财记的标准规式,笔者很早就推测朝鲜社会可能存在标准案例或劝奖案例性质的指南。笔者经过数年的探访,终于发现了这本古文书规式集。这本古文书规式集是1743年(朝鲜英祖十九年,即清乾隆八年)由庆尚南道蔚珍县的某一两班家门所编。本文将对这一规式集所介绍的分财规式,特别具体对"许与文记"、"和会文记"的规式全文进行判读、译注,并分析其意义和性质。

二、分财记样式的内容与性质

分财记的形态由以下三部分构成:① 分财序文;② 分财内容;③ 表示参与者同意的署名。财主主导的许与文记或别给文记,同腹兄妹主导的和会文记在这一点上大同小异。从两班到中人、良人还有贱民的奴婢层,只要拥有一定的财产,分财记的制定是很普遍的。这是因为分财的行为不仅关系到个人之间的利害关系,动辄引起家族之间的讼事,并发展为社会问题。分财记通常称为"明文"或"成文"也源于此。在朝鲜初期的王朝实录中,能经常看到因分财而引起的家庭不和和诉讼之事[2]。因此,分财记有必要具备一定的样式,以确保其法律正当性。即使是父母、兄弟之间,具备了常理上所承认的基本要素、规式,万一遇到财产纠纷事态,就可以确保正当性并获得法律的保护。因此,朝鲜时期不同时期的分财记虽然内容上存在差异,大部分情况是存在标准规

---

[1] 关于分财和分财记,文淑子有综合性的研究。关于分财的历史意义、分财类型、性质等可以参照她的研究著作。文淑子:《朝鲜时代财产相续和家族》,首尔,景仁文化社,2004 年。

[2] 家族之间的分财讼事十分频繁,代表的事例是朝鲜初期李叔蕃之妻郑氏的讼事。《端宗实录》端宗卷四,即位年(1452)11 月 5 日(癸亥)。

式的。

1. 许与文记

"许与"具有财主对财产进行分给、分袷的含义,即父母等成为财主,将自己所有的财产传给子女等他人的分财行为。许与文记规式大体上可以分成两部分:① 分财序文;② 记录分财内容的后录部分。序文又分成分财的时期、主旨部分,以及无视或违背财主的分财意见时所采取的措施两大部分。分财对象可以总括为家藏器物和田民两类。器物是指锅(鼎)、鍮器、匙箸等日常生活所必需的家内器物,田民则指田畓和奴婢。其实财产清单中,家舍和牛马、果树等也具有很高的价值,但序文中没有一一言及,只提到了上述两大类。"后录"部分是协议和决定的内容,即记录财产的具体清单。也就是说后录是指分财所列举的家藏器物及田民的具体品目。不言而喻,只有登载在后录上,才能确保其所有权。后录先记载子女的出生顺序、男女(长子、次女等),然后是表示份额的"袷",在其后罗列各自所分到的品目。品目如序文所示,家藏器物记载瓦家、釜、鼎、鍮盆、匙箸、周钵等,田畓则记载登载于量案(译注:朝鲜时期的土地台帐)上的地名、字号、田地名称(某地、某字、某员)和地目(田、畓)。

祭祀条又称"承重条"、"奉祀条",早期的祭祀条在财产中的比重少,到了朝鲜后期,其份额逐渐增大。这和朱子学宗法秩序的扩散有不可分割的关系。

2. 和会文记

和会分财是指"同产兄妹聚集在一起,对财产分割进行商议,并对其结果表示同意"的分财。在这种类型的分财行为中,相会在一处和表示同意的署押是必需的步骤。这不是由财主主导的分财,而是兄弟之间对父母或祖上的田畓进行分割的分财。因此,和会文记又称"分执记"。具有财产继承权的人进行商议的步骤,并达成的结果是很重要的,这通常称"和议","同心和议"[1]可以说是最合适的表述。本规式集中有"和会文记规式又云和议"的文句,可见"和会"和"和议"是作为同一含义使用的。分财的方法上究竟是采用许与分财还是和会分财,依据家门的传统或分财当时的具体情况而定。尤其是当财主去世后,分财的余地较多时,比方说存在奉祀条的财产或贱妾及其子女等问题时,常常使用许与文记,或别给分财。和会是指父母早逝或所留财产不太多,只有"若干"财产时,选择和会分财的情况比较多。尤其是使用"执筹"[2],即彻底的量、质

---

[1] "右明文(为)(卧)(乎)事段内外边传来家舍田民乙吾夫妇同心和议",《古文书》3,全南大学博物馆,《1583年分财记》7,1985年。

[2] 执筹:手执算盘。即手执算盘,对物目的量、质等方面一一进行计算。

上的分财为前提,以减少纠纷的余地。在许与文记中,又称"称给"[1],即在均分时以彻底的价值平等为前提。即便如此,为了防止纠纷,有时还会使用另一安全机制,即取得官府的立案(译注:作为官府颁发给个人的文书,是根据个人请愿对买卖、让渡、决讼、立后等事实进行确认、认证的文书)。这是因为兄弟间的分财,常因长子女和末子女间的年龄差,分财时难以进行理性的判断,日后容易产生不平等因素和频繁的诉讼,因此有必要从官府取得立案。

1743年蔚珍县的和议文记规式列举了三种情况:规式[甲]是一般性的兄弟间和会文书;规式[乙]是父母生前未能分财的情况下,兄妹向官府确认、核对分财内容,请求公证的规式;规式[丙]是父母生前进行的分财文书因失火烧毁时,兄弟再次通过商议步骤进行分财的规式。

规式[甲]中"同生中和会相议、各衿平均付录"文句,集中体现了和会分财的性质。即兄弟聚集一处进行商议,按照达成的结果记录各自的份额,但这一切都是以兄妹间的平均分财为大前提的。由于兄妹间的同意是必要条件,文书末尾特别附加了"姓名各书后著署"的文句。"著署"是"著名署押"的简称,是指写下当事者的名字和签名,兼任证人身份的笔执也必须要著署。和会分财序文和许与文记的序文大同小异。主体不是财主,而是代表兄妹全体的"矣徒等",另外还须有"和会(和议)、相议"的文句。

规式[乙]的情况,从"和议所志规式"的标题可知,这是当父母未能执行分财便已去世,父母死后经过很长时间,兄妹主导进行和会分财,并向官府要求对分财结果进行公证的文书样式。在现存的分财记中,像这样在父母死后要求公正的情况并不多见。官府在确认所志(译注:民对官府呈交的诉状、请愿书、陈情书等)的内容并认定其妥当性后,由官府担当财主依据平均的原则将财产分割成若干份额。很多民愿是由于父母去世时,财产继承人的年龄幼小造成的。规式集中"未有长成之时、父母俱没"的文句就是针对这一情形的。

规式[丙]是针对父母生前分财行为证明资料即文书亡失时,再次制定分财记的情况所作的规式。除了火灾外,偷盗、伪造等多种原因,都可以导致文书的再次制定。比如,父母制定的"都文记",即将所有财产分割给所有继承人的文记,如果某人的文书亡失,先制定名为"传准"的官府认定文书,依此重新再制定一份文书。传准是具有与原本同样法律效应的文书。

---

[1] 称给:在秤杆上过秤。和执筹一样,是指考虑质、量的侧面进行彻底计算的意思。

"后录"部分与许与文记的"后录"部分大同小异。只是后录的最后丹书条目中所记录的"同生班分衿"部分较为特别。"班分"通常是指无后嗣三寸(译注：伯父或叔父)的"班附条"财产。当兄弟中有人在没有子女的情况下早逝，其祭祀由长兄或家门中委任的特定人进行供奉，班附条是为了此类祭祀所分割出来的财产。无后嗣三寸的祭祀在供奉四代后，其财产由当初的兄妹或其子孙进行再分配，本规式依据平均原则，对这一类分财制定了规式。

[作者安承俊，首席研究员，韩国学中央研究院。朱玫译]

大韩帝国时期量案研究

金建泰

一、绪　　论

1897年10月"皇帝之国"大韩帝国诞生之前,朝鲜王朝犹如风中残烛,处于危机之中。面对农民起义和帝国主义的侵略等内忧外患,朝鲜于1894年进行了改革。大韩帝国加快了将现有的国家制度转换成皇帝之国体系的步伐。为了实现富国强兵,政府意识到有必要准确地控制赋税财源,1899年开始实施的量田(译注:相当于土地清丈)就是在此背景下展开的。大韩帝国制定了富有野心的计划,要对全国331个郡进行统一的量田。一次就完成全国范围内的量田,在朝鲜时期是史无前例的。虽然朝鲜时期国家法典《经国大典》规定每二十年改量成籍,但自从1720年对全国8道中的3个道(忠清道、全罗道、庆尚南道)进行量田以后,直到1898年量田并未再次举行。

大韩帝国为了实施全国性的量田,设置了量地衙门(1898—1902)和地契衙门(1901—1904)。量地衙门负责编造收税用的量案("量地衙门量案");地契衙门计划以量地衙门的成果为基础,另外再编造单独的量案("地契衙门量案"),然后以此为基础颁发一种类似于土地所有权证明书的官契。

除了经历了民众激烈反抗阵痛的水原和龙仁两地,光武量田的进展与新式户口调查[1]相比,还是相对顺利的。通过光武量田,结负数(译注:相当于亩)与过去没有较大变化的地方几乎没有民众的反抗,而结负数大幅增加的地方则受到了民众的激烈反抗。虽然光武量田在大部分地区的进展都很顺利,但和当初的计划不同,光武量田最终成了未完成的事业。1899—1903年,大韩帝国在全国331个郡中的218个郡实施了量田,其中在个别郡颁发了官契[2]。

---

[1] 关于新式户口调查,可参照以下论文。李世永:《大韩帝国时期的户口变动和阶级构造》,《历史和现实》第7辑,1992年;孙炳圭:《大韩帝国时期的户口政策》,《大东文化研究》第49辑,2005年。

[2] 关于大韩帝国时期量田的过程,可参照以下研究:金鸿植等合著:《大韩帝国时期的土地制度》,民音社,1990年;韩国历史研究会土地台帐研究班合著:《大韩帝国的土地调查事业》,首尔,民音社,1995年。

二、研 究 方 法

《光武量案》的大部分记载样式沿用了以前的量案,和传统时期的量案形态相似。但也有不少不同于过去量案的地方,如绝对面积和个别田畓(译注:"田"相当于旱田,"畓"相当于稻田)图形的标记等。关于《光武量案》的性质,韩国史学界仍然存在不同的看法[1]。存在不同意见的最大原因在于与《光武量案》相关的鱼鳞图(地籍图)没有保存下来。也就是说,仅凭借《光武量案》,无法准确地掌握每一块地的位置。其结果是对登载于《光武量案》的土地形状、肥沃度、面积等难以作出客观的评价。与此相比,1910年代日治时期编造的《土地台帐》随附了《地籍图》,可以掌握每一块地的准确位置与形态。

因此,《光武量案》和《土地台帐》的比较研究,对于阐明《光武量案》的性质具有重要的意义。本研究使用电脑软件,对《光武量案》和《土地台帐》中的每一块地进行衔接。称作JigsawMap[2]的这一款软件,主要有两方面功能:首先,将登载于《土地台帐》的每一块地的文本信息与1910年代作成的《地籍图》中每一块地的位置进行衔接,对《地籍图》进行数据化;其次,软件以《光武量案》的量田方向和四标(译注:相当于四至)信息为基础,复原"量田图",作业者再利用软件将"量田图"与数据化的地籍图进行比较,对每一块土地进行衔接。

为了阐明光武量田的具体情况和性质,本个案研究设定了以下若干标准:第一,选定可以对量地衙门和地契衙门量田的具体情况进行比较的地域。即选择量地衙门实行量田的地区,由量地衙门实施量田后、由地契衙门再次施行量田的地区。第二,为了进行区域比较,在光武量田现存的各道中选择一个以上的地区。即选择了忠清道、京畿道、庆尚南道地区的若干村落。第三,为了分析村民构成和量田内容的相关性,选择了村民构成不同的村落。即,同时观察杂姓村和有名的同姓村。在上述标准的设定下,本研究最终选择了忠清道牙山郡的2个村(二北面卧牛里[3],三北面新旺里[4])、京畿

---

[1] 韩国史学界关于光武量田的论证,可参照金建泰:《光武量田的土地调查方式及其意义》,《大东文化研究》第84辑,2013年。

[2] 该软件可在以下网站http://hcil.snu.ac.kr/research/jigsawmap下载。

[3] 首尔大学奎章阁韩国学研究院收藏(http://kyujanggak.snu.ac.kr/yan/sub/sub.jsp?stype=ccna),《忠清南道牙山郡量案》6,奎17664;忠清南道牙山市厅收藏卧牛里土地大帐(1912年查定);国家记录院收藏(http://www.archives.go.kr/next/search/searchTotalUp.do)卧牛里地籍图(1912年制定)。

[4] 首尔大学奎章阁韩国学研究院收藏《忠清南道牙山郡量案》5,奎17664;忠清南道牙山市厅收藏新旺里土地大帐(1912年查定);国家记录院收藏新旺里地籍图(1912年制定)。

道的2个村(广州郡彦州面清潭里[1]、龙仁郡慕贤面吴山里[2])、庆尚南道山清郡2个村(毛好面大浦里[3]车岘面愚仕里[4])的光武量田和土地调查事业相关资料进行比较分析。

三、研 究 内 容

从量田最初开始的牙山郡,到量田最终中断的山清郡,光武量田的实务担当者均展开了实地调查。量田实务担当者在判断量田进行方向时主要依靠直觉,因此偶尔会混淆方位。但对于量田时未能准确地使用绝对方位体系,当时的人们并不觉得有问题。朝鲜时期在量案上记录量田方向是有一定原因的。记录量田方向和方位,旨在说明每一块地与每一块地之间是相互连接的。四标的记载也是为了进一步强调每一块土地之间的连接性。书吏们在赋税征收现场直接利用量案时,量田方向和四标可以帮助他们在头脑中绘制鱼鳞图。与量案不同,《地籍图》使用的是绝对方位体系。

清潭里的量田实务担当者试图调查当时耕作的大部分土地。与之相比,京畿道龙仁郡慕贤面吴山里、庆尚南道山清郡毛好面大浦里等著名的同姓村附近却有不少土地没有登载于量案上。上述现象的产生是为了不引发民众的激烈反抗,从而顺利地完成光武量田,因此适当地继承了朝鲜时期的传统。具体而言,在朝鲜时期田税政策下,两班(译注:相当于士族)所有的土地赋税标准往往比常民(译注:相当于庶民)所有的土地设定得会低一些。与光武量田不同,土地台帐将所有土地登载在帐籍上。

量田实务担当者在判定每一块土地的土地等级、计算面积时同样考虑村落的性质。杂姓村及其周边土地的等级设定有高于实际土地等级的倾向。著名同姓村和附近的土地面积是在大幅缩小实际面积后,登载于量案上的。光武量田的上述现象也可看作是适当地继承了朝鲜时期的传统而产生的。一方面,在调查土地面积时还考虑地目(译注:相当于土地类型)。清潭里量田实务担当者对"畓"的面积计算最接近实际,其次是

---

[1] 首尔大学奎章阁韩国学研究院收藏《京畿道竹山郡量案》23,奎17656;国家记录院收藏金山里土地调查簿(1910년작성);国家记录院收藏金山里地籍图(1912年制定)。

[2] 首尔大学奎章阁韩国学研究院收藏《京畿道龙仁郡量案》10(量地衙门,1900),奎17645,《京畿道龙仁郡量案》14(地契衙门,1903),奎17644;国家记录院收藏吴山里土地调查簿(1911年制定);国家记录院收藏吴山里地籍图(1912年制定)。

[3] 首尔大学奎章阁韩国学研究院收藏《庆尚南道山清郡量案》4,奎17689;庆尚南道山清郡收藏大浦里土地土地大帐(1913年制定);国家记录院收藏大浦里地籍图(1915年制定)。

[4] 首尔大学奎章阁韩国学研究院收藏《庆尚南道山清郡量案》10,奎17689;庆尚南道山清郡收藏愚仕里土地大帐(1914年制定);国家记录院收藏愚仕里地籍图(1914年制定)。

"田",而对"垈"的面积计算则与实际相差甚远。这反映了不同地目的土地利用率(播种谷物面积/全体面积)和耕作谷物有所不同的现实情况。也就是说,为了实现均税,不同地目的面积调查率出现了差异。

量田实务担当者还考虑调查土地面积的运送费用和田税以外的其他赋税额。其结果是庆尚南道和京畿道地区的面积调查率(量案面积/土地台帐面积)与忠清道相比,明显要低很多。这一现象与朝鲜时期的赋税政策有关。京畿道的面积调查率比较低的原因在于这一地区比其他道的徭役负担要重。若将京畿道百姓负担的田税和徭役加起来,便与其他地区百姓负担的全体赋税额较为相似。庆尚南道的面积调查率比较低的原因在于这一地区的田税运送到首尔所需要费用比其他地区要多。为了使庆尚南道百姓负担的田税、运送费的总和与其他地区百姓负担的田税和运送费之和相当,才出现了这一现象。

同一块地的田畓形状也根据量田实务担当者的工作出现了不同的登载。这意味着光武量案上用文字或图形表示的田形,并不是为了展示田畓的实际模样,而是一种有效计算田畓面积的模型。当时的丈量原则和近代的丈量原则不同。即,光武量田是一种反映地表起伏屈曲的丈量方式。但是近代的丈量是在去除农地的起伏屈曲后、假想为水平面而进行的测量。假设在斜坡上有一块农地。光武量田时,一个人站在高处,另一人站在低处计算倾斜面的面积。但是近代以后,尽量使两个人站立的地方高度相同,即理论上设置一个水平面,然后计算面积。也就是说,光武量田当时的土地表面还没有达到抽象化(假想为加工的水平面)的阶段。

假设斜坡为三角锥的斜面,光武量田计算的其实是斜面面积,近代以后则测量底面的宽度。因此如果测量精确,光武量田计算出的面积要大于近代以后的面积。不过,与计算三角锥底面面积相比,计算斜面面积的方法更加符合光武量田当时田税制度。大韩帝国以谷物生产量为依据计算结负数,在此基础上征收田税。即,依据结负法征收田税时,谷物生长地方(三角形的斜面)的面积更为重要,而谷物无法生长的空间(三角形的底面)面积没有多大意义。

牙山郡光武量案上,关于农地面积的单位不仅有"结负",还记载"斗落"。朝鲜后期的农民称斗落和播种面积有关,而在实际生活中则将斗落和生产量联系起来。光武量田当时的农民们也如此。但是他们没有意识到头脑中想象的斗落概念和实际生活中使用的斗落概念是相互矛盾的。在习惯于西方认识论的近代人看来,这是一种"矛盾修辞(译注:Oxymoron)"。将斗落和生产量联系起来是因地主制扩大、土地买卖逐渐活跃而导致的现象。如果可以预算出每一块土地的生产量,会给决定该土地的地租和土地价格带来许多帮助。很久以前,农民们将斗落(斗落只)和播种量联系在一起,但随着决定地租和土地价格(价值)的情况逐渐增多,不知从何时起人们将斗落和生产量结合在一起。

量田实务担当者在调查时主(译注:量田当时的土地所有者)名时,主要使用户名登载,很少使用在户籍或族谱上的名字(实名)进行登载。其中,地契衙门量案的实名调查率比量地衙门量案要略高一些。因为要根据地契衙门的量案颁发地契,所以地契衙门量田的实务担当者在调查时主时格外注意。光武量田当时,户名和实名在行使土地所有权事务有关的各种事项中,发挥着同样的效力。可见,光武量田当时个人的身份不管是用何种方式,只要登载于量案上就能成为公的性质。与光武量案不同,土地台帐只能登载户籍上记载的实名。近代国家在个人多种身份中,只允许特定的身份登载于国家帐簿上,只承认登载于国家帐簿上的个人身份是公的性质。

可见,大韩帝国和日治时期的土地调查目的是有所不同的,这使得光武量案和土地台帐(包括地籍图)成为不同系统的文书。光武量田中关于量案起始地点、量田方向判断、田形调查、等级设定、面积计算等丈量相关工作中,各种规定的制定介入了量田实务担当者的主观判断。也就是说,光武量田中的量田实务担当者掌握了量田过程,国家掌握了其结果。其后果是,没有担任量田工作的第三者很难理解丈量的内容。与此相比,土地调查事业中的调查起始地点、田形调查、等级设定、面积计算等有关的调查工作,尽可能想要去除官吏主观判断的介入空间。这意味着近代以后,国家同时掌握了量田的过程和结果。其结果是没有参与调查事业的第三者也能比较容易地理解调查内容。但是在前近代社会,像朝鲜一样以全国为对象编造十分精致的量案(土地文书)的国家是很少见的。就量田地区的全国性和量案编造的精确性而言,大韩帝国其实已经充分达到了编造其他系统土地文书的阶段。只不过没有意识到编造此类文书的必要性罢了。

四、结　　论

大韩帝国沿用了传统方法实施量田,旨在实现均税。通过将量案移送到中央,皇帝可以直接掌握全国的土地。实现均税、皇帝直接控制土地,才能实现安民,进而强化皇权。而皇权的强化,是拯救危如累卵的大韩帝国之道路。

[作者金建泰,教授,首尔大学国史系。朱玫译]

日本近世社会的史料特征与联合调查

——以大阪府和泉市为例

塚田孝

二战后的史料调查

日本的近世社会（江户时代）为我们留下了大量的农村史料和城市史料。从世界范围来看，这种现象也是非常罕见的。此外，除了数量众多的农村和城市史料，各种各样的社会组织团体也都留下了属于他们自己的史料。我的主要研究课题之一的非人（乞丐，乞讨者）集团，虽然会以被救济方的姿态出现在大量的史料记载中，但以大坂为例，这些乞讨者们不仅拥有自己的组织，而且还在大坂的城市边缘形成了四个聚集地（也被称为垣外），同时自己还作为史料编纂者留下了丰富的史料。在欧洲和亚洲进行以社会救济为主题的学术交流时，很多国外学者都会毫不掩饰地对非人这种自己作为被救济者出现在史料记载中以及自己作为主体留下史料的双重特性流露出惊讶的神情。

大量的史料能够现存于世，要得益于日本近世社会的社会形态以及特性。成立于16—17世纪的德川幕府，与当时以农村和小家庭为基础的传统社会的构建相辅相成。这种以农村和小家庭为基础的传统社会，在经历了20世纪的经济高速发展的洗礼之后逐渐解体。此外，江户时代还诞生了数量众多的城下町。最具代表性的就是人口从数十万到数百万的被称为"三都"的巨大都市——江户、大坂和京都。因此，江户时代又被称为都市的时代。这些城市的居民生活的基本单位被称为"町"。"町"是以中央道路为中轴，向两侧展开的一个街区。道路两侧每一块土地及住房的所有者被称为"家持"。"町"就是这些"家持"的共同组织。在德川幕府的统治下，农村和城市在多重享有国家赋予的权利[1]的同意，还创造了大量的史料，并流传至今。

---

[1] 我认为在日本的近世社会，幕府领主阶层形成了以家臣为中心的身份集团。农村和城市则可以分别看作是地缘性的共同组织。除此之外，从工商业者到宗教者、文艺者、化缘者，甚至非人等都形成了多种多样的社会集团。这些社会集团不仅多重享有国家赋予他们的权利，并获得相应的社会地位，同时还多层、复合式的相互关联从而形成了近世社会。对于近世社会的这套理解，建立在20世纪80年代以后关于日本近世身份社会和（转下页）

江户时代的农村和城市史料受到历史研究界的重视,还要追溯到第二次世界大战以后。战前的历史学,虽然也有一些利用农村和城市史料的优秀研究成果,但在以政治史和外交史为主导的大环境下,统治阶层的史料始终被给予更大的关注。

战后的农地改革导致农村里一些社会地位低的家族面临着存亡的危机。出于对农村史料消亡的担忧,农林省的土地制度史料调查委员会以及日本学术振兴会的农渔村史料调查委员会从1946年开始了大规模的史料调查与收集工作。当时作为学术会议特别委员会的近世庶民史料调查委员会也从1948年开始,历经五年进行了全国范围内的史料调查。同时还于1951年成立了文部省史料馆。此外,在战后越来越多的年轻历史学者开始意识到从被统治者的角度来书写历史的重要性,并亲自拜访各地农村的旧家搜寻史料,同时还利用这些史料发表了大量的学术论文。

以上这些活动不仅使历史学者自觉意识到史料对于历史研究的重要性,更形成了今天史料调查与保存的基础。但在当时,记录史料保存的现状并实现以此为基础的史料整理还存在着很大的局限性。20世纪70—80年代以后,重视史料保存现状的调查方式得到提倡[1],并在很多的地方得到实践。最近几年,大阪市立大学的日本史研究室和大阪府和泉市共同举行了20多次以当地为对象的"地域性历史综合调查"(简称联合调查)。以下,我将会向大家介绍一下通过实施一系列以记录史料保存现状为特色的联合调查而获得的具体经验。

(一)农村文书和城市文书

农村和城市文书大量存在的前提是,这些文书必须首先能够被大量撰写。针对此点,我想介绍一下我身边的几个事例。

1. 农村文书

在日本近世,形成地方社会基本单位的农村大约有6万多个。其形态虽然因地而异,但一般来说,一个农村的户数大约有数十户,稻米的生产量大约是300—400石。这些村庄,以庄屋(村长)和年寄(副村长)为代表的村干部为中心进行自主管理,并在领主统治下定期缴纳田租。

谈到近世农村的成立,确立其基础的太阁检地制定了以一村为单位的土地账册,在界定每位土地耕种者的土地持有面积的同时,还限定了一村的总收获量即村高。此外,

---

(接上页)身份边缘研究的成果的基础上。具体可以参照《近世身分社会の捉え方—山川出版社高校日本史教科書を通して—》(塚田孝,东京,部落问题研究所,2010年)。

[1] 相关论点请参考吉田伸之:《地域史の方法と実践》(东京,校仓书房,2015年)的"Ⅲ部 現状記録論"。

每年制作的宗门人别帐则发挥了以一村为单位的户籍账册的作用。在村请制(缴纳田租的制度)的运作下,每年秋天当地领主的官吏会向村长等颁发缴纳年贡即赋税的文书。接到命令后,村内会计算每位土地持有者应缴纳的赋税额度。当年的年贡全部缴纳后,领主会向村内颁发收纳赋税的收据。此外,伴随着村内外的各种诉讼以及请愿,大量的请愿书被制作。这些请愿书与领主颁布的各类指令和法律条文都被一字不差的记录下来,并制成册子。另外,个人间的土地买卖契约以及借据等由于必须要有村内领导层的印章,这些文书也都得到了记录与保存。

因此,近世的农村文书被大量撰写,并得以保存在当时的村长家里。此外,虽然日本近世社会公私未分离的特点还使得农村文书和家族文书被保存在一起,但在村长更迭之际,我发现当时的人们会有意区别这两类史料并进行整理。

(1) 黑鸟村[1]

位于和泉国泉郡的黑鸟村(现和泉市内),曾在元禄九至十年间(1696—1697)发生了村内纠纷,并造成从近世初期以来代代担任村长的太郎右卫门一家被迫辞职。此后,直到宝永六年(1709),甚太夫一直担任村长一职。由于新旧村长间围绕土地账册如何管理而发生纠纷,在正德五年(1715)新旧村长间进行了村内文书的交接。而当时村长甚太夫写给前村长太郎右卫门的收据直至今日还依然保存着。这张照片是当时交接的村内文书的一部分,其中包含了大量的缴纳年贡的文书和与他村之间解决纠纷时签署的协议。之后,在享保十七年(1732)黑川武右卫门一家接任村长时,也同样进行了村内文书的交接。从18世纪中期到19世纪初期,黑川武右卫门一家在黑鸟村虽然一直有着凌驾一切的政治与经济实力,但由于对当地领主(伯太藩)的经济融资无法收到预期效益而被迫放弃了村长的地位。文政五年(1822)浅井市右卫门一家接替了村长的职位。

于1996年开始的和泉市史编纂事业的前提是1994年以后以本人为中心的近世研究者所进行的针对黑鸟村的古文书调查。当时我们拜访了从文政五年以后一直担任村长的浅井一家(此时的姓氏为竹),并得到其同意,发现了当时浅井家仓库内收藏有大量史料的书柜。书柜外侧的门上贴有一张写有"御大切書類・黑鳥村"("重要文书・黑鸟村")的白纸。而这也暗示着在史料保存之际,当时的保存者就已经意识到了这些

---

[1] 关于黑鸟村的相关论著请参考町田哲:《近世黒鳥村の地域社会構造》(和泉市史紀要第4集,1999年)、塚田孝監修:《旧泉郡黒鳥村関係古文書調査報告書 第2集—現状記録の方法による—》(和泉市史紀要第1集,1997年)。

文书是属于黑鸟村,而并非浅井家个人所有。这个书柜共有五个抽屉,史料调查时我们对其分别赋予号码,并制作了目录。史料的总数共有2451件。

抽屉中很多史料都是一起被放进一个纸袋保存的。例如安永七年(1778)12月的纸袋上面,就写有"堺御番所様御貸付一件/泉州泉郡黒鳥村/庄屋黒川武右衛門"【抽屉2-55】("针对堺市长官借贷一事/和泉国泉郡黑鸟村/村长黑川武右卫门")。安永5年(1776)的上面是"糀御引当テ銀御貸付証文入"【抽屉2-16-3-1】("麹的担保金的借贷证书"),宽政9年(1797)的是"かうかす井堰立会黒鳥村/観音寺村小井堰争論一件之書物入"【抽屉2-12】("かうかす井堰的互相管理/关于观音寺村小井堰纠纷一事的相关文书")。这些史料都是黑川武右卫门担任村长时整理的文书,并在之后交接给了浅井家。不仅如此,浅井家还保有很多17世纪村长太郎右卫门时期与18世纪初期村长甚太夫时期的文书。这说明在村长更替之际,村内文书也会随之进行交接。但黑鸟村的这种村内文书的交接并不是一种自然存在的体系,它的出现是以村内纠纷以及新旧村长间的紧张关系为契机的。

(2) 万町村[1]

同样坐落于泉郡的万町村(现和泉市内),因17世纪后期(延宝二至六年、1674—1678)著名国学者契冲在该地短暂停留并进行了万叶假名的研究而闻名。当时给予契冲很大支持的就是万町村的村长伏屋长左卫门重贤。近世的伏屋一家在该地区不仅有着雄厚的经济基础,并代代世袭万町村的村长一职,同时还就任多个村庄的代表村长,掌握着强大的政治实力。而这位让契冲寄宿在自家的伏屋重贤,还是以堺市为据点的泉州俳句文坛的中心成员,在各种文化活动上也是十分活跃的人物。

18世纪末到19世纪初的这段时间里,三代后的伏屋长左卫门政芳将万町村和伏屋一家的历史整理成了一部《俗邑录》(分为1、2卷)。此后,其子长左卫门楠芳和其孙长左卫门矶芳编写了第3卷,将其记录的历史延伸到了幕府后期。《俗邑录》中的记载上至大永三年(1523),下至幕府末期的文久二年(1862)。明治以后,随着伏屋一家离开万町村,留存于该家的古文书也随之失传各地。由于《俗邑录》本身就是伏屋一家对自己保存的古文书以及万町村的宫座(一村的村民在基于村内神社的共同信仰下而形成的生活上的共同组织)的相关史料详细阅读并加以考证后编写的关于自己家族以及

---

[1] 关于万町村的伏屋长左卫门以及《俗邑录》,请参考町田哲编:《泉郡万町村旧记〈俗邑録〉》(和泉市史纪要第15集,2008年)、羽田真也:《近世の万町村と伏屋長左衛門家—〈俗邑録〉を題材として—》(《和泉中央丘陵における村の歴史》,和泉市史纪要第16集,2009年)。

万町村的历史。因此这也暗示了伏屋一家确实存有大量的古文书。

《俗邑录》中最具代表性的就是记录村内宫座信仰的史料。这其中收录了贞享三年(1686)将一直以来分为"本座"和"南座"(万町村的座内的两种不同组织)的宫座合并为一个时的村内决策的相关文书。同时还收录了保存座的文书的箱子已被装满而不得不再做一个新箱子的来由的宽政十二年(1800)的史料。从这段记载中我们了解到,既往的重要文书都放入第一个箱子并上锁保管,而需要经常参考的文书则放入第二个箱子进行管理。之所以能够对当时的宫座进行如此详细的描述,要归功于作者政芳不仅大量阅读了自己家的古文书,同时对箱子内的史料也一定进行了详细的调查。

2017年6月11日,在对万町的弘法寺和天受院(在当地也被称为小寺)进行佛像调查时,我们从天受院的木柜里发现了两个木箱。这正是《俗邑录》中提到的宽政十二年的两个木箱。这里不仅收藏了包含17世纪在内的众多史料,其中还有一本封面写有"寬政十二庚申年閏/座方歲順書幷見合心覚之類書加え置"(宽政十二年记录/宫座年序以及后日留作参考的相关记录)的册子。这本册子是当时在制作新木箱时,已经决定将既往的文书都一并放入第一个木箱并上锁保存后,册子作者从日常用来参考的文书中截取相关记载并予以加工后的结果。从这本册子里也可以看到贞享三年的宫座合并的记录。因此,我认为这本册子的作者很可能就是政芳本人。他将这些关于宫座的调查成果都灵活地运用到了《俗邑录》的编纂中。

在今天的万町,老人们虽然还对"顺人众"[1]一词留有印象,但宫座本身却早已不复存在。也因此两个木箱被一直放在天受院的柜子里。但即便是在近世的农村行政系统终结,伏屋一家离开万町村以后,宫座依然存在过一段时间。得益于此,承载相关文书的木箱也得以一直保存至今。针对箱子内史料的调查目前尚未进行。我们将会在今年9月举行的第21次联合调查时对其进行保存现状的记录并制作史料目录[2]。

以上,我以和泉市的黑鸟村和万町村为例,向大家介绍了在日本近世的农村,有大量史料被编写并同时保存至今的情况。

---

[1] 和泉地区的村庄中,大多存在过宫座这种组织。其中年长者集团作为管理层处于中心地位。管理层的成员数因村而异,人数的多少往往决定了将其称为六人众或是十人众。在万町村,当时管理层由13人组成,被称为顺人众。

[2] 2017年的联合调查于9月20—22日间举行。此外,10月开始的大学课程【日本史講読Ⅲ】也对木箱内的史料进行了详细的解读。

2. 城市文书

大坂城市分为北组,南组和天满组三个区域,这三个区域也被统称为三乡。18 世纪中叶的大坂三乡大约由 620 个町组成[1]。与现在我们所认识的单纯表示地址的单位不同,江户时代的"町"不仅是以家持=町人为正式成员的共同组织,同时作为城市居民的基本生活单位也起着重要作用。家持就是町的道路两侧的每一块土地及住房的所有者。这些土地与住房很多都被用来出租,而租借房屋的房客不被看作是正式的町人。町的自主运营是以町人的代表——町年寄为中心的。此外,辅佐町年寄的被称作月行司,每个月由两位町人轮流就任。另外,大坂的一个町内一般还有从町人们那里获得薪水,处理町内诸多杂务的町代以及供町人们开会以及町代办公的町会所。

城市里的町都有自己的土地账册。而且和农村一样,町也会每年制作自己町内居民的户籍账册。此外,町内每月还会制作表明自己町内不存在笃信基督,参与赌博,参与妓女买卖的居民的宗旨账册。和农村一样,大坂市统治阶层下达的各种法令也都被如实抄写。同时町内还会向上提交这些法令已传达到町内所有居民的证明。除此之外,町内发生的各种请愿以及诉讼的相关文书也都被如实记录下来。今日,大坂的很多町都留下了当年町人们制定的关于町内自主运营的相关法规。

这其中有一些是专门关于町内文书管理的法规。以下,我会举例具体介绍一下这些法规。

(1) 尼崎町二丁目

位于北船场区域西侧的尼崎町二丁目是一个钱庄众多的繁华街区。宝历十一年(1761)九月,尼崎町二丁目的年寄荒物屋六左卫门、月行司肥前屋卯兵卫、松屋文吉和居住在町内的町人鸿池屋又四郎等 11 人通过协商制定了涉及町内运营的相关的法规。需要注意的是,参与这些法规制定的并不包括当时不住在町内的町人甚至是他们雇佣的家守[2](在一个町内只要拥有房产或者地产就拥有了被称为町人的资格,但有时有的町人可能住在其他的街区或者是大坂以外的地区。很多住在外面的町人大多会雇佣家守来管理自己不居住的房产)。虽然在尼崎町二丁目,负责町内运营的被局限在居住在町内的这些町人。但并非所有的町都是如此。

宝历十一年制定的法规将当时町内的各种文书大致分为两类。其中一类如下:

---

[1] 关于大坂的相关研究,请参考塚田孝:《歴史のなかの大坂》,东京,岩波书店,2002 年。
[2] 具体可以参考《大坂の町式目》,大阪市史史料第 32 辑,1991 年。

新(宗旨)卷弍册(小箱入り)(小箱子里的新制宗旨账册)

家持借屋人别帐(户籍账册)

水帐并絵図(町的土地账册及图纸)

古(宗旨)卷之分(旧制宗旨账册)

宗旨寺方印鑑(寺院印章账册)

宗旨御改帐(宗旨账册)

親類請合証文(居民亲属关系证明账册)

年寄替諸書物(年寄更迭时的相关文书)

大道置土書物(中央道路泥土放置的时的相关文书)

朝鮮人来朝御触書(朝鲜人来日本时的相关法令)

御老中様大坂御着ニ付自身番諸用帐(幕府高级官员来大坂时,町内交付治安管理者时的相关收据)

御触書町中え申渡丁人印形帐(相关法令传达至町内居民时的证明)

家売買并家質証文割印押切帐(町内房产买卖的契约文书)

橋掛り一件書物不残(关于大桥一案的相关文书)

在列举了这些文书的名字之后,町人们指出"这些文书都是十分重要的资料,应该全都装入箱内以防万一,并放在町会所内由年寄和町代管理"。此外,他们还规定发生火灾时,町代应该放下身边所有事宜首先抢救放有文书的箱子。

另一类文书如下:

算用帐面(町内收支账册)

月行司押切箱(月行司负责管理的文书)

丁内規矩帐(町内法规)

有銀帐并溜銀帐(町内现有资产)

丁代え申渡置候勤方一件之帐(町代需要遵守的相关事宜)

水帐絵図写(町的土地账册及图纸的复本)

在列举了该类文书名字之后,町人们指出"这些文书交由月行司管理。此外,每月6日当町人们在宗旨账册上盖章之后,由当月的月行司确认无误后将文书都转交给下月的月行司"。

以上我们可以看出第一类文书作为重要资料实际上被加以优先保护。同时还被放入箱内随时都可以拿出。而管理责任也落在了町年寄和町代的身上。只是这些文书虽

· 428 ·

然重要,但却不是经常使用的资料。

而第二类文书,是在每月的月行司轮替之时需要交接的资料。也就是日常需要经常使用的资料。特别是作为町内房产管理的重要资料的土地账册及图纸,其原本被放入了第一类文书内,而副本则放入了第二类文书内以便可以经常参照。

从以上这些法规中,我们可以了解到当时的尼崎町二丁目是如何制定文书和账册,并进行管理的。

(2) 道修町三丁目

道修町三丁目以药草批发商们的集居而闻名。这些药草批发商的行业团伙(受到幕府的许可,总共持有 124 份股权),有着属于自己的团伙法规,并规定成员必须要居住在道修町一丁目、二丁目和三丁目。文政七年(1824)闰八月,道修町三丁目的年寄纸屋忠助联同其他 25 名家持(包括 4 名家守)一起制定了维护町内运营的长达 37 条的法规(大阪府立中之岛图书馆藏)。法规的最后一条如下写道:

一、町内的各类文书以及町会所内的各种财物,悉数点清,并制作一本账册,将其交由年番(每年轮换的职务,由町人就任)管理。

町内制作的各种文书和账册等都保管于町会所内。这些资料和会所内的其他财物一起都被记录在了一本账册上。然后这本账册由当年的年番(本年度的审计员)来管理。和尼崎町二丁目不同,道修町三丁目虽然没有在町内的法规中详细记载各类文书的名字,但将重要文书保存于町会所这一点却是两者相同的。

道修町三丁目的史料现在都被保管于大阪府立中之岛图书馆。这其中不仅包括了 17 世纪后期以来的户籍账册和宗旨账册,同时还收录了大量的大坂市的法令法规以及町人为来大坂的幕府官员提供住宿的史料。这些史料之所以能够流传至今,全要归功于当年制定的这条关于町内文书管理的法规。

通过对尼崎町二丁目和道修町三丁目的町内法规的分析,我们了解到大坂的町是由町人们自主运营的共同组织。同时,这种运营是建立在町内法规以及町人们的协商之上的。町人们有着属于自己的共同财产——町会所,并将他们制作的各种文书都保存在了会所内。这无疑透露着为当世留下众多史料的江户时代的社会特性。

【补充】道顿堀垣外

我的一个重要研究课题是关于近世大坂的非人集团及其历史变迁。大坂有着四个非人的垣外——聚集地,分别在天王寺、鸢田、道顿堀和天满。而居住在这些地区的非人形成了非人集团(垣外仲间)。在天王寺垣外,非人的领导层——长吏就制作了大量文书,并流传至今[1]。在道顿堀垣外,由于聚集地在难波村,当时的村长氏原一家编纂的史料中就有三本是关于非人垣外的[2]。这些文书在近代初期,被转交给了当时就任户长的成舞一家。成舞家文书现被收藏于大阪城天守阁博物馆,并由近世大坂研究会进行相关调查。

难波村从近世初期就留下了大量文书。至于近世后期以来的文书,当时的编纂者按照"非人垣外事件"、"理发店事件"、"净土宗法善寺事件"等几大主题进行分类,按照年月日编纂成了多部册子。由此我们可以看到,在当时的难波村也留下了大量的资料和账册。此外,当时对这些文书进行调查分类的村长一家的文化水平之高也值得我们惊叹。

在"非人垣外事件"的编纂过程中,就大量引用了道顿堀垣外的领导层提交给难波村村干部的文书以及经村干部盖章确认后提交给当地领主的文书。这无一例外告诉我们,近世的非人集团作为主体实际上也制作了大量的史料。

(二) 联合调查与传统社会

和泉市史编纂事业开始于1996年。在这项事业中,占有重要地位的是开始于1997年的联合调查[3]。大阪市立大学日本史学的教员通过参加1994年的黑鸟村史料调查,之后成为市史的编纂委员,并希望借此实施更多有意义的调查。截至2016年为止,在20次的调查中,我们还意识到史料调查不仅是大学的调查,还是与当地居民的一种联合调查。此外,联合调查在我们构思《和泉市历史》丛书的过程中也起到了重要作用。今年9月,第21次联合调查的将会在和泉市的万町举行。

1. 何为联合调查

联合调查是由隶属和泉市教育委员会的市史编纂室的成员与大阪市立大学日本史学的教员、本科生、研究生以及已经从这里毕业的学哥学姐们通过跨专业、跨世代,每次以数十人的规模合宿三天的形式举行的。每年5月开始,会陆续召开实施委员会。隔

---

[1] 更多关于天王寺垣外的内容请参考塚田孝:《大坂の非人—乞食・四天王寺・転びキリシタン—》(ちくま新書,2013年)。

[2] 相关内容请参考内田九州男、岡本良一编:《道頓堀非人関係文書》(上、下,东京,清文堂出版,1974、1976年)。

[3] 关于《和泉市历史》编纂事业的相关介绍请参考:《和泉市史編さん事業20周年記念 "市史だより"100選》(和泉市史纪要第26集,2017年)。

年5月发行的《市大日本史》则会收录这一年的调查成果。所以,一次联合调查会持续一年。

每年我们在得到和泉市内很多町委会的热情协助的同时,也会将今年的调查对象设定为其中一个町委会。之所以以町委会为单位实施调查是有原因的。

在和泉市内,近世大概存在过60多个村庄。明治维新之后,随着以市政、町村制等全新地方行政制度(明治二十一年,1888年)的实施,诞生了全新的行政村。但江户时代的农村的地理范围却依然存在,这个范围被称作"大字"。而这个范围大多就变成了战后和泉市一个町委会的范围。当然,随着经济开发,一个町委会被迫分为多个,从而催生了新的町委会的情况也不算少数。从江户时代社会基本单位的农村,在历经了"大字"的变迁,并转化为今日的町委会这一过程给了我们很大的启发。即从较长的历史视野以及社会基础结构来看,对一个地区进行详细的历史研究是十分必要的。

在该年调查对象的町委会的支持下,我们不仅会对该地区的保存在各家的近世、近代的文书,而且还会对町委会保存的相关资料以及宫座和其他民间组织、神社寺院,还有各种社会团体留下的资料进行调查。此外,我们还会对此地区的町委会、水利协会、妇人团体以及老人们进行访谈。可以说是对以近世的农村为源头的町委会进行多方面的调查。有时我们还会对一个地区的墓地以及该地区遗留下来的石像等进行调查。每年的调查内容都会因调查对象的不同而有所改变。比如在调查山间的小村落——佛并町小川(只有20几户居民的地区)的时候,我们就采取了全户访谈的调查方法。

在联合调查中,我们逐渐形成了史料调查、访谈和实地考察这三种主要调查方式,并根据调查区域的特殊性下功夫进行调整。在史料调查时,我们采用刚才提到的史料保存现状的记录方法。即记录史料的残存状况,按照当时史料的整理情况和顺序对史料赋予编号,并制作目录。

联合调查的一个特征在于依托町委会进行调查。这使得我们可以将仅凭个人家庭史料所无法看到的方方面面,包括町委会、宫座、水利等从近世的农村到现在的町委会的发展过程中留下的多种多样的史料纳入调查视野中。另一个特征是,我们并非刻意地去进行时代区分,而是试图去观察当地居民的连续性的生活轨迹。尤其是很多地区的宫座信仰的特征更加印证了这一点。现在,很多地区还保留着近世以来一直连续记载的座的账册。这其中有的座今天还依然发挥功能。这自然而然地就让我们开始去思考从近世到现在的历史连续性与变化性。正是在町委会的依托下进行多方面的调查,才拓展了我们对于宫座的认识。这恰恰说明联合调查的这两个特征是一种互为表里的

2. 联合调查与宫座、讲（同为村民自发的一种共同组织）以及传统社会

大阪市立大学每年刊行的学术杂志《市大日本史》都会刊登前一年的联合调查的成果[1]。通过回顾联合调查中遇到的座和讲，我想阐述一下自己所感受到的几个特征。

第一个特征是，和泉市的这些村庄内广泛存在着座。此外，座的管理层人数也因村庄不同，既有六人众的地区也有十人众的地区。每个村庄的座都有其鲜明的特征。

第二个特征是，江户时代的座，一般都依托于村内的神社信仰。也因此在很多地区，领导层中有人会担任神社的神主。但由于座的组织内法规十分复杂，有的地区会出现像修正会或是轮读大般若经这种村内寺庙的和尚参与其中的现象。在春木川村的地藏寺，当时的座的领导层还形成了地藏讲这样一种组织。在明治政府实施神佛分离政策以前，神佛融合是一种理所当然的现象。每年7月，很多农村都会举行以孩子们为主体的牛神祭，而这些座的骨干分子们在座内随之也形成了多个组织。其中一个就是与领导层同样重要的由年轻人为主体的组织（若众或是若者中）。

第三个特征是，我们在很多地区看到农村的行政组织实际上和座的组织有着密不可分的关系。万町村的座中最有分量同时也是当时担任座长的家族——伏屋一家同时也是该村的村长。18世纪后期，围绕村会的席位问题，是座的领导层坐在上位还是村内领导者坐在上位产生了纠纷。这是村干部的地位和座内按照年龄秩序排位的习俗产生摩擦的一例。

第四个特征是，即便是17世纪中期开发的坂本新田，在进入18世纪中期以后也逐渐出现了座的组织[2]。因为是新田，所以不存在自古以来的座的习俗。但即便如此，在座的组织普遍存在的和泉地区，这里还是出现了新的座。只是这里的座并没有创造出复杂的规则，而只是一种座的成员的集合体。但它依然反映了新田是由新进入的百姓们所创造的聚落特征。还需注意的是，当时的新田开发者同时也是村长的赤松一家，在座的组织中和其他成员是处于同等地位的。

这些座都有着不同特征，以下，我们来看一下其整体发展趋势。

这些座应该从中世以来就以某种形式存在了（当然坂本新田成立于近世以后）。

---

[1] 大阪市立大学日本史学会：《市大日本史》第1—20号，1998—2017年。
[2] 关于坂本新田的座，请参考町田哲：《坂本新田の成立と構造》，町田哲著：《近世和泉の地域社会構造》第3章，东京，山川出版社，2004年。

比如在黑鸟村,14世纪时就出现了以安明寺为中心的5个座(僧座、本座、南座、新座、弥座)。但这和近世的黑鸟村与其内部的辻村、上村、坊村三个聚落间的双重村落结构是如何形成的关系却无从得知。万町村的座虽然在战国时期就已存在,但由于贞享三年的村内纠纷,"本座"和"南座"合并为一个宫座。这之后近世的座才逐渐成形。这也是17世纪万町村的村落结构逐渐成形的一环。

17世纪的农村在逐渐形成自己的村落结构的同时,座这一组织的形成也构成了其重要的一部分。

从18世纪末期到19世纪,和泉市内村庄的村落结构发生了明显动摇。这突出表现在当时村内标榜勤俭节约的法规的形成。当时,如何制约村内年轻人的行为成为焦点。在座的组织中,按照习俗领导层被上了年纪的人所垄断,而年轻人则是座内相关祭典和盂兰盆会舞的骨干。由于年轻人们经常聚众赌博,并和邻村的年轻人发生暴力纠纷,而最终成为管制的对象。之所以19世纪座的内部法规得到大量制定,是和当时的社会背景有着密切联系的。

第一次联合调查的对象是小田村。在这里我们发现了现在的小田座所有文书(由当时座的领导者——一老和会计记录的史料群)。其中包含的座的规定,从19世纪初期到明治维新,再到之后的大正时期,始终围绕着勤俭节约这一主题被不断修改[1]。即便是经历了类似明治维新这样大的政治变动,连续性的座规定修改的基本形态却未发生任何改变。这说明,在分析地域社会尤其是农村社会时,我们需要意识到区别于政治社会层面的生活社会的存在,并将两者的关系有效结合起来加以考察。

从近世以来就被书写的座成员的名单账册,也同样一直被持续记录下去的例子也很多。记录了从正德五年(1715)到大正十四年(1925)的座成员名单的《泉州乡庄、今在家村座的账册》就是其中一例。在肥子町,也留有记录了从弘化三年(1846)到大正五年(1916),从大正六年到昭和三十九年(1964)的新生儿加入座的情况的两本账册。此外,肥子町内流传下来的《修正月会人名簿》是1871年开始连年记载的账册,这自然也使我们联想到这种连续性始于明治维新以前。

但从20世纪初期的大正期开始却发生了一些变化。这其中有很多社会因素,但更直接的是明治政府采取了将以前江户时代的每个农村范围内的神社全部以新规划的行

---

[1] 明治五年(1872)的规定的标题是"座的相关节约规定"。开头这样写道:"虽然该村的座自古以来都是有事时需要请客,到时成员们自行负担,但这些习俗基于明治改革而被取消。这次特意言及以求监管,具体措施如下。"这份规定虽然提到"节约",并且谈及明治维新,但正如本文所述,座的大致规定却没有任何变化。

政村为标准合祀为一个大的神社的政策。这项政策造成了近世以来由宫座运营的神社直接消亡的结果。伯太村（现在的伯太町）的天神团，就是菅原神社（当时也被称为天神社下之宫）合祀到伯太神社后，在大正五年（1916）时体制再编的产物。

春木川村（现在的春木川町）的座株会（座股权会）也是在该时期成立的[1]。春木川町的"座株会所有史料"收录了28份史料。其中包括大正二年（1913）座株会成立时的相关规程，以及到联合调查时记录了该座株会成员入退会情况的《座籍册》。在春木川村，还留有元文二年（1737）时制定的由本座和小座共同组成的座的相关规定。从中我们了解到，在18世纪前期，这两个座的5人众曾一起每月举行地藏讲的活动。明治时期由"上十人"所举行的地藏讲活动和此一定有着紧密联系。此外，关系到村内共同财产的座的股权也被以改编为座株会的形式保护下来。这是为了能够确保以下措施的实现。即将变卖座的土地后的所得存入邮政机构，并将其利息分发给持股成员。

在座株会改编成立后，座的相关活动还依然存在。例如地藏讲（春木川村的座的领导层）的人数就从10人增加到18人，到联合调查时已经增至30人。以前是按照加入座的顺序，现在则改为了以年龄顺序为准。地藏讲于每月24日举行。最大规模的活动是春秋时节的彼岸祭。此外地藏讲还会参加祭祀惠比寿的庙会。

在和当地居民的访谈中，我们了解到近年座正在面临着消亡的危机。虽然有的座从近世到现在一直持续存在着，但有的座在三四十年前就失去了内核，而有的座则早已消失。我们发现很多座都受到了高速经济成长后社会变化的影响。而今天在调查很多座的时候，我们也发现拥有共同财产的座往往生存能力更强（比如伯太町的天神团以及肥子町的座[2]）。当然还要考虑到管理与看护的神社（比如池田下村中村町会的中村八幡宫）以及寺院（小田町的善福寺大日堂）的存在，以及祭祀村界神灵的相关祭典的骨干分子实质上在向座的"几人众"靠拢的现象。

结　　语

从战国末期到17世纪初，随着日本列岛以"家庭"和"农村"为基盘的传统社会的

---

〔1〕 关于春木川村的座，具体请参考2003年度日本史講読Ⅲ（塚田孝担当）受讲生有志：《山間の村の生活—春木川町の合同調査》（《市大日本史》7，2004年），塚田孝、齊藤紘子：《山間の村の生活》（《和泉市の歴史2　松尾谷の歴史と松尾寺》第Ⅱ部第3章，和泉市，2008年）。

〔2〕 春木川町的座株会于昭和51年（1976）制定了《座株会则补遗》，规定停止一直以来的邮政储蓄利息分配，地藏讲成员的特别优待。同时还决定每十年进行一次会则修改。这说明，当时以共同财产为契机而形成的座株会已经形同虚设。但即便如此，在这之后座的相关活动也依然存在。

形成，以居民生活基本单位的町为基础的城市也逐渐增多。从政治层面来看，农村和城市以共享当时的社会权利而得以找到自己在政治社会上的一席之地，而这种存在方式也使得两者创造了大量的文书史料并保存至今。此外，在农村地区还存在着大量的宫座信仰组织。

明治维新的地方制度改革，使得"农村"和"町"失去了其在政治社会上的地位。这也使得文书史料的创作条件不复存在。由此我们看到，明治维新这样大的社会变动给地方社会所带来的影响。但从座的存在情况来看，即便是发生了像明治维新这样大的改革，但座的整体框架却没有受到任何波及。也就是说即使政治社会发生变动，但生活世界的持续性与连续性却依然十分坚挺。

特别是在提到"农村"和座时，从18世纪末到19世纪初勤俭节约的问题得到关注。这和当时年轻人的奢侈以及赌博等造成社会风气混乱的问题互为表里的。通过20世纪初的神社合祀的改革，座的存在形态虽然发生了很大变化，但却一直持续到20世纪后半期的高度经济成长期以后。只是，高度经济成长所带来的日本社会的激变终究还是带来了座的最终解体。

我认为，日本列岛的地方社会的历史展开，其基盘源于战国末期形成的以"家庭"和"农村"为基础的传统社会。这种传统社会在高度经济成长期后逐渐解体。这是我所提倡的"传统社会论"。这其中，即便是发生了类似于明治维新这样大的政治变动，但18世纪末到20世纪初的这样一个漫长的19世纪过渡期却依然存在[1]。这也是长年实行的不以时代区分为主要调查方式的联合调查的成果。

[作者塚田孝，教授，大阪市立大学文学研究科。吴伟华译]

---

[1] 关于这个论点，还可以参照笔者的论文《鈴木良氏の近代史研究に学ぶ—地域史研究の立場から—》，《部落問題研究》219，2016年。

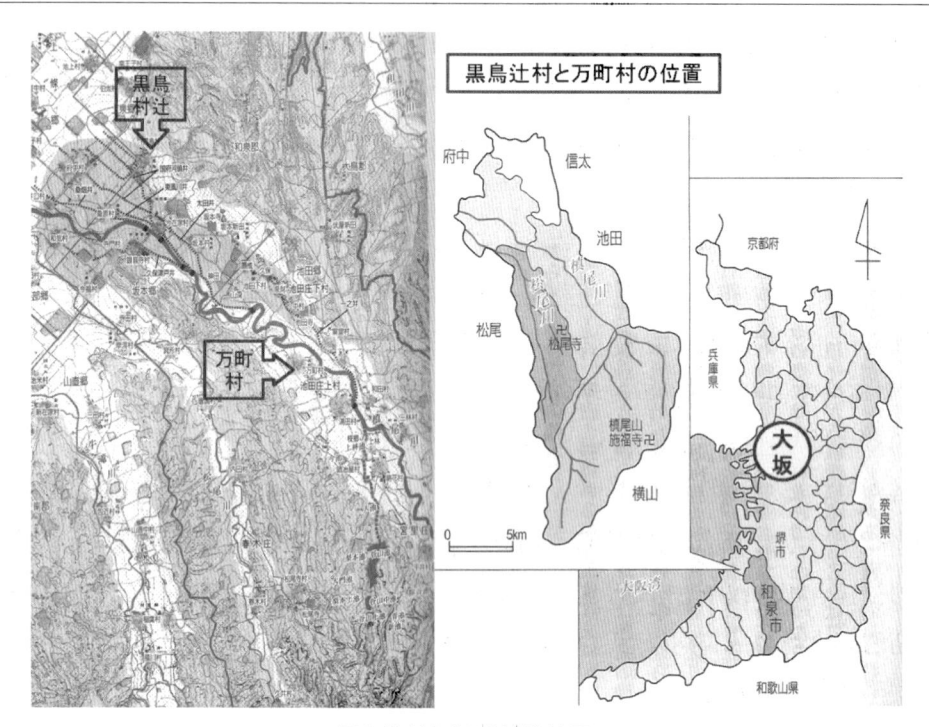

黑鸟辻村与万町村的位置

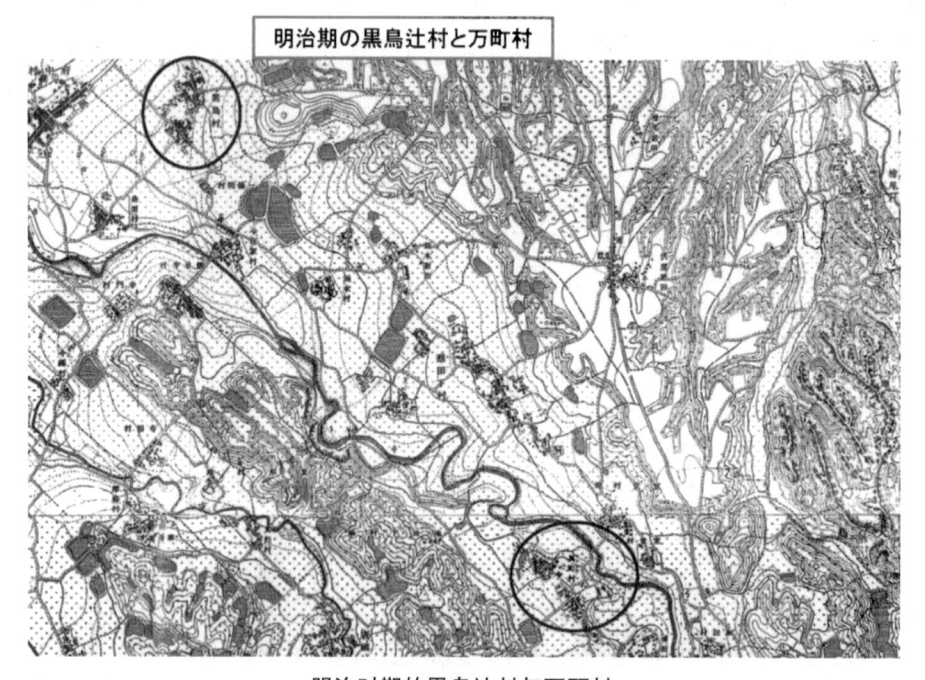

明治时期的黑鸟辻村与万町村

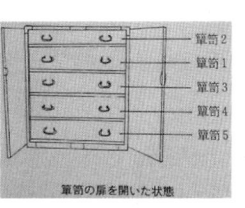

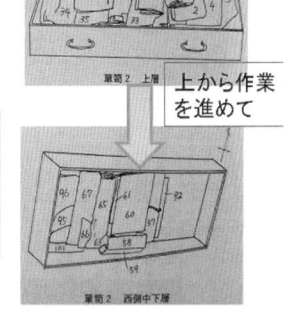

黑鸟辻村浅井家文书

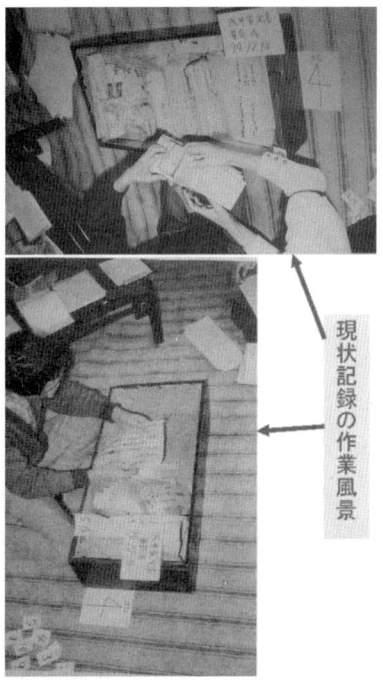

史料现状调查的风景

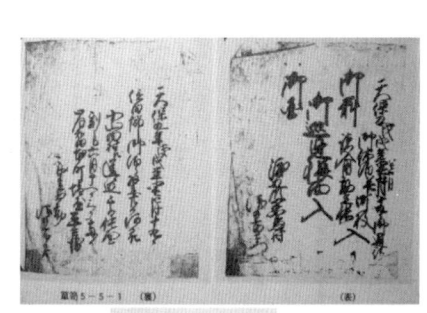

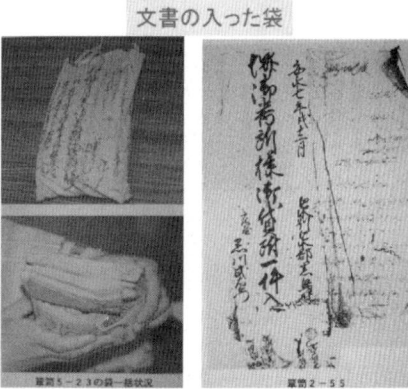

装有文书的袋子

史料目录
の一例

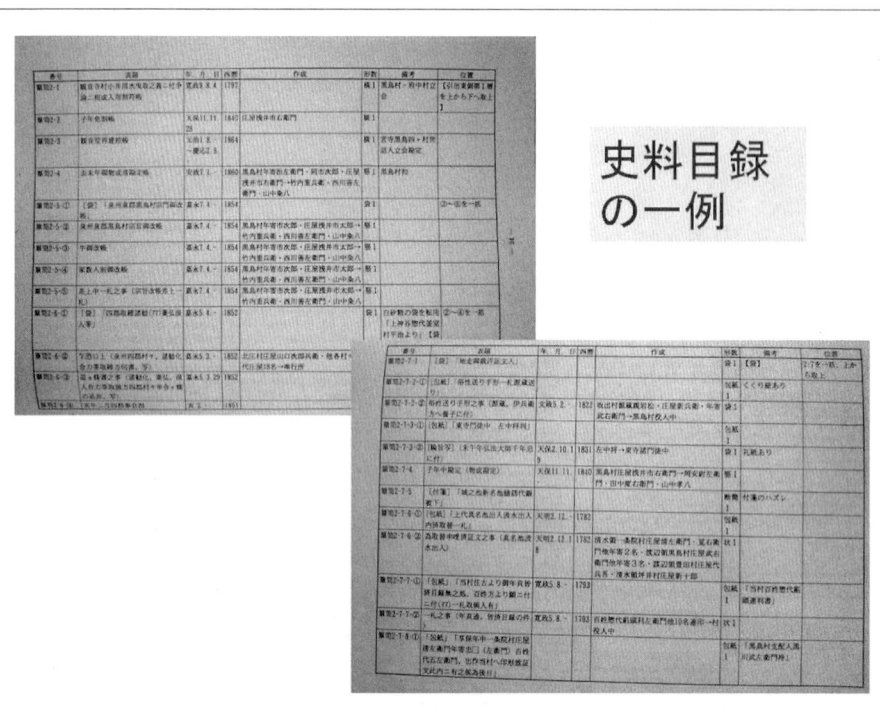

史料目录

天受院（小寺）

万町村の座(史料)箱の発見

万町村发现的座（史料）箱

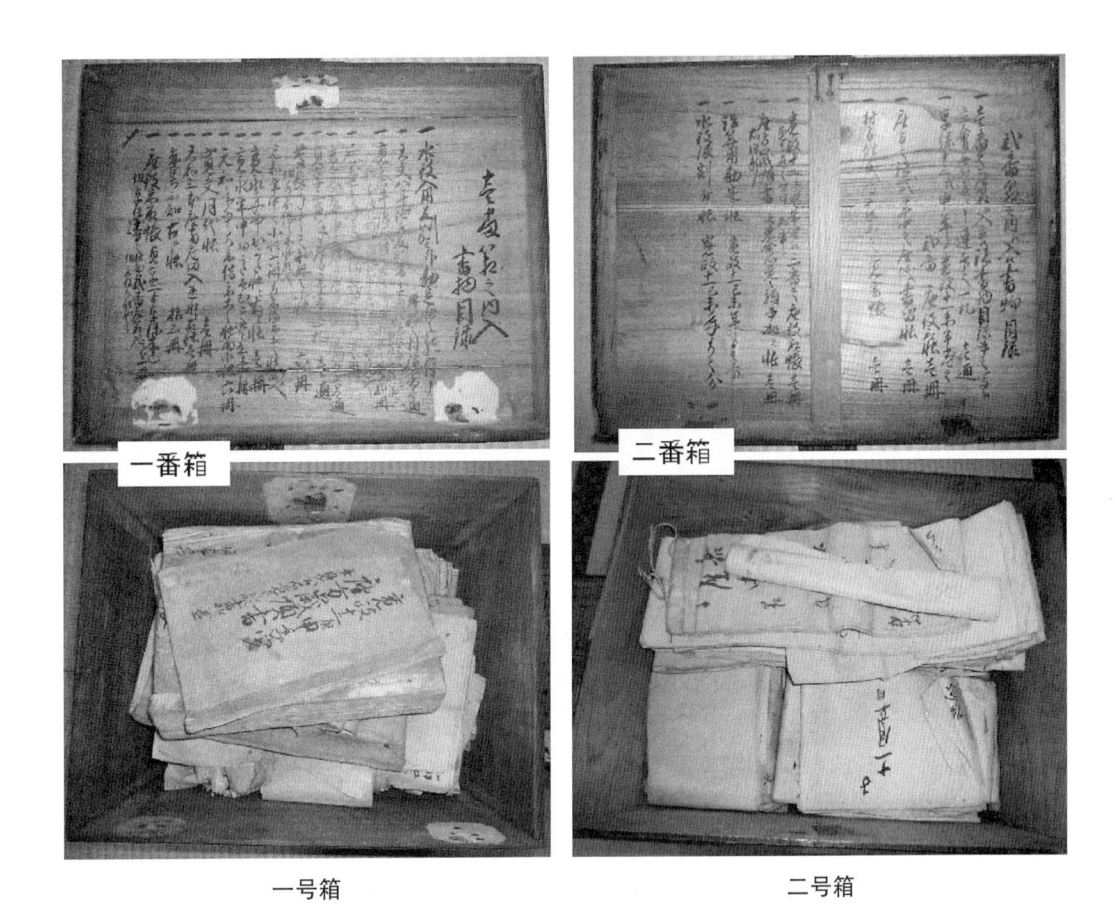

日本近世社会的史料特征与联合调查

一番箱　　　　　　　　　二番箱

一号箱　　　　　　　　　二号箱

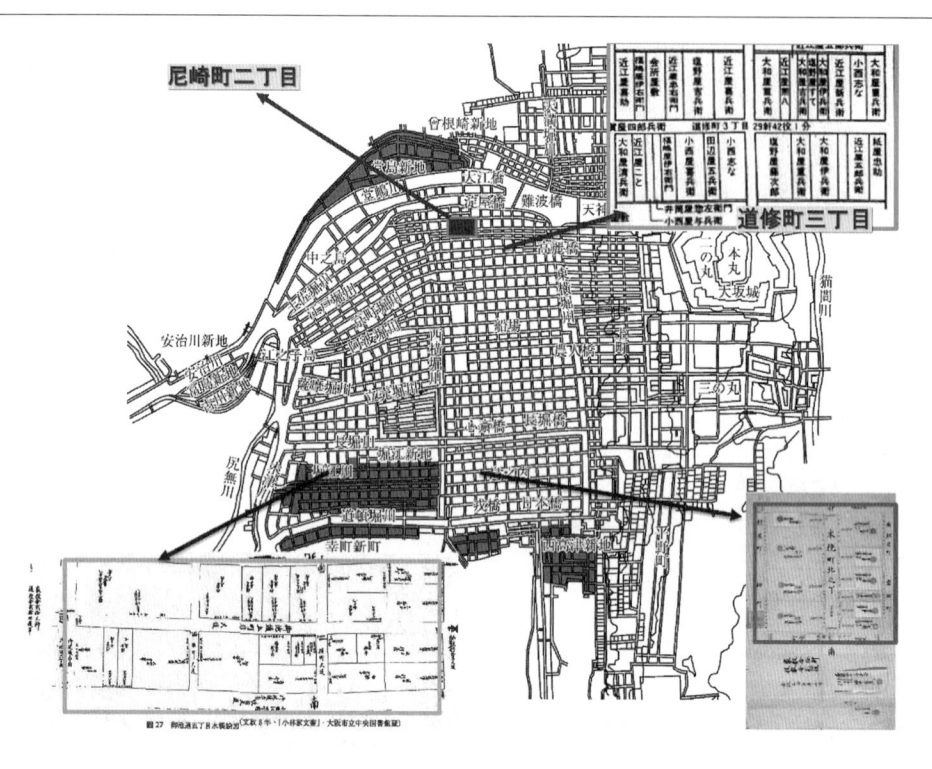

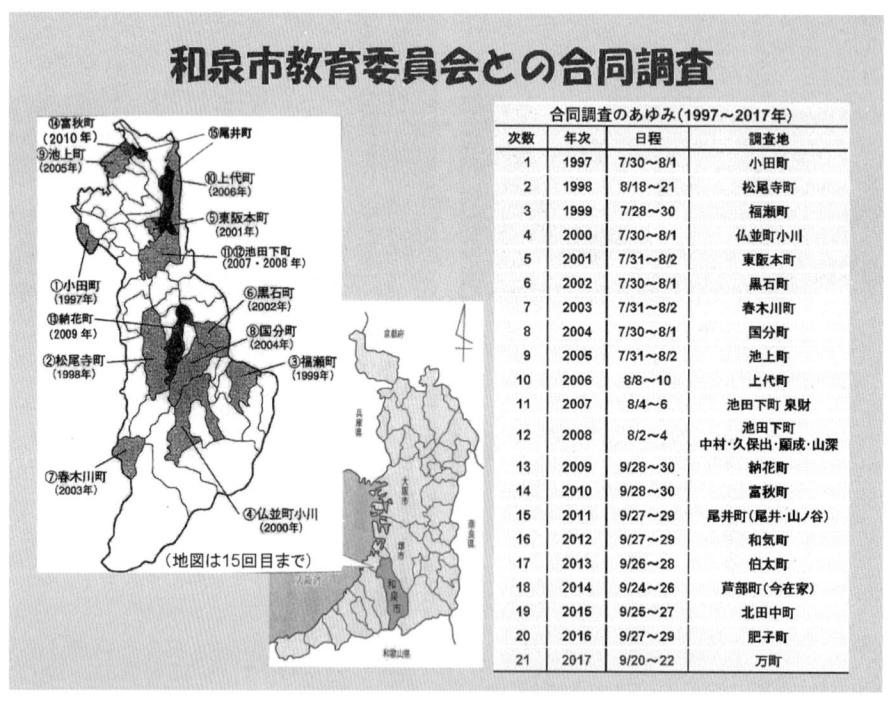

与和泉市教育委员会的联合调查

・440・

和泉市との合同調査
（2014年度　芦部町
〔旧今在家村〕の調査風景）

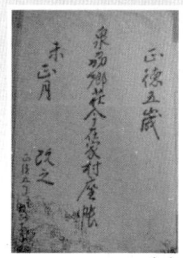

フィールドワーク（旧庄屋の前田家）

古文書調査　　　今在家村の座関係史料

联合调查：2014年今在家村（现芦部町）的调查风景

芦部町会文書（昭和戦前〜戦後）　　　聞き取り調査

芦部町会文书（昭和战前—战后）　　　访谈调查

終了時の記念写真

联合调查结束时合影